太古传
——商业帝国200年

〔英〕罗伯特·毕可思 著
魏微 审译

浙江人民出版社

图书在版编目（CIP）数据

太古传：商业帝国200年 /（英）罗伯特·毕可思著；郑植，苏喜枝译. — 杭州：浙江人民出版社，2024.3
ISBN 978-7-213-11265-2

Ⅰ. ①太… Ⅱ. ①罗… ②郑… ③苏… Ⅲ. ①企业集团—经济史—英国 Ⅳ. ① F279.561.9

中国国家版本馆 CIP 数据核字（2023）第 230758 号

浙江省版权局
著作权合同登记章
图字：11-2020-297号

Copyright © John Swire & Sons Limited, 2020
'This translation of China Bound: John Swire & Sons and Its World, 1816—1980
is published by arrangement with Bloomsbury Publishing Plc.'

太古传：商业帝国200年
TAIGU ZHUAN: SHANGYE DIGUO 200 NIAN
[英] 罗伯特·毕可思　著
魏　微　审译　郑　植　苏喜枝　译

出版发行：浙江人民出版社（杭州市体育场路 347 号　邮编：310006）
　　　　　市场部电话：（0571）85061682　85176516
责任编辑：方　程　李　楠
特约编辑：王雪莹　涂继文
营销编辑：陈雯怡　张紫懿　陈芊如
责任校对：王欢燕
责任印务：幸天骄
封面设计：天津北极光设计工作室
电脑制版：北京之江文化传媒有限公司
印　　刷：杭州丰源印刷有限公司
开　　本：680 毫米 × 980 毫米　1/16　　印　张：37
字　　数：536 千字　　　　　　　　　　插　页：1
版　　次：2024 年 3 月第 1 版　　　　　　印　次：2024 年 3 月第 1 次印刷
书　　号：ISBN 978-7-213-11265-2
定　　价：128.00 元

如发现印装质量问题，影响阅读，请与市场部联系调换。

▲海关大楼——英帝国贸易中心，英国利物浦，1864年

▶太古创始人：利物浦的约翰·施怀雅，1793—1847年

▼利物浦滨水区海滨街，1857年

▲英国布拉德福德——将羊毛出口到全球的羊毛，1849年

◀伊万杰琳号。"我们的水域从未见过如此精良的船。"——《时代琐国报》

▼美国新奥尔良——海外首次合伙场址，1852年

《出发去掘金！掘金者》，澳大利亚维多利亚州亚拉瑞特，1858年

澳大利亚墨尔本码头，约1860年

约翰·森姆尔·施怀雅，约1854年

阿尔弗雷德·霍尔特，1829—1911年

前往中国的蒸汽机船：霍尔特公司的"阿伽门农号"，1865年

上海外滩：由舢板、帆船和蒸汽机船组成的新世界

在香港的首个家园：奥古斯丁·赫德公司大楼，1860年

武汉汉口外滩沿江的外国人定居点，约1870年

中国长江下游的围观者，约1871年

香港，1880年

香港岛北海岸西点至鲗鱼涌，1845年皇家工程师科林森中尉测绘地图局部图，苏格兰国家图书馆

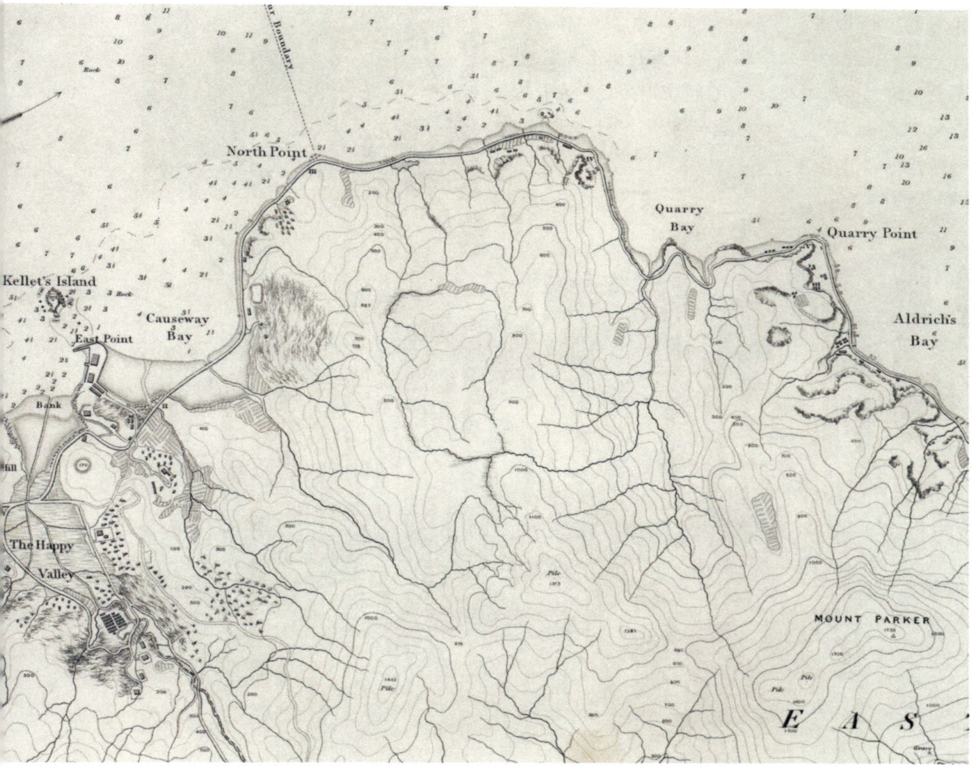

▲太古轮船公司早期的蒸汽轮船：在中国上海的"格伦吉尔号"和"宜昌号"，1874年

▶19世纪80年代，取得上海赛艇俱乐部划船比赛胜利的太古队四人组，J.C.博伊斯为后排左一

▼詹姆斯·多兹和他的家人在日本横滨的舒适生活，1878年

"加迪斯号"（中间）在中国镇江

香港鲗鱼涌在建的太古糖厂，1882年10月24日

约翰·森姆尔·施怀雅，1886年　　　　詹姆斯·亨利·斯科特，1845—1912年

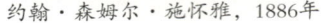

太古"祖师爷"在信件末尾的行文，1879年12月19日

▲郑观应（站姿，左三），H.B.斯科特（站姿，右一）；坐姿：罗伯特·麦奎因及大卫·马丁，上海，1883年

▶罗伯特·麦奎因和H.B.恩迪科特在上海，约1883年

▼香港太古糖厂，1897年

- 11 -

阿尔弗雷德·霍尔特（左三），约翰·森姆尔·施怀雅（左五）以及约翰·斯科特（右一）在"墨涅拉俄斯号"上共进午餐，英国格里诺克斯科特船场，1895年6月5日

为了建太古船坞而深度挖掘，香港鲗鱼涌，1904年

约翰·森姆尔·施怀雅。照片由华伦·施怀雅拍摄,1896年

太古轮船公司蒸汽船、驳船、趸船及码头装卸工,中国九江码头,约1906—1907年

"大名号"甲板上的乘客,1911年

台风，威廉·尼科尔森拍摄的照片之一，拍摄自香港海旁的太古洋行办事处，1906年

"天潮丸"在太古船坞下水,1911年12月9日

太古洋行文员在香港办事处大楼午休放松,约1897年。从左至右:H.亚瑟、G.格林布尔、E.C.谢泼德、A.唐纳德,以及威廉·阿姆斯特朗(拍摄人)

▲巡逻中的施约克，香港深水湾，1914—1915年冬春之交

▶太古洋行办事处，上海，1911—1912年

约翰·森姆尔·施怀雅的照片挂在太古洋行上海办事处的墙上，以"监督"员工办公，1912年

戈登·坎贝尔的中国回忆

马车

牛车

冰橇

全副武装防寒保暖的戈登·坎贝尔，1929年

大班N.S.布朗和主管G.华伦·施怀雅，中国上海，1934年

中国上海买办陈雪阶及父亲陈可量，约1915年

太古洋行办公室员工，安东（今中国丹东），1934年

▲一名印度锡克看守在混乱的码头维持秩序，搬运工和黄包车车夫在等候乘客，香港，20世纪20年代

◀太古轮船公司游轮长江之旅的广告，约1935年

▼在湍急的长江中的轮船上谈判

遭海盗劫持的"东洲号"返回上海，1935年。

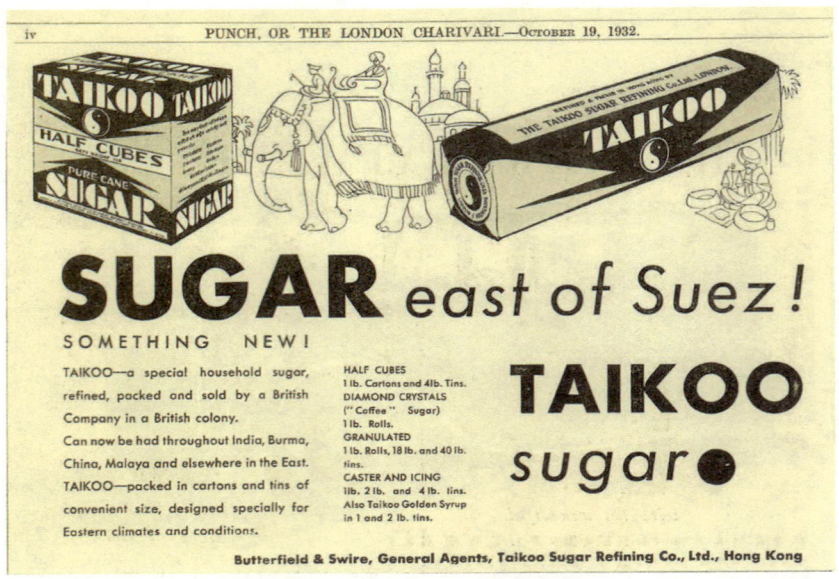

《笨拙》杂志上的太古糖广告，1932年

中国方糖，摘自太古糖挂历，1910年

在香港报纸上的太古糖广告，1960年

太古糖厂经销商在中国湖北宜昌街头的标识，1929年

"二战"期间,德国闪电战后,伦敦比利街太古办公室遗迹,1941年5月

太古船坞员工和其他人员庆祝英国国王生辰,厦门鼓浪屿,1942年

日本占领期间，香港太古船坞新船下水

"二战"时期，美国飞机轰炸日本船只和太古船坞，1945年

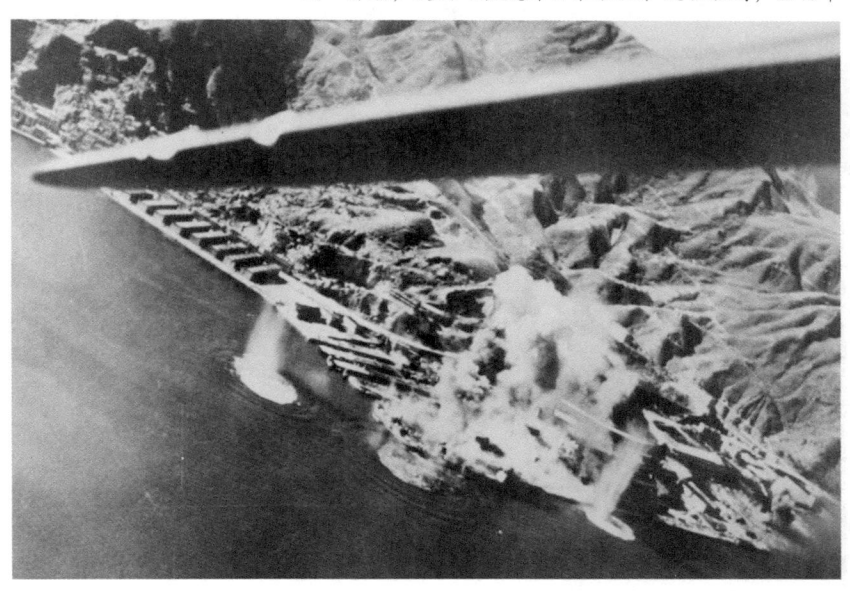

从香港康山俯瞰太古船坞,1945年9月

运送朝圣者的业务,"安顺号"在新加坡,1967年

国泰航空航线图，1950年

国泰航空的康维尔飞机飞越太古船坞，1968年

太古洋行办事处,香港,约1960年

电影《港澳渡轮》中的"佛山号"

面向美国市场的香港旅游协会广告

太古船坞华员
职工会11周年纪念
特刊，1959年

《太古船坞的血腥恐怖故事》插图，1967年

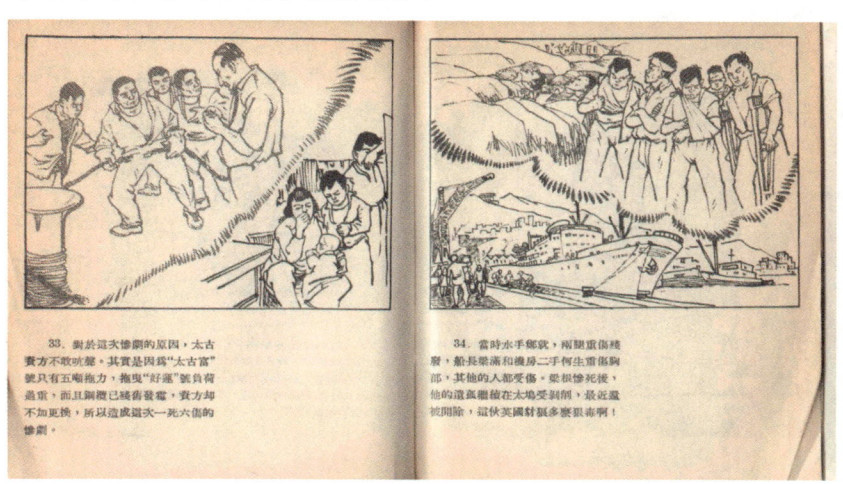

巴哈马航空公司为命运多舛的纽约航线所做的广告，1970年10月2日

巴哈马航空公司戴着软木盔的乘务员

巴哈马拿骚机场的巴哈马航空公司火烈鸟粉色喷气机

国泰航空飞行杂志广告,1969年

国泰航空公司香港至伦敦航线开通的广告,1980年8月

太古城、船坞和浮坞,约1972年

庆祝香港办事处成立100周年:大班约翰·布朗、约翰·A.施怀雅和施约克,香港市政厅,1967年1月

施雅迪与包玉刚在谈话,1968年

-32-

没有人能像毕可思那样记录英国商人在中国的历史。在《太古传：商业帝国200年》中，作者讲述了一个在跨越两个世纪的动荡背景下发生的传奇故事：一家来自利物浦的家族企业何以成就亚洲商业的一部分，书中对家族、商业帝国和各种关系纵横交错的叙述，引人入胜。

——高马可（John M. Carroll），
香港大学历史学教授，
著有《帝国夹缝中的香港：华人精英与英国殖民者》
（*Edge of Empires: Chinese Elites and British Colonials in Hong Kong*）

这是一家英国大公司在亚洲的故事，但又远不止于此——本书还全面讲述了太古商业帝国如何从白手起家做到如日中天，之后重整旗鼓再出发的故事。毕可思在写作过程中参考和引用大量史料，且其中大部分属于首次公开。作者讲述的是，施怀雅家族如何渡过战争难关，并在经历中国内战之后生存下来，太古集团如何在亚洲创建新的贸易渠道和商业网络，同时其商业版图和布局又反哺其亚洲业务的故事。施怀雅家族富有传奇和冒险色彩的创业历程，成为英国与亚洲关系史进入跌宕起伏新篇章的重大标志，具有重大的历史影响。

——拉纳·米特（Rana Mitter），
著有《中国，被遗忘的盟友：西方人眼中的抗日战争全史》
（*China's War with Japan, 1937–1945: The Struggle for Survival*）

太古家族起源于西方，且世代经商，他们如何在亚洲站稳脚跟，并且在两个多世纪的风雨中走向繁荣？现代中国历经战争和革命的洗礼，而后走向改革开放的大道，作为一家富有开拓精神的家族企业，施怀雅家族如何在这段岁月中涅槃重生？毕可思妙笔生花，将太古洋行的峥嵘岁月娓娓道来。作为一本权威的商业史专著，本书集众多文体之长，读起来有小说的畅快感。本书用戏剧般的精彩笔墨，描写了当时全球各大商业帝国冲突与竞争的故事，讲述了商业活动如何影响当今世界以及各项制度；并且向读者展示出，如何通过商业这面多棱镜，欣赏中国的迷人历史。对如今有兴趣研究中国近现代史及其外交关系的人士以及在华从商人士来说，这本书能起到以史为鉴的作用，值得一读。

——柯伟林（Wiliiam C.Kirby），
美国人文与科学学院院士、
哈佛大学费正清研究中心主任、资深杰出成就讲座教授

毕可思通过对施怀雅家族档案前所未有的深入研究和引人入胜的叙事手法，讲述了这家公司在近代中国动荡的两个世纪里幸存下来的故事。国家崛起，帝国兴亡，太古公司这艘航船在风暴中航行。这是一部杰作，出自通晓中英两国历史和国情的顶尖史家之手。

——裴士锋（Stephen R. Platt），
耶鲁大学中国史博士，马萨诸塞大学阿姆赫斯特分校历史教授，
著有《天国之秋》（*Autumn in the Heavenly Kingdom*）、
《帝国暮色》（*Imperial Twilight*）

献给

鲍勃和琼

contents 目 录

缩略语列表 -/- 001
有关音译的说明 -/- 003

第 一 章　太　古　　　　　　-/- 005
第 二 章　利物浦的世界　　　　-/- 011
第 三 章　方　向　　　　　　　-/- 043
第 四 章　怪异的革命　　　　　-/- 070
第 五 章　香港的甜蜜气息　　　-/- 094
第 六 章　事业在途中　　　　　-/- 122
第 七 章　航运人士　　　　　　-/- 154
第 八 章　新的时代　　　　　　-/- 184
第 九 章　中国市场　　　　　　-/- 215

第 十 章	构建桥梁	-/- 243
第十一章	灾　难	-/- 275
第十二章	飞　行	-/- 312
第十三章	制造亚洲	-/- 349
第十四章	制造香港	-/- 391
第十五章	此　时	-/- 435
第十六章	现　今	-/- 444

致　谢	-/- 446
档案来源	-/- 450
尾　注	-/- 454
插图与照片的出处说明	-/- 456
注　释	-/- 464

缩略语列表

公司与机构名称

BAL，巴哈马航空有限公司（Bahamas Airways Limited）

BAT，英美烟草集团（British American Tobacco）

BOAC，英国海外航空公司（British Overseas Airways Corporation）

B&S，太古洋行（Butterfield & Swire）

BASIL，太古实业有限公司（Butterfield & Swire Industries Ltd）

CAT，民航空运公司（Civil Air Transport）

CMSNCo，招商局轮船有限公司（China Merchants Steam Navigation Company）

CNCo，太古轮船有限公司（China Navigation Company）

CIM，中国内地会（Chinese Inland Mission）

COSA，中国外轮代理公司（China Ocean Shipping Agency）

CPA，国泰航空（Cathay Pacific Airways）

DOCA，中国事务部（Department of Chinese Affairs）

EIC，英国东印度公司（East India Company）

FESA，远东航运代理公司（Far Eastern Shipping Agencies）

HSB，香港上海汇丰银行（Hongkong & Shanghai Bank）

HUD，香港联合船坞（Hongkong United Dockyards）

JS&S，英国太古集团有限公司（John Swire & Sons Ltd）

OCL，海外集装箱有限公司，海外集装箱有限公司（Overseas Containers Limited）

OPCo，永光油漆公司（Orient Paint & Varnish Company）

OSSC，远洋轮船公司（Ocean Steam Ship Company，又称Blue Funnel，"蓝烟囱"）

P&O，铁行轮船公司（Peninsular & Oriental）

SMC，上海公共租界工部局（Shanghai Municipal Council）

SMP，上海公共租界工部局警务处（Shanghai Municipal Police）

SSNCo，旗昌轮船公司（Shanghai Steam Navigation Company）

TKDY，太古船坞（Taikoo Dockyard）

TSR，太古糖厂（Taikoo Sugar Refinery）

有关音译的说明

一般情况下,我会使用国际公认的音译法来翻译中文单词和人名,除非某个事物或人物名称在香港民间已有标准的粤语音译,或其在当代民间的叫法更知名。对直接引用或援引的资料,我保留未改,毕竟在仅有19世纪音译名称的情况下,有时难以推断出最初始的名称。如果某个地名或人名首次出现,我则使用其当代称呼。正如我在其他场合所指出的,尽管采用如上音译原则,但重点在于理解,当时中国通商口岸的外国居民将厦门叫作"Amoy",将天津叫作"Tientsin",将汕头叫作"Swatow",而非(如今标准普通话拼写的)"Xiamen""Tianjin"或"Shantou",他们跟中国人交谈,要么使用蹩脚的洋泾浜英语,要么依赖口译员。这种现象不单是对历史背景的一种注解,更能从中窥见,当时民众通过什么样的方式来理解他们安身立命的那个世界。

在书面汉语中,巴特菲尔德与施怀雅公司一直简称"太古",其音译"Taikoo"至今仍见于各集团公司(即"太古"的粤语发音),但这个名字的起源仍无据可考。

第 一 章

太 古

　　所有的历史都始于当下。一场争论、一个发现、一种预感、一次邀请、一段旅程、一次询问……都有可能引出新的研究，这段对太古的探索之旅亦是如此。打个比方吧，你从伦敦飞往香港，一路飞，一路事先了解接下来旅途中会碰到的种种情况，因为你接下来还要飞上海，而且这还是你第一次去亚洲。你这番出行可能是度假，也可能是出差；如今对很多人来说，出国度假或工作已是家常便饭。过去，从伦敦到上海要好几个星期，但现在只用12个小时。你在飞机上读了一段中国近现代史，然后跟邻座的女孩聊了会儿天。她是土生土长的香港人，还在上学，她爸妈在香港岛某个大住宅区有间公寓，她这次飞香港是回家。然后飞机越过外岛，降落在香港国际机场所在的赤鱲角（香港西部海域的一个岛屿），透过舷窗，你看到蓝色大海上航行的船只，它们在中国南方明亮阳光的映衬下显得格外醒目。取到行李后，你乘汽车或地铁前往市区。一路上，你穿越青衣岛，途经船坞，驶向九龙半岛，那里一排排集装箱正在等着装货。到达市中心后，你前往酒店，中环以东的金钟豪华购物中心附近有四家大酒店，也许你入住的便是其中一家。入住手续办理好之后，你可能会喝一杯碳酸软饮料来提神，或者品一杯加了糖的茶来放松。

你的这段探索之旅，始于一家总部位于伦敦的公司。这家公司位于伦敦市中心，在地理上与香港远隔重洋，在时间上却近在咫尺，要不了一天时间就能到。你在香港岛看到的几乎所有事物，你游览过的几乎所有景点，你品尝过的几乎所有食物，你喝过的几乎所有饮料；无论是航空公司，还是机场某些设施；无论是你俯瞰的那些船只，还是邻座那位女孩住的公寓；无论是你经过的船坞和集装箱码头，还是你周围的购物中心；无论是你下榻的酒店，还是你喝过的饮料或是你加到茶饮中的糖块；甚至你在某处喝过的茶、在某地坐过的汽车，都或多或少与这家公司现在或曾经拥有、管理、出售或有过商务往来的公司有关。刚才与你同乘那架飞机上的某位乘客，肯定有朋友或家人是这家公司的员工（仅香港就有4.1万人供职于这家公司），或者在这家公司经营亚洲业务的150年中，他的祖辈曾经是其中一员。在你所读过的历史书籍中，在香港或其他亚洲城市占股最大的英资公司列表或城市档案中，都能看到这家公司的身影。即使这家公司为公众所瞩目的一两次事件没有载入史册，这家公司也都是那段历史的参与者。正如今时今日，它的重要性仍然在香港及周边地区占有一席之地。那么，为何这家公司与香港和亚洲的命运纵横交织？整个故事的来龙去脉又是什么？

本书将讲述的是一段关于太古（意为"伟大而古老"）集团及其创始人施怀雅家族的历史。根据历史学家能追溯到的最早记载，太古创建于1816年，经过百余年发展，走向1980年，这也是中国现代史的转折点——新中国在经历30年的发展后，进入改革开放时期。

19世纪早期，利物浦曾有几十家每天为生计疲于奔波的小型航运代理商，谁能想到，其中的一员如今竟然在英国最黄金的地段——伦敦的白金汉门（Buckingham Gate）建了自己的总部？在香港以及亚太地区其他城市牢牢站稳了脚跟？1873年，这家公司在中国长江首航时曾悬挂

第一章 太 古

在轮船上的家族旗帜图案，如今无论是飞机机身、轮船船体还是商场的问询台，都有它低调而不张扬的身影。每到夜晚，人们还能从中国一些城市的摩天大楼外墙一清二楚地看到这个图案。

我要讲述的，是一段英国在亚洲的历史（广泛意义上的英国），同时也是一段亚洲在英国的历史（广泛意义上的亚洲）。虽然亚洲在英国的痕迹没那么明显，但遍布整个不列颠群岛。一旦开始追寻这些问题的答案，你就会发现，也许太古集团一位退了休的经理刚好就住在你家附近；也许20世纪某位虔诚的教友曾经在武汉主持教会；也许一位在福州生活了40多年的品茶师，每次休假都会到附近游历。如果进一步探寻，你还会发现，那家不顾勃朗特家族反对、坚持生产羊毛制品的霍沃斯地方工厂，生产出的产品由上海和横滨的商行经销；利物浦一家装瓶厂装好"开瓶有益"的烈性黑啤酒，卖给了澳大利亚人。

太古集团在香港招募的中国海员在不用跑船的时候，就住在利物浦默西河岸同一城市的旅馆里。当时，克莱德河、泰恩河流域的港口和贝尔法斯特的造船厂造了几十艘船，在中国长江和沿海地区，还有连接亚洲和澳大利亚的航线上为太古集团效力。数以千计的英国海员都曾在这些船只或太古集团旗下的其他船只上服役。克莱德赛德的报刊上，能看到有关报道称，一些移民组成的"职工开拓团"在香港为太古集团旗下的糖厂工作。太古集团的文员和船长退休后，可能会借用公司英国化的中文名称，把自己的家改名为"Cathay"（国泰）或"Taikoo"（太古），还会用他们在中国买的小玩意儿来装饰。当年太古集团好几位经理买的中国古董，如今还能在当地博物馆中找到。英国萨里郡某个小村庄里，有位上了年纪的女士，自幼跟随父亲去了中国，后来嫁给太古集团某职员，再后来成了寡妇。这位老太太曾向一位小说家谈起她在中国60年的生活，如今这本由作家整理的回忆录可以在二手用品店找到。德文郡有一位以自然为题材写作的作家（其创作灵感取材于他姐姐最著名的文学作品，等于间接提升了他自己的名气），文章篇幅除了描写黄蜂、蚂蚁、蜘蛛和蛇的生活习性之外，还穿插了这位作者多年前为了品尝太古糖而在中国流浪的故事。

　　细心的读者会发现，我在本书开篇用的是假想式场景。我希望通过这种别出心裁的叙事手法展现太古集团在2020年的香港有多大的影响力（本来我可以选择其他城市，作为本书开篇故事场景发生所在地）。然而，本书的重点并非探讨这家英国人主导的跨国企业在当今世界的经营细节。虽然读者可以从本书一窥太古集团的发展史，但从严格意义上讲，本书并非商业史专著。我感兴趣的是太古的开拓精神，能屈能伸的韧劲，此外还有一个既简单又复杂的问题——太古集团何以将基业延续到今天。与通常意义上的商业史不同的是，本书将重点刻画太古集团及历史背景，同时重点讲述集团有关人物的生平故事。单单一家企业的发展历程和经验，如何让我们更好地理解19世纪和20世纪的亚洲史，理解现代世界的地缘联系，理解差异较大的两个地域——英国和亚洲发生交集的前因后果，让白金汉宫和赤鱲角以及金钟从此走上命运交织的未来。

　　曾有学者出于不同的目的，以不同的方式讲述了太古集团的部分历史。例如，有一篇题为《远东商业、航运和贸易关系分析》（Analysis of Far Eastern Business, Shipping, and Trading Relationships）的论文，论述的重点涵盖了1898年前后的英国历史。还有一位学者在自己的书中讲了太古集团某外籍员工"个人成功和悲剧"的故事，写到1926年收尾。对于中国经济史学家来说，该书也许可以作为外国企业对中国进行"经济侵略"的案例研究，但如果"站在客观的角度"审视这段历史，我们就会发现，太古集团对当时中国的发展还是产生了较大的影响，特别是在航运方面，一直持续到1949年中华人民共和国成立。[1]

　　正如我们看到的，太古集团的历史也映射了英国海外商行的发展，它更是19世纪和20世纪的航海史，是丰富且充满争议的糖业政治史、经济史以及英帝国主义的兴衰史，是对全球金融和民族主义胜利的故事感

第一章 太 古

兴趣的学者的研究对象。

在此，我将介绍太古集团更广泛的历史，包括以1816年公司核心业务的建立、延续和衰落为背景，从更宏大的视角来讲述它的起源和发展。这本书建立在我之前对19世纪和20世纪外国人在中国的历史及其遗产的研究基础上，还包括英国人在开放对外贸易和居住的中国城市（通常被称为通商口岸）的经历。本书的篇幅和重点也与此前著作不同，因为太古集团历史悠久，这一主题要求我思考英国企业在中国乃至全球更全面的历史——其中涉及新奥尔良和墨尔本这两座城市，由此更要充分理解其在不列颠群岛的起源和地位。我将介绍殖民统治时期的香港、通商口岸和英国在亚太地区更广泛的势力版图之间的关系，它们远比人们想象的更为全面和灵活。太古集团牢牢地嵌入各种更广泛的全球网络中——流动的水手、包罗万象的全球航运网络、商品贸易、人员、技术和资本的流动。本书对太古集团这样一家企业发展历程的描述，为我们所谓的全球化历史进程提供了有延伸性的重点案例研究（比如现在很多人经常在伦敦和香港两地之间往返）。

本书在很大程度上借鉴了太古集团的档案。这些文献零星散布于该集团各分支机构，涵盖面非常广。另外，由于第二次世界大战时期伦敦遭到德军的轰炸，档案内容很多地方不连贯。1941年日本占领中国香港以及1955年英国撤出中国内地时移交了太古集团在中国的档案记录。但是，这些档案未能经受住办公室搬迁和办公楼关闭等难关，另外档案规模之庞大，本身就是一道难题。因此，为了更加准确地叙述这段历史，并从其他视角来进行分析，我还充分利用了太古集团合伙人及其竞争对手的记录和个人文件，此外还有来自英国、中国内地和中国香港、澳大利亚、美国的档案。当时的报纸往往是有关特定事件或人物的唯一实质记录，从中可以探寻太古集团在现代历史上留下的印记。这些记录十分多样化，且分散在世界各地，因此编写此书意味着需要将许多不同地方遗留的痕迹拼凑到一起。

也许，将当时的人、事和地理背景一同描写是合适的方法。表面上，本书可能讲述的只是与太古集团有关的奇闻逸事，但事实证明，这家企业所蕴藏的故事远不止于此。

第 二 章

利物浦的世界

让我从一艘船、它所载的货物和一个港口开始讲述这个关于人物、货物、城市与城市之间交集以及大洋彼岸的故事。1834年11月1日中午,那是风和日丽的一天,一艘载重400吨的三帆船"乔治亚娜号"驶入默西河口,前往利物浦的一个新码头。这个码头叫作"滑铁卢",刚刚开始营业。两年多前,"乔治亚娜号"曾驶出英格兰,载着180多名被判苦役的罪犯前往范迪门岛(今天的澳大利亚塔斯马尼亚州)。

帆船将罪犯送到霍巴特(范迪门岛的一座港口城市,今为澳大利亚塔斯马尼亚州首府)。随后,在1833年的大多数时间里,船长约翰·斯凯尔顿·汤普森(John Skelton Thompson)一直忙于在巴达维亚(今天印度尼西亚首府雅加达的旧称)、新加坡还有广州之间往返,运输一些杂货。1834年4月24日,"乔治亚娜号"起锚,离开位于广州南边、珠江江畔的伶仃岛,开始长达6个月、绕过好望角返回英格兰的旅途。

"乔治亚娜号"是历史上从中国直航英国最早一批船舶中的一艘。它的三根桅杆和圆材高高耸立着,与其他松木制成的一艘艘帆船一同驶入帆樯如云的利物浦码头靠岸。这些靠岸的船只来自世界各地:加勒比海地区巴巴多斯，加拿大哈利法克斯、魁北克、纽芬兰，美国纽约，中美洲伯利兹、萨尔瓦多，还有阿根廷布宜诺斯艾利斯和智利瓦尔帕莱索。此时，"锡兰号"正在港口装货，准备运往美国查尔斯顿；"萨卢斯号"的货物将运往意大利里雅斯特；"多萝西娅号"的货物将运往波兰但泽；"莫尼号"的货物将运往葡萄牙里斯本；"哥伦比亚号""安号""两兄弟号"还有"船夫号"也在装货，准备运往印度孟买、加尔各答，以及菲律宾马尼拉和毛里求斯岛。[1]世界各地的港口都与利物浦的码头有着密切联系，现在轮到中国了。

滑铁卢码头的名字让人不禁想起1815年英国战胜法国皇帝拿破仑那场同名战役，但是港口本身也令人印象深刻——利物浦是英国第二大城市，其贸易不断发展，经济力量稳步提升，在有些人眼里，利物浦甚至算英国第一大城市。利物浦码头当时建有三个船坞，首批船舶刚在这里靠岸，"商人、经纪人、利物浦的船东"便请愿再建一座新的"蒸汽机船码头"，好适应不断增长的业务，"尤其是适应与中国的贸易"以及"方便大型船只靠岸"。[2]

滑铁卢不仅象征着击败法国皇帝，它还有更深远的影响，因为这场战役取得胜利之后，英国便长期在全球占据优势地位。不可一世的法兰西帝王战败后，英国人得以集中精力巩固和扩大国家的贸易网络，并为其产品争取海外市场。很明显，这是经济上的需要，而解除对英国企业的束缚也是道义的需要，因为自由贸易是"陛下及所有臣民与生俱来共有的权利"。[3]

对于这个正在发展中的商业和法治帝国而言，"乔治亚娜号"本身就是一种象征。1826年，这艘船在加拿大魁北克建造完毕，船主兼船长汤普森是英国坎伯兰郡玛丽波特人。在1832年秋天再次启航前往澳大利亚之前，它已经两度经历了运送罪犯前往澳大利亚的艰苦旅程。汤普森从滑铁卢码头出发，驶往美国南卡罗来纳州的查尔斯顿，接下来一年又从朴次茅斯启航，经纽卡斯尔去往加尔各答。后来，汤普森在加勒比海

第二章 利物浦的世界

去世[4]。1833年,"乔治亚娜号"开往东印度群岛,汤普森将桂皮从中国运到新加坡,将啤酒运到巴达维亚,把大米运到广东,他还想过要将茶叶带回澳大利亚的新南威尔士州。1838年之前,从悉尼起航的船只中有近四分之一先驶向广东,再借此航行至欧洲。当"乔治亚娜号"于1834年4月从中国起航时,装载了5000多箱各种各样的茶叶、1000块大理石石板和50捆垫子,准备交付给目的地的商人。除此之外,汤普森还为自己购买了陶瓷花盆,洋溢着中国风的器物,还有富有异国情调的小件物品:一些箱子内装着漆器、竹子和象牙制品,还有一些中国书画、百叶窗和两箱昆虫。[5]就是这些东西引发了英国贸易的一场革命,同时也催生了利物浦城市发展的革命,可以说,"乔治亚娜号"的到来标志着一个新时代的开始。汤普森的父亲曾亲自驾驶船只前往中国海域,但"乔治亚娜号"是第一艘从中国直接航行到利物浦的船只,而且它在东印度公司对华贸易垄断特权失效的第二天就即刻动身了。

17世纪以后,按照特许状法案的规定,英国在东印度群岛(印度洋世界和延伸而来的整个亚洲,包括中国)贸易事务预留给东印度公司打理。这家联合股份公司已成为印度次大陆的主要政治和军事力量,并统治着英国在亚洲不断开拓的殖民地。[6]"约翰公司"(东印度公司的别名)从此变得趾高气扬,它势力强大,资金雄厚,内部结构复杂,甚至成立了陆军、海军和行政部门。但随着内部腐败的蚕食,它变得越发不可救药。自1784年以来,其贸易垄断特权受到其他商业体的冲击,从而缓慢地走向了瓦解。

利物浦商人一直活跃于反垄断运动中,最终于1813年达成目标(见英国议会颁布的《1813年东印度公司法》,又名《1813年特许状法案》,该法授予东印度公司的有效期到1833年)。但是,尽管东印度公司在印度的商业运营结束了,它对英国与中国茶叶贸易的控制权(始于17世纪晚期)仍然存在,因为公司高层认为茶叶贸易对于维持公司财源至关重要。

利物浦商人愉快地接受了东印度公司特权终止的现实，在前往印度的这条航线上，1814年原本只有1艘敢于冒险的船只，1818年则增加到33艘。与此同时，利物浦的许多公司都在印度设立了分支机构或成立新公司。到19世纪30年代中期，每年有80多艘船从印度出发抵达利物浦，有100多艘船从默西河河口出发驶向印度。

于是，继续向东印度公司发难成了利物浦商人顺理成章的选择，他们联合向议会施压，不断展开游说，以摧毁东印度公司最后残余的那点垄断特权。1829年，到了讨论特许状法案1833年是否续期的关头，领头的商人重新启动了东印度协会，在一众类似游说组织中，该协会是最强大和最有全国影响力的一个。[7]他们声称："没有任何阶级和个人不从印度和中国的贸易开放中受益。"[8]

茶叶价格减半，印度和中国对英国的出口量即将骤增。除了务实因素之外，这群商人也一直在为自身权利而斗争，他们不仅从"利物浦商人"的身份出发，更考虑到整个英国的利益。[9]

剥夺东印度公司垄断地位的新法规一生效，英国境内的船舶便迫不及待地开向东方，为了迎接新的贸易局面，他们还造了新船。[10]

中国的英国侨民也做好了准备。1834年4月24日，广州有三艘船"士气高昂"地驶向英格兰，船上装着茶叶，"乔治亚娜号"便是其中之一。"卡姆登·弗朗西斯号"的目的港是格拉斯哥，"夏洛特号"的目的港则是赫尔。当时伦敦对进口的垄断随着东印度公司的衰败被一起打破，有七处地方港口获得批准，允许进口茶叶。经营这三艘船还有当年春季航线其他船只的，是两个在广东经商的苏格兰人——威廉·渣甸和詹姆斯·马地臣，他们手下有一家已经取得成功的公司，而且规模还在继续扩大，其名字叫作"渣甸与马地臣有限公司"，取自两人姓氏，官方中文名则叫怡和洋行，在英国有大量联络人和合伙人。

如今，茶叶不仅可以直接送往离原产国更近的海外市场，而且速度也更快。正如渣甸自称的那样——"老太太们都将喝上好茶"，而且价

第二章 利物浦的世界

格便宜。以前，怡和洋行运输的货物通常由东印度公司接管，且一般会拖到每年深秋才开始运输。

马地臣在广州办了一份名叫《广州纪录报》的报纸，是第一份在中国出版的英语报纸，此举一方面是为了商业投资，另一方面是为了公司宣传的需要。这份报纸曾刊登了这样一句赞美的广告语，"怡和公司甄选此前未有进口之上等好茶叶，为您开启无与伦比的品茶之旅"。"乔治亚娜号"运送的茶叶在利物浦交易所的公开拍卖行出售，利物浦、曼彻斯特和邻近城镇"众多"最具影响力的经销商为了这次历史性的拍卖蜂拥而至。当地媒体报道称，面对利物浦自由贸易商运自东方的商品，伦敦的茶叶中间商试图以居高临下的态度，贬低这些茶叶的质量，但"我们希望利物浦的经纪人让世人看看，他们对茶叶的品位，就像伦敦本地人士一样无懈可击"。事实上，这些"伦敦本地人士"已经自叹不如，来北边找生意做，因为本属于他们的垄断局面被打破了，这些伦敦商人不得不去参加默西岛的拍卖会。[11]

利物浦对茶叶贸易的需求相对较晚。这座城市的财富一是来源于它在跨大西洋奴隶贸易中扮演的重要角色（1807年英国议会颁布《废除奴隶贸易法案》，利物浦这一角色被终结），二是来源于1807年之后，它从跨大西洋奴隶劳动制成品贸易中获得的好处。但正如一位访客所指出的——奴隶制仍然是这座城市的"奇耻大辱"，玷污了港口及其商品。[12] 不过，奴隶贸易为利物浦提供了资金，改变了这座城市的格局（一些民用建筑的外墙上仍然能看到当时遗留的痕迹）。美国奴隶种植园出口的原棉中，有80%到了利物浦，这些棉花被制成布料，再由船只运到海外。

棉花当时是利物浦的首要贸易需求，但自由贸易的游说者认为，茶叶也能为利物浦带来美好未来。自从1660年塞缪尔·佩皮斯首次记录自己的品茶经历之后，英国人对茶叶的渴求就一直在急剧增加。伦敦东印度委员会和中国协会认为，茶是"英国全体人民的必需品"。英国财政本身也依赖对茶叶征收进口税,到18世纪80年代,茶叶的进口关税成了英国财政收入的重要组成部分。中国作为这种植物(指茶叶)的唯一家园,吸引了英国、欧洲大陆和北美的商人,但1757年后,他们只能在广州做茶叶生意,且仅限一年当中的交易季节。在其他时间,他们只能在葡萄牙的殖民统治地区澳门进行活动。[13]这些商人认为英国是世界主宰,因此对清政府当时给外商下达的限制措施感到不满。

茶叶关税充实了英国财政部的金库,却严重拖累了东印度公司的资源,因为这家公司手中没有任何一种商品能卖给中国,来换取购买中国茶叶的足够资金。为了解决国际收支问题,东印度公司推出了臭名昭著的办法——贩卖鸦片。该举措为东印度公司带来巨大收入,1757年,英国征服孟加拉,东印度公司获得肥沃的罂粟种植区。尽管这家公司研究了清政府1729年出台的禁止进口鸦片禁令,但它还是利用其垄断地位,将鸦片卖给所谓的"国家"商人——比如怡行洋行,再卖到中国。这些货物由走私分子接手(因为渣甸先生和马地臣先生自己不是走私分子,理由是他们的在华贸易获得了正式许可)。卖鸦片赚到钱之后,他们用钱换取东印度公司的票据,东印度公司则用到手的钱购买茶叶。[14]1823年,鸦片取代棉花成为英国出口到中国的主要商品,它解决了东印度公司的收入问题,却持续不断地给中国及其对外贸易带来巨大而严重的社会、经济和政治问题。

清王朝由满族人建立。1644年,他们从其"龙兴之地"——中国东北进军中原,征服了当时统治中国的明王朝,并将相邻的蒙古等地纳入统治范围。18世纪,他们征服了中亚。当时无所不能的清王朝没有理由认为任何其他势力能与自己平起平坐。"乔治亚娜号"的船长汤普森当初就是从威廉·渣甸那里得到指点,在广州找到了一处占地90亩的当地工厂,买到了那些中国风的艺术品。从这里能看出,虽然广州地处偏远的中国南部,但对于统治者来说,这座城市从来不是边缘性的商业地区,港口到手的海关收入直接流向皇室,广州也成为清政府与西方海洋

第二章　利物浦的世界

民族建立关系的官方场所。外国人想要与位于北京的权力中枢取得联系，需要获得当局特许，因为清政府没有将这些"夷邦"（指西方）视为平等国家。虽然清朝的最高统治者偶尔会接待使馆人员，比如1793年的英国马戛尔尼勋爵，还有1817年的阿美士德勋爵，但两位来使最后都是空手而归（阿美士德因外交礼仪问题和清政府发生争执，离开得很不体面）。因此，英国试图与中国建立欧洲国家之间那种正式外交关系的努力被证明是徒劳的。在广州的东印度公司官员只能委托中国商人委员会（称为公行）向广州当局转达自己的意愿，因为只有公行才能与当时管理广东和广西两省事务的最高长官——两广总督说上话。

　　清政府这种拒绝承认他国任何代表的做法，进一步激怒了英国人。即便如此，广州依然是活跃、繁华和高效的贸易中心。而外国商人尽管嘴里抱怨着自己所面对的限制，他们还是想证明清政府官员和公行解决他们的贸易难题是轻而易举之事。珠江三角洲已经具备支持复杂国际贸易的基础条件，配有官方授权的通事（翻译）和领水员，设有海关关口，并明确规定了办事程序及相关费用。此外，与之相关各阶层人士的需求，无论是生理的、精神的还是商业的，甚至是死后的丧葬需求——澳门建有新教徒的墓地，都可以轻松满足。除此之外，广州还是综合性的文化交流场所。艺术家和工匠为汤普森这样的人提供服务，他们购买中国艺术品，回到英国的家乡玛丽波特之后，用来装饰房屋（例如汤普森本人童年的宅院）；植物和种子也从广州运到海外。马地臣的报纸刊登商业信息，并帮助传播有关中国的知识；与此同时，他们为了将自由贸易提上议程发动了不懈的游说活动。[15]

　　全球商业网络日益扩大，涉及多国贸易联合体，中国港口则位于这张网络的中心位置。这些企业的跨国性质使得在孟买的帕西商人与苏格兰人合作，在广州的中国商人与从奥斯曼帝国运来鸦片和从太平洋西北地区运来海獭皮的美国公司联系紧密。荷兰、丹麦和瑞典的东印度公司也在这里进行交易。1834年，威廉·渣甸通过圆滑的手段分配"乔治亚

-017-

娜号"货物的权益,并向怡和洋行在广州的"欧洲籍和中国籍"商业伙伴提供了一些象征性的股份。广州商贸故事的阴暗面,还有潜在的暴力冲突还表现在货物运输中——苏格兰商人詹姆斯也想染指"乔治亚娜号"的货物,此人长期居住在广州,以其好战和暴力而臭名昭著。[16] 自由贸易得到发展,而且有英国武装力量的保护,但正如下文所述,随后两个世纪的贸易依然以利益、国别、语言和文化的世界性羁绊为特征。

威廉·渣甸迫不及待地要把货物装船运出去。英国议会于1833年7月正式废除东印度公司垄断权,消息直到次年1月下旬才传到广州,又过了一个月才明确相应的程序和流程。即便如此,在广州的英国商人想要运出去的货物仍然没有得到英国官员的正式许可令,所以"乔治亚娜号"启航时没有签署舱单。《广州纪录报》指出:"我们更愿意看到英国国旗在广州飘扬,而自由贸易也在英国的庇护下开展。"不过怡和洋行很务实,不管有没有许可都会把船派出去。[17] 英国对华贸易实行"自由"原则,实际上意味着承担正式监管责任的是英国政府代表,而非东印度公司官员。"乔治亚娜号"向西航行时,这些新官上任的政府代表正在来东方的船上。他们可能在途中认出了对方的船只,当然也听到了彼此的消息。

汤普森从好望角向北驶向利物浦时,广州发生了一件大事——英国首任驻华商务总监、第九代律劳卑勋爵威廉·约翰(William John)于7月抵达澳门。这位勋爵不满足于简单地签署声明,也许绅士要做的不是这些事情,但他的信心有多充足,谋略和常识就有多匮乏。威廉本该有礼有节地开展工作,他却火急火燎地迫使清政府承认他的官方地位,而且无节制地越权。威廉·约翰未经许可前往广州,打算向官员递交文书,但未获任何正式接见。他还在广州商行前面的广场墙上张贴夸夸其谈的通知和公告。清政府被这个傲慢的闯入者激怒,事实上将他软禁了起来,并最终将其逼退到澳门。

第二章 利物浦的世界

屈辱的悲剧接踵而至，威廉·约翰很快死于在广东感染的热病。[18]此后，自由贸易稳步增长，但这是总督级人物自取其辱且命丧于此换来的，于是许多在华贸易的英国人越来越相信只有暴力才能维持自由贸易。

1833年"乔治亚娜号"的航行记录，显示了广州地区和全球联系的复杂性和影响力。这艘船在加拿大魁北克建成，直接与英国日益重要的转口港新加坡相连，也连通着巴达维亚、霍巴特、朴次茅斯以及利物浦。1834年，"乔治亚娜号"从位于地球这端的全球中心出发，半年后驶入地球另一端的中心。同年9月，默西河水淹没了滑铁卢码头，当时恰逢利物浦基础设施重建的重要阶段，因为过去30年利物浦港口的航运总量几乎翻了四倍。除了码头和仓库之外，地标性的市政建筑拔地而起，优雅的住宅广场设计建成，新郊区也在开发之中。1807年，诗人罗伯特·骚塞（Robert Southey）写道，自己到访时看到了焕然一新的利物浦。这座城市似乎没有什么"古董"，目之所及都是"近年来的作品"。利物浦甚至算不上城市，而是一座迅速发展的城镇，它的崛起建立在1715年英国首个商用湿船坞的开放之上。骚塞注意到，这里的商人具有文明的公民意识，他们用努力、财富和雄心为植物园、雅典美术馆、学院俱乐部及其他新古典主义建筑提供资金。骚塞还说，支撑这种繁荣的基础设施同样令人印象深刻，"一些仓库的建成高度"令自己惊讶。后来美国的拉尔夫·沃尔多·爱默生（American Ralph Waldo Emerson）也注意到了"码头和所有公共建筑的巨大砖石结构"。

"这些建筑的规模和所彰显的财富远远超过我们美国的建筑物"，爱默生继续写道。[19]英国人的自给自足和自重也给他留下了深刻的印象，他们会捍卫自己的权利，这点不仅体现在生活小事上，也体现在大事上，其中包括直接与华贸易的权利，爱默生可能很清楚地看到了这种特性。

18世纪，利物浦人口迅速增长，1801—1831年间又增长了一倍多。

其中很大一部分是由贫穷的移民带来的（正如骚塞所说，他们就像生活在另一座城市，因为大多数人都居住在"地下室"）；这个繁荣的小镇也吸引了商人和运输商，他们渴望在飞速发展的贸易中分得一杯羹。这些蜂拥而至的商人中间，有一个来自西约克郡哈利法克斯的商人家庭，即后来太古家族的理查德·施怀雅（Richard Swire）、他的堂弟约翰·施怀雅（John Swire），之后约翰的父亲森姆尔也来到这里。1816年，约翰·施怀雅（1793—1847年）已经在利物浦牢牢扎根。当时的一本贸易目录列出了他的地址：库珀街9号，靠近市中心的海关大楼，职业是商人。同年5月的一份记录显示，约翰·施怀雅是来自费城的一批从事树皮贸易的收货人。这是用约翰之名命名的公司——即太古集团有确凿证据可寻的最早记录。[20]

施怀雅家族有10个孩子，约翰·施怀雅是最大的一个，于1793年出生在哈利法克斯。约翰的父亲森姆尔是商人，但是生意好景不长，于1808年破产（而森姆尔自己的父亲、约翰的祖父在1795年也经历了破产）。施怀雅家族起源于约克郡北部的科嫩利，自18世纪中叶以来，一直是当地最杰出的家族，其中资格较老的家族分支仍然拥有礼堂和庄园[21]，资格年轻的家族分支则过得艰难。约翰·施怀雅应该是在父亲破产后为他的堂兄理查德工作而来到利物浦的。这位堂兄理查德至少从1800年起就活跃于该镇，但1810年也宣布破产。当时出现破产这种财务问题并不罕见，因为对英国商人而言，那是一个充满挑战的时代——英国同法国爆发战争，1812—1815年又与美国起了商业和军事冲突，还有随之而来的环境动荡。但他们的创伤并没有因此而减轻，突然陷入困境的"刺痛"将成为几十年后约翰·施怀雅的伤痛和记忆。

就在1816年新闻报道约翰·施怀雅从美国首次进口货物之后不久，他的贸易纪录开始超过堂兄弟。从那时到1834年，《利物浦墨丘利报》大约有34篇文章提到他经营各种各样的产品：施怀雅公司从美国进口棉花、成桶的苹果、面粉和松节油；从牙买加进口咖啡、木材和朗姆酒；

从加尔各答进口靛蓝；从加拿大进口灰土；从明茨伯格圭亚那进口兽皮和木材。自19世纪20年代早期开始，施怀雅公司的大部分进口商品来自北美，有记录显示他们自己进口商品，而其他来源显示他们向美国出口羊毛。[22]

1822年，施怀雅家族还与一家总部位于兰开斯特的船运公司巴罗与诺蒂奇公司建立了长达15年的合作关系，负责定期运输货物分别前往位于英属和丹麦属维尔京群岛的托尔托拉岛和圣托马斯群岛，在那里他们还拥有奴隶种植园。例如，在1828年，公司的两艘船各自进行了两次航行，载着各种货物出口，包括酸橙（糖精的一种配料），然后将装满食糖的船驶回兰开斯特。

这条贸易路线在19世纪早期已经过了盈利巅峰期，说明约翰·施怀雅是个满足于稳定又不起眼的小众市场的商人。19世纪30年代和40年代，施怀雅的代理业务大部分是为航行至海地太子港的船只提供服务。这些早期的记录展示出一种有节制但稳定的商业模式，并且公司很少一次同时经营多艘船只。[23]

1822年8月，约翰·施怀雅与来自安格西的船东兼商人乔纳森·罗斯（Jonathan Roose）的女儿玛丽·路易斯·罗斯（Mary Louisa Roose）结婚。这桩婚事能看出来约翰·施怀雅在经济上比较稳定，至少表面上看起来前程光明。夫妻俩共生育了五个孩子，四个活到了成年，其中1825年出生的约翰·森姆尔·施怀雅（John Samuel Swire）和1830年出生的威廉·赫德逊·施怀雅（William Hudson Swire）继承了家业。19世纪30年代，当地媒体对约翰·施怀雅的采访表明，他是一位相当有名望的商人：他有投票权，被列为利物浦医院的"内部访客"并加入了董事会，在那里与一位当权人物平起平坐，即未来首相约翰·格莱斯顿的父亲。约翰·施怀雅经常向公共救济基金捐款，同时他还是美国商会的会员（他的堂兄在1801年曾是该协会的创始成员）。1834年，"乔治亚娜号"在广州准备启航时，约翰·施怀雅正全心全意处理与美国的贸易事务。那年初，他的名字被列入利物浦的美国商人协会一份请愿书的附录，该请愿书呼吁对羊毛出口征税，文件中还描述了他自己参与的大宗贸易案例[24]——1834年11月1日停靠在利物浦码头的"乔治亚娜号"周围的船只中，可能有一艘参与了约翰·施怀雅的美国业务。

19世纪30年代后期，约翰·施怀雅让公司的业务进入多元化时期，相关记录显示他从地中海和葡萄牙进口葡萄酒、酱汁和增塑剂。但他依然是一位传统的贸易商，并没有像其他人那样大肆进行多元化经营（尽管他确实买入了大西部铁路公司的大量股票）。根据有关资料，虽然约翰·施怀雅的岳父一生中至少买入了11艘船的股份，但这位女婿只投资了其中一艘。航运事业显然不是一段愉快的经历，他对这种风险业务一直保持着应有的谨慎。1840年7月，施怀雅以少数股权认购了"克里斯蒂安娜号"，一艘重达200吨，于格拉斯哥建造的双桅横帆船。这艘船当年航行至加勒比海，但在1841年1月底被记录为在海地失踪。[25]

约翰·施怀雅于1847年8月12日去世，上了年纪后，他的身体就长期处于走下坡路的状态。他留下的财产约为1.2万英镑（按2019年价格计算超过100万英镑）和公司的一堆业务。在他生命的最后几个月中，公司被命名为约翰·施怀雅父子公司（John Swire & Son, John Samuel），21岁的约翰·森姆尔·施怀雅显然在公司中扮演了重要角色。约翰·施怀雅的遗嘱（于1843年3月草拟）向"亲爱的孩子们提了一个忠告"，这是唯一能直接体现他性格的东西：希望各子女为人要稳重、谨慎，保持真正的虔诚，节约开支。因为一旦失去了我辛辛苦苦留给你们的东西，你们也许就会像其他许多人一样，知道贫穷的痛苦。[26]

在进一步说明中，他补充道：迄今为止，我亲爱的儿子约翰·森姆尔·施怀雅长大至今，我对他的镇定、正直和虔诚的品格最为赞许，愿全能的上帝保佑他，使他配得上我和他亲爱的母亲对他的信任。约翰·森姆尔·施怀雅后来还表示："从我父亲开始做生意的那一刻起……我们从来没有欠过任何人钱。"随后他又说："我祖父破产了，所以我父亲不得不去做生意。"[27]

之前的那次破产使施怀雅家族及其妻子接连受创（对乔纳森·罗斯来说，尽管他是一位富裕的"绅士"——在1849年的名录中就是这样列出的，但他也经历过破产），且明显给这个家族留下伤痕。

除此之外，我们对施怀雅家族的私生活知之甚少。威廉在默西河的对岸上学。当时牧师爱德华·鲍曼（Edward Bowman）负责管理小罗斯希尔学校，1841年，根据人口普查，威廉在该校"适合接受绅士之子教育"的名单上。毫无疑问，他的兄弟要么也是在那里上的学，要么在类似的机构接受过类似的教育。也许鲍曼曾向老约翰建议过，孩子们的教育可以向"多塞特公爵阁下"、当地著名的神职人员和他曾经教导过的"最受尊敬的绅士之子"寻求参考，他们就接受过古典或商业教育。还有一点——施怀雅一家人定期在班戈郊外度假，这个地方深受体面商人阶层的喜爱，从利物浦乘普通轮船或火车都很容易到达。

谨慎和节制奠定了施怀雅家族的成就，也为这个来自哈利法克斯的外乡人赢得体面而富足的地位。约翰·施怀雅去世时，一家人住在利物浦霍普街一所舒适的宅子里。他们的邻居包括商业伙伴、船主、股票经纪人、律师、利物浦医学研究所的图书管理员，周围有一些"女士为男士开的寄宿公寓"。[28]他的长子约翰·森姆尔·施怀雅加入了民兵组织，既训练军事技能，又培养社交能力，还骑着马去打猎，在马匹、马厩和装备上花了相当大的费用，即使他年轻时放弃了参加当地的精英狩猎活动，例如柴郡狩猎，但并没有什么理由认为这个年轻人会退而满足于次等标准的生活，有评论也指出他曾经和柴郡会员们一起出去狩猎。[29]

约翰·施怀雅在利物浦30年的商业活动见证了这座城市的持续发展。他是这一发展的受益者，同时也为其贡献了自己的力量。1831—1851年之间，利物浦的人口几乎翻了一倍。自1834年滑铁卢码头启用以来，到1847年，已经增加了七座新码头，还有五座正在建设中。其中包括革命性的阿尔伯特码头，它以码头仓库系统为基础，可以从船只上直接装卸货物，后来成为该市远东贸易的主要中心。一位观察者评论道，它在规模上甚至"超过了埃及胡夫金字塔"，即便它只是"一堆丑陋而裸露的砖瓦"，[30]对提升利物浦的尊严和外观没有什么帮助。

但这样的建筑项目促进了利物浦经济更广泛的发展，越来越多来自更远地方的船只驶入码头。到1855年，利物浦近一半货船的吨位除了来自美国以外，还有一小部分（总计约6.5%）来自亚洲，而且这一比例还在不断增长。[31]后来一位访客记录道，城市的"码头、港湾和巨大的仓库，里面堆满了兽皮、棉花、牛油、玉米、油饼、木材、葡萄酒、橙子和其他水果"；巨大的运货车（"更像大象"）载着沉重的货物，还有传闻说街道被"堆积如山的商品堵塞了"。在交易所里，人们的办公桌和墙板上贴满了最新的电报、伦敦股票和股份列表的通知、货物清单、货运清单、销售清单、出港和返港船只的航行时间、风向和天气状况、气压计读数等各种资料。

这是一个商品和信息不断流转的城市，"一边是巨大的财富，另一边散发着肮脏的贫穷气息；一面是办公室、富丽堂皇的会计室和鳞次栉比的仓库，另一面是熙熙攘攘的平民大众"。[32]

利物浦精英人士对这些指控的反驳是：新古典主义风格的圣乔治大厅在1854年开放，它是城市的地标性建筑，除了位置不在雅典，其他地方都极富雅典风情。伦敦《纪事晨报》（*Morning Chronicle*）宣称，这是"那个时代的缩影——庞大、奢华、充满建筑缺陷和反常，但引人注目、庄严而实用"。在山形墙上可以看到"商业之神墨丘利的标志——水星"，给予不列颠、欧洲、亚洲和美洲馈赠。[33]穿越大洋的信使到达港口时，全城都能听到一声炮响，预示着货物、乘客和邮件的到来以及城市商业车轮的转动。

威廉·渣甸是广东贸易的伟大倡导者，利物浦的利益集团以他的

第二章 利物浦的世界

名字给一艘新船命名,标志着入局中国贸易——奴隶贩子和奴隶主约翰·托宾(John Tobin)爵士在利物浦共同建造了一艘690吨的船(自1812年以来,此人一直在游说关停东印度公司),并命名为"威廉·渣甸号"。这艘"华丽的新船"在奴隶资本的资助下,开始了首航。[34]这艘船当然是开往广州的(还准备了一份柴郡奶酪作为送给渣甸的礼物)。然而,中英两国达成的直接贸易关系还远远满足不了利物浦商人的胃口。1836年2月,律劳卑勋爵威廉·约翰去世,这座城市的外国商人进行了"有效抗议"。[35]这次抗议由詹姆斯·马地臣的到访促成。

1835—1836年,詹姆斯·马地臣在英国四处奔走,与商会交谈,敦促他们向政府请愿,采取行动。于是,广州的紧张局势最终成为英国政府1839年采取行动的充分理由,尽管这次行动并非大部分英国人的意愿,因为随后发生的事情很快被贴上了"鸦片战争"的标签。

1839年,清政府被鸦片贸易带来的腐败、毒瘾和民风堕落所激怒,任命林则徐为钦差大臣,前往广州查禁鸦片贸易。林则徐到了广州,严令英国商人交出所有库存鸦片,并将他们扣押在广州,直至对方就范。律劳卑勋爵威廉·约翰的继任者将自己的人(以及他的官职和英国政府本身)列入清廷的扣押名单,这样伦敦就有了开战的理由:因为英国的官方代表被中国人扣押了。

为了稳住开战的决定,威廉·渣甸和其他人匆忙赶回国游说,并提出一项军事战略。利物浦则对这场冲突充满热情。接下来三年里,两个国家断断续续的冲突让清朝官员意识到,他们需要与对手达成某种妥协。1842年8月29日,清朝和英国代表在停泊在于南京长江上的一艘英国军舰签订《南京条约》——清朝开放五个港口为通商口岸,与英国开展贸易,外国人可在通商口岸居住,将前一年英国占领的香港岛割让给英国王室,提供高额赔款,并允许英国自己制定关税征收标准。

《利物浦墨丘利报》在得知这一消息后评论道:"任何言语都无法夸大这一事件的重要性。很难说商业扩张会有什么限制,我们手握利剑，征服并进入了一个拥有三亿人口的市场。"[36]

"自由贸易"一如既往地通过枪炮的力量来到中国，而且这次有新技术的支撑——皇家海军在作战中首次部署了一艘蒸汽船"复仇女神号"，而且，这艘船是在默西河上的造船厂建造的，由利物浦的工匠亲手打造，这艘"非常壮丽的铁甲蒸汽轮船"因此得以在珠江三角洲的水道上随意行驶，并粉碎维系大清帝国权力的结构。[37]

19世纪中期，新技术在更大范围内重塑整个世界：武器、蒸汽轮船、电报、铁路；新的科学发现，还有气候学、疾病学、地理学、气象学和海洋学等领域，那些经过探索和梳理产生的新知识对世界的发展做出了贡献。此外，陆军和海军、公务员和商业组织的创新发展，也为世界格局的重塑贡献了力量。这些因素给了欧洲人一种看似不可战胜的优势，也给了他们一种强烈的文化、文明和"种族"优越感。他们培育出对命运和使命的信仰，其中有些是粗俗的，而另一些人则将这些信仰塑造成新的意识形态，即统治和"管理"他们眼中的异族——因为对方持有不同的信仰，而且军事上比他们弱。他们四处横行，征服并建造新的城镇、城市和州邦，通过铁路和轮船，也通过跨帝国的法典，还有语言、文化和信仰将它们联系在一起。为了满足野心，他们瓜分土地，从1869年开始修建苏伊士运河，连接地中海和阿拉伯海。

但所有这些都对当地土著的社会、政治、景观、环境及野生动物造成了巨大的破坏。对方虽有所抵抗，但这帮人还是取得了一时的胜利。

这是一个科学、技术和理性的时代，也是一个怀疑宗教正当性的时代；同时，这个时代也不乏投机、狂热、妄想和极度的兴奋。无论是1849年的美国加利福尼亚，还是1851年的澳大利亚，矿藏的发现都刺激了当地的"淘金热"，成千上万的人跨越海洋和大陆去挖掘黄金，试图找到财富。这些发现有助于重新调整社会和经济的方向。人们喧嚷着要分一杯羹，他们到达目的地后对必需物质的需求，给了香港这座城市全新的生活和功能。例如，对香港进行彻底改造，将原本只作为一家英国

第二章 利物浦的世界

驻中国新公司总部的城市，变成一座与旧金山连通的城市，把太平洋从一道屏障变成海上高速航道，让满载着中国劳工和物资的船只沿着这条航道航行，就为了加利福尼亚州喉咙干渴的人能喝上新鲜啤酒。[38]

从1847—1852年，旧金山的人口从460人增长到3.6万人。[39]澳大利亚的发展也吸引了来自中国、英国和美国的淘金者到维多利亚开采金矿，并刺激英国商人和船主拓宽他们的视野，超越既定路线，把这些充满机遇和商业活动的地点联结在一起。

施怀雅兄弟在利物浦动荡不安、人脉丰富的贸易中心工作，对这些变化有着很强的适应能力。在父亲去世后的20年里，他们参与了很多商业活动，兄弟中一人去了美国，而约翰·森姆尔·施怀雅则去了澳大利亚。老约翰去世时，作为长兄的他当时可能人在美国，但根据记录，约翰·森姆尔·施怀雅是在1848年到达纽约的，并于1849年坐船到波士顿。后来，他在"蛮荒的西部"待了五个月。

"比起任何其他非捕猎者，他在印第安人中走得更远"。[40]这不是巧合，这是加州淘金热的时代。他父亲所希望的那种"稳定、谨慎"，现在看来似乎已经一去不复返。约翰·森姆尔·施怀雅在北美大陆待了几年，而他的弟弟威廉则在利物浦负责公司业务。1849年夏末，公司更名为"施怀雅父子公司"，威廉正式加入以他们父亲的名字命名的合伙企业，并继续与加勒比地区（最初是北美，后来面向越来越多其他地区）和欧洲大陆进行各种各样的商品和产品贸易。[41]

玛丽·马丁（Mary Martin）是利物浦成功商人兼保险经纪人塞缪尔·马丁（Samuel Martin）的女儿，她的日记是我们了解施怀雅兄弟私人形象的唯一史料记录。1851年底，马丁小姐在颇有名气的制糖厂老板亚当·费尔里的家中认识了施怀雅兄弟。她的父亲似乎很喜欢约翰·森姆尔·施怀雅，并在生意上给他提过建议，但他对威廉·赫德逊·施怀雅就没那么有信心了。年轻的威廉举止粗鲁，体质孱弱，爱慕虚荣。他是利物浦城里头脑聪明、蓄着时髦胡须的年轻人的缩影——把自己的男式马车换掉，为自己拥有一辆当时流行的，颜色酷似伦敦教堂白色墙壁的新式马车而自豪（当时所有的年轻人都为这种马车而"狂热"），而且他还是那种在时髦的博尔德街上闲逛玩纸牌的年轻人，花花公子每到下午就会聚到这条街上。威廉加入了时尚的帕拉廷俱乐部，像马丁一家一样，和他的兄弟一起去圣乔治音乐厅听音乐会，和巴巴多斯出生的约翰·摩尔（John Moore）一起去法国和意大利度假。摩尔是商人的儿子，也是奴隶主，他跟约翰·塞缪·施怀雅尔也保持着长期的友谊。威廉工作勤奋，但显然他的哥哥是两兄弟中更有效率和成就的一个。在玛丽·马丁的日记中，有关哥哥的记录很少，但还是能看出，这位哥哥更保守，也许更有思想，没有他弟弟那么浮华，无疑是同僚眼中更合适的合伙人。

他们的社交世界也围绕着商业活动展开。根据记录，这对兄弟与利物浦出生的棉花经纪人兼船主小托马斯·罗杰斯（Thomas Rogers Jr）在新奥尔良成立了一家公司。小托马斯是这个三角洲城市商业界的杰出人物，至少从1846年就在那里工作。新奥尔良合伙企业以罗杰斯的名字命名，但他获准成为利物浦施怀雅父子公司的合伙人，其主要业务是从新奥尔良运输棉花。1854年初，威廉·赫德逊·施怀雅访问这座城市，双方建立了初步合作关系。当时，新奥尔良的棉花生意正处于繁荣时期，这种合作关系就一直延续了下来。根据有限的资料，1857年10月两家商行解除了合作关系，不过当时彼此还是同意在自己的港口城市担任对方的代理商。

新奥尔良是英国的重要投资对象，也是一个多样化程度令人眼花缭乱的新兴城市，流通多种语言，法律体系复杂（法国法律仍然在此地有效），种族众多并以无法无天而闻名。[42]自从1811年美国购得该地以后，其人口增长迅速，而且促进了棉花生产种植向美国西南部邻近各州的重大转移，这座城市自身也从中受益。

可以这么说，新奥尔良就是"美国的利物浦"。来自牙买加的英国

第二章　利物浦的世界

传教士詹姆斯·菲利波（James Phillippo）就是这样认为的，而且他还观察到了大量的不公正和道德败坏现象。[43]棉花依赖于奴隶制，而奴隶制现象在新奥尔良的街头和商业活动中司空见惯，尤其是在19世纪50年代，新奥尔良城的24座贸易仓库，平均每年卖出7500名奴隶。

此时，施怀雅兄弟与更有名气的商人乔舒亚·迪克森（Joshua Dixon）建立起另一种长期联系。迪克森于1852年在利物浦定居，曾在纽约和新奥尔良生活和工作，是一名银行家和佣金商人。19世纪50年代，上了年纪的迪克森可以说是为年轻人树立了人生典范，他也是利物浦社交圈内的重要人物（他和约翰·森姆尔·施怀雅对狩猎一样抱有热情）。[44]两兄弟还担任巴特菲尔德兄弟公司——一家总部位于布拉德福德的纺织品公司的代理，负责向新奥尔良和纽约运输货物。[45]与父亲不同的是，兄弟俩先后成功投资了许多船只，包括与罗杰斯合作的"伊万杰琳号"，这是一艘950吨重的铁帆船，于1853年首次航行到新奥尔良。据《时代琐闻报》（Times-Picayune）报道："一艘前所未有、如此精良的船在我们的水域航行。"在"伊万杰琳号"靠岸后的一次船上晚宴上，罗杰斯宣布为这艘船的船长准备了一份"奖赏"——接下来的12个月里，如果这艘船在从新奥尔良到利物浦的这条航线上跑出最快速度，船长将赢得这份奖赏。1854年10月，在罗杰斯宣布奖励的同一地点，"伊万杰琳号"的船长拿到了奖励，这艘船每年跑四次，从利物浦运盐和向美国东北运送棉花，当年的第三次航行时间为26天10小时，比排名第二的船舶快了一天半。[46]

所谓的"太古模式"其实很早就有迹可循：一座繁荣的城市，大量商人和资本的涌入，最炙手可热的商品，拼船速和以此为傲的时代。施怀雅兄弟打算建立自己的商业世界，但这个世界不稳定，商人对利润的角逐接二连三地展开。利物浦本身是进入这些新市场的坚实平台，但成功仍然需要资金和活力。1854年，威廉·赫德逊·施怀雅亲自访问美国，以进一步发展公司业务，他还到了肯塔基州和纽约。1854年，新奥

-029-

尔良一共有近600家商业公司，其中36家在航运中心开展业务。

新奥尔良这座城市的发展已趋饱和。约翰·森姆尔·施怀雅晚年向他当时的伙伴阐述了自己的部分经营哲学："你必须向前看，比起取代已经先人一步的对手，占领新地盘要安全得多。"[47]本着这种精神，1854年9月，就在他的弟弟从美国回国后不久，约翰·森姆尔·施怀雅在推迟了几次行程之后，朝着不同的方向出发，乘船驶向了澳大利亚。当时，从英国去澳大利亚的船只不多，淘金热仍在高涨。

19世纪50年代中期，施怀雅兄弟的生意前景并不乐观，约翰·森姆尔·施怀雅此行为公司的未来带来光明。兄弟两人从父亲那里继承了一家稳当的企业，但这家企业的实力算不上雄厚。美国对他们的命运没有帮助，公司未来的走向越来越不确定，以至于塞缪尔·马丁在威廉对女儿玛丽求婚时，对其经济前景"深感忧虑"（之后，玛丽和威廉·赫德逊·施怀雅的关系日渐亲密，并于1857年结婚）。[48]

澳大利亚会带来什么希望呢？许多人都在问这个问题，但还是有更多的人一拥而上，相信澳大利亚将给他们带来巨额财富。对欧洲人来说，那是一个新的世界。

"乔治亚娜号"从广州出发时，墨尔本当时还不存在，1837年才正式成为英国的殖民地，并在1851年发展成为新殖民地维多利亚的首府。维多利亚由一群畜牧精英统治，他们手里有上千个牧场，饲养了约600万只羊和450万头牛。

黄金的发现改变了一切。1852年4月初，新南威尔士州传出雪山形成"巨大的金矿"和"墨尔本周围有真正奇妙的金矿"的消息，细节开始接二连三地传到英国，带来这些消息的船只也带回了第一个证据——价值15万英镑的黄金。[49]

利物浦以及全国各地的报纸都报道了墨尔本的疯狂现状，涌去那里的人来自各行各业——海员、仆人、屠夫、面包师和工人，任何腿脚好的人都蜂拥到田地里，回来的时候他们"口袋里装满了钱"。

第二章 利物浦的世界

在伦敦、利物浦以及英伦诸岛的城镇和村庄,有些年轻人还没读完书就直接冲到码头上船。这些船只也闻风而动,立即宣传自己走的航线是经利物浦驶往"澳大利亚和黄金地区"。

1852年5月,"移民号"从利物浦启航,有50名乘客挤在船舱里,400名乘客挤在三等舱,这还只是淘金移民中的第一批。就像查尔斯·狄更斯在那年夏天写的那样:"每个人似乎都要去掘金。""大批银行职员、为商人打杂的小厮、初出茅庐的秘书和收银员,他们随波逐流,对自己要去的地方或要做的事根本摸不着头脑。"[50]

对于这么多人来说,前往澳大利亚困难重重。玛丽·马丁在日记中带着少女写作的夸张笔调,对约翰·森姆尔·施怀雅离开墨尔本做了描述,文字间带着一种不确定、分离和流亡到远方的忧郁感。显然,这件事对兄弟俩来说也是一场商业上的赌博,他们的行动得到某种支持,至少听取了他人建议,或许还有人引荐,但澳大利亚此行依然被看成一场不得已而为之的赌博。[51]

成千上万的人都在碰运气,从1850—1855年,维多利亚殖民地的人口从7.6万增长到36.4万,墨尔本的人口翻了四倍。"从伦敦和利物浦来的面色苍白的职员"、从香港出发的中国广东农民、来自加利福尼亚的大批白人,从船上一拥而下,墨尔本的码头几乎无法应付这么多人流和货物的运输。这些人挣扎着上岸时,眼前的院子堆着高高的木材和建筑材料——根本没有房间可以住,在帐篷堆里扎个帐篷的空间也许还有。他们加入充满希望的人群,一位观察员称:"地球上没有任何一个国家"能"跟这群人的多样性媲美"。黄金的前景很吸引人,但金矿却使墨尔本失去了劳动力,失去了船员、店员、牧羊人。所以维多利亚需要人手、物资和茶叶,需要公司和经纪人来采购这些物资,还需要船只和新的船运服务来运送它们。毕竟,正如伦敦《笨拙》(*Punch*)杂志所指出的那样,黄金有一个缺点——"它不能吃"。[52]

"新金山"是中国人给墨尔本起的绰号,不过它还需要"喂养"。

约翰·森姆尔·施怀雅乘坐的是一艘800吨的崭新帆船,名为阿尔比恩航线的"海洋浪花号"(Spray of the Ocean),它的船主称这是"建造得最完美、最漂亮的船只之一"。这艘船很快就进行了处女航。

1854年9月,有10艘船从利物浦驶往墨尔本,阿尔比恩航线的"海洋浪花号"也是其中之一,船上载有50名乘客,满载着"上等"土豆和洋葱,还有"一位心灵手巧的殖民地居民制作的"车轮。约翰·森姆尔·施怀雅之所以在澳大利亚投资,完全是受到繁荣时代和看似无限可能性的影响,此外还有公司前景不明的推动,此举乍一看似乎进一步偏离了他父亲设定的方向。他自己也说过:"要么干两年,穷困潦倒地回来,要么干十年,出人头地。"

然而,约翰·森姆尔·施怀雅仍然是"务实"的殖民者,这点可以从以下事实中看出:掘了第一次金之后,他便下定决心,去做自己更有经验的事情,那也是施怀雅父子公司的业务基石——向这座蓬勃发展的城市运送所需的物资,并将殖民地生产的东西运出去。[53]

于是,施怀雅父子公司向英国输送羊毛、谷物、动物油脂和皮革,输入墨尔本需要的商品,其中最独特的是健力士啤酒,他们将之重新装瓶,在利物浦贴上达格尔黑啤酒的标签售卖。一份1856年1月的告示可以见证当年的买卖:施怀雅父子公司提供待售的爱尔兰燕麦片、去皮豌豆、坎伯兰和威斯特伐利亚火腿、陈年威士忌、凯斯白兰地、艾尔与波特啤酒、用于挖掘作业的物资、爆破炸药和棉花毯,还有茶点或其他放松身心的商品。

1855年,约翰·森姆尔·施怀雅将淘金场的泥巴从脚上洗去,再也不干淘金的事,随后入选墨尔本商会,担任陪审员;根据记录,他还是墨尔本狩猎俱乐部的"早期追随者"之一。该俱乐部成立于1852年,由一群豢养进口猎犬的爱好者组成,约翰·森姆尔·施怀雅至少参加了一年一度的障碍赛。[54]

在澳大利亚发财的机会吸引了施怀雅家族社交圈中的其他人。

第二章　利物浦的世界

早在1849年和1851年，和他一起在柴郡狩猎的查尔斯·詹姆斯·罗伊兹（Charles James Royds）和埃德蒙·莫利纽克斯·罗伊兹（Edmund Molyneux Royds）都去了昆士兰，在那里当了30多年的牧民。这两人都在立法议会任职，直到19世纪80年代末才回到英国。[55] 施怀雅家族在利物浦的联络人，还有家乡办公室那些有前途的职员，后来受邀参与公司的管理事务，而施怀雅兄弟的表弟乔纳森·波特·奥布莱恩（Jonathan Porter O'Brien）在被派回英国负责澳大利亚在英业务之前，一直在澳大利亚与表哥共事。威廉·赫德逊·施怀雅一直在催促哥哥回来，让哥哥接手自己的事务，因为他发现利物浦的那堆事情很难管理。[56]

个人经历总是在一定程度上影响着公司的发展。弟弟威廉·赫德逊·施怀雅患有间歇性疾病，约翰·森姆尔·施怀雅日渐成为公司有决定权的合伙人，并最终买下弟弟的全部股份。1846年，约翰·森姆尔·施怀雅的未婚妻去世，也许影响了他第一次前往美国的行程，但他的性格与父亲的谨慎形成鲜明对比，终于还是让自己的脚踏进了美国边境，还露宿在澳大利亚帐篷里挖金矿。实际上，父子两代人都没有遵循常人认为的可持续商业发展模式，但两代人身上都展现出了在本书的故事中一再重现的勇气和精神。虽然狩猎和障碍赛跑无疑是绅士的活动，但约翰·森姆尔·施怀雅终生对这些活动保持渴望，从中可以看出其性格如何塑造这家公司。晚年时期的约翰·森姆尔·施怀雅表示，自己"一直追求荣誉，而不是金钱"。但正如下文所述，其中更多的是花言巧语，而不是严谨的事实（实际上是求婚者的花言巧语），虽然"英镑和美元"总是有的，但猎人追逐猎物的那种率直和冲劲，还有金矿矿工顽强的乐观精神，常常出现在这位后来被称为"祖师爷"的人物的行动中。[57]

1858年6月中旬，约翰·森姆尔·施怀雅离开墨尔本回到利物浦。他的弟弟一直恳求他回家照看家里的生意。一回到家乡，他很快就安排马修·马伍德（Matthew Marwood）前往墨尔本。马伍德是利物浦一位富有地主的侄子，这位地主的儿子则是该市一位著名的船舶经纪人。1858年12月7日，马伍德从利物浦抵达墨尔本，并于1859年1月10日加入施怀雅家族的企业，成为合伙人。[58]

约翰·森姆尔·施怀雅乘坐皇家邮轮"澳大拉西亚人号"一路抵达苏伊士运河，这是一艘重达3300吨的铁质螺旋桨船，"遇到颠簸就像滚桶一样翻滚"，而且振动剧烈。这段航程注定颠簸，二副甚至在途中掉到了海里，而且晚到的邮船在返航时还发生了漏水事故，使处在发展中的英国交通网的脆弱性暴露无遗。而且这艘船在1857年的一次试航中搁浅，堵塞了克莱德河，真是从一开始就没有什么好运气。事实上，在约翰·森姆尔·施怀雅离开墨尔本之前，"澳大拉西亚人号"的船东就已经在进行破产清算了。邮件递送的不可预测和随意性，再加上商业信息遭到延误，这个依靠信息和船只运送人员和货物远跨重洋的帝国，或许扩张得过头了。[59]但直到1858年，澳大利亚仍然在向外界提供充满幻想的机会，这让它更加倒霉：《澳大利亚人报》向苏伊士传递了在巴拉瑞特发现"欢迎金块"（Welcome Nugget）的消息，这是迄今为止发现的第二大块纯金。

"所有航程在60日以内的蒸汽船，其速度都在本船的比拼下黯然失色！"这艘4000吨的"艾伦·斯图尔特号"快艇的经纪人夸口说。快艇载着马伍德从利物浦出发，绕过好望角到了开普敦。事实证明，这种说法并不准确，尽管蒸汽轮机技术已经开始成为确保英帝国安全的决定性因素，但它们仍然无法有效地为帝国服务。[60]

这种局面很快就得到改变，事实上利物浦是改变了它，而施怀雅家族在背后起了资助和支持的作用。

从很多方面来说，澳大利亚也对这段历史至关重要。首先，它保证了施怀雅父子公司的健康发展，让公司在经历多年的不景气后，保留了一定的元气，并拓展了前景。在1855—1867年间，约翰·森姆尔·施怀雅并没有找到黄金，但他在此期间成立的那家从事交通、房产等大宗交易的公司却稳定盈利。这个新市场对公司如此重要，以至于他在1861年的人口普查中称自己是"美国和澳大利亚商人"。1862年，英格兰银行的利物浦经纪人宣称，该公司"信誉良好"。到1867年，仅约翰·森姆尔·施怀雅一人就拥有了大量的现金储备，其总额至少是他父亲1847年留给他资本的20倍。[61]1861年，约翰·森姆尔·施怀雅和詹姆斯·洛里默（James Lorimer）在利物浦深谈了一次，随即解散了墨尔本的施怀雅分公司，洛里默与马伍德以及第三位合伙人罗伯特·罗梅（Robert Rome）在利物浦和悉尼分别经营起施怀雅家族的生意。洛里默于1853年从利物浦来到墨尔本为施怀雅家族效力，他曾在利物浦著名的麦克斯韦公司担任文书工作。在墨尔本时，他和约翰·森姆尔·施怀雅同时在墨尔本商会任职，成为亲密的朋友。后者经常被他的经营理念弄得灰头土脸，但两人的友情一直持续到1889年洛里默去世。[62]

公司与船东及航运公司的联系日益密切。洛里默将白星航运公司的代理业务牢牢地纳入了公司的业务轨道，墨尔本的施怀雅公司在解散之前则经常充当航运代理，为不断扩大的代理行网络服务。白星是一家总部位于利物浦，发展十分迅速的快船公司，由心气高傲、永远不知道疲倦的工作狂轮船经纪人亨利·斯瑞弗·威尔逊（Henry Threlfall Wilson）领导。这条航线随着淘金热的兴起成长起来，以最快的速度包租和试航新船，他们在赢得美国快帆船的同时也失去了皇家邮政的合同，但仍然积极推广着自己的船只。它们是世界上最大、最漂亮的船只，以始终如一的准时、卓越的操纵和驾驶方式而闻名，它们的航行速度之快，史无前例。[63]

威尔逊趾高气扬，但很快就弄巧成拙，搞砸了不少业务。不过，凭借白星公司和维多利亚政府的移民合作，这条航线确实是一个不错的、稳定的收入来源。在1859年双方建立关系之前，施怀雅兄弟已经在墨尔本开发了一项常规业务，为来往于加尔各答、旧金山和中国的船只提供服务。这些船只从英国出发，载着压舱物向北驶往中国，然后再兴冲冲地带着茶叶回来。[64]

从另一个关键的角度来看，墨尔本的淘金热对施怀雅家族有着重要意义。淘金热本身加速了澳大利亚殖民地与中国之间的联系，让墨尔本成为仅次于伦敦的第二大茶叶贸易中心，[65]而这块曾经的殖民地更是把中国作为供给和劳动力的重要来源，用来支持他们的发展计划。

如今，中国人把南半球这片土地看作可以获得工作或挖掘财富的宝地。这些发展深刻地改变了澳大利亚的定位，但约翰·森姆尔·施怀雅仍然坚定地把目光投向欧洲和英国，当然他比以前更加关注太平洋和亚洲，不再像过去那样只是把悉尼开出的船当成前往欧洲之路的站点，而是把它们看成维系自己与外界的重要纽带。

1842年后中国开放新的通商口岸，巩固了以"乔治亚娜号"标志性航次为象征的、日益繁忙的交通网络。与此同时，利物浦和墨尔本正在开展基础设施建设，虽然进展缓慢，但不可阻挡。安排好外国占用的土地之后，作为中国新开放港口的香港就开始修建码头、仓库、船坞，船舶供应商和煤仓也得以建立。同时，商人为自己建造了宏伟的住宅，通过展示自己的生活方式来炫耀地位。教堂盖了起来，社交俱乐部成立，赛马会开张，酒馆开始招揽生意，报纸也开始发行（马地臣的报社也从广州搬到了香港）。为此，英国政府签发了邮件合同。随着时间的推移，信件、人员和信息的运输量越来越大，速度越来越快。不过，各地的发展并不均衡，直到1853年，福州实际上一直在阻挠英国人入内；在广州，人们普遍憎恨英国人发动的粗暴军事行动，于是官员尽其所能地阻止新制度落地。

对此，英国人的反应是施加更多的暴力，为确保这一点，他们与其他外国的代表后来赶往各地与清政府签订条约（根据"最惠国"条款，各国一致均沾英国的权益）。但不管在哪里，他们都被赶到了通商口岸的新郊区范围内。

第二章 利物浦的世界

这种地理限制在很大程度上被视为一种优点，甚至在一段时间内，对于那些在当地深深扎根的人来说，成了一种"生来就有的权利"。土地租赁者委员会成立起来，组织新道路和海滨堤岸的建设（英印术语称之为"bunding"，沿着这些堤岸的道路则称为"Bund"）。后来，他们开始雇用监督员和守夜人，这些人又组成警察部队，而委员会则自称"工部局"，负责所有相关事务。香港成长起来后，设有总督一名，同时兼任驻华商务总监，另设有文官、军事和宗教机构。就在这座岛屿的北端，一座以英国女王名字命名、人称维多利亚港的新港口发展起来，成为世界上最美丽的天然港口之一。最初，此地因目无法纪和疾病而臭名昭著，所以它讨人厌也在情理之中。为此，英国政府开始打击海盗和盗匪活动，制定基础设施和公共卫生政策，减少了所谓的"香港热"造成的死亡人数。

这块刚刚实行殖民统治的地区甚至把中国罪犯运到范迪门斯地（澳大利亚）、槟城（马来西亚）、新加坡、纳闽（马来西亚）和信德（巴基斯坦），鼓励从澳大利亚殖民地回来的自由移民到这里寻找机会。地处中国香港的维多利亚港因此稳步发展，并不断深深地嵌入英国现有的贸易和通信网络中。[66]

我们不能想当然地认为，军事胜利、条约权利和港口的开放就意味着商人来此地做生意轻而易举。实际上，情况并非如此，即使那些在广东做生意熟悉门道的人也会发现自己很难在新港口立足。对于没有此类经验，却追求中国向英国贸易商开放这一商机的人来说，在新港口立足可能就成了令人困惑和沮丧的苦差事。毕竟，该从何处着手呢？有哪些信息能利用？中国人会买些什么东西？如何付款或收款？如何处理汇款？由谁来处理？能信任谁？能信任他们到什么程度呢？是否存在仲裁纠纷或获得补偿的流程呢？这些问题困扰着拉斯伯恩家族这样的利物浦商人。与施怀德家族一样，他们也长期在美国开展贸易。1844年，塞缪尔·拉斯伯恩（Samuel Rathbone）和詹姆斯·沃辛顿（James

Worthington）带着一船棉织品、缝衣针、纽扣、美国布料和价值300英镑的"珠宝"来到中国，随后发现同行的商人对他们的态度完全是迷茫的，既帮不上忙，也不会出手妨碍。中国商人似乎很迟钝，他们沉迷于与外国期望不符的交易形式。

拉斯伯恩家族拒绝接触鸦片这种"获取美元的最大单一手段"，因此断了轻松捞钱的财路。尽管如此，他们还是坚持下来，并最终走出了低谷，虽然进度很慢。他们一再强调，与自己身处的新市场相比，旧广州的垄断"肯定是一桩安全又简单的生意"，这种说法并不罕见。[67]

尽管对华贸易稳步发展，但在中国新成立的外交机构任职的英国官员又开始失望，许多英国商人都不满自身受到的限制。他们这些抱怨都是老生常谈，比起以前广州小县城那些让人不满的限制，如今的做法已经有了很大的改进，可那些反对给自由贸易套上任何"枷锁"的人仍然对现状感到不满。1856年，地方当局因一艘在英国领土注册的船只"亚罗号"与英方发生争端，当时的英国驻广州领事巴夏礼故意抓住这次争端不放。这艘船的证件已经过期，且涉嫌走私，因此清政府将其扣押，他们也完全有权利这样做。但巴夏礼把这一事件演变成再次展示武力的借口，并迅速升级为军事冲突。

这就是第二次鸦片战争，比1839—1842年的战争更具破坏性。1860年，英法联军在中国北方登陆，并在清政府求和之际，逼近了他们的首都。

这场战争之后，清政府被迫签订《中英天津条约》，按照条约规定，中国开放长江沿岸的镇江、九江和汉口以及华北的天津和牛庄（后改营口）。长江各口开放，意味着外国船只可以在这些港口和上海之间航行。同时，英国特使受命常驻中国首都，大张旗鼓地住进原先的淳亲王府。

1842年英国人撬开中国国门，影响随之而来——中国对外贸易中心

第二章 利物浦的世界

从最初的广州转移到香港,然后又缓慢而稳定地转移到上海,对中国南方其他地区的经济和社会造成了明显的撕裂。

新教的传教士在通商口岸的定居、传播教义也变得更加容易——形势变化,广西当地乡民和新移民之间的关系持续紧张,终于在1850年爆发了一场大规模的起义。起义由自称是耶稣基督弟弟的洪秀全领导,但在外国观察家看来,洪秀全的举动十分令人费解。

洪秀全的太平天国运动横扫了半个中国。1853年,他率领诵读着圣经的士兵占领并定都南京。由于这支起义的队伍太过强大,清政府一直没能将其剿灭,但他们又没有强大到可以推翻清王朝的统治,于是太平天国运动持续了14年,给中国中部地区的人民造成了破坏性的影响,数千万人死于暴力或战争引起的饥荒。

这是一个剧烈变化和扩张的时代,到处充斥着暴力。参加第二次鸦片战争的英国军队被调到印度,镇压1857年印度民族主义的大起义。英国人称之为印度兵变。对印度人民来说,这次起义是前所未有的挑战,但也遭遇了同样前所未有的暴力。起义被扑灭后,英属王室最终收回东印度公司对英属印度的统治权,但印度人反抗的规模之大,让英国不再那么雄心勃勃地想要制服中国。

此刻的美国正逐渐滑向南方蓄奴州的叛乱,这些州于1861年宣布成立独立邦联。随后美国陷入4年内战,影响波及全球,美国南方种植园的棉花出口几乎枯竭,最后靠着英国的大量库存,还有埃及和印度的生产扩张,才使兰开夏郡和柴郡的工厂恢复全面生产。

战争极大地改变了棉花世界。尽管正如1866年英国各报刊报道的那样:战争接近尾声时,对美国的棉织品出口急剧增加,[68]但英国公司已经开始寻找新的市场,好度过战争带来的困境。例如,布拉德福德的纺织制造商巴特菲尔德兄弟公司在利物浦长期聘请施怀雅父子公司担任其美国出口产品的代理商。1864年夏天,他们开始开拓中国市场,向美国琼记洋行在香港、上海和横滨的公司寄去样品。[69]这种长期存在的

-039-

商业伙伴关系，以及与富有创新精神、雄心勃勃的利物浦造船商阿尔弗雷德·霍尔特建立的新联系，为19世纪60年代中期的施怀雅父子公司提供了新方向，也将他们在澳大利亚的分公司带入新的商业领域。

约翰·森姆尔·施怀雅于1858年回到利物浦，公司在此之后的活动细节几乎无据可考。1862年，兄弟俩出现在新闻报道中，这些新闻报道包括市长晚会，医院、学校的慈善捐款活动，利物浦沉船和人道协会以及"兰开夏郡和柴郡棉花区救济基金会"等活动。1859年，约翰·森姆尔·施怀雅与一位制糖商的女儿海伦·阿比盖尔·弗瑞（Helen Abigail Fairrie）结婚，当初两兄弟认识玛丽·马丁也是在这位制糖商的家里，而玛丽·马丁一家与约翰·森姆尔·施怀雅的朋友约翰·摩尔（John Moore）结了姻亲。

1861年，约翰和海伦的儿子小约翰——也就是大家常说的杰克出生后，悲剧发生，海伦在海外养生之旅的途中去世。19世纪60年代的大部分时间里，杰克都和叔叔威廉·赫德逊·施怀雅以及玛丽住在一起。

维多利亚时代中期，英国公司的寿命一般都很短。一项粗略的估计表明，在1855年活跃于利物浦的公司中，到了1870年只有五分之一还在经营。[70]

所以，即使考虑到合伙人关系及名称的变化，施怀雅父子公司也明显算得上是不同寻常的幸存者。如今公司的业务变得更加多样化，而且在澳大利亚的大力支持下，地位也更加巩固。于是，施怀雅兄弟有了新的野心。1864年，兄弟俩做出最大胆的举动，打算将白星公司并入新成立的澳大利亚和东方航运公司。这家"纯粹的澳大利亚企业"旨在合并白星公司、黑球公司和老鹰公司新的蒸汽航运业务，正如黑球公司的董事廷德尔·贝恩斯（Tyndall Baines）后来所说，这三家公司"一起争夺市场"。施怀雅父子公司将拥有三艘最初以该公司名义运营的轮船在墨尔本的代理权，其中包括作为蒸汽现代化标志的"不列颠号"蒸汽船。但这条路线过于拥挤，只有抱团取暖，才能保护相关方投入的巨额资金。约翰·森姆尔·施怀雅和理查德·沙克尔顿·巴特菲尔德（Richard Shackleton Butterfield）都在新公司的董事名单上。头一年秋天，在国家蒸汽航运公司最初的招股说明书中，约翰·森姆尔·施怀雅曾被任命为该公司董事之一，该公司后来的大西洋客运业务获利颇丰，但他为了专心运营新成立的企业，似乎已经退出这家航运公司。[71]

然而，兄弟二人的计划在操纵市场的争议和指控声中瓦解，据说这一指控"震惊了股票交易界"。不过有些人认为，之所以出现这场风波，并且由证券交易委员会做出撤销协议的决定，其背后的原因是出于个人损失而不是基于伦理道德因素的考量。[72] 施怀雅是五名董事之一，他们迅速采取果断行动，稳住股票价值，对抗他们所称的"异常粗暴的反对势力"，这种势力是对计划"直截了当"的反对。尽管当年5月他们重组了"利物浦、墨尔本、东方航运公司"，但新措施很快遭遇彻底失败并被搁置。[73]

亨利·斯雷福尔·威尔逊（Henry Threlfall Wilson）最终因过度扩张导致白星航运公司于1866—1867年倒闭，只有商业信誉和旗帜在一家沿用其名字的新公司存活下来。尽管澳大利亚东方航运公司事件是操纵市场的经典案例，并因此载入史册，但对施怀雅家族这样性格和野心的人来说，似乎不可能采取如此行动，我们姑且认为几位董事的辩护属实。[74]

蒸汽技术及其发展规模可能会蒙蔽人们观察历史的视线，这几十年其实是帆船占据主导地位的年代。在跨越大洋的旅程中，帆船的成本越来越高。快船的速度更快，运费也比需要耗费大量煤炭的蒸汽船便宜，但因为蒸汽技术有着广阔的前景，人们还是愿意攻克技术难关。1864年底，施怀雅、威尔逊、贝恩斯与合伙人本来打算建一家公司来主导墨尔本航路，但以失败告终，他们打算重整旗鼓之际，阿尔弗雷德·霍尔特（Alfred Holt）正忙着拆卸他唯一的那艘船"克里特号"，并安装一种新型引擎，为几人面临的问题另寻解决途径。霍尔特后来回忆说，1864

年12月的试航,"没有任何瑕疵"。1865年,施怀雅兄弟将部分资金投给了一家新的远洋蒸汽船公司,这家公司是为了巩固霍尔特的成功而建立的,早先霍尔特在西印度群岛的航运竞争中失利,遭人收购,后来决定"在中国贸易中一展身手"。[75]

第 三 章

方　向

　　中国迎来动荡的时局。战争既带来破坏和毁灭，也创造了机遇。长江各口岸开放，通商口岸又增加几个，外国军队及作战舰队对物资的大量需求，还有清政府对太平天国日渐猛烈的围剿造成的物资需求，吸引了各路资本、专业人士、冒险家和投机者进入上海。1860年春，太平军从南京向周边发起一系列攻击，同年8月攻入上海郊区。

　　太平天国起义导致整个长江流域各大城市人员纷纷逃亡，其中包括在苏州、扬州和杭州做生意、与各国商人往来密切的人们。迫于形势，英法两国派军保护这些通商口岸，并在沿线袭击太平军，理由是太平军已经成为滋扰贸易正常开展的祸患。接下来几个月，在英法联军的保护下，投机商建起一条又一条街道，供逃亡者居住，创办一份又一份为中国商人发声的报纸，迅速建起新的码头和仓库，召集船队，还想尽办法找来新船。

　　太平天国运动之前，人们口中的上海不过是一处默默无闻、偏安一隅的外国定居点，这场起义之后，变成了一座人口众多、多国民众往来交流、富于创新与开拓且孕育着中国未来的大城市。

与此同时，新开放的镇江、九江、天津和牛庄口岸计划建设沿岸外滩，外国商人于是把所有能买的土地都买到手，好占据有利位置，从新的贸易机会中获益。

接下来的1862—1863年，兰开夏郡的巨大需求让上海的原棉价格暴涨。这是多么丰厚的一笔财富啊。所有商人对中国商机的兴奋之情都在黄浦江边喷薄而出。此时，上海就是机遇的代名词。1864年，《泰晤士报》的一篇社论开玩笑说，这座城市是"当今商业人士的埃尔多拉多（传说中富裕且神秘的掘金之地）。"一些在上海发迹的商人也将上海称作"充满希望和财富的埃尔多拉多"。一个年轻的英国人在来上海的途中这样写道，"淘金热的种种狂热，都能在来这座城市的途中感受到"。1865年1月初，仅一个星期内，就有30多个满怀希望的"年轻人"来到这里。[1]于是，就在北大西洋贸易因美国内战持续而陷入不稳定的时候，东方的机会正充满诱惑地向商人们招手。

但这场完美的机遇风潮如昙花一现。1864年，清军攻陷南京，太平天国轰然倒塌并覆灭；更甚的是，1865年美国南部联盟战败投降，棉花出口戛然而止，南北统一带来的和平摧毁了许多人靠做投机生意暴富的梦想。1866年5月，伦敦最大的一家贴现银行倒闭，因此引发金融危机，使许多外国公司的处境更加困难。此前因太平天国起义而涌入上海的难民又不得不卷铺盖返乡，形成"大规模人员外流"。土地和财产价值暴跌，估计有50万英镑的外国投资因基础设施闲置而被套牢。对此，英国领事若有所思地说："1863年秋天到1865年春天见证了如此彻底的繁荣逆转，这种现象前所未见。"全盛时期的"上海热"，其狂热程度只有此前报道中的"澳大利亚淘金热早期"才能与之匹敌。[2]

商业过度扩张，人也一样，喧嚣繁华的"快生活"文化吞没了这些身在中国的外国商人，赛马场和博彩成为商业生活的核心。当时一名商人破产，他的马厩被拍卖，在这样一个难得有机会骑马的城市里，此人居然拥有九匹马和一辆马车。显然，这名商人在破产之前为面子花了

第三章　方　向

不少钱；还有一名商人，三年内购买了价值3000英镑的家具（约相当于2019年的28.3万英镑），这哪里是在布置家里，分明就是在彰显社会地位（之后查明此人的这笔钱是非法所得，他也因此被判入狱）；有一家公司，职员每年的食物和饮料津贴高达1500英镑；还有一家公司，每年在员工身上花费2000英镑，还不包括房租、酒水和工资。最后，这两家公司都破产了。1867年1月，一名交易员还在为自己梦想破灭，没能迅速发财，然后在家颐养天年而耿耿于怀；他还说，只有怡和洋行的财务不用担心面临公众怀疑。[3]

尽管如此，一系列条约缔造的新时代，其根系仍然稳固，而且第二次鸦片战争让这些根系扎得更深、更广。在一个对外国商人、外国思想、外国商品和外国船只比以往任何时候都更加开放的中国，仍然有着大把的机会。到上海谋生的人少了，但仍然有很多人留了下来，因为他们在这个通商口岸看到了机会，感受到了安全，也仍然有人怀着梦想从英国港口上船，前往东方。

1866年11月下旬一个寒冷的下午，约翰·森姆尔·施怀雅踏上了上海的土地。这座城市刚经历了一场严寒，所以地面很硬，天气异常干燥。[4]他乘坐的是半岛东方蒸汽航运公司（Peninsular and Oriental Steam Navigation Company，简称"半岛东方"）运营的"亚丁号"，这艘轮船于五天前离开香港，迎着呼啸的北风，穿越巨浪，沿海岸一路航行。

"亚丁号"开出了半岛东方允许的最大航速，9月28日，约翰·森姆尔·施怀雅在马赛登上前往亚历山大港的轮船，再坐火车南下驶往开罗，途经正在建设中的运河工程，抵达苏伊士，在法国登船启航的4个星期之后，到达孟买。他此行是有目的而来，带着一份刚刚签署、代表公司新方向的协议，还有年轻的办事员威廉·朗（William Lang）。朗是一位资历深厚的南美商人的儿子，其父亲1865年破产后，不得不到别处谋生。

两人从孟买启程前往新加坡，在香港的港口只待了90分钟就继续向北航行。"亚丁号"进入最宽处近112千米的长江河口，沿着一条几乎难以察觉的航道穿过移动的沙洲，驶向距离大海64千米的南岸黄浦江口。"亚丁号"可能停泊了一夜，清晨时随着潮水驶入黄浦江，经过一艘简陋的灯塔船，朝着被低矮的草木河岸包围的入口前行，周围散落着一座座废墟状的堡垒。后来，到此地的查尔斯·戴斯（Charles Dyce）回忆说："河水本身是污浊的黄色。"[5]在他的记忆中，河岸很低，一些树木看起来有种令人极度忧郁的感觉。在偏上游处的吴淞口，船只路过一个海关站和接驳船只停泊的港外锚地，这是一座漂浮的鸦片仓库。过了这片锚地之后，两人看到更多水运景象，还有远处的房子和其他建筑，最后是码头，还能看到一座美国教堂的方塔，接着，外滩和一栋栋建筑映入他们的眼帘。

约翰·森姆尔·施怀雅下了"亚丁号"之后，很可能是乘着舢板船到了岸上，从此踏入这座城市的心脏地带。1842年，此处原本划归"英国管辖"，面积也不是很大，正对着黄浦江，从北部的吴淞江（外国人称之为苏州河）一直到洋泾浜，是法租界的界河。外国公司的办公室、上海总会、海关大楼（这是外滩唯一的中式建筑）、新完工的共济会大厅以及英国领事馆的大院就坐落在外滩上。码头和仓库也从河堤延伸到江中。美国在吴淞江以北划了一片租界，但只沿着吴淞江和黄浦江的北岸修筑了近两千米，其他大部分地区都荒着。1863年，英国和美国的租界合并，由同一个管理机构管理，即后来的上海公共租界工部局。在这座不断发展的城市中，工部局控制了近8平方千米的土地。法租界环绕着上海这座大致呈椭圆形的围城的东侧和北侧，跟公共租界的布局一样，从外滩向西延伸了近两千米。在长江东面，可以看到一排细长的造船厂和仓库，其中有一块墓地，面对着绵延数千米的浦东平原，在晴朗的日子里，从教堂塔楼上可以将船只沿着海岸驶向长江入海口的风景尽收眼底。

第三章 方 向

　　沿着东西走向的主干道南京路走到公园巷，能看到马场和看台。再往前走，在居民区外，距离外滩5千米的地方是静安寺路，这是一条适合步行者和骑手的乡间小道。在外滩或外滩的公司大院内设有办公室和仓库，供外国员工及中国仆人住宿。花园中的植物，还有果树，很多都是外国人从各自家乡带来种上的，算是繁忙港口中的田园避风港。外国公司的"商行"看上去更像是座小城镇，因为外国公司在中国的首席代理，也就是被称为"买办"的那些人，有数不清的人给他们办事，仆人也不在少数。位于外滩的旗昌洋行大院内，有两个茶棚、三座仓库、好几间公司办公室、两栋外国职员的房子和一栋买办的房子、仆人和长工的住所、一个台球区和一家保龄球馆、一口井、一处花园和一间温室。[6]

　　英文报纸《字林西报》生动地描述了约翰·森姆尔·施怀雅在上海第一个早晨醒来时的情况。那天是11月28日，中国农历十月二十二日，因为报头下方附上了农历日期，这也是当时对华贸易跨文化交流的明证。黄浦江和吴淞江的海港边停泊着54艘帆船，23艘蒸汽船，英、法海军舰艇14艘。这些商船来自日本、不列颠群岛、北美东西海岸、新南威尔士州、中国沿海通商口岸和俄罗斯太平洋沿岸。轮船往返于中国长江沿岸和日本，他们的业务被委托给英国、美国、德国、法国和印度的公司。事实上，这些货运清单和通知记载下的贸易和交流促使《字林西报》开始每天发行，而它在前一年还只是一份颇为随意和悠闲的周刊，也是为中国商人提供的新型出版物。

　　这些说明，上海的生活节奏正在加快。1865年剧变后，外贸机构的重大变化在地产公告中表现得淋漓尽致：破产冲击陶氏公司，其位于四川路的房屋产权可随时转让；财大气粗的林赛洋行是19世纪40年代活跃在上海的三大英资洋行之一，旗下的地产公司广隆地产被肢解成几家小公司；印度银行和商业银行公司倒闭；在港口经营的11家银行中有4家关门；刚刚建成的上海九龙仓公司的大片场地正在出售；嘉伟洋行债权人于当天上午11点参加了罗伯特·麦肯齐（Robert Mackenzie）在新成立的英国在华及在日最高法院的破产听证资格会。不过，也有很多新公司逆流而上，比如琼记洋行就在宣传他们在横滨新开的分店，因为刚到任的佣金代理人和茶叶检查员通知他们可以开展业务；米瑟尔·福布斯（Messrs Forbes）正在为一家位于基隆的新公司J.B.菲尔德公司宣传他们的代理机构，该公司在其宽敞的院子里储备有"大量质量上乘的基隆动力煤"。

这是一个正在转型的商业世界，筛掉最初入行的那批人，淘汰1862—1864年趁乱发财的投机者。当时在华经商的有三大巨头，其中一家便是实力雄厚的宝顺洋行，这家公司在几个月后倒闭，1865年因大幅裁员震动了当地的贸易从业者社区。

上海曾经是个荒凉又不稳定的地方，现在成了一座充满活力和时尚的港口城市，成了19世纪中期跨海而来的英国人在动乱中开拓的又一片新天地。

如今，众多印刷商、银行、保险公司在上海落户安家，当地甚至还发行了一份新的幽默杂志《外滩画报》（虽然寿命不长）。《字林西报》则报道了大量有关社交、享乐的文章，此外还有报道外国人热衷于将家乡生活搬到上海的文章。那天下午，在赛马场大看台举行猎纸活动（指参与者需要跟随事先用纸或其他指示物标记的路线，跨越障碍到达终点的游戏）。为迎接本季度首场跑马活动，当时共有30多名专程为"热烈场面和诸多乐趣"而来的选手参赛。第二天下午4点，万国商团步枪连会集合，开展行军射击活动（通常以晚餐结束），那些曾经在利物浦或曼彻斯特一起休闲游玩的人，现在把家乡那一套活动也搬到了上海。有了精力旺盛的美国人，短短九周内，一座宏伟的新剧院将建成，还有一家业余戏剧协会正在筹备中，成员都是主动要求参加；长笛演奏家让·雷穆萨（Jean Rémusat）刚刚宣布下个星期二将在上海俱乐部举行"大型声乐和器乐音乐会"。

第三章 方　向

圣安德鲁协会邀请苏格兰人和"其他与苏格兰有关的人"参加第二届"为纪念主保圣人而举办的年度晚宴",从中能看出海外英国人典型生活特征在上海的体现。戴斯虽然定居在中国,但他是伦敦人,来上海之前从未见过"真正的"苏格兰人或美国人,然而在上海,"他们的脚好像就放在家乡的壁炉边一样"。他还记得,该协会的成员"在任何可能的场合都要向我们提起苏格兰王国"。当天晚上有70人参加晚宴,他们唱歌、喝酒,"一直喝到天亮"。

这里有厌拜巴了华利啤酒厂(Empire Brewery)采用进口的英国麦芽和啤酒花在当地酿造的"口感润泽的起泡艾尔啤酒",还有其他公司提供的红葡萄酒、一等香槟、上等雪利酒和白兰地以及洗啤酒和汽水。还有一些更枯燥无味的事情,即将到来的星期日可以选择三项新教礼拜仪式,以及法国领事馆附近的罗马天主教堂举行的弥撒。玛丽亚·简·考茨(Maria Jane Coutts)刚刚生下一个儿子,取名爱德华。29岁的伦敦人罗伯特·佩奇·霍奇森(Robert Page Hodgson)于同一天晚上去世,他是大清皇家海关的一名水上稽查员,随后被安葬在位于公共租界中心的山东路公墓。[7] 清醒与放纵,学识与市侩,文化与低俗,同时还有出生、婚姻和死亡,都交织在这座熙熙攘攘的口岸城市中。

约翰·森姆尔·施怀雅在这块坚固、拥挤的土地上能找到容身之处吗?苏格兰人在圣安德鲁节上演唱的最后几首歌中,有一首是当时流行的歌曲,也是一首唱出了这一年生意场上黯淡光景的歌曲:

当我们与穷苦之人一同啜饮悲伤的苦酒,
让我们记住曾经的欢愉,细数昔日泪光;
有一首歌永远回荡在我们耳旁;
艰难岁月啊,从此一别成过往。

留下来的商人为那些破产同胞的离去感到遗憾,并希望"衬衫能无限量销售,茶叶和丝绸价格高涨"。当时的一家杂志社,在一本全面介绍中国新通商口岸的指南中指出:虽然"上海的虚假增长就这样戛然而止",但它的区位优势仍然"能保证这座城市前景辉煌"。[8]经济虽然全面崩溃,但完善的贸易基础设施还在,工部局在动荡岁月中诞生,英国在华最高法院也因此成立。废弃的街道现在被煤气灯照亮,人们在这里的工作和生活有了更为坚实的基础。

即便如此,我们仍缺乏明确的证据来解释施怀雅兄弟为何会决定在中国和日本开设办事处。1866年2月,英国领事发布最新的官方贸易报告,涵盖了1864年英国对外贸易相关情况,但报告几乎没有描绘任何关于中国的机遇和图景,看过报告的人是不会对中国感兴趣的。1863年的贸易总额也呈下降状态,更重要的是,它几乎没有比1857年好多少。1865年7月的各种数据看上去要稍微好那么一点,但那时施怀雅父子公司已经面临破产。

此外,由于鸦片贸易的原因,对一些人来说,对华贸易仍然带有一丝"怀疑和不信任的阴影",而现在一切都因为泡沫而破灭。[9]有些人甚至认为,这是厚厚的一层阴影。时任英国驻华领事麦华陀(Walter Henry Medhurst)对此评论说:"'商人'这个词在英语中几乎成了'冒险家'甚至'走私者'的同义词,经常与'贪婪'和'好斗'相辅相成。"[10]

领事的报告中所强调的商贸违约和不诚实,使当时的情况更加复杂。就如一位香港商人所说,正是在这个"所有与中国有关的人都声名狼藉"的时候,才有可能采取新的行动。[11]正如下文所述,施怀雅父子公司在两位独立合伙人的吸引下进入中国市场——一家是向横滨运送毛织品的巴特菲尔德,另一家是阿尔弗雷德·霍尔特。

随着其他企业的倒闭——《字林西报》版面上列出的那些破产企业,它们的员工曾经生活得很好,但现在破产了。新的机遇出现,没有受到繁荣年代影响的其他企业也到了该重新开始的时候,哀怨的歌声毫

第三章 方 向

无用处。施怀雅父子公司有两条路可走：佣金业务和船务代理业务。在1867年6月回伦敦之前的半年里，约翰·森姆尔·施怀雅为在华新公司的发展奠定了基础。他一到上海就投入工作，致函横滨，终止与赫德家族现有的工作安排，并在上海为新公司设立办事处。不到一周，《字林西报》的一则小公告就宣布了一家新公司的成立——巴特菲尔德与施怀雅父子公司（中文简称"太古洋行"）。公司暂时设在最近倒闭的吠礼查洋行的旧址，这让施怀雅家族与巴特菲尔德家族建立的长期合作关系有了更牢固的形式，两家公司于9月24日签署正式的伙伴关系，施怀雅兄弟俩将与英国的巴特菲尔德公司和美国的巴特菲尔德公司展开长期合作。[12]

春天，施怀雅在中国发展的消息从东方传来，这家新合伙企业的代理人托马斯·托帕姆·斯蒂尔（Thomas Topham Steele）是一名棉花经纪人的办事员，他于1866年4月初就带着计划的细节和新负责人的订单来到上海。斯蒂尔是阿尔弗雷德·霍尔特以及施怀雅家族一位亲密合作伙伴年纪最小的弟弟，陪同他的是理查德·诺曼·纽比（Richard Norman Newby）——布拉德福德一位羊毛商的儿子。纽比是巴特菲尔德家族的代理人，而斯蒂尔是施怀雅家族的代理人。[13]不过，夏天还没过去，26岁的斯蒂尔就被埋葬在圣三一教堂附近、山东路公墓的墓地，在那一年让社区清醒过来的"因高温和疲劳死亡名单"，他的名字只是其中之一。银行家大卫·麦克利恩（David McLean）在写到另一起夏季死亡事件时指出，一名年轻的交易员得了霍乱，"12点发病，下午5点死亡"，每一个人在上海的职业生涯都可能会在某一天的某一刻突然终止。[14]

到目前为止，施怀雅家族和巴特菲尔德家族一直将他们的纺织品货物委托给普列斯顿洋行，这是一家由利物浦与孟买利益集团的合资公司，成立于1864年夏天，合伙人是史密斯家族、普雷斯顿家族和基利克家族。威廉·乔治·基利克（William George Killick）曾在他哥哥的基利克-尼克松公司工作，而富裕的利物浦葡萄酒经纪人的儿子乔治·弗雷德里克·普雷斯顿（George Frederick Preston）和船舶经纪人塞缪尔·布鲁尔（Samuel Breuell）则被任命为上海公司的合伙人。布鲁尔于1864年3月来到中国（他在万国商团投入了大量精力），普雷斯顿则从1857年开始在上海工作。航运记录显示，他们曾充当从利物浦来的船只的代理人，运送巴特菲尔德的货物。

正如我们所见，这个时候并非在中国创业的好时机。普雷斯顿和布鲁尔的中国买办陈阿丰（Zheng Fen，又名Ah-Fun）说服他们入局当地的鸦片贸易，而且是在他们不知情且没有任何鸦片供应的情况下，以他们的名义接受采购订单。事情败露后，当时上海公司的合伙人，普雷斯顿的姐夫威廉·迪格比·史密斯（William Digby Smith）承认说："我不懂做这种生意。"他是利物浦的澳大利亚籍商人，哥哥曾担任维多利亚殖民地政府的代理人。史密斯一直认为鸦片生意"风险太大"，而他们的其他业务已经"足够广泛"。

但约翰·森姆尔·施怀雅到达前一周，他们的处境变得滑稽又可笑。陈阿丰携款潜逃后，公司在《每日新闻》（*Daily News*）上发表了一封公开信，否认他们阻挠警方逮捕陈阿丰，而工部局发布了来自警方的正式回应，在回应的文件里，警方否认他们正在寻找陈阿丰。

约翰·森姆尔·施怀雅有机会在12月中旬旁听上海最高法院的听证会，该听证会认定他们对买办的欺诈行为负责，因为他们没有公开宣布退出鸦片业务。尽管史密斯认为有风险，但1867年1月，他们的英国公司还是宣布破产，合伙企业解散，但此举可能也为时已晚。[15]

就像之前两次一样，约翰·森姆尔·施怀雅为了建立新企业而亲自前往目的地。但这一次，他不是为了投机。他从孟买转行中国，可能是为了评估普雷斯顿·布鲁尔在基利克-尼克松眼中的地位（太古洋行的登记资料显示与他们有着稳定的财务往来关系）。他有理由对那些管理公司的人的表现感到沮丧，除了鸦片贸易，他很快就把新企业的大部分

第三章 方 向

业务都转移到了这家公司。塞缪尔·布鲁尔自己乘船回了利物浦，1867年，史密斯也跟随他的脚步回了利物浦，而普雷斯顿则留在上海做茶叶经纪人。施怀雅父子公司一方面继续专注于兰开夏郡和约克郡纺织品的常规出口，一方面成立新公司，好在澳大利亚茶叶贸易中分得一杯羹。在1867年奥古斯丁·赫德的档案中，我们隐约可见，约翰·森姆尔·施怀雅与他们的福州办事处通信，委托向伦敦运送茶叶，并向澳大利亚的洛里默、马伍德和罗马运送了一大批茶叶，他还向他们介绍了一位墨尔本商人小乔治·罗尔夫（George Rolfe Jr），为的是争取这位商人的业务，"为巴托菲尔德–施怀雅的利益着想"[16]。鉴于公司在利物浦、墨尔本和美国已有的情报和运营网络，考虑将亚洲业务揽入版图，算是雄心勃勃但谨慎合理的打算。

新的市场让这家习惯于美国业务的公司感到困惑。赫德家族已经同意按太古洋行的新合作伙伴模式来更新他们与巴特菲尔德兄弟的现有协议，即他们担任该公司在横滨的代理。从约克郡向亚洲市场运输货物，在航行过程中会不可避免地遭到大量损失，但对于赫德家族来说，长期前景看起来还是不错，他们需要可靠的英国羊毛来源。然而很快就有迹象表明，约翰·森姆尔·施怀雅打算绕过他们设立太古洋行的分支机构。赫德家族的上海合伙人怀疑这是一场骗局，认为自己会蒙受损失，而且被迫以不偿还债务的方式为该公司的运营提供资金。至于约翰·森姆尔·施怀雅，他后来声称对这家美国公司的财务状况持谨慎态度。他乘船到香港，与高级合伙人阿尔伯特·F.赫德（Albert F. Heard）深谈了一番，提议安排公司偿还债务，并请求赫德家族组织从福州到澳大利亚的茶叶运输，好让这桩交易更有甜头。从这些地方可以看出，约翰·森姆尔·施怀雅势不可当。赫德家族认为他是"一个聪明的人，尖锐如针，冷酷无情"。[17]

约翰·森姆尔·施怀雅得到了他想要的，而赫德家族直到1876年被宣布破产之前，还不时地想知道自己同意了什么，为什么会同意。这是悬在赫德家族头上的"达摩克利斯之剑"——1873年，这位上海合伙人这样写道。[18]

新的合资企业建立在航运代理业务和对霍尔特海洋轮船公司的投资之上。约翰·森姆尔·施怀雅从马赛加速赶来时，阿尔弗雷德·霍尔特的"阿喀琉斯号"刚刚在利物浦下水，开始其处女航。霍尔特对"克里特号"进行实验后，建造了3艘新轮船，"阿喀琉斯号"便是其中之一。这艘船于1866年12月24日抵达上海，除了其他货物外，还载有600包太古洋行在曼彻斯特的货物。1866年早些时候，普雷斯顿·布鲁尔便已接手了前任公司的"阿伽门农号"和"阿贾克斯号"发来的相关货物，但现在太古洋行也参与其中。1867年1月，"阿喀琉斯号"在《字林西报》的航运名单中脱颖而出，因为当时只有一艘前往利物浦的轮船，而港口内所有其他轮船只服务于当地或沿海航线。《字林西报》也注意到了它"迅速抵达伦敦"的雄心。[19]霍尔特的试验证实了他自己的论点，即他设计的新型复合发动机可以让蒸汽船长途航行到中国，人们也普遍认为，在可预见的未来，中国的经济发展有利于航海业的进步。对于霍尔特来说，这是挑战，而不是理所应当的趋势。因此，他设计了发动机，在克莱德河畔的格里诺克建造了船只。他称之为"我们生命中的伟大冒险"，并将船只送往中国。霍尔特认为，"经证明，这些船只取得了伟大的成功"。[20]而这一次，约翰·森姆尔·施怀雅为他所说的"我们的轮船"找到了可运输的货物。

他们确实引起了轰动。1866年6月，快船船长罗伯特·汤姆森在谈到"阿伽门农号"抵达香港时激动地说："'阿伽门农号'让所有人都大吃一惊，没有人会相信他们会这样做。"当谈到两个月后"阿贾克斯号"的到来时，他说："它（指"阿贾克斯号"）会比我更早回家，尽管当我离开英国的时候，她还没有完全成型。"上海的人们则认为，"阿贾克斯号"可能会比"阿伽门农号"更受欢迎，因为她跑得更快。船只的规模是一方面，但同时还有另一个挑战，就是获得足够的货物是

第三章 方 向

相当困难的。

"它（"阿贾克斯号"）不会再来这里了。"他们在新加坡说。这让在斯蒂尔死后担任太古洋行代理商的普雷斯顿·布鲁尔公司感到挫败。"阿贾克斯号"离开港口时，"货物很少，前景黯淡"，回家途中满载着能找到的任何东西，最后改变航线前往南非伊丽莎白港，装了一整船的羊毛。[21]

尽管如此，上海的货主仍对这些奇迹持谨慎态度。1866年12月，一位记者讽刺性地在《字林西报》上指出，"阿贾克斯号"飘散着"白毫"（茶叶品名）味。这艘船于10月从上海启航，在新加坡装载了一批古塔胶（野生天然橡胶的一种）、陆龟壳、咖啡和雪茄等货物。另一位作家抱怨说，仅仅10包（半箱）这样的物品就可能污染整批茶叶。但约翰·森姆尔·施怀雅却说，船上没有多少茶叶，而且船舱的划分很可靠，即使有茶叶也不会有什么问题。他认为霍尔特的船在设计上是现代的，在速度和效率上也是现代的，而他对这些轮船抱有更大的野心（但霍尔特持更加谨慎的态度，指示他的船长不要将任何"气味强烈"的货物带上船）。[22]

对于这些指责，约翰·森姆尔·施怀雅迅速捍卫声誉，而且很可能是通过好斗的方式。他是一个大胆而自信的人，所以到上海之后很快就接受了公众媒体的采访。但他为这些轮船辩护还有另一个原因，因为在上海期间，他还在探索旗下这家新公司在中国从事航运业务的可能性。在长江和沿海地区有很多机会，参与约翰·森姆尔·施怀雅讨论的人员甚至包括潜在的海运人员。眼下该计划不得不暂停，不过霍尔特对此并不服气。[23]

他们还有办公室要设立，还有工作人员要任命。1867年4月，约翰·森姆尔·施怀雅前往横滨。日本港口仍没有从上年11月的一场毁灭性大火中恢复，那场大火影响了赫德家族的办公室，摧毁了巴特菲尔德公司存放在那里的很大一批货物。[24]纽比现在被派到日本，负责建立新公司的第二家分公司。[25]约翰·森姆尔·施怀雅于6月返回英国后,威廉·朗被留下负责上海办事处的业务,助手是20岁的詹姆斯·亨利·斯科特（James Henry Scott）,他曾乘"阿喀琉斯号"出海,其父亲是克莱德河畔格里诺克造船厂的主席,阿尔弗雷德·霍尔特的轮船就是在那里建造的。这次任命富有战略性,事后证明,也非常富有成效。

约翰·森姆尔·施怀雅与斯科特家族保持长久的合作关系。他同时还任命了一位葡萄牙籍文员雷米迪斯（Dos Remedios）,可能是通过1867年1月3日《字林西报》上刊登的"招聘精通账目且书写美观的葡萄牙职员"广告找到的。事实上,雷米迪斯很可能是中葡混血的澳门人。那个时候,来自香港和上海的男男女女都能在中国通商口岸找到类似的小众文书工作。

最早的记录没有提到施怀雅父子公司的中国员工,尤其是买办。即使能找到普雷斯顿·布鲁尔那名已经携款潜逃的买办,也几乎不可能继续留用,但新办公室（接管了普雷斯顿·布鲁尔的家用物品和办公家具,并搬到新的地方）需要一位具有专业知识和人脉的买办来负责相关事务。除了雷米迪斯之外,目前该公司在上海和横滨办事处的所有工作人员当中,都没有人在中国或日本有一手经商经验。他们对中日两国语言一无所知,对其文化或商业实践知之甚少,也没有直接手段来获取或跟踪市场,抑或是其他情报。施怀雅父子公司在进入新的贸易世界时一直高度依赖琼记洋行——正如施怀雅在1869年所说,琼记洋行是公司的"教父",但他们需要在中国安排自己的耳目,帮助调停业务,融入中国市场。[26]

所有公司都是如此。对外商至关重要的中间人物在英语中被称为"comprador"（中文指"买办",字面意思是"采购员"）。[27]这样的本土合作者当然并非中国独有,但他们是中外贸易结构中的特色所在,正因为买办发挥了作用,因此被人们铭记。当时广州旧贸易体系已经发展出由持牌翻译（"通事"）、供应商和领水员组成的复杂人员结

第三章 方 向

构。外商在广州开展贸易,需要与清朝当局指定的中国商人组成的垄断集团进行,许多人的活动与外国商人密切相关,以至于有些企业的大部分业务有着非常明显的跨国合作特点。[28] 1842年签订的《南京条约》则开创了新的贸易体制,由于前往新开放的港口做生意的外国商人与当地没有什么人脉关系,因此广州贸易体系中的角色也随之发生变化,买办由此诞生。"买办"这个词语有多种含义,在英语中可以是特指船舶事务长、供应代理人或担任中国职员经理的人,但最重要的还是指外国公司在中国的代理人。

在外国商人经营的公司里,买办负责处理与中国合作商的所有业务。随着实践的发展,买办的诚信由其他中国商人或已经有所成就的买办的资金担保(通过存放房地产契约或现金)。比如,普雷斯顿·布鲁尔的买办就得到这位买办两位来自广东香山的同乡的支持(他们也可能是亲戚关系)。[29]

买办在工作中有可能会承担一些高级职责。首先,买办通常负责公司所有中国员工的招聘和考核。其次,除了买办及其办公室工作人员,跟外国公司打交道的中国商人可能永远不会跟其他任何人往来。所以,从传话人这一角色来看,买办代表的是公司。再次,买办本身就是商人或投资者。外界通常对买办的活动分开理解(尽管这种分工是模糊的)。买办从事贸易,投资房地产、船舶或外国商人设立的新企业,不是购买相关资产,就是进行投资活动。买办的资本之所以受到欢迎,原因在于他们所掌握的知识和人脉发挥了不可或缺的作用。很多公司名义上是外资企业,但实际上资金来源非常复杂,是多元途径混合融资的结果,而且这些资金往往是在买办的建议下筹集的。

买办这一形象在近代中国史中占有一席之地,他们被描绘成外国资本家的雇工,一条"走狗",点头哈腰,屈从于帝国主义。在当时,"买办"一词大大扩展,涵盖了上海中外交际圈的整个地区。在通商口岸时代,上海被批评者视为"买办城市",而其他中国人对其更是充满敌意，他们把买办视为可笑的人物、贪婪的暴发户和叛徒，认为他们通过模仿外国的做法和习俗、与外国人交往和学习外语来贬低自己和国家。儒家对商人的蔑视（商人在社会和道德层面上低于所有其他社会阶层），因为这些人与外国势力的联系而变得更加根深蒂固。

实际上，在中国经济和文化现代化的先贤祠中，买办本来就应该占有一席之地。买办或来自买办阶层的人处于新兴商业活动、城市发展、社会、文化或慈善事业的核心。他们做的更多的事情是创办报纸、建立医院和学校，并利用自己的知识和经验来改善社会各方面，或帮助中国决策层应对外国侵略。20世纪，中国商界的杰出人物几乎都出身买办或者曾担任过类似的职位，最少在一到两家外国公司工作过，然后才发展出自己独立的业务。当然，也有相当一部分买办一家几代人都为个别外国公司办事，包括太古洋行。

在外国观察家看来，中国和外国对买办的依赖很早就成了问题。这涉及两个方面：首先，是跟一些相关人员的性格和行为有关；其次，买办对外国贸易商的实践产生了影响。1867年，英国驻上海领事抱怨说，这些人"毫无个性和财产，完全沉溺于最恶劣的商业赌博"。

原因其实很明显——新的贸易体系仍然处于发展阶段，而法律法规远远滞后于商业实践，导致很多公司担保不足，且在繁荣时期，外商需要来自华人的协助，就很有可能放纵不具备相关资质的从业者进入这个行业。1866年普雷斯顿·布鲁尔面临的问题对于外国各公司来说非个案，因为许多买办欺诈案件都在法庭上曝了光。陈阿丰违约潜逃，在外国公司的集体记忆中久久挥之不去。[30]但英国商人的欺诈和违约事件也让法院忙得不可开交，而且这个问题在未来几十年里反复上演。琼记洋行在上海的合伙人乔治·迪克斯韦尔（George Dixwell）在1868年写道："我们应该不断努力，摆脱对中国员工的依赖。"但他"不认同将中国员工扫地出门是可取的办法"。赫德家族可以获得佣金，但会"永远"失去这种体系带来的"保证和安全"，同时也失去学习中国语言并

第三章 方 向

更好地了解他们所在国家的文化的动力。

赫德家族雇佣了两名美国人并对他们进行汉语培训,这在任何一家外国贸易公司可能都是头一遭。但两人学成之后,不知道该给他们分配什么工作。[31] 相反,买办及其下属员工会在后来数十年中与外商一起成就那段历史。外国公司牺牲了效率和稳定的收益比例,以换取在中国做生意的便利,结果就是,他们在中国经营几十年后,依然完全是局外人。[32]

1867年的约翰·森姆尔·施怀雅无疑也是这样的角色。他在上海创业依靠的是自己在利物浦的人脉,如仍然谨慎的奥古斯丁·赫德以及威廉·朗、詹姆斯·亨利·斯科特和理查德·诺曼·纽比的斡旋与公司的声誉。但毫无疑问,从一开始,公司便需要雇佣买办来帮助打理生意。1877年,一位被上海外国人称为"卓子和"的中国人作为施怀雅公司的买办出现在媒体报道中,根据零散的线索,他担任这个职位一直到1892年。[33] 不过,这家公司确实有中文名称,也可以说有中国的身份——"太古"(普通话拼做"Taigu",另外,Tai-koo或Taikoo也都翻译为中文的"太古"),这个词也出现在公司的英文名称中,此后一直沿用至今。这个名字的意思是"伟大而古老",但起源无确凿证据可考。公司第一支广告中的地址为"太古元行"(Tai-Koo Yuen Hong),很可能是太古洋行的音译,位于吠礼查洋行旧址(Fletcher & Co,也被称作老吠礼喳"Lao Fulicha",老喔非里喳"Lauo Felecha"或"Olo Feleecha",即旧的(或以前的)弗莱彻公司。[34] "行"这个名字充满了雄心壮志,尽管它并不能真正反映施怀雅家族在中国市场作为新来者的性质。

约翰·森姆尔·施怀雅在香港、横滨和上海建了三个分部,安排好了员工,在上海与官员和商人会面、用餐和交谈,可能还参加了在上海附近郊区举办的"猎纸运动"(猎纸又被称作"撒纸赛马",项目前身是英国贵族的猎狐活动)。随后,在未指定航运计划的情况下,约翰·森姆尔·施怀雅于6月23日启航返回英国，并于8月15日抵达公司位于利物浦的办公室，当时他在现金分类账上草签了5英镑的提款。[35]

现在看来，这家新合资企业的一切似乎都已走上正轨，但在约翰·森姆尔·施怀雅回归后的一年内，他与巴特菲尔德就分道扬镳了。在此之前，两人至少有15年的商业往来。1864年，巴特菲尔德在伦敦与小奥古斯丁·赫德会面，开拓了通往中国的业务之路，但现在他退出了。理查德·沙克尔顿·巴特菲尔德是五兄弟中最大的一个，他们接管了父亲艾萨克创建的成功企业。巴特菲尔德跟踪公司的海外出口业务，在19世纪40年代的一段时间里，他把总部设在美国，让他的弟弟弗雷德里克在纽约经营业务。回国后，他住在布拉德福德北部的霍沃斯；1848年，他在那里购下一家磨坊然后扩建，做了勃朗特家族的邻居。巴特菲尔德作为一名地方法官和"虔诚的卫斯理宗信徒"而声名显赫，但他在当地作为雇主和纳税人的声誉并不那么良好。1852年，霍沃思钢铁厂的尖锐管理行为被曝光后，夏洛特·勃朗特评论道："我不禁为巴特菲尔德先生的失败感到高兴，他曾领导霍沃思的一些人反对她父亲帕特里克试图把自来水和下水道系统带到村里，而村里的人已经被水传播的疾病夺去了生命。"

对于约翰·森姆尔·施怀雅来说，他记忆中的巴特菲尔德"贪婪成性"。他在10年后写给别人的一封信中说道："他打扰了我。"而在另一篇文章中，他则说他的搭档和他的兄弟一样，生性谨慎。[36]

1868年8月1日，施怀雅家族和巴特菲尔德家族正式解除合伙关系，前者退出这家英美跨国业务公司，后者退出亚洲公司。在巴特菲尔德的请求下，此事从未公开声明，而这名布拉德福德的合伙人"如此悄无声息地溜走"，让赫德在上海的资深合伙人乔治·迪克斯维尔等密切观察此事的人士感到不安。

其后不到一年，巴特菲尔德就去世了。尽管施怀雅家族将继续与他的兄弟合作，但关于履行他退出条款的争议一直持续到1880年。巴特菲

第三章 方　向

尔德的名字在公司里保留了长达一个世纪,他身着都铎王朝服装的肖像后来被安放在霍沃斯以北、位于基斯利克利夫城堡的豪华住宅的彩色玻璃窗上。这是一种奇怪的纪念方式,肯定令商业伙伴感到困惑。

"我不知道到底哪些人才是合伙人。"乔治·迪克斯韦尔在1869年春天抱怨道。[37]

现在合伙人只剩下约翰·森姆尔·施怀雅和威廉·赫德逊·施怀雅,尽管担当大任的是哥哥,公司的战略方向和基调实际上也由哥哥决定,档案中几乎找不到弟弟的影子,但显然约翰·森姆尔·施怀雅无法独自经营这家成长中的企业。[38]另一方面——尽管巴特菲尔德的利益由他以前的职员接管,同时以雷德曼和霍尔特的名义继续为太古提供中国和日本的精纺产品,[39]但施怀雅与巴特菲尔德的分道扬镳是关乎品格和信任的问题,也就是说,跟合适的人选合作至关重要。施怀雅家族在错综复杂的利物浦人脉世界里做生意,上海有来自汕头或福州以及广东其他地方的商人,与利物浦也有类似的联系。或者正如阿尔弗雷德·霍尔特所说——"由朋友和亲戚织成的纽带"。与公司合作的商人——洛里默、罗马、基利克、马伍德、普雷斯顿、布鲁尔以及公司内部的人员构成都是如此,这些纽带既有专业层面的因素,也有家庭亲戚关系的因素。如果深入调查这些人及其家族的背景,就会发现他们与印度、澳大利亚、美洲以及整个英伦三岛和欧洲大陆不同行业的公司有着错综复杂的利益关系和联系。他们通过邻居、教会或商业伙伴彼此熟识;他们在俱乐部、共济会会所、民兵或狩猎领域打成一片;他们彼此的姐妹和表兄弟姐妹通婚,雇佣彼此的儿子、兄弟和姻亲。他们通过这种方式建立利物浦的世界,既扎根于默西河,又延伸到孟买、墨尔本和上海,甚至美洲和欧洲别的国家。他们中的许多人也意识到这是一个利物浦的世界,并为此感到自豪。[40]

这种模式有一部分是出于机会主义,因为使用熟悉的社交和商业网络意味着更容易找到可以担保和背书的人,而且通过雇佣施怀雅家族的人及其联系人,能在一定程度上巩固商业关系。1869年,约翰·森姆尔·施怀雅希望试探巴林兄弟,能否将公司引荐给香港政府,并要求威廉·朗去利物浦找他姐夫帮忙,这位姐夫自1867年起就是公司合伙人,"我们宁愿你把莫尔先生当作亲戚来探一下口风"。[41]

约翰·森姆尔·施怀雅不太可能因为害怕遭到拒绝而直接去找高级合伙人,但他一贯热衷于强势出击。这种建立关系的做法也表明了信任的重要性。从买办那里获得财务担保,没有任何外国公司(包括施怀雅家族)有类似的做法。了解一个人,了解他所在公司的信誉,是给他人提供赊账或寄售货物的关键。[42]如果约翰·森姆尔·施怀雅要将事关公司业务未来的重大投资委托给不通电报、远在天边的人(上海1871年才通电报),将资金投到坐船好几个星期才能到的地方,那么他就必须信任对方。

然而,公司的第一批经纪人鱼龙混杂。纽比没有坚持多久,1869年夏天他辞了职,也许他知道自己的赞助人已经离开了公司。1869年7月,在回家的路上,纽比向琼记洋行驻上海的乔治·迪克斯韦尔发泄了自己的不满——"我告诉他不要在横滨开店",他说自己向约翰·森姆尔·施怀雅汇报时提出了中肯的建议,但对方不理会,还是开了分店。约翰·森姆尔·施怀雅派纽比去管理,同时又任命"一个叫朗的年轻人,水平远不如我"。因此,纽比面临着未来几年在横滨工作的惨淡前景。他抱怨说:"事情没有任何好转。"

"我尽我所能保持一副完全麻木和冷漠的面孔。"迪克斯韦尔说——除了证实他不适合担任这一职务外,还给我们提供了两种见解。首先,纽比计算过,公司在横滨有价值4万英镑的商品(相当于2019年的340万英镑),此外还有更多的投资,他认为太古洋行可能面临重大损失。所以理查德·沙克尔顿·巴特菲尔德当时的担心是有理由的。但更引人注目的一点是,纽比从根本上认为自己是个体经营者,而非太古洋行的雇员。从某种程度上来说,英国公司的文化中确实嵌入了这种

第三章 方 向

"腐朽和有害"的系统。——职员和助理希望自由经营自己的业务,同时又照顾雇主的业务,但这样等同于他们在与雇主竞争并推高价格。纽比抱怨的语气表明他关心的是个人业务,而不是销售自己所负责的公司的商品。巴特菲尔德的书面保证助长了纽比的怨恨,这份书面保证承诺纽比"理应永远负责他居住的港口"。施怀雅遵守了协议,认为纽比在横滨可能造成的损失最小,尽管纽比辞职,让当初的设想看起来落了空。[43]纽比辞职后在伦敦的一家公司工作,然后搬到墨尔本,后来又去了新西兰,他自己的公司最终破产,只好重新出发。

继詹姆斯·亨利·斯科特入职之后,又一位新人詹姆斯·基思·安格斯(James Keith Angus)加入了太古洋行,他是阿伯丁镇书记员的儿子,他的兄弟也曾去了中国,自行担任品茶师,后来在福州的怡和洋行工作,之后搬到墨尔本。1868年1月,安格斯乘坐"阿伽门农号"驶往横滨,途经香港。据斯科特回忆,安格斯可以说是"亚历克斯·科利的门徒",科利是一名曼彻斯特棉花商人,美国内战期间,他突破北方美利坚合众国(简称"联邦")的封锁,跟南方的美利坚联盟国(简称"邦联")进行贸易,因此赚了大钱,但在战争结束时失去了这笔财富,后来在受到欺诈审判时逃离英国。[44]

当时,太古洋行和科利一起向上海出口棉制品。现在回想起来,安格斯出自科利门下好坏参半。[45]安格斯与其说是棉布商人,从气质上来看更像是作家,不懂实际应用,对工作也没什么兴趣,这点别人能察觉出来,也直截了当地跟他提起过。

安格斯会在一些发表的文章中书写他在横滨的经验,但他对文学和戏剧更感兴趣。1871年他被调往香港,1874年辞职,转而投身于新闻事业。[46]公司在上海招了一名职员——加拿大人约翰·罗素·特纳(John Russell Turner),作为安格斯在横滨的继任者。但1872年春天,特纳在到达横滨仅仅两个月后,就被葬在了横滨外国公墓的一块墓地中。接替他的托马斯·梅里(Thomas Merry)来自经营丝绸的商人家庭，曾在上海的泰和洋行担任职员，并于1867年搬到横滨担任丝绸检查员。梅里抵达日本后不久，在函馆港外遭遇了一场海难，幸存下来的他投身太古洋行的工作，但身体状况每况愈下，于1873年7月在回国的途中病死。[47]

职员死亡让太古洋行付出了高昂的代价。1868年，安格斯去日本花费了95英镑，相当于他当时年薪的三分之一，或者是利物浦经验丰富的初级职员一年的工资。如果说招募和留住员工是一项挑战，命运、环境还有公共租界建设初期糟糕的公共卫生则是另一项挑战。19世纪60年代，由于流行病反复出现，再加上太平天国运动之后长三角地区法制瘫痪，他们开始发展出一整套英式市政管理办法。与此同时，越来越多乘船东渡、希望改变命运的人们，他们的尸体和梦想也一同被埋进了墓地。[48]

施怀雅家族档案中最早的一封信显示了太古公司在1869年末的运营实力，以及它面临的机遇。用约翰·森姆尔·施怀雅的话来说就是："我们憧憬着……施怀雅父子公司的未来。"他当然不是梦想家，这封信是约翰·森姆尔·施怀雅在威廉·朗被任命为公司合伙人时寄给对方的，对亚洲分公司的进展进行了务实的评估。[49]写这封信的时候，约翰·森姆尔·施怀雅决定在香港开设办事处，在福州开设子公司，并将其作为东方总部。之所以作出最后决定，是因为不久之后，来自伦敦的新电报线将直接连通中国。此外，霍尔特家族换掉了那些信不过的代理商，想请太古洋行接手。

于是，约翰·森姆尔·施怀雅问威廉·朗能否忍受中国南方的气候并搬过去。[49]他认为霍尔特的航线"只是处于起步阶段"，并且"跟未来相比微不足道"。此外，约翰·森姆尔·施怀雅还寻求在澳大利亚航线上与白星公司建立历史性关系。1867年，这家新重组的公司破产，后被利物浦船东托马斯·亨利·伊斯梅（Thomas Henry Ismay）收购，包括六艘正在建造中的轮船。

第三章 方　向

约翰·森姆尔·施怀雅从中看到了商机，如果他们从澳大利亚运煤到香港，然后再把中国移民带到旧金山或巴拿马，在那里装上小麦运到利物浦，所有这些都可以通过施怀雅父子公司的代理机构或合作伙伴托运（事实上，它们在纽约航线上运营）。至于"运往东方的货物"，出口贸易现在"首屈一指，并将继续改善"。将茶叶运往美国仍有待探索，尽管将其运往英国没有喜人的前景，但洛里默、马伍德和罗马仍会下订单向南方出口货物。施怀雅提议，至少在售出4万英镑的存货前，继续保留横滨不动。贸易如此"糟糕透顶"，放弃横滨港似乎毫无意义，特别是公司并不依赖横滨港，而且港口贸易很可能进一步增长，尤其是蓝烟囱轮船公司现在进入沿海贸易，与横滨往来，一切都正如施怀雅所期望的那样。

然后是鸦片的问题。约翰·森姆尔·施怀雅在1869年9月的商业信函中说：问问你的兄弟巴林公司是否从孟买"向中国贩卖鸦片"。在施怀雅看来，市场上的所有商业机会都需要仔细考虑。没有证据表明施怀雅是否卖过鸦片，也不应该像通常那样假设在中国经商的外国公司都卖过鸦片。他们没有这样做，有可能是出于道德层面的考虑，有可能是出于实用层面的考虑，也有可能是他们的主营业务和专业知识与卖鸦片毫不相干。当时通信透露的态度似乎相互矛盾。作为商人他这样写道，鸦片是一种"有害的毒品"，但茶叶和鸦片是他的"主要依靠"。1862年，他每月能卖出20到30箱茶叶，每箱售价200英镑。他指出，中国的优势在于可以做大买卖。然而，即使是那些反对鸦片贸易的人，如拉斯伯恩，也会发现自己会出于纯粹的需要而牵涉其中，因为鸦片在商业交易中被广泛用作货币。[50]特别是中国农产品贸易商，经常拒绝接受任何其他替代货币。普雷斯顿·布鲁尔惨败，无疑更深刻地体现出卷入鸦片交易的潜在危险。正如他们后来所说的那样，这些合伙人是被买办说服才卖鸦片的，主要是买办自己在处理这方面的业务。除了接受中国经销商的订单外，他们还在香港购买鸦片，将其运往北方，然后存放在琼记洋行的接收船"埃米莉·简号"上,那里不在吴淞江的范围之内。他们再把货物卖给当地的商人,还把货物运到其他通商口岸。史密斯于1866年4月抵达上海,普雷斯顿·布鲁尔不再从事鸦片贸易,但他们自己和买办的生意界限已经变得模糊。他们没做任何说明就停了这桩生意,给自己造成了不利影响。

贪婪也摧毁了他们。19世纪60年代早期到中期,鸦片贸易投资的回报非常高,但这个行业正处于转型期。像老沙逊洋行在整个供应链上取得优势,在19世纪末持有大部分库存,并将成本保持在极低水平的商家并不多,就连怡和洋行这样的公司也发现自己在市场上节节败退。1872年底以后,怡和洋行退出所有鸦片交易。从某种意义上说,这标志着一个时代的结束,因为整桩生意的主要推动者已经抽身,尽管受英国保护的公司以及英国殖民管理当局在未来几十年里仍然参与其中。怡和洋行继续运输,储存鸦片并为其投保。[51]约翰·森姆尔·施怀雅当然也会用轮船来运输鸦片,他们很快就会在长江和沿海贸易中引入轮船,并在设计这些轮船时考虑到其安全需求。鸦片是一种需要设定运费的商品,也是货币替代品。但对于19世纪60年代在中国经商的人来说,如果不考虑一家新公司可能加入的所有潜在商业活动,便是有勇无谋;如果一家公司真正干这一行,就是愚蠢;要是像普雷斯顿·布鲁尔一样粗心大意,更是蠢到无可救药(史密斯辩护说,也许"我确实签署了一些相关的东西,但因为我读不懂中文,怎么能知道呢")。他们不仅要对那些向买办下订单的善意第三方提出的索赔承担责任,而且还不能从担保人那里收回买办的欺诈成本,因为担保只涵盖买办为外国委托人做的买办工作,不涵盖买办的独立交易。从中可以得到几点教训,其中"彻底压制住买办的胡作非为"是关键的一条。[52]

为了扩张,太古洋行需要一名香港的货运职员、一名福州的品茶师以及一名横滨的丝绸检验员。无论从地理位置上还是象征意义上来看,香港的办公场所应该都位于"中心"位置。公司需要"谋得一个不容挑

第三章　方　向

战的地位",并与官员保持良好的关系。约翰·森姆尔·施怀雅对朗说:"我们需要有人把太古'特别引荐'给总督,能请你的姐夫行个方便吗?"

1870年底,太古洋行香港办事处成立并开始运作。他们请来的买办叫吴野(Wu Ye),有赫德家族买办莫仕扬(Mo Shiyang)的背书。莫仕扬是香港的"有钱人",也是"资历最老的买办之一",所以他的名声就如同他为吴野提供的经济担保一样可靠。吴野曾在赫德家族担任了四年的助理买办,此前在英国驻澳门领事馆也担任过类似职位。与莫仕扬一样,他也来自与澳门接壤的香山县,和担保人莫仕扬保持着密切关系,对鸦片共同的爱好也使他们的业务联系更加顺畅。长期以来,吸食鸦片是中国精英阶层生活的一个重要特征,当外国商人相互请客吃饭,在家中举办私人宴会,或在更正式的场合或俱乐部聚餐见面时,帮他们办事的中国商人就在家里、餐馆或茶馆一起喝茶或抽烟。[53]

随着时间的推移,香港也逐渐变得比以往更重要,我们需要了解它的地形和特点。可以说,香港既算得上是,但实际上又不是中国的通商口岸。作为英国实行殖民统治的地方,它在中国的法律地位与其他外国机构完全不同。正因为如此,英国政府在当地设立了全面的行政机构,并由英国另一个政府部门——殖民地部——从伦敦对香港进行监管。

香港岛本身很小,东西最宽处绵延约14.5千米,南北最宽约6.4千米,岛上有6座主峰环绕,其中最高的一座是太平山,海拔近600米。太平山是香港的标志性景点,一位导游说:"很少有人第一次来香港会对这里的美景不以为意。"[54]

维多利亚城紧靠澳门北部边缘,距离陆上的九龙半岛最近(其中3千米当时刚被英国控制)。维多利亚城毗邻海滨,也就是人们所熟知的"Bund"(外滩或海旁大道)。这个名字反映了第一批英国定居者在澳门(葡萄牙管辖地)的历史。英国人在他们的新领地上一步步地建立起殖民统治地区的雏形:总督府、政府办公室、兵营和阅兵场、法庭和监狱、圣公会大教堂和邮局,他们还在村民曾经种水稻的地方建了一家占地最大的俱乐部。英国人曾宣布此地为疟疾地区,填满后用来当赛马场使用,这里就是香港后来著名的跑马地。

香港熙熙攘攘,港口一片繁忙。快船、小船、舢板和快速游船到处都是;每天有两班驶向广州的美国内河轮船;铁行轮船公司的远洋轮船在港口来来往往,大量的小型港口船只为他们服务。沿海岸的定期航线也有来自利物浦的远洋轮船公司、南安普敦的铁行轮船公司、马赛的法国邮船公司和来自美国的太平洋邮船公司的轮船。一上岸,新来的人就会发现街道上充满了生机。根据当时的人口普查,约有12.5万人生活在岸上或海上(其中五分之一的人生活在船上),每天有1500人进出;其中有2000名"欧洲人和美国人",有1600多人被描述为"果阿(印度西南的前葡萄牙殖民地)、中国澳门、印度和其他混血儿";还有12.2万名中国人主要居住在太平山的西端。这些人形成了一个种族和文化多元化的复杂社区,因为英国殖民企业需要买办、商人和供应商,以及日工、船工。岛上的大多数居民,不管是中国人还是外国人,都是移民,或者更准确地说——是香港的旅居者,因为他们并不打算永久留下来,只打算在这里生活一段时间。不过,这一旅居可能就是几十年。

跑马地吸引了许多人永远留在香港,这个地方早期对人们的健康很不利——"香港热"曾经造成了严重的后果。即便那之后的许多年里,它仍然给人一种边缘地带的感觉。同时,海盗、盗匪和街头犯罪也是一个棘手的问题,迫使政府采取严厉措施。[55]

1870年5月,一位破产的西印度商人30岁的儿子爱德华·麦金托什(Edward Mackintosh)在香港开设了太古洋行的分行。[56]麦金托什一开始在西印度贸易中做过办事员,后来在太古洋行利物浦办事处学习航运(他的婚事也来源于他在当地建立的人脉关系),1868年在伦敦设立办事处。[57]他原先在香港琼记洋行工作,之后租下了皇后大道上两栋带仓库的房子,背靠早期港岛北面海边的街道。对此,约翰·森姆尔·施怀雅曾总结说:"这里风景太优美了,适合一边吃饭一边享受风景,但不利于集中精力工作,吃喝太多对肝脏也不健康。"不过这个中心位置确实优越,太古洋行就建在城市中心和香港商业的心脏地带。[58]

朗确实曾前往香港,负责太古洋行在中国的事务,但他在南方闷热潮湿的环境中坚持了六个月,还是回了上海,让斯科特代替他。1872年5月,一位从伦敦招募的茶商亨利·罗伯特·史密斯(Henry Robert Smith)在沿海茶叶贸易中心福州开设了另一家办事处,此人是诺丁汉郡教区牧师的儿子。到那一年,上海有九名英国和葡萄牙员工,香港有七名,日本有三名,香港还有一群"庞大"的中国员工。对于任何在中国新成立的公司来说,这都是相当迅速的扩张,但未来还会有更多员工加入,而且很快就会到来。

太古洋行在中国扎下牢固的根基,但与主导市场的巨头相比,比如旗昌洋行、怡和洋行和琼记洋行等,它仍然是一条小鱼。这些巨头的多元化业务涵盖代理业务、航运、保险、制造业和其他风险投资。即便如此,太古洋行还是占据了一席之地,而且它还有雄心壮志待实现。

第 四 章

怪异的革命

长久以来,约翰·森姆尔·施怀雅一直在考虑进入中国的航运业,因为中国内河航运的商机实在诱人。正如我们所见,他第一次访问中国时就研究了它的可行性,并在1869年做了细致的市场调查。显然,调查结果让他很满意,于是他慢慢着手为可能开设的航运业务建了一些基础设施,并暗示霍尔特兄弟加入他的行列。太古洋行无法在中国单独开展航运业务,这样的风险投资需要资金、经验丰富且人脉广泛的中国中介机构以及业务水平卓越且可靠的航运经理;需要财产和土地,当然还有船只。更重要的是,它需要公司迅速在现有市场中占得一席之地。

这些都是挑战,但到1873年,施怀雅拥有了这一切,甚至取得更好的成绩,因为他有本事厚着脸皮做事,这种特质在太古轮船公司的创立中表现得淋漓尽致。当年4月,太古旗下的第一艘船就驶离上海,进入"汉口和各港口"。

长江对外国公司开放的故事在19世纪60年代激烈竞争的背景下展开,而老资格的美国公司旗昌洋行在各国公司中处于主导地位。[1]到1872年,旗昌轮船公司有九艘轮船在内河上行驶,两艘服务于沪甬航线，另外六艘沿海航行至天津。

长江流域的航运是块"肥肉"。1858年的《天津条约》允许沿江以西700多千米的三个城市，即镇江、九江和汉口对外通商，并允许外国人居住。但直到1860年《北京公约》签订后，这一机会才开始显现出它的魅力。而此时太平天国运动愈演愈烈，意味着外国轮船有进一步介入中国航运的优势。外国船只不像缓慢航行的中国船只那样受起义军的摆布，新港口一旦正式开放，它们就能为新港口提供服务，获得非常丰厚的运费酬劳。正因为这样，1861年，旗昌洋行在上海的合伙人金能亨（Edward Cunningham）才会说出"业务量几乎不可估量"的话来。[2]

旗昌洋行是一家自1824年起就在中国开展业务的外国公司，但当时它与怡和洋行一样，也在调整业务范围。金能亨认为，旗昌洋行应该尽快投资长江航运。1861年6月，长江正式开航，所有与旗昌洋行有关联的中国投资者都提供了大量资金以及位于上海的其他商业利益。1861年7月，旗昌洋行有了第一艘船"惊奇号"。年底，又有两艘船抵达上海，并在靠近租界的地方获得了一处黄金地段。1862年4月，旗昌洋行旗下的旗昌轮船公司开始运营。

当然，任何企业在成立初期都存在问题。这些船只从北美启航，艰难地穿越太平洋，而在中国海域可用的外国船员都不是一流人才。此外，更有其他事情发生——中国有传言说，上海的厂房建在这座城市天后宫的废墟上，那里原来是供奉海神妈祖娘娘的，所以不出意料地会出现一系列的事故和机械故障。

尽管如此，旗昌轮船公司还是将各路人员集结起来，每周定期开展两次沿河运输服务，又在服务的港口建了条件不错的站点设施，价格也定得很有竞争力。而且，他们还千方百计通过现金返还、免费仓储，甚至从旗昌洋行提供融资服务来吸引中国客户。

英国公司被19世纪60年代初的运费报酬吸引，也把能找到的船只都投入了这一行。但在1864年12月的一次谈判中，它们被迫与旗昌轮船公司达成运费协议。经历过19世纪60年代中期的大洗牌之后,吠礼查洋行、瑞记洋行和同孚洋行都退出了市场。怡和洋行则退出了长江航运市场,专注于沿海贸易。正如旗昌洋行前高级合伙人R. B. 福布斯（R. B. Forbes）后来所说,它们"趁其不备,占领了市场"。[3]海洋女神显然平静下来。

长江航运被美国人征服,他们的豪华汽船让习惯于简朴住宿的欧洲人感到困惑。"这艘船不像是一艘船,"其中一艘轮船上的一名英国乘客这样形容,"这是一座'华丽的快乐宫殿',一座'玻璃山',为了'个人舒适'而安排了'宽敞而漂亮的客舱'",有的甚至配了四柱床。[4]旅行的舒适甚至让英国人也为之折服,但美国公司的这种支配地位让其他人感到不安。1867年1月,当约翰·森姆尔·施怀雅在上海忙于建立他的新公司时,宝顺洋行、怡和洋行和旗昌洋行的代表在香港会面,签订了一项为期10年的协议。根据该协议,旗昌轮船公司负责长江航运,而其他公司继续在沿海地区开展业务。现在内河业务归了旗昌洋行,那它们为了遵守章程就需要容忍其他企业介入别的业务。正如旗昌洋行的航运经理福布斯在1868年5月所说的那样——"上海舆论需要反对的声音"。

当然,旗昌洋行对任何反对都不畏惧。[5]颇具挑衅意味的是,1868年它发表在报纸上的一份致股东通告中也公开这样说,从而引起尖锐的反应。"这种对胜利的轻率炫耀"让一位记者想起了"那只愚蠢母鸡永远孵不了蛋的幼儿故事,因为每当它下了蛋,就会咯咯地叫"。[6]当然,这种傲慢会让旗昌洋行付出代价。

1871年9月下旬,约翰·森姆尔·施怀雅写信给公司东亚区域的业务经理,含蓄地宣布他"有点想帮助旗昌洋行一同开发长江流域的航运,可能会与旗昌轮船公司来一场'愉快'的战斗,但我仍然认为可以让对方握手言和"。施怀雅在尽可能谨慎地了解旗昌洋行从格拉斯哥订购一艘新轮船的事情后,以附件的形式同意"我们可能会放弃这个想

第四章 怪异的革命

法——但目前我真有此打算"。

约翰·森姆尔·施怀雅早就有此打算了，他认为旗昌洋行应该"心怀感激"，"要不是我们对这桩生意的信心和恳求没能说服参与讨论的人"（他可能跟霍尔特讨论了此事），旗昌轮船公司就会陷入困境。趾高气扬的旗昌洋行并不欣赏太古洋行想要"援助"的提议，它们最初也完全驳回了施怀雅的这个念头，但在18个月内，旗昌洋行又认为施怀雅让它们"等得太久了"，而且很难胜任这项任务。福布斯写道："它就是个不折不扣的吹牛大王"，它们起诉要求和平，而且是亲自起诉。[7]

1869年，施怀雅命经理们对此事"保密"，但有关"霍尔特家族"提议将公司搬迁到中国开拓业务的谣言很快就传开了——因为闲言碎语已经在上海的俱乐部和商会里头传来传去，人们茶余饭后在外滩散步的时候也在议论纷纷。那些有意寻求霍尔特家族代理业务的人，从汉口致信利物浦的多名记者探听消息，伦敦商界也一时谣言四起。如今有了电报，伦敦的消息可以快速直通中国，于是商界"八卦"，夹杂着事实真相和各种消息很快便传到中国。1872年1月，这些消息登上了《字林星期周刊》社论。[8] "谣言一天一个样"，旗昌洋行航运经理弗兰克·福布斯这样写道，当时商界真是充斥着各种胡乱猜测——"霍尔特家族有意接手旗昌轮船公司"，"霍尔特正在克莱德河上建造15艘内河轮船"；"此前报道存疑，霍尔特仅建造一艘轮船用于中日航线"；"事实上，霍尔特将建造六艘轮船在长江航线上运营，此外还会建造一艘拖轮，拖动船舶快速通过苏伊士运动"；"此前报道有误，霍尔特并无如此野心和胃口，该公司仅打算建造一艘新的蒸汽机船，但会收购一家现有企业，价格战也会随之上演"。总之众说纷纭，无一定论。《字林星期周刊》编辑认为，太古有意助力霍尔特开发长江流域一事很难有完满结局，只会让中国的托运人赚取更多的钱。其中，最后一条谣言其实是威廉·朗向太古洋行施压策略的一部分。不管怎样，1872年一整年都是谣言满天飞。

1873年12月28日，星期日，约翰·森姆尔·施怀雅回到上海。此时不光外国人到中国旅行的方式发生变化，中国内部的旅行方式也发生了变化。11月2日，他乘坐海洋蒸汽船公司的"丢卡利翁号"直接从利物浦出发，穿越1869年开通的苏伊士运河。在接下来的几个星期里，施怀雅辗转于太古洋行在中国和日本所设的各个分部，乘船前往汉口，访问香港，评估横滨的局势。随后，他经由美国返回英国，乘坐一艘英国的轮船（乘客包括626名中国劳工）横渡太平洋，历时17天，创下了当时的纪录。[9]而在1867年，新公司的运营给人临时凑合的感觉——员工在刚刚腾出的办公室里办公，用的是别人废弃的家具，尽管如此，新公司还是更加牢固地融入中国通商港口的竞争版图中。约翰·森姆尔·施怀雅不仅乘坐他自己拥有的船只往返汉口和香港，还参观了因新航运公司——太古轮船公司的运营，外观开始发生变化的港口。[10]就目前来说，太古洋行仍然是一家不起眼的企业，但其经营规模远比施怀雅兄弟以前在英国、美国或澳大利亚经营过的任何公司都要大得多。

除了公司在香港、上海、福州和横滨的办事处外，他们还建了轮船运营所需的基础设施。太古轮船公司在汉口拥有厂房和货仓，获得了在河边停泊两艘船的权利，并正在支付即将完成的堤岸工程的款项。公司有一艘巨大的趸船停泊在那里，还有一艘较小的船和两座浮桥。同时，公司在九江和镇江还拥有趸船、货船和平底船。公司在上海的基地是法租界的一座大型设施，位于分隔国际租界和法国小镇的洋泾浜以南，这处设施正在扩建。[11]1873年4月，两艘悬挂太古洋行旗帜的轮船开始航行，当它们抵达中国时，太古洋行从格拉斯哥的A&J·英格利斯公司订购的船只也开始工作。1874年1月，约翰·森姆尔·施怀雅在长江流域航行时至少乘坐了一艘名叫"北京号"的船。太古洋行的资产组合不断扩大，土地、财产、设备和人员不断增长，因此接触到越来越多的监管机构和地方当局：英国工部局和法国工董局、上海国际清算署、大清

第四章　怪异的革命

皇家海关工作人员和英国领事。

这一切都来得很快。1872年中,威廉·朗意识到电报局可能会泄露信息,所以他先将一份电报的文本送到新加坡,这样一旦获得批准,就能发送到伦敦。朗正在与英国公正轮船公司的一位董事进行谈判,据报道,这位董事将乐于"在河上看到一家强大的英国公司"。[12]

此人很可能是塞缪尔·布朗(Samuel Brown)。身为保险经纪人,他在利物浦有一些人脉。他们这样做,背后有明显的刺激因素,那就是领头的旗昌洋行太过洋洋得意。上海商人注意到,英国人对美国公司早就有一种"英式反感"。朗的目标是获得公正轮船公司的船舶和岸上资产的全部购买权[13]——基本上是约翰·森姆尔·施怀雅在18个月后视察的那些,当时威廉·朗以19.9万两(约6万英镑)的价格购买,并于1873年4月1日正式完成产权转让手续,太古洋行用运往中国的银圆付款。这些钱很珍贵,因为它们是1840年以前铸造的西班牙元,而不是近代的墨西哥元,因此在上海有很大的汇兑溢价。[14]英国公正轮船公司成立于1867年,截至1872年,在长江航道上有两艘船,"全靠我们仁慈,这家公司才在水上有生意可做",旗昌洋行的福布斯说。公正轮船公司的股东由英国人、中国人和美国人(实际上也是旗昌轮船公司的股东)组成,由同孚洋行管理。事实证明,各位董事都热衷于退出内河贸易,转而投身沿海贸易。[15]

这家公司显然很脆弱,"英国人成立对抗性公司"的传言导致其股价下跌。朗解释说,他们提议的这项交易"从一开始就是马到成功之举,而且太古洋行从此有了稳靠的地位,反对派会立刻意识到,他们就算反对也于事无补"。[16]通过这一步棋,年轻的朗证明了自己的价值(算是抵消了他后来在日本煤矿和步枪方面的一些高昂投资)。尽管有了"稳靠的地位",旗昌洋行还是反对这条新线路,他们动用了大量现金储备,在太古轮船公司开始运营之日将运费减半。然而,令他们惊讶的是,太古洋行的价格居然更低。观察家看到的是,价格甚至下降

-075-

到"仅仅成为名义上的数字"。[17]旗昌洋行曾计划赶走跟他们抢业务的人,将这些竞争对手的股份买断,也许还会以高出15%的价格购买在格拉斯哥建造的三艘轮船,抢在对手之前买下。也有可能,旗昌洋行允许对手有足够的船在河上做生意,但是不允许对方的船只数量多到能够提供全面的定期航运服务。约翰·森姆尔·施怀雅比美国人想象的更加坚定。旗昌的谈判代表保罗·S. 福布斯(Paul S. Forbes)抱怨说,你们似乎没有做出任何让步。此外,施怀雅手中所持的现金比他们估计的要多。1873年3月,施怀雅兴高采烈地指示朗:"在太古轮船公司的轮船上升起太古的旗帜。"他们照做了。[18]

约翰·森姆尔·施怀雅在长江的航运项目上投入了大量资金,这是公司迄今为止最大的一笔投资,也是迄今为止最公开的举动。两家公司都认为对方的"自尊"受到了威胁,但互不相让。双方都知道,价格战极大地影响了贸易,例如将安徽的茶叶运到九江,这些茶叶通常都会运往宁波发货,而更多挂着外国国旗的三桅帆船没了生意可做,本来这些船的运费往往比轮船便宜得多。双方也都知道,长期冲突只会削弱彼此的力量,让未来的任何潜在对手从中获利。新闻出版界也提醒他们注意这一点。《字林星期周刊》称,"中国商人"认为这是"纯粹的愚蠢"。中国报纸《申报》则报道说:"竞争对商业非常有利,但对轮船公司而言并非如此。"[19]甚至在第一家中资航运企业——招商局轮船公司成立之际,这种反对意见就已经形成。

普遍的低运价也起到了加速中外贸易环境转变的作用。进入新租界的外国商人本来打算销售从上海运来的货物,要么充当长期驻扎在租界的公司的分支机构,要么成立新企业。但现在,中国商人自己就能乘坐轮船去上海采购货物。九江和镇江尤其受到冲击,汉口也因此难以发展成为对外贸易的基地。[20]从这一点上说,1873年旗昌洋行和太古洋行的低价竞争只是将他们的现金储备转移到了托运人的口袋里。

1873年5月,双方达成一项临时协议。太古洋行承诺,除了现在拥有的五艘船之外，两年内不增加汉口的吨位，但不包括启动新的支流服务或汉口以外的地方到宜昌的河流开放（人们普遍希望该流域开放）。太古洋行的轮船不得驶入繁忙的沪甬航线，但不包括任何沿海航线。

成功需要周密的计划，太古洋行很容易从利物浦的合伙人网络中获得投资，包括霍尔特、伊斯梅、威廉·施怀雅的岳父塞缪尔·马丁、乔舒亚·迪克森、梅利家族和船只拥有人威廉·克里夫（William Cliff）等人。[21] 船舶是从克莱德河上的英格利斯公司订购的，他们刚刚为旗昌洋行制造了一艘新船，办公室选址和海事人员很可能已经确定。施怀雅从旗昌洋行挖走相关人才，并接管了公正轮船公司原有的航线业务。但施怀雅要做的不只是将就和凑合，他要找到最好的人才，还要与阿尔弗雷德·霍尔特密切合作。为了进军新贸易领域，新公司需要变得更加强大，站在更高的起点开拓业务，但新轮船到达中国至少需要一年的时间。太古轮船公司的成功起步和运营不仅取决于约翰·森姆尔·施怀雅不动声色的谈判风格，还在于两次对公司成长起到关键作用的人事任命。在中国贸易旧版图不断演变，中国企业家新世界稳步发展的背景下，这两次人事任命凸显出太古洋行在其中所处的地位。

朗确实为这家新企业找到了一位非常出色的买办，他就是郑观应（1842—1921年）。

郑观应，号陶斋，与唐廷枢、徐润、席正甫并称为晚清"四大买办"。他来自广东省广州府香山县，许多在上海工作的买办都是从那里走出来的，包括他的父亲、叔叔和哥哥。就像施怀雅背后是几大家族与利物浦的人脉网一样，郑观应也来自广东人组成的人脉网。[22] 郑观应17岁科举失败后来到上海，他的叔叔当时在那里为英国公司奥柯化威洋行工作（而且给普雷斯顿·布鲁尔带来麻烦的买办陈阿丰做过担保人），而他的兄弟则先在宝顺洋行，后在旗昌洋行工作。在富有且影响力非常大的香山同胞徐润的保举下，郑观应为宝顺洋行办事。他在传教士傅兰雅（John Fryer）创办的夜校学习英语，后来到一家茶叶公司担任了六年的翻译。当然，这些都是他在进入太古洋行工作之前的经历。

郑观应还投资了公正轮船公司，科举失败的经历并没有磨灭他未来作为敏锐观察者和时评家的才能——他来太古洋行工作时已经开始发表文章，而且涉猎的领域远不止英语知识和商业技能。[23] 后来，他成为中国需要对外国列强发动"商战"这样的论点最有影响力的倡导者。

如果说在郑观应身上，我们看到了从旧贸易世界过渡到新贸易世界的一个方面，那么晏尔吉（约1843—1895年）则体现出另一个方面。[24]

晏尔吉（Henry Bridges Endicott）是太古轮船公司的第一位航运经理，在新东家"负责所有的海岸轮船"，他是朗支付了两倍薪水从琼记洋行挖过来的。晏尔吉与郑观应来自同一环境，出生在离郑观应家乡不远的澳门，但他所在的澳门在广东贸易体系中占据着不同的地位。晏尔吉家族在新英格兰历史上举足轻重，在对华贸易中有着极高的江湖地位，因此在鸦片贸易中也难辞其咎。他们长期与赫德家族在一起做生意，他的叔祖父葬在澳门的新教墓地，他的叔叔威廉·恩迪科特是吴淞江赫德家族旗下的鸦片船船长之一，他的父亲詹姆斯·布里奇斯·恩迪科特（James Bridges Endicott）葬于香港，曾在澳门外海的黄埔担任一艘接收船的船长，后来成为香港一家杂货店的共同合伙人，并在上海设有分店，最终坐拥省港澳轮船公司很大一部分股份。晏尔吉的母亲是一名疍家船女，名叫吴秋，受晏尔吉的父亲、老恩迪科特"保护"大约10年之久，直到老恩迪科特在1852年与一名英国女人结婚，当时老恩迪科特住在吴秋在香港的住所，还给吴秋找了个丈夫。吴秋本身就是一名鸦片贸易商，当海盗抢走她的货物时，她胆子大到敢与海盗对峙。[25] 晏尔吉小时候与母亲分开，并被送到肯塔基州接受教育，但即便如此，他仍然接受了良好的家庭教育。1863年，晏尔吉回到中国，先是为父亲在上海的杂货店工作，后又在赫德家族的公司担任职员。他的经理很早就注意到了他的才能，有了"年轻的晏尔吉"担任航运职员，他们将自己的沿海航运代理从香港搬迁到上海。尽管在美国生活了大约15年,但晏尔吉的中文流利,对中国的社会和文化规范有着深刻的理解,并且"非常熟悉本土托运人的情况"。[26] 离开赫德家族后,他在太古轮船公司担任这个职位直到1895年去世。

郑观应后来解释说,太古轮船公司的迅速崛起——它在1873年承载了长江的一半吨位,是由于有效地利用了他的人脉关系网以及对托运人和游说者采取的一系列激励措施。他还复制了一系列归功于晏尔吉的"轮船公司管理十项原则"等规章制度,包括对细节一丝不苟,对人员、船舶和市场细节的深入了解,提前规划和征询货物,以及保持船队高效运转和配备现代化的设备。郑观应认为,理性的管理原则和精明的人才招聘是他们成功的基础;但晏尔吉也是一个实用主义者,他从旁协助,给托运人想要的东西,包括长期信用和自由裁量权。[27]

不过在这方面,旗昌洋行的弗兰克·福布斯却看到了"一种有失尊严的行为方式",他说这家英国公司"为所有货运经纪人举办了一场盛大的宴会",外国职员在会上提供服务。"受人尊敬的中国人都笑了,他们怎么会觉得不好笑呢。"[28]

抛开愤怒不谈,福布斯的评论带有明显的种族主义倾向。在他们看来,欧洲人是在公开地贬低自己,以维护中国的习俗。但从更客观的角度来看,这家新公司是在宣布自己的身份,并直接将其职员介绍给为他们招揽客户的人,以确保中国客户照顾自己的生意。种族主义、尊严和地位观念之间的张力,以及在中国与中国人做生意的简单现实,长期困扰着对外贸易世界。

这种关注是至关重要的,因为正如英国驻镇江领事在1866年所说的那样,中外商业关系的性质发生了一场"怪异的革命"。他说,外国商人只是中国财产的"载体"。这一评论得到他在烟台一位同事的呼应。

中国商人利用现在可以使用的外国船只进入以前禁止他们从事的贸易领域,在向欧洲人开放的港口定居下来,凭借勤勉和对本国国情的了解,他们已经成为外国商人必须面对的最大竞争对手。外国商人正在成为贸易发展的促进者。"我们的船可靠而坚固",太古轮船公司在《申报》上刊登的第一则广告这样写道(《申报》本身就是这场怪异革命的一部分,因为这份中国报纸的老板是两个英国人——来自南安普敦的美查兄弟),"我们的船长和船员经验丰富,熟悉长江航运业务。来客将在我们的办公室受到热情接待"[29]。

郑观应从上海开始建立了一套"游说行"体系,即在长江各通商口岸以及后来到沿海地区设立代理机构,负责招揽中国的货运业务和销售客票。其中一些是公司本身的代理机构(以"太古"命名的太古证、太古场、太古汇),有些是他自己的机构。为了鼓励参与并拿到订单,郑观应还制定了一些具有诱惑力的奖励措施——例如为个别船只提升船上买办的权利或回扣的额度。[30]1876年加入香港办事处并担任运务员的乔治·尤伊尔(George Yuill)描述了他的办事处争取中国货运的方法。他说:"我们有中国职员在城里四处拜会不同的商行,把商人带到我们的办公室。"他还通过代理商开展业务,给他们提供待售的船票,付给他们佣金,这些关系靠的是信用和社会互动来维系和疏通。[31]当时办事处的吴野经常拜访托运人,积累业务知识和人脉关系。在他"不相信托运人能自行承担责任"时,会向信任的人寻求正式担保。这个新项目给施怀雅带来了各种各样令人困惑的问题,尤其是在为中国乘客设计船舶方面,毕竟施怀雅父子公司还从来没经历过这样的情况。比如,伦敦是否应该给乘客发放食品和饮料?(答案是否)中国乘客需要客舱吗?(答案是仅限女性,而且仅限少数女性)外国乘客和中国乘客分别住在不同的房间,有不同的厨房,事务长呢?(答案是:"我想你会请一位天神来做这件事吧。")每艘轮船都有自己的买办,他们的职责是对船上的货物进行清点,并负责把货物安全送到目的地。买办还得照顾本地旅客,为他们提供食物。实际上,中国乘客和货物的管理分包给买办,买办自己带了员工,在船上的一个办公室工作。[32]

第四章　怪异的革命

约翰·森姆尔·施怀雅从公正轮船公司接管了"惇信号"，这是一艘在伦敦建造、有10年船龄的船，曾在美国南北战争期间突破封锁，与南方做生意，并于1864年中国对外航运的繁荣高峰期来到中国。太古轮船公司从格拉斯哥订购的三艘轮船是吃水较浅的侧轮桨轮船，每一艘都依照一座中国城市的名字命名。"北京号"和"上海号"分别于1873年7月和9月抵达中国；"宜昌号"于1874年4月抵达中国；另一艘是"汉口号"，紧随其后于1874年抵达长江流域。一位海关专员报告说，长江航线现在提供了"文明社会所能承担的最佳河轮旅行方式"。而且，与福布斯对太古集团尊贵服务的评论相呼应："中国游客比国内那些不光彩的英吉利海峡航道小船上的头等舱乘客受到的关照要多得多。"在这些观察家看来，这些现象似乎有些不和谐，即使算不上令人反感。此时此刻，第二次鸦片战争后胜利主义的回声仍在回荡，当汉口领事麦华陀高呼"外国人就是一切"时，外国人正在利用自身力量为中国商人提供快捷舒适的住宿。[33]

不过，对于外国公司来说，要学的东西还有很多。比如，伦敦方面总是询问，为什么夜间船只在中转港口停靠的时候，你要叫醒中转旅客，检查他们的船票。他们对此"怨声载道"。[34]

外国公司开展经营时应该关注哪些重点，这个议题将反复出现。与此同时，河流上的局势仍然不稳定。1874年2月，由于去年夏天签署的协议已经失效，两家公司达成了一项新的协议。尽管两家公司都怀疑对方的经营方式与约翰·森姆尔·施怀雅和福布斯相互达成的意见背道而驰，但实际上是郑观应和晏尔吉在开发新公司业务时表现出来的精力，削弱了旗昌轮船公司的地位，也衬得旗昌洋行年迈的买办表现平平。然而，太古洋行这次又提出了一项完全不同的安排：两家公司将运营相同数量的船舶来提供服务，收取相同的费率，汇集收据并收取一半的费用。事实上，太古洋行和旗昌洋行都不希望长江航线上出现竞争对手。[35]旗昌洋行在公开场合表达的态度，太古洋行在私下也是同样的态度。他们都打算尽可能长时间地阻止在长江流域进行任何无意义的竞争。新的联营协议严格保密且运作顺利（它在很大程度上有利于旗昌洋行），但它为太古轮船公司提供了发展空间，避免了再次爆发价格战的可能，并让太古公司得以退出1873年大打优惠促销战的经营状态。[36]

这种将太古轮船公司的经营业务分包出去的普遍模式，后来被证明成本高昂，但这是外国企业在中国经营的一种既定模式，要想维护其顺利运行，也有很大压力。在航运业中，货运托运人可长期赊账，有些地方每年到中国春节才会结算一次，因为年底一般都要把账结清，这样无疑可以吸引客户。太古轮船公司习惯上把这些业务的监督和收款工作都交给买办，因此买办也可以说是该公司的"本土银行家"。这种情况一直持续到1884年，由于买办为托运人提供担保，并得到其他担保的支持，这就助长了一种松散的监管文化，从而导致很多外国公司在试图追回债务的法庭诉讼程序中屡屡承担风险。[37]

新的竞争者总是会加入这个行业，所以外商需要和客户保持紧密的关系，反过来更加助长了对买办的依赖。1873年10月开始，最有实力的一家竞争对手开始营业，而且是中国人开的。事实上，中国的竞争对手采用两种截然不同的形式，一种是间接的，另一种是利用政府在背后撑腰。首先，怡和洋行于1872年末凭借大量中国资金成立了华海轮船公司，长江航道上出现竞争对手的消息促使旗昌洋行巩固现有业务，并创建新的股份公司，其中至少20%的股份归中国利益集团。

所有的资本都在通商口岸筹集，对此至关重要的是另一位香山商人——怡和买办唐景星。目前，怡和洋行的业务仍高度依赖中国沿海区域。1873年，唐景星辞职，开始领导一家新企业——招商局轮船公司（其英文名为China Merchants Steam Navigation Company）。这是一家官督商办的混合实体公司，由清政府官员出面成立，以国家贷款为后盾，但也通过股票发行筹集大量现金，然后交给像唐景星这样的商人来管理。

第四章　怪异的革命

唐景星通过中标拿到了将长江三角洲贡米从上海运往天津再送往京城的合同，从而获得了巨额的年度补贴，成为江河沿岸各外国公司强大的竞争对手。他甚至雇用了外国船员，租赁外国制造的轮船。而在这之前，没有谁会真的相信中国的轮船公司能大获成功。

对此，约翰·森姆尔·施怀雅在1874年写道："我觉得我们已经捅了马蜂窝。"[38]

这里所说的马蜂窝是：开展航运业务之后，随之而来的是经营仓库、为获取经营土地和市场准入资格而开展的各种协商谈判，还有越来越庞大的员工队伍，但这些让人分心的事情也带来了风险和烦恼。仓库可能遭受抢劫；托运人对损坏或丢失的货物提出异议或要求赔偿，或者公司不得不面临催款。越来越多的公司发现自己不是要接受庭外和解，就是要应对起诉或为自己辩护，有时还要起诉自己的员工或代理人。面对人们制造的意想不到的问题，通商口岸的报纸对此进行了详细描述。1874年的新闻头条曾有这样的报道：7月，太古轮船公司在镇江遭到广东行会联合抵制；9月，在汉口监督太古轮船公司船舶装卸的工头被谋杀。

当时在镇江，太古轮船公司和旗昌轮船公司的一群海员去一家粤剧剧院观赏表演却拒绝买票，由此引发的争吵演变成了斗殴。事发后，船务公司的两人被剧院的人囚禁在剧院大厅，于是太古轮船公司的代理商 J. M. 坎尼（J. M. Canny）派出了一支由外国人（《申报》尖锐地指出是"黑人"）领头的小队人马去营救。据称，这些人随身都携带着武器。

双方经过艰难磋商，情况缓和下来，但广东行会提出了解决问题的条件——开除坎尼手下的人；政府调查此事，同时赔偿剧院丢失和损坏的物品。这些要求都没有得到满足，于是他们下令抵制太古轮船公司，甚至在上海的广东人也拒绝装载太古轮船公司开往镇江的货物。[39]这样的事件无论多么特殊，都有可能损害公司的声誉或引发政治争议；尤其是镇江，在外商眼中它是一个尴尬又古怪的地方。

谋杀案就更让人头疼——工头抓住了一个偷东西的工人，然后罚他站在太阳下。这工人后来承认，他之所以签下这份工作，只是为了获得偷窃的机会。据称，这是在太古轮船公司代理商德兴洋行的授意下实施的。事后，该男子告诉惩罚他的人，不要想着把西方人当靠山，因为任何人都可能"有一天沦为别人砧板上的肉"。后来，他伏击了那位工长，割断了他的喉咙，心满意足地去自首，坦然地接受了惩罚。

中国航线应该如何连接并服务国际航线，这个问题一直存在。对于约翰·森姆尔·施怀雅来说，新洋轮船公司的代理仍然至关重要。这是"母公司"，他告诉斯科特。霍尔特家族的长船有着一个独特的标志，即高高的蓝烟囱，一旦相关航线开通，霍尔特家族投入长船，将是一笔一本万利、反响不俗的市场对赌。霍尔特家族甚至在1867年1月"阿贾克斯号"在上海首航之前就开始订购新船。到1875年，他们已经拥有14艘船，同年又为中国航线订购了3艘。每个新批次都受益于设计的改进，使公司在19世纪70年代比竞争对手拥有更强大的技术优势。正如霍尔特在1866年9月所说，"技术"问题已经解决，现在还剩下"商业"问题。[40]苏伊士运河开通使中国之行缩短了4800千米，也使从亚洲运来茶叶、锡和烟草的船只缩短了10至12天的行程。霍尔特派了一位值得信赖的船长见证开幕式，并于1870年3月派出了第一艘蓝烟囱船通过苏伊士运河，远早于其主要竞争对手铁行轮船公司。[41]尽管约翰·森姆尔·施怀雅积极参与霍尔特的"中国计划"，但他自己寻找扩张机会时，还是认为合伙人过于谨慎。

约翰·森姆尔·施怀雅仍热衷于拓展代理业务。1867年2月1日，太平洋邮政轮船公司的"科罗拉多号"从旧金山经横滨前往香港首航，约翰·森姆尔·施怀雅人就在香港。当时港口的一艘美国军舰鸣了21响礼炮迎接它，海岸炮台也鸣响了礼炮回应。双方的礼炮预示着从亚洲到北美的海洋高速公路发展史进入新时代。

1874年4月，约翰·森姆尔·施怀雅亲自横渡太平洋，在纽约会见

第四章 怪异的革命

了太平洋邮政轮船公司总裁。回国后，他向该公司的中国和日本分支机构提交了一份正式投标书，但没有成功。不过，他还是继续考虑开设太平洋业务线的可能性，甚至开启属于太古公司的整条太平洋航线，以此发展一家"庞大的蒸汽轮船公司"。然而，强大的铁路利益集团收购了这家美国公司，让其他想投标的公司都死了心。太古洋行还无法与之抗衡。[42]

尽管报纸报道了班轮的到港出港，但我们几乎没有看到"蓝烟囱"这一时期在中国港口开展代理业务的相关史料。不过，赫德档案馆能找到1870—1871年其代理人在福州处理"阿喀琉斯号"业务的大量文献。[43]从上海出发的轮船卸下一包包的中药、藤篮、木耳、人参、棉制品、铁材和其他商品，所有货物都由太古洋行承运。船停泊在港口的几天里，福州的托运人忙得不可开交，只好在船上搭舱。

"请安排100吨""每吨2英镑10先令""先定1吨，再加100吨的优先购买权""如果我们今天送来，可以运13吨吗？""你们还能装得下256个箱子吗？""船长担心托运人没有把他们竞标的东西送下来。""公裕洋行向伦敦运送了768箱半茶叶。""需要向装卸工Long Tom支付装卸费用。"中午12点45分，拉塞尔船长发出一封告别信——"尖山峰旁，我的返航时间现在开始。"他补充说，尽管自己"对顺利航行充满信心"，但不要对我们的航程下任何赌注（这艘船在1869年创造了52天的航行纪录）。"我希望明年有幸再会。"他在信末尾写道。事实上，拉塞尔船长在1870年底之前就返程了。从中国到伦敦的旅程花了55天，耗时是当年任何一艘快船的两倍，这还要算上它在塞得港泥滩上搁浅的24小时。

太古洋行在19世纪60年代和70年代的业务记录中，中国业务占据了重要地位，但它仍保留了巨大的澳大利亚业务，并在美国和曼彻斯特开设了分支机构。太古洋行纽约分部成立于1873年，10年来一直在亏本运营，负责监督从太古洋行横滨分公司的茶叶进口。关于如何处理这两家办事处,太古洋行讨论过多次,但一直没有得出结论,他们仍然希望这两家分支机构未来能有起色。

1875年,约翰·森姆尔·施怀雅告诉横滨分公司的经理、出生于爱丁堡的詹姆斯·多兹(James Dodds)——如果不是因为对太平洋轮船业务的期待,我们"几年前"就会关了这家店。现在,这个梦想破灭了,他让多兹换个新的立足之地,并向纽约的经纪人詹姆斯·吉布斯(James Gibbes)发出指令,让对方把美国业务卖掉。但施怀雅会说吉布斯"有零售头脑",这绝非恭维。职员的自信对两家公司的幸存起了很大作用。施怀雅在1876年宣布:"承认失败并退出行业,这与我的意愿不符。"

多兹是一名议会代理人的儿子,在横滨的媒体上主要以出色的板球运动员、杰出的赛马俱乐部成员、赛艇运动员和俱乐部常客等身份出现。他将继续在横滨港口负责业务直到1904年。施怀雅在1879年若有所思地说:"如果他必须每周拉一天黄包车,靠挣来的钱养活自己,那就没问题了。"[44]

太古洋行与澳大利亚的关系正在慢慢发生变化。洛里莫、马伍德和罗梅的合作伙伴虽然在1876年因为太古洋行与马修·马伍德分道扬镳而改变了合作模式,但他们还是继续保留着白星公司的代理权,并积极推销由太古洋行在福州的新茶馆"精心挑选"和"特快送达"的新茶叶。批发拍卖的广告牌上写着"工(功)夫茶、真青花、熟白毫、小种红茶、精选白毫",自有其甜蜜的诗意,这是一个平淡无奇的行业,也是一个不断发展的行业。福州人亨利·罗伯特·史密斯曾两次访问墨尔本和悉尼,以确保习得"殖民教育"——即了解那里的商人想要什么。尽管约翰·森姆尔·施怀雅在1876年宣布茶叶贸易"不是纺织业""德文郡的帽子过时了,来自中国的功夫茶将继续受到公众的欢迎",但事实证明,他是大错特错的。[45]19世纪70年代,中国绿茶在海外市场的地位就开始被印度和锡兰红茶取代。人们的口味发生了变化,而积极的营销活动加速了这种情况，这些活动抨击了中国绿茶的安全性，暗示中国绿茶是使用有毒化学物质染成这样的色泽的。

太古洋行不断成长，1870年，其总部迁至伦敦，并于7月在伦敦金融城的比利特街正式开设了办事处。[46]这次搬迁与公司在香港开业的时间大致相同，可能并非巧合。利物浦办事处现在是太古洋行的分支机构，由公司的其中一名收银员托马斯·伍德沃德（Thomas Woodward）管理。与之关联的是，施怀雅家族的表兄弟J. 波特·奥布莱恩（J. Porter O'Brien）专注于澳大利亚市场的瓶装啤酒业务，且利润非常可观，尽管约翰·森姆尔·施怀雅认为该业务的持续成功只是"侥幸"。但从1870年11月起，就连蓝烟囱公司办事处也开始搬到比利特街处理工作。[47]

1870年，约翰·森姆尔·施怀雅卖掉了他的猎马，上一个冬天，这些猎马还参加了柴郡的比赛。到1871年人口普查时，他以非常简朴的方式入住了伦敦维多利亚街一栋非常现代的公寓楼中。

船务的扩张带来了员工数量的增加，并稀释了公司在利物浦业务的商业色彩。迁往伦敦确实让施怀雅把一群来自前总部的老牌核心文员带到了伦敦，这表明该公司内部在这一时期仍保持着紧密联系。19世纪70年代，计划派往亚洲担任商业助理的员工大约34名，其中大部分是从伦敦招募的。[48]这些人当中的大多数是在前五年入职，他们父亲的职业表明了他们的出身：商人、保险承保人、会计师、棉花经销商、大律师、外科医生、牧师、股票经纪人。这些人之前似乎很少跟海外有联系。埃德温·麦金托什（Edwin Mackintosh）和1872年入职的文员A.E.特纳（A. E. Turner）是早期的例外。特纳出生在锡兰（今斯里兰卡），他的父亲是一名蔗糖种植园园主。尽管施怀雅"急于尽可能地提拔我们自己的员工"——但伦敦办事处似乎是一个例外。威廉·德劳特·哈里森（William Drought Harrison）在利物浦出生，是一位教师的儿子。哈里森在利物浦的办公室工作了至少两年，于1868年派到海外。

有些人在与施怀雅签订合同之前显然有在其他公司工作的经验：J. C. 博伊斯（J. C. Bois）此前是银行职员，约翰·阿莫尔斯·博格（John Amos Blogg）是棉花经纪人，阿瑟·伯罗斯是船舶经纪人。另外，两名跟中国有丰富贸易经验的员工加入太古洋行：丝绸商人弗雷德里克·加姆威尔（Frederick Gamwell）曾于1860—1874年在上海工作，很快成为约翰·森姆尔·施怀雅在伦敦的首席合作者，并获准加入合伙企业；赫伯特·史密斯（Herbert Smith）在加入太古洋行之前已在怡和洋行工作了至少五年。

至此讲述了大量东渡闯荡市场的人的故事，接下来将略施笔墨描写一下在利物浦和伦敦做事的文员。1871年，利物浦首位记录此类文员的编年史家B.G.奥查德（B. G. Orchard）声称："默默无闻的文员并没有非凡的吸引力。"但这些受雇于太古洋行的文员，形形色色。奥查德写道，有的文员是"下午三点左右在百老汇街晃悠的花花公子"，有的文员是"在交易所附近喝苦啤酒和打台球的放荡浪子"，还有很多文员是"衣着寒酸、一脸焦虑、吃不饱、在只消费四便士的瓦平区餐厅里吃饭的人"。奥查德计算出，1870年利物浦雇用了1.7万名文员，平均每家公司4名。圣殿大厦是位于利物浦戴尔街的建筑，太古洋行于1865年搬迁到这里，这栋楼共有49家公司和224名文员，其中6名是太古洋行的员工，里面又有2名是初级员工，另外还有7名员工也登记在册。[49]他们的工资从每月12英镑到每月3英镑不等，构成了英国不断变化的就业世界的一部分。在这些人中，从事办公室管理的城市劳动力比例不断增加。他们的办公室里传出的东方消息，有的来自信件，有的来自《英伦中国通讯》，有的是蓝烟囱轮船公司带来的消息，有的是应上级要求送来的茶叶礼盒。他们为那些前往亚洲的人预订船票，为公司在亚洲的办公室运送钟表和文具，发送电报，也许还学会了一点中国方面的行话，例如"蓝烟囱"的船长们说的中国行话：茶室（cha-sees）、洋泾浜（pidgin）、干杯（chin-chin）。利物浦商业世界与海外贸易的渗透几乎让这些物质与文化的交流变得不再与众不同,但港口的大部分货运流量仍然来自北美,约占30%,以及南美和欧洲大陆。1870年到达的船只中,只有6%来自"远东地区"。[50]公司的高级职员,如约翰·鲍尔(John Ball)或托马斯·萨利斯伯里(Thomas Salisbury),对他们顶头上司的指示作何感想,我们不得而知,但在圣殿大厦里,他们对另一个世界有了初步观察。

到1882年,伦敦办事处有15名员工,最初由自1858年以来一直在该公司工作的约翰·鲍尔监督。我们从档案中可以窥见当时办公室生活的一些痕迹:一名男子收到一份承诺书,他要签上名字保证不再沉溺于赌博;萨利斯伯里因出勤率低而被批评,他到"邻近机构"的逗留时间过长,也许是为了喝"苦啤酒";一位在公司工作了20年的职员,得到一笔预付款,用来偿还妻子因病而欠下的债务,还有一笔酬金,用来资助儿子上学;鲍尔对零用现金监管不严,导致一名初级员工盗取少量现金;一名男子被火速派往中国,处理一对已婚但不和的夫妇分居事宜。还有公司的抄写员因为健康原因被送到了塞德港,费用由公司支付(但很明显,他的酒钱不该由公司支付)。不过,喝酒对这位"可怜的年轻人"没有什么好处,他似乎在航行结束之前就死了。[51]还有一些有"中国愿景"的职工被派往东方建功立业,他们希望收到小费。但施怀雅在1879年写道:"我真的无法实现我们所有员工的梦想"。[52]伦敦办事处的大多数普通员工都会感到失望。这些文员在伦敦的起薪约为每年70英镑,大致相当于那个时代的平均水平,尽管约翰·森姆尔·施怀雅认为自己员工的薪酬"远高于"此类工作的普遍水平。那些去中国的员工,第一年能获得300英镑的报酬,在为期5年的合同期内逐渐涨到450英镑,另外还提供食宿以及出境津贴。少数人会转岗,这样能更快出海,或者转去关联公司工作,例如曼斯菲尔德公司——蓝烟囱在新加坡的代理商。当然,当例行公事没有可记之处时,微小的争议或事件就会被记下来,从而扭曲我们所掌握的情况,因为除了这些记录,我们对戴尔街或比利特街发生的事情基本上一无所知。但我们确实知道，约翰·森姆尔·施怀雅本人参与了其中的许多安排，该公司仍然小到以至于高级合伙人也参与员工的日常管理工作。他将对员工的记录保存在小笔记本中，并密切关注办公费用的微小细节。

奥查德声称，"在利物浦只有20年历史的合伙公司中，有一半公司都会有一位曾经是普通文员的合伙人。"施怀雅家族曾有一段时间也是这样的经营模式。[53] "文员"一词含义太过宽泛，约翰·森姆尔·施怀雅自己会区分合伙人、经理、文员和普通文员，但有些人是太古洋行早期在中国任命的代理商，后来作为合伙人加入公司：威廉·朗1869年升为合伙人，W. D. 哈里森和J. H. 斯科特1874年也成为合伙人；加姆威尔1875年、埃德温·麦金托什1876年加入公司，同年威廉·哈德森从合伙人行列中退休。两兄弟都促进了年轻合伙人的资本增长——这些合伙人起初对太古洋行几乎没有什么贡献——如果算上他们在1876年造成的损失，功过相抵的话；后来证明，提拔哈里森是打错了算盘，另外威廉·朗的表现总是时好时坏，不过其他合伙人还是有所贡献。由于弟弟身体状况不佳，约翰·森姆尔·施怀雅需要招募人马来分担公司日益增长的责任。约翰·森姆尔·施怀雅仍然是高级合伙人，他曾不止一次声明过这一点，希望自己的"命令"得到遵守。这一条成了合伙关系条款中约定俗成的规定，但这样的合伙关系从来都不是平等的。[54]

比起公司的日常业务，约翰·森姆尔·施怀雅1870年在伦敦积极的社交网络更加有迹可循。施怀雅擅长社交并不令人惊讶，但他冒犯了许多人。1868年巴特菲尔德的撤资导致"恶意"谣言四处流传，称太古陷入了严重的困境。"据说巴特菲尔德因他的损失懊恼而死"，据说也有人认为这是"注定的结果"。流言四起与亚历山大·柯利（Alexander Collie）及其"不正常的财务"有关。1873年8月，横滨一家公司的伦敦合伙人写道："我们获悉，太古洋行不得不寻求他人的帮助。"

但其他人不这样认为，"他们是一流人才"，时任汇丰银行驻上海

第四章 怪异的革命

的经理在1870年7月这样写道。传言一直都存在，施怀雅对这些闲话置若罔闻，但并没有忘记或原谅那些借助流言炒作并做空太古的参与者，同时采取措施证明公司的稳健性。[55]当施怀雅觉得阿尔弗雷德·霍尔特需要出面澄清航线的安全记录时，他准备好了一封信让霍尔特填写，然后寄给《泰晤士报》，信果然以霍尔特的名义见报了。[56]

太古洋行激进地进军航运业显得仓促而有失绅士风度。1875年，他们试图威慑省港澳轮船公司，但以失败告终。"太古方面对代理人要求过高，欺人太甚。"该公司的海事主管惊讶地写道。1875年6月，哈里森写道："先生们……我们恳请作为总代理为您提供服务。如果投标不成功，我们将被迫参加激烈的竞争。"这家公司董事长而后回应道："几乎就像在说'要钱还是要命'（事实上，这就是哈里森一生的写照，几天后他就去世了）。"新加坡一家报纸认为，英国官员可能会从"意志的力量和性格的描述"中学到一些东西。但这是一家"年轻而有野心的公司"，"一点也不谦虚"。[57]

太古洋行的声誉还在于独特的风格和自信满满的经营业绩，毕竟，正如约翰·森姆尔·施怀雅开始思考的那样，"我们应该成为中国最伟大的商号"。尽管保持低成本运营是他业务战略的一大支柱（另一大支柱是收到货后立即出售），但太古洋行香港的工作人员詹姆斯·亨利·斯科特过于挥霍无度。[58]1876年，约翰·森姆尔·施怀雅写道，太古洋行需要"以体面和自由的方式运营"。公司需要恰当的社会地位，好配得上庞大的规模。同样，洛里默还帮忙将澳大利亚的马匹送到威廉·朗在上海的马厩。当他得知斯科特的前任哈里森因为"酗酒和愚蠢的道德堕落行为"而走向死亡时非常愤怒。"当地道德算不上高尚，对正义也没什么追求的社区对他（指哈里森）的性格议论纷纷"，这事传到了约翰·森姆尔·施怀雅的耳朵里，哈里森之死还有可能"会给公司带来耻辱"。尽管如此，当地社区还是在海港对面降半旗悼念哈里森，他们并不像约翰·森姆尔·施怀雅想象的那样对哈里森反感，对整件事情睁一只眼闭一只眼。[59]声誉还是很重要的。约翰·森姆尔·施怀雅可以在香港用一两个小时的讨论说服阿尔伯特·赫德（Albert Heard），当然，他大部分时间都在伦敦工作，由其他人在中国经营太古洋行。

公司的运营正处在变革的时刻。"怪异的革命"并不像表面上那般怪异。条约赋予外国主体和外国企业相应的地位，他们识时务抓住这些机会，必然会采取一定的措施。这些条约造成了社会扭曲，而无论中国人还是外国人，都合理地利用这种扭曲。最为荒谬的是，新签订的几份协定将属于中国人的商品或财产冒充为外国人所有。领事们熟知的"离行"是一种表面上的外国公司，因为它们看上去由外国公民（例如英国臣民）拥有，但实际上只是挂着外国的旗帜在工作。所有这一切都需要考虑：佣金、小费、贿赂，甚至一瓶酒。官员尽最大努力根除他们所称的"滥用行为"，但是，在华外商的整个结构都在条约的保护下运作，总部设在按条约开放和受条约（以及外国武装力量）保护的港口，通过条约赋予的特权向中国客户和投资者提供服务，几十年来，要是没有这些条约和协定，这个市场本不会向他们敞开大门。

太古洋行正在稳步地进行部分转型，使自己成为一家融入中国新商贸世界的企业。施怀雅在澳大利亚的商行与利物浦的大约50家航运公司或350家商户几乎没有什么区别，太古洋行如今在长江上拥有趸船，在上海和香港的黄金地段拥有房产，并为其轮船上的中国乘客能否平静入睡而操心。太古洋行在中国的业务与横滨和纽约办事处的关系网交织在一起，也与蓝烟囱轮船公司和白星公司的业务交织在一起。太古洋行继续在茶叶上冒险，但开始发现丝绸贸易太难了，同时也仍然从曼彻斯特出口东方棉花，从约克郡出口羊毛制品，并运往澳大利亚，还有许多其他商品：黑啤酒、朗姆酒、铁门、锅炉板、栅栏线、石板、蜡烛、黑醋栗。但结果证明，其中最有利可图的是葡萄干、坚果、烧碱、鲱鱼和沙丁鱼。

第四章 怪异的革命

到目前为止，太古正在稳步融入亚洲市场，将自己从一家代理公司转变为另一种类型的公司。不过，即便业务发生变化，这家公司仍然受到伦敦的严格控制。它还开始计划在跟利物浦远隔重洋的香港建造大楼，而那里后来变成了一个小镇。一切都是因为，永远不安分的约翰·森姆尔·施怀雅有了这样一个念头——公司现在需要一家糖厂。

第 五 章

香港的甜蜜气息

"我当然知道他对我恨之入骨。"[1]

一家具有里程碑意义的企业,它的壮大发展竟然源于仇恨?这似乎让人难以理解。太古洋行建造了亚洲第一、世界第二大的糖厂,而且这家香港公司由初创企业变成小型城镇,人员大多来自苏格兰的糖镇格里诺克。太古糖厂的崛起很大程度上源于与怡和洋行的激烈竞争,但并不能说太古这一举动不够冷静或者不够有力。正如约翰·森姆尔·施怀雅对潜在股东所说的那样,这些决策的目的是"安慰太古公司曾经衰落的岁月",但"没有什么比击败克锡更让我高兴的了"。约翰·森姆尔·施怀雅写这封信是在1879年,当时两家公司正处于势均力敌的阶段。就在这个时候,他开始探索建立制糖加工厂的可能性,因为打败怡和洋行是他目标的一部分。

1869年,在爱丁堡公爵及阿尔弗雷德亲王来到香港的第一个晚上,怡和洋行在香港的合伙人克锡(William Keswick)为他们举办了私人晚宴。怡和洋行在香港和其他通商口岸都很有影响力,到1879年,该公司近24个办事处和机构中的大部分都在这些口岸。1875年,随着他们在广东贸易的老对手宝顺洋行的倒闭,怡和洋行成为在中国生存时间最长的英国公司,并继续发展多元化业务,摆脱了对鸦片贸易的依赖。香港公司在克锡的叔祖父威廉·渣甸和詹姆斯·马地臣的合作期间建立,可以说破坏了广州一口通商的贸易体系。克锡曾任香港总督立法局议员,是香港商会、市政厅委员会和香港会主席。在东港公司林立的一大片建筑群中,克锡拥有一座规模适中但仍然算得上宏伟的一号公馆(在山顶设有独立的夏季住宅),是香港地区真正的权力中心。1882年的一篇香港社论指出,他们这里汇聚了"所有强大的远东独裁者",似乎一个又一个企业落入了他们的手中。1879年12月,约翰·森姆尔·施怀雅对阿尔弗雷德·霍尔特指出:"我们干涉并扰乱了'神圣权利'"(这不是他最后一次这样说)。他说:"如果我没有介入中国的贸易,或者说已经入了这一行,但现在退居二线,一辈子也不打算升迁的话,那我在中国商人中应该是受欢迎的。"[2]这不是约翰·森姆尔·施怀雅的风格,他实际上否认了跟任何人"处于不友好"的关系,"除了怡和洋行外"。但这个例外有时会扰乱中国业务的顺利运行,"怡和洋行恐惧症"也为其他合作伙伴所共有,虽然有时他们完全是凭空怀疑这家老牌洋行意图和角色。怡和洋行通常会积极出手参与竞争,有时甚至只是单纯为了妨碍而妨碍,纯粹为了推高土地价格而骚扰太古洋行,又或是利用其在其他公司董事会或市政厅委员会中的地位来反对太古公司。[3]但怡和洋行也必须适应不断变化的市场、中国商业文化的演变和动荡的政治环境,两家公司都时刻准备着学习新的东西和推出新的举措。

抛开人员不谈(虽然很难抛开)——问题的根源在于内河航运领域。首先,1873年出现了来自中国本土的竞争者——招商局轮船公司。约翰·森姆尔·施怀雅低估了新对手的坚韧和实力。如果他和其他人能更早地意识到郑观应著作中所体现的有关中国民族主义话题争论的重要性,就能对中国公司采取的反制做好准备。招商局轮船公司内河航运业务主管唐景星为人处世十分干练,在加入招商局之前曾担任怡和洋行买办,他讲一口流利的英语,即使没有积极响应郑观应发动的商战救国的号召,招商局的管理者也无意尊重属于英国人在内河上所谓的"天赋权利"——不管是哪一项具体权利。

来自长江流域的挑战与广州的问题交织在一起,这对太古洋行来说是一个新的经营领域。太古洋行如今在香港经营沿海地区的一项新航运业务,并希望在香港和内地省会之间的航运业务中分得一杯羹。1874年末,约翰·森姆尔·施怀雅以低廉的价格购买了3艘新船,用于沿海服务。这次投资主要是与詹姆斯·亨利·斯科特的造船兄弟约翰·斯科特和已故合伙人的兄弟之一亨利·艾萨克·巴特菲尔德(Henry Isaac Butterfield)合作。约翰·森姆尔·施怀雅利用他的个人关系网络,将新的盟友及其资金带到与霍尔特家族的合作中。[4]这些船原本是为了与西班牙进行贸易而服役的,但那里的政治冲突让它们暂时没了用武之地。

世界其他地方的政治事件也再次促使太古洋行在中国采取新举措,为新的业务成立新的独立公司——海船组合公司。这家公司为中国商人服务,从北部的牛庄运送大豆到汕头,在那里碾磨并加工成肥料。[5]另外,随着蓝烟囱轮船在往返横滨和上海的航程中停靠香港,广州似乎也可以开启一条合乎逻辑的支线航线。

霍尔特本人也在极力推动这件事,但障碍在于省港澳轮船公司的成功经营。这家公司自1865年起就在这条航线上经营汽船。首先,确保现有线路的代理权似乎是行得通的,因为机会正在来临——现在的代理公司,老牌的琼记洋行正走向崩溃。

代理商走下坡路时,1873年4月,受到误导的太古洋行尝试了一项明显让旗昌洋行感到失望的策略。就在公正轮船公司的资产正式转让到太古的前一天晚上,旗昌洋行下了最后通牒给威廉·朗,严厉要求他要么卖光资产,要么准备打价格战(事实上太古已经准备好打价格战)。1875年6月,太古洋行当时的香港经理威廉·德劳特·哈里森向省港澳轮船公司董事会提交了一份意见书，称"这是非常错误的判断——是'极度失礼的'"。会议主席在股东大会上的发言赢得了喝彩，他还把信函印了出来——导致约翰·森姆尔·施怀雅向香港发出一封道歉信——并转交给各位董事。[6]当然，太古洋行没有办法再获得他们想要的代理权，代理权落到了旗昌洋行手中。更严重的问题是，后来太古在这条航线上为竞争而投入的轮船"宜昌号"，因设施陈旧且效率低下，让赢得这场竞争的成本攀升。这也让太古在之后的四年中造成了更加广泛的动荡[7]。

北方也发生了重大而迅速的变化。1876年12月，旗昌洋行开始讨论出售资产事宜，招商局买下了他们16艘轮船和一些选址良好的沿海地盘。[8]光从船舶数量就能看出来，招商局现在很可能成为更强大的竞争对手。然而，外国商人的偏见是如此之大，以至于很少有人认为中国人管理的企业有本事抗衡，要么就是认为这些企业的任何进步都归功于外国的参与、建议或有"过度的官方支持"。[9]毕竟，这是一家官办企业，每年靠北方粮食运输合同就能获得巨额国家补贴。但招商局的经营者是一支特别精明能干的团队，他们过去为外国贸易商工作，在与外国贸易商的合作和竞争中学到了很多东西。事实证明，招商局这班人的决心很坚定。约翰·森姆尔·施怀雅曾假设，与旗昌洋行达成的联营协议已经实现了利润五五分，并且旗昌洋行的船队正在为招商局跑业务，太古轮船公司的大额利润可以保持总体稳定，也可以继续经营下去。但中国人在长江上有10艘轮船，而太古轮船公司只有3艘。唐景星提出，自己的公司应该占三分之二的投票权，约翰·森姆尔·施怀雅拒绝了，为此两家公司在1877年大部分时间都在打代价高昂的价格战。

当时的政治环境不太稳定。1874年8月，一位在上海知名的年轻英国领事马嘉理（Augustus Raymond Margary）被派去乘坐旗昌轮船公司的轮船，沿长江而上，然后经陆路迎接英国探险队，勘探从新占领的缅甸到中国西南部云南省的路线。当英国外交官在中国首都获得进入云南的许可时，他们对此行的实际目的守口如瓶，几乎没有注意到云南最近才摆脱了一场长期因信仰而起的叛乱，让当地官员对外人保持着很高的警惕。此外，日本对中国台湾的军事入侵也引起了清政府的关注。这项任务表面上是复仇，"惩罚"袭击海难幸存者的原住民，实际上却是为了后面的侵略开路。当马嘉理乘坐旗昌洋行的轮船（他称之为"美国河流宫殿"）逆流而上前往云南时，清军正顺流而下。[10]

在局势如此紧张的时期，马嘉理注定会遭遇致命的不幸。次年2月，他在边境附近一个不为人知的地方被当地募兵杀害。但为人所知的是，他的首级被曝于大庭广众之下。英国人对此感到愤怒。英国大臣威妥玛（Thomas Wade）爵士把这一不幸的事件变成了一场严重的外交危机，以至于清廷有人认为他此举是想引起战争。但威妥玛几乎没有采取任何行动来消除清朝官员的这种观念，且以这次事件为借口，在1876年的《烟台条约》中迫使清廷做出一系列新的让步。[11]此外，尽管这起谋杀事件完全是无计划和意料之外，但在中国的英国人却坚信，一定是清政府最高层下达的命令。外国人不切实际又古怪地相信，清政府中枢机构居然有本事在距北京3000多千米的地方下令谋杀，让更多的人产生了这样一种印象：第二次鸦片战争的现状在改变，清朝正在反击外国人。而经营航运的外国公司坚决认为，中国政府正在努力支持招商局打击外国人。《字林星期周报》感叹道："现在很难弄清楚《天津条约》中那些简单明了的规定还剩下什么。"而当旗昌轮船航运公司出售资产的消息公布时，内河上最大的外国公司在一夜之间消失了。[12]上海甚至有传言说，在这个把外国人赶出中国的宏伟计划中，这次交易就是其中一环。

对约翰·森姆尔·施怀雅来说，这次事件的另一个后果似乎更加尖锐和直接——1876年，皇家海关要求太古轮船公司暂时放弃使用其在镇江的收货检查船"加迪斯号"，同时他们开始调查这艘船在1874年2月首次停泊后不久便出现涡流的原因。[13]

太古公司当然拒绝了清政府的请求。这个看似晦涩难懂的水文谜题拖了四年多，在距离大海约240千米的地方，英国人在不同的国家为一条中国河流的水流性质争论不休。他们用瓶子和漂浮物做实验，绘制图表、平面图和横截面图来测定水流性质。英国大臣威妥玛依然沉浸在好战的情绪中，向北京的海关总税务司罗伯特·赫德吼叫说，"他这一生中从来没有这么愤怒过，上帝作证，如果他忍受的话，他就会被神灵诅咒"。

这一切导致了媒体冗长的报道，还有三份小册子、大量报纸评论和抗议，这些通过英国和中国的国家官僚机构相互传送，约翰·森姆尔·施怀雅也签署了一份正式的抗议信，递交给了英国外交事务大臣。[14]这是第一次在施怀雅家族的相关档案中找到公司明确并持续地寻求外交支持的记录，这也是公司档案中几乎第一次提到政治——无论是关于中国还是其他国家。

抗议信的措辞看起来笨拙尴尬，且有着自以为是的正式感，说明公司并不喜欢牵涉到这些事情当中。约翰·森姆尔·施怀雅不喜欢这种办事方式，但是中国的合伙人和他们的代理人更习惯一有事就找领事出头（并且经常单独拜访）。他们和外交官都生活在通商口岸的温室世界里；他们的家族互相通婚（克锡的弟弟葛司会与英国驻华公使巴夏里的女儿玛丽恩·巴夏里）；他们经常有机会和领事交谈，以个人身份在领事那里登记财产，甚至动不动哪怕是微不足道的赔偿也要寻求领事的支持。他们讨论领事的个人优点（更常见的是他们认为的缺点）和集体无能（在他们看来）：因为对于英国贸易界来说，领事永远不够强大、自信或敏捷，这从他们拿到的退税就能看出来（他们在中国很少有人缴纳税款）。不过，尽管关系紧张，英国领事仍以一种与英国贸易界完全不同的方式融入当地的商业环境中。[15]

镇江的问题在于，太古轮船公司使用趸船转运货物，并由驻守在船上的海关人员进行检查。趸船的安置产生了潮汐效应，从1874年12月开始,潮汐效应在外滩造成一处巨大的裂口。这条路一度坍塌,12米多宽的路被压缩到只有3.6米多一点,道路前面的建筑更是出现了裂缝。

海关和地方官员最初向太古洋行提出例行请求以期解决问题,但此事迅速升级为一场外交争议。太古轮船公司拒绝移动这艘船以便进行检测,辩称没有必要,因为他们自己的咨询工程师已经调查并清理了船体——他可能会这样做,而且移动船舶会导致业务在建设阶段中断。他们请海军测量员观看他们的船只经过港口的情况,这些测量员也证实了公司自己的调查结果。

双方陷入僵局。1876年5月,在接连发出警告后,大清皇家海关总税务署下令将海关人员从这艘趸船中撤出,这意味着太古轮船公司的所有货物都必须被带到海关码头,不能使用"加迪斯号"来检查。在11个月的时间里,为了不让此事影响业务,太古公司暂停了港口的货运。但是当公司恢复运营时,他们提供了一个准确的数字,即11075英镑5先令7便士的业务损失赔偿。对于清朝的行政人员来说,这只涉及中国的主权问题,以及海关人员对本国河流的管辖,这完全符合他们所理解的条约。但太古洋行的代理人(已经轻率地忽略了与镇江工部局就连接趸船和海岸之间的桥梁选址和尺寸达成的协议)不愿合作,并得到英国官员的支持。任性的上海领事麦华陀火上浇油,他声称中国海关工作人员做得太过火,其真正目的是剥夺英国人的权利,而不是解决一艘英国趸船发生的问题。"如果他们可以剥夺一家商行的生意,"来自上海的朗在请求支持时写道,"那他们施加的限制还有任何限制可言吗?是不是该由中国政府来决定外国人应该在他们的国家开展什么业务?"而对于约翰·森姆尔·施怀雅来说,这一切不仅仅是"中国官员的任意行为",而是与招商局有关。招商局"以粉碎外国蒸汽轮船利益为公开目标",不择手段,例如这一次。[16]

外交官和其他许多人再也看不到"加迪斯号",这艘1000吨的轮船曾经属于铁行公司,在历经一阵繁忙的沿海航运之后被太古轮船公司购买。[17] 威妥玛和他的手下认为，中国人应该负责维护英租界的江滨环境，同时认为他们无权"武断地"指挥英国臣民的业务。该公司在镇江的代理人约翰·麦克纳马拉·坎尼（John Macnamara Canny）正处在破产边缘，虽然他一直表现得乐观，好让上海的负责人觉得自己有用武之地。1850年，英国前外交大臣帕默斯顿（Palmerston）勋爵发表了一段臭名昭著的言论，称英国的权力将延伸到英国臣民所在的任何地方，就像罗马人可以在帝国的任何地方用"Civis romanus sum"（我是罗马公民）来宣称自己的公民权利一样，他自诩为"不列颠公民"（Civis Britannicus）。因此，如果英国臣民需要保护，英国的力量将不承认国界。海关工作人员原本是打算保护那段河堤不坍塌，好方便开展外贸，因此他们一开始对这种傲慢而又基于崇高原则的回应感到十分困惑。长江航线繁忙的蒸汽轮船运输活动还引发了其他问题，这只是其中之一。仅镇江此时的来信就涉及轮船（包括太古轮船公司的一艘）在夜间撞上速度较慢的盐船和其他小船等事故，大清皇家海军在河上勘测存在争议，镇江本身作为通商口岸正在迅速衰落，等等。镇江当地租赁土地的英国人正在游说清政府当局，希望获准将房产租给中国人——当时的《土地条例》是禁止这样做的。还有一些人，包括"加迪斯号"上的看守，他们在中国各家公司门前经营有利可图的副业，以换取收入（将中国商品伪装成英国商品）。[18]

在争端发生的大部分时间里，太古轮船公司与招商局都处于激烈的竞争状态中。尽管现在这家中国公司在船舶数量和政府补贴方面似乎具有压倒性优势，但在与英国公司的对抗中表现并不佳。一份上海的领事报告指出，招商局使用美国船只时，付钱太多太爽快，"整桩生意都对他们不利"。报告说，在整个1877年，太古轮船公司的轮船满载货物从汉口顺流而下，而招商局则为找寻货物苦苦挣扎，且太古的这条线路"运营起来利润更丰厚"。即使在繁忙的上海，凭借"完美组织的苦力系统"，在24小时内快速卸货和装货，太古轮船公司在船舶数量较少的情况下仍能"一艘船接着一艘船地"运送各种货物,以此对抗招商局。乘坐太古轮船公司的中国乘客对这条航线表现出"明显的偏好",中国托运人也"得到了来自该公司代理商和工作人员的更多关心和优待"——正如其首次宣传所承诺的那样。太古轮船公司的船只也很少被巡检的中国海关官员"打听"其货物的性质、数量和目的地(这些货物很可能需要为此缴纳过境税)。招商局的船只则有可能会意外推迟行程,方便出公差的清朝官员乘坐。因为官督商办的混合性质,招商局可以从官方补贴中获益,但又因这种官方干预蒙受损失。郑观应和晏尔吉对航线、乘客、托运人和工作人员的管理似乎证明了其价值。尽管招商局运营效率低下,锅炉和部分舰队的船体"破旧",招商局公司运营的32艘船仍然构成了强有力的竞争对手,上海的运价一落千丈,据传闻每家公司都是见好就收。[19]

镇江趸船之争就发生在这种动荡的背景下。但是,在同清政府交换了数百封信件,并被中国方面质疑了专业水准和品格之后,英国政府在伦敦的法律专员得出了结论——中国人实际上完全有权利(他们也知道自己有权利),要求和下令驱逐"加迪斯号"轮船。据悉,威妥玛于1877年夏天亲自将他的案件带回伦敦,"本着绝非开玩笑的态度处理此事"。[20]驻英公使郭嵩焘头一回介入此事,巧妙地推动了这个案件的处理。结果法院发现,根据国际法判定——应该由中国人管理本国的河流,而不是由大不列颠公民左右。这种看似显而易见的声明却发出另一个信号,即英国人敲桌子、欺负清政府官员、发誓要"捣毁"海关、派遣一支小船队沿长江以暴力威胁通商口岸,向英国政府施压,这样的日子可能要过去了。罗伯特·赫德还认为,这场争端最终表明清政府的海关是独立于英国之外的机构,同时也表明了海关人员听命于清政府。[21]因此,德比伯爵于1878年2月写信给太古洋行总部,遗憾地表示,女王陛下的政府不会再推动这个案件,也不会支持详细的赔偿要求。[22]在整个事件过程中,"加迪斯号"实际上一直停留在原来停泊的地方,但在作出这个决定后,它最终被暂时移到他处。外滩得到加固,但江滨将继续不可避免地恶化,镇江作为对外贸易据点的地位下降了。

对约翰·森姆尔·施怀雅来说,招商局背后的黑手实际上是怡和洋行。怡和洋行在太古洋行同招商局的对决中鼓动招商局轮船公司,"为了吓唬我们远离天津线","怡和洋行本着无可置疑的态度告诉唐景星,如果他在内河问题讲和,就代替他反对天津";他们正在"以他人的利益为代价",由代理商出面"争个高下",说的也都是好斗的话,尽管他们当面否认了这一点。约翰·森姆尔·施怀雅感受到了"对未来的恐惧",还有怡和洋行无法"以诚实的方式与我们打交道"。他当时寄给上海和香港的信中充满了这样的评论。[23]

然而,事实是,在长江上展开竞争的是招商局和太古轮船公司,为此,后者在一年中不断降低运费,这显然对两家公司都没有任何好处。太古轮船公司在上海的合伙人威廉·朗迟钝而被动,没有在当地想出任何办法。因此,1877年10月,约翰·森姆尔·施怀雅再次启程前往中国,与菲利普·霍尔特一起乘坐蓝烟囱轮船从利物浦出发,并留下了一份两页纸的电报密码清单,其中包括在有争议的航线上可能达成的"友好协议",或将太古轮船公司及船东权益出售给竞争对手的所有协议。最终,在一位英国大律师的调解下(因为两家公司都不愿意访问对方的办公室)达成了协议。

这份协议非常奇怪,双方表面上就在长江开展合资航运业务达成了"友好安排",招商局一周三轮航班,太古一周两轮航班,中方获得55%的收益,英方获得45%的收益。[24]约翰·森姆尔·施怀雅的策略是说服唐景星,让对方相信他的所作所为只是在为怡和洋行卖命,跟太古洋行"对着干毫无好处",但与太古结盟却能带来额外的好处,因为太古轮船公司将在伦敦和利物浦为招商局服务。巧的是,施怀雅所倡导的政策正好符合罗伯特·赫德和其他人所声称的中英利益完美统一,事实上他们也确实相信如此。约翰·森姆尔·施怀雅认为，"国家间的友好合作"，实际上有助于让招商局实现自己的目标，促进中国的贸易发展，让双方都"赚大钱"。唐景星不是傻瓜，也不是容易被骗的人，他当然有能力自己判断与太古轮船公司合作将采取什么样的程序和策略，于是他选择按照自己的意愿行事。报道说，新协议"非常有效"，一段平静的时光随之而来。[25]约翰·森姆尔·施怀雅随后视察了公司开展业务的河流和沿海分支机构及代理机构，从长江上游一路航行到宜昌，然后去横滨，最后又去了澳大利亚，与詹姆斯·洛里默（James Lorimer）聊了黑啤和茶叶贸易，度过了离开伦敦一年来最好的一段时光（尽管途中经历了沉船的危险与不适）。

从这几个方面来看，这次与唐景星和谈的使命是成功的，但与此同时，约翰·森姆尔·施怀雅在访问期间"以错误的方式惹恼了（怡和）"。他对此倒是很高兴，还兴高采烈地写道："我们完全削弱了怡和洋行。"太古当时在上海的合伙人庄臣（Francis Bulkeley Johnson）"非常痛苦"，认为两家公司"试图挤压"怡和洋行使其出局。[26]"直率的说话方式"让别人的自尊心受到"伤害"（从施怀雅的信件内容来看，说话确实直率），导致两家互相竞争的英国公司难以迅速解决问题。[27]太古洋行和怡和洋行的高级合伙人都很在意尊严、声誉和品格，他们当中没一个人信任对方。成功人士大概永远都会有这种可怕的自尊心作祟，但这也是他们当时生活的那个特定社会的产物，这些人出生于19世纪二三十年代的英国，名声和品格对一个人是极其重要的：尊严就是他们生活和事业的通行证。19世纪60年代，英国出现了关于荣誉的激烈公开辩论，甚至讨论了是否有必要采取决斗。[28]施怀雅、克锡和庄臣几乎不可能动用肢体暴力，甚至连使用粗鲁的语言都会被认为是暴力的表现。他们的荣誉观念极大地影响了他们为人处世的方式，也影响了他们的形象。"面子"和尊严的概念塑造了1877年12月唐景星与约翰·森姆尔·施怀雅之间的谈判，但它们同时也塑造着英国人自己互动

第五章　香港的甜蜜气息

的方式。

怡和洋行的挑战实际上刚刚开始升级，这家公司正在冒险涉足新业务，其中最引人注目的是向清政府提供贷款，并秘密修建一条从黄浦江入海口的吴淞到上海的客运铁路。[29]他们希望通过这种方式迫使中国制订铁路发展计划。但经过一番争议和争执，清政府官员买下了这条线路并将其关闭，把设备运到台湾的一个海滩上任其生锈。外国观察家谴责了他们所认为的中国人的无知和落后。事实上，对中国人来说，这依旧是主权问题，就像"加迪斯号"事件一样，因为中国人完全理解铁路的用途。然而，轮船业务对怡和洋行来说代表着更可靠、更有利可图的前景。太古轮船公司成立的消息促使怡和洋行建立了自己的航运业务——华海轮船公司，其大部分资金在中国筹集。这条航线从上海开往福州，不过开往天津的班次更多。招商局也开始在这条北方航线上跑，与太古公司在长江上达成共赢的协议后，招商局与怡和也达成了类似协议。然而，1877年，当怡和洋行与宝顺洋行签订的10年期协议到期后，怡和开始密切关注相关航运的可能性。1879年，怡和洋行从上海一家造船厂订购了两艘轮船并在长江上航行。约翰·森姆尔·施怀雅听到这件事时，非常愤怒。他相信，庄臣曾承诺对任何此类行动给予"适当通知"。[30]太古一直很谨慎，没有威胁怡和的利益，而且因为晏尔吉"轻微"违反了太古轮船公司不向北方运送乘客或货物的承诺，就狠狠地教训了他一次，现在怡和洋行倒好，跑来威胁太古轮船公司在长江上得来不易的"权利"。[31]所以，施怀雅开始计划一次大胆的回击。

1880年9月，施怀雅和庄臣在伦敦会面，在格林邮船公司主席詹姆斯·麦格雷戈（James McGregor）的斡旋下，双方暂时恢复了友好关系。克锡和庄臣坚称，他们没有意识到，施怀雅对之前交易的解读是他们做出了"适当通知"的承诺，而且他们自己也不认为曾经有过这样的承诺。庄臣表示，"友好合作"符合双方利益，招商局轮船公司是一家"垂死的公司"，英国公司可以共同"控制""河流和沿海航运业务"。庄臣不久将再次前往中国,结束他在上海的最后一次固定任期,庄臣"像任何人一样急于赚钱",不会因为不必要的竞争而失去赚钱的机会,因为"我不想一辈子做奴隶"。[32]

1882年,经过长时间的讨论,尊严和面子一度愈演愈烈,此外为了在谈判前削弱竞争对手,还故意多次拖延,最终三方达成联营协议。招商局、怡和旗下的印华轮船公司(成立于1881年,接管了华海轮船公司和长江船队)和太古轮船公司(自1883年1月1日起将与华海轮船公司业务合并)达成了一项共同出资建设长江和天津航线的协议,每家公司都同意留出不同的航线给其他公司航行。

"我们最大的收获之一,"约翰·森姆尔·施怀雅沉思道,"就是打破了自尊心的障碍,在谈判中坐上了平等的位子。"[33]然而,施怀雅放不下自己的骄傲,他要继续追求自己的"甜蜜构想",而太古洋行拿来打败克锡的工具就是建一家糖厂。

19世纪,很少有商品能比糖产生更大的影响。[34]它的生产、加工、分销和消费影响着农业、商业、国际航运网络、政治、饮食和人们的健康,是密集技术研究和开发的重点。19世纪早期,蒸汽动力和钢铁对糖业的发展至关重要,但鲜血、汗水和奴役仍然与其交织在一起。糖的世界与非洲人及其后代被奴役有着密切的联系,且一直是后奴隶制经济和新形式的、有组织的劳动力运输到种植园的核心,尤其是来自中国的劳动力。施怀雅兄弟成长于加勒比海地区糖业财富和糖业经济的贸易世界——这是他们父亲生意的核心,也曾是他们自己的特色业务。制糖的原料甘蔗是一种适应性强的作物,在热带地区广泛种植,但独特的是,欧洲的技术发展也能做到从生长在温带气候的甜菜中提取糖。糖有各种各样的形式,这取决于提取它的过程,以及消费者的口味、习惯和财富。这些口味会发生改变,而且变化巨大而迅速。整个19世纪,糖的人均消费上升,产量增长,价格下降。糖从精英的炫耀性消费品成为大众主要的膳食成分。而且,它比任何其他食品都更重要,而且永远都不

第五章　香港的甜蜜气息

仅仅是一种食品。

个人、社会、经济和国家都陷入了甜蜜的风暴之中。就像美国内战期间棉花生产在全球分散一样，食用糖的生产也对全球市场的变化很敏感。19世纪70年代，欧洲出现了甜菜生产危机——1876年和1877年法国的甜菜歉收导致欧洲转而向亚洲，特别是爪哇和印度等地方进口原料。为此，怡和洋行收购了1868年在香港开始运营的瓦希史密斯公司（后来的中华火车糖局）。1881年，中国商人建造了第二家工厂，即利源制糖厂。[35]这些工厂加工的原糖主要从沿海东部的汕头运来，那里的甘蔗田用中国北方运来的豆饼（通过太古还有其他公司的船运）施肥。对于像香港这样的地方来说，两家精炼糖厂似乎就足够了，实际上，这里一度有三家精炼糖厂在生产，但由于资金不足，第三家落入了怡和的手中。然而，正如一位澳大利亚观察家在1885年所言，太古洋行之所以如此出名，是因为它"强行打入市场"的战略。香港一家报纸的社论评论道，正是这种战略让太古洋行"几乎在中国沿海所有的业务里都成为巨头和天然的竞争对手。"这一点，太古洋行做到了。[36]

新糖厂的规划、融资和运营可以作为很好的案例，用来研究现今太古集团的经营方式，以及英国企业在中国的性质变化和全球经济的演变。1879年之后的两年时间里，约翰·森姆尔·施怀雅要求他在香港的合伙人埃德温·麦金托什寻找在糖业或保险领域的新业务机会。他写道："如果我们与怡和洋行发生争执（现在看起来很有可能），那我们必须在所有方面与他们竞争。"[37]在一些比较冷静的时候，他承认，竞争对手"资格老，有社会和个人影响力"，这可能意味着太古洋行现在只能选择增强实力，并将代理机构添加到他们的投资组合中。但是，"我们应该能够扮演体面的次要角色"——他默默地强调了"体面"这个词。

在探索和考虑了诸如在香港建立棉纺厂或造船厂等选项后，他决定开设糖厂。进入这一行业需要土地、水、高效的设备、有经验的员工、支持这一切的资金、生产开始后确保原材料的流动资本、管理机构和市场准入。而且，这项业务到最后有可能变得复杂、昂贵，有时候还会令人沮丧。

1881年6月，约翰·森姆尔·施怀雅亲自写信给他的联系人——太古轮船公司的各位股东，附上了一份新企业的招股说明书，邀请他们投资。这一年早些时候，他曾宣称，"只要业绩令人满意，我们就能获得英国资本"，而太古轮船公司的盈利和分红充分证明，那些有"闲钱"的人可以对他持有"信心"，并获得10%的回报，以"抚慰"他们的"垂暮之年"。[38]他写信的对象包括霍尔特和巴特菲尔德兄弟、他自己兄弟的岳父塞缪尔·马丁，以及利物浦的其他老朋友，如乔舒亚·迪克森、罗伯特·托珀姆·斯蒂尔（斯蒂尔的兄弟在上海担任太古经纪人，职业生涯结束于1866年）、斯科特家族、保险经纪人罗伯特·戴尔（Robert Dale）、托马斯·伊斯梅（Thomas Ismay）和威廉·伊姆里（William Imrie），其中还包括约翰·森姆尔·施怀雅定期接触的投资茶叶运输、单艘船只或对太古轮船公司扩张感兴趣的人。商业历史学家对施怀雅、霍尔特、斯科特家族间的关系网络及其对太古集团业务的参与非常重视，但这个关系网远不止于此，而且早在霍尔特家族和斯科特家族之前并保持至今的人脉，对公司才至关重要。[39]

档案中包含了施怀雅的大量信件，他在信中邀请朋友和同事投资各种企业。他会说，如果拒绝是愚蠢的。他还会根据结果来报告，赞扬或捍卫他在中国的品茶师和经理人的嗅觉、品位和判断力，或以其他方式哄骗或安慰他们。品茶师巴特菲尔德是最富有的人之一，同时他也特别谨慎，这是他们家族的特点。约翰·森姆尔·施怀雅认为理查德·沙克尔顿·巴特菲尔德的灵魂一直与他同在，不过他在一封信中向他保证——是的，他的船可能会失事；是的，那就是冒险；是的，船还有可能被船长洗劫，但那是海盗行为，在国际上有相应的保护措施；或者是的，"如果你的轮船发生事故，一位主教或其他重要人物不慎死亡"你

第五章　香港的甜蜜气息

可能会被起诉要求赔偿损失，但以法律上的一般责任而言，对船东不是问题。[40]亚历山大·科利（Alexander Collie）于1875年倒闭，给公司带来了巨大的冲击，1878—1899年间，公司的经营前景也不乐观，如果施怀雅要想继续从各路人脉获得资本支持，维持公司的声誉和他自己的声誉至关重要。

制糖厂的资金即将到位，而且完全是从施怀雅从大城市的人脉筹集的。[41]新公司于1881年6月正式成立。但是，施怀雅家族和他的合伙人仍然对糖一无所知。太古轮船公司成立时，施怀雅已经从事航运投资或代理业务超过20年。从19世纪40年代开始经商起，棉织品一直是他经营的主要商品。他对澳大利亚的饮料市场逐渐有了足够的了解，以便与洛里默公司通信，为波特酒的新品牌提供建议。长期以来，糖是公司进口的主要商品之一，但糖厂完全是不一样的企业。于是，约翰·森姆尔·施怀雅再次向身边的同事和亲戚求助。亚当·J.费尔里（Adam J. Fairrie）是施怀雅第一任妻子海伦的弟弟，他在利物浦经营着一家历史悠久的家族炼糖厂。太古的航运合伙人托马斯·伊斯梅把他介绍给了利物浦的炼油商詹姆斯·巴罗（James Barrow），巴罗是糖业的全国代表性人物。[42]约翰·森姆尔·施怀雅请巴罗看了一下计划和计划的规格，面试了他推荐的那位经理，查看了选来建造工厂的公司。巴罗随后也参与到这家新企业的建设中。

他们聘请了一位经验丰富的经理人——苏格兰人约翰·麦金太尔（John McIntyre）。他曾在日本和中国香港地区工作过，先后服务于瓦希家族、史密斯家族，后来又到了马尼拉，但1880年一场毁坏性地震破坏了工厂，他被迫离开了那里。

约翰·森姆尔·施怀雅仔细研究了最新的制糖厂建造计划，并邀请巴克莱银行（1862年成立，取名巴克莱有限公司，1917年改用现名），为一家"目前已有或在建的任何糖厂都无法超越的"制糖厂制订计划，该银行此前为理查森位于格里诺克的罗克斯堡制糖厂提供了设备。尽管怡和集团在最后时刻精心策划的破坏行动大幅推高了土地价格,太古洋行还是在香港维多利亚市以东6.5千米的鲗鱼涌买到了合适的土地。[43]这里是农村地区,只有一条路与城市相连,穿过位于东角的中华火车糖局,通往港口东侧的兵营。它给人的感觉很遥远,是维多利亚居民乘坐马车能到达的最远的地方。在此之前,下午乘坐马车到那里呼吸新鲜空气是一种时尚。[44]

土地需要填平,斜坡需要加固,港口需要修建堤防。照片显示了这个地方的建设过程,码头建好了,地基打好了,一个九层的锅炉房拔地而起——从某种程度上说,这是当时香港最高的建筑。从格里诺克运来的大量设备正在安装中,约翰·森姆尔·施怀雅在1884年3月17日的日记中这样记录道:"可以说是一座富丽堂皇的建筑,没有在装饰上浪费金钱——简朴无华,坚固无比。"这一天,制糖厂开始运营,他在福州,但庄臣身在香港,在中国待了33年后,此刻正要离开。报纸对庄臣的告别演说予以详细报道,并且刊登了社论,满是对庄臣的溢美之词。然而就在报纸的同一页,刊登了太古糖厂投产的消息,这让庄臣的告别中国之行黯然失色。"一个给所有人的惊喜。"约翰·森姆尔·施怀雅高声说,"庄臣花了六年时间完成。"[45]

但接下来三个月,庄臣本人可能一直都在笑,而且笑得很大声。就在太古糖厂开始运营时,世界食糖价格暴跌,约翰·森姆尔·施怀雅开始对自己的举动深感后悔,论规模和产能,只有位于美国布鲁克林的大型糖厂超过太古糖厂,但是糖厂开业时那种胜利的喜悦和大大的解脱被生产头两年的一系列重大问题所掩盖。除了欧洲和亚洲生产过剩导致价格空前下跌外,公司在寻找市场、保持生产质量、维持员工福利和财务方面也遇到了困难。[46]首先,麦金太尔很快就被解雇了。他很有经验,但在这个技术飞速发展的行业,55岁的他所接受的培训和经验已经过时。他是一个"无知的文盲"和"凭经验"办事的人,第一份有记录的工作是在香港一家百货公司当助理。他可以粗略地判断一种糖的产

第五章 香港的甜蜜气息

量，除此之外几乎没有其他本领。他的两个部门主管很快也跟着走了。随后前来救场的是一位年轻的德国化学家费迪南德·海因里希·科恩（Ferdinand Heinrich Korn）博士。他是不折不扣的人才，更重要的是，他带来截然不同的、对生产的思考方式。为此，麦金托什写道："科学必须起主导作用。"

科恩把科学带到了鲗鱼涌，成为制糖厂的总负责人，开始改进和提升糖的质量。1886年，糖质量的不稳定成为合同纠纷的主要问题，也遭到了来自法庭的质疑。对制糖厂计划至关重要的中国消费者开始"相信官方的盖章"。麦金托什后来写道："我们开始的时候，并没有掌握准确的信息……我们的产品可以销售给谁。最大的挑战在于中国消费者习惯了主要来自中国汕头生产商生产的各种糖。"

正如约翰·森姆尔·施怀雅本人在1884年所说："我们现在必须让中国人喜欢干净的糖而不是脏的糖，我担心这是一项长期工作。"[47]事实上，中国消费者已经准备好接受"现代"食糖，就像他们乘坐轮船、乘坐吴淞铁路的火车、使用电报和接受其他外国进口商品一样。他们的文化很开放和包容，而糖与现代性有着更多的共鸣，这将成为20世纪早期中国消费文化的一个独特元素——爱吃甜食是现代人的嗜好。[48]

对生产者来说，1884年的经济衰退对消费产生了长期而积极的影响，因为它把工业生产的糖带给了更广泛的群体，现在这些人买得起了。[49]中国消费者越来越少地使用廉价的"工厂白糖"，即经过漂白而非精炼的有色糖。随着时间的推移，它们成了精制糖的合格替代品。麦金托什说，当工业生产的白糖价格下降，消费者准备改变口味，过去两年的低廉价格"让糖厂的产品进入了之前对它们关闭的市场"，这"对以前吃惯了的糖造成了负面影响"。新糖厂的新产品与现代化和健康的联系也越来越促进消费的变化。白糖是"干净的"，通过卫生的工业过程生产，越来越自动化和可靠。麦金托什说："为了让这种情况持续下去,我们必须接受化学家的领导,跟化学家合作。"[50]

太古糖厂完全融入太古航运的利益链中,只有太古轮船公司的船舶有权从制糖厂运送精制糖,大部分原产品由其船舶运往鲗鱼涌。为香港制糖厂提供肥料的爪哇种植园对豆饼的需求也意味着太古轮船公司业务的增加。太古的船将糖运到北方,又把豆饼运到南方。作为代理商,太古洋行通过其在中国和日本的分支机构分销太古产品——这就是太古保留横滨办事处的原因。香港的太古洋行是太古制糖厂的运营代理商,施怀雅家族是主要股东,尽管运营融资存在巨大问题,迫使公司去寻求前所未有的融资,尽管市场波动,面临来自怡和糖厂的竞争,但太古糖厂在1884—1900年间还是创造了稳定可观的利润,总额超过100万英镑。[51]

对公司来说,这些都是新的困境,建厂过程中还有之后由中国劳工引发的问题也是如此。比如,太古洋行突然发现自己雇用的中国员工比英国人或任何其他国籍的员工都多。利物浦网络开始在太古的发展中失去知名度,公司已经越来越融入伦敦。过去的航运以及现在的糖业有许多苏格兰人加入,公司还有葡萄牙和印度的门卫、葡萄牙文员和簿记员,当然还有科恩博士,他只是太古糖业招募的众多德国人中的第一个。

制糖厂的建设将公司带入了新的局面。直接雇佣大量中国人为新型互动创造了舞台,但并非所有这些变化都受到欢迎。一开始,原承包商低估了业务运营规模,当埃德温·麦金托什试图用另一个人取代这位承包商时,公司遭到了同行的抵制。正如约翰·森姆尔·施怀雅所说:"行会禁止我们从事任何规模庞大的工作,这是中国历史上的第一次。"[52]他指的"中国历史"是英国在华企业的历史。太古糖厂的回应是他们打算直接雇用工人——尽管1883年7月的一宗法庭案件表明,当时有大量工人罢工,表明局面并没有完全缓和。但约翰·森姆尔·施怀雅回答说:"这座建筑只用了一半的时间就建成了。"他声称,这些人的报酬更高，因为他们直接受雇于太古洋行，刨除了承包商佣金而导致的损失。

劳动力现在成为间歇性紧张局势的根源。1886年，太古洋行从汕头调来170人到制糖厂工作，这是考虑到糖生产在该地区经济中的作用，公司推定这些工人对食糖生产有一定的了解。但这又产生了新的问题，19世纪80年代中外交往出现新变化，尤其是在1884—1885年中法战争和民族主义运动的紧张局势下，出现了新的变化。1884年9月和10月，香港的码头工人和船夫抵制驶入港口的法国军舰。治安官应雇主的要求，对违反合同的工人处以罚款，引发了示威和暴力事件，涉及香港不同阶层的华人劳工。[53]

1884年以前的中外冲突总是伴随着中国民众动员的相关因素，尽管同样有许多清朝臣民为外国军队工作或提供物资。但像太古洋行这样的公司，随着业务组合的发展和扩大，成为拥有制造业的企业，自然也就成为新冲突的焦点，于是抵制和罢工相互拉锯的时代拉开序幕。

随之而来的是非政治性的工业动荡，让员工满意成为公司反复出现的各种运动的特点。不过，制糖厂发生的、抵制工程项目开展的运动仍然鲜为人知——迄今为止发现的任何档案中几乎都没有对细节的记录。但在1886年2月，制糖厂一些来自汕头的工人和早先在厂里工作的工人之间爆发了"相当激烈的战斗"。武装的印度籍护卫不得不维持秩序并叫来警察。随后这些新员工被解雇和送回汕头，同时，进一步的暴力威胁出现了。[54]太古洋行从直接管理制糖厂的建设中学到很多东西，这大大提高了他们的声望。但现在他们必须学会管理中国劳动力。[55] 1885年9月，"当地工人大量生病"和刚冒头的民族主义让人深感焦虑，而做好那些经常被嘲笑为"劳工派系主义"的工作，确保工人的安全和健康上升为公司的新议题。

1883年9月，政治因素也对公司造成了冲击。当时太古轮船公司"汉口号"上的一名看守在广州引发了一场破坏性不小的骚乱。9月的一天，当一群乘客争先恐后地登船时，一名负责为顾客安排船上铺位的年轻旅馆侍者罗亚芬被值班员福斯蒂诺·卡埃塔诺·迪亚兹（Faustino Caetano Diaz）殴打，罗亚芬掉入珠江溺亡。轮船在人们的愤怒中驶离了宝顺洋行的码头。作为两家公司之间协议的一部分，码头由省港澳轮船公司和太古轮船公司共享。驶离码头的轮船失去了管控，失去理智的人群放火烧毁码头，随后又攻击了位于沙面的宝顺洋行办事处——英国的一块小租界及相邻法国租界的所在地，清军当天赶来恢复了秩序。在这场骚乱中，15栋建筑被烧毁和洗劫，三名示威者被击毙，一些外国居民被疏散，还有一些外国居民组成了一支武装纠察队。另一场抗议的起因是，8月11日一名中国男孩在海关被酗酒后的英国海关官员无故杀害，这也加剧了中国人的愤怒。[56]这些事件都不是由太古轮船公司的行为引起的，但随着太古洋行在中国扎根越来越深，其员工私人或官员的行为，都被视为同性质的外国机构的行为，因此陷入了一个脆弱、有时甚至是血腥紧张的深渊。这几次事件虽然发生在广州及宝顺洋行旗下的码头，但只要是有太古洋行经营的地方，就很容易受到冲击。

法国与清王朝在越南北部的冲突已经演变为全面战争，1883年夏末，广东人对这些纯粹地方性质的外国暴力事件产生激烈反应，并且因与法国的紧张关系而直接加剧。9月底，好战的前广州领事巴夏礼爵士被任命为英国驻华公使，扭曲了外交官和领事们后来解决事端的努力。在北京的会议上，巴夏礼敲桌子、对官员大喊大叫。正如罗伯特·赫德所说："一个有港口经验的人（即领事）却不一定适合在北京任职，他知道如何对付外省的道台和巡抚，但不一定意味着有能力对付朝廷的决策者。"[57]

约翰·森姆尔·施怀雅采取了不同的策略，1884年2月24日，星期日，他去拜访了一位中国官员——两广总督张树声。张树声是一位循规蹈矩的官员，但他的总督职位在清廷举足轻重。施怀雅前往广州，试图从码头被烧毁的残余物中找一些有用的东西，并且将福斯蒂诺·迪亚兹

第五章　香港的甜蜜气息

的暴力事件作为契机,在实际层面上将这场冲突转化为公司发展的新机遇。这次会面最初是通过太古洋行香港买办提供的联系人居中调解的。[58]事后达成了一项提议,外国外交官要求的赔偿主要由太古洋行承担。

这是一次复杂且有些秘密的安排,约翰·森姆尔·施怀雅直接与张树声会谈而达成上述提议,在英国领事看来"奇怪"而又"非同寻常"。太古洋行安排香港渣打银行向两广总督所辖地方当局提供了一笔贷款,由发行地方债券提供担保,并通过旅客税增加相应的担保份额。通过这种方式,广州当局免费获得了解决正当索赔所需的资源。据报道,太古洋行努力减少索赔额,争取留下盈余,就这样,公司的声誉得到巩固,在"多年"尝试获得场地未果之后,拿到了扩建码头的许可,此外还获得当局承诺,竞争对手的公司"不得享有水域通行权"。罗亚芬的家人将获得赔偿,作为一些额外特权的回报,那名无故被杀害的中国男孩的家人也将得到赔偿。[59]就这样,约翰·森姆尔·施怀雅绕开了英国领事,而后者从他的美国同行那里才探听得知此事。

接下来是一则颇具戏剧性的故事。第二次鸦片战争期间,曾随英国皇家海军第一次来到中国的英国金融家约翰·皮特曼（John Pitman）也参加了谈判。在日本待了几年后,皮特曼驻扎在广州,当他作为顾问陪同当地官员参加会议时,英国领事都感到很困惑。皮特曼亲自拜访了一些索赔者,为他们提供了"快速解决方案,能够立刻拿到80%的赔偿金额"。[60]这些在广州的谈判很大程度上受到与法国战争进程的影响。1884年8月,张之洞取代张树声担任两广总督,他是一位更有权力和影响力的人物。8月22日,清军的南方舰队在福州几分钟内被击沉,张之洞的任务是支援越南战争,保卫他管辖的省份,因为这些地方可能受到法国海军的威胁。为此,他需要钱和武器。

本来威廉·朗在上海购买了大量步枪,打算于1877年在日本西南战争期间将其迅速出售,但由于这场叛乱在很短时间内结束,尚有一批枪

- 115 -

支滞留在太古洋行手中。现在张之洞需要枪支，而太古洋行得以将其抛售给中国。皮特曼还以英国武器制造商威廉·阿姆斯特朗（William Armstrong）代理人的身份露面，与施怀雅就重建珠江黄埔武器库的可能性进行了谈判，因为制糖厂的建设证明太古洋行有"完成一项重大工作的能力"。[61]

正如一位学者所说，这段时间"贷款热十分猖獗"。[62]像张之洞这样的清朝官员决心加强国力，好应对来自日本和法国的新一波外国威胁。他们探索了铁路、军火库和造船厂的发展前景，需要准备资金用于打仗。19世纪70年代，约翰·森姆尔·施怀雅曾坚决反对跟随怡和洋行做政府贷款业务，因为他认为此举将带来巨大的声誉风险，而做这桩买卖的一些人声誉很差，皮特曼当然也不例外。[63]但这一回，施怀雅积极地用金钱换声誉，让公司的核心业务顺利开展，不过他似乎是把此举当策略，而不是最终目的，只是目前还不清楚这一事件的结局。另外，张之洞在与外国人打交道上，无论是与官员还是其他人，都比他的前任总督要乐观得多。

汇丰银行向广东当局提供了一笔可观的贷款，渣打银行也同时提供了一笔贷款，施怀雅家族则把业务交给银行来做，洛根的受害者家属显然收到了来自太古洋行的赔偿。[64]码头重建后，"汉口号"恢复停靠，没有遭到反对。然而，这只是偶然事件——人为疏忽或愚蠢引发的简单事故，第一次动摇了太古公司在中国运营的总体平静态势。

除了正在进行的茶叶业务（尽管随着印度茶叶在国外市场的影响力越来越大，茶叶业务开始明显下降），还有曼彻斯特棉花和约克郡羊毛的稳定出货之外，19世纪七八十年代的另一项主要业务主宰了太古洋行的记录：蓝烟囱轮船和海运业务。约翰·森姆尔·施怀雅仍渴望在太平洋地区找到一家代理公司，但即使当伊斯梅的白星航运公司在香港至旧金山航线上建立业务时（该公司的船舶租给美国利益集团），此事也没有进展。尽管双方举行了会议，但新的联系人已经无法带来任何更大的优势。约翰·森姆尔·施怀雅没有自行开辟航线，以免损害伊斯梅的业务，[65]蓝烟囱轮船公司已经让他足够忙碌。

1877—1878年，菲利普·霍尔特与约翰·森姆尔·施怀雅一起前往亚洲，进一步加深了霍尔特兄弟在亚洲创业的决心。菲利普·霍尔特回来宣布：他的兄弟阿尔弗雷德说"希望我们能早20年进入这一行"。约翰·森姆尔·施怀雅认为，霍尔特的这次旅行"对太古洋行的未来非常有利，因为他已经完全认同了这家公司"。在乘坐"俄瑞斯忒斯号"从利物浦到上海的旅程中，霍尔特一连数周处在与世隔绝的环境中，一直面对有着无尽精力且咄咄逼人的施怀雅，几乎不可能产生任何其他结果。[66]但这次旅行促使菲利普·霍尔特在东南亚启动新的服务，这进一步巩固了太古洋行在该地区的地位。[67]蓝烟囱轮船公司曾经享有的早期技术优势现在已经丧失，而新的公司——格伦游船公司和堡垒游船公司正在成为强大的竞争对手。事实证明，阿尔弗雷德·霍尔特总的来说是抗拒改变的，尽管担任蓝烟囱轮船公司伦敦代理的约翰·森姆尔·施怀雅，还有太古洋行在中国的代理，以及霍尔特兄弟公司的股东和朋友给他寄了一连串信件和备忘录。但阿尔弗雷德·霍尔特更愿意接受约翰·森姆尔·施怀雅提出的一项最重要的发展提议：召开中日航运会议。毕竟，这样可以给长江航运业务带来一些合理性和稳定性，对海洋航线也有利。

1879年9月，太古洋行首次发起这种卡特尔垄断集团业务布局，按照现在的法律审视，这是非法行为，但在1887—1891年间英国法院审理的一起复杂案件中，这种安排当时的合法性得到了肯定，并一直持续到20世纪后期。[68]对施怀雅而言，推动他做出这种业务布局的刺激因素在于：蓝烟囱轮船公司的相对地位下降；19世纪70年代苏伊士运河开通后，第一波乐观情绪导致新船生产过剩；贸易活动的巨大季节性变化。19世纪70年代，运费显著下降。从1875年起，开通航线直达加尔各答的各大航运公司召开了一次会议，但是后来的事实证明，事关中国和日本航运业务的那次会议影响力最大。它的作用体现在以下方面：最有名的成员公司——蓝烟囱轮船公司、堡垒游船公司、格伦游船公司、法国邮船公司和铁行轮船公司——共同商定标准费率和公司之间的吨位份额；从哪些港口运营以及由谁运营；各个公司同意对违规者实施制裁，并为货运托运人提供好处，以便他们使用所谓的"会议船"（这些船采取回扣的形式延期支付，以确保货运托运人对货运公司保持长期忠诚）。与会成员的构成和具体业务安排流动多变，内容复杂且具体表述十分细致。这些会议不断发展，经历了队伍扩展和收缩，并涉及新服务的开展或结束（根据会议条款而行）。组织和管理会议显然耗费了约翰·森姆尔·施怀雅的大量精力和耐心（他从1879—1882年担任该会议的创始主席），尤其是在处理霍尔特家族方面的事务，耗费了大量心血，霍尔特家族虽然从会议中受益匪浅，但自从参与以来就面有愠色，让人捉摸不透。

中国航运大会及继承其会议精神的后续会议为动荡的贸易带来了一定程度的稳定，结束了约翰·森姆尔·施怀雅眼中威胁托运人和船主生存状况的"旧混乱局面"。[69]会议有很多反对者抵制，也产生了很大的争议，随着这次航运会议的发展及其地位的提升，还产生了意想不到的效果，即支持了一条重要的英国战略动脉，正如后来的一本手册《帝国军事地理》所说，原材料沿着这条动脉流向"心脏"，这条动脉的"停止"可能意味着帝国的"死亡"。尽管伦敦高等法院和1909年皇家委员会的一份报告都支持这种做法，但反对声音依然强烈。1910—1911年间，新加坡的地方利益集团说服殖民地政府取缔这种做法。但英国殖民地部出于帝国防卫的考虑，拒绝支持殖民地政府，反对派的议案被取消。[70]向蒸汽技术的过渡，苏伊士运河的开通，给通信带来了更大的可预测性和规律性，因此中国航运会议让托运人的成本更加可预测，收益也有所增加。霍尔特及会议中的竞争对手获得了更高的利润，而蓝烟囱轮船公司却没有抓住这个机会稳步投资他们的现代化船队。[71]托运

第五章　香港的甜蜜气息

人似乎也有所收获，因为返利、可预测且稳定的运费以及更频繁的航运降低了他们的成本。总体而言，贸易量增加了。[72]正是由于航运会议体系的存在，约翰·森姆尔·施怀雅的名气更大了。

现代英国的历史学家对所谓的"衰落主义"进行了长期的讨论：1870年之后，英国丧失了具有竞争力的经济优势，其在世界经济中相对份额的不断缩小，大致证明了这一点。[73]这一时期英国商业精英的社会和文化世界受到了很大的关注。有段时间，有这样一种公认的解释，即商人发了财，随后迅速购买地产———一项无益的投资，他们还模仿贵族，甚至与之通婚，放弃生意（即庄臣口中的"奴役"），追求非生产性的休闲娱乐，且如此循环往复。尽管如此，"贸易"仍然是容易造成社会问题的领域，各家族在施怀雅贸易网络中的地位变化也是不争的事实。上面这种解释如今在很大程度上存疑，但它让人们看到，像施怀雅兄弟这样的商人对世界的重要性。那些与约翰·森姆尔·施怀雅一样做生意的人，就很难支持这一论点。施怀雅喜欢打猎，他先前也一直在打猎。当然他在乡下的富人群体当中占有一席之地，虽然是在1881年再婚之后，但他并没有从公司业务的前线退休。恰恰相反，随着与怡和洋行的冲突展开，他的兄弟认为，他"从早到晚都在思考和谈论生意"。[74]我们还可以从信件中看出，这名商战老手对伦敦办事处的日常事务仍然十分熟悉，比如他对购买船票前往中国的潜在乘客发表了评论。1877年，他在上海"出售了一切能出售的货物"，他曾在给纽约、墨尔本、横滨和中国的合作伙伴的信中着重强调，"卖掉，卖掉所有东西，一到货就以市场价卖掉"，如今他亲自践行了这一原则。[75]

这是一种一往无前的干劲，确实在某种程度上解释了约翰·森姆尔·施怀雅在追求一些目标时所体现的坚韧不拔的意志，因为他定的目标本身就是合理的，但对这些目标的追求更多的是出于自豪感，也解释了这位祖师爷"为荣耀而战，而不是为英镑而活"的理念（1881年他对未婚妻玛丽·华伦这样说）。为此，他在19世纪70年代对怡和洋行的

"神圣权利"展开了争夺,就像在19世纪50—60年代的澳大利亚贸易战中,太古洋行对吉布斯·布莱特公司的争夺一样。[76]这无疑在一定程度上反映了约翰·森姆尔·施怀雅的性格。埃德温·麦金托什显然也同样关注公司的日常业务,尽管上海的威廉·朗对合伙人的职责不是那么尽心,他每天从办公室溜走,去惠斯特俱乐部闲逛,对细节也不怎么关注。[77]尽管如此,当阿尔弗雷德·霍尔特从利物浦动身,去伦敦拜访施怀雅时,仍然惊讶于施怀雅对"晚上的剧院和歌剧,白天的远足",还有赛马的渴望。这位身在大都市的朋友如果想引起对方的关注,也会让霍尔特这个勤奋但不教条的一神论者在复活节周日工作。[78]

我们对公司性质的看法可能会被实际保存下来的历史记录所扭曲。公司在中国最初几十年的记录主要来自约翰·森姆尔·施怀雅作为高级合伙人的个人信函和记录。我们几乎找不到有关威廉·赫德逊·施怀雅的任何资料。我们只能假设,威廉在1876年退休并离开合伙企业之前,他的所作所为完全与他兄弟所追求的战略相符。[79]我们也没有公司在各地办事处的档案。在那些保存下来的档案中,当然包括我们或许能称之为太古洋行"官方"信件的资料,但这些信件中穿插着写给施怀雅马夫的便条、关于家庭支出的计算以及对酒商的指示。与麦金托什和朗的通信中提到了平行的"官员",当约翰·森姆尔·施怀雅去中国旅行时,档案的大部分踪迹已经断裂或不完整。即使考虑到这一点,约翰·森姆尔·施怀雅仍然是一个干劲十足的人,他即将到访公司任何一间办公室的消息肯定都会让人感到不安。

从迪亚兹事件、广州骚乱和太古劳工问题,还能得出这样一个结论——太古洋行已经在中国落地生根。土地、河岸、码头、船体、轮船和设施,凡是有太古洋行身影的地方,就有可能发生冲突,尤其是公司的很多资产背后就夹杂在清朝脆弱的主权与英国等列强假定权利的中间地带。与公司设施和资产类似的是,太古洋行的员工、工作和生活以及在中国的私人违法行为或经历也是如此。像福斯蒂诺·迪亚兹这样不计后果、不假思考的暴力行为会给公司带来深远且高昂的代价。在这样的新形势面前，太古洋行采取两种应对方式：第一种是向英国政府及其代理人寻求帮助，尽管这种办法在迪亚兹案件中几乎没有奏效。正如约翰·森姆尔·施怀雅在1877年写给德比伯爵的信中直言不讳地指出，"作为一家公司，我们的存在取决于条约的规定能否保护我们免受不公正和随意的对待。"[80]公司在中国的运营依赖于条约提供的框架，但在这封信中施怀雅要求英国政府加大参与力度。广州骚乱索赔的拟议解决方案以及与招商局的纠纷则体现了第二种方式：约翰·森姆尔·施怀雅亲自前往会见了唐景星和张树声总督。太古洋行现在需要尝试建立并培养与中国掌权者的联系。也就是说，这家英国公司的业务再次发生变化。

第 六 章

事业在途中

1884年4月11日，星期五，大清皇家海关总税务司罗伯特·赫德在他北京的官邸举办了一场晚宴。这场晚宴有形形色色的嘉宾出席：流行歌曲作曲家伊丽莎白·皮尔基斯（Elizabeth Pirkis），她的丈夫是英国公使馆的会计师；克莱尔·希利尔（Clare Hillier），她的丈夫禧在明爵士是英国公使馆的中国秘书；使馆医生卜士礼博士（Dr Stephen Bushell）已经开始了他作为中国陶瓷鉴赏家的职业生涯；还有大清海关税务司贺璧理（Alfred Hippisley）也来了。对于研究中国与西方世界长期关系的观察者来说，几乎所有与交际有关的事情都会显得梦幻，不过这样的聚会在大清帝国的中心司空见惯，这也是社会在稳定变革的体现。

但今天这场聚会安排得比较仓促，是为了迎接约翰·森姆尔·施怀雅和他的妻子玛丽而举办的，他们刚刚抵达京城。[1]

施怀雅夫妇花了三天时间，乘小船穿过海河，从天津到通州，再坐马车或者租马走上20多千米。他们中途住在一家中国人开的旅馆里。店家一般会建议旅客带上旅途所需的食物，雇一个仆人——在讲官话的北方，是听不懂南方人的话的。未来几十年，在超出通商口岸航运网络的区域旅行仍然充满挑战，但到最后你会发现，即使在北京某一家舒适的餐厅里，在一张精心布置的餐桌上，也有春汤、英式炸鸡和蛋白酥配奶油等着客人享用。[2]在当年的北京，游客并不常见，尤其是外国女性。通常情况下，赫德会邀请英国公使巴夏礼爵士，但巴夏礼刚刚离开京城前往朝鲜。他和施怀雅本来有些话要说，但也许他让其他工作人员转达了自己对太古洋行的不满，因为太古通过非正式途径加快解决了广州的骚乱。就赫德而言，当他前一天见到施怀雅时，印象就非常深刻——"太古轮船公司现在拥有53艘轮船，还有一些正在建造，每周都有一艘船从上海开往欧洲。对一家私人企业来说，这是了不起的事情！"赫德在日记中写道。

从本质上来说，赫德和施怀雅这两个人并没有太大的差异：他们都很自信，相信自己对人和事的判断，并且都具有耐心和长期规划的能力；在采取行动时，又能表现出强烈且有的放矢的紧迫感。然而，赫德更了解中国，或者至少了解他一直打交道的清朝官员。他会说汉语，最重要的是，他知道如何与清朝的官员博弈，明白朝廷管理者最珍视的价值观。施怀雅不具备这些素质，但他的企业似乎也不需要更深入的知识。在北京，两人并没有谈到广州的事务，而是广泛讨论了太古洋行和怡和洋行在厦门和汕头建造的码头。赫德认为施怀雅看上去很精明，他吩咐自己的两名工作人员陪同施怀雅夫妇四处游览，想着这样应该会给远道而来的客人留下深刻印象，因为在这些景点可以感受到"宜人的春色"，而没有蒙古高原吹来的沙尘。

尽管这样的景色确实美丽，让人流连忘返，但当时中国的首都实际上处于动荡之中。施怀雅抵达北京时，发生了赫德和其他人所说的"一场政变"：自1861年以来负责国家政策和事关重大对外关系的恭亲王奕䜣被免职，他的政敌乘机指责，并要他为清军在越南北部被法国军队击败的事情负责。此时，围绕法国进军印支的冲突正在通过天津的谈判进行调停，各方试图促成双方休战，但其他人对和平的前景并不那么乐观。一位在天津学习汉语的学生濮兰德（J. O. P. Bland）写道："战争派已入局。"

停战协议最终以失败告终，中国和法国在同一年晚些时候爆发了战争。赫德想知道恭亲王奕䜣的倒台是否意味着更广泛的"排外政策"，濮兰德则认为："一切都处于变化和不确定的状态——一种不安的感觉，我想这就是在中国生活的一部分。"[3]

北京这一事件给施怀雅提供了机会来探索"在中国的生活"对太古洋行员工带来的影响、变化、惯例、机遇和不确定性。考虑到与清朝高级官员建立外交关系的重要性，外国人在北京的生活小天地可能是异类，但这片天地很重要。不过到19世纪80年代中期，能靠权宜之计维持的日子似乎已经过去。在广州江边的旧贫民区之外，外国人在中国的定居生活已经进入第五个十年，当地学者已经开始出版早期的近代史书籍。1891年的香港和1893年的上海公共租界开展了游行，并调查其他的一些历史成就，以此来庆祝外国人来华定居50周年纪念日。[4]通商口岸和英国的势力范围的规模继续稳步增长，其带来的社会复杂性和多样性也将继续提升。从1870年到施怀雅访华期间，上海的外籍人口增长了一倍多，其中妇女和儿童人数增幅最大，平均增长了五倍。商业助理和商人作为单身汉居住的临时小住所，已经演变得更像他们故乡的城镇，至少外国社区本身的结构上是这样。1885年上海的人口普查纪录显示，当地外籍居民包括1名演员、糖果商、古董商、布料商、马夫、美发师，若干名记者和摄影师、5名"音乐教授"、5名律师、11名外国裁缝和6名钟表匠。外籍居民的数量继续稳步增加（尽管一两个较小的通商口岸将开始下降），人口流动性仍然很高，特别是在贸易商中，他们占了职业名单上的四分之一。[5]

在两次人口普查之间，很大一部分居住在香港或上海的外籍居民会离开，但太古洋行间接地促进了人口增长确实也是事实，因为这家公司带来了商业助理和文员、船上的军官和工程师、大船船长和货仓工人、制糖工人和会计、化学家，还有这些人的家属和仆人（包括外籍仆人）。

1866—1900年间，大约有100名男子乘船到香港为太古洋行的分公司工作，而其他人则在中国和日本招募；1888年时，太古糖业有22名外籍员工；到1900年，这个数字增长了一倍，共超过700人在扩张阶段的太古轮船公司中服务。1884年这一年，太古轮船公司仅外籍人员就有100多名；1900年，又雇用了260名。到19世纪末，船队已拥有18个分支机构和41艘船，在施怀雅访问罗伯特·赫德的那年，太古轮船公司在15艘运营船只的基础上又增加了32艘（在他们的讨论中，太古的船只数量与蓝烟囱的船只合并）。到1900年，有11艘轮船在事故中受损，其他的则停用、出售、解体或改装成趸船或平底船。这种增长也体现太古洋行在地理范围上的扩大。到1900年，长江沿岸有八个分支机构，包括现有的代理处已被太古员工经营的办事处所取代，在天津、烟台和北方的牛庄都设有前哨，与上海相连，而广东、厦门和宁波已经与以香港为起点，经汕头和福州沿岸的业务网络连为一体。神户分部在日本开业。施怀雅于1884年启航回国后的四年内，便已开设了六间办事处。

太古洋行快速扩张的步伐使记录有些混乱，19世纪90年代初，伦敦总部重新整理亚洲员工的历史聘用条款细节，甚至试图准确地记录他们的名字。最初，约翰·森姆尔·施怀雅自己将最粗略的细节记录在一系列口袋笔记本上：姓氏及名字首字母，有时还会加上全名、五年协议期间的年薪。当员工离开公司时，他只是撕下页面，并在本子的开头将它们从列表中划掉。后来，细节慢慢变得更完整："在1879年离开""死于1883年""于1881年5月前往中国"。偶尔，他会注意到前雇员的目的地，但似乎他还有很多事情没有记下来。

这些记录几乎不成系统，而且这些人显然是合同工，几乎没有什么类似于所谓的"内部员工"的手册。书信表明，一些圈出来特别有能力且未来可能担任经理的人选肯定能得到特别关照。格里诺克的造船商约翰·斯科特会不会把休假回家的约翰·博伊斯（John Bois）带到他的游艇上？博伊斯将成为公司派往上海的经理人。詹姆斯·洛里默爵士代表施怀雅将两匹小马运到上海，送给合伙人威廉·朗，郎只是随口问了句："它们与伦敦的一对好马相比如何？"[6]

我们对太古洋行的实际招聘过程知之甚少，但值得一问的是，一个人是如何来到比利特街接受面试的？然后，一旦通过了"热带医学之父"万巴德（Patrick Manson）医生的体检，就算进入了太古洋行——万巴德医生在福州和香港工作了多年，曾经乘坐蓝烟囱轮船前往中国。

一些人只是简单地按照报纸上的广告投递了求职简历。1891年，《经济学人》上刊登了这样一则广告：来自东方的招募，需要一流簿记员，要求具有"丰富商业经验"，年龄约30岁……需要提供证明自身能力和品格方面的特殊推荐信。公司提供700英镑的高薪，还为优秀的簿记员提供450英镑的额外津贴。[7]

这并非太古洋行的第一则招聘广告，早在1889年和1890年，公司就陆续发布过招聘广告。休·马西森·布朗（Hugh Matheson Brown）就是其中一位应聘者，他的一位朋友此前加入太古洋行，这大大激励了他去应聘。布朗拥有丰富经验，怡和洋行的一位合伙人给他写了一封强有力的推荐信，这让香港的埃德温·麦金托什相当担心，他担心怡和洋行的门生在公司担任机密职位不太合适。虽然两家公司之间的关系有所改善，但此前的怀疑还是难以消除。而伦敦的吉姆·斯科特（Jim Scott）对此不以为意，他认为没有什么可担心的，但也补充了一个令人不快的附加条件——布朗与"槟城欧亚混血家族"没有任何关系。[8]

在众多的招聘中，应聘人员的种族很重要，个人介绍很重要，家庭关系也是如此——詹姆斯·卡明斯（James Cummings）的申请信就直接说明，自己的兄弟在太古工作，他希望通过加入同一家公司"提升自己的地位"。[9]这是申请信的例行语言，正如卡明斯这样的人将要学习的指南所阐述的那样。卡明斯很明确地表示,他不打算去"东方"服役,因为这样似乎太急于求成了,而且伦敦办公室里可能还有其他人可以优先考虑。

为太古洋行效力,需要与家人和朋友长期分离,在许多人认为难以忍受的环境中工作,而且很有可能损害健康。19世纪60年代初,查尔斯·戴斯回忆说,他的亲戚和朋友认为他被派到一家中国公司担任负责人,意味着他的"运气好得不得了"。他认为,"去中国似乎还有冒险的前景",和许多维多利亚时代中期的男孩一样,他"受到了克莱武和沃伦·黑斯廷斯生平的启发"。[10] P.G.伍德豪斯(P. G. Wodehouse)回忆起自己作为一名汇丰银行新人的日子,在他几乎不加掩饰地讲述银行工作的小说《城里的普史密斯》一书中,有个角色说得更动听:"你被派往东方,很快就会变成重要人物,手握大权,有一批土生土长的'本地人'在你手下工作。"

在太古糖厂的账簿上很难找到荣耀,这点可以从戴斯的长期丝绸商人生涯看出来。对大多数人来说,变成"重要人物"也很难,但会有一份可观的收入。如果手下没有一打"本地人",那至少也容易找到一帮仆人。1891年,吉姆·斯科特在一封附有协议草案的附信中写给斯蒂芬·福赛斯(Stephen Forsyth)说:"我们可以声明,你在我们公司任职满三年之后,如果尽职尽责,就可以获得确定的加薪。"在那时,太古洋行很难找到打算留在公司三年以上的人。

"我们觉得你应该知道香港在哪里。"施怀雅在强烈谴责一位在参与面试和体检后退出的申请人时写道。[11] 但太古洋行通常会找到需要的员工。商业世界仍然是流动的世界,年轻人经常渴望,当然也准备好了去海外闯荡一番,因为英国人的日常就业机会不仅遍布帝国全境,还延伸到了英国商业占主导的世界。

公司招聘新员工时,看重的是什么?福赛斯于1884年获得阿伯丁大学的硕士学位,他可能是太古洋行招募的第一位大学毕业生。[12] 但这在未来几年的人事招聘中仍然不常见,尽管约翰·森姆尔·施怀雅自己的儿子约翰(又名杰克)被送往牛津大学学习,并接受培训加入公司。[13]对于普通职员和助理来说,拥有商业经验无疑是一种资产,但在某些情况下需要特定的专业知识,比如福赛斯是一名注册会计师。在雇佣这些人的过程中仍会存在阻碍,具有丰富经验的申请人已经结婚,并且不希望搬迁,即使公司打算接纳已婚员工。同样的,那些最先回应《经济学人》广告的人,也是最适合这份工作的人,在原则上被太古洋行同意录用后,立即又从他们的现任雇主那里得到同样好的条件,因此拒绝了这份工作。

"好吧。"施怀雅写道,"我们想要'天鹅蛋',但我们将不得不将就'鸡蛋',并投资培养具有潜力的员工。"不过这样做也有好处,因为鸡蛋显然更便宜。布朗不是第一批被选中的人,他得到的报酬远低于700英镑。[14]

施怀雅在1876年发表言论,认为中国贸易已经过了高增长时期,公司运营费用要保持低水平。除了部门主管,只需要聘用普通职员就够了,而这样的普通职员在中国内地或香港很容易找到。[15]因此,公司没有必要从伦敦招聘一个每年总共花费700英镑的人,而他在伦敦的日常工作每年只能挣60英镑。即便如此,"礼仪"仍然很重要。这家公司需要的是"被培养成绅士的人",而不是那些"仅仅来自下层社会中受过更好教育的人"。[16]亚洲通商口岸的公共商业世界仍然保持着社会地位的细微差别,当然,英国本身也是如此。在中国,特别是在香港地区,职位和背景的重要性得到极大强调。正如施怀雅在1876年所说的那样,"拥有一路相伴的绅士的必要性"可能已经开始减少,但他们仍然缺不了绅士,至少在某种程度上是这样。

不足为奇的是,太古洋行既不希望对中国本身感兴趣,也不希望熟练掌握汉语。需要口译的地方,由中国工作人员提供,或者在大多数普通的交流中干脆不用口译,而是使用"洋泾浜"英语,这对中国人和英国人来说都很容易学会。和大多数外国公司一样，他们根本不会有学习中文或日语的想法。旅行指南提供了方便的洋泾浜语言选择，大多数人都能应付得来。威廉·鲁滨逊（William Robinson）在1891年宣称他正在学习日语，这可能是太古洋行员工学习亚洲语言的第一个证据。鲁滨逊写道，他"确定"了自己的信念，"未来在日本开展业务的可能性在于培养当地人"。[17]在某些领域——糖厂、货仓、码头和船舶雇用了相当多的中国员工，一些与他们合作的经验会受到重视。但他们通常由中国或日本的承包商直接监督和传达指令。在许多情况下，太古洋行员工只要同任何"当地人"在一起工作时能建立交情，就足够满足当地业务要求了。当然，直到20世纪，那些曾经监督过本地工作人员的英国人会认为，他们的经验可以照搬到别的地方：本地人就是本地人，东方就是东方。[18]

按照伦敦总部的指示，太古洋行在中国雇用低薪职员。香港办事处在19世纪80年代和90年代招聘了一些初级职员，他们要么出生在香港本地，要么基本上在那里长大。祈廉部（Grimble）兄弟是一名军火仓库老板的儿子；威廉·阿姆斯特朗的父亲于1849年抵达香港，担任拍卖师；另一名拍卖师榄勿（George Reinhold Lammert）将他在香港出生的八个儿子中的两个送进了太古洋行工作，这对他来说如释重负。夏礼（Hugh Arthur）是拔萃男书院校长的儿子，出生在当地。施家三兄弟被父亲施弼带到香港，施弼本人曾在最高法院担任过一系列行政职务，并于1893年出版了香港第一本旅游指南。有一些证据表明，太古洋行在当地招聘的助理与在英国招聘的助理在社交场上处于隔绝状态（当地助理比英国本土来的助理的薪水要低得多）。这不仅仅是因为他们是在香港这个小小的受英国文化影响的世界长大的，在太古洋行内部，他们不会获得自动晋升待遇，他们对香港本地情况的了解可能是一种资产，但同样也可能被视为他们向上发展的障碍。公司也会在外港招聘员工，有时是从为公司服务的代理商那里调过来的。汕头的路易斯·格鲁

- 129 -

瑙尔（Louis Grunauer）是"工作中的佼佼者"，但埃德温·麦金托什"不会委任他当领导，因为他是混血儿，哪怕他能独自经营该机构也不行"。格鲁瑙尔的出身会反反复复被提及，他在1896年去世前至少为公司在港口服务了14年。[19]公司为伦敦本地应聘者提供的服务条款仍然具有吸引力，合同是五年制，薪酬以英镑计，提供出国的路费（但不包括回国的路费，除非伤病），以及免费的食宿和洗涤服务，住在太古洋行的"集体宿舍"。五年中薪水逐渐增加，合同到期的伦敦员工可能会续约或终止合同。本地招聘的员工从低薪文员变成了助理，那些来中国的年轻伦敦人，没有经验，薪水和福利却更高，他们有理由感到不满，而且有些人似乎确实也不满。[20]

按照最初的合同条款，从伦敦来的员工不能请假回英国；有一段时间的规定是，如果员工想要休假就应该辞职，而且不能保证他们会得到重新聘用。[21]19世纪70年代中期，条款略有变化：新员工失去了免费的洗涤服务，这是一件非常吝啬的事情，并且规定私人佣人的费用将由他们自己承担，而从19世纪80年代中期开始，工资以当地货币计算。到1893年，关于休假的"惯例"是，员工需要至少服务七年才能休假。比如麦金托什工作了八年，博伊斯也是如此，而波特则工作了九年。[22]所以说，"在太古洋行任职，相当于经历漫长的流放"这句话并不假。

这种"集体宿舍"在外国驻华机构的各个领域都很普遍。虽然每个人都雇了一名中国籍私家仆人——帮他们打杂的"小厮"（boy）。用当地人的话说，这些人可不是"男孩"（boy）——而是中国"自然产品"中的"最优秀和最重要的"，正如一位游客所说。"集体宿舍"的餐厅雇用了一名厨师，可能是一名搬运工，并且会由一位主管监督，对管理这项工作的一位外国人直接负责。"家政知识"是年轻的商业助理必须学习的一项技能，但也最容易掌握。[23]所有中国员工都得到公司买办的"担保"。从19世纪80年代中期开始，合同表明工作人员可以选择自己租房。作为一家商业机构，集体宿舍对公司有好处（在成本方面，尤其是在管理年轻人方面），但也有缺点。正如一位记者所指出的，"在同一群性情不相投、资源迥异的人中间强行结识和社交……毫无疑问是有弊端的。"[24]

这种集体宿舍的生活是否合适，几乎没有记录。但在当地媒体的报道中，可以看到员工在户外划船、打板球、参加赛马会或香港会，或在皇家香港军团（或称香港义勇军）步枪比赛中射击。这些太古员工在香港、上海或在其他城市组建小分队参加志愿活动，包括定期游行和年度野营——香港义勇军是地方防御计划的重要组成部分；对于在办公时间以外有很多业余时间的年轻人来说，它们也被视为消遣和锻炼身体的机会，因此运动场也成了员工忙碌的活动场所。员工参加共济会的活动，他们唱歌，他们表演。公司员工还会参与民事诉讼，作为轻微犯罪的受害者和法庭案件的证人出庭，有时也会担任陪审员。比如，香港太古办公室的信件被盗；太古员工对债务提起民事诉讼；外国商人埃德温·麦金托什有"非常重要的事务要处理"，并且未能出庭担任陪审员，因藐视法庭而被罚款50美元；等等。档案中能见到类似这样的记录。还有一件事让《士蔑西报》的编辑士蔑（即Robert Fraser Smith——罗伯特·弗雷泽·史密斯）很高兴，他对"太古的托什"（这里的托什不是爱称，而是指托什说"胡话"，英文中"胡话"的发音与托什相同）和太古公司进行了持续的报复：给他们贴上了"东方清道夫"的标签。[25]

年轻、金钱和以男性为主的社会环境结合在一起，哪怕初衷善良、教养良好的新员工也可能会毁掉。施怀雅曾以诙谐的口吻抱怨说：东方这些大房子的缺点是，所有住在香港的职员都认为自己可以享乐，不拿健康当回事，然后要求请假休养。他举了W.J.罗宾逊的例子：他发烧就像"被突然击中后陷在沼泽里"，先在日本休养，后来在"上海的赛马会上有所好转"，但接着身体又差了，之后"不得不回国"休养，在那里他用"会见朋友和熬夜享乐"来调养他糟糕的身体。[26] 最后，罗宾逊挺了过来，也挺过了祖师爷刻薄的评论。

要想让太古职员远离射击、骑马或在中国东部水道的船屋闲逛，需要的不仅仅是一场沼泽热（一种潜在的致命疾病）。J. 基思·安格斯（J. Keith Angus）后来写了一篇关于上海西部的一次野餐，以及横滨射击的文章，他的作品让我们得以一窥19世纪70年代太古洋行职员的船屋生活。上海的夏季周日"实在太热了——尽管人们穿着白色的衣服，室内还有促进空气流通的风扇（印度旧时悬挂于天花板用绳子拉动的布屏风扇）提供凉风，但在教堂里坐着仍然感觉不舒服和不愉快"，而且"在开普敦以东的地方享受不到周日生活"是真的。职员可能有自己的船屋和手下，或者由公司给他们提供相关补助。他回忆说，他们携带着尽可能携带的家用物品，包括来自阿伯丁的莫尔牌咖喱肉汤罐头和鲈鱼瓶（乡下人视为珍宝的空瓶），吃了面包和黄油，射杀鹬、鸭子和鹅，或者只是闲逛、抽烟或阅读从英国寄来的杂志。吉姆·斯科特从伦敦订阅了《培尔美尔报》《世界》（"一部有趣的当代历史编年史"）和《田野》。[27]

人们不会对教会事务不闻不问。亚瑟·沃里克（Arthur Warrick）早先在旗昌洋行担任品茶师七年，之后加入太古洋行，后来离职，成为布里斯托尔宣道会的领军人物，支持公理会伦敦宣道会的工作。总体而言，外国商界虽然口头上普遍对基督教福音传播事业持积极态度，但对中国的传教世界置若罔闻。就像外国外交官一样，大多数人认为传教士没有必要使外国人与中国人的关系复杂化。传教士引发的争议可能会演变成暴力事件，并影响更广泛的外国势力的存在。此外，传教士在社会上的地位往往不如绅士出身的商人。但对于亚瑟·沃里克来说，在中国旅行，"不可能不感觉到有一种力量在影响人们的思想，这是宣教的结果，仅此而已"，他在1889年在布里斯托尔的一次会议上说。他"听说在遥远西部的村庄"（他在武汉工作了多年），"人们一听到钟声就成群结队地涌向礼拜堂，想象着今天是主日"。[28]对一些人来说，家乡味道就是哪怕在苏州附近的运河边上喝着淡啤酒和罐头汤也行，或者在

第六章　事业在途中

香港阅读《乡村绅士报》也行；对其他人来说，家乡的味道则意味着教堂的钟声。

然而，"回家"仍然作为一种念头和谈资存在——因为寄往欧洲的邮件是"回家的方向"。刊登了最多回乡人名字的报纸莫过于《来自印度、中国和东方的回乡邮件报》，而人们则写道"跑回家"，意思是休假。大部分员工很快就回了家。如果不算那些后来成为董事或合伙人的人，大多数职员的平均任职年限也只比五年聘用期长一点。当然，也有例外。詹姆斯·霍尔（James Hall）在上海工作了27年，于1900年退休，退休前担任首席簿记员；弗雷德里克·奥伯特（Frederick Aubert）在上海工作了18年，1887年离开太古洋行后留在会德丰洋行工作，在上海犬展上展出了他的苏格兰梗犬，他于1895年在上海去世；沃尔特·波特（Walter Poate）为太古洋行效力了25年，大部分时间待在香港；詹姆斯·丹尼森·丹比（James Denison Danby）则效力了33年，在1920年尝试创立自己的公司之后重新回到老东家，并在退休后与前太古洋行的同事合作；茶叶交易商亨利·贝克（Henry Baker）在太古洋行工作了42年，主要担任福州公司经理；W. J. 罗宾逊（W. J. Robinson）在1923年退休时已经为太古服务了50年，尽管他的生活并不健康，其中33年在神户，他在那里收藏并出售了一批著名的日本艺术品，对佛教产生了浓厚的兴趣，并与他人共同创立了日本第一家高尔夫俱乐部。[29]

偶尔也会有人情绪低落。一份资料显示，某次解雇附带了两条简短评语——"表现很糟糕""糟透了"。第一个被解雇的人留在了中国，后来去了索尔福德（英国的城市）。另一个被解雇的员工被描述为懒惰和无节制："我认为他没醉，但他喝得昏头昏脑，为人愚蠢。"这是评语。[30]在这种情况下，愚蠢是更大的潜在问题。此人被解雇并前往日本工作。更常见的情况是，有人因为不能胜任工作而被解雇："让这些笨蛋自求多福吧。坏苹果偶尔（这里的坏苹果指有问题的员工）会浮到面上来。"弗雷德里克·谢泼德（Frederick Shepherd）在横滨贪污1300

多美元，1893年5月被捕并被解雇。[31]在伦敦办事处工作了10个月后，一名年轻人于1904年来到香港，在太古糖厂做账务工作。他与一群"坏人"沉瀣一气，欠下了相当于他年薪的债务，从而开始挪用公司的钱。当一名"美国交际花"来到办公室，温柔地问他的经理如何偿还债务时，一切都暴露了。公司对他的容忍已经超出了限度（也不愿将这些细节公之于众），便悄悄解雇了他，但给了他去北美的机会，这名员工最后在那里换了个新名字，开始了新的生活。[32]更常见的是那些"无可救药的混蛋"，或者"在他的位置干得不错"，但"不具备晋升到管理层的素质"的人，还有一种则是"在未来几年没有足够稳定上升空间"的人。[33]波特是太古洋行香港的大班，据1899年报道说，他是一位"非常一流的大班（旧时对洋行、银行经理的称呼）"，但"他的才能也仅局限于此"。[34]亚瑟·弗兰克斯（Arthur Franks）在公司工作12年后，职务晋升达到了天花板——"他不是天才，而且……对我们来说，不会比普通文职人员更有价值"——让公司得出结论他是多余的，即使"为人正直"和"办事谨慎"，还是于1893年1月解雇了他。

"我心烦意乱，因为我更害怕回国之后没有事情做……这意味着毁灭。"弗兰克斯在太古洋行的墨尔本代理处找到了一个文员职位，用这种方式离了职。詹姆斯·洛里默爵士于1889年去世，他的儿子接手了墨尔本代理处，但由于管理不善，于1893年破产。施怀雅在澳大利亚为公司业务设立了新办事处，由他们的前任茶师乔治·马丁负责，弗兰克斯后来与马丁共事，成为他的副手。[35]

不管任何时候，太古洋行的大多数英国员工都是相当年轻的男性，他们不得不在东方安家。但是，家意味着需要住处，对许多人来说也意味着家庭。"妻子、兄弟姐妹和女性朋友是充分享受社交生活的必要条件"，正如休·朗（Hugh Lang）在1875年关于上海外国侨民生活的演讲中所说的那样。在最初50年，公共租界甚至缺乏足够的家庭住房供外国居民居住，无论他们的社会地位如何（他将当地的家庭社会分为

"工匠、船舶官员和商业助理")。[36]一些人在亚洲有亲戚：波特的两个兄弟分别在香港和上海工作，第三个兄弟在日本当传教士，一个姐姐直到1875年去世时一直住在香港。沃里克的兄弟在上海的一家保险公司工作，詹姆斯·卡明斯的兄弟在香港。蒙塔古·比尔特（Montague Beart）的兄弟在他到达时，已经在香港会担任了10年的秘书。亨利·沙吉特（Henry Shadgett）出生于香港。1882年，他那当旅馆老板的父亲去世时，沙吉特流落到上海成为孤儿，一贫如洗。共济会基金将这个男孩送到烟台的一所学校寄宿，直到他成年。沙吉特先在上海市邮政局工作，后加入太古洋行，最终成为上海的首席航运经理。詹姆斯·丹比（James Danby）也出生在香港，他的父亲在那里担任土木工程师。在英国完成学业后，他成了殖民地约克人协会的坚定支持者——在为父亲短暂工作一段时间后，他加入了太古洋行。[37]博伊斯的兄弟也曾在香港的太古洋行短暂工作，此后一直留在中国，和他的妹妹一起来到上海，他妹妹嫁给了约瑟夫·韦尔奇（Joseph Welch），后者担任公司的茶叶采购代理。赫伯特·巴格利（Herbert Baggally）的堂兄在加入太古洋行三年后来到亚洲。人们追随人际关系，而人际关系反过来也追随人们。

当蓝烟囱轮船开过苏伊士运河，把员工带到亚洲，大多数人下船时谁也不认识。他们都是单身，公司也不喜欢员工结婚，或者更确切地说是不想在亚洲雇用已婚的初级员工，因为这会给他们带来额外开支。有些人是幸运的：朗曾向一位男士指出婚姻的经济负担，对方保证说，他有独立于工资之外的收入，并很有把握能够过上舒适的生活，不会陷入债务危机。[38]公司之所以反对员工结婚，是因为婚姻会给员工带来潜在的债务问题——虽然未婚也不能保证不会陷入这个麻烦——即员工可能最终在法庭上被起诉，或者向公司寻求帮助，或者自己想出歪门邪道来自救（似乎贪污犯弗雷德里克·谢泼德就是这么做的）。[39]这些都算不上有吸引力的福利，而且公司对员工婚姻类似家长式的监管将持续到20世纪。1905年，詹姆斯·奥尔波特·诺克斯（James Allport Knox）在抵达上海后六个月内被解雇，原因是他"未经许可就结婚"。他的妻子非常受人尊敬，他在出航前就娶了她，但对公司隐瞒了这个事实。香港大班写道："我们觉得……我们不能再相信一个在签署（协议）后第一件事就是故意欺骗公司的人。"诺克斯的解雇对其他员工"会产生有益的影响"，年收入低于500英镑的男性不得结婚。[40]在这个方面，太古洋行的经营方式与大多数其他具有类似地位的英国公司一样，传教士协会和通商口岸管理机构也是这样做的。

但即使员工有资源和资历，寻找婚姻伴侣的几率也成问题。特别是在性别比例严重失衡的社区中，男人能遇到女人就已经很难，要想找到门当户对的女人就更难。有些人在东渡之前就已经定了终身，娶了家乡的姑娘。1880年，博伊斯跑回家结婚，并带回了他的新娘玛格丽特·菲利普斯（Margaret Philips）。而沃尔特·波特则把目光投向了公司，或者更确切地说，他的第一任妻子莉莲（Lilian）是太古轮船公司船长约翰·惠特尔（John Whittle）的女儿（惠特尔有四个女儿，继子们都在太古洋行工作）。比起回老家利物浦，这些女儿在租界出人头地的机会要大得多。与此相反的是，有些男人外出则是为了撇开妻子（至少有一人是这样）。[41]另外，从一些人遗嘱的财产安排来看，他们跟中国或者日本的"女管家"有了关系，这是亚洲对婚外伴侣的常见委婉说法。[42]虽然威廉·罗宾逊并非个例，但他与日本女性有过两次婚姻。其中第一位妻子的名字很有特点，但如今也无据可考，她去世几年后，威廉又娶了木神原佐代（Sayoko Sakakibara），这对当时那个年代还有威廉这样背景的人来说，并不寻常。

对于与太古公司员工结婚的英国女性来说，在中国的生活有其自身的挑战，尤其是在香港和上海以外的地区。施怀雅抱怨说：玛丽·多兹"大声数落在日本居住的弊端"（尽管在与多兹结婚时，她已经嫁给过横滨商人：她很清楚情况）。[43]对于其他人来说，正是因为这样的外国居民社区规模小——1891年，横滨有2800名外国居民——这让他们比在国内更加耀眼。[44]我们可以合理地假设，香港或上海的社交活动以及陈旧但肯定活跃的文化，丰富了这些妻子的生活，同时她们也承担了操持家务和抚养孩子的责任。有位香港经理曾写到自己休假期间他的代理人处理公司开支的事情，"P夫人……非常谨慎"。[45]与许多英国海外居住地一样，卫生和家政服务需要认真对待，因此落到了房子的女主人身上。较富裕的人，例如斯科特和博伊斯聘请外国家庭教师而不是华人保姆，但阿妈和阿姨是外国家庭的固定成员。天气热了的时候，女人带着孩子北上来到烟台，丈夫在生意允许的情况下也设法到北方休假。然而，现状往往是悲伤的。香港、上海或神户的墓地安葬了很多太古洋行员工的妻子和孩子，甚至很多员工自己也长眠于此。丽莲·波特（Lilian Poate）于1887年产后不久就去世了，葬于跑马地；1883年，吉姆·斯科特的妻子艾米莉·尤伊尔（Emily Yuill）在他们结婚三年后被安葬在烟台；比尔特的妻子瑞秋在20年后去世；博伊斯失去了妹妹和她的一个孩子；1891年，32岁丧偶的范妮·马奇特（Fanny Matchitt）将丈夫安葬在汕头的礐石番仔坟，后来她乘坐"帕特洛克罗斯号"返回英国；欧内斯特·谢泼德（Ernest Shepherd）也埋葬在同一个公墓，他这一死让结婚仅六个月的新娘爱丽丝·麦克戈万（Alice Macgowan）成为寡妇；1882年4月，埃德温·麦金托什"发烧老是好不了"，于是和妻子乘船前往日本待了一个月，把尚在襁褓中的儿子留在香港，由家里的英国保姆照顾。他们不在的时候，这个婴儿突然生病死了，他的墓碑今天仍矗立在跑马地。[46]

19世纪下半叶，对于在亚洲生活和工作的欧洲人来说，他们面临的健康风险逐渐减小，但仍然比待在原来国内要高。1870—1900年间，在太古洋行工作的100名左右的人员中，有11人死于任期内，平均死亡年龄是36岁。在所有条件相同的情况下，考虑到他们的社会背景，再加上伦敦的体检已经淘汰了一些应聘人员，如果他们没有离开英国前往亚洲工作，这些人中的大多数人会活得更长。伤寒和霍乱造成的死亡人数更多。当时的信件中充斥着关于这个人"总的来说身体状况更差"或那个人外表看上去"非常虚弱"的评论。奥伯特在一篇报道中写道，"他并不算强壮，我担心他很快就会不得不放弃在中国的工作"，而"乔治还没有从严重的霍乱中恢复过来"。赫伯特·巴格利因日本的气候而辞职，有关气候的抱怨在记录中时不时就会出现。[47]

外国在中国的地位是通过战争确立，并通过条约和武力威胁来维持的。但总的来说，香港和上海相对稳定。不过在这个变革时代，小港口的业务面临挑战。1889年，镇江的"加迪斯号"再次成为新闻焦点。当时，在外滩发生的一场争吵失去了控制，英国租界工部局招募了六名锡克教巡捕，这是造成局势紧张的根本原因。很快，争吵变成了骚乱。巡捕房和英国领事馆遭到纵火，其他外国住宅也被烧毁，60名外国居民冲到"加迪斯号"避难。愤怒的暴力过后，"没有一盏灯……完好无损，道路遭到破坏，滩头的栏杆和树木被推倒"。一部分难民被招商局的轮船带走，其余的登上太古轮船公司的"南京号"。船上分发了武器和弹药，同时与锅炉相连的软管也铺设开来，如果暴徒试图登船，他们就会受到"热情接待"。不过，骚乱很快平息，动用锡克教巡捕的打算也就此中断。太古轮船公司与其他外国利益集团一样，就财产损失和轮船延误提出索赔（中国当局已承认并赔付）。5月，领事馆旗帜再次升起，传唱这次纵火事件的欢快民谣还在街上流传开来，但港口总体上恢复了平静。这时，赫德爵士写道："这是一种'地方性的骚动，没有政治意义'，这样的事情可能在任何地方爆发，发生在中国也是意料之中。"后来流传的一段诗句对此进行了反驳，文中写道：洋鬼子"骗得了光绪和满朝卿，骗不了我等老百姓"。[48]

赫德错了，中法战争预示着中国进入紧张局势的新时代。尽管军事斗争最终可能没有结果，法国人迅速摧毁了福州港的整支中国舰队，中国外交迎来一次惨败。对于越来越多的臣民而言，清政府的失败成了必然。

19世纪80年代末和90年代，太古洋行进入一个缓慢发展的时期，反对清朝统治的力量缓慢发展，同时抵抗外国势力在中国的地位，镇江的锡克教巡捕就是例子。1891年5月，芜湖的太古轮船公司趸船也成为一个重要的堡垒。当时，秘密社团黑帮组织在长江一带的城市对传教士和其他外国人进行多次袭击，他们散布谣言称传教士杀害儿童，用他们的眼睛来入药，谣言激怒了民众。于是，他们开始攻击和烧毁外国人的住所。传教士和其他人蜂拥上船，而海关站的志愿者部队则向"暴徒"发动冲锋——据报道，他们"以一流的阵型"掌控了局势并制服了"暴徒"，直到增援部队赶来结束了事态。[49]

1874年，托马斯·韦瑟斯顿（Thomas Weatherston）在武汉为太古洋行效力；1891年，成为太古轮船公司芜湖趸船的管理人；1892年，他搬到下游，在镇江建立了一家正式的太古洋行分支机构。此前，太古轮船公司的业务由一名叫法夸尔·卡尼（Farquhar Carnie）的代理人管理，该人因在射猎野猪方面的技能而闻名，这似乎有助于消灭当地的动物。[50]韦瑟斯顿是殖民地一名传教牧师的儿子，此前当过水手，在为太古洋行工作的最初几年里，韦瑟斯顿和他的妻子和女儿住在"加迪斯号"上。[51]这艘船很可能和它的邻居——趸船"奥里萨号"一样装备精良。据描述，"奥里萨号"拥有"一间布置精美、宽敞安静、灯火通明的餐厅……真正的豪华客厅……有沙发、休息室、小桌子……还有英式……起居室……以及一间宽敞并且装修豪华的卧室等等"。[52]趸船里的生活很舒适，毕竟它以前是铁行轮船公司的船。但是，正如韦瑟斯顿在成功申请住房补贴时所解释的那样，"甲板上整天挤满了装货的苦力，他们处于肮脏的半裸状态"，噪声持续不断，轮船在停泊时油箱旁边散发出一种"几乎无法忍受"的气味，而且趸船的周围满是小船，那些船民的习惯让韦瑟斯顿一家难以忍受。这也可以解释为什么韦瑟斯顿经常因"伤寒"而长期生病，他的妻子不得不向上海分公司报告情况。

- 139 -

韦瑟斯顿跟滥用个人权利的海关专员李华达（W. T. Lay）的关系也屡屡紧张：李华达会私事公办，通过官方手段来对付他家外面那些工人的闲聊和劳动号子，还有太古轮船公司蒸汽船的汽笛声，韦瑟斯顿拒绝给他提供打折船票时，他立马勃然大怒。在镇江这样的小舞台上，像李华达这样的人经常会有歇斯底里和戏剧化的行为。

航线上不断发生的状况也仍然在困扰着太古洋行。1895年10月，上海接到报告，称"桂林号"轮船装载过程中发生了一起事件：一名"苦力"偷米被抓，"广东人"殴打他，租界巡捕干涉此事之后遭到袭击，威胁要抵制太古轮船公司的船只。时任镇江工部局总董的韦瑟斯顿解雇了两名巡捕，事态平息，工人继续装货，他对这种事情十分镇定。1900年6月，"最直率、最诚实"的买办袁志祯（此处音译）投江自杀，但被救生还。后来发现这名买办养了个挥霍无度的败家子，所以负债累累。为了填补金钱上的漏洞，袁志祯康复后很快偷偷卖出了1万美元的太古糖。

太古公司最终弥补了袁的担保人的损失，但这并不代表以后就没有麻烦。第二年，韦瑟斯顿离开中国，此时镇江早已辜负了19世纪60年代初对它寄予的厚望。福州的外商生意则出现缓慢下滑。太古福州公司一批又一批的管理人员走马上任，见证一年一度的茶叶种植热潮消退。1888年，明显心烦意乱的W.J.罗宾逊（W. J. Robinson）要求调离。他说："一个人只有一定的战斗力。"他已经耗尽了战斗力，失去了信心，要求去日本任职。他的继任者乔治·马丁（George Martin）在1890年"永远辞职"，理由是"我妻子适应不了那里的气候。"福州的生意比镇江的要复杂，有到澳大利亚的轮船业务（其中巴特菲尔德占股最大），有到伦敦的蓝烟囱轮船公司代理业务，以及口岸交通业务，还有从闽江运到天津的货物。从福州寄往上海的信件包括：有关即将出发的轮船可能需要舱位的情报，有关轮船面临竞争的报告以及太古洋行对买办的担忧（"这名买办不像他自己说的那样有水平"）。1893年，外国人社区还不够大,不足以派出一支板球队对抗厦门的XI队。[53]1890年后,贝克开始管理福州办事处,到了1899年,他独自掌权,而此前福州办事处一度由三人经营。贝克本人更喜欢赛马场而不是板球场。尽管约翰·森姆尔·施怀雅本人一生胯不离鞍,但公司对参与赛马的员工还是感到不快,1899年,公司向香港助理发出通告,表示"公司不赞成其员工对小马感兴趣",这"肯定会影响他们晋升的机会"。[54]

品茶师(像贝克这样的茶师)是一个与众不同的阶层,他们是商业贵族,与福州、上海和横滨茶馆的办事处一同开展运营,但相对独立。他们的判断至关重要,不仅关系到公司的利润,还关系到声誉。他们的薪水几乎是其他员工的两倍,可以选择以自己的账户进行交易,还能获得带薪假期和"回家的机会"。茶业需要熟练的工人,物色到一名优秀的品茶师不是易事。品茶师要有经验,最好是在伦敦民辛巷的一家茶叶公司工作了七八年,然后需要对纽约或澳大利亚买家的需求有所了解。训练员工胜任这项工作很困难。1878年,一位品茶师的任期即将结束,约翰·森姆尔·施怀雅下令"把他赶走"。此人曾收获高度评价,"对绿茶和红茶都有鉴赏的眼光,但后来平平无奇",他"算不上商人——没有头脑"。"我为这个可怜的家伙感到遗憾,"施怀雅写道,"但他必须离开,不,如果他在中国自己开店,我们不能让他用太古洋行的茶室。"[55]

约翰·森姆尔·施怀雅经常感叹好茶商一般都是差劲的推销员。这项工作是季节性的,而且很紧张,但不需要强大的"战斗力"(正如罗宾逊在1888年所说)。起初,太古公司的上海茶商在茶季采摘前就赶往武汉,等着新茶的到来,随之而来的是忙碌的品尝和讨价还价阶段。品茶师一上午可能要品尝150个样品,还要判断样品的香气、外观和口感,有没有灰尘,是否有开花的痕迹(证实它是早采的)。太古洋行授权品茶师购买货物的价值,都是非常大的数额。施怀雅担心,当轮船急不可耐地等待着将货物迅速运往伦敦的时候,汉口狂热的气氛会使那些远离香港的人及其同事仓促做出错误的决定。他试图说服其他公司抵制该港口，并将采购地点引向下游的上海，但没有结果。[56] 太古在给品茶师的合同中越来越多地规定，要求品茶师根据太古洋行的一般业务指南工作。1868—1880年间，太古公司扣除相关费用后，茶叶业务上通常是亏损的——唯一例外的是1879年有一笔可观的利润弥补了以前所有的亏损。除了佣金，蓝烟囱轮船公司也有货物要运载，因此从整体上看，太古洋行扣除所有费用之后，获得了微薄的利润，但消费者对中国茶叶的需求持续下降，意味着太古洋行在1893年之后完全退出了这一行业。[57]

对于约翰·森姆尔·施怀雅来说，尽管他对数据和新闻有着贪婪的渴望，对细枝末节也很关注，但生意兴隆与否很大程度上取决于他在亚洲的合伙人和经理。这些人才代表着公司的公众形象，需要在商会和其他此类机构中发挥作用。太古洋行在这方面保持谨慎，不像怡和洋行的人那般张扬。从这个层面来讲，威廉·朗通常更像是一种负担，而不是可靠的资产。这位上海合伙人永远不会在社会上"亮相"，他终身未婚，除了在上海的法租界工部局任职外，他在公共生活中几乎没有扮演任何角色。不过工部局的任职是一年一届，埃德温·麦金托什和吉姆·斯科特都曾在该机构工作过，他们这样做不是为了特许经营权，而是为了保护公司的利益——太古轮船公司在法租界外滩建有码头。1877年，在朗与"地狱般的恶棍"亨利·史密斯·比德威尔（Henry Smith Bidwell）纠缠不清，闹出很多事情之后，愤怒的约翰·森姆尔·施怀雅写道："为什么你不能与你的商业伙伴交朋友呢？"比德威尔透露自己正在为公司工作。这个故事甚至传到了伦敦，施怀雅的同事不信此事，纷纷向他求证。

比德威尔是一名职业佣金代理人，当时正试图给清政府提供贷款。治外法权催生出一片竞技场，这些投机者可以从中渔利，从一个新项目忙到另一个新项目，游说省级官员，或寻求与中国京城的大人物接触。

第六章　事业在途中

约翰·森姆尔·施怀雅在写给朗的信中说："你身边都是些糟糕透顶的商人。"

当时，朗实际上在上海总部给比德威尔置办了办公场所。约翰·森姆尔·施怀雅感到困惑，想知道自己的二把手是不是喝糊涂了，但他后来放心了，发现朗只是"愚蠢，仅此而已"。[58]1877年8月，施怀雅在一封信中痛斥了朗和比德威尔这两位合伙人："你们不得与任何一家中国公司有关联，以免损害我们公司的名誉。"[59]两者之间的区别值得注意，太古洋行不能像比德威尔这样的本地企业家那样，从定义不准确的中国治外法权世界中榨取他们能得到的好处。太古洋行是一家英国公司，而不是一家上海或香港公司。这种差别可能只是程度上的差别，而不是绝对的差别，但对于太古洋行的良好声誉是绝对重要的。

撇开那些罕见的个人小插曲不谈——每天4点在上海总会打惠斯特牌，乘船到太湖地区拍摄，在日本观光度假——这位上海第一合伙人朗几乎没有留下什么显示自身个性的蛛丝马迹。1876年，朗参加了一场中国小马赛——那些"时髦的"小马被禁止参加上海的比赛，也许他是前一年出售的马厩的所有者，马厩的名字取自前三艘蓝烟囱轮船。[60] 1884年的约翰·森姆尔·施怀雅认为自己生活在"1860年，那时电报、蒸汽和竞争还没有出现……和中国人一样厌恶进步，而且固执得多……大约有一个世纪那么老了"。[61]媒体似乎没有注意到朗在1888年的离开，这是非同寻常的，也表明他在公众面前一如既往的低调。1878年，当吉姆·斯科特从香港启航离开时，《每日杂报》在一篇赞美文章指出了这样的事实——"一位优秀的商人，一位在促进定居地利益方面一直走在前列的公民，无论是以私人身份还是以公共身份，都是如此。"

他在香港的继任者埃德温·麦金托什也是一个比那位上海大班更喜欢抛头露面的人物。当然，正如"太古的托什"所发现的那样，这样也有弊端。外界将对公司合伙人和经理的公共职责进行更多合理的批评，尽管如此，公司还是需要展示这种公众形象。1891年，《德臣西报》的编辑认为，麦金托什可能是一位"能干和直言不讳"的商会主席，但"好战船主"的称号可能更适合他，因为他的"视野范围常被他的热情所限制"。[62]

到了19世纪80年代，太古洋行的商人和职员在太古集团管理的公司员工中占少数。太古糖厂和太古轮船公司雇用了更多的员工，这些人的世界也值得探索。太古糖有自己非常独特的文化，它的工人大都来自格里诺克中下层的苏格兰人，他们在香港的居住区主要由一位德国人管理，他们感觉这个德国人住的城市非常偏远，因为"那里没有电车，很少有富人，没有电灯——除了煤油灯什么都没有"。一名男子在25年后回忆说，他到达那里时，看到了"100间给苦力住的棚屋，一间用茅草搭建的平房，里面有一个小小的欧洲社区，只有区区六个人"，"地基上有两个大洞"。不过，"还有其他一些东西让过去的美好时光变得快乐"，主要是酒类。[63] 格里诺克的流亡者克服了孤独感，每年都与同行一起参加"炼糖业"的庆功会，抛开三家炼糖厂之间的激烈竞争，以羊杂碎、威士忌、对贸易、对苏格兰和对彼此的颂歌为乐。这些歌有的唱，有的哼，而且可能是口齿不清的。格里诺克镇的报纸刊登了招聘新员工的通知，这个镇的人际关系网变得更加紧密，但科恩博士没有参加这次聚会（他的缺席被记录下来）。糖厂的社区可能会感到遥远和自足，但他们受到维多利亚的严密管理。埃德温·麦金托什保证，德国人永远不会考虑对鲗鱼涌的业务进行"独裁"，或者用更贴近自家门的方式比较，永远不会成为"另一个晏尔吉"——另一位过于我行我素的员工，而且晏尔吉有时确实如此。科学仍然处于领先地位，太古洋行仍然控制着大局。[64]

1886年，一场健康危机冲击尚不成熟的糖厂，科学发挥了作用。当年7月的一场暴雨导致岛上一些居民死亡，墙壁和建筑物倒塌，并破坏了一条小溪通过相关工程进入海港的涵洞。两周内，居住在工地上的两名外国高级雇员死于"发烧"，引发了其他人的"恐慌"。他们搬到船上,拒绝回到自己的屋子。麦金托什报告说,"对于沮丧的苏格兰工人,试图争辩是没有用的。"当时人们对疟疾(后来被确定为病因)的普遍理解是,它源于受干扰的土壤释放的"瘴气"。尽管如此,公司还是迅速得到卫生方面的建议,他们修复了下水道,填平了曾经容纳洪水的沼泽山谷。鲗鱼涌的员工及其家人后来回忆说,他们"为了保护自己而团结在一起,因为他们不知道接下来谁会生病"。[65]

"鲗鱼涌"在社交层面上发挥了完全不同的功能,也把在这里工作的员工联系在一起。"有没有可能给我们安排更高级别的员工?"麦金托什在1892年给伦敦的一封信中问道。新员工约翰·麦克法伦(John Macfarlan)"毫无疑问会成为一名优秀的职员,但正如你所知,为了员工的利益和个人福祉,有必要进行一点'培养'"。更明显的是他出身的短板——麦克法伦的父亲是格里诺克的一名职员,他的兄弟是太古轮船公司的三级工程师,他"在这里与鲗鱼涌的员工往来",这些员工"各有所长,但远低于我们办事处物色人才所秉持的标准"。鲗鱼涌虽然离皇后大道的办公室很远,而且远到了"眼不见"的程度,却没能让人"心不烦"。[66]

这座公司小镇继续快速发展。其中一些是为了在香港艰苦工作的员工提供更丰富的休闲机会,让他们不再"借酒消愁"。1891年,乔治·菲茨帕特里克(George Fitzpatrick)在与麦金托什讨论"戒酒事宜"后写道:"我已经说服克龙比先生签署了所附的保证书。你是否可以让他恢复工作,这可能是向在鲗鱼涌生活的欧洲人展示你宽宏大量的手段。"[67]

后来糖厂规模扩大,产能因此翻了一番,员工人数也有所增加,便建了一个运动场和一家太古俱乐部。工厂的成功取决于留住员工,但疾病仍然令人担忧。香港在世纪之交受到公共卫生危机的困扰,包括1894年首次爆发的鼠疫,凸显出港英政府对城市公共卫生所采取的措施不力。太古洋行在一定程度上领先于政府,因为公司在1886年就因公共卫生管理问题尝到了苦果。1891年，公司在从鲗鱼涌沿山谷向上的凉爽高地上建造了一栋公寓，供员工夏季居住，同时也作为疗养院使用。这项工程还包括安装一条空中索道，通过吊椅式缆车连接下面的糖厂，在公司账簿中，这样的设备和财产组合显得古怪，但让鲗鱼涌的员工满意是很重要的。

员工的不满导致科恩博士离职，毕竟科恩是独裁者，至少作为一名管理太古员工的管理者是这样的。他对产品质量和生产一致性的关注，一度被视作对工厂的表现至关重要，但到1900年科恩被认为缺乏共情能力。他没有将员工视为"有思想、能承担责任的人""个人的才能和努力被忽视或压制""他在这个地方没有朋友"。在科恩休假期间，接替他的那位苏格兰员工展示出"实践与理论结合"的力量。香港向伦敦发出电报，称那位德国人不应返回糖厂担任总经理。使用的密码是"YEOMANLIKE"（寓意自由自在的），显然，公司认为他不是这类人。这里可能也有帝国主义扩张政治的影子，在另一位化学家身上表现得更为明显。英国与德国的关系在19世纪90年代变得更加脆弱。甲午战争后，中国的"租界争夺战"使人们对德国和俄国对清帝国的图谋，以及对英国在其中地位的担忧明显增加。俄国夺取了大连附近的旅顺港海军基地，德国在山东青岛建立了一个由海军管理的租界地，这促使英国要求以威海卫为中心租借中国领土。1900年，英国驻香港陆军参谋长突然出现在太古洋行办公室，问道，怎么会有个叫奥布伦布斯基的人在那里拍照，我们的情报部门已经跟踪他好几个月了。他说他在为你们工作。是的，瓦尔特·波特回答说，马里安·冯·奥布伦布斯基（Marian von Obrembski）博士是我们公司聘请的一名化学家，并且是来自俄罗斯的波兰难民，他不是间谍。[68] 太古发现自己卷入了帝国主义扩张进程以及中国的政治斗争，甚至在英国的势力范围也未能幸免。

对于大多数客户来说，太古洋行及旗下各家公司都长着一副华人面孔，它的名字叫太古，而不是施怀雅公司。在太古洋行中国员工中最

第六章 事业在途中

突出和记录最完整的是它的买办，但19世纪90年代初的一项调查为我们提供了该公司中国员工更详细的情况。香港办事处雇用买办、两个收银员（出纳员或会计师）、一名"文书"、两名船务和两个仓库管理员、三名仓库助理、一名值班员、三名办公室勤杂员、三名"办公室苦力"、三名办公室值班员和四个"办公室苦力"（大概是指香港高级职员）。汕头办事处的档案记录显示雇用了"负责任的汕头人"担保的一名买办、两名簿记员、两名收银员、四名货运经纪人和一名办公室职员、一位名叫丁少林（音译）的"本土文员"和海上某保险办事员担保的一名买办。与大多数分支机构一样，太古轮船公司汕头办事处拥有自己的买办和30名员工。上海雇用了两名买办、10名"本土文员""黑人看守"（最有可能是锡克教徒）以及其他办公室、仓库和码头工作人员、端茶小厮和茶室苦力。买办雇用仓库的工作人员，每月会收到一笔津贴来支付这些人的工资，并自行承担额外费用。1889年，赫尔布林（Helbling）在福州报告说有三名端茶小厮、买办、两名办公室工作人员、守夜人、五名"办公室苦力"、一名工程师、一名舵手和一名瞭望员。[69]1898年，首席收账员在服务了17年后被解职，他向公司寻求帮助，在上海找到了一个担任船舶买办的职位。所报道的人事安排往往反映了每个港口商业环境的强烈本土倾向，其中许多港口差异很大，有自己的弹性惯例和传统，当然还有语言和社会关系模式，但不同港口的人事安排也表明，随着公司业务的扩大，中国雇员也会在可能的情况下与公司一起迁移。[69]

公司实际上在鲗鱼涌为中国员工提供了住所。在糖厂旁边，公司在路边建造了大约55栋三层楼的房子。糖厂与岛上西北部的主要华人社区相距甚远，公司需要为其劳工提供住所，而不仅仅是考虑来自格里诺克的英籍员工。随着糖厂规模扩大，这个"原住民村"也在不断扩大，其他的人也搬来为这个不断扩大的社区提供服务，而街道边的房子一楼则变成了商店。到1893年，糖厂雇用了近2000名中国工人。[70]该公司的

- 147 -

住房采取了当时标准的混合用途建筑模式，这一建筑景观范式后来成为中国南部和东南亚港口城市环境的典型特征。太古洋行的下一个大型建筑项目采用的则是非常不同的风格。1897年9月，新的旗帜在香港的太古洋行上空飘扬，因为该公司建了一处令当地居民印象深刻的新总部。这是该公司委托建造的第一栋商行建筑，采用防火和防台风设计，红砖外墙为厦门闽南风格，正对着的是香港最新填海造地工程"新海旁"的水位线"。在此之前，这家公司一直租房子办公，但现在它能够在香港的中心展示自己的愿景了。这座大楼宽敞而壮观，比以前的办公室更靠近中心位置，并且此后60多年都是公司的办公地址。这里和鲗鱼涌的发展项目一样，不仅有外国员工，也有一些中国员工。买办得以进驻这栋办公楼，尽管像所有中国员工一样，安排在一楼的夹层，"这样做的好处是可以将大部分中国员工排除在公共和商业场所之外"，正如公司在当地媒体正式转载的一份手册中所说。根据1892年柏拱行旧办公室的规划图，这里其中一部分曾属于琼记洋行，在该公司搬走时已相当破旧，根本没有显示买办的办公位置。一本关于新建筑内部和外部及其景观的照片专辑显示，买办被允许使用办公室及生活区。[71]这些建筑融汇了中外装饰风格，更接近于罗伯特·赫德等人自家宅邸所采用的风格。

　　买办是公司活动的核心，即便这样，买办仍隐藏在人们的视线之外，也隐藏在公司的档案中。与英国员工和助理相比，人们对买办所掌握的资料要少得多。新大楼里的买办住所供吴野的继任者继续使用。吴野于1889年10月去世——媒体认为，他非常富有，因为"糖业显然是个赚钱的行业"；麦金托什则认为这种说法在一定程度上是成立的。但吴野在遗嘱中给他的三名妻妾、孩子、大家庭和族人立了规定：要建造一座祠堂，在先人的墓前祭祀。吴野的继任者是他以前的赞助人、商业伙伴莫仕扬的次子莫藻泉。吴野的担保金是10万美元，这笔钱随后被转给了自19世纪70年代以来一直在太古洋行工作的莫藻泉。[72]通过赫德的联系，莫氏家族自太古在香港开业以来一直与之有联系，并一直持续到

20世纪30年代。莫藻泉像他的父亲一样,在香港最重要的华人组织——东华医院(实际上是社区的代表机构)和反贩卖慈善机构保良局的董事会任职。尽管吴氏出资修建了一座祠堂,陈可良和黄顺兴以及他们的几个儿子获得了荣誉或实质性的头衔和勋章,但这些人是现代人。他们使用英语(莫氏族人中的另一位不仅担任太古轮船公司买办,还出版了多本英文入门书和手册),在海外工作学习,掌握了电报和电力的新知识,并成立了自己的公司与外国企业竞争。他们浪迹天涯,远离香山,远离他们扎根的城市。他们的财富和影响力、生活方式和价值观进一步取代和偏离了清朝的等级制度。至于他们在太古等公司的同事是否理解这一点,则是另一回事了。但有一个显著的共同点——在公司的利物浦特色逐渐淡化、员工和资本赖以维系的友谊和家庭纽带被稀释的时期,施怀雅、霍尔特和斯科特家族的关系网在公司中依然清晰可见,而且至关重要,此外还有一批新的中国家族,他们已经融入公司位于中国港口城市的分支机构。

其中之一就是陈家。郑观应于1882年从太古轮船公司辞职,转而加盟招商局,此举与他的政治著作的观点相吻合。他的弟弟继续为太古工作,1886年成为天津买办,跟几个儿子一直担任这个职位,直到1931年。[73]继郑观应之后,杨桂轩成为太古轮船公司买办,1884年杨桂轩被一位颇有建树的商人陈可良接替。

陈可良1830年生于香山,19世纪50年代在旧金山待了五年,然后回到上海工作,并最终成为协隆洋行的买办,这是一家从琼记洋行的废墟中崛起的合伙企业,他的一位表亲把他带进了这家公司。陈可良也将自己的家人和亲戚带到了太古轮船公司。他的三儿子陈季阶最终继承了他的职位,他的二儿子在太古轮船公司工作,他的侄子陈仓旦担任助理买办。另一位亲戚陈明恒也被带入太古轮船公司,成为收银员,他曾为赫德家族手下效力,然后在协隆洋行与一家之长一起工作。1892年,陈可良在太古轮船公司任职的同时,担任太古洋行的买办。另一个与太古纠缠在一起的香山家族是王先兴（音译）。王先兴从太古轮船公司成立之初就曾担任货运经纪人。他的四个儿子都供职于该公司，要么在上海的太古公司工作，要么在上海、武汉和宜昌开代理公司或经纪公司为太古效力。他们分别在香港皇后学院、上海、天津和美国接受教育。1872—1875年，清政府派出120名学生留学美国，王家子弟就是其中之一。1897年，王先兴退休时，他的第四个儿子王桂赤（音译）接替了父亲的职位。[74]

亲属关系网络和情感纽带很重要，但财务起着至关重要的作用，其基础是买办的担保和抵押。不过，这些程序执行起来的难易程度则是另一回事了。1884年4月，约翰·森姆尔·施怀雅从北京回到上海后不久，便着手修订运费支付程序，他认为目前给托运人的延期信用过多。太古轮船公司的买办杨桂轩很快就出了问题。自从接替郑观应以来，杨桂轩就有计划对公司进行实质性的欺骗。杨桂轩投资的其他企业亏损时，他便利用这些宽松的信贷来填补那些损失。1884—1885年冬，杨桂轩在案件开庭后不久病逝。他经营不善，挪用公司款项，致使太古公司损失逾10万两白银。[75]杨桂轩的其中一名担保人是郑观应——两人是香山老乡。损失本身由太古轮船公司而不是太古洋行承担，但所有相关人士都相信大部分赔偿将由担保人支付。郑观应拒绝付款。1885年2月，埃德温·麦金托什经香港前往香山，将郑观应逮捕，并以债务罪之名将其送入狱中。"我相信我们可以从他身上榨取一些东西，"麦金托什报告说，"据说郑观应很有钱，而且人脉广泛，尽管他抗议说自己一分钱都没有。"

事实证明郑观应很固执。麦金托什寻求有关这位前买办资产的信息，并拒绝了郑观应在香港的同伴提供小额和解金的提议。郑观应在香港坐了12个月的牢，然后被释放，债务得以免除。在他获释六年后，约翰·博伊斯仍然试图向他追讨这笔钱，而这时伦敦的建议是——就随他去吧。[76]

第六章 事业在途中

1892年，长期为太古洋行上海分公司效力的买办卓子和所犯下的大规模欺诈行为东窗事发。按照当时的惯例，威廉·朗对分公司的不当管理被认为是最大的过错——欺诈行为"多年前"就开始了。即使情况如此，自从朗于1888年退休以来，该公司对担保金的例行检查一直漫不经心。早在15年前，卓子和的担保人便已经去世，这些担保金等于形同虚设。

"这是一次昂贵的教训。"麦金托什总结道。约翰·森姆尔·施怀雅听到这个消息后回答说："你要下定决心，大多数中国人既没有钱又没有原则，而且他们在金融方面的才能比欧洲人要强，对买办还是少信为好。"[77]

这里有两个独立的问题，但人们通常混为一谈：个人诚信问题和监管不到位；担保金与担保人的问题，人们认为这种跨文化商业合作建立在稳固的基础上。第一个问题，很大程度上与人们普遍所认为的中国人诚信与道德有关，而且这种普遍印象变得更差：在卓子和的欺诈案发生时，上海和香港的英文报纸正在连载美国传教士明恩溥（Arthur Smith）所写的关于《中国人的特性》专栏文章，文章假设在中国"几乎不可能在任何地方找到诚信之人[78]。如果我们粗略地看一眼英国在华最高法院（位于上海）对英国商人的审判记录，就可以发现这一种族主义断言的荒谬之处：偷奸耍滑并非中国商人的独断专利。在华外国企业将自己的监督权下放给中国当地员工，买办以相当自主的方式有效地经营重要活动领域，此外商业监管环境也不完善，这几重因素为上海的卓子和、在镇江的袁志祯提供了不诚实的机会和铤而走险的商业环境，抑或者是1900年的一起欺诈——太古驻横滨买办阿福用欺诈性手段出售了8000袋太古牌糖，实际上掏空了仓库中的库存，让他至少在一段时间内能够逃避侦查。

在所有这些案件中，太古洋行都没有诉诸法律来要求赔偿，而是倾向于与有关人员的商业伙伴合作来设法获得赔偿。这有其局限性——卓子和已经"严重榨干了他所有的朋友"。博伊斯在上海的广东行会开展游说工作,希望通过羞辱行会来阻止一起可能给"整个上海的广东籍居民区"带来"丑闻"的公诉。[79]但实际上,担保人和担保金的问题以及相应的监管工作显然更应该由太古洋行承担。这一时期,合伙人和经理人的一系列经营失误,导致太古洋行不止一次地暴露在公众视野中。

显然,太古洋行需要更好的担保措施来为买办提供担保,而不是把他们的担保人关进监狱,试图强迫对方付清欠款,博伊斯后来也承认了这一点。[80]但这一系列事件也凸显了商业和政治如何继续纠缠不清。无论是趸船、码头还是买办,外国企业在中国通商口岸的权术斗争中都可能很脆弱。施怀雅在中国和其他公司创建的网络和基础设施不光促成了商品流通,也促成了走私武器的生意,当然也促成了革命者及其支持者的人口流动。郑观应本身是一位敏锐而能言善辩的民族主义思想家,但这并不妨碍他在太古洋行的授意下被关押一年,这非但不能磨灭,反而进一步点燃他的求索热情。郑观应声称,此举是出于太古洋行对他加入竞争对手招商局的不满。他后来写道,"太古不念我与开办轮船公司之功……其无情如此"(郑观应在给盛宣怀的信中感慨道:"我这些年来命运坎坷,大多事与愿违。在外有上司朋友的谴责,在家里还有父兄妻子的怨恨,可谓是进退维谷,申诉无门啊。如今我身败名裂,不足以被别人驱使了,我虽到处去求别人,也始终没有称心如意。"——译者注)[81]郑观应认为,拯救中国的方法是让中国人发展自己的商业经济。

但其他人不这么认为。19世纪即将结束时,中国的命运似乎悬而未决,关于"民族灭绝"的威胁,还有中国很容易被外国势力瓜分的观点广为流传。对于越来越多的臣民来说,清朝统治者似乎无法维护中国的主权,更不用说捍卫尊严了。郑观应主张通过发展和改革寻求救国之道,通过在商业上战胜外国人来重新获得中国的主权。还有一些救国人士,他们在从香港抵达中国内地的船只上走私步枪、手枪和刺刀,或者鼓动长江流域的起义,探索另一种拯救中国免于毁灭的方式。与此同时,太古洋行的旗帜在香港的办公楼上高高飘扬,自信满满,而英国和其他国家的旗帜飘扬在中国几十个城市的建筑物和设施上,也飘扬在中国水域和海岸航行的外国船只上。

第 七 章
航运人士

　　1910年，在一个寒冷、潮湿的冬日早晨，如果从太古大厦一个适当的位置向西眺望香港的海港，你可以数得出太古轮船公司停泊在那里的12艘轮船。太古轮船公司在香港共有22艘轮船，另外10艘停泊在鲗鱼涌。香港《南华早报》对太古轮船公司的船只情况做了专题报道，上海的媒体给予了转载，这很可能是太古洋行内部人士认为此事值得广泛宣传，授意上海媒体的编辑转载了这篇报道。[1]我们或许也注意到了，因为当时在很大程度上能代表公司的就是它的船只本身。这些船只停泊在香港的港口或船坞里，起航时满载着货物，穿越中国的沿海和内河航线，向南驶向新加坡、巴达维亚、马尼拉和澳大利亚。太古轮船公司的旗帜以白色为背景，上面有两个相对的红色三角形镶嵌其中，中间有一条蓝色将它们分开。这表明太古公司还拥有着蓝烟囱轮船公司的代理权，并从1883年开始为苏格兰和东方公司开辟新航线，其船只从汕头驶往曼谷。1892年，这条航线延伸到了香港。太古公司与其说是一家岸上公司，不如说是海上公司。

　　这22艘船至少拥有700名船员。"福州号"和"汕头号"的船员包

第七章　航运人士

括六七名欧洲人，此外都是中国人：七名司炉工、二名舵手、八名水手和一名木匠、几名厨师、一名管家和他的手下。[2]"海口号"有33名中国船员。从中能明显看出，太古洋行雇用的员工大多数都在太古轮船公司的船舶上工作。这些19世纪的员工留下的记录非常少，所以只能从其他信息来源拼凑出他们的世界。大多数太古轮船公司船只上至少有六名外国船员，而且几乎都是英国人：船长、大副和二副、总工程师、第二工程师和第三工程师。除了从英国造船厂驶向东方的处女航之外，其他轮船上的船员一般都是中国人。他们是通过经纪人招募的，而不是由公司本身出面。船上船员的构成很复杂，一位大副报告说他的船上有"广东装卸工和买办、宁波司炉工和水手、天津水手长和舵手、宁波管家、厨师、伙计等"[3]。1876年，一位在"惇信号"上被免职的买办说："我是广州人，乘务员来自宁波。我和他说话，他能明白一点，他的话我也能听懂一点。"在这个分裂的世界里，人们说着不同的语言，不同饮食习惯和风俗的群体扮演着不同的角色。这种情况在中国完全是常态，但它也可能引发一些小的冲突和混乱。19世纪80年代，菲律宾舵工（舵手）陆续被雇用，他们其中一些人在马尼拉的航海学校接受过培训。他们被称为马尼拉人，为航海生活增添了另一层语言和文化的复杂性。[4]

　　这家新公司是怎么找到这些人的呢？其中有些人直接来自英国，许多高级船员和工程师都是乘坐新建成的船只来到香港。例如，约翰·惠特尔于1880年12月30日出发，驾驶"淡水号"来到香港，船上有31名船员。船上的厨师在抵达安特卫普之后就进了监狱，无法继续航行（他后来称"因为发生了口角"）。有12名船员在到达香港后办理了离职手续，然后在那里找到了其他工作，还有同样数量的人接受了免费回家的安排。惠特尔当时44岁，持有船长执照近20年。他在19世纪60年代中期常驻加尔各答，曾担任前往香港船只的船长，在接管"淡水号"之前曾指挥过铁行公司的蒸汽轮船"兰开斯特公爵号"。约翰·森姆尔·施怀雅或弗雷德里克·加姆威尔亲自面试所有候选船长时，惠特尔一定给他们留下了深刻的印象，尽管他刚刚经历了红海的船只事故，当时他的船遇到了一个没有标记的海岬。[5] 不久前丧偶的惠特尔留在太古轮船公司，于1883年驾驶"漳州号"，及时抵达香港赶上了春季赛马会，并在沿海航线和前往澳大利亚的航程上担任船长。他于1884年成为太古轮船公司的海事主管，担任该职务6年，并在该公司工作了27年，于1910年退休前再次担任该职务。"淡水号"的大副罗伯特·麦克（Robert Mack）留了下来，总工程师和第三工程师也留了下来。[6]

新船带来了新的船员，但太古轮船公司也需要那些了解长江航运情况的人，他们为货主和乘客所熟知，加入时可能会带来自己的习俗，当然也会带来一些当地经验。太古轮船公司开展业务时，尤其关注船长的素质和声誉，最重要的是确保船长成为"这条航线上最优秀、最受欢迎和最稳定的人"。他们选定的人是格拉斯哥人詹姆斯·哈迪（James Hardie）。他自1856年以来就一直在这条河上来回跑，后来又在旗昌洋行工作，年薪高达700英镑。其他受聘人员包括自1857年以来一直在中国工作的罗伯特·麦克，以及在加入太古轮船公司之前曾在法国邮船公司（当时译作法兰西火轮船公司）担任多年引水员的威廉·德维尔（William Deville）。[7] 还有设得兰群岛人约翰·哈奇森，他从1865年起就一直在海岸上工作，从水手做到大副，然后成为怡和洋行"格伦盖尔号"和"罗娜号"的船长。这次他购买了船只并驾驶自己的船，来到太古轮船公司。

这样一来，太古轮船公司便成了一家刚刚成立，但又熟悉业务的企业。这也是一个高度灵活和充满临时性就业的行业。仅在1883—1900年间，就有至少750名不同国籍的外国人（主要是英国人）在太古轮船公司的船上担任舱面高级船员或工程师。[8] 这些男人从一个职位跳到另一个职位，寻求晋升、更高的薪水、更好的前景、更稳定或更有前途的工作岗位，还有志同道合的上司，或不那么乏味的航线（比如武汉到宜

第七章 航运人士

昌的江上航线就被认为非常单调）。他们可能会从事领航服务，加入拥有一支征税巡逻艇和轻型船队的大清海关，在中国的另一条航线或更远的地方任职。在太古轮船公司管理的不同员工群体中，虽然有一些老员工任职长达几十年，但船上工作人员最具暂时性和流动性。这些人很容易转而效力太古轮船公司的任何竞争对手，这主要是因为直到20世纪，招商局的船舶上仍然聘用外国职员和工程师。

从弗里茨·刘易斯（Fritz Lewis）的日记中可以一窥太古轮船公司的一些常规服务。刘易斯出生于挪威，起初是一艘西江轮船的工程师，他于1904年担任该职位，然后在海岸航线服务，往返于汕头经香港到西贡的航线上。他的日记记载的是没有什么戏剧性的故事，如下班后，船员打猎、观看体育赛事、喝酒、织毛线或者在海事研究所打台球等。刘易斯加入太古轮船公司是为了赚钱结婚，五年任期结束返乡时，他实现了这个目标。刘易斯离职后，中国几乎远离了他的生活，但他晚年的照片显示他仍然穿着中式拖鞋，这是刘易斯曾远离康沃尔郡，在他乡生活了五年留下的一丝痕迹。

32岁的弗兰克·戴维斯（Frank Davies）当时已经驶遍了世界上大部分的航线，他于1904年与太古轮船公司签订了一份为期五年的二副合同。他寄给家人的信中充斥着关于升职、薪水和福利的抱怨，但他认为，公司把这些船布置得"像游艇一样"，这让他印象深刻。他先在沿海航线的汽船上任职，后来转到内河航线的汽船上工作。戴维斯在太古轮船公司工作了10年，后来又效力于莫勒线、招商局和印华轮船公司。他定居上海，在中国一直生活到1937年，靠自己的薪水养活一家人。[9]

1886年，经验丰富的水手詹姆斯·威尔特希尔（James Wiltshire）随一艘陆军部的补给船驶往新加坡，沿途获得了丰富的经历，包括在澳大利亚、婆罗洲和新加坡的"各种冒险"，有些地方"非常繁荣"，有些地方"则相反"。船只抵达香港后，他患上了疟疾，住在香港水手之家的宿舍中。他找到了一份潜水工作,并于1891年开始在太古轮船公司的"松江号"上工作。詹姆斯·蒂平(James Tippin)于1888年作为"阿喀琉斯号"上的舵手抵达中国,并在太古轮船公司担任了七年的领航员,之后为三菱航运工作,并担任港口领航员直到1938年。这些人中,刘易斯带着目的而来;戴维斯寻求更稳定的职位;像蒂平和威尔特希尔这样的人随着工作漂流到亚洲,他们随遇而安,不管漂到哪里。[10]

船长在某些方面处于尴尬的地位:因为他们不是绅士,但他们对自己的尊严有强烈的意识。在上海时,吉姆·斯科特认为蓝烟囱轮船公司的各位船长对他缺乏尊重,因为他们在抵达港口时没有经常来办公室看望他,而他认为对方应该这样做。太古轮船公司的船长却这样做了。"虽然我希望你保持严格的纪律,"约翰·森姆尔·施怀雅1892年写信给太古轮船公司的上海海事主管,"但在举止和言语上要尽可能体贴……年长的船长……很敏感。"[11]他们有自己的尊严,不仅包括个人尊严,也包括职业上的尊严。傲慢曾经是船长文化的一部分:这些"老大"在船上跟船员保持距离,以此来维护个人权威。大副管理着船只的实际运作,另外必须记住,船长是管理者,而不仅仅是水手。实际上,他们是公司的商业代理人,可自行作出决定——接受马戏团的包租,或者接受朝圣者的补给——他们管理员工,尽管这是通过大副和买办授权的,并抚慰那些有需求的乘客(用国际象棋或音乐)。不管从哪种意图和目的来看,他们都是"航运公司分公司的经理",他们受托管理可观的资本:船舶和货物。[12]电报正在稳步改变他们的角色,因为能更迅速地咨询太古洋行各办事处的经理或航运文员,但他们仍然保留了相当大的自主权和责任。

人们很容易忽视这种航运业务的密度和繁忙程度。例如,1898年11月,"安庆号"挂出彩旗,表示自15年前服役以来已完成1000次航行。"安庆号"一直服役到1933年。约翰·惠特尔的航海日志记录了。

第七章　航运人士

例如，上海到武汉，航次261，1895年9月19日出发，9月21日抵达武汉；9月23日出发，26日返回上海；28日出发，10月1日回到武汉；如此反复。航次541：6630担货物（近400吨），90名乘客；航次543：4905担货物，75名乘客；航次553：4623担货物，140名乘客。客轮"通州号"，航次277：1890年3月，1700担货物装在前舱，40吨煤装在煤舱，400位乘客。[13]虽然表面上看，这些是粗略的日志，却是精心而精确的技术记录，让人们更能捕捉到太古轮船公司发展起来的海上网络的脉动。我们可以在阅读这些记录时抬起头来，想象一下当时的噪声：雾笛和船舶的汽笛和钟声、码头工人在装卸时的号子声、看门人和乘客的大声叫嚷、船长对船务员的吆喝、催促乘客上船或下船，以及引擎的震动；当船只继续行驶时，很快消逝的烟雾和蒸汽柱成为航船的标志。

他们搭载的货物和乘客可能比简单的重量或总运输量更有趣。1878年，莱顿船长（Captain Lighton）驾驶"牛庄号"启航，他接上了一大队从朝觐地返回的海峡殖民地朝圣者（蓝烟囱轮船公司虽然不是客运公司，但每年运送数千名朝觐者）。杨船长于1884年9月接受了"漳州号"的包船，将基亚里尼（Chiarini）的马戏团和一群野生动物——它们曾在中国海岸很受欢迎——从墨尔本带到奥克兰。在那里，成群结队的观光客观看了"奇妙的浮士德家族和剧团"、"皇家非洲狮群的笨重的巢穴"、皇家孟加拉虎、博学斑马、受过训练的大象和其他外来动物的表演。太平洋海上高速公路的铺设意味着这些企业开展他们的巡回贸易变得更容易、更便宜——基亚里尼的总部位于旧金山，而欧洲航运网络对于现有的朝圣、移民或季节性就业模式变得至关重要。[14]

1885年4月，英国大臣巴夏礼爵士突然在任上去世，他的遗体被运回伦敦，上海的太古洋行办公室安排蓝烟囱轮船公司的"安喀塞斯号"为他的灵柩提供了甲板舱。在亚洲死去的欧洲人实际上一般都埋葬在当地，在国外死去的中国人则被送回国。运送死者或遗骸是相当平常的，尽管大多数死者没有获得单独的船舱。1883年，"海口号"从香港启航的首次返程中，在将当季新采摘的茶叶运送到南方之后，返航时将286名在新西兰死亡的中国旅居者的遗体运回中国。他们被装在棺材（大约3米长）里，从达尼丁运出。这批大宗"货物"在悉尼检疫官员面前被拦了下来，但最终还是得到放行。当船只抵达香港时，《德臣西报》报道称，他们是"有点特殊的货物"，仅就运载"货物"的数量而言，是"特殊的"。与国内一样，华人侨乡协会在国外的很大一部分工作是为将遗体运回故乡提供服务。比如悉尼某个协会，让"每艘中国邮船都准备棺材"，以备海上死亡之用。在香港，东华医院曾负责协调遗体的储存和运送。这太寻常了，太古轮船公司的运费里列出了价格：1883年从上海到烟台，运送一具灵柩是15美元，如果是空棺材，则是10美元。1901年，上海四明公所（宁波会馆）与太古轮船公司和招商局签订合同，每年运送多达400具灵柩。当然，对于轮船公司而言，这些死者是理想的"乘客"：他们占据的空间更少，不需要提供餐饮，而且收费明显高于活人。[15]

相比船员来说，这些人造成的麻烦也少得多。像刘易斯、戴维斯或惠特尔等舱面高级船员或工程师拥有丰富的经验和可靠的职业素养，但船舶本身可能就像一口人际冲突的浮动大汽锅。船上纠纷通常以诉诸法院和出现在公共媒体上而告终。"福州号"船长约翰·托马斯（和总工程师哈迪之间不和），导致后者在1876年对前者在浦东的泥滩上进行了一场泥泞的袭击。"如果我能出手，我要用鞭子抽托马斯船长。"哈迪扬言。1898年，总工程师约翰·沃德罗普（John Wardrop）起诉公司，声称公司无故解雇了他并拖欠他的工资。沃德罗普于1895年从格里诺克的斯科特加入公司，当时已有15年经验，他乘坐新客轮"芜湖号"出海并留在了公司。他一次次地从一艘船转移到另一艘船上，每个船长都抱怨他的脾气和"暴力语言"，以及他试图干涉别人生活的倾向。沃德罗普反过来指责船长酗酒、暴力以及对他有恶意。是的，托马斯·盖尔斯（Thomas Gyles）船长承认，我确实拿起了我的手枪，威胁说如果他不走开就开枪打死他。盖尔斯获得船长资格14年，在太古轮船公司服役16年。船上的二副说，当他将两人分开时，盖尔斯"在一定程度上是清醒的"，"但是四个小时前他并不清醒"。盖尔斯反驳说，二副的话"完全没有根据"。被免职的约翰·博伊斯愤怒地说，太古轮船公司"如果必须让每个工程师适应每一位船长，就无法开展业务"。当然，这一切都只是雇用和管理人员中的日常烦恼。但在通商口岸和香港相对封闭的公共世界里，一个古怪的总工程师和一个据称是酒鬼的船长是一件很麻烦的事。该案随后在庭外和解。盖尔斯和沃德罗普都离开了公司，但就《字林星期周刊》八个专栏的报道而言，已经对公司和双方都造成了伤害。[16]

船员不打架的时候，就成群结队地去泡夜总会。戴维斯在1905年抱怨道："上海人是彻头彻尾的势利小人，装作不认识船运行业的人。"考虑到那些闹上法庭的争吵，此言可能不算奇怪。"有些职员让我火冒三丈，"戴维斯早些时候在上海写道，"在太古集团的办公室里，官员和托运人总是教训别人。""香港人要好很多。"[17]约翰·沃德罗普（John Wardrop）和加入巴特菲尔德家族的年轻人的世界通常相距甚远。在上海，生活在岸上的水手大多定居在城市的不同地方，主要是在苏州河（吴淞江）以北的虹口。在办公室工作的人住在这条河的南边。公司在找新场地建俱乐部时，各位船长都拒绝了邻近的上海俱乐部，因为他们不想"与上海每一个该死的大班碰头"。船长和舱面高级船员，还有港口和海岸引航员聚集在上海商船高级船员协会及其俱乐部，该协会成立于1885年。当时，一家有11年历史、门槛更高的船长协会敞开了入会大门[18]——他们在甲板下的伙伴于1876年成立了一家海洋工程师协会。这些是社会组织，但它们也代表了或者至少试图代表其成员的利益：1885年，吉姆·斯科特拒绝与协会的一个代表团会面，他与协会之间因引入新的较低薪酬标准发生争执。他说："我们与协会之间不存在任何需要解决的问题。"[19]

通过调查记录很容易得出这样的印象，即水手们在不喝酒的时候，就是秉性正直没有脾气的人。他们要么在虹口小酒馆里寻找"方瓶子""现成烈酒"或"四十棒"下等烈酒，或者在俱乐部里喝白兰地和啤酒，要么在禁酒大厅喝咖啡，唱赞美诗，认真听演讲。两者之间似乎没有什么中间地带。[20]在一位学者看来，船上的高级船员更可能是"书卷气十足的禁酒主义者"，但出庭记录令人遗憾地表明情况并非如此。[21]太古轮船公司当然有这样的人。"福州号"的第一位总工程师于1875年7月在上海住院后不久去世了，当时他"患有急性脑综合征"。1890年，一名前船长、后来在商船高级船员协会舞会工作的服务人员，以"最恶劣的状态"出现在上海的警察法庭，他被控在南京路乞讨，竟因"酗酒"沦落到这种地步。[22]上海的海洋禁酒会成立于1871年，到1873年5月其首个戒酒场所落成时，聚集了大批"戒酒者"，其中包括船长、高级船员和工程师。在上海和香港的传教士、水手和行政人员努力为海员建立相关设施，希望这些设施能够防止他们落入理发师和小酒馆老板的手中。[23]太古洋行的航运办公室也必须监视蓝烟囱轮船公司的船员。当海员在港口下船后被公共当局指控，或者误入歧途时，他们必须给出解释。1879年6月，"斯滕托尔号"上的两名司炉工在上海失踪。其中一人出现在公共租界的警察局，他在街上"酩酊大醉"。另一个人试图游回船上，"这是一个温暖而愉快的夜晚"，这人还边游边唱。但他的死亡调查结论显示，这可不是什么好主意。[24]

格洛格酒很便宜，但是弗兰克·戴维斯发现上海卖得很贵。他的二副同伴中只有一两个结了婚，过着入不敷出的日子，不得不出租房屋贴补家用。公司拒绝报销请假回家的费用，另外很难晋升，这些引起了广泛的抱怨。"公司雇用清醒的人就这点坏处，"他开玩笑说。没有人被解雇，因此也就没有新的工作机会。但是，戴维斯仍然享用了"每晚八道菜的晚餐"，并把"金陵号"客轮提供的早餐菜单带回家里如法炮制，"粥、炸鱼、火腿蛋、培根蛋、荷包蛋、现点煮鸡蛋、牛排、羊

第七章　航运人士

排、冷煮火腿、冷咸牛肉、冷野味派、冷烤牛肉、冷乳猪、冷腿羊肉、咖喱牛肉、果酱、茶和咖啡、水果"。难怪他体重迅速增加，但"一想到三年都会如此，不禁黯然失色"。[25] 1903年8月，"鄱阳号"上的船员就没那么幸运：几小时之内，当船从芜湖开往武汉时，霍乱夺去了船长、大副、轮机长、二副、引航员和杂役的生命。[26]

维持生计通常不是问题，但想找到伴侣却很难。当"天津号"的爱德华·勒·梅修尔·罗宾逊（Edward Le Messurier Robinson）船长在上海圣三一大教堂迎娶18岁的玛丽·林克莱特（她是已故汕头港口领航员的女儿）时，太古轮船公司停泊在港口的轮船升起了它们的旗帜。1892年，"太古糖厂"的某某员工给《神户先驱报》办公室写信，请求他们帮他"找"一位"愿意结婚的日本姑娘"，这种征婚的方式没那么受欢迎，但还是帮写信的这位员工做了宣传。他并非唯一写信求助的员工，却在报纸上以"太古员工诚觅佳偶"为标题刊发，且在香港和新加坡被转载。大多数男性员工只是旅居，他们的根在英国，就像某些船员扎根于某些地方一样。那些在中国逗留更久的人发现，跟自己门当户对的女性为数稀少，而且她们很可能中意比自己社会地位更高的男子，就像惠特尔的几个女儿一样。为公司服务超过30年的大卫·马丁（David Martin），到1907年去世前不久才结婚，目的是让他女儿的身份合法。从1869年直至他去世，朋友们认为他只回过英国一次。马丁这种情况更为司空见惯，远比那位征婚的员工低调得多。[27] "我希望能够结婚，并在岸上有个舒舒服服的家。"弗兰克·戴维斯感叹道。[28]

大卫·马丁的遗产价值不菲，其遗嘱和财务清单显示，一位成功人士是如何发达起来的，尤其是在通商口岸的房地产市场上赚钱，或者通过证券交易获利。但并不是所有人都能达到这样的水平，大多数人的遗产价值不大，积蓄也很少。水手不止一次地游说要求加薪。1878年，为了回应员工的诉求，约翰·森姆尔·施怀雅将所有太古轮船公司员工——无论是内河航线还是沿海航线——的工资拉平，并与他们的竞争对手的工资不相上下。1881年6月,高级船员集体游说要求加薪,而认为薪酬已经足够高的朗执掌企业时,他们"认输了"。"我们最好的一个人因此辞了职,"朗开玩笑地说,但这人发现找不到其他公司可以开出更高的工资时就又回来了。与此同时,工程师强迫他在类似的问题上让步。[29] 后来在香港发生了关于周日工作的争议。正是在这一点上,麦金托什作为商会主席反对引入任何限制——香港与其他地方不同,没有任何限制——他被描述为激进的船东。1888年,海员教会的牧师首次提出这个问题,遭到拒绝,然后问题由新成立的英国商船高级船员协会再次提出。该协会认为,宗教的良心妨碍他们在安息日工作,但他们的合同又要求他们在收到指示时工作:因此,他们是奴隶。船东反驳说,好吧,这种情况真的不经常发生,回避了原则问题。当时的总督德辅(William DesVoeux)在他离开前夕发布了一项《周日货运工作条例》,尽管许可证制度在很大程度上削弱了该条例的预期成效。"航海人员没有宗教,"戴维斯写道,"只要他们完成工作,船东就不会关心他们的精神福祉。"[30] 关于周日的劳资纠纷是集体谈判即将到来的预兆。

对于太古轮船公司在19世纪的中国船员,我们掌握的信息也很少,事实上比欧美船员更少。法庭案件提供的片段表明,船员的多样化构成可能是紧张局势的根源。1877年12月,"天津号"船长威廉·德维尔(William Deville)曾两次将他的部分船员告到上海的警察法庭。据说,这些人在他们"首领"的怂恿下,在圣诞节那天拒绝工作,因为其他轮船公司那天是给员工放假的。法官告诉这些人(大概是通过翻译),他们必须服从他们自己的船长。两天后,船员阿宋、阿咪和阿志又回到了他面前。那时所有的船员都离开了这艘船,它需要在第二天早上起航。他们声称:"我们病了。"法官回答:"我不这么认为。"德维尔此前只要求法院加强他的法律权威,而不是惩罚除了头目之外的人。现在他希望对这几位船员处以罚款,以防止以后给他们付款时出现问题。"天津号"第二天如期起航。这些船员至少愿意通过集体方式为他们认为的公平待遇进行辩论,并在其他公司中寻找判断公平的标准。[31]

德维尔并不是唯一通过谈判和法律来管理船员的人。不过,大副保罗·霍尔茨(Paul Holtz)试图用的却是斧头,起因是他认为"武昌号"上的水手长试图攻击自己。这位水手长来自厦门,霍尔茨跟他说要清理船舶烟囱。霍尔茨认为这个厦门人命令他的追随者——其中有12人出庭支持他——攻击霍尔茨——"他们在大呼(打、打)"。六年前,这位水手长开始在这艘船上服役时,招录了一位名叫阿忠的舵手,此人的说法与霍尔茨相矛盾。他说瓦莱克(Vallack)船长命令大副收起斧头,却在水手长跑向他时将对方击倒。法官告诉霍尔茨,他拿起斧头"非常不明智"——这也许是轻描淡写——表示法官认为这两个人都错了,但法官以"普通攻击"的罪名对水手长处以罚款。法官命令翻译:"告诉他,他应该知道自己在一艘英国船上,并且受英国法律的约束,如果他认为自己受到了虐待,他可以到法庭寻求补救。"[32]这是英国治外法权的意外延伸,因为在其他方面,中国人当然不受英国法院的管辖,尽管他们不得不利用这些法院来起诉英国人。英国海事法混淆了这一制度,但是有一些方法可以解决它。1891年10月,中国当局在汕头要求交出"松江号"的全部中国船员。这艘船从天津向南返航,海关在那里发现了大量隐藏的武器,据推测,这些武器是走私给叛军的。船长结清了中国和外国船员的工资,然后重新和欧洲船员签约,并带来了一批新的中国海员。原先那批船员最后一次被看到,是被运往岸边和监狱。[33]

船舶买办在公司记录中出现的频率更高。情况也理应如此,因为在很大程度上,买办确实在太古轮船公司的船上管事[34]。他们负责船舶的中国客运业务,也负责接收船上的货物并安全运送。为此,买办会获得一笔薪水和佣金,主要用来支付这些开支。他们会雇佣一支由助手和装卸工组成的团队。随着时间的推移，买办会反过来出售特许权以提供其他客运服务，特别是餐饮服务。没票的中国旅客也纷纷上船，人数没有限制。如果中国人的区域满员，乘客可能会被安置在货舱中。买办在船上出票。手头没有钱的乘客可能会典当他们的衣服和财物。正如约翰·惠特尔汇总的乘客总数所暗示的那样，由此带来的中国乘客数量总是存在一些不确定性（买办出售的船票比他们后来承认的要多，这也不是什么新鲜事，这样二副可能负责收取船票以进行核查）[35]。船长保留对船舶的全部责任，但这种对乘客和货物的监督分包会导致问题。其中最重要的是人满为患，因为买办会尽可能多地揽客，实际上就是一种走私行为。

船上的买办在报纸新闻上时常出现，尤其是因为他们身家富裕而被盗贼盯上。"上海号"的买办损失了2000两白银，船上厨师指证了两名嫌疑人，他们跳江逃命，结果两人都被淹死了。"贵阳号"买办的客舱遭到货物搬运工盗窃；"杭州号"的买办被指控没有支付船员工资，他的收款员承认挪用资金。巴特菲尔德的天津代理人报告说，"盛京号"的买办是一个"好人"，但作为一个南方人，一个"有尊严"的人，不适合保护乘客。

在这里，受欢迎的乘客是北方人或宁波人，其中山东人是最好的。他们与商行的人打成一片，周游于各家商行之间，让那里的人玩得开心。

我们有一幅船上买办梁承兴的钢笔画肖像，他是九江人，于1882年左右开始在太古洋行工作。1908年，他在"北京号"担任买办，在上海福州路经营一家船舶杂货厂，持有一份与蓝烟囱轮船公司的合作合同，并将大儿子送到英国读书。这名大儿子1918年回国，获得剑桥大学学位，是一名合格的大律师。显然，这可能是一项有利可图的业务。[36]

根据这些不同责任范围的划分，本身就叠加了船长、大副和轮机长责任范围的标准划分。中国和外国乘客在船上使用空间的划分又使得情况更加复杂。外国乘客为他们的船票支付了更多的费用,而且他们的住宿方式与拥挤的中国乘客区域形成了鲜明的对比。一位领事报告说,"安庆号""布置得最舒适、最豪华",有"一块又好又厚的地毯……有躺椅……一丝不苟的清洁",还有"一架漂亮并调校得很准的钢琴"。船长是个"音乐天才",轮机长吹长笛给他伴奏。钢琴师是曼克斯曼·查尔斯·莱西·沛克斯(Manxman Charles Lacy Perks),他在蓝烟囱公司工作了大约七年后,于1873年加入太古轮船公司。正如珀西瓦尔所说,也许他们在钢琴旁,"和谐地谈论"门德尔松、贝多芬和莫扎特的时候,船只"险些撞倒了三桅帆船"(对帆船造成了相当大的破坏)。[37] 对于传教士,特别是与中国内地有关的传教士来说,外国乘客只能把甲板外国区域活动的限制有所放宽。就这些人而言,主要是出于经济原因,但也是出于信仰:他们穿着中国服装——总的来说,这让在中国的欧洲人和美国人感到恐惧——也让遇到他们的中国人感到困惑。他们与中国人共享甲板下排满了铺位的空间。唯一的困难,如一位英国人报告说,除了同行乘客的善意但不消停的好奇心之外,还来自一些乘客吸食鸦片的气味。但正如另一位旅行者早些时候所说,在类似的困境中,鸦片可能有助于他们入睡。[38]

　　船长为外国旅客安排了餐饮,聘请了一名中国管家,中国管家又聘请了厨师、服务员等。这可能会导致纠纷,例如当管家陈瑟(音译)在英国法院寻求赔偿时,他起诉了罗伯特·摩根(Robert Morgan)船长,要求支付他声称因供应摩根及其高级船员餐饮而欠下的未结工资。其他报告表明,船长也带着他们的私家仆人上船——船上的"伙计"像在岸上生活一样不可或缺——船长还有可能带着家眷。1888年,一位从上海前往天津的英国乘客报告说,她对在"重庆号"上找到一名中国管家感到不安,因为她更喜欢"女管家",而且是欧洲人担任的管家。但爱丽丝·海耶斯(Alice Hayes)更关心的是,船长约翰·哈奇森的妻子伊丽莎白·威廉姆森(Elizabeth Williamson)也在船上:"我不赞成船长的妻子在船上指挥乘客该坐哪里，还对女士们颐指气使！"爱丽丝·海耶斯是一位四处巡游的骑术女教练，正前往天津为"女士"上课——我们可能会注意到，她并没有把船长的妻子，也就是这位来自设得兰群岛的农夫的女儿，列入"女士"范围内——爱丽丝·海耶斯以训练斑马而出名，而且她对任何激起她兴趣的话题都毫不迟疑地发表意见。她的丈夫马修·霍勒斯·海耶斯（Matthew Horace Hayes）描述北上的旅程时，集中在所供应食物的数量和质量上（"整天喝白兰地和苏打水……这是我在船上度过的最好的四天"）。但他也热情地推荐了将他们从新加坡带到香港的蓝烟囱公司，虽然这些船又慢又小，但它们并没有雇用中国船员。[39]

除此之外，海耶斯的旅程相当顺利。但旅行从来都不是没有风险的，船长的熟练程度和经验很重要。原因很简单，因为这些船是重大投资，公司无法承受失去它们或失去声誉的代价。然而公司确实曾损失过船只。上海高级海员俱乐部的图书馆收藏了一系列赏心悦目的照片，展示了当地的航运事故。太古轮船公司的船只也在其中。"格兰吉尔号"是公司损失的第一艘船，这艘船1875年载着小麦和大米从厦门航行到汕头。由于阿默斯特·卡内尔船长的"疏忽和鲁莽航行"导致该船撞上南澳岛附近的礁石，并在10分钟内沉没。包括卡内尔船长在内的几位乘客和两位船员丧生。六年后，由"公司最年长和经验丰富的船长之一"驾驶的"北海号"，在进入厦门港口时撞上了一块岩石。一个海关浮标偏离了90码，所幸船员安然无恙，但船夫和岸上的人在船沉没时抢劫了这艘船。"芜湖号"于1883年2月在长江口附近搁浅，调查法庭的证据突显了船桥上的多语种环境：四名舵手都是马来人，其中至少一名似乎不会说英语。船长被训斥。六个月后，"福州号"在浓雾中搁浅：大副出现"判断错误"而被判有罪。1887年8月，在一个"漆黑的夜晚"，"大雨滂沱"，"天津号"在汕头东北的菜屿列岛搁浅，损失惨重。船员在没有得到命令的情况下仓促启用其中一艘救生艇，管家阿鲍溺水身亡。早些时候，船长在被呼叫时未能上甲板。1888年2月22日，"汕头号"在南澳岛附近触礁，显然，这个地方对太古轮船公司的航运来说是很危险的，当时二副在舰桥上，他带着可能做出的任何解释一起溺亡了。其他人紧紧抓住索具，但有几个人摔倒，筋疲力尽，在救援抵达前消失得无影无踪。[40]

1890年到1891年的12个月中，公司失去了三艘船。尽管船员保持警惕并执行禁令，一名乘客隐藏的炭炉可能在"上海号"的一个货舱内点燃了棉花包，当时这艘船正从镇江向上游驶去。船上至少有450名乘客，其中有200多人丧生——一份报告认为有700名乘客在船上。附近的帆船船员纯粹先是抢劫他们能抢劫的东西，再抢劫乘客，然后将一些人扔回河里。许多成功上岸的人也遭到了抢劫。买办李乐泰报告说："我求援时喊得声嘶力竭"，"我不知道船民为何不帮忙，中国人通常不会这样"。死者照片张贴在镇江，供亲属查询，棺材堆放在岸边等待装运。这艘船被打捞后，在厦门的外滩继续为太古轮船公司服务45年，成了可怕灾难留下来的遗迹。所有曾经驾驶过"宜昌号"客轮的人都说它"总是很难开"。而1891年11月，"宜昌号"在约翰·克鲁克香克·福斯特（John Cruikshank Foster）的驾驶下，在从上海到宁波的途中撞到了一块岩石，福斯特也被认为有过错。这对公司来说是糟糕的一周。三天后，"云南号"船长皮考克惊呼道："天哪，你在船上这儿干什么？"这艘船靠近汕头时，皮考克姗姗来迟地从他的船舱里出来，而他本应该在甲板上。皮考克声称，大副在讲述这艘船是如何陷入困境时向法庭撒了谎，但调查也发现了对皮考克不利的情况。媒体认为，这是一次"非常莫名其妙"的事故。另一艘轮船——中资的"铜山号"协助疏散时，螺旋桨和绳子搅在一起，也消失得无影无踪，结束了损失惨重的汕头闹剧的第二幕。[41]

当然，还有其他没有导致沉船的严重事故。1889年"开封号"的停航迫使太古洋行对船队的管理进行审查。船长在被叫醒后还没有上来——施怀雅在伦敦推测，这个人睡前酒喝得太多了——而且似乎缺乏对有关航行和程序的常规指示。结论是，当时的海事主管约翰·惠特尔对他的船长"太和蔼可亲"，并没有对他们施加严格的纪律约束。公司将这名船长送回船队，并从东方航线找了一名新船长。此人已婚，想要"在岸上有个家"[42]。在上海的工作岗位非常繁忙：19艘沿海和内河轮船，七艘在上海的驳船和一艘在宁波的驳船，10艘港口货船，上游的船只和趸船，通往码头的桥梁，要保持低成本，还要管理高级船员和工程师。[43]

对于一条规模庞大且稳步发展的航线来说，直到1868年后，海岸和内河水道的密集服务才开始系统地提供——太古洋行的工程师认为整个过程直到1912年才完成。因此，太古轮船公司的损失数字并不是特别巨大。与大多数航运公司的所有者不同，约翰·森姆尔·施怀雅于1878年在从香港前往澳大利亚的途中亲身经历了一次沉船事故。[44]尽管如此，他还是认为"宜昌号"的事故是"严重的粗心大意"导致的。皮考克船长"没有权利躺在离海岸这么近的床上"。施怀雅还说，尽管汕头通常并非享乐之地，船长停在那里可能是为了"清醒地享受乐趣"。也许船长需要经济奖惩来集中注意力，例如船舶如遭遇损失，船长首先需要承担4000两白银的赔偿。[45]"这很奇怪，"施怀雅在收到"云南号"损失的消息后，并不像表面上看起来那么诙谐地说"但喝醉的船长往往比清醒的船长更幸运。"他们更加小心，知道自己的状况。他半开玩笑地说，应该制订一项规则：任何一位失去了自己的船只"却保住了自己生命的船长，应该被淹死"[46]。最终，公司实施了另一种解决方案。到1891年，该公司支付的工资低于平均水平，而且前一年并没有提高工资，而是为其欧洲船员制定了安全航行奖金制度。[47]这些奖金当然可以扣除。在1891年"松江号"军火走私事件后，公司拒绝给高级船员发放奖金，理由是他们要么出于疏忽而导致他人将武器藏在船上——有些藏在舵手的小屋里——要么已经被人花钱买通了。在该船即将离开香港时，二副詹姆斯·威尔特希尔（James Wiltshire）表示反对并试图辞职以抗议，结果他被捕并被送往治安法庭。威尔特希尔被判入狱一周，引发了当地媒体对麦金托什和公司的猛烈批评。根据指控威尔特希尔的法令，他除了被监禁之外别无选择，但太古轮船公司拒绝放弃指控，坚持此事要"形成先例，对船上雇员以儆效尤"[48]。这对威尔特希尔来说很严苛，但扬子江地区的骚乱令人记忆犹新，而年轻的英国海关助理、幻想家美生（Charles Mason）的神秘案件更是历历在目。美生策划了从香港走私武器的阴谋，他声称，这些武器将运送给镇江的秘密社团叛乱分子。这一阴谋被揭发，走私的物品在上海被查获。正如美生后来回忆的那样，自己是在镇江从一艘太古轮船公司的内河轮船上走到"加迪斯号"甲板上时被捕的。[49]

总体上看，太古轮船公司业务稳定增长。1883—1900年间，该公司购买了38艘新汽船。豆饼贸易是一项有利可图的业务：将压碎并制成块状的大豆从牛庄（营口）运送到汕头，然后在汕头加工成肥料。仅仅在1897年，就有六次运送豆饼的轮船班次订单。上海到天津和天津到广州的航线的重要性也增强了。太古轮船公司的扩张受到太古糖厂投资的推动，反过来又促进了太古糖厂的投资：豆饼、原糖和精制糖都沿海岸运输，并往返东南亚。

19世纪70年代，中国移民的漫长历史进入新阶段，越来越多的人前往澳大利亚和南北美洲。鼓励、促使中国男人前往海外工作并为此牵线搭桥的做法，仍有很多不为人知的黑暗。他们收集鸟粪，在种植园或矿山工作，日子生不如死。有关华工的丑闻和与奴隶制别无二致的报道导致清朝派使团出国调查，事实上中国由此建立了第一个永久驻外领事馆。到19世纪70年代，清朝和殖民法规的网络似乎已经减少了非法胁迫的劳动力贸易——"猪仔"交易——但在这10年间，对中国劳动力的需求显著增加。例如，为太古公司糖厂提供原糖的种植园需要工人。这是一项合法的业务，但它仍然引起官方的怀疑，并且与非法行为有着不可分割的联系。

例如，1883年8月，53名男子在汕头登上客轮"吴淞号"，向北前往上海，在上海转乘客轮"台湾号"，前往昆士兰当合同工。太古洋行已经向他们预付了工钱。"吴淞号"在航程中遇到了非常强的台风，耽误了船的行程，冲走了他们的大部分行李——这一定是一段艰难的航程——结果他们错过了"台湾号"的起航。他们被安置在法租界的住所，等待下一班轮船起航，但在上海的中国有关当局知道了这些人的存在，不准他们离开。领事和警察介入后，这些人被法国警察带到会审公廨（也称会审公堂。——译者注）。太古洋行提出了赔偿要求，但遭到清政府官员的拒绝，英国官员也不太支持。往昆士兰州运送契约劳工是完全合法的，这一点毋庸置疑，但从汕头向北运送男子到上海，而不是直接运到香港（"台湾号"也将停在香港），则有一些含糊。这艘船于9月下旬抵达昆士兰，载有86名华工和54名马来人，但滞留在上海的那些人未能启程。此外，当清政府官员表示担忧时，他们在澳大利亚的同行完全惊慌失措。当"台湾号"下一次停靠昆士兰时，在它驶离香港后出台的一项法律导致其船长被罚款220英镑：22名中国乘客超出当局故意设置的超载上限，每人罚款10英镑。[50]澳大利亚殖民地便不再讨论此事。

汕头是中国劳动力输出的主要来源，当涉及债务负担时，中国的劳动力输出就遭到反对。太古洋行通过蓝烟囱代理行在这项业务上获得了丰富的专业知识，因为自1875年以来，霍尔特家族一直定期从港口运送劳工到新加坡，那些前往南方谋生的人，大约一半搭的都是蓝烟囱的轮船，这项业务一直持续到19世纪末。太古洋行一开始是通过郭氏兄弟（其中一人是一家德国企业的买办）经营的"苦力行"——永兴福（音译）来做这门生意的，太古一般通过担保金为那些没钱购买霍尔特船票的劳工支付船票，一旦劳工通过商行和新加坡的劳务招工人员签订的合同谋得工作，就会获得一笔需偿还的预付款，用来抵船票的费用。一名苦力可能需要工作三年才能还清这笔预付款。这是一项可能让太古洋行卷入争议的业务。1883年，当地官员反对郭氏兄弟，兄弟中的一人乘坐蓝烟囱公司的轮船逃往新加坡，而他们的商行成了空壳，并且已将担保金转移到了其他地方。[51]这次，这笔钱被追回来了。对于那些管理这项业务的人来说，是有利可图的。但对于命运多舛的劳工来说，这些经历却很痛苦。太古洋行继续担任新加坡和曼谷客运贸易的代理人，并在1883年的问题之后更直接地管理这项业务。太古洋行通过旗下的"太古南记"乘客或"苦力行"以及"苦力商店"（旅馆）网络，继续为移民安排通道（并在需要时提供信贷）。1914年末，太古轮船公司利用太古洋行作为代理商的强大地位，自己进入了这个行业，经营从汕头启航的航线。第一次世界大战后，公司也经营从厦门启航的航线。一位船长回忆了这条航线上客轮的条件，他说，设施是"简陋的"，也许是"原始的"，提供的服务也"很匮乏"。旅途的大部分时间，乘客都在甲板上，并面临着来自轮船买办工作人员的纠缠。然而，20世纪中叶这种交通方式中的丑闻却长期存在。[52]

长期以来，约翰·森姆尔·施怀雅一直在思考公司如何通过运送人员横渡太平洋或送往澳大利亚来获利。他在1875年曾问过，这样的服务是否能吸引中国乘客，"还是移民在减少"？该公司在1891年、1894年和1898年三次竞标跨太平洋代理权，但要么没有成功，要么没有利润。[53]19世纪80年代初，公司建造了新的班轮，专门服务从福州经香港、新加坡、巴达维亚到澳大利亚的航线，这是沿海贸易的重要分支。但是，组织移民到澳大利亚的事业违反了那里的殖民地开始实施的种族主义移民制度，这一制度阻止华人入境，而想入境华人的数量并没有减少。这一变化也对澳大利亚华人造成了严重后果。1884年10月24日太古轮船公司的"漳州轮"在布里斯班以北200英里（约332千米）处失事，引发严重后果。很少有事件能比这起事件更能证明这些规章的丑恶，以及澳大利亚殖民当局执行这些规章时幸灾乐祸的态度。这艘仅有一年船龄,载有约70名中国乘客前往香港的1100吨级轮船,因离弗雷泽岛海岸太近而搁浅并沉没,六人被淹死。幸存者在黑暗中挣扎着上岸,船只在海浪和巨浪中倾覆,他们被困了近三天,几乎没有任何救援,而二副和一些人沿着荒凉的海岸跋涉到一座灯塔,然后玛丽伯勒港安排接应了他们。据委婉报道,这些乘客和中国船员抵达港口后,被当作囚犯对待,并"被警察押送移民营房,那里条件舒适,但看守森严"。船上唯一的女人报告说,每个人都被强行搜查——"像个小偷一样"——看看他们携带了多少现金和贵重物品。如果他们希望暂时摆脱监禁,则需要支付10英镑的巨额费用:这是移民人头税,疲惫不堪、遭受创伤的海难幸存者一直想要离开越来越不友好的澳大利亚,在这样的情况下还要交这样一笔钱。[54]

这种敌意不断增加,导致1888年5月爆发危机,使太古公司的南线计划付诸东流。"长沙号"客轮是1886年开始运营的四艘班轮之一,于5月28日从香港抵达悉尼,载有144名中国乘客,包括返程的居民。它驶入了一场激烈的争议之中,其他四艘船被隔离,包括其姊妹船"济南号",以防止中国乘客登船。船上没有疫情,但澳大利亚的政局极度紧张。墨尔本和悉尼举行了反对华人移民的集会,示威者在悉尼高呼"中国人滚出去"。他们和澳大利亚政客的愤怒也指向了伦敦政府,在他们看来,伦敦政府未能解决殖民者的焦虑。当局很快制定了新的限制措施。"长沙号"不得不带着52名被拒绝入境的乘客折回香港,这些中国乘客在船上受到强行约束,并在一群武装警察的陪同下,向北前往这艘船的最后一个停靠港纽卡斯尔。威廉姆斯船长随后向船上的少数欧洲乘客发放了左轮手枪,允许他们"在觉察有造反的蛛丝马迹时自由使用"。这次航行没有愉快可言,到了香港,情况也几乎没有改善。该船于7月3日抵达香港,第二天,有30名乘客涌向太古洋行办事处,要求退还他们的旅费。埃德温·麦金托什对抗议处理不当,建议他们改为向澳大利亚人请愿,还请来警察将这些人驱逐出大楼,冲突因此爆发,导致

18人被捕。"他们中的一些人会说洋泾浜英语，"船务员蒙塔古·比尔特说，"他们说他们根本不在乎警察，也不在乎是否会被送进监狱，他们就在原地不动，除非打死他们。"施怀雅总结说："我们必须把中国劳工送往殖民地的客运贸易视为过去，我希望我们从来没有进入过这个贸易领域，也没有建造过那些船只。"[55]

然而，施怀雅有本钱犯错误，甚至四次错误：从1888年到1900年，年平均毛利润为141396英镑。1889年，联营协议失效后，太古公司再次与招商局和怡和洋行就各自应拥有的联营份额展开竞争，这让对手大吃一惊。施怀雅明确告诉对方，他要争取更多份额，而且意志非常坚定。当时几乎用了三年的时间才达成新的协议，太古轮船公司方面只做了微小的妥协。尽管在斗争过程中付出了代价，但施怀雅对结果很满意，他告诉麦金托什和约翰·博伊斯"你们现在已经占了上风——保持下去"[56]。航运文员晏尔吉是上海办事处的重要人物，而且持续发挥作用，其工作业绩一直良好。尽管约翰·森姆尔·施怀雅训斥他对托运人的账户管理松散，但晏尔吉反而继续自立山头，在办事处内部又搞出一个办事处，而且独立于原办事处。新办事处位于外滩，而不是在洋行——晏尔吉用自己认为合适的方式开展管理工作。他甚至直接写信给施怀雅，提出政策建议，把事情做好，与客户和其他人保持良好关系。"我认为毫无疑问，"他在1893年写信给吉姆·斯科特，"向官员支付9000两的小费，我们就能在南京和安庆安排客船。"他断言，这是"对付他们的唯一方法"。他的上级表示反对。朗平时不插手办事处的常规业务，这显然是晏尔吉得以随意发挥的因素之一。幸好这位船运职员成果斐然，成了公司薪酬最高的雇员，尽管他的决策有时候导致公司在与怡和洋行的比例协议方面陷入"痛苦和屈辱的处境"[57]。寻找继任的计划很棘手，"要是对方没有得到他的认可，或者不是他举荐的人，那就不要指望他会将自己掌握的知识传授给对方"。上海一名经理口中的晏尔吉是个"性格奇特的人"，这让几位经理很是害怕。[58]晏尔吉的健康——部分受到他体重的影响,然后是操之过急的节食减肥——是备受关注的话题。但有人向晏尔吉"暗示",为宁波托运人举办一场丰盛的春节盛宴可能会解决一些问题。1895年,晏尔吉突然去世,时年51岁,事情变得一团糟。[59] 香港船务员汤姆林被派往北方接任。不过,太古轮船公司继续壮大,1900年其利润已经超过30万英镑。

对于太古轮船公司的员工来说,政治问题也是个人问题。晏尔吉在生前的某个时候与他七个孩子的欧亚混血母亲结婚。这位母亲虽然是英国人的女儿,但她不会说英语。晏尔吉自己的欧亚混血身份被他的美国遗嘱执行人给隐瞒了,他们想方设法把他的孩子送去美国,并围绕他的美国公民身份以及他的"正直与勤勉"提起了一项诉讼。[60] 根据1882年《排华法案》的条款和随后的判决,晏尔吉本人被禁止进入美国,更不用说他的孩子或他的妻子了。他的遗孀确实在1906年成功进入美国,比她的孩子晚了几年。晏尔吉的朋友,包括美国领事馆的船务员,都努力地帮助这个家庭,而大多数人得不到这样的帮助。澳大利亚对中国移民的封锁,在北美也有伤感的对应,甚至像晏尔吉这样级别的员工也面临着这种情况,其残酷程度不亚于"漳州号"上不幸的幸存者,或者那些1888年在"长沙号"上被拒绝入境后运回香港的人。就像汕头的路易斯·格鲁瑙尔一样,他们也面临着社会和职业偏见。晏尔吉的经理似乎不知道他是欧亚混血,所以他生前没有受到这种侮辱。

虽然太古公司实际上从这种人脉关系中获得的收益相对较少,但他们的业务仍然与霍尔特兄弟的远洋轮船公司的业务交织在一起。事实上,蓝烟囱公司的业务并没有带来丰厚的佣金,反而是恼怒和沮丧的持续来源。这一业务占用了很多时间,其中不仅有约翰·森姆尔·施怀雅的时间,也有弗雷德里克·加姆威尔的时间。尤其是关于会议政治的通信,继续填满公司的信函簿,让其他议题都没了"容身之处"(如果有其他议题的话)。即使在蓝烟囱公司通过其东南亚代理商网络,尤其是曼斯菲尔德公司,更全面地发展当地业务之时,两家公司也在19世纪80

和90年代走得更近。

19世纪90年代初期，太古洋行在香港甚至为蓝烟囱公司的船只提供中国船员。海耶斯船长本不会同意的。新成立的海员与司炉工联盟——英国全国海员联盟的前身——原则上对此也不赞成，因为"印度、东南亚和中国海员的身体构造不能承受船只在欧洲水域必须应对的恶劣天气"（耳熟能详的说法）——虽然这种做法降低了霍尔特公司的成本，但用亚洲劳工取代英国航运公司员工的做法将会引发全国性的政治争议。[61]这是一系列削减成本和其他举措的一部分，促成了蓝烟囱公司船队期待已久的复兴。该公司计划于1892—1900年间投入23艘新船，1891年订购了第一艘，这些新船使该航线的总吨位增加到原来的三倍。这些船本身也更大。1895年，新一代经理人来到公司，包括阿尔弗雷德·霍尔特的儿子小乔治，更重要的是他的侄子理查德·德宁·霍尔特（Richard Durning Holt）。在整个19世纪70年代，特别在19世纪80年代，约翰·森姆尔·施怀雅一再敦促霍尔特兄弟更新船队。1882年，他甚至向他们发送了一份他12年来坦率建议的摘要，他说所有这些都是他们明确要求的。[62]蓝烟囱公司的船在设计和建造方面达到了最高标准，从1876年开始，该公司自行投保——其高级船员在英国商船中首屈一指——但这些船比他们的强劲竞争对手格伦公司、夏尔公司和城堡公司，以及铁行轮船公司引进的新船更小、更慢。直到1892年，蓝烟囱公司才获得3000吨以上的船；此时铁行轮船公司已经有八艘这样的船了。结果，霍尔特班轮不得不制定更低的货运费率，如果不是因为施怀雅坚持不懈、咄咄逼人地为会议体系奋斗的话，那么蓝烟囱很可能无法幸存。但它确实存活下来，并且在这充满挑战的10年中，逐渐在国际上建立起非常强大的地位。

1892—1893年，在长达57周的环球航行过程中，理查德·德宁·霍尔特亲身体验了蓝烟囱公司的影响力，以及它与太古洋行的联系。理查德动身时，已经在他叔叔的公司工作了三年。当他离开"帕拉梅德号"

时,一大群霍尔特家族的朋友和亲戚为他送行。对于在像蓝烟囱或太古洋行这样的公司中冉冉升起的人物来说,这样的旅程在很大程度上是一种仪式。他的日记是为家庭阅读而写的,表明对于这样一位年轻的经理来说,在这些公司正在塑造的世界中获得个人体验的重要性。理查德穿过苏伊士运河到达新加坡,从那里沿着蓝烟囱公司的支线航线,向北航行到香港,然后是汕头、福州和上海。他与爱好音乐的菲尔普斯船长一起在太古轮船公司的"鄱阳号"上沿着长江航行到武汉,两个人在船上下了国际象棋。然后,他又回到上海,再乘船前往日本和北美。这个年轻人看到"蓝烟囱"的轮船启航、靠岸、装卸——他觉得工人就像"蚁丘"——他看着"帕拉梅德号"载满了朝圣者,忙着研究代理人办公室的运作,前往烟草、蔗糖和其他种植园,参与鲗鱼涌糖厂的工作,记录苦力贸易的运作细节——这些男人的脸颊上印着目的地名称,涂抹不掉。公司每月支付每个劳工4美元,在他们还清25美元的预付款之前,他们都是契约劳工,有时公司不得不"强行阻止他们下船":这种生意"太接近奴隶贸易,不是一件非常愉快的事情",但对蓝烟囱公司来说是桩好生意。[63]在北京,理查德因为旅途而"腰酸背痛得要死",仍然会见了赫德爵士——他刚刚被晋升为准男爵,正忙着设计合适的族徽图案。理查德说,跑马地墓地"最美丽,对任何想被埋葬的人来说都非常方便"。他参加射击,用炸药"钓鱼",然后骑马,然后又射击。中国菜"令人作呕",日本菜也好不了多少。他发现公司的一家代理机构完全由德国人组成,带着"人类几个不同的种族"旅行,并被介绍给总督、买办和种植园主。这是一个英国、荷兰和德国的利益环环相扣的世界,中国及东南亚的贸易网络和经纪人也在这个世界相互交织。

在中国和日本,霍尔特被太古洋行完全掌控。施怀雅家族中第一个亲自进行如此大规模旅行的是年轻的约翰-杰克,曾于1885年坐船到澳大利亚。他的航线蜿蜒曲折,一路经过印度、新加坡、中国海岸、日本和旧金山,然后返回。杰克刚从牛津大学毕业——这本身就是利物浦旧商业世界特征正在改变的标志。许多人——包括吉姆·斯科特——可能会问,对一个商人来说大学教育有什么用?

杰克从日本写信说:"我觉得很遗憾。我在开始旅行前两三个月没有去伦敦办事处,那样我会知道从商业角度来看什么是重要的。"他在给父亲的信中对公司事务含糊其词。但就像理查德一样,他观察和询问,至少当施怀雅这个姓氏不会影响问题答案时是这样(他在乘坐怡和洋行的船前往香港时就遇到了这个问题)。糖业给他很深的印象。杰克在一座日本小镇尝试了一次小小的市场研究,从一家店里买了七种不同品级的糖,询问店主哪种卖得最好。他认为,其结果进一步削弱了科恩博士"为了外观而牺牲甜味"的观点。和理查德·德宁·霍尔特一样,杰克·施怀雅对他所乘坐的船只进行了审视和判断。"霍尔特的汽船似乎在这里很受欢迎。"他总结道。[64]与霍尔特相比,杰克的经历更像是一次愉快的旅行。回来后,杰克·施怀雅越来越多地出现在伦敦的办公室,并于1887年初正式入职。在以后的生活中,他认为这次旅行不仅让他了解了公司的活动和员工,也让员工对他有所了解。当他开始工作时,"公司在东方的成员已经认识了我,对于我在同代人当中的影响,我父亲也能形成他自己的看法"[65]。这是见习的一种形式。

信中一句漫不经心的评价指出了另一项势不可挡、迫在眉睫的变化。新一代正在试探性地接手业务,杰克·施怀雅将于1888年1月成为公司合伙人。1883年5月,玛丽·华伦生下一个儿子,乔治·华伦·施怀雅(George Warren Swire),这个儿子会在很多年后进入公司。现在老一辈人还很活跃,一如既往地顽强。阿尔弗雷德·霍尔特和约翰·森姆尔·施怀雅仍然会来回发送关于远洋轮船公司、会议事务以及霍尔特在1896—1897年竞标澳大利亚邮政合同失败的消息。到了1886年,杰克已经在敦促他的父亲放手。加姆威尔和其他人"有能力也愿意做他们应做的工作",所以"让他们去做吧!"即使19世纪90年代这位祖师爷开始定期水疗时,他也很难放手。"我在这里一直忙于办公室的文书工作,"1894年,约翰·森姆尔·施怀雅在巴斯的豪华泵房酒店写道,"太古轮船公司今年的回报非常理想。"他所谓的"奢华生活"已经造成过危害,他也受到纯粹因年龄而带来的并发症困扰。在水疗中心,他遇到了他过去认识的人:詹姆斯·哈迪船长、他年轻时在柴郡一起骑马的罗伊兹兄弟、1859年与他一起在民兵中服役的人。施怀雅开始起草这样的回忆录:"我回顾过去——从我初出茅庐的时代起。"这份文献没有保存下来。他很快就报告说撰写回忆录的事"被年轻的医生朋友阻止了,此人有一大堆职业趣闻"。"回忆1843年的事情令人兴奋,"他指出,但那位"来自波洛克的人"已经永远将施怀雅的故事打断(1797年,诗人柯勒律治正在创作一首伟大的诗歌,当时一位来自波洛克村的访客打断了他,导致他忘记了诗歌的其余部分,再也无法创作下去。——译者注)[66]。

65岁的约翰·森姆尔·施怀雅还没有放弃,1891年夏天,他最后一次乘船前往东方,后来玛丽·华伦和两名女佣也加入了,这次航行成了一个小型家庭聚会。《字林星期周刊》指出,他的访问"尽管次数不多,相隔时间很长,但总是能消除所有不必要的摩擦,避免影响到公司那庞大的商业网络"。这段话是从别处摘录的,原始评论其实来自喜欢挖苦的《士蔑西报》对麦金托什的敲打。但在同招商局和怡和洋行为期三年、代价高昂的竞争后,这趟访问很快就促成了新的联营协议。[67] 吉姆·斯科特曾在1888—1889年间对企业的资产进行过一次广泛的巡视,当时他正要挑选朗(他在斯科特登岸前就从上海跳槽了)的替任者。此举开创了合伙人和董事常规访问的惯例。[68] 两年后,约翰·森姆尔·施怀雅乘坐白星公司仍然崭新的、9600吨的"条顿号"从利物浦驶往纽约——这艘船被称为"大西洋的灵缇犬",走的是那一年最快的一条航道。这艘船的速度、豪华的配件和规模都给施怀雅留下了深刻的印象。[69] 他前往芝加哥,随后去了不列颠哥伦比亚省的维多利亚。接下来，他又乘坐加拿大太平洋铁路公司漂亮的新邮轮"印度女皇号"前往横滨。这艘船500英尺（约152米）长、白色船体、烟囱呼啸作响——当时，它刚刚完成了创纪录的处女航，然后用13天全速穿越太平洋回程（无记录），比施怀雅在1874年横渡大洋返程的时间要快了四天；当时施怀雅乘坐"海上信使号"轮船到上海。

施怀雅在上海与怡和洋行及招商局的负责人会面。他可能读过《字林星期周刊》上关于上海火灾的一首诗的译文："全家人都在以泪洗面，本以为你会再度回家探亲，如今回来的只有你的亡灵。"这位祖师爷搭乘"台湾号"北上天津，又乘坐"通州号"与约翰·惠特尔一起回来。这是"通州号"的第378次航行。"通州号"在烟台停留三个小时后，遇到并穿越一个台风中心，海况"非常混乱"。施怀雅乘坐太古轮船公司新的豆饼运输船"桂林号"——瓦尔丁船长"提供的餐饮非常糟糕"——然后乘坐蓝烟囱公司的轮船"达耳达诺斯号"向南到达香港——当时福州天气晴朗，轮船在东澎岛遭遇八小时台风。他视察了糖厂的工作，糖厂的扩建工作落后于计划（本应该在他访问前完成扩建）——他当面训斥了香港的主管工程师约翰·米切尔（John Mitchel），驳斥此人声称他自己的方法提高了效率，因此应获得高薪的主张。施怀雅一贯令员工普遍感到震惊，这次也是如此（麦金托什回信支持米切尔，尽管《士蔑西报》用糟糕的诗句嘲笑他是个醉汉，麦金托什后来赢得了因此提起的诽谤诉讼，但他在这一丑闻后离职）。施怀雅一行人乘铁行轮船公司的船回来，在印度进行了一次愉快的旅行。这是一段台风肆虐的旅程。他在神户附近赫伯特·巴加利（Herbert Baggally）的海滨别墅过夜后的第二天，一场台风摧毁了它："别墅消失了！！"回国后，施怀雅给阿尔伯特·克朗普顿（Albert Crompton）写信，此人在1882年加入霍尔特兄弟公司，担任经理："AH（阿尔弗雷德·霍尔特）和你应该去东方，在海峡殖民地待上一年，在中国和日本再待一年——这样你们就会对影响到远洋轮船公司的贸易有所了解。"[70]与施怀雅1878年的旅行是菲利普·霍尔特的唯一一次旅行，而阿尔弗雷德·霍尔特从未到访过苏伊士运河以东地区。

抛开风暴不谈，到19世纪90年代，人们在全世界可以相对无阻碍地旅行。疏忽大意的船长、错误的海图或违反规则的乘客，才能让一艘船失事。当然，风暴也会让船只失事，但新技术帮了大忙，包括对台风系统更好的科学理解和天气预报。一位有钱人可以在某月15号离开利物浦，仅仅六天后就在纽约登陆，乘坐两趟火车到西海岸，然后乘坐像"大型一流酒店"一样的轮船横渡太平洋，船上有中国厨师、管家和服务员。据称，加拿大太平洋铁路公司的新航线让旅程的持续时间"几乎减半"，船上塞满了"环球旅行者"（此外，北美媒体也不快地指出，回乡的中国移民人数也增加了）[71]。这位有钱人可能会像施怀雅一样，留下指示何时将他的下一期《笨拙》和《经济学人》寄到香港，发电报提醒他的员工注意进展：即使天气不好，他们也知道他将何时到达。他可以依靠船舶、火车和邮件，安排好他在地球另一端每周要读的资料，无论是休闲资料还是商务资料。然后，他可能会从《笨拙》杂志的内页里发现一篇措辞辛辣、有关"现代旅行者"的文章，好像就在描写他的情形一样："大多数旅行者如今都带上他们的库克——《库克旅游指南》。"[72]

这是由白星航运公司、东延澳大拉西亚和中国电报公司、大北电报公司、加拿大太平洋铁路公司、法国火轮船公司、蓝烟囱公司、太古轮船公司和铁行轮船公司的铁路、蒸汽机和电缆编织而成的世界。这些环环相扣的运输网络方便了朝圣者、劳工、游客（无论是否携带旅游指南）、演艺人员、商人、寻找泊位（在岸上或在船上）的水手——形形色色的生者和各种各样的死者，包括"博学的斑马"和斑马训练师哈耶斯夫人在内。在这样的全球基础设施当中，太古轮船公司是至关重要且获利丰厚的组成部分，它实际上和蓝烟囱的运营结合在一起，通过买办和经纪人网络开展业务，并通过会议协定来规范业务。有人主张（政府也强烈认为），如若不然，这门生意就很可能因为竞争而衰落下去，英帝国的安全也会受到威胁。[73]尽管这些基础设施和运输体系看起来非常理性和高效，但仍然涉及管理人员，以及关于人员流动或拒绝流动的政治问题，还有他们的雇佣或待遇问题。这套基础设施的发展离不开商人和工程师联盟的进取心和创新精神，也离不开成千上万的员工共同参与，同时它也依赖于帝国的存在和力量，以及殖民地权力的行使。尽管这些在19世纪的现实生活中司空见惯，以至于在各种记录中常常被忽略。但英帝国并非无人质疑，在澳大利亚对伦敦移民政策的期望上，这个帝国就受到了挑战，当然在中国也毫无疑问受到了挑战。

第八章

新的时代

　　1898年12月1日下午,约翰·森姆尔·施怀雅在他位于诺丁山彭布里奇广场的寓所休息。11月的大部分时间里,这位祖师爷的健康状况不是太好,只能待在家里。但离自己73岁生日还有三个星期的时候,这位祖师爷却兴高采烈,精神矍铄,尽管天气阴沉,他还是准备再次冒险出门。当天下午三点左右,一位书记员从比利特街来到彭布里奇广场,带来了值得关注的消息:一份发给蓝烟囱的提案,要求后者接受来自日本的货物,以便从英国派送至欧洲大陆。约翰·森姆尔·施怀雅的意见斩钉截铁:不行,这样做不明智,因为此举会惹怒汉堡美国航线,而且大会内部的平衡也需要得到维持。公司的信件誊录簿显示,在1898年的整个秋季,约翰·森姆尔·施怀雅一直有规律地就会议事务寄出信件,尤其是寄给阿尔弗雷德·霍尔特,用这样的方式参与太古洋行的一切日常业务——审查公司引进的一套新机制,以便缓解银圆贬值以及由此而来的英镑汇率下跌给在华员工的薪酬带来的冲击;申斥了香港的两名职员,因为他们过于张扬和放纵,警告他们如果不停止这种行为,就将他们解雇(但他也亲自要求其中一名职员的继父约翰·惠特尔插手干预); 拒绝了为儿子提供工作的请求——他回答说, 这个青年应该留在汇丰银行; 指示太古洋行为议绅贝思福(Charles Beresford)调查英国贸易的代表团提供在华免费通道, 并就最近一封信的语气对约翰·博伊斯进行了指责, 尽管没有直接挑明态度。[1]

太古洋行的这位祖师爷一刻不停地工作着, 心中依然惦记企业的事务, 然后在那天下午的5点15分溘然长逝——约翰·森姆尔·施怀雅午后突然心力衰竭, 傍晚时分心脏停止了跳动。

迄今为止, 约翰·森姆尔·施怀雅一直在太古洋行的发展进程中占据主导地位, 而且会继续影响公司未来的走向。他去世后不久, 肖像就被送到中国和日本, 以便挂在公司办公室的墙上, 他的理念塑造了在这幅画像下方工作的员工的风格, 正是他的企业家精神, 这些人才会有今时今日的工作。1898年春夏, 他曾说服霍尔特公司投资斯科特兄弟, 说后者造的船将会在1899年出航, 这四艘7000吨的货轮是"我精心规划的最后一份合同"。他告诉玛丽, 霍尔特将会"后悔没有订购八艘", 他的遗产将会在未来几十年里穿梭于蓝烟囱的航路之上。[2]

约翰·森姆尔·施怀雅去世后, 太古洋行平稳过渡。他的合伙人终于放开手脚, 启动这位祖师爷曾经阻挠的项目。他之所以能够阻挠, 一部分是通过争论, 但更多的是通过人格的力量。可是, 合伙人的放开程度始料未及且毫无必要, 有些格外独特的东西随着他的逝世终将消失。

约翰·森姆尔·施怀雅去世的消息震惊了他的朋友。埃德温·麦金托什将讣告寄给住在格里诺克的阿尔弗雷德·霍尔特、托马斯·伊斯梅、托马斯·伊姆里、H.I.巴特菲尔德和约翰·斯科特。这些人曾跟随他, 凭自己的经营或资本缔造了环绕世界的航运设施, 而约翰·森姆尔·施怀雅1891年曾巡视过这些航路。吉姆·斯科特正启程前往东方, 出公司的另一趟差。轮船在新加坡靠岸的时候, 他收到了讣告, 直接就中止行程回了国。其他人都知道, 约翰·森姆尔·施怀雅在晚年会周期性地感到身体不适, 他会有规律地去艾克斯(普罗旺斯地区)、巴斯和巴克斯顿旅行，接受温泉疗养，尽管如此，他还是停不下手中的工作。

这些吊唁信为后来人们对约翰·森姆尔·施怀雅性格和成就的反思定下了基调。他是这样的一个人，如果他相信自己的想法是对的，就绝对不会放弃；而一般来说，他总是对的。我们从文献记载中可以看到，这些信中对他的正直、慷慨以及"强烈正义感"的称赞绝不只是单纯的客套话。

"他以最明智、最出色的方式履行他认为是自己职责所在的事情。"托马斯·伊斯梅写道，"我认为，我从来没遇到有人在做生意时比他更有正义感——他给不了别人的东西，他自己也从来不会索取。"菲利普·霍尔特写道："他的兄弟阿尔弗雷德因为悲伤而语无伦次。"[3]

这些人彼此信赖，而正是信赖，让大家能够坚定对太古糖业的投资决心。约翰·森姆尔·施怀雅跟身边人打交道时有足够的道德操守，所以哪怕事情没有实质性进展，他们看在他的分上也会同意。所以，约翰·森姆尔·施怀雅能够通过一封信和斯科特兄弟达成新轮船合同。这封信的全文如下：

斯科特兄弟公司钧启1894年9月27日
亲爱的先生们：
我们接受贵司按照目前在建轮船的款式与价格，为我方再建造两艘沿海贸易轮船的报价——请立刻着手处理。

此致
约翰·森姆尔·施怀雅

这种信赖在信件中袒露无遗，从中能够看出太古洋行在商业人际网络以及公司内部的操守，也能看出约翰·森姆尔·施怀雅的人品、性格和履历。

第八章 新的时代

约翰·森姆尔·施怀雅犯过错——和理查德·沙克尔顿·巴特菲尔德的合伙。但在施怀雅离世后,巴特菲尔德的名字却流传了一个世纪。在他离世前的若干年里,威廉·朗没有很好地为公司服务,而且还常常刚愎自用。但约翰·森姆尔·施怀雅却坚决支持他这位在中国的第一位门生(或者说是第一位挺过最初那段艰苦日子的人)。正是交情和家族式的忠诚,使得像奥布莱恩这样的人在本应早早挣脱束缚的时候,却紧紧团结在太古洋行周围。他聘用的一些人最终没能胜任职务(但这只是知人善任所必须承担的风险);在日本的开业速度奇快,扩张过于仓促;糖厂对持续运营所需资本的计算严重失误,成为巨大烦恼的源头;甚至当他的朋友和伙伴让他火冒三丈的时候,他也仍然保持忠诚。然而,有些冒险确实赌对了——但之所以如此,恰恰是因为它们并非真的靠赌运气:太古轮船公司、太古糖厂,当然还有与阿尔弗雷德·霍尔特的结盟以及富有远见的中国业务。如果他不敢冒险,恐怕才是缺乏远见。约翰·森姆尔·施怀雅感兴趣的是挣钱,而且是必须公道地挣钱。他慷慨地馈赠他的资本、时间、建议,无论别人是否有求于他,他都一视同仁,也慷慨地给予机会。他创造了吉姆·斯科特和埃德温·麦金托什的事业和财富。他也解救了弗雷德里克·加姆威尔——1894年,加姆威尔报告了和他的伦敦合伙人及靠山之间的一次交流,后者刚刚碰到一位在中国从事丝绸贸易期间的旧相识,此人曾是个百万富翁和大人物,但如今"是能借到钱就借""要不是你的才干和善意,我本来极有可能会和他一样,我对此始终铭感于心"。

约翰·森姆尔·施怀雅回信说:"我们彼此互帮互助。"[4]

旧中国的贸易常常机会稍纵即逝,加姆威尔是一位有才能的商人,在高风险行业做生意,这些曾耗光了他的运气。互相帮助是错综复杂的人脉关系的纽带,也构成了太古洋行旗下各企业的核心。我们不妨回忆,当约翰·森姆尔·施怀雅通知威廉·朗和吉姆·斯科特,打算在长江开创一条航线与旗昌洋行竞争时,他渴望的正是"援助"这个词。

值得指出的是，约翰·森姆尔·施怀雅实际上对中国并不感兴趣，他对这个国家所知甚少。当然，这一结论不影响对他的评价（几乎算不上什么不寻常的事情），而且实际上，他对于自己曾耗费光阴生活和工作过的其他国家一样所知甚少。这并不是他的强项，弄懂中国以及如何在那里工作是别人——他的特派员和代理人的事情，他们只需要拿着他提供的工具不断去开发就是。他本人写给唐景星的信从文化上来说对于中国一窍不通，中国不过是个做生意的地方，将他和朋友的利益、业务和资本结合在一起，跟利物浦还有格里诺克的子公司关联。他是一个来自英格兰西北部的商人，这个城市比其他任何城市都更希望利用英帝国的势力和全球影响力，所以他的企业自然把目光投向了海外——纽约、新奥尔良、墨尔本，然后才是中国和日本。约翰·森姆尔·施怀雅的天赋是坚持、善于把握机遇、交友广阔、说服力强以及对人和时代的耐心。这位祖师爷还有一点十分突出：主导着整个公司，而且将来还会以最合适某个当下的某种方式——主导他参加过的所有会议和讨论。

约翰·森姆尔·施怀雅去世后的档案文献多少失去了光彩，他作风硬朗，他的演讲也明显是这样的风格。他的稿纸上，观念和要点、警告和解释全都一个接一个，句子撑满页边，字越写越小，似乎总是需要另起一行，随后邮件需要被投递出去，于是书信戛然而止。他的书信很难让人感到枯燥，写得既诙谐幽默又简明扼要。他和玛丽·华伦在1881年结婚前后的通信反映出他的另一面：爱开玩笑，情感丰富，肯定也很宠溺妻子。他和长子杰克·施怀雅的关系并不融洽——"我希望每个人都能通过我的角度观察事物，"他在1881年写道，"我乐于给予建议，但杰克有时不想听。"[5]也就是说，他既是严父又是高级合伙人，而杰克·施怀雅在父亲去世前长期抗拒这一点，这体现在他和继母以及后来与同父异母兄弟的关系当中。杰克天生不是做生意的料，对生意也没什么兴趣，他本质上就是一个乡下人。在约翰·森姆尔·施怀雅的人生观当中，几乎不存在宗教的痕迹。阿尔弗雷德·霍尔特生活在利物浦紧密团结的一神论社区，他的商业哲学是由这个社区塑造的。宗教信仰和实践支撑着维多利亚时代其他重要商业人士的工作。就约翰·森姆尔·施怀雅而言，他是一个没有宗教信仰的公众人物（他的兄弟威廉在晚年时比较虔诚，但在年轻时也是个矫情的花花公子）。在现存的档案中，他除了在莱顿巴扎德的一些地方参加慈善活动外，没有任何宗教活动的痕迹，但对于他在社区中的地位来说，这样安排也并无不妥，无须过多解读。

公布的讣告充满溢美之词：他拥有"令人难忘的才干，了不起的精力，以及毫不退缩的正直品格"，他是"船运大会之父"。太古轮船公司在墨尔本港的船舶降下半旗志哀，在香港当然也是如此，那里的商铺和怡和洋行都降了半旗。[6]他的辞世在上海媒体没有得到太多关注，因为他平常也很少来上海，尽管太古轮船公司在上海的船舶也降了半旗，并添加了一条蓝色的悼念丝带。《田野》杂志评论道："艾尔斯伯里谷对这片牧场多年来最好的猎人致以哀悼……"《莱顿巴扎德观察者》也刊登了类似的哀悼词，尽管约翰·森姆尔·施怀雅已经有几年没有打猎了，另外镇上和镇上的居民也失去了一位对当地有恩的善人。[7]当施怀雅接管莱顿大宅的时候，媒体仅仅简单地将他描述为"体育界的知名人士，罗斯柴尔德狩猎协会成员"。

1898年12月6日，约翰·森姆尔·施怀雅被安葬在莱顿巴扎德，这天下着"暴雨"，但仍有一大群吊唁者出席。[8]

约翰·森姆尔·施怀雅去世时，中国正在经历风暴，这些风暴同时也撼动了公司的业务。根据条约规定，中国割让辽东半岛（后因三国干涉还辽而未能得逞）、台湾岛及其附属各岛屿、澎湖列岛给日本，赔偿2亿两白银。中国还增开沙市、重庆、苏州、杭州为商埠，并允许日本在中国的通商口岸投资办厂，这些事件预示着对华新主张的开放时期来临。中国被英国首相萨尔斯伯利（Salisbury）侯爵称为"垂死国家"的一员，它的命运有可能打乱欧洲列强的平衡，此外西班牙和奥斯曼帝国也包括其中。1897年，德国找到借口占领了中国的一块领土，在山东省胶州（位于青岛）发展起一处由海军经营的租界地；俄国人立即索要位于辽东半岛、他们称之为亚瑟港（即旅顺口，英国人称之为亚瑟港，以1860年考察该港的皇家海军军官威廉·亚瑟命名。——译者注）的地盘；英国人打算用山东省的威海卫租界作为平衡双方的砝码；法国人夺取了广东省的广州湾租界，将其"势力范围"扩大到中国西南部，而英国人获得九龙以北的"新界"。为了巩固这些租界，他们和当地的中国人爆发了血腥的地方冲突，因为中国人反对清廷租借领土给外国。这种小规模的战争很容易被忽视，对受其影响的人来说却是灾难。由于担心出现所谓的"国家灭亡"，清朝的维新派说服了光绪皇帝从慈禧太后手中夺取政权，并在1898年6月至9月期间爆发了"戊戌变法"。但变法损害到以慈禧太后为首的守旧派的利益，后来遭到强烈抵制与反对。1898年9月21日，慈禧太后发动政变，光绪帝被囚，其中一些人在英国的帮助下逃往海外，比如太古轮船公司的"重庆号"载着其中名气最大的康有为到了上海。

轮船在海上被英国人拦截，康有为被转移到英国战舰上，等待铁行轮船公司的轮船向南驶往香港。[9]当时，在许多人看来，中国需要做个了结：要么结束清朝的统治，要么结束外国势力的存在。

太古洋行和所有英国企业一样，也受到了战争的影响，外国势力在中国拓展新版图，新的机遇出现——中日甲午海战结束，《马关条约》签订，中国允许外国企业在通商口岸建厂，增加了对外贸易和允许外国人居住的城市数量。例如，德国人或日本人瓜分战利品，并优先照顾本国人的商业利益；又如，他们要求任命本国海关工作人员在清朝的海关税务司担任职务，或招募更多的本国人，但这样会动摇英国在中国的主导地位，破坏自1842年以来中国门户开放、各国均衡受益的环境，这样的环境让中国也从中受益，但获利最大的据说是英国。最引人瞩目的事件是1899—1900年反对外国宗教影响的大规模民众起义，清廷利用这场起义,于1900年6月21日颁布《对万国宣战诏书》,向世界宣战。

较早以间接方式提及这些骚动的,是天津代理人沃尔特·费舍尔1899年10月的一封信,当时他报告说这一年发生了"严重干旱"。[10] 而在此之前的一年,山东的黄河决堤,洪水泛滥成灾。在天津以南的山东和河北交界的华北平原上,成千上万的中国农民受到影响,土地无法耕种,每天绝望度日,不知该何去何从,而越来越多的人从一系列新思想和实践中寻求安慰和力量,希望借此恢复秩序。这些新思想认为,天下之所以动荡,是因为洋观念和洋宗教的玷污和洋人造成的,基督教传教士,还有农村人眼中的洋化中国人——皈依的基督徒,是罪魁祸首。如果能净化这片土地,天下就会太平。于是从1899年开始,义和团运动在中国北方农村地区广泛传播,他们宣扬说自己的拳法习练得当,能刀枪不入,不会被洋人的武器所伤,而且这所谓"功法"很容易传授给别人。但是,他们遭到清政府的打击,火器的射击证明了刀枪不入的荒谬。但这些没有动摇义和团的决心,他们与基督徒社区、新建铁路沿线的传教站点和哨站爆发了大规模冲突。1900年春,这场农民起义从其核心地带爆发,义和团一路北上。

沃尔特·费舍尔(Walter Fisher)是布里斯托尔一位制绳匠的儿子,是太古洋行任职12年的老员工,起先在香港度过了两年。在这之前,他为老家的一位酒商工作,后来在一家会计师商行任职。他曾在上海法租界外滩(即法租界境内的外滩,从洋泾浜延伸至十六铺码头,法语称为Quai de France,并非如今通称"外滩"的英租界滨江大道外滩。——译者注)的船运柜台上工作,在1893年负责管理天津办事处之前,在武汉担任过一年的商行主管。费舍尔和一位上海领航员的女儿茉德·威廉姆斯(Maud Williams)结婚,以此庆祝自己走马上任。菲利普·霍尔特经过天津时报告说,费舍尔是位特别出色的运动员,尤其擅长玩板球,而他的保龄球技术有助于他成为天津英国人社区的名人。此外,他还以其他方式为英国租界工部局、上海娱乐基金会和商会服务。1896年,天津通往北京的铁路开通后,天津的体育生活得到显著改善。尽管成千上万的船夫因为这种发展而失去了工作,但乘船、乘坐小马或马车的艰难旅程现在已成为历史。从格陵兰岛到秘鲁近100千米的路程现在只需要近四个小时,这意味着"北京人"和"天津人"可以举行"港口间"板球比赛(费舍尔在第一次比赛中打出了"辉煌的"43分)。然而,在他的一生中,在被中国训练得最彻底、装备最精良的军队包围时,却没有任何准备。

1900年7月3日,费舍尔在炮击后的第一天写道,"我只是一个糟糕的士兵。"他和布里斯托尔隔着十万八千里,原先的企业每年在英格兰温暖的7月会组织羽毛球远足活动,如今这一切都遥不可及。[11]

这场对天津洋租界的围困,从清政府的角度来说,是以天津为大本营,为抗击洋人发起的前所未有的华北保卫战。从6月15日起,持续了炎热难耐的27天,6月17日以来的几个星期最为惊心动魄。当时克虏伯公司制造的火炮开始猛轰租界居民区,[12] 只是到了7月16日,英军才缴获了这些大炮中的最后一座,尽管随后战斗仍在持续。与此同时,清军和义和团袭击居民区,但被击退。

"整支北方军队把我们给包围了,"费舍尔在6月24日的一则笔记中草草写道,"我希望能活着渡过难关,但近期无法对未来局势做任何评估。"8月5日,一支由1.6万人组成、匆匆集结起来的外国军队——日军、英军、法军、德军、俄军和美军开始发动攻击,并击败了城墙内的中国军队,随即朝北京挺进,那里的外国居民和皈依基督教的中国人正被围困于外国公使馆和天主教堂中。义和团在3月就已经抵达天津,到了5月底,他们在很大程度上已经控制了这座带城墙的城市,并于这年春天动身北上。费舍尔的信主要报道的是,1899年办事处业绩创下纪录、华北的政治经济和地理新局势的冲击——德国人开辟了一处新租界,各国围绕铁路展开争夺。铁路支线意味着需要购买新土地:人们相信,海关税务司、德国人德璀琳(Gustav Detring)凭借与位高权重的清朝大臣李鸿章的关系，一心想将贸易流量截流至新的德国租界，而太古洋行需要想法子阻止这个"狂热的亲德分子"。为所欲为——费舍尔这样描述德璀琳。[13]

"无论这里的居民区发生什么事情，我们都毫不畏惧。"费舍尔在6月5日信心十足地写道。他第一次直截了当地提到"地方骚乱"，因为"我们可以召集600或700人"，但生意"处于停顿状态"。在随后一个月，费舍尔为了他的家人、手下的华南员工和家属以及这些人的一大批随身物品、公司的财产和账簿而操心得焦头烂额。莱昂内尔·豪厄尔（Lionel Howell）帮了他的忙，豪厄尔是太古轮船公司在芜湖的趸船管理员的儿子，最近刚刚上任，担任公司在芜湖办事处的代理人。豪厄尔被派去护送一批难民前往海河河口的塘沽，围城之后被困当地，不得不加入解围部队以便返回。英国水手获准占领一处空仓库（费舍尔有点天真地认为，这次占领让他的手下员工有了"信心"，事后证明确实保证了这座建筑物的安全），公司在维多利亚道上的办公室被用作英国的军事大本营（人们肯定会想，它怎么会吸引炮火呢）。在围攻的前六天，仅1700名俄国士兵在租界和大约2万名中国正规军以及大量的义和团部队交战。海关关长开玩笑地说："中国一些最优秀的本土士兵在不远处炮击我们。"[14]

仓库里的货物被拉出来设路障。炮弹像雨点一样落在整个租界，"多次"击中太古洋行和货仓。一切都"混乱不堪"，局势变得如此恶劣，以至于6月23日这天，天津俱乐部的酒吧被下令关闭：如果进攻方胜利，那么就得以清醒的姿态迎战。但被围困也很糟糕——"我觉得自己被焦虑和担忧弄得筋疲力尽"，费舍尔报告说——要想解围会困难得多。外国士兵拼命抢劫，带不走的就放火烧了，为了掩盖他们的踪迹，遇到中国人就杀，毫无怜悯之心，他们还恐吓其余的外国居民。费舍尔总结说，俄国人是最坏的，而英国人是"最卑鄙的盗贼和恶棍"。7月中旬，英国海军陆战队突袭了太古洋行，声称里面有人朝他们开火。他们把公司剩余的中国员工绑起来,"抓住他们的辫子,打算将其拖出去,开枪杀了他们,因为当局是'背信弃义的疯子。'"费舍尔设法劝说他们的司令官释放这些被吓坏的人。次日白天,他用船把他们全都送到岸边,前往南方的安全地带。晚上,办公室被洗劫一空,与此同时,驻扎在一家糖仓的印度军队点燃了仓库,好销毁他们掠夺的证据。[15]

外国人就是通过这种烧杀劫掠的方式,恢复了天津的秩序。7月5日,太古轮船公司的一位工程师护送费舍尔的家人沿海河而下抵达塘沽。公司的"圣景号"轮船接他们及另外160名英国难民驶过大沽口,那里的美国海军补给舰运载他们前往长崎。"回家去吧。"费舍尔在设法寄送出去的消息中这样告诉收信人。与此同时,危机总是伴随着机遇,费舍尔想办法保证,向占领天津的联军管理层提供物资的行为不会单纯变成一场"怡和洋行的作秀"。他还发出招标书,募集人手运粮北上到这座饥饿的城市。他央求上海把买办郑翼之派回来,主要是为了追讨公司的食糖经纪人所欠的钱款。这些经纪人尽管表面上陷入困难,但还都活得好好的,他们保证亲自和郑翼之见面,护送他过来。

仍然没有人信任俄国人。在耗费了"大量的口舌和许诺"之后,郑翼之于8月底回来,还带回来了首席收账员和一位船运文员,而上海报告说"我们还派了60名搬运工"(以及送给费舍尔的鞋油)。很有可能的是,费舍尔穿着刚被擦得锃亮的鞋子,忙着准备尽可能多的材料,为正式的赔偿申请做准备——包括一大笔用来赔偿郑翼之被抢走的财产的钱,这些钱如今极有可能到了英军的背包里。他把商行出租给美国军需处的队伍("我们把自己的阳台当成办公室,它挺适合我们"——这比租给英国人要安全),迫使英国当局就俄国强占海河东岸的一块地提出抗议,这块地包括了费舍尔为太古洋行买的地皮。这也难怪,随后的11月,他因为这一切事情的重压而崩溃。[16]

尽管牛庄蔓延着暴力和黑死病,烟台也有这种隐忧,但费舍尔及和他一道坚持下来的豪厄尔的经历却是独一无二的。而来自镇江的威瑟斯

第八章　新的时代

顿则报告说，"北方的麻烦"使"贸易严重受阻"和资金短缺。8月，武汉发生了一场很大的"恐慌"，当时人们担心"维新派"会发动起义，但砍下大约20个人头之后，事态平息下来。来自福州的贝克则报告说，他那里一切平稳，但也不是非常安全。妇女和儿童接到命令，不得不从江边的港口沿扬子江离开，公司在武汉办事处的首席中国书记员也带着家人离开了。[17]

义和团运动是中国最具创伤性的民族主义起义，但进入新世纪的中国，民族主义风起云涌，公司的代理人将经历诸多苦难。有时，公司的财产、索赔或员工的行为本身就会引发抗议、抵制和暴力反应，这一点从此前广州的暴力事件，还有上海面临的困境就能看出来。沃尔特·费舍尔本人将再也看不到这些了，他觉得比自己资历浅的人被迅速提拔到更高层的管理岗位，这让他震惊不已，于是接受了开滦矿务总局的职务，随后彻底离开中国，回到伦敦，投入了"怡和洋行的表演秀"（他很快成为怡和旗下印华轮船公司的掌门人）。但费舍尔在天津对各种事件的应对，尤其是7月中国员工被英国水兵抓捕大难临头时挺身而出的举动，肯定被相关人员铭记，正如他的侄子在很久之后的1911年代表太古洋行访问天津时所证实的那样：在那个炎热、充满恐惧和死亡的夏天，费舍尔是那些商人的保护人，当自己跟费舍尔的亲戚关系公之于众，他"几乎被著名广东商人的晚宴撑死"。[18]

天津义勇军在天津保卫战中扮演的是次要角色，但是值得人们注意。天津义勇军是英国人，夏季穿卡其色服装，冬季穿蓝色服装。这支队伍成立于1898年初，当时正值"瓜分狂潮"的巅峰时期——正如义勇军的一位支持者所说，"总是会发生意想不到的事情"，事实也的确如此——它只是一支未经训练的人组成的"本土警卫队"。人们的恐惧达到顶峰时，武汉的英国义勇军于8月应运而生。在这支队伍中服役是英国人在中国生活的重要特征，就像在英国一样。这支队伍鼓励年轻的英国小伙子加入，有时各公司还会出面指导，但很多年轻英国人都是主动加入。队伍为保卫特许权、租界等提供了力量储备,当然志愿服务更被视为一种塑造性格的健康活动,比如那些在帐篷里露宿的男人,当香港义勇军在昂船洲的年度营地训练时,就远离了岛上的恶习。义勇军也是一种社会组织,是男性结识同龄人的机会。1899年,一篇关于天津兵团第二场"允许吸烟运动会"的报道称,天津兵团"为一众促进社会和谐与娱乐的活动提供了新的、受人欢迎的补充",它让人们能够参与"极好的运动和良好的锻炼",但它也是一种自卫的工具。英国对新界的合并遭到了当地居民的抵制,因此需要动用武力来确保对新界的控制。香港的恐慌刺激了已经趋于垂死的义勇军队伍迅速扩张,在1899年的短暂冲突中,这支队伍曾两次呼吁新成员的加入。到1901年,兵团达到300人,是1898年的两倍多。[19]

1900年,在香港的太古洋行至少有八名员工加入了香港义勇军。次年,其中一人威廉·阿姆斯特朗在1901年拍摄了一张他和太古同事服役时的照片,照片内容相当惊人——他担任42人组成的"加冕队"的二号指挥官,乘坐"日本皇后号"驶过太平洋,穿过加拿大到达伦敦,在那里参加爱德华七世登基庆典(另一位太古糖厂的员工在伦敦加入了这支队伍)。根据所有报告,他们一路上得到人们的帮助和热情款待,尽管有时候人们也会对他们动粗。他们对前往斯皮特黑德参加海军检阅没有留下深刻印象,也不以为意——他们认为,香港的港口让他们对海上的景象感到失望。他们轮流在英国各地的部队中担任仪仗队和护卫队,接受基钦纳勋爵、恩图曼国王和王后的视察,然后返回香港,受到正式的迎接。在后来的义勇军规章中,"太古支队"在军团每周的训练中占有重要地位,士兵在位于普拉亚河旁边的公司办公室屋顶上阅兵,或者在1906年开始使用娱乐场边"又小又漂亮的"太古小型枪支射击场练习射击。为了方便起见,义勇军在1904年用过的15磅炮弹被存放在了太古糖厂。香港在1905年的一次大规模演习中遭到"蓝色帝王号""入侵"时,太古糖厂是军团的三处宿营地之一。[20]从某种意义上说,"加冕

第八章 新的时代

队"的一些人将再次见到基钦纳勋爵。1914年,公司人员和其他在军团服役的人后来利用在这支队伍服役的记录,志愿加入基钦纳勋爵在世界大战爆发时组建的"新军"。与此同时,太古人和其他义勇军成员为中国动荡新时代可能带来的一切挑战做好了准备。

到目前为止,故事中出场的基本上是男性。剧中的人物大多是公司的人,他们用思想、资本、钢笔或步枪武装自己。当然,他们的人际关系和家庭是他们生活的一部分,在某种程度上也反映出公司业务的特征(也体现出娱乐方面的特征:船坞员工托马斯·霍斯金斯的女儿麦吉·霍斯金斯在1908年太古射击场的女士射击赛中获得第一名)。1899年1月,太古洋行在一份备忘录中写道:"我们收到了你的信……告知我们你想结婚,并已写信给你父亲表示同意。"收信人沃尔特·菲斯特(Walter Feast)曾说服伦敦,他认为结婚一事在经济上是可行的。就这样,沃尔特于不久后的4月在神户同一位会计的女儿伊迪丝·史密瑟斯(Edith Smithers)小姐结婚了。[21]正如我们所看到的,伊迪丝将会在通商口岸的社会领域发挥她的作用,但公司的重要工作由男性主导。直到1892年11月12日,凯蒂·J.里斯(Katie J. Reece)才得以在伦敦办公室担任打字员和速记员。里斯小姐来自贝福德街的伯尼韦尔斯公司——那是一家秘书公司。她入职的时候正值"白衬衫革命"的到来,女性进入文书工作的步伐正在加快,标志是1891年第一份直接针对女性打字员的期刊上市。[22]在1907年辞职之前,里斯已经为公司工作了15年,但更多的情况我们不清楚,只知道她显然给1900年在香港负责业务的赫伯特·史密斯留下了相当深刻的印象。同年1月,史密斯写信给吉姆·斯科特,请求派一位速记员,专门指出要一位女性,具有和国内"办公室里你雇的那位姑娘同样的品质"。他这个请求隐晦曲折,对人员的需求与沙文主义的(如果不是厌女的话)尴尬和犹豫混杂不清——"我们想要的不是什么年轻靓丽的女孩,而是稳重、朴实、教育良好、头脑聪明的妇女,大概30岁到35岁,尽量不要丑得能堵死我们脑袋里的想法或者让时钟停下来。她一个月需要领取150英镑左右，这笔钱要能够负担在山顶酒店的生活。（单身女性能住在哪里呢？）"

于是公司开始在上海任命女性担任这样的岗位，史密斯报告说，在美国也可以找到很多女性员工，她们签的是三年的合同。斯科特拒绝了："这行不通。"他没有给出理由。实际上，他答复道："尽你们所需地雇本国人打字员，但也不要把时间浪费在撰写冗长的信件上，我们已故的祖师爷不鼓励这么做。"[23]（斯科特很快用上了"我们已故祖师爷"那高高在上的亡灵。）这封信很可能是由里斯小姐打出来的。

妇女进入文职劳动市场的趋势越来越快，无论吉姆·斯科特认为有多困难，无论这个趋势在太古洋行进展得有多缓慢。19世纪后期的"新女性"受过良好教育，独立自主，自食其力，这种现象在维多利亚时代中期就已经形成，让吉姆·斯特克这样的男人感到不安。1902年，伦敦方面又雇用了两名女性，1905年再雇用了一名。这在很大程度上跟英国全国的模式相符，尤其是在伦敦。1891年，伦敦约有7000名女性职场文员，里斯小姐只是其中之一，到1911年，这一数字已达到3.2万。[24]

但直到1912年，中国的办公室才开始雇佣女性。抛开史密斯的要求不谈，各通商口岸本身就存在更大的阻力，其中既有道德层面的，也有实际方面的——对于单身女性来说，通商口岸是什么样的地方（对有的人来说，她的工作又会给女性群体的"声誉"带来怎样的损害）？实际上，上海的第一位女雇员已经结婚。她是比阿特丽斯·玛丽·布兰德（Beatrice Mary Bland），娘家姓库尔森（Coulson），有过七年的速记员和打字员经验，其中四年在伦敦，三年在上海。她是在1909年搬到上海的（在那里她嫁给了上海公共租界工部局的一位卫生检查员）。她在这个职位上只干了三个月。一年后，马歇尔夫人加入进来，却发现自己很快"就被免除职务"（我们并不知道马歇尔夫人的教名）。第一次世界大战时，中国的办公室开始任命和保留女性，而不仅仅是作为打字员使用。到1916年底，上海已经聘请了四名妇女在书局担任助理。雇主们普遍认为女职员比男职员更守时、更有效率、更准确。比起被她们替代的男性职员，受过更好教育的女性的薪水更便宜。最初因为女性进入文书劳动市场而受到威胁的男性找到了安慰，因为大多数女性担任的特定角色越来越被认为是女性化的，而且没有任何进一步晋升的前景。[25]长期存在的婚姻障碍也加剧了这一点：单身女性一旦结婚，通常会被要求离开公司。而男性职员婚后依然可以寄希望于未来成为合伙人，这条路无论多么艰难，至少对他们是敞开的。

香港办公室直到1916年4月才有了女职员，当时的记录显示，一位名叫希登夫人的人成了公司的速记员。21岁的艾格尼丝·希登（Agnes Hidden），娘家姓约翰逊–李（Johnson-Lee），出生于委内瑞拉，是当时在特立尼达经商的一位商人的女儿，在香港接受教育，并与当地一家百货商店的助理结婚。1910年，她在技术学院上了一堂听写课，这是在皇后大道开办的一项继续教育计划。这所学院于1908年由政府拨款成立，提供工程、商业和科学方面的课程。女性"可以向主管申请学习某些课程"，于是录取名单上很快就出现了相当比例的女性名字；而且随着男子自愿服兵役，取代他们的工作越来越困难，这种需求显然也在加速。[26]这种战时招聘模式与英国社会的整体趋势完全一致，虽然战争结束后，妇女在劳动力市场上的地位将出现更广泛的急剧逆转，但到1918年，像太古这样的公司雇用妇女已经完全成为常态。

在19世纪末的英国，对雇用外国公民，特别是德国人有很多焦虑。逐渐发展起来的恐德症源自人们认为德国人工作时间较短，他们通过工作掌握英国的商业机密和做法，就会跳槽到德国企业，把信息带给德国公司使用。其实英国的许多公司，特别是曼彻斯特的棉织品，是依靠德国的代理公司来分销产品的。像太古这样的公司，除了药剂师之外，并没有雇用德国人，但他们会慢慢地雇用那些"本地打字员"和中国助手。在过去的很长一段时间里，他们一直聘用澳门的文员和簿记员（技术学院学生名单上的大多数女性都是澳门人）。上海和香港的员工当中形成了明显的英语社区,也进一步促进了这种趋势的发展。太古糖厂的中国主管几乎从一开始就备受公司的重视,因为他们肯定比从格里诺克过来的人更便宜,而且可能麻烦更少(肯定没那么容易酗酒)。[27]但是,人们又常常担心时机不对,或找不到称职的人选,或者在一些企业和组织中,会有欧洲员工想方设法阻挠华人和他们一起工作。

里斯小姐的工作不仅仅是替代品的问题,整个办公室工作的文化都在变革之中,文书工作的繁重程度急剧增长。对于一家像太古这样有着复杂业务网络,而且这些业务网络又涉及大量客户的企业来说,又快又多地准备准确的文档,处理、编制和分析信息,会给后勤带来相当大的挑战,意味着需要更庞大的职员队伍。里斯入职前,伦敦的书信簿显示,打字员已经开始打字录入各种文档,但为时尚短。从1892年11月起,绝大多数档案中的记录都是通过打字记录的。打字机等新技术和文件复制的新方法也改变了办公室的组织和布局方式。在这些新的劳动分工中,有一些被"女性化"了——在这方面,电话与打字机一样。例如,员工记录是可以窥见记录保存演变的一种方式。约翰·森姆尔·施怀雅曾经保留了一本记录合同细节的袖珍笔记本和一份合同副本的文件,而从19世纪80年代开始,公司开发出了一个精心设计的员工记录册系统,其中记录了男性员工的教育、休假、担任的职务、工资以及简要评估——"业绩良好""十分出色",并和一系列"员工信件簿"交叉参考。1899年,伦敦甚至要求所有员工把照片都寄过去("我自己的照片拍得不好,"费舍尔从天津寄出自己和豪厄尔的照片时写道,"所以我寄给你两张,你挑一张好的。")。[28]1900年,公司引进员工奖金体系,这一点就变得更重要了。公司肯定会增加更多的工作、雇佣新的保险代理机构,这就制造出越来越多的文件,但这份工作的性质显然也在经历重大的改变。员工的职责往往变得越来越专业,人们频频在办公桌之间穿梭,以便熟悉各种工作环境,有些工作几乎完全成为专家的专属。

第八章 新的时代

约翰·森姆尔·施怀雅去世前，有一个值得关注的潜在业务领域从未推进，那就是船坞，尽管船坞可以进一步延伸公司的利益，把公司的网络、专业技能和行政能力串联到一起，但遭到约翰·森姆尔·施怀雅的坚决反对。当然，6000吨的蓝烟囱邮轮"奥托吕科斯号"下水时，他高高在上的亡灵还是会露出微笑。1917年3月27日，这条船在位于鲗鱼涌的太古船坞工程公司启航。[29]这座船坞于9年前迎来了它的第一艘船靠岸，当时，太古轮船公司的"松江号"于1908年10月3日进港。当"奥托吕科斯号"到来，标志着船坞进入成熟期，她的姐妹船很快就开始铺设龙骨。这的确是一个重大时刻。它并不是这座船坞生产的第一艘船——太古轮船公司1909年下水的轮船"沙市号"才是第一艘——但现在，这群合伙人和同事在鲗鱼涌的滑道上有了这个胜利的标志。

在1881年，公司的几位合伙人就已经认真讨论过成立码头公司的问题，甚至从某种程度上来说，他们早在1872年就已经有这想法。如今，在鲗鱼涌购买地皮令这个议题迫切起来，吉姆·斯科特和埃德温·麦金托什对这件事十分热心。约翰·森姆尔·施怀雅相信，这么做是可行的，但在香港并没有开办第二家公司的必要。[30]显而易见，耐心是他唯一不具备的美德。好在他的合伙人乐于等待机会，他去世后不久，香港方面又开始热切地讨论建码头公司的前景，吉姆·斯科特开始了筹备新企业的过程，项目完工需要开垦120亩的土地，并通过承包商壮观的爆破作业来平整土地，有时候还会邀请他人来参观，爆破之后，150万立方米的花岗岩被夷为平地。1907年夏天，一个近240米长，36米宽，足以容纳当时海上航行最大船只的干船坞首次注满水。三道整修泊位、一道造船泊位和附属的店铺、发电厂和其他设施总面积达21万平方米。斯科特家族是技术顾问，他们和霍尔特家族以及另外两位合伙人于1908年正式注册新公司。就在同一年，这个设施遭受了严重的打击——"我看到它就想哭"，大班写道——香港也遭受了更广泛的打击，因为一场毁灭性的强台风导致船坞延迟运营。[31]

1900年初，当谣言开始流传时，码头竞争的前景令香港商业界颇为不安。香港黄埔船坞公司在九龙拥有大量设施，这是一家老牌公司，不愿将业务分享给其他公司。[32]鲗鱼涌最初的开发工作显得非常业余。一位年迈的香港建筑师威廉·丹比（William Danby）曾受邀主持公司的一项调查和计划，但结果证明他并不可靠，令人捉摸不透，而且（后来发现此人）相当不称职；此外，他完全是单打独斗。取而代之的是麦克·唐纳德（Donald Macdonald），他曾是负责布莱斯干船坞建设的驻地工程师，也是多佛海军部船坞部分工程的代理人，与他一起加入的，还有经验丰富的工程师阿尔伯特·格里芬（Albert Griffin）和威廉·克拉克（William Clarke）。[33]但建设工作依然不断受到各种问题困扰，尤其是唐纳德那每时每刻表现出的不可一世的自负——"请不要派他回来。"香港方面于1907年7月写道，"无论如何，格里芬先生才是建筑工程背后的大脑。"成本超支；关于建筑团队内部腐败的谣言；土地价格滑坡；被曝出内部有缺陷的海堤；对于鼠疫的担心，这些都导致大量华人居民离开香港，造成劳动力供应波动。当地媒体在1900年嘲笑说："太古洋行……需要很长的时间才能造好船坞——如果造得好的话。"工期确实比预计的时间长。[34]1908年12月31日，或许是为了表现对船坞的精神支持，九龙的造船商在那里举行了新年前夜的舞会，用汽船载着300名客人穿过海港，展示他们对自己的未来充满难以言喻的信心。第二天，在海港对面的山顶酒店，吉姆·斯科特向来自三家企业的员工讲述了太古的历史。这是他最后一次访问亚洲（他很可能对公司的除夕夜章程熟视无睹，这符合他的风格），当日，太古船坞正式开业。[35]

　　正如约翰·森姆尔·施怀雅在1881年指出的那样，公司可以为任何它想要发展的企业调动资金。船坞再次证明了这一点，公司还可以确保所需的技术专长能实际投入运用，动用管理技能来管理大型项目，而这个大型项目在很大程度上依赖于众多的小型承包商——好几家中国公司，他们使用从英国引进的设备和从整个珠江三角洲运来的原材料来建

第八章 新的时代

造船坞。建造过程涉及鲗鱼涌的重大扩张，公司聘用了更多的苏格兰人，准确地说是克莱德赛德（格拉斯哥附近的一处地区）人担任工程师、工头和主管。1905年造船厂工作人员名单上有36人的名字，再加上3名高级工程师；1910年有79人，还有24名临时工作人员（还有43名在糖厂工作）。格里诺克的一份报纸针对可能前往香港任职的人刊登了建议：带上你的冬装，把能带的靴子都带上，这些东西在香港很贵，然后买一顶太阳帽——软木盔。虽然生活成本很高，但一旦你把房子装修好，就能省下一半的工资。[36]

公司为中国员工建了房子，还建了一家医院；私人投资者不仅建了商店，还建了更多的房子；政府的卫生委员会还批准了修建公共市场的建议。人口普查记录显示，香港的华人人口稳步增长：1881年，鲗鱼涌所在的筲箕湾地区共有2517名华人；1891年，达到5447名。1901年，鲗鱼涌首次登记为独立的"村庄"，有1875名中国居民；1905年，增至3219人。[37]太古的设施雇用了其中大多数人，还有更多的人间接靠太古的项目谋生。鲗鱼涌一度是驱车驶离市区通往乡村的偏远地，甚至在过去的20年里，想去一趟鲗鱼涌都难，大多数人需要坐上30分钟的船往返"城里"，但此时这里已经是欣欣向荣的郊区了。[38]到1904年，有轨电车开始运行，上午下午都有工人专用列车。

船坞的工程一动工，进度就让旁观者刮目相看：1900年9月，工程开始后四个月，大型切割作业完成。[39]但是，与糖厂的建设一样，通过"在工程智慧下运作苦力"来取得胜利也是一个充满争议的故事，1906年的一篇新闻报道如此评论道。1902年12月，工地上的40多名印度保安和搬运工人互相看不顺眼，导致了一场冲突，其中一人死亡；数日后，一具手脚被绑的华人工人尸体在工厂被发现，很可能是被报复性谋杀；一位印度看守人殴打了一名被他怀疑偷木材的华人妇女。在很短的时间内，就有估计1000多人与守卫对峙，六名华人工人因引发骚乱而被判刑，不过总算是避免了一场有威胁的罢工。1904年和1906年，两名监工，一人是工作没几天的新西兰人托马斯·海因斯（Thomas Hynes），另一人是印度人哈尔巴吉·罗伊（Harbaj Roi），被指控误杀被他们"捅"或"踢"了一脚的中国员工。判决结果分别是：无罪和有罪（三个月的苦役）。[40]在雇佣和监督中国劳工的环境中，低程度的暴力是家常便饭：这里是殖民世界，这就是工头对待劳工的方式，而人与人之间的政治差异、对"种族"和"尊严"的看法都是其中的原因。英国殖民当局和私人企业继续在整个东亚和东南亚雇用印度人，而且雇来的人不只服务于英国人。[41]锡克教徒"尚武民族"的观念，支持着他们在安全和治安方面积极作为，也导致他们卷入镇江、上海或鲗鱼涌的摩擦和冲突中，尽管正如我们所看到的，中国反对他们的部署（其本身具有一定的种族主义性质）。单纯的无知也是一个因素，比如年轻的海因斯之前在新西兰的经历，以及他在南非服役三年，后来又在农场和警察署工作的经历，除了使用肢体暴力这种赤裸裸的语言，他还能用什么语言跟广东男人说话呢？

这样的时代一去不返，如今被埋葬在旧报纸中。但这些事件公之于众，势必会造成轰动。船坞给太古洋行带来了两项更加旷日持久的挑战。首先，香港黄埔船坞公司激烈地反对港口对面的新贵。与早期的糖厂业务一样，太古洋行也有很多东西需要学习，而且还有一点跟糖厂类似的是：船坞也不一定能很快学会经营。事实证明，要找到合适的人管理新的装置，而且要跟太古洋行在鲗鱼涌的代理商合得来，是件难事。就在此时，伤寒还早早地夺走了一位经验丰富且能干的工程经理的生命，事实证明，这位经理是个难以替代的人。[42]太古洋行发现自己成了持续恶意谣言攻击的对象，但也默默地承认自己的缺点。费率下降，导致这项业务出现三年的破坏性竞争。1910年2月，正当外界认为他们可以达成协议时，却被香港黄埔新任命的总经理搅了局。此外，公司的许多股东曾把手里的股票看作是"金边股票"，现在这些股票明显贬值了，这些人有本事做到不把业务给太古，他们也确实是这样干的。然而，1913年终于达成一项联营协议，最终结束了太古船坞连年严重的亏损。事实证明，这里的业务量之大，足够建造第二个造船厂了。[43]

第二个挑战是劳动力。一开始，公司在招工、培训和留任足够多的华人工人方面面临困难——尤其是当瘟疫爆发的时候。直到1912年，船坞经理才觉得香港"充分具备"训练工人的能力。此外，太古在扩建一处设施的过程中，雇用了4000名左右的当地工人，并在中国即将进入民族主义和革命时代之际，将此作为政治和劳工维权活动的关键场所。和太古糖厂的情况一样，船坞内部的劳工冲突也时有爆发，这在很大程度上是由他们的本地身份决定的。[44]公司开始为劳动力提供便利设施，就像为欧洲员工提供的那样，包括一座医院，尽管它没有坐落在工厂上方的柏架山，那里一直是留给欧洲雇员的。但在风起云涌的政治环境中，一家雇用如此规模劳工的公司能及时地与劳工组织沟通，并和政治运动结盟，还是很难得。到了1909年，太古洋行在华的各家办事处总计雇用了大约一万名华人员工。[45]

然而，太古洋行面临的下一场政治挑战更直接、更艰巨，且耗费了公司很多钱——相当于太古船坞投资额的五分之一，但其长期影响是正面的。1908年11月29日，当吉姆·斯科特正启程前往亚洲时，一位40岁的华人男子贺玉庭乘坐"佛山号"从香港前往广州。这艘汽轮船运载超过660名乘客，船长是一位跑中国海岸航线的老手、生于韦克斯福德（爱尔兰东南部一郡）的查尔斯·劳埃德（Charles Lloyd），正如劳埃德在1902年所说的那样，自己已经在广州待了很久，"在上次战争之前"就到了广州。劳埃德生于1838年，所以他指的是第二次鸦片战争。他见多识广，1902年出版了一本指南——《从香港到广州的珠江》（*From Hongkong to Canton by the Pearl River*），在书中，他建议游客在每年的10月或11月到广州旅行，因为那是一年中最适宜的时候。

"佛山号"离开码头，驶过"密密麻麻停在外面的一排舢船"，开始了劳埃德"自己认为完美的海上航行之旅"。[46]但贺玉庭却在劳埃德的这趟航行中离开了人世，同行乘客立刻指控船上的澳门值夜人坎迪多·若阿金·诺罗尼亚（Candido Joaquim Noronha）殴打他并导致其死亡。他们的证据详尽且令人信服，作证者都是值得尊敬的商人。

对于指控，诺罗尼亚只承认自己曾想使劲摇醒贺玉庭，要求他支付船费。而且船长劳埃德也作证说诺罗尼亚"性格良好"，且他们已经共事23年，是一位信得过的船员。

劳埃德并不是唯一争辩说贺玉庭在登船的时候就已经是奄奄一息的人。"众所周知，香港的华人有一得重病就去广州的癖好。"他在一封写给媒体的信中如此声称。经过广州英国领事召集的调查，诺罗尼亚被免除一切罪名。[47] 当然，劳埃德会觉得自己"了解华人"。[48] 他不缺自信，也不怕在他的导览册中将自己的诗呈给大众。这首诗是献给"G.T."的——他也是个环球旅行者：

在你那钢筋铁骨的海洋巨宫，
奔腾的龙骨劈开激流的汹涌。
体贴安排只为让你住得舒畅，
不遗余力只为你的小小愿望。

广州当地的诗人在领事调查后，写下了韵律与之不同的讽刺诗句：

我以为中国人低劣不如蝼蚁，
他们被一脚踢到另一个世界。
……
弟兄们啊，快快奋起！
不然我们就卑微如一捧沙粒。[49]

当这首诗以及类似的歌谣在集会、聚会以及"在所有往来三角洲的客船上"传唱时,广州的商人和活动人士奋起反击,展开了一场全方位的抵制,他们先是抵制"佛山号",接着更普遍地抵制太古洋行。[50]这似乎只是25年前的迪亚兹事件的再度上演罢了,尽管有微小的差别(事实上,劳埃德当时是"汉口号"上的一位职员),不过这次事件也有新的因素,包括广州喧嚣的政治环境、抵制作为政治武器与日俱增且行之有效的趋势、更便捷的通信以及中国媒体的蓬勃发展。

清政府尽管不得不根据1901年《辛丑条约》的条款,向外国列强支付看上去数额巨大的赔款(费舍尔的大部分赔偿主张都被允许了,包括郑翼之的大笔财产),但它十分惊人地从1900年的灾难中恢复了元气。从1902年起,政府制定了一系列被称为"新政"的改良措施,开始全面重塑这个国家的体制,在一定程度上防范了因内忧外患而崩溃的风险。新的政府部门建立起来,古老的科举考试制度被废除,君主立宪制提上日程。然而,与此同时,国内反对者的数目和力量也壮大起来,曾经的维新派人士(如今包括妇女在内)成为革命派,或者跟革命派联手。比如,孙中山领导的组织就谋划通过暴力推翻政府。孙中山出生于香山,成年后在夏威夷接受教育,后又在香港接受了医师资格的培训。新政引发期待,民众当中产生激烈辩论和兴奋的情绪,这些在公共集会、社团以及新生的媒体都有所体现。[51]

1905年,美国恢复对中国人实施移民限制,引发中国对美国商品强烈而有效的抵制。广东省发生大规模的抗议活动,抗议英国单方面决定在珠江支流西江这条新开辟的航线上进行反海盗巡逻——太古轮船公司的"三水号"遭海盗抢劫之后又发生了"二辰丸案",日本在东沙岛有私人利益,当局屈服于日本的行为让该地的反日运动复兴[52](1908年2月,澳门商人柯某购买日本军械,由日本轮船"二辰丸号"运抵澳门海面,被清政府缉获。日本人提出抗议,两广总督张人骏以赔偿损失及鸣炮谢罪了事。澳门人引为大耻,上海两广同乡会及政闻社等皆致电澳门力争,遂发起抵制日货运动,香港方面并组织"振兴国货会",运动持续了八个月,日商损失惨重。——译者注)。尽管这种民族主义安全保守,间接将舆论的风头转向清朝,但它也是一股不可忽视的力量,谁才是导致"国耻"的罪魁祸首,这是中国新民族主义的核心。

而贺玉庭在"佛山号"下层甲板上的死亡更点燃了这座城市粤商自治会的怒火,他们组织了一场愤怒的示威,当时劳埃德正驾驶船只返回广州。

这是一场旷日持久且成效显著的抵制——广东人的网络跟中国的条约港口,还有太古轮船公司的国际航线交织在一起,比如那些曾接受费舍尔帮忙、逃离天津的人士,这使得有组织抗议太古洋行的活动得以在远离广州码头的地方传播。对于太古来说,广东的问题变成了国内和国际问题,而太古的问题又变成了更广泛的英国问题。同样的,英国的问题也可以变成公司的问题。例如,1909年在九江,又一名显然已经病重的中国男子死在了九江英国租界警察约翰·米尔斯(John Mears)的警棍之下。这次事件引发了针对所有英国利益的强烈抵制。英国官员和商人都相信,应对这种压力的唯一办法就是坚持到底,并向清政府施压,要求其镇压激进分子。他们也认为这样做符合清政府自身的利益。香港大班D.R.劳(D. R. Law)提出,如果任由事态不受约束地发展,就会导致革命。劳是个既啰唆又杞人忧天的人,有一大堆事情要发愁——其中包括抵制运动和造船厂、航运萧条和最近来自日本糖业市场的激烈竞争。最终,他打算以辞职挽救自己的健康。作为在公司工作了24年的老员工,劳对中国新一代的态度是敌视和反感的,也证明外国对中国的态度有了新的转变,特别是那些居住在中国的人,他们采取的是敌对、甚至好斗的态度。但在1909年6月,公司终于受够了,命令买办莫藻泉(买办莫仕扬的儿子)结束这起事件,要么就由他本人承担其损失。[53]

最终,公司的首席船运职员莫咏虞于1909年8月前往广州,在一次公开会议上同受害者的兄弟签署协议,使得抵制告一段落。就像1883—

第八章　新的时代

1884年那样，公司最终绕过英国官员，直接和反对者谈判，同意向死者家人支付赔偿、调走劳埃德、开除诺罗尼亚、保证会关心照料华人乘客并在劳埃德的船上张贴告示。一周后，劳埃德船长乘坐日本船只"皇后号"出发前往香港，开始他的退休生涯。对于这件事，英国外交官和香港总督卢押（Frederick Lugard）爵士怒不可遏，一同指责太古洋行自取其辱。"确实如此，"劳答复道，"但你们并未支持我们。"

《泰晤士报》的驻北京记者莫理循（G. E. Morrison）发表了一篇满是抱怨语气的文章，说此举是"向勒索投降"。事实当然如此（他不是唯一这么说的人），但莫理循并没有轮船要运营，也不需要面对拒绝把货物交给轮船运输的托运人。[54] 有些观察家回顾往事，觉得这次妥协比看上去的还要昂贵，因为太古洋行刚刚捐赠了四万英镑巨款（包括来自太古糖厂和蓝烟囱的各5000英镑）给基金会，用于提议建设的香港大学。这份大礼是香港其他大公司承诺捐赠数额的八倍，对于整个倡议来说至关重要，但在"佛山号"困境的公开解决方案中，这份大礼显得更为突出。[55] 建立大学的举措已准备就绪，由吉姆·斯科特在公司内部以及他担任主席的伦敦中国商会内部推动，他于当年5月4日在中国商会宣布了这一消息。对此，香港的劳提出反对：欧洲人持反对情绪，香港人也是一样的情绪，而其他人则认为这所大学只是在培养激进分子。[56] 总督在一份公告中注意到这一和蔼的慷慨行为，他指示公众应该转变观点，承认这一问题已经解决，至少英国人这边是这样。然后应该向葡萄牙人施加压力，以谋杀罪审判诺罗尼亚（Noronha）。然而，现在这位失业的看守人自己解决了这个问题，因为他不久后就死于肺病。[57] 当然，太古洋行未来持续需要年轻且训练有素的工程师加入，对于这样一家公司来说，支持这所新大学是有充分理由的，不管人们如何理解太古和香港大学之间密切关系的起源，公司都已经与贺玉庭以及坎迪多·若阿金·诺罗尼亚的曲折命运不可避免地纠缠在一起。

公司与广东当局的交易也可能有助于弥补1904年早先因争议而闹僵

-209-

的关系。太古洋行在1903年持续参与中国劳动力移民，似乎是因为此举可以用来满足迫在眉睫的新需求：恢复南非金矿的工作。在1905年出版的《中国大事记》中，太古洋行在香港、福州、厦门、汕头和广州的分行被列为"南非劳工协会"的代理商。1899—1902年的第二次布尔战争摧垮了德兰士瓦的采矿作业，驱散了劳动力，并破坏了该国的运输基础设施。恢复经济的举措，投机资本和大大小小投机商的大量涌入，其中包括像托马斯·海因斯这样的小鱼小虾，使得矿主很难得到劳动力或者说是无法得到廉价劳动力。幸运的是，在英语国家的想象中，中国曾经有源源不断的劳动力输出，这些劳动力如今有时会变成威胁，有时又会变成资产——南非有需求，而中国有人力。

南非矿业商会建立了一个从中国招募劳工的组织，而太古洋行尽管一开始疑心重重，但还是在1903年设立了在华南招工的代办处，一开始许诺每个月招募4000人，一年达到五万人，但这项方案对公司来说，实际上被证明是一场代价高昂的错误。19世纪中期，非法贸易的污点及劳工的悲惨境遇仍然影响着中国官方对劳工移民的看法。比如当时两广总督就坚决反对香港在该方案中扮演的角色，但太古洋行已经发展出了一套基础结构，在这套结构中，香港这个地方对其规划至关重要。公司也在九龙半岛西北面的荔枝角建造了一处移民营地，作为装载劳工的港口，并于1904年2月在广东散发招工启事。截至5月中旬，有1600人在该处的十座大型棚屋里等待接受医疗检查。当地媒体醒目地登着一篇题为《幸福之家》的文章，那里全都是太古洋行聘用的代理商招募来的"身强力壮的家伙，红光满面，状态奇佳"。但到了1904年5月25日，这些人中只有1000人上了一艘特许船只出航，同时整个方案遭到已经在南非的华人、为东南亚招工的公司（他们的供应链会被新方案分流）、英国和南非的政治和公众观点的一致反对，后者要么认为"中华奴隶制"会损害"白人劳工"的权益和工资，要么是单纯出于道德上的厌恶而反对。广东当局也这么看，而且它的反对成为太古洋行的努力付诸东流的绊脚石。当政府下令停止招工，下一艘特许船面临严厉的指控时，情况变得更加糟糕。

劳在一次"近乎无法无天的举动"（用英国驻广州领事的话来说）中安排秘密的招工活动，而这件事被披露出来。[58]"佛山号"和移民事件的关键点都在于，尽管清朝在1900年大难临头，那时的外国势力可以将它撕个粉碎，但外国企业却发现，自己处于陌生的环境中。他们和大多数外国观察者及有识之士都要求中国进行现代化改造，并主张，如果中国没有发展出和他们一样的现代机制和惯例，中国人就不能完全期待自己被当成国际社会的一分子对待。但是，当中国人真正这么做的时候，他们却陷入了困惑和戒备。他们依赖于详细的条约和协议规定，是因为这些条款为他们提供权益和特权，对许多人甚至对此刻的太古洋行来说，问题变得棘手起来。

但清朝官员以及新一批知识分子团体，尤其是商人和学生开始反驳这种假设。可以说，这只是外国势力在中国最初阶段的作威作福结束了而已，但事情显然正在起变化。太古洋行从劳工方案中完全撤出，而随着他们的退场，华南不再是为商会招募工人的地区：在抵达南非的63695人当中，只有1689人是从香港离开的。更广泛的中国劳工争议愈演愈烈，并对1906年的英国大选产生了强烈冲击。当然，太古洋行仍然从事促进劳工移民的生意，并且也为蓝烟囱的船只提供华人水手，而劳实际上在1905年初去了德兰士瓦，试图拿下为当地提供中国劳动力的生意，但原先设想的南非风险项目已经结束。[59]

尽管约翰·森姆尔·施怀雅和阿尔弗雷德·霍尔特相继去世，但太古洋行和蓝烟囱的关系依然密切。双方对造船厂的共同投资以及1904年对另一家新公司——天津驳船公司的投资进一步巩固了这种关系。这家新公司的目的是纠正天津港现存的垄断企业的种种问题，并提升业绩，沃尔特·费舍尔在还没有对象可抱怨的时候，就已经对此抱怨过了。1908年12月，第一艘船停靠在两家新合资企业之一的霍尔特码头。码头位于九龙半岛的东南端，是一个由仓库和码头组成的综合体，位于连接香港和广州的铁路——新九龙线总站的关键位置。这条铁路于1910年开始运营，上海也在建造类似的设施。蓝烟囱于1902年接管了中国互助轮船公司及其跨太平洋航线。在香港，太古洋行努力游说该公司升级其舱位，因为该公司员工认为，来自中国内地乘客的需求非常大——有收入数据支持他们的观点。[60]和霍尔特家族的密切联系给施怀雅家族带来的好处始终是多方面的。太古洋行在中国新洋轮船公司的企业和个人持股构成了仅次于霍尔特家族的最大份额。太古洋行为自己在伦敦开展的工作收取费用，并且愉快地指出，这笔费用仍然不足。太古公司同斯科特家族的关系也变得更密切，这个家族是船坞的采购代理商，戴着伞形头盔的员工到造船厂工作，帮太古轮船设计了很多船只，并始终担任总技术顾问。斯科特家族也继续为太古建造新船，太古轮船公司在1901—1905年间订购了20艘。

太古还在继续成长。光在1901年和1914年7月间，就有144人东渡并加入太古洋行，是过去14年的两倍。[61]其中一人于1913年11月在伦敦入职，随后于1914年3月启程到香港任职，代表了施怀雅家族在太古洋行中的新一代：他就是杰克的长子施约克（John Kidston Swire），杰克1889年和格拉斯哥一位店主的女儿艾米丽结婚并生下四个孩子，施约克是其中之一。杰克的幼子格伦（Glen）此前在牛津大学学习，但公司也有一个职位在等他，他准备于1914年10月入职。

太古洋行的员工记录显示，下一代员工比长辈接受的培训更好，许多人拥有伦敦商会和艺术学会的资格证明或文凭。他们总体上拥有更多的入职前经验，专业经历也更丰富。当很多工作变得越来越专业和复杂时，男性可能会掌握工作诀窍的假设已经过时了。当然，事实证明在未来一段时间内，许多和在华生活工作相关的经验是不可能传授或通过文凭学到手的。

人们仍然感到长期定居在中国有风险。"长期住在这里，寿命都会缩短"——沃尔特·波特这么认为。截至1902年,他已经在香港待了28年,只回过三趟国。这一年晚些时候,他以健康原因辞职。劳后来也以避免精神崩溃提出辞职。波特主张,他们需要更好的退休待遇。虽然他们的工资很丰厚,但存不下什么钱,尤其是高级职员觉得,自己要活出大班应有的样子(别人误以为他们是合伙人)——尽管企业本身有政策,不得参与官方的公共生活,所以业务消遣就意味着"香槟酒和额外消费"。以一位大班为例,全家人配备了一位欧洲护士、一号男仆、二号男仆、厨子、两名打扫房间的小工、六名打扫桌椅的小工、负责采购和清扫卫生间的小工、洗衣女工、园丁、照顾孩子和缝衣服的保姆。[62] 这就是大班生活的问题。

从员工的笔记本中,可以看出来一种值得记录的倾向——少数人在启程之前就在伦敦学过一点汉语。建立于1889年的游说团体中华协会于1900年在伦敦开设了一家"实用华语学校",太古洋行曾给这家学校的基金会捐过50英镑。对英国商业地位受到威胁的焦虑——在世纪之交的公共话语中形成了强有力的立场,助长了人们的担忧。人们担心英国公司的贸易竞争对手得到政府的补贴,或在其他方面得到政府的帮助,以不正当的方式运作,采用不公平的创新商业实践,并用客户的语言培训员工。贝思福爵士曾代表联合商会进行访问(太古洋行提供免费旅行的便利),这次访问的结果体现为一份报告,在1899年以《瓜分中国》一书出版,该组织最后呼吁"向那些想在中国找工作的英国年轻人教授汉语"。[63] 太古洋行的新雇员中有极少数人下班后会在国王学院学上几小时的汉语,这批人对于公司文化的影响不大,从结构上看,买办制度仍然完好无损,而且买办后代的英语说得比英国人自己能学的中文要好得多(而且他们的受教育程度也越来越高,远高于他们的英国同事)。

吉姆·斯科特于1912年10月去世,他的儿子科林在1910年就被接纳为合伙人,因此施怀雅家族和斯科特家族也仍然保持着紧密联系。吉姆·斯科特在太古洋行成长过程中的作用是相当重要的。毕竟,太古洋行在上海刚刚问世时，吉姆·斯科特便已加入，而船坞显然是他的标志性成就。他缺乏约翰·森姆尔·施怀雅那样的领袖魅力，也不太能容忍别人性格上的弱点，但在所有的高级职员中，他在亚洲生活的时间最长，对亚洲的态度和偏见吸收得最深刻。当然，与此同时，他并未掌握多少其他人表现出来的圆滑，在他作为高级合伙人巡视期间，曾指示太古洋行的办事处不要雇用欧亚混血儿，否则应当将其开除。[64]斯科特当然也对公司的历史有着浓厚的兴趣，事实上，他是公司的第一位历史学家。1909年，在从亚洲回家的路上，斯科特把自己1909年新年那天与香港员工的谈话记录写成了一份简短的历史草稿，在他死后秘密完成并出版。但除此之外，我们很难从档案中看出他的个性，那时他是太古洋行硕果仅存的老将。

弗雷德里克·加姆威尔于1896年去世，埃德温·麦金托什于1904年去世，加姆威尔已经离开了合伙人岗位，但麦金托什的股份有些复杂情况，导致了公司与其执行人之间的一场法律纠纷。朗是最后一个去世的，然而他的遗嘱却引发了一些媒体评论，因为他给最后岁月里看护他的、一名32岁的护士留下了一大笔"意外之财"。直至人生最后，他都相当地让人捉摸不透。[65]

到了1912年底，这家合伙企业已经完全掌握在下一代人的手中：杰克·施怀雅和他的弟弟华伦·施怀雅（1905年跻身合伙人）；科林·C.斯科特；科林最小的弟弟约翰·施怀雅·斯科特从剑桥毕业后，于1924年加入企业，并于1931年担任董事。这支团队及其在华经理即将面临中国革命带来的挑战以及由此引发的巨大变化，他们还将面临1914—1918年的欧洲冲突，这场冲突改变了欧洲，也彻底改变了中国。

第 九 章

中国市场

1914年，鲗鱼涌举行了两次公司集会，呈现出截然不同的场景。1月，香港大班船长乔治·埃德金斯（George Edkins）注视着他的妻子威妮弗雷德（Winifred）拿着一瓶香槟砸向太古轮船公司一艘新船的船头，伴随着"热烈的欢呼声和许多爆竹噼里啪啦的响声"，这艘船从船坞的船台上快速滑下。[1]这就是"武昌号"，第二艘以武昌命名的船舶，也是上海和扬子江航线上表现优秀的一艘船，属于新级别当中的第一艘。这是太古船坞建造的第11艘、也是截至当时最大的一艘船，重达3200吨。埃德金斯曾是服装商学徒，在香港担任了两年经理，发表过情绪乐观的演讲。过去12个月是香港造船业创纪录的一年，但埃德金斯声称，1914年的纪录将被超越，因为太古轮船公司的另外三艘蒸汽船正在建造。对太古船坞和香港经济而言，前景十分光明。这些聚会看起来就像是可以预测的剧本，轮船下水，拂去灰尘，一些细节偶尔改一改（比如船名）。

但全球航运现在已经摆脱了严重的、让太古轮船公司十分痛苦的衰退：1906—1911年，公司三年没有分红，连续四年亏损。1911年召开了一次非常困难的股东大会，弗雷德里克·威廉·路易斯·德希尔斯·罗斯福·西奥多·巴特菲尔德（Frederick William Louis d'Hilliers Roosevelt Theodore Butterfield）在会上现身，他是已故美国总统的远房堂兄弟，理查德·沙克尔顿·巴特菲尔德的侄子，也是他父亲在公司的重要股权的继承人。巴特菲尔德指控各位经理——施怀雅父子公司——滥用职权，因为这些经理明显没有遭受损失，而且巴特菲尔德声称，这些经理雇用了"一大批员工，牺牲我们的利益，让他们享受丰厚的薪水"。[2]由于理查德·霍尔特在会议上的干预，这种对太古轮船公司管理层的攻击在很大程度上被转移，那一年利润和股息也都恢复了。约翰·森姆尔·施怀雅的人脉曾经为公司出了很多资本，但这些人脉的后代却给他的继任者带来各种各样的麻烦。

在香港，太古船坞陆续收到订单，联营协议正在发挥作用，船坞刚刚起步那时的问题似乎已经成为过去。但在1914年7月3日，鲗鱼涌的员工俱乐部举办了一场不同的聚会：造船厂和制糖厂大约一半的外国员工聚集在一起，聆听香港总督梅含理爵士"雄辩而激动人心的演讲"，这次演讲的主题是《每位男性在成为义勇军方面的个人义务》。[3]1883年，"汉口号"事件导致沙面爆发骚乱和破坏时，梅含理爵士作为一名年轻的行政干部，一直在广州学习粤语。他声称，如果当时有义勇军在，可能就会阻止这种情况的发生。在"这个文明的时代，战争爆发不会有什么前兆"，所以"做好准备"和保卫"大英帝国这个重要的前哨"是很重要的。这个话题并非第一次被提起，他的前任卢押总督曾试图在香港强制推行志愿服务，得到了吉姆·斯科特的坚决支持，尽管最后没有实现。香港总司令凯利少将也支持梅含理爵士，他告诉太古洋行的人，"他们有责任参与保护如此伟大的遗产"。

梅含理和凯利在鲗鱼涌演讲的五天前，斐迪南大公在萨拉热窝遇刺的冲击波正在欧洲各地蔓延。一个月后，英国宣布参战，而在这场已经展开的冲突面前，中国也不能幸免。从政治意义上来讲，这是动荡的十

第九章 中国市场

年。早在1911年10月,许多人早就有所预料、有志人士为之奋斗的辛亥革命爆发了。策划革命的人利用太古轮船公司的船运送枪支,商人鼓动民众反对外国利益,作为推翻清政府的代理人,革命派当中的炸弹制造者在武汉的俄罗斯租界引爆了自己——从极端意义上体现了吸烟的风险,因为点燃中国导火索的是一根丢弃的香烟或火柴。事态发展如此之快,以至于当资深革命领袖孙中山结束在美国的筹款之旅,踏上回家的路时,对清政府的进攻几乎已经结束。在某种程度上,这是一场怪异的革命,因为各方都担心长期的混乱可能会引发外国对中国的最后攻击,因此他们都采取了相应的行动。

清朝覆灭,共和国宣告成立。袁世凯,这位曾经忠诚的将军和行政长官背弃了清廷,转身与孙中山达成和平协议,成了大总统,而孙中山则从大总统的位置上退了下来。袁世凯不是共和主义者,1913年3月,在中国第一次民主选举之后,孙中山建立的新党派——国民党的国会领袖在上海火车站被袁世凯的特工暗杀。四个月后,国民党在北京发动反对新独裁者袁世凯的"讨袁之役",但没有成功,其中一个原因就是英国向袁世凯在上海的盟友提供财政援助,以说服他们的军队保持对袁世凯的忠诚。

这场革命在某种程度上是血腥的,但很大程度上很节制,求和平的那些人是想防范外国人干预,这点基本上取得了成功。要是哪座城市有外国租界或定居点,通过武力或威胁使用武力来完成权力交接,义勇军就会出动,外国军队或海军陆战队就会登陆,他们的机枪和炮艇就会在外滩和港口架起来,一副耀武扬威的样子,但没有开火。银行关门,业务中断,外国居民可能又会遇上历史上熟悉的场景,在镇江或芜湖始终热情好客的太古船上寻求庇护。与此同时,清朝的一大标志,留在人们头上的辫子被剪掉。

新成立的民国似乎是西方式的共和国,通过各种形式和程序,巩固了清朝新政的改革。[4]从本质上说,这是一种政治权力的转移,在很多情况下，只是转移给了那些参与广州抵制的商人和政治活动家，或者长期与太古合作的商人和政治活动家。1911年11月，一位招商局董事对杰克·施怀雅说："我们都是反清政府的。"[5]总体而言，当外国利益与中国主权相遇时，条件进一步偏向于外国势力。中国人现在实现了自治，但仍然受到约束。

袁世凯拼命巩固新政权，并在1915年末称帝，外国评论他的语气和态度变得越来越挑剔，甚至对许多地方不屑一顾。曾经，外国观察家认为他们的法律优势和通商口岸网络是暂时的壁垒，只会持续到中国"现代化"。当然，他们期待那个时代，或者至少他们会这么说。然而，随着中国的改革，必要的"现代化"条款被修订，实现现代化的障碍被加强，放弃外国优势的前景越来越远。对于大多数在中国有利可图的外国而言，一个堕落的中国才最符合他们的利益；尽管这些外国会认为，反对军阀、强盗和老爷们是对他们自己的利益，还有中国人民真正利益的正当保护。但现在这些"外国化的""不真实的""不具代表性的"中国人认为，外国人其实是霸占了自己的土地，从中牟利。

在接下来的很多年里，清朝统治结束的后果在政治、社会和文化上继续显现。从短期来看，对太古的利益来说，第一次世界大战是一个更重要的插曲。1914年1月，太古船坞的浮华被7月和8月4日英国宣战的庄严召唤所掩盖。当然，各方都坚信冲突会很快结束，战争第一年，大部分人都是这样的信念，尤其是在经济战线上的中国。英国政府迅速实施了一系列法规来管理和限制"与敌人进行贸易"，总体战略目标是削弱德国经济，同时采取行动保护自己的经济。英国迅速引入国家保险——承担80%的损失，稳住船只的航行，从而为英国提供食物和供应。收货人只有在使用有战争险的船舶时才能获得这种保护，因此像太古这样的公司有双重动机来参与这一计划。截至当年8月13日，太古轮船公司为57艘船舶办理了保险。在最初的动荡和混乱之后，英国船只再次启航，尽管存在损失、征用、改道、港口拥堵和运输瓶颈的风险，这种临时安

第九章 中国市场

排还是一直持续到1916年。[6]长期全面战争的压力会导致国家进一步控制经济，将私营企业的专家引入新的机构和部门。几家新机构的创建展现出一位分析师认为的某种"组织技巧"，让船东和公务员之间历来棘手的关系变成了一种有效的伙伴关系，尽管我们从太古公司的书信中可以发现他们对官方思想局限性的蔑视。[7]

在东亚，盟军封锁德国的关键手段在于控制敌人的贸易，但这些手段未经检验，而且往往被证明不切实际。它们也根本不符合中国商业世界的现实，因为不同的外国利益往往交织在一起，许多英国公司依赖德国的合作伙伴、资本、代理商或技术人员。这给太古洋行带来了"很多担忧和麻烦"，但对于公司现在的21个分支机构来说，问题比其他许多公司要小。

但有些情况还是会让人始料不及，比如公司在符拉迪沃斯托克的代理机构是德国大型公司孔士洋行。虽然太古洋行的目标是遵守新的规定，换下这家代理商，但事实证明，要找到一个会讲俄语且有航运经验的英国人非常困难。该公司的德国负责人是归化的俄国人（他们曾经设法从俄国人的拘留中解脱出来），他们坦言自己对十月份终止安排的决定"感到惊讶"，但太古洋行的决心已定。[8]据香港报道，蓝烟囱公司的代理业务因与德国公司分道扬镳而受到挑战，他们在欧洲的货运损失"清楚地表明英国参与中国出口贸易的情况不佳"。[9]战争期间，各位官员也做出了新的努力来加强英国在中国的贸易。英国商会在外交赞助下成立，商务专员也被派往领事馆。随着紧急情况的持续，在中国的英国政府机构和企业也越来越紧密地联系在一起。

这场战争让公司从法律上成为崭新的实体。1913年12月31日，最后一份合伙协议到期；1914年元旦，太古洋行成为有限公司。三位合伙人——同父异母的两兄弟杰克·施怀雅和华伦·施怀雅（共同持有公司股份的控股权益）以及科林·斯科特成为董事，并迅速增加了第四位合伙人亨利·威廉·罗伯逊（Henry William Robertson），他自1891年以来一直为公司服务。

自吉姆·斯科特去世以来，杰克·斯瓦尔担任高级合伙人，后来担任董事长，此事拖延了好几年。正如杰克在1905年所解释的那样，公司规模显然已经超出了其合伙制结构，并且变得如此庞大，变化如此迅速，以至于合伙人的潜在责任以及他们个人责任的规模都太大了。[10]

但也有其他原因。根据1893年的合伙协议，合伙人的儿子在年满21岁后可以加入合伙企业，前提是他们的才能和经验"合格"。但吉姆·斯科特和杰克有充分的理由怀疑华伦·施怀雅的商业能力或那一时期的性格，因为华伦对职员表现出"咄咄逼人、令人不快的态度"，把公司的经理当成他手下的"员工"看待，成为潜在的不利因素。哥哥杰克·施怀雅写了很多怒气冲冲的便笺，其中一张写道：表现得像个绅士好吗？[11]华伦捉摸不定，不善交际。尽管他的父亲——老施怀雅于1898年去世后，他获得了公司的一部分利润，但直到1905年，公司才允许他积极参与事务；此后的几年里，他的合伙人都对他有所约束。[12]此外，埃德温·麦金托什于1904年去世，他的家人最初的目标是为他的儿子杰克·麦金托什（Jack Mackintosh）保留一个位置。杰克·麦金托什于1909年满21岁，但当年4月，他正式表态，不会行使成为公司合伙人的权利。就这样，"麦金托什家族的利益"让公司第一次转型的尝试失败。1909年之前，杰克·麦金托什一直享受公司的利润。在吉姆·斯科特看来，他可能因为上过大学而失去了主动加入合伙企业的资格，因此错过了本可以获得商业经验的岁月。他自己的儿子科林就走了这条路，在伦敦的另一家船舶经纪公司工作了三年，然后在香港和上海的太古洋行工作了四年，从一个部门转到另一个部门，直到1909年回到伦敦。[13]

1909年，"麦金托什问题"发生了艰难的转折，当时收到了"充满敌意的指控"，称公司合伙人"操纵"账目，使杰克·麦金托什在最终和解中处于不利地位。此时，公司的财务状况很复杂，这是因为对船坞投资巨大,其中大部分资金最初来自合伙人,另外航运业的萧条也是一大原因。随后,一场审计为公司洗脱了罪名,但法律顾问发现,他们面对的是"最令人费解的合伙条款"和错综复杂的财务状况。在两年的时间里,这场纠纷占用了大量的时间和法律费用,终于在1911年8月达成了协议,麦金托什家族在撤销指控后,根据1909年4月合伙人的立场,股份被公司收购。[14]1907年,华伦·施怀雅环游世界,参观了公司在亚洲的产业,与合作伙伴见面,这似乎让他开始改变,但过了好几年,他才得到合伙人的完全信任,他也从未改变过他的犀利言辞和观点,有什么想法,都会无拘无束、慷慨大方、毫不保留地表达出来。

华伦·施怀雅对航运业务有了更深入的了解(并从1912年开始管理太古轮船公司),但他反复无常的行为,增强了公司合伙人转变公司的愿望。1911年,杰克·施怀雅向吉姆·斯科特透露,他担心"将来会与华伦发生严重问题"。公司向各位经理和其他员工宣布转型一事,说是"家族原因",事实也确实如此。[15]

在社会和文化方面,太古洋行的性质也发生了变化。除了与蓝烟囱公司的牢固伙伴关系外,与利物浦再也没有任何切实的联系。甚至,澳大利亚黑啤酒的长期业务也不复存在。[16]杰克·施怀雅在埃塞克斯安了家,他的心在那里,在狩猎上——他在1906—1910年和1922—1924年两次成为埃塞克斯猎犬协会的会长,同时他也很擅长马术,出版了两本关于该主题的法国手册的译本,并在1908年出版了他自己的《英法骑术指南》。当然,这并不是要贬低对他在这一困难时期对公司正确领导的任何评价,但是,当人们对华伦·施怀雅是否适合在公司任职产生争议时,杰克提醒自己的继母,他父亲从未问过他是否真的想加入太古公司。尽管如此,杰克·施怀雅仍坚持一种理念,他也敦促弟弟理解这样一件事:管理公司需要以无私的态度对待企业和为其工作的数千名雇员的利益。[17]

杰克·施怀雅将公司业务视为一种遗产和责任,并高兴地宣布他一生中从未从中挣过一分钱;因为这是他父亲的事业,他不会破坏它。[18]

吉姆·斯科特曾对大学教育面临的严峻风险提出了严厉的批评,但他的观点终究会被求学所带来的社会福利压倒,所以斯科特、麦金托什和施怀雅的儿子在一起上学,其中有些人甚至一起考进牛津大学,而作为公司特征的家族和社会关系纽带则变得越来越松散。现在公司从伦敦管理业务,其复杂性意味着,尽管杰克与兄弟华伦以及继母玛丽之间的私人通信中体现出了家庭情感,对于华伦在公司内部的地位和机会,玛丽似乎是一位充满挑剔和警惕的监护人,但她不可能在危及公司的任何运营决策中有发言权。航运、造船、保险和制糖业这四个不同行业的业务尽管相互关联和依赖,但为这些业务提供服务所需的资金、中国内地和香港用来支撑这些业务的政治工作、流入比利特广场(公司于1901年搬到这里)的大量数据,都意味着它们需要专家,而不是亲戚。

施怀雅家族的座右铭"求真务实"变得更加具体和贴切。在太古公司这一时期,我们可以更好地审视战争给他们带来的业务挑战,特别是对航运方面。我们能从中窥见战争提供的机会,太古在战争中扮演的角色,中国航运公司以及太古轮船公司文化的变化,还有太古洋行的新业务领域,即内陆糖业的分销体系——最初在公司内部称作"满洲销售体系",因为该体系是20世纪头十年中期在东北建立起来的。太古轮船公司航线的扩张使太古洋行的利益遍及长江沿线所有省份和中国南部、西南部的水系,甚至还有沿海地区。公司在长江支流的新航线上进行了试验,战前的文件中充斥着对各个港口维持服务潜力的侦察报告。但矛盾的是,正是这家位于鲗鱼涌的糖厂刺激了太古洋行在中国的扩张,因为新的糖业分销网络建立起来,扎根在中国"内陆",远离德国和周围的外国飞地,大约140名在太古洋行办公室工作的英国人可能在这里过着"家"一般的生活。

对于太古轮船公司而言,政府征用船舶或吨位的关键挑战是维持现有的服务和联营股份，并防止日本或美国公司侵占已建立的沿海或河流航线。伦敦总部在1917年发表看法说："保持主要的常规线路……如果有必要，排除其他一切因素，以目前的规模充分开展业务。"如果连这点也无法保证，那至少要保证航线不会被分割，然后落入不同的公司手中，要保证在中国和海洋航线上的整体存在。[19]

一些人立即投入对战争的服务。在宣战的第二天，大副弗兰克·戴维斯给家里写了一封信，称自己是"H.M.科利尔四川号"，因为"我们正忙着给为英国船队装煤，带着威尔士煤炭还有封缄的命令出航"。"四川号"和英国海军部签订了租船合同，在杰拉姆海军上将的指挥下为英国皇家海军中国驻地船只提供支援，寻找德国船只，然后支持日本在青岛夺取德国租界地的战役。[20]

糟糕的岁月过去之后，战争为太古轮船公司提供了一段漫长的有利可图的阳光时期，价格达到创纪录的水平，而且需求不断。尽管公司在1914—1918年购买了九艘新船，但仍然无法满足吨位需求，人手也不够。伦敦的税收部门统计了太古洋行创纪录的收入——他们在发往东方的信件中提供了详细数据（1915年为22720英镑，1917年预计为511820英镑）。太古轮船公司的盈利也史无前例：战争年代的年均利润为8.7万英镑。这样的事在社会公众和政治领域也有不好的影响："爸爸，你在大战中做了什么？"1915年，英国著名的招募海报上出现如此标题——在激进的议员看来，船东只能这样回答他的孩子："我做了每个人都在做的事情。"人们谴责船东，说他们应该为食品涨价负责。[21]不管事实如何，太古旗下各公司和在中国的其他公司一样，其爱国主义都遭受了质疑。太古轮船公司和蓝烟囱公司不仅在很大程度上继续经营其日常业务，而且正如下文所述，还明显扩大了糖业的规模，在九龙和浦东的霍尔特码头设施中投入巨资，用来新建和扩建。"一切照旧"虽然遭到多方批评，但它同时也是英国整体战略的一部分。

1917年，新成立的英国航运部正式征用了所有英国班轮。这使得巴特菲尔德的蓝烟囱航运业务更加复杂,因为中国的吨位安排优先级较低。1917年6月香港致伦敦的信中写道:"对太古洋行而言,这意味着一个艰难的时期。"1918年2月,华伦·施怀雅指出:"考虑到吨位,我们认为有轮船留在海上就已经很幸运了。"年底,蓝烟囱公司由83艘轮船组成的强大舰队中,有78艘实际上被征用了(该公司总共损失了16艘船,但利润增长了六倍)。太古董事会在1917年5月收到消息,太古轮船公司的所有沿海轮船都将被征用,但长江和其他内河航线除外。1917年3月,八艘船被征用并被派往地中海东部,船员在新航线上干起了新的业务,将谷物和饲料从塞德港运送到苏卡里耶,或者从法马古斯塔南下运送木柴、山羊和土豆到埃及,还运送所有司空见惯的战争物资。不久之后,又有两艘船被接管。考虑到现在服役的外籍人员的数量,为这些船只提供充足的英国军官和工程师是一项挑战,人员不得不在舰队中轮换。一名年轻的二副,刚服役六个月就被调到"北海号"执行工作,但他拒绝履行职责,因此在香港被起诉并入狱两个月。[22] 1918年,公司仍在经营香港至上海、香港至北方港口以及汕头至曼谷的航运业务,但香港报纸上的航运通告的位置被日本航运公司的广告所占据。

战争带来一项熟悉的业务——提供运输中国劳工的服务,至少在这些劳工前往西线和中东服役的途中运输一段。1916年秋天,短短时间内,海军部征用了蓝烟囱轮船公司的轮船,三万人从英国租下的威海卫领土出发。除了航运,太古当然也有很多运送中国劳工的经验。在公司的监督下,几艘船在横滨进行了改装,每艘船可容纳1000名劳工及英国军官。公司随后还为每艘船提供食物和其他供应,所以当海军部裁定该公司无权获得任何代理佣金时,公司的所有人都非常愤怒。

这些劳工的旅行条件让英国官员感到震惊,当然在一定程度上,中国劳工和外国乘客的世界仍然完全隔离。劳工运输的条件可能比海峡两岸移民业务一般允许的条件稍差,而整体条件又稍好一些。公司员工也

第九章　中国市场

以其他方式为这项战时计划服务。太古船坞的爱德华·亨利·埃文思（Edward Henry Evans）是一名43岁的退伍军人，他是在中国组织的英国志愿者当中的一名，跟随中国劳工团在法国服役。[23]

战争需要这样的人，而这样的人往往也渴望战争。他们从办公桌上一跃而起，冲上前线服役。七人在宣战后的四天内离开了伦敦办公室，而7月份有40%的员工在四周内也从办公室走了出去。最先行动的可能是两名皇家海军预备役人员，太古轮船公司的工程师罗伯特·布莱基（Robert Blackie）和二副罗纳德·兰顿·琼斯（Ronald Langton Jones），两人曾与其他船员一起驾驶过一艘前无畏舰"凯旋号"，这艘战列舰于1914年7月在香港海军造船厂被改装为补给舰。战争来临，"凯旋号"迅速进行了大修，并重新喷漆，于8月5日服役，第二天就带着一批商船海员和志愿军出海了。到月底，它已经击沉了两艘德国邮轮，然后在上海补充了更多船员，包括太古轮船公司的工程总监弗雷德里克·詹姆斯（Frederick James）。随后，它在日本围攻德国租界地青岛期间提供了支援，并受到了打击。在香港进行改装后，"凯旋号"启程参加达达尼尔海峡行动，1915年4月25日，战舰被德国潜艇击沉，大副、二副和工程总监这三个人，还有其他来自上海的人都在船上，不过所有人都幸存了下来。[24]

有些人的战争经历比其他人短。伦敦办事处的船务员约翰·贝尔（John Bell）在两个月内就回到了英国，他在伦敦苏格兰部队服役时，在墨西尼斯受伤，永远无法再继续服役。早期工作人员中就有很多人抱怨，说伦敦在释放人员方面过于犹豫。但恰恰相反，太古洋行实际上放走了十分之四的人员。正如杰克·施怀雅在8月底写道："我们还有商战要打，至少也得留点人手。"在20世纪初的英国，杰克口中的这场商战一直是公众热议的话题，而且进入和平年代之后也没结束。[25]

直到11月底，太古洋行在香港的工作人员都穿着卡其色服装，在阵地防御和巡逻，以防突然袭击。当时正轮到施约克到香港学习业务，他

-225-

加入了一支新成立的骑兵志愿军——香港侦查军,跟康沃尔公爵轻步兵部队中的50人一起,联合指挥从赤柱到香港岛南部海岸的防御。这件事让施约克很高兴,因为可以从海边闷热潮湿的大楼里解放出来。

"我非常开心,真希望我曾经是一名士兵。"施约克写信回家。但这种希望变成了沮丧,因为德国人没有对香港发动攻击。日本占领青岛,澳大利亚海军击沉了伪装巡洋舰"埃姆登号"(但在此之前,澳大利亚海军还击沉了蓝烟囱公司的"特洛伊罗斯号",同时还缴获了1000吨马来西亚出产的锡),施约克很多昔日同窗的名字出现在伤亡名单上,他想"自己去前线"的愿望遭到了香港当局的阻挠,因为当局认为香港似乎遭受巨大威胁,所以不让他离开。施约克批评香港似乎没有参战,有着"东方的虚伪",这当然是陈词滥调,但英国驻华外交官其实也有这种感觉,他们认为自己的同胞过于专注自己那点小地盘,牺牲了大英帝国的利益及其"伟大遗产"。[26]

在中国的许多英国商人起初对执行《对敌贸易法》中有关与德国公司进行商业接触的条款非常谨慎。[27]原则上,他们觉得德国佬很可怕,但这些人是与他们一起坐在公司董事会、在赛马俱乐部担任干事、有姻亲关系并一直为英德友好举杯的人。除了厘清这种复杂关系的情感和实际困难之外,中国本身一直保持中立,直到1917年。正如杰克·施怀雅所说,他们不想"看起来正在损害中立国家的贸易"。公司还担心日本会趁机推进,填补任何利益真空。在这一点上,事实证明他们是正确的。[28]到1918年底,有近50名伦敦员工参军,其中约35人来自太古洋行——大约是1914年在中国和日本雇员的三分之一,此外还有更多来自太古下属公司的人参军。[29]1917年,当太古轮船公司的船只被征用时,一些中国员工也被征召加入战争。其中包括二厨崇垂(音译)、司炉工王康(音译)以及"四川号"客轮上的其他7名男子,共计11人。1918年,"安徽号"的管家和"张家口号"的一名船员在他们的船被鱼雷击中时丧生。太古洋行在香港为蓝烟囱公司征召的中国水手中,至少有23名失去了生命。敌人的行动还导致"岳州号"客轮上的46名印度船员以及其经验丰富的太古轮船公司船长、轮机长和大管轮丧命。战争结束编制荣誉名单时,这些人经常被忽视,这进一步证明了这些通商口岸社区海员的地位有多低,尤其是亚洲海员。[30] 当然,还有其他人,很多很多的人在战争中成为残疾或身心留下深深的伤痕。太古决策层认为,英国在亚洲的利益太过微薄,无法放走太多员工去服役,但爱国主义和良知以及战争的单纯刺激,意味着公司必须放人走。

有些员工在香港义勇军或上海、武汉和天津等地军团中的服役经验,后来为他们加入正规军铺了路。[31] 弗兰克·理查森（Frank Richardson）就是其中之一,他在上海义勇军马克西姆连的工作帮助这个"和蔼可亲"的人在伦敦团获得了一个职位。亚瑟·乔斯兰（Arthur Joseland）是一位传教士的儿子,出生于厦门,他于1910年加入太古洋行香港分公司,担任邮政办事员,不过他在香港体育界的显赫地位说明他肯定没有多少时间在信件上盖印。

乔斯兰详细写下了他在德属东非的尼日利亚团服役的经历。在一封信中,他报告说偶然发现了一处前哨,这让他想起了"厦门的娱乐场所",但当他遭到炮火攻击时,就没有那么多怀旧的心情了。他说:"子弹从你身边飞过,发出一种奇怪的声音,一种燃烧和嘶嘶的声音,听起来相当邪恶和愤怒,我非常不喜欢它。"1917年9月,乔斯兰在德属东非战死,而理查森同年早些时候已经在梅西讷去世。[32]

太古洋行至少13人死在战场上,八人来自太古轮船公司,一人来自船厂,至少有四人来自伦敦的办公室,当然这些数字肯定被低估了。1923年,当该公司的纪念碑揭幕时,光是跟香港分公司相关的死者人数就达到17人。[33] 杰克·施怀雅的小儿子格伦在伊普尔战死;杰克·施怀雅自己两次受伤;科林·斯科特的哥哥死在索姆河上。华伦·施怀雅按照一贯的性子,在没有征求其他董事意见的情况下就擅自离职去服役。华伦本身已经是一名志愿骑兵,这次服役又和雄鹿轻骑兵一起去了埃及，这是一个非常精锐的本土志愿军团，包括罗斯柴尔德家族的人。事实证明，去前线服役对他这样笨拙的性格来说并不合适。华伦经历了一次小战斗，但是，正如他目睹的那样，由于军事无能和效率低下（报告里有这个内容），他见证了更多惨烈的战斗。他于1916年夏天退伍，继续在伦敦从事公司的航运业务，终于让大部分人松了一口气。[34]

太古洋行去前线服役并幸存下来的员工中，几乎有一半的人没有回来工作，而一些重新加入洋行的人也没有在公司待太久便离去，因为在战争中的经历让他们心感不安。

随着战争的延长，人员配备的挑战越来越大。1914年，有三个人被认为是"行为低劣的员工"，其中一个在上海的种种诱惑下误入歧途（就像"一些年轻人做的那样"，为了减刑，在法庭上与公司为敌）。1915年6月，他伪造买办的付款令，随后被捕、受审并入狱六个月。[35] 替代那些参军或离开的人，或者像此人一样因其他原因断送前途的人，是困难的。那些有工作的人在工作之余还要加入义勇军或预备役警察，尤其是在香港，那里每周的义勇军任务都排满了（而"义勇"现在只是一个委婉的说法）。太古洋行分支机构的人手不足，于是在当地雇用了更多的员工，而且其中有很多都是女性，她们的职位不只是在比利特广场和中国办事处担任速记员或打字员。1915年10月，伦敦批准了一项更激进的计划，"我们认为，是时候认真考虑让收入高、地位高的中国人担任一些不太重要的职位了，"负责人告诉上海和香港，这样比雇用澳门人更可取，"找到最好的人才……给他们最丰厚的报酬。"[36] 显然，让中国员工进一步进入公司内部，而不是让他们留在类似的买办办公室是有长期战略原因的。香港方面回答说，在吉姆·斯科特的指导下，我们已经在这个方向上试验了一段时间，他们确定了16名中国文员、簿记员和助理。但是，"这些人不能以任何方式被定义为'责任较轻的职位'，因为他们几乎没有任何责任"。[37]

1918年夏天在香港引入的征兵制度为我们提供了一些不同寻常的细

节，关于这些人事变动的实际程度，7月和8月在香港裁判所举行的数次会议上都公开讨论过。这种曝光完全违背了公司的习惯。与英国在中国的许多其他利益集团不同，太古洋行很少对其业务进行公开披露。在已出版的调查报告中，如《二十世纪香港、上海和中国其他通商口岸之印象》（Twentieth Century Impressions of Hongkong, Shanghai, and Other Treaty Ports of China，1908年），这是一本图文并茂的书，用于宣传中国沿海公司的历史和业务，以及支持它们的机构和管理部门。其中有怡和洋行或其他企业的人员画像，但要想寻找任何有关太古公司业务或员工的实质性描述却是徒劳的。太古洋行在后来出版的《远东的今日印象》（Present day Impressions of the Far East，1917年）中也几乎没有现身，但在1918年7月，公司不得不将公司人员信息全部披露。公司陈述称，1914年8月，在香港有33名欧洲员工和13名中国职员，1918年7月，有29名欧洲男性员工、十几名欧洲女性员工和22名中国员工。12名男员工已经上了战场。太古糖业在1914年雇用了45名英国人，在1918年雇用了41名英国人，有3名男员工参军。在船坞的87名员工中，有5人离开船坞加入军队。公司辩称，如今各家公司都是在维持最低限度的运转，已经不能腾出更多人手。例如，1917年抵达香港的船只当中，有20%由太古洋行处理，以便满足海军部的一系列重要需求，包括为所有的沿海舰队服务——其运营对香港经济至关重要。

G. M.杨（G. M. Young）是当时公司的二号人物，在听证会上遭到尖锐的批评。当公司对法庭从香港征召三个人的决定提出上诉时，批评进一步加剧了。还在打算征召人员的梅含理总督担任主席，他现在更像一名军国主义者，似乎无法理解企业是如何运作的，当然他也没有兴趣了解，对公司的论点置若罔闻。"请原谅我，"公司的代理主管罗伯特·罗斯·汤姆森（Robert Ross Thomson）打断了他们的一次长篇大论，并央求道，"我想我们对'文员'的理解不同……这个工作不仅仅是抄写数字。这些人具有处理复杂系统的长期实践经验，他们无法替代。"

总督反驳说，可以在此期间雇用年长的当地居民，或者更多的女性。罗斯·汤姆森回复说，这些人无法胜任工作。公司甚至曾尝试过一位居住在香港的大学毕业生——"他是牛津或剑桥毕业的……能阅读拉丁语和希腊语，法语几乎像法国人讲得一样好，但由于缺乏早期商业培训，他完全不适合，而在聘用女性方面，没有人能比我们做得更好。我们甚至从加拿大招募了一名女性，我们已经尝试过了。"[38]

1918年7月和8月，当法庭开庭时，将近60万美国士兵抵达法国。法庭、总督等人花费了大量时间和人力，从香港的非关键岗位"梳理出"37名人员，如果他们之前没有原则上表示愿意服役，就会被立即征召入伍，如果他们之前表示过，则可以回老家入伍（如果有老家可以回的话）。应征入伍者被派往印度，第二年又回来了，什么也没做。香港方面的努力是对时间和精力的极大浪费，但裁判所的宣传被认为有助于"净化气氛"。总督梅含理完成自己的工作之后，"不苟言笑"地去了加拿大休假，再也没有回来。[39]

另一个人事方面的挑战来自公司内部，太古轮船公司的高级职员和工程师对薪酬和福利的不满情绪再度出现。这是一个长期存在的问题，在1916年以一场前所未有的罢工达到了顶峰。在商船高级船员协会和海事工程师协会成立早期，太古洋行能够拒绝这些机构试图以任何方式代表太古轮船公司海员利益的企图。然而，相比英国或澳大利亚航运，长期的航运萧条和汇率变化导致中国沿海航运的工作条件恶化。而澳大利亚和英国的工会压力加剧了这些差异。战争又进一步激化了这些问题，1916年5月，公司承认工会的权利，并增加了工资，同意提供度假旅费和带薪休假，并引入了养老金计划。然而，这一切是通过罢工实现的。

1916年5月8日，24艘轮船停止运营，高级船员和工程师罢工，许多人留下来保护船只，而其他人则在商船高级船员协会的俱乐部休息。[40]这是五年来斗争的一次高潮。1911年春天，大约370名英国军官和工程师表现出明显不满情绪，他们普遍对薪水和度假旅费感到愤怒。

这是一个海事劳资关系高度紧张的时期。1911年7月，在英国成功罢工后，全国海员工会的前身得到船东的认可。1893年，船上的高级船员组建了帝国商业服务公会（以及竞争对手的团体，但这是最具影响力的团体）。1904年澳大利亚成立了海事服务协会，1911年9月上海成立了中国海岸军官协会。1913年，铁行轮船公司船队的高级海员威胁要辞职，除非增加他们的工资。太古洋行在致上海和香港的一封信中报告说：中国有一名值得注意的活动家，叫"戴维斯"，名字缩写不详，被称为"公爵"。他给当地的海员报纸《领航之光》写信，并在公司的船上为公会成员拉票。这人就是弗兰克·戴维斯（前文讲述过），自从1910年休假回来后，他一直积极参与公会工作。对于公司来说，他是一个煽动者。盯住他，让他离开中国，伦敦方面写道。

戴维斯的家庭通信表明，促使他和同事采取行动的担忧是真实的，而且长期存在。1908年，员工最便宜的回家通道是跨越西伯利亚的铁路，但即使这样也要花费100英镑，相当于他们半年的工资。戴维斯入职早期就一直抱怨晋升缓慢。[41] 他表示自己并不反对论资排辈的原则，但这意味着长期以来，有才干者的晋升会受影响，他们初级职员的地位与他们的工作经验不对等，而且薪酬过低。然而，公司在这一点上的固执和对待员工的态度，与它对香港大学的慷慨大方形成了鲜明对比。戴维斯等人辩称，我们为香港的经济做得更多，为什么不照顾我们呢。戴维斯在1911年提出的加薪请愿最终非常勉强地得到同意，但其他人提出的医保、休假和通勤补贴的要求没有得到满足。"但他们支付了这些人在办公室的费用。"戴维斯无奈地指出了这一点。[42]

这些员工最有效的策略就是宣传。他们通过总部位于利物浦的帝国商业服务公会，此外通过各种通告和私人信件，劝阻想应聘太古轮船公司的人员不要加入公司。这种策略开始见效，正式员工也纷纷离开公司。1911年,有28名二副辞职,而在之前的五年里,平均每年只有八人辞职。1912年夏天,上海办事处询问伦敦总部,能否雇用斯堪的纳维亚人?伦敦方面回答说可以,但是别雇德国人。戴维斯后来写道:"我们有大约20名斯堪的纳维亚、俄罗斯和美国高级船员,多到有人质疑船只的国籍。自从1913年1月1日起,工资上涨了,但是没有提供别的好处。"

没过多久,太古糖厂的工作人员也迅速加入了他们的队伍,发出同样的声音:"我们怎么办?"[43]

在公司第一次做出让步以后,戴维斯写信给家里说:"我们还不满意。"而且劳资双方的和平也只是暂时的。中国海岸军官协会进一步增加会员,并于1913年2月在香港开设分会。到年底,太古轮船公司终于向员工提供了休假旅费和休假期间的工资,但是只针对为公司服务满六年的员工,这项举措没有起到安抚作用,而是进一步加剧了员工的不满情绪。[44]到1916年,太古轮船公司几乎所有的船长和高级船员都加入了公会。4月12日,公会的领导给太古轮船公司、怡和洋行的印华轮船公司和招商局轮船有限公司的经理人写信,提出了同样的要求:承认公会,加薪,员工服务满五年的,可享受九个月的假期和回家旅费,60岁时可享受养老金。但资方没有回应,尽管英国驻上海总领事从中调解,罢工还是于5月1日爆发。这场罢工持续了不到两周的时间,参与罢工的人实现了他们所有的要求。弗兰克·戴维斯没有耐心去等来这一天。[45]

杰克·施怀雅早就意识到员工的要求"并非不合理",并对公司能够招募到的高级船员的质量感到担忧,在他看来,战时高级船员的质量出现明显下降。但他和董事会其他成员对公司在困难时期提供回乡旅费的成本犹豫不决,而他一直关注太古轮船公司那些顽固股东的情绪。由于短期内没有升职的希望,戴维斯于1916年3月辞职,之后在一条较小的中国沿海航线上担任船长,月薪比他在太古轮船公司同等职位(或者如果获得同等职位的话）的月薪高出25%以上。[46]

水手经常将自己的工作条件与安逸的航运办公文员进行对比，这些航运文员可能像费舍尔一样，在中国会遇到时不时的刺激和危险，但从来不需要经常面对中国海域的台风或航海生活与社会的疏离。文员则反过来写信给媒体说，他们认为海员的生活比自己过得好（这最初是公司的立场），有一些法律保护，没有什么可抱怨的（还有健康的户外生活），而在不通风的办公室里，职员的命运更加不安全。[47]此外，太古洋行的各位助理在这段时间还开始回应媒体——让我们来告诉你们，我们的期望是什么，让我们来告诉你们，关于食糖检测的事情。在20世纪的第二个十年，一种全新的活动类型成为公司生活和业务的明显特征：太古开始跨国旅行。

要了解当时的情况，不妨回顾一下1900年9月的天津。沃尔特·费舍尔在天津围城事件后重建了公司业务。正如我们所看到的，费舍尔报告说自己没有情报，无法采取行动，直到把买办郑翼之劝回来。他的信件向我们展示了当时太古糖的流通方式——买办要经过三个糖商。他们的总部设在天津，每个人都有一个"小客户"网络，分布在包括当时京城、东南部的通州和西南部的保定在内的一大片地区。费舍尔称，这些人都是"受人尊敬的优秀山西人"。但费舍尔不知道他们的名字和地点。[48]

这种做法在当时司空见惯，也是太古这样的公司通过买办和代理人开展业务的一个例子。我们可以假设太古洋行其他分公司分销糖厂的产品时采用类似模式，但要面对日本日益强大的竞争，这还不够。日本公司于1903年进入中国市场，日本政府也制定了新的关税来保护这个不断发展的行业，这些将太古洋行和其他外国进口商挤出了日本市场。因此，现在太古洋行更需要关注中国市场，并适应新的重大竞争形势。太古洋行的应对措施在公司中被称为"满洲销售体系"。[49]

1904年，劳在一封信中写道："港口生活是一种资本教育。"对于初级员工承担所谓"检查"职责的建议,他在信中也有所概述。在公司位于外港(即香港、上海和天津以外的租界和城市)的较小分支机构积累经验,成了外国员工的必经之路,这让他们远离了港口。满洲销售体系即后来的"内地销售组织",从沃尔特·费舍尔对基本信息的盲目摸索,转变为太古糖厂正式任命的代理商组成的结构化网络,由太古洋行的外籍员工定期直接检查。这些代理商需经过审查,并提供担保金,不得储存日本或者其他厂的糖。检查员每年至少要过来三次,检查库存和代理商的地位,并访问经销商。他们还要求员工"努力让代理商感到,检查员并非作为间谍来工作,而是像朋友一样"。当然,这些人是有任务在身的朋友。1900年,在横滨发现了一起中国买办的大规模欺诈行为——买办出售了大量库存,但是临时想到一招,那就是掏空仓库中成堆的糖袋,这样对那些敷衍了事的检查员来说,一切看起来都没问题。

这件事说明检查人员必须特别认真地检查手头的物资,只是通过仓库门快速看一眼成堆的糖袋,是发现不了问题的。库存还必须保持在合理的低水平,以实现需求弹性,主要库存储存在分支机构,从而进一步降低风险。分支机构为几家主要办事处提供服务,而办事处又为子办事处提供服务。这些代理人尽可能控制数量和价格,收取3%的佣金,并提供营销材料,如品牌招牌和海报。其目的是监督系统的顺利运行,"尽可能直接将糖从糖厂送到上游的购买者手中",砍掉收购商和中间商,直接与那些"受人尊敬的、做得好的山西人"合作。[50]

公司首先需要了解这个领域,而且要搜集第一手资料。1904年,威廉·尼科尔森(William Nicholson)正式加入造船厂,但他在香港糖业部门拥有七年的经验。尼科尔森进行了一系列调查中的第一项,以了解中国各地正在建设的新铁路如何为公司所用。例如,1905年1月中旬,他与公司的汉口分部代理负责人詹姆斯·弗雷泽(James Fraser)和一名中国人从武汉法租界的火车站出发,乘坐一列"肮脏不堪"的火车,沿着比利时人经营的、北京至汉口的铁路朝黄河方向北上。这条线路还

第九章 中国市场

在施工中，一行人先坐施工卡车，再坐牛车（这和收款单不太相符）走了一段路。在沿线"非常贫穷"的小城市，他们询问了商人进出口贸易的数量和内容，尼科尔森特别评估了潜在的糖市场。又过了18个月，这条线路才正式开通——还是在提前进行侦察的情况下。这是一次不愉快的探险，尼科尔森也受到了打击，但借此可以看到远离欧洲商业中心的中国人如何生活和经商。如果没有这种直接的了解，这家公司就不会比1900年走得更远。[51]

当时的环境和机会决定了中国东北地区将是太古洋行新分销体系开始的地区。1904—1905年的日俄战争，主要是为了争夺中国东北地区，本身也是在该地区打响，破坏了现有的网络。俄国战败，开启了日本在中国东北地区日益占据主导地位的时期，这使英国和其他外国公司在当地的经营越来越难。日本政府并没有打算实施"门户开放"政策，即使在日本的外交辞令中有这样的说法。正如太古等英国公司所发现的那样，日本领事法庭也被证明是难以获得商标侵权赔偿的地方。[52]

机会是以铁路的形式出现的——铁路沿线也是发展的先驱，事后来看，新的线路对太古洋行的新业务体系非常重要。尼科尔森在1905年末和1907年再次考察了潜在的糖市场。1929年的一项调查列出了1924年运营的太古糖业机构及其成立日期：其中，牛庄的三家成立于1906年（可能其他机构在1924年之前就已经停业）。位于牛庄的分销商分布在沿日本人控制的南满铁路沿线，并沿途销售太古糖。摒弃运输机构之后，太古糖厂进一步降低了成本。太古洋行自己租用货车，一次运送20吨糖，并有一名公司看守陪同运送。[53]后来，他们在中国东北部建立了更多的中心。1910年，伦敦方面指示扩展到北京—汉口铁路地区，目的是将该满洲销售体系应用到"清帝国的所有地区"。1912年，该销售网络扩展到山东。1914年，九江、武汉和扬子江上游港口以及上海的分支机构"毫不拖延地"建立代理机构。市场也发生了变化，完全倾向于精制白糖，而不是曾经在中国销售网络中占主导地位的棕色糖。消费者想要最

-235-

便宜、最白的糖,这正是太古糖厂要卖的东西。1915年,太古糖厂开设了47家主要机构和16家分支机构,随后三年内又开设了67家主要机构和34家分支机构。这样一来,利润急剧上升,并且保持在非常高的平均水平。这种态势一直持续到20世纪20年代,中国国民革命的政治动荡才迫使这套分销体系进行彻底改革。当然,太古糖厂也受到了中国南方新建立的、由中国政府支持的糖厂的挑战。[54]

香港办事处位于这个新组织的顶端,在上海设有一名外国首席检查员,与多达14名外国检查员和13名中国翻译一起工作。这个网络的发展有助于理解,为什么太古洋行的员工记录中,新员工的经验开始变得更加多样和不拘一格,甚至有时显得离奇。[55]例如,弗雷德里克·亨利·罗宾逊(Frederick Henry Robinson)于1914年加入办事处,他曾是南罗得西亚的一名牧场主,并在那里工作了两年半,然后搬到不列颠哥伦比亚省,被聘为检验员。这样一来,罗宾逊可能已经习惯了牛车的不适,或类似的情况。雷克斯·赫伯特(Rex Herbert)曾为暹罗森林公司在"内陆"工作。埃德蒙·伯顿(Edmund Burton)曾是一名专业的大型狩猎者,在英属南非警察部队服役五年,并在加拿大务农。他在英格兰银行工作了一年半,但他先前的经历不可能受到多大影响。约翰·兰伯恩(John Lamburn)离开曼彻斯特大学,在罗得西亚与英属南非警察一起工作了六年。整体而言,公司后来认为这种类型的招募"并不是完全令人满意"。这些人首先获得了办公室工作的经验,但他们需要一些经验和人格的力量,跟他们必须面对的中国代理商和官员进行谈判,狩猎显然对这类经验没有帮助。[56]

戈登·坎贝尔(Gordon Campbell)是后来加入的,当时不再为了考虑到工作的艰苦而招聘有这类经历的人,否则他们可能不适合公司的生活。对年轻的应聘者,吃点苦成为一种常规经验(至少在一段时间内能让新员工远离大港口的诱惑)。[57]在做了两年的运输工作后,坎贝尔终于参加了汉语课程,因为新的制度首次要求外国工作人员掌握一定的语言能力，而他的汉语"相当好"。1924—1925年，坎贝尔从天津出发，开始了为期10个月的糖业之旅。这位前印度陆军军官在一名翻译和一名仆人的陪同下跋涉了三周的时间，他们步行、乘坐火车（"从头等舱到煤炭车"）、"北京骡车"、独轮车、骡子轿子、舢板（有帆）和雪橇（在结冰的河流上）。住宿条件各种各样，有住北京六国饭店的，有"在乡村客栈与当地嘈杂的土匪共享一个炕（泥土或泥土砌的高台）"的，甚至还有跟当地野生动物共处的。兰伯恩后来成为一位小说家和博物学家（也是他姐姐里奇玛尔·克罗普顿的喜剧作品《公正的威廉》的灵感来源），他在他的自然著作中留下了一些考察生活的缩影——"我曾在热带地区和中国乘坐肮脏的汽船旅行……睡在肮脏的中国旅馆的床上，那里的老鼠和蟑螂把夜晚变成炼狱。"

这些文字，出自一个利用一切机会观察和记录野生动物的人之口——坎贝尔对昆虫特别感兴趣，尽管大多数人没有这种兴趣。他甚至在一辆豪华加长版的马车车厢里，向别人讲述了他拍打苍蝇的经历，一只又一只的苍蝇。他记得自己在田间吓唬耕田的水牛（"有一次我还被一个赤身裸体的中国顽童救了"）；还记得宴会上的音乐表演（"噪声混合了杀猪声和猫在晚上唱的小夜曲，我想主要是后者"）；在公司的船上请中国的代理商和经销商吃饭，用留声机伴奏，让他的客人"笑得前仰后合"（因为在他们听来，《圣母颂》显然听起来像猫叫和猪叫）；早上醒来发现船上的天窗上铺满了厚厚一层脱落的白蚁翅膀。[58]这里离外滩和海边都很远，更别提比利特广场了。

坎贝尔记得这份工作是检查账簿、股票和当地市场的情况。他简短的回忆特别提到水、面包、土匪和卫生设施。他必须带上的是前两样，躲避第三样；而最后一样，根本谈不上，除了在六国饭店。与此同时，阿瑟·迪恩（Arthur Dean）也在南京工作。办公室有自己的帆船，用于从安徽省蚌埠市沿淮河航行。至少在他后来的记忆中，这项工作是"非常有趣的"，而且对于提高中文口语来说，没有什么比这更好的机会了。但这项任务也有风险，那些有糖业代理商参与的宴会就是其中之一，因为席上得用烈酒去敬酒。

除此之外，还有其他危险。约翰·阿诺德·巴顿（John Arnold Barton）是一名入职公司两年的雇员，尽管有警察保护，但他还是在1924年的5月遭遇了一群多达两百人的强盗。经过一段令人不安的等待，强盗在讨论杀死他和他的翻译能得到什么之后，终于放走了他们，只抢走了少量物品。[59]

在此期间，在远离沿海和内陆网络的地方，英美烟草集团、纽约的美国标准石油公司和亚洲石油公司都布下了分销网络，并进行密切监督。[60]这使得他们的工作人员与地方当局的联系更加频繁，尤其是在货物和代理人的治外法权方面，以及尽管货物已经有"过境通行证"证明已支付关税，仍然要缴纳地方税时。太古洋行会通过当地的英国领事馆提出正式抗议，但在大多数情况下，这些抗议都没有结果。相反，代理商支付税款的事情倒是让他们把成本转嫁给了消费者。1918年的一份报告冷冰冰地指出："省政府必须以某种方式获得资金。"[61]这些新的网络也使人们在一个政治分裂的国家中面临着越来越大的危险，在这个国度中，无论是在首都还是在各省或地方，谁掌握了枪支，谁就掌握了权力。武器涌入国家，土匪活动扰乱了农村生活。不舒服是一回事，致命的暴力又是另一回事。正如我们将看到的那样，最大的危险是太古轮船公司船上的船员和乘客所经历的那些，而太古糖厂的制糖工人基本上没有遇到像约翰·巴顿这样的事件。

除了有关食糖销售的新细节外，员工在旅行途中填写的检查表还收集了有关邮政和电报设施、其他地方工业、外国商业存在的性质、"一般贸易条件"、信贷设施等的额外信息。事实证明，直接了解中国不同层面的细节越来越重要。知识从来没有不重要的，领事和海关专员、商人和代理人长期以来一直在收集数据，在报告或报纸上发表，或在市场报告中流通。之前，沃尔特·费舍尔在很大程度上是迷雾中工作，靠买

第九章　中国市场

办的引领，除了买办告诉他的内容，对其他情况一无所知。到1929年，香港糖厂的员工对各地方、当地市场、代理商和销售的详细信息有了更精确的了解。[62]

新分销网络迅速发展的事发生在战争期间以及辛亥革命后困扰中国的动荡时期。1917年3月，中华民国与德国、奥匈帝国断绝外交关系，并于8月1日宣战，介入这场世界性的冲突中。英国和法国耗费了大量外交精力，但中国参与是为了确保他们自己的目标，包括对现有条约的一些修订。通过与列强决裂，中国能够接管列强在武汉和天津的租借地，以及跨越条约港口的其他资产。但中国的盟友对这一做法表示担忧，因为它似乎开创了一个先例。但对中国来说，自己所获得的任何优势都是为了帮助自己在与日本的不平等斗争中取得胜利，而英国约束其盟友的能力则因其对日本军事和后勤支持的迫切需求而受到影响。1915年，日本驻华公使正式向袁世凯政府递交后来称之为"二十一条"的一系列条件，如果全部接受，将使袁世凯屈从于日本的利益。而袁世凯对许多要求的默许，以及复辟帝制（之后，从某种意义上说，他死了）既助长了民众的民族主义，又加速了新共和国政治权力的分化。

《马关条约》结束了1894—1895年日本与中国为争夺朝鲜半岛控制权而进行的战争，日本人在该条约签订后大举进入中国。条约赋予日本人在中国的大量权利，并通过开放新的通商口岸、停靠港口和内河航线，进一步扩大了航运的范围。它还把台湾从中国的领土中分割出来。除了这些新来的航运公司，法国和德国的航运公司——就像日本的航运公司一样，得到本国政府的大量补贴，对自19世纪70年代以来在中国航运线路中三分天下的"三家公司"构成了新的重大威胁。竞争意味着联营公司与他们眼中的闯入者打价格战，而太古轮船公司及其盟友也不得不投资新的领域。此外，他们比以往任何时候都更频繁地寻求英国政府支持。1904年，日本邮船株式会社收购麦边洋行，获得了该公司的船舶以及在武汉、九江和镇江的滩地一侧的资产使用权。太古洋行上海分公

-239-

司得以保存的公司文件包含了与扬子办事处的通信，显示了太古洋行的代理人如何与怡和洋行以及其他英国土地租赁商合作，游说英国领事和外交官，以阻止日本公司获得这些资产和泊位。因此，一场关于船舶和码头的争夺战又开始了，而趸船放在哪里，由谁来放置，谁可能停放在那里，又一次成为信件和会议、愤慨和抗议的内容。他们挥舞着旗帜说："这是英国的租界。"

1906年，镇江市议员詹姆斯·丹比（James Danby，太古洋行代理人）怒喝道："我们是英国租界工部局的成员，我们的任职是为了保护英国的整体利益，负责租界的行政管理。"吉姆·斯科特在接受克锡采访时指出，麦边洋行现在"只不过是日本人的掩护"。[63]英国人在一定程度上成功了，至少一段时间内给他们的对手带来了不便，但激烈竞争的问题并没有消退，尽管法国人完全退出了战争，德国人被淘汰了，日本人的实力却只增不减。英国公司赢得了时间，但没有取得胜利。

战争使这一切化为泡影。由于资本和航运的转移，战时征用和短缺以及各方对资源需求的迅速增长，英国商业部门在中国的地位发生了变化，中国的商业利益得到增长，在中国市场的日本势力也壮大了。1899年，日本利益占中国对外贸易总额的11.5%，1913年为21%，1918年上升到38.6%（尽管随着更多正常条件的恢复，这一比例将有所下降）。在同一时期，日本在中国总航运吨位的比例从1899年的7%上升到25%，1918年又上升的31%。[64]一个强大、获得大量补贴和国家支持的日本利益体的形成已成为事实，太古这样的公司不得不开始与之接触，并最终在1914年之前进行了谈判（接受由现有私营公司合并而成的日清汽船株式会社进入长江联营，1913年作为正式成员达成协议）。不过，1914—1918年间，日本在经济和政治上的收益扰乱了外国列强之间的战前现状，而不断发展的反日民族主义最终动摇了所有外国的利益。[65]

1919年11月上旬，蓝烟囱公司5000吨的"忒雷西阿斯号"从利物浦出发驶向横滨，进入了东亚这个急剧变化的环境中。除了通常职责外，船长詹姆斯·里彭豪森（James Reipenhausen）还有额外的责任：船上有理查德·德宁·霍尔特和家人以及华伦·施怀雅和杰克·施怀雅。霍尔特和他的董事同行约翰·霍布豪斯（John Hobhouse）与太古日本公司的经理将在东京与日本高端航线的负责人举行重要会议，直接感知商业力量平衡的变化。施怀雅兄弟向东视察他们的公司、地产和代理商。华伦·施怀雅的私人信件叙述了一系列当时常见的值班视察情节，带着旅游的趣味。[66]在与槟城、巴生港（英殖民时期旧称"瑞天咸港"。——译者注）、新加坡和曼谷的代理商会面的间隙，还参观了橡胶种植园、锡矿和木材企业。施怀雅兄弟从新加坡出发，乘坐太古轮船公司的"临安号"，带着400名工人返回海南（"这些人一旦适应了环境，很快就会开始赌博消遣"）。华伦·施怀雅询问了船上高级船员的意见（他们表现得"非常坦率"），并在香港召集了太古轮船公司在港口的所有人员，试图缓和关系（并削弱公会）。从1911年起，伦敦从海务监督约翰·惠特尔那里得到启发，但海务监督本身就是船长，而根据习惯和惯例，船长根本就不是平易近人的人，他们保持距离以维持自身的权威。现在，各位董事直接与员工交谈。

在太古洋行的历史上，与员工建立新的关系是战后篇章的一个特点。就在两人启航前的两周，伦敦向东方发出指示，引入一套新的内部员工薪酬福利管理体系。部分条件发生了变化：带薪休假、员工家属免费旅行、医疗费用、已婚男员工的人寿保险、由公司承担调任费用等等。一战期间，公司还提出了利润分享计划，现在又引入了一个慈善基金。女性的地位也将建立在更坚实的基础上。[67]这在很大程度上是杰克·施怀雅的功劳，虽然其目的是针对公司内部欠缺的团队精神，但它也完全符合在这样一块"为英雄而生"的土地上萌生出来的战后时代精神，是一种新的、为了消除布尔什维克威胁的社会契约。这种为员工提供新待遇的必然结果是，公司现在将更迅速地让50岁的男性从高级职位上退休（给予良好条件），有才能的人将更快地得到提升，工作较长年限的经理将体面退休，不挡年轻人的晋升通道。新制度的实施伴随着太古洋行新职员的到来：1919年21名职员被派往东方，1920年达到37人。华伦·施怀雅后来表示这是"甜蜜与和解"，当然，他继续说："如果他们有良好的待遇条件，他们就应该去争取这些条件。"[68]

如果说这次访问，以及一位董事的年度定期"走向东方"之旅，将伦敦大班带到中国，并与员工面对面的话，那么华伦·施怀雅也等于将亚洲的机构带到了伦敦，至少看上去是这样。华伦·施怀雅是一位成就卓著的摄影师。在这次旅行中，他和之前的旅行一样，拍了数百张照片，回到伦敦后，这些照片被编成相册，这样比利特广场的人可以确切地看到他们在谈论和通信的内容。在某种程度上，华伦的相册可能是一部沉闷的作品——没有肖像，人们也没有个人特色，但正因为如此，它才引人注目，作为通商港口建造环境的系统记录，它即使不是唯一的，也是相当不寻常的。这里是废船、码头、防波堤和仓库，以及容纳它们的滩地和街道；[69]这里有河流和港口，正在作业的船只，停泊在码头上的船只，正在装载的船只，展现出太古轮船公司水上世界与陆地的繁华对接；岸上有办公室和公司大楼（在办公室墙上有约翰·森姆尔·施怀雅的照片），有船坞和糖厂。这些照片是功能性的，但制作精良，而且在许多情况下也是相当美丽和令人回味的。他的目光漫游着，看到了重庆长江岸上的房屋，或福州的万寿桥——他花时间创作了令人印象深刻和难忘的风景。华伦·施怀雅的世界观是贵族式和不耐烦的，经常带有偏见，令人不快。通过他的镜头，人们也许能找到看待他的另一个视角。我们还看到了公司几乎所有运营港口的全景——太古洋行看起来地位稳固，扎根很深，有着中国景观、运动和商业那种自信的特征。但事实很快就会证明，这家公司也很脆弱，很容易受伤，如果它想在接下来动荡的几十年生存下去，就迫切需要更大的变革。

第十章

构建桥梁

　　截至1925年，施怀雅家族有多少英国商人的特征呢？其实在很多方面，他们一点也不像英国人。他们雇用了数以千计的华人员工——水手、技师、日结的合同工、办事员、代理商和买办……遍布20多个城市。1925年4月，山东某镇的村民从距离他最近的经销商那里买了一小袋糖，经销店位于镇上的火车站；厦门西边，漳州的分销点卖的糖是用船运来的。袋子上很可能赫然印着"太古糖"的字样，这边的店铺大都会悬挂一块金属牌子来作说明。这样看来，名字或许已经吸引了特定的购买人群，但也可能并非如此。哪怕买主心知肚明，但他们会认为"太古糖"是一种"英国的"或"外国的"糖吗？这一点谁也说不清楚。大多数糖，不管是精制糖还是其他糖，可能都是在糖果或其他预制食品中消费的。事实上，消费者都在默默地吃着太古糖而不自知。或者我们拿5月18日在武汉码头等候登上"鄱阳号"，以及5月23日在上海登上"吴淞号"的乘客举例的话，他们会想到自己乘坐的是一艘英国的船吗？他们会看到船舷上用大号字体书写的中文名称，他们很可能只会在买票时才和华人职员打交道，在船上安顿好自己的行李，或者从船上一直喋喋不休的端茶小厮那里购买茶点。由于招商局航线仍然大规模雇用外国船员和技师，因此，即使能看到走来走去的外国船员，但在任何进行沿岸或内河旅行的中国旅客眼中，这也只是相当普通的景象罢了。船员在安排交易时，大多是和买办的手下打交道，他们不太可能遇到太古轮船公司那位生于纳茨福德、在布里斯托尔接受教育的上海航运经理费舍尔（他的叔叔曾在天津之围中逢凶化吉）。精炼白糖和轮船曾经是相当显眼的"洋玩意"，但到了20世纪20年代，它们不再是不寻常或独特的存在，而是已经不知不觉地同化在中国人的生活和商业往来中。

好景不长。20世纪20年代，中国大众将这家公司和其他公司的外国特性以及他们的产品、服务重新纳入关注范围，并当成问题来强调，使之成为活跃的政治话题。这在一定程度上是自发的，因为学生、商人和其他人热情地参与到这个处于危机中的国家的政治中，这也是中国新革命者有意识战略的一部分，尤其是孙中山领导的国民党。在中国人心中，外国被重塑为"帝国主义"，而帝国主义有个关键问题——它支撑着"军阀主义"，是中国复兴的一大障碍。当然，太古洋行始终是一家英国企业，在法律上就是这样规定的。它所经营的各家公司——太古糖厂、太古船坞、天津驳船公司和太古轮船公司全都在伦敦设立。实际上，当太古洋行遇到问题时，它也会利用英国的外交支持。如经理请求领事，船长向皇家海军的炮艇指挥官致敬，董事给外交部写信。太古的档案给人留下了这样的印象——它之所以在1900年后越来越频繁地这么做，很大程度上是因为公司的实际影响力大大扩张；同时，在新的民族主义时代，争端被重新点燃。此外，太古洋行还持有在英国领事馆登记的房产地契，其英国员工越来越多地参与到租界和定居点的经营中。他们私人生活中的重大事件由英国领事和英国在华最高法院管理：婚姻和出生在这些机构正式登记；离婚由这些机构受理；死亡和遗嘱认证也在这些机构登记和处理。除了香港，公司在中国境内的存在最终依赖于其正式的英商地位和治外法权，并且在很多方面都是如此。这是优势，但

第十章 构建桥梁

同时也是突出的弱点——它保护了公司,但从现在起,也给公司带来一定的隐患。

因此,对那些消费者或乘客来说,太古似乎长着一张中国人的脸,实际上只是戴着一副中国人的面具。1925年5月之后,这副面具被撕了下来。太古洋行连同英国在中国的所有利益,成为一场持续而有效的反帝国主义民族运动的目标。这场运动在当时重创了英国贸易,并迫使英国企业及其他在华机构和组织的商业习惯与文化发生一系列重大改变。1925年5月30日,以英国人为首的上海公共租界警察开枪打死了12名示威者(此事件为"五卅惨案",死者实际为13人。——译者注)。这件事成为随后而来的民族主义高涨的开端,爆发了针对外国企业及其中国合伙人、关联方、雇员和顾客的大规模抵制。积极分子意图说服乘客、船员以及太古糖业的分销商与外国人决裂。他们与英国公司的关系,无论多么微妙,本身就是一种政治行为——即使是买一包糖,也是一种严重的不爱国行为。与此同时,推广"民族产品"的运动轰轰烈烈地展开,号召民众使用中国制造或中国拥有的替代品。这种经济上的民族主义,完全体现了太古轮船公司第一位买办郑观应很久以前发出的行动号召,其回声仍在政治话语中回荡,与政治上的民族主义并驾齐驱,似乎(特别是对条约港口的老居民来说)与昔日发生在广州的抵制相呼应,它预示着中国社会和政治更深刻的转变。[1]

革命采取了其他形式。20世纪20年代和30年代,中国的城市文化也发生了深刻的变化,特别是在这个仍然整体以农业为主的国家,一种充满活力的新消费文化正在演变。1910年在中国大城市建立的标志性百货公司——先施、永安、新新……这些被明亮的霓虹灯点缀的购物圣殿,不但极为张扬地刺激着消费文化,并且沿着轮船航线、铁路和公交车线路以及与其一起将人员、产品和思想传播开来的邮政网络,延伸到小城市、城镇和村庄。[2]当时,甚至连村庄的夜晚都被外国商品照亮——英国和美国的石蜡为专门设计、款式简单的新灯提供燃料,并由广泛的新分销网络供应,其规模和做法与太古糖业的分销系统相似。[3]这一点在兴旺且多元的出版文化中更是可见一斑,以女性、青年、电影影迷和其他更多人为对象的新杂志的种类日趋丰富。本土电影产业、广播电台和新的娱乐形式及场所都在增长——其中有舞厅、酒店、酒廊和咖啡馆。中国城市的风光长久以来都靠商铺招牌来点缀,但如今,大型广告牌也加入了行列,传播美好、健康、卫生和成功的形象,城市大道沿线的景观全都充斥着人人需要的关键物品(香烟、牙膏、滋补品)。新的大学和学院建立起来,旧的大学和学院继续发展,将学生的消费和创造带到主要的城市中心。越来越多的人开始在全国各地旅行,并到海外学习或工作。整个国家弥漫着一股对外国事物的狂热,城市人群中频繁出现外国词汇、外国式样的衣服(这些衣服很时髦)、外国乐器(尤其是钢琴),外国小说和诗歌翻译风靡一时(在汉语里叫"热",发烧的意思)。1933年的一部经典小说以一艘轮船在夜间抵达上海为开头,这座城市的名字似乎用霓虹灯下闪烁的英文"Light Heat Power"(光、热、力)点缀着(宣传美国拥有的发电厂)。那个时代有一首伟大而永恒的浪漫主义诗歌,抒发了诗人离开剑桥时的心境。[4]这是一种海纳百川而非生搬硬套的文化:它是新兴的,而且有着浓郁的中国风格。

施怀雅家族就是在这种飞速变化的场景中经营太古的事业,也为这一切贡献自己的力量——打动人们,让人们的闲暇时光变得甜蜜,但他们也必须适应顾客、中国员工和同事们不断变化的期望。这是公司政策、市场营销、船舶设计和政治参与的问题,也是英国和其他外国雇员的问题,他们发现自己生活在新的世界,一些旧的、过时的港口生活将不得不放弃。香港也经历了同样旋风式的城市变革,但作为英国的实施殖民统治的地区,它有自己独特的差异和统治思路,而这种风格的政治在中国内地,包括租界和外国人控制的定居点,越来越不可能实现。

对太古洋行来说,这一时期的政治局势可以说是从厦门开始的,体现在华伦·施怀雅1906—1907年首次访华期间拍下来的其中一座设施

第十章 构建桥梁

中。那是一座木桥,连接着公司在那里的"上海号"和太古洋行的办事处。这间办事处面朝一处用土地改建的滩地,正对着英租界小小的港口。"上海号"在1890年灾难性的大火之后被修复过,现在成为卸货和装货的保税仓库。装卸工在桥上来来回回搬货,随后登上太古轮船公司的船,在沿海航线跑业务。这艘船在1917年一场凶猛的台风中幸存下来,当时它被台风赶到了岸上(台风掀翻了公司商行的屋顶)。1921年末,它成为一场为期四个月的重要抵制活动的焦点,随着时间推移,抵制活动变得越来越激烈。1910年夏天的恶劣天气之后,连接上海和海岸的老桥变得不安全,于是就被拆除了。此后,人们只得使用舢板来转运货物和人员,这当然难以令人满意。等公司获得重建这座桥的许可已经是1919年。但是,在风云变幻的时代,19年前兴建的东西,改朝换代之后却无法轻易重建,即便原来那座桥残留下来的桥墩仍然看得见,而且太古洋行1910年就保留了重建的权利。但现在,这被视为一种侵占和侵犯主权的行为:民族主义者问道,一家英国公司有什么理由在中国的土地上提出要求?土地本身也有问题,因为这座桥将废船和一小块土地连接起来,而这块地是在最初的英租界创建后,于1878年从港口索要过来的,它的地位和用途是有争议的。1918年9月,租界的理事会——一个很小的机构,因为这是英国在中国最小的租界,甚至比又小又简陋的镇江英租界还要小,为了在福建爆发军事冲突期间防止内乱,他们建起围墙和大门,还挂出布告板,非英国人非出于商务目的不得入内。但围墙建起来后就一直保持原状,布告板也是如此。官员继续工作,工部局的成员也继续工作,人们忘记或记错了为什么租界要这样设置障碍,而且就像英国的其他租界一样,这种做法反而成了常态。[5]但是,以前司空见惯的事情,现在受到了中国新一代官员、商人和活动家的质疑、抗议和抵制。

厦门至牛庄和上海至香港航线的客运量激增,太古轮船公司为了应对这个问题,必须修建一座新桥。但此事牵扯不清,当地好斗的英国领

- 247 -

事窦尔慈（他是一位任职28年的老手）以及刚刚才被任命的英国驻华公使艾斯敦爵士都认为这是"原则"问题。1921年5月，尽管地方上的中国当局抗议这些计划，但架设新桥的筹备工作仍然没有停止，理由是基于11年前的一场革命所达成的共识。

这个决定立即引发进一步抗议，当地团体召集了一次公众会议，投票决定除非工作停止，否则将实施抵制。公司聘请了一家上海承包商来承担建设工作，由于实际原因，这项工作不得不暂停。窦尔慈领事说，为了"尊严"也得继续下去。他在清朝时期受过训练，甚至在甲午战争之前就到了这里。科林·斯科特为这件事前往东方，拜访北京的艾斯敦，这位公使也要求重新开工。此时，一艘英国军舰被派往厦门，如果斯科特再多思考一下，他可能会拒绝这些要求，因为在原则和尊严问题上采取立场很少会有好结果，这件事也不例外。11月复工后，当地民众立即开展抵制，大桥和公司与那些墙和门、招牌、填海土地等法律地位问题无可奈何地纠缠在一起，让这一切火上浇油的是，当时还有一根旗杆悬挂着英国国旗。

于是，一场后来被证明是教科书式抵制的运动爆发了。自1905年抗议美国再次禁止中国移民的运动以来，抵制已成为一种熟悉而有力的政治行动形式。[6] 在厦门，太古轮船公司的船只被阻止卸货和装货，乘客被阻止下船（运送他们上岸的舢板被警戒）。学生积极分子到处呼吁、威吓、大声疾呼，试图用这种方式唤醒同胞的爱国主义精神以及他们的尊严。如果乘客上岸，酒店则被禁止为他们提供住宿，托运人被要求使用其他线路（日本公司欣然提供替代服务）。承包商从上海雇来的40几个人被游说停止工作。电报从厦门的电报局飞出，寻求汕头、上海和北京的贸易和地区协会的支持。支持的声明也随之而来，所有这些都被当地媒体记录下来，因为这是中国政治的模式，媒体是表演和宣扬爱国主义的舞台。英国皇家海军派来了一支海军陆战队，但这帮不上工头的忙，他在街上遭人袭击，右耳被割掉，两名手下被厦门警方以吸食鸦

第十章 构建桥梁

片罪逮捕。当时被收买的其他人甚至设法弄沉了运载着施工打桩机的两艘驳船,将它们沉入了海港。这样的态势让中国各地(沿海和长江港口)的托运人开始拒绝乘坐太古轮船公司的船只前往厦门,甚至在马尼拉也爆发了抵制,汕头的水手也展开罢工。事态远远超出了太古的预期和愿望。

"我们的生计……取决于和中国人的友好关系。"伦敦在11月中旬给上海的信中说道。对外交官来说,有争议的原则问题是一个"非常值得怀疑"的问题。这家公司正在被英国公使馆"用作武器"。[7]

外交部部长、领事和公司发生了争执:外交官主张,太古洋行必须坚守立场,完成桥梁的建设工作,但太古轮船公司在2月份就已经"损失惨重"。在中国和伦敦的经理希望在其他问题得到解决之前,通过停止大桥的施工来达成妥协,并提出无论如何都要为大桥支付某种租金。外交官则呼吁"英国商界的团结",并坚持不做退让。窦尔慈认为问题的关键在于英国商人狭隘的一己私利。他声称,这件事是由划舢板的水手发起的,如果这座桥建成了,这些人就要失去生计;要么就是在台湾的日本商人的过错,他们急于把英国人踢出去。无论如何,参与运动的积极分子几乎都还只是孩子。他看不到这其中的本质是民族主义,因为他在整个职业生涯中,从未对此有所准备,而在未来的半个世纪中,他将不是唯一见证者。

最终,英国人还是让步了,尤其是一位新领事比他的前任更仔细地查看了档案,然后得出结论说,窦尔慈所持的立场确实没有任何法律依据。1922年3月2日,公示板被"静悄悄地"取下来,围墙在两周后被拆除。

这是一场旷日持久、代价高昂、毫无结果的战斗。地方行政部门要求承认其权威,以及对正当程序的尊重。运动分子根据当地条约和协议中的具体内容提出了自己的要求,但他们也使用了一种新的、充满感情的语言,即民族荣誉(民族问题也是个人问题)、动员和对大规模行动的信念。自1919年中国爆发全国性抗议以来，这种语言在中国已变得普遍。1919年，在巴黎和会上获胜的同盟国根据《凡尔赛和约》，对一战期间日本从德国手中夺走的中国山东租界地问题的处理，引发了全国性抗议。建桥的决定"藐视吾国主权已极"，"值外人奚落吾人，视其等同死尸之际，吾人岂无知觉？"一份传单质问道，"厦门诸君！请速速奋起努力！吾辈于此等事深恶之，直如割吾肤剥吾皮！""速速奋起，厦门诸君，速速奋起！"

这件事甚至关系到了付诸暴力的斗争——"如果每一位中国人都勇于牺牲，冒着生命危险，用他的双手和双拳、血和肉去进攻英国人，那么即使他们的利炮坚船也无济于事。"[8]

但是，真正受到攻击的是工头朱金生，因为这场如火如荼的新民族主义运动旨在教育爱国者与帝国主义分子做斗争，并使用生硬的暴力语言教会他们这一课。

太古洋行会称，即便是在外交原则问题上——英国租界当局管理填海土地、修建围墙和大门的权利也只是偶然卷入其中，但实际上它完全是租界的一部分。这是唯一一家总部设在那里的英国公司（尽管代理商住在港口对面的鼓浪屿上，那里的环境更加宜人）。其中一堵有争议的围墙和太古洋行毗邻，其中一块有争议的标志就钉在太古洋行的院墙上，而太古洋行的桥将把船体与岸边连接起来。来自上海的经理麦凯（E. F. Mackay）反驳了华伦·施怀雅对他处理抵制行动的批评，并指出公司需要谨慎行事，并与外交官保持良好关系，他说："我们必须就我们在中国的各种利益不断向他们呼吁。"[9]

如果说厦门的抵制是一起代表性事件，其语言和行动方面反映了新的、果断的大众民族主义正在中国发展的话，那么它也在一定程度上向我们暴露了驻华英国官员的狂妄自大。这个地方性的问题，这个相对较小的桥梁问题，在中国成为争议性问题，不一定是因为年轻的激进分子——实际上他们通常是非常年轻的在校学生，不一定组织得起人员网

第十章　构建桥梁

络、发送公共电报,并通过邮件派发传单和报纸。此外,暴力事件的可能性也令人担忧,劝导可能会演变成身体上的拳脚相加;"敢死"这种修辞很可能变成字面意思。随着英国海军舰艇的出现和海军陆战队的登陆,他们更可能激化而非缓和厦门青年的怒火,甚至波及武汉、汕头、上海、香港。

这一切只是序幕。厦门的乱局之后,香港面临更严峻的挑战。尽管一开始并非以政治为焦点,但1922年香港的中国海员大罢工迅速有了政治属性,尤其是当港英政府禁止他们的工会开展活动,并赋予自己紧急权力,关闭与内地的边界,审查邮件的时候。这场由大约2.3万名海员在这个港口发起的抗议,其根本原因是经济。[10]自从战争结束以来,香港的生活成本急剧增加,而工资却一分未涨。中国海员工会成立于1921年初,它在6月决定给香港所有船运公司写信,请求大幅增加工资,并准备在要求得不到满足时进行罢工。这些要求最初甚至没有得到答复。但在这样一个全新的中国,劳工正在发出自己的声音,并需要被外界倾听。

1922年1月13日,罢工开始了。海员以前也曾罢过工——1913年,太古轮船公司的司炉工曾非常短暂地斗争过。但现在他们有了组织,为漫长的斗争做了计划,并将获得非常广泛的支持。[11]海员知道,付给他们的薪酬远低于外籍海员;他们也知道,太古轮船公司的高级船员和技师在1921年就因为高昂的生活成本而得到涨薪;他们还知道,海外的海员工会在战后的纠纷浪潮中取得了胜利。当然,越来越多的人为远离中国沿岸的外国航线工作也是事实。

工会将其罢工大本营转移至广州,罢工海员前往那里,领取来自160多条船的罢工报酬和救济。罢工高潮时期,这些船在港口组成了一支"庞大的闲散船队"。[12]孙中山领导的政党——国民党已经在广州建立了自己的政府,它的地方军事保护者为罢工者提供资金。

船主当然不愿意妥协,转而在马尼拉(被认为效率不足)和上海

（没那么差，但不能和粤人相比）雇用船员，从而维持部分业务的运营。香港政府处理事情的手段非常糟糕。2月2日，政府宣布工会非法，而且，当同情式的罢工相继爆发时，政府要求外国居民志愿维持基本服务，关闭边界以便阻止罢工者离开，并采取了其他拙劣的措施。这场争端还涉及对破坏罢工的人，以及对那些与外国公司合作或为外国公司工作的人的恫吓，对太古造成了巨大的严重打击。2月24日，作为太古主要装卸承包商的经理梁玉棠乘着人力车，沿着海旁大道前去参加太古洋行办公室的会议，被人从背后开枪击中。梁身材魁梧，和蔼可亲，他在本月早些时候曾劝说太古糖厂的员工不要罢工，并为他们提供补给，但他在到达医院前就咽了气。这件事背后牵扯的瓜葛很深，更确切地说，这是太古洋行的事。因为被指控谋杀并被绞死的那人，直至罢工开始都一直是太古轮船公司的新船"广州号"上的厨子。因此，几乎没什么好奇怪的是，当3月4日商行收到威胁信的时候，所有华人员工都罢工了。[13]

事态越发恶化。3月3日，当一列罢工的办公室文员、工人、家庭佣工和商店助理前往沙田的边境时，警察向他们开枪，导致六人死亡。此时，约有12万人参加了罢工，海员与工程师和机械师、码头工人、驳船夫、运煤工、茶馆和餐馆雇员、家庭佣工、文员、电车公司员工、裁缝、木匠、市场摊位和餐馆员工一起，终于形成了一场全面的运动。[14]

尽管发生了暴力事件，英国居民还是假装过得很开心，过着没有仆人的生活，好像处于一种被围攻的状态，他们自己铺床、自己做饭、打扫卫生。浅水湾酒店的一块牌子上写着："一起来玩游戏吧。"要是有客人来酒店，问他们最擅长做什么家务。[15]但是，在"沙田惨案"之后的事态升级和总罢工的爆发加速了航运公司和香港政府的迅速屈服，企业做出让步，保证涨薪，并同意恢复罢工者的岗位。太古洋行在讨论中地位突出，是工会怒火的主要目标。对于太古轮船公司来说，接回罢工者是特别让人难堪的妥协,但他们还是让步了。于是,被工会没收的招牌在一大群人的注视下,在学校军乐队的号角声中被重新抬进德辅道的办公室。

这是一个奇怪的象征性时刻,中华民国的五色旗、英国商船旗和英国国旗在建筑物的房顶上一同升起。[16] 华伦·施怀雅对该解决方案感到愤怒,他认为这是对武力的屈服,而港英政府威胁采取严厉的措施,然后又不执行,甚至撤销这些措施都是愚蠢的,因为之前工会合法化,政府也是一样的行径。但公司已经承认其员工所面临的困难,1921年,太古为中国办事处员工引进了一项员工公积金计划,伦敦方面知道自己的雇员处境艰难,尽管香港的埃德金斯(Edkins)和伦敦的董事都断言,这起罢工是纯粹的政治事件,在很大程度上是错的,至少在罢工的开始阶段是如此,它的遗产是整个中国劳工环境的政治化。[17]

在上海,太古轮船公司为其驻上海的船员提供了30%的加薪,就像它在香港所做的那样,其他许多航运公司也采取了同样的做法。这是明智的。1922年7月,海员工会上海分会成立,很快便要求像香港一样的涨薪,而那些还没有涨工资的航线,工人也发动了罢工。在香港和上海的官方圈子以及在太古洋行的内部通信中,围绕着提升警力,尤其是情报能力以及处理新政治威胁的必要性展开了大量讨论。上海的麦凯在上海向伦敦发回了一份由国际移民局副局长编写的报告,其中加强了这一分析,但也有力地论证了从香港罢工中吸取的关键教训,即首先雇主必须"怀着认真、同情的态度并以商业方式对待劳工的任何要求,无论这些要求乍一眼看上去多么不合理"。当涉及经济纠纷时,他们自己也要讲道理,不能简单地压制他们的雇员。[18]

麦凯的提议明智而有远见,但没有受到重视,就连撰写人自己的警察部队都对其熟视无睹,于1925年5月30日在上海向示威者开火。这次抗议活动是由一家日资棉纺厂的劳工纠纷引起的。上海公共租界巡捕房短短几秒钟的开火令这场纠纷转化为针对英国人的全国性运动,首先是上海的大罢工，然后是全中国的大规模抗议和抵制活动。在随后的动荡局势中，英国在武汉的租界发生了进一步的对抗，而最血腥的是在广州，1926年6月23日爆发了"沙基惨案"，英法海军还有沙面的义勇军部队朝抗议人群开枪，至少52名中国人被打死，由此引发了长达16个月的罢工和抵制，横扫了广州和香港的英国贸易活动。

公众的愤怒最初以印刷形式，在集会上通过到处开花的社团和协会被传递出来。这些社团和协会将整个中国社会的人们团结到一起，与此同时，共产党和国民党活动人士深入参与了这些运动——1925年，共产党党员增加了十倍——旨在利用这种普遍的愤怒来支持他们的革命计划。后来，国民党于1926年7月从广州地区发动了北伐，最终夺取了政权。

反帝国主义和民族主义交织在一起，为国民革命军的胜利铺平了道路，国民政府于1927年在南京建立了新的国家首都，经过内部派系斗争，由军队的司令官蒋介石主持大局。当然，此时的国民政府还没有完全控制整个中国，它在东南、西南、东北和西部受到军阀的挑战，但它作为中国合法政府的可信度和地位在1927年后逐年提高。如果说国民党的胜利是局部的，那么民族主义的胜利则毋庸置疑。直到1927年初，国民党在形式上与中国共产党结盟，然后残酷地背叛了革命，也使自己的左派陷入困境。但是，许多在中国的外国居民没有看到民族主义是推动新政权的基本力量，在1925年以后的一些年里，他们对变革采取的是顽固抵抗的态度。据来访的《曼彻斯特卫报》记者亚瑟·兰塞姆（Arthur Ransome）报道，上海是"东方的阿尔斯特"：这些人不愿意妥协。[19]但国民党的目标是废除如今常被称为支持外国势力在华存在的不平等条约，从长远来看，它不会容忍任何反对意见。在20世纪20年代后期和30年代，应对这些挑战将成为太古洋行董事和经理的一项重要任务。太古洋行历来不愿意参与殖民统治地区或条约港口的公共事务，但现在必须积极发挥作用，争取改变这些机构的工作方式，无论是通过

第十章 构建桥梁

正式方式也好，还是非正式方式也好，并改变英国在华机构的广泛文化。太古洋行还必须改变他们自己的工作方式，思考如何对待自己的身份，如何处理与员工、与中国合作者和竞争对手以及与中国官员的关系。

仅仅因为太古在中国的存在及其业务规模，太古的利益就经常被卷入正在展开的国民革命事件中。这在很大程度上是正常的，也就是说，太古洋行不过是处于风口浪尖的其中一家英国公司罢了，这其中有两场灾难特别突出。在1925年5月30日的热潮之后，6月10日（星期三），事发汉口，据当时的报道，一名公司的看门人，此人是锡克教徒，在试图制止"武昌号"卸货时发生争执，打伤了一名码头苦力。第二天，那里就发生了抗议示威活动，最终在英国和日本租界委员会大楼上举行了游行。根据当时的记录，一名"暴徒"试图"冲向英国义勇军军械库"（当然，在汉口有一支皇家义勇军）。在皇家海军当局的指示下，皇家义勇军将机枪对准人群，打死了八人。

更换公司的印度看守和尊重工人是这次抵制行动的关键诉求，这一事件最终决定了英国租借地的命运。18个月后，公众的愤怒情绪依然明显，英国租借地再次被抗议者入侵，并被移交给中国政府控制。这次事件的根源是一位卑微的看门人的行为，太古公司对中国发生的这种事情早已习惯，但这次，他们再次发现自己因一位员工的拳头、双脚或警棍而陷入困境。[20]

1926年9月，一场更严重的灾难笼罩了长江上游的万县（今为重庆市万州区）。8月29日，太古轮船公司的"万流号"商轮在前往港口的途中被国民政府省一级的部队扣押，理由是"万流号"驶过的水浪弄沉了一艘载有他们数十名士兵的船只。据报道，当"万流号"试图逃脱被登船的命运时，造成了更多人的死亡。当时，负责四川政务的当权者通过向外国公司征收各种各样的费用来资助政府和军队，这些非法费用在外国公司看来是不合理的（至少在技术上）。但对于四川当地的军事部门来说，他们希望能免费征用船上的空间，而河上的宁静生活却被行驶的外国轮船弄得更加动荡。在这样的背景下，"万流号"的船长试图把他的船开到万县，这引发了后续的事件——一支中国部队设法登上了船，并指示该船向西行驶，但当他们到达目的地时，被英国皇家海军的一支武装队伍驱逐。作为回应，四川省部队的指挥官杨森将军下令扣押了太古轮船公司在港口内的另外两艘船只"万通号"和"万县号"以及两艘船上的三名军官，将其作为赔偿谈判的人质。

两艘船上驻守了大约800名士兵，岸边的炮台封锁了港内的英国炮艇。这让当地的英国海军指挥官非常愤怒，于是英国海军司令部在没有咨询英国外交部，甚至没有咨询海军部的情况下，便在9月5日发动了一次解救船只、释放太古轮船公司高级船员的行动。直至当天结束时，万县这座小城燃起大火，"熊熊燃烧的烈火"照亮了天际，在下游6000米处都能看到。成百上千的居民在大火中丧生，或者死于英国海军炮火的轰炸。随着抵抗英国炮火的中国指挥官在第一轮防御性射击中被打死，英国海军的"射击变得非常疯狂"，而且"变得很难控制"。杨森的数百名部下被杀，据说他们的尸体在太古轮船公司的船只上被堆成金字塔，"万县号"的尸体"深陷在血液、脑浆和污物的泥潭中"。在这场冲突中，七名英国水手以及一名船员被打死。[21] 实际上，英国人的进攻早就被国民党四川方面料到，但他们的回应却是致命的，这就造成事态迅速、毁灭性地升级。

此时，通商口岸的顽固分子正在下游的俱乐部里寻欢作乐，为"万县的精彩史诗"喝彩——正如《字林星期周刊》头条所报道的：英国终于做出强硬的回应，当旗帜在万县遭到玷污时，皇家海军维护了英国的威严。但英国外交官大吃一惊，因为海军指挥官对这两艘船被扣押所带来的"羞辱"深恶痛绝，由此引发的争端将他们摆了一道。事实证明，这对英国官员来说是一个非常危险的时期，英国派往中国的大批增援部队中的低级军官都被激起了挑起冲突的欲望。

第十章　构建桥梁

华伦·施怀雅不是唯一指责中国英语媒体及对此类骇人听闻事件"精彩"评论的人，尽管他的措辞与中国媒体一样极端："如果有哪个人要谋杀格林（《字林星期周刊》编辑）和弗雷泽（《泰晤士报》通讯员）的话，我会很乐意付钱为他辩护，承担他遗孤的教育费用。他们两个是我们在中国最危险的敌人。"

不那么引人注目的是，太古的经理和董事开始努力平息时代的情绪以及《泰晤士报》的怒气［这里作者用的是双关语，"时代"（the times）和《泰晤士报》（*The Times*）是同一个词。——译者注］——他们游说报纸的老板，让他们约束自家那些越发口无遮拦的记者。10月3日，一大群人参加了在上海圣三一大教堂举行的英国死者追悼会，其中包括万通号的轮机长威廉·约翰斯顿（William Johnston）。约翰斯顿56岁，已婚，是公司的老员工，他是在企图逃跑时从船只甲板上跳下来淹死的。[22] 这次事件的遗留问题就是太古洋行在四川一度遭到抵制，四川人民的愤怒之火一直持续到20世纪30年代。

太古洋行在这个动荡的时代变得更加引人注目。首先，激进分子寻找英国商品和那些为英国人提供服务的人，将其作为抵制的目标。在1925年的危机中，太古糖厂的内地代理商多次被迫关门歇业。[23] 在一些事件中，例如汉口和万县，太古洋行本身就是真正的目标。但在反帝国主义浪潮中，太古主要是被英国的利益所席卷。一张1927年的传单用清晰的英文写着"Made in England"（英国制造）的字样，上面有四具蜷缩着的骷髅和一些头骨，每个头骨上都标有与英国人发生暴力冲突的地点，其中之一便是万县，而所有图案全都画在中文字样"英帝国主义对外贸易公司"的下面。[24] 与此同时，英国公司发现他们必须清楚地给自己贴上标签。因为在这样一个革命和内战的时期，公民秩序普遍崩溃，使许多农村人变成了武装自卫团伙和土匪。在这一点上，治外法权为外国商人提供了必要的安全——英国国旗被画在船的两侧；办事处和设施上升起国旗。总的来说，这样做遏制了那些可能会铤而走险的人犯事,或至少让他们三思而行,因为可能会遭到英方报复。感到自己处境危险的英国人也团结一致,在局势最紧张的时刻,奋力高声且清清楚楚地亮出自己英国人的身份,为在1926—1927年冬天以"上海防卫队"身份抵达的万人部队欢呼——这是英国在两次世界大战期间最大规模的单一海外干预行动——并为当时部署到中国水域的大规模海军力量提供后援和补给。

这种被夸大和强调的英国人特征在另一方面也有其优势。正如外国控制的租界和居民区在冲突时期成为中国难民的安全庇护所,成为受辱的政治人物的避风港,或者成为中国资本在法律稳定的环境中获得安全回报的大本营一样,悬挂外国国旗的船只为中国乘客和货物提供了更大的安全保障。在20世纪20年代和30年代的动荡时期,这些被证明是公司的一项重要商业资产,但也不是万无一失,因为它也会吸引海盗,而海盗不会尊重任何旗帜。1923—1935年间,太古轮船公司的船只被扣押了10次,"新宁号"和"同州号"各两次。[25] 但正如下文所述,总的来说,尤其是在对日战争期间,对中国人以及中国而言,外国治外法权是一项资产。这也表明,在中国的英国企业在很大程度上已经从贸易转向了服务提供,但这种服务在中国任何一个政治稳定和中央控制的新时代都不太可能一成不变。

这似乎是梦想中的东西。太古洋行原本在业务实践中考虑变革,不过长期的危机加速了这种变革,不管是出于商业原因,还是为了适应不断变化的市场,发展都成为迫切的政治需要。在20世纪20年代和30年代幸存下来的公司档案中,充斥着大量错综复杂的政治或政策通信——他们关注的问题超越了直接的商业或运营问题,这在公司历史上是从来没有过的。在这些文件中,有两份文件特别引人注目,因为它们揭示了中国不断发展的城市阶层的特征。1927年3月,一份关于公司"买办制度"可能重组的讨论(正如文件中所标注的那样)提供了51名太古洋行中国办公室员工教育背景的详细资料。这些人中的大多数曾就读于香港的英语学校，其中18人就读皇仁书院，其他人上的是拔萃男书院的圣约瑟夫学校。两人在海外上大学，一人在伦敦，另一人在芝加哥。这份资料成为观察中国城市居民新世界的清晰剖面。[26]在太古洋行看来，他们并不能在公司的未来扮演什么重要角色，尤其是在上海和香港的分行（后者更是如此）：他们是华人组织的一员，而非企业的一部分。他们坐在办事处大楼的不同楼层，不属于公司生活的一部分。约翰·兰伯恩写了一部以香港为背景的惊悚小说——显然是以他在太古洋行工作的岁月为原型，里面的英国主人公遇到的华人职员沉默、阴沉、冷漠。[27]然而，这些员工是新社会阶层的一部分，是他们使太古的业务成为可能，是他们组成了有经验的员工团体，并从中开发新的运作模式。

他们中的一些人可能也同意1925年底一位联系人向董事转达的评论，评论记录了与在英国学习的中国大学生的谈话。这些人专挑太古洋行（以及汇丰银行和英美烟草集团）进行批评，因为这些公司在各自市场上的地位牢不可破，还有条约的支持，由于联营协议的存在，在太古轮船公司的事件中也能得到保护，并通过降低运费来应对挑战，禁止新成立的中国企业进入市场。学生们认为，这些企业完全有能力进行有效的竞争——他们以南洋兄弟烟草公司为例——却几乎没有这样做的机会。此外，英国公司不在中国纳税，中国几乎没有从他们的存在直接受益，这些学生及其家庭和人际网络（以及他们的资本）也没有受益。[28]对这些中国评论家来说，尤其是商业精英的儿女们，这些外国公司是有特权的寄生虫。当时有一种政治回应，旨在贬低和消除这种特权，但对这些批评者来说，关键的一点是他们自己被排除在合作之外，无法正式或间接地从这些市场中获益。综合来看，在中国城市文化和社会变化的背景下，特别是随着新精英的发展，这些小插曲都指向了一个重大变化，即太古洋行开始计划在管理和组织在华的中国和外国员工方面做出重大改变。他们不能再忽视这些群体的潜力，也不能忽视他们想要的利益和想达成的愿望，公司需要更积极、更慷慨地与中国的新精英进行合作。另外，公司还有其他顾虑，强大的抵制委员会统筹了1925—1926年香港的长期反英运动，其中一位领导人物是太古船坞的机械师罗登贤，大约于1915年开始在太古船坞工作，当时他11岁。在1922年的罢工之后，罗登贤于1923年加入了中国共产党。作为一名海员的儿子，他于1926年就任香港总工会主席，并成为党的高级成员（少数真正具有无产阶级背景的干部之一）。[29]此后，罗登贤继续在上海的党组织内发挥领袖作用，领导当地的劳工活动，之后又被派到日本占领的东北，努力建立共产党领导的抵抗组织。1933年，他在上海被国民党逮捕后英勇就义，年仅29岁。这也是一些有抱负的员工在太古的工作中发展起来的一种职业。忽视华人办公室职员和华人精英会导致代价，如果太古再也无法承受这种代价的话，他们当然不能再像过去那样管理公司的中国劳工，而且劳工如今已经以各种方式组织了起来，并对全中国的政治舞台产生影响。

　　罗登贤和他的同事有很多不满，太古洋行及下属公司仍然实行权力下放制度。我们可以将其简单地视为"买办模式"，但它实际上在太古洋行所有公司以及在很多活动层面上都得以复制。例如，太古糖厂的高级欧洲领班（正如他们被标记的那样）通过25名华人"1号员工"开展工作，对这些1号员工及其手下雇员之间的关系"实际上没有任何控制权"。而1号员工却牢牢控制他们的下级。人手是由1号员工招募的，他们被怀疑（因为从未被调查过）兜售这些职位（很可能从任职者那里抽取定期税款），给手下员工提供食物，并负责确保每个班次都有合适的人手。他们还控制了公司提供给鲗鱼涌全体员工的住房，"负责糖厂的厂房租赁"。有一些住房单元可以容纳约4000人，除非被分割，其中有许多单元确实被分割了，他们可能会把入职的机会留给自己的亲朋好友。外籍领班如果对新员工满意，就会给对方发一个员工编号，但在特定的班次中，使用该号码的人往往都是其他人。这套体系对太古洋行来说是行之有效的，公司需要用人的时候，有人可以用，不过这样等于将

第十章 构建桥梁

招工和劳动关系以及福利置于少数华人员工之手,而这些华人员工本身很难控制。领班加入公司的时候,普遍已不年轻,而且大多不懂粤语,因此需要依赖1号员工替他们翻译。根据报告,在1927年的船坞,31名华人工头控制着1134个工作岗位,7名承包商更是控制着多达1215个工作岗位。[30]

同样,太古轮船公司的员工,哪怕是那些被认为训练有素、经验丰富、足以加入公司有意推出的"本地公积金"计划的员工,大多都只为太古轮船公司的船长和技师所知:他们的服务或经验没有记录,并跨越多个年度,涉及不同的船舶。1913年,锅炉工要求更高的薪酬时,是向每条船的轮机长单独提出意见的。欧洲员工离开公司时,常常带走了所有关于中国船员的信息,尽管这些信息并不完善。有关员工在办公室以外的细节,人们知之甚少,这些劳工管理的做法在当时的中国相当普遍。[31] 外国观察家认为,总的来说,欧洲领班比中国经理人更重视劳工条件和关系,但要证明这一点并不容易,而且在进行改革时,任何实际管理权的下放也被证明是一个挑战。

在上海,这种就业模式还多了一层控制。表面上看,码头工人是由劳工承包商提供的。但还有一些人,通过"既定的习俗"或"以前的土地所有权"对劳动合同主张"各种权利",而且承包商很可能与他们纠缠在一起。有人指出,他们是"自己横插进来"并"巧取豪夺的人"。他们"是一帮可以称之为既得利益者的人"。事实上,这帮人可以称为帮会或秘密社团,如洪门和青帮。太古洋行在上海的三个码头位于黄浦江的浦东一侧,和那里的其他业务一样,这一带都是上海青帮的势力范围。一位码头劳工承包商后来被描述为"企业里的温和帮派分子",但其他人就没那么温和了。随着国家权力被削弱,这类帮派演化为复杂的有组织犯罪网络,到20世纪20年代和30年代,上海青帮在包括政治在内的其他领域对劳工产生了强大的影响。20世纪30年代中期,上海黑帮老大黄金荣——"麻皮黄"邀请太古和怡和派代表参加他儿子的婚礼,两

-261-

家公司只能准备好贺礼（现金）出席，这一做法实际上就等于是在向权力低头。[32]

另一个挑战是外国员工在中国内地表现出来的文化，他们一到中国就迅速融入了当地的生活方式，并产生了相关的期望和态度，尽管他们并不是生活在殖民统治地区。熟悉会产生轻视，但实际上很少能产生真正的熟悉。正如1927年一封来自香港的信件所显示的那样，与大多数客户的互动是由公司在中国的办事处负责处理的。欧洲办事处工作人员的态度——无论是大班、部门主管还是商业助理，都受到所有通商口岸和殖民统治地区弥漫的本能保守气氛的影响。袁世凯死后，中国的国家权力四分五裂，人们因此顽固地抵制，不想考虑任何变化或改革，而这正是外国势力和自治的黄金年代。当时没有名副其实的国家政府，即使有，也被外国人管理的海关总署控制了政府唯一靠得住的财政来源（地方实权人士的收入不上交），而且这些财务收入会先用来偿还外国贷款，剩余的才会上交国家财政。中国海关总税务司安格联（Francis Aglen）爵士不经意地说道，他管理着一个"实际上独立的国中国"，他几乎就是中国政府的财政总长，在这个政府里行使着相当于部长级别的职能。[33]

通商口岸的居民没有理由想着把自己的特权交给那些他们所蔑视的人，而且在他们看来，这些人在中国的权力没有真正的合法性。随着土匪活动变得普遍，大大小小的内战无处不在，外国外交官承诺会修订条约，并同意做出改变，但这是建立在中国把自己的事情打理得井井有条的基础上。而这一点似乎是幻想，它总是出现在文件中，却从未实现。

我们可以在约翰·兰伯恩懒散的小说中看到外国态度的蛛丝马迹，这些人包括闷闷不乐的文员、彬彬有礼但凶狠的军阀和狡猾阴险的商人。当然了，惊悚小说市场对于中国人角色就是这么期待的，但这些形象也会出现在那些充满敌意的报道中，这些报道由外国记者从中国发出，正是他们控制着相关海外国家的新闻流动。我们也能在太古轮船公司高级船员的态度中感受到这一点。他们的同业公会在1926年10月向他们传送了一份告示,抱怨"中国某些资本家和贸易商"——其身份非常明显——"正在为了中国人的利益而惩罚外国人",他们在"利用我们的国籍来获得好处"。[34]好在不那么引人注目的是,在将中国员工合并到各办事处这件事情上,上海和香港的管理人员行动迟缓,甚至到了以被动的方式加以阻挠的地步——伦敦在1926年写道:"我们的印象是,这件事很久以前就已经做了"——或者像对待英国新员工一样,在上海为公司的第一位中国培训生(我们现在可以这么称呼他)提供常规工作:让他从中国媒体上筛选感兴趣的内容,并没有对他进行办公室工作的培训。[35]这种对改革的思考和实施的抵制,既出现在企业层面,包括大多数外国企业,包括工部局甚至海关等机构,也出现在个人层面,即那些生计依赖于外国特权和权力结构的人。培训某个年轻的中国人,就意味着让外国人失去了工作的机会。

不过,改变是必要的,伦敦方面的观点更灵活。首先,新制定的计划是将其公积金扩大到太古轮船公司的中国办事处,然后是流动员工、太古糖厂和太古船坞办事处以及经验丰富、技能娴熟的员工;1925年危机开始之前,太古洋行就已经着手起草这些计划,拟了大纲并探讨过。公司开始更加积极地推进员工的"福利"工作,[36]例如,1924年在鲗鱼涌,公司打算为船坞员工的孩子开设一所"太古中文学校"。这类举措的一个障碍在于,上海和香港的管理人员认为福利是一种更无形的公共姿态政治,他们认为这意味着向中国基督教青年会捐献资金用于慈善事业,而这进一步显示了他们狭隘的东方视野。

伦敦将其视为涉及并惠及员工的事情,董事显然在更广泛地思考公司管理和劳资关系方面的"现代理念",整个英国都在讨论这样的理念,他们为此寄出了小册子和剪报作为思考的素材。[37]同时,伦敦总部开始着手进行两项重要的长期举措:全面改组买办制度,以及在中国内地和香港更积极地参与政治活动。总的来说,他们的目标是让公司在已经发生明显变化的中国有一个新的、更坚实的基础。

要确定公司哪位董事在推动这项新政策方面最积极并不容易。华伦·施怀雅那始终最激烈的意见、清晰可辨的不当措辞（特有的标点符号）以及参与开始举行的公开会议，比如1929年在京都举行的太平洋关系研究所会议，表明他对新政策肯定是强烈支持的，但几乎没有证据表明任何董事有异议。

在很大程度上，买办仍是家族产业。人们认为买办一职具有声誉和实用价值，但事实证明，这个职务也是声誉陷阱，因为公司对解雇杰出人士及其可能产生的影响持谨慎态度，而整个系统在1933年被认为是"过时的、昂贵的和低效的"。在上海，新一代的陈氏家族仍然扮演着关键角色，而在香港，莫氏家族则独挑大梁。1919年，陈可良让其子陈雪阶继任。而早在1917年，莫乾生在父亲莫藻泉去世时就当上了太古洋行第三代华人买办。当时，莫藻泉葬礼的队伍绵延数百米，有大量群众围观，队伍用了半小时才从围观人群中穿过。而后，莫氏在社会上更加声望卓著，莫乾生的生活也越来越奢侈，在维多利亚市中心的干诺道上为自己建造了一座奢华的豪宅。当时，他的儿子写道："这座豪宅有着英国皇家宫殿的风格。"

莫乾生确实有本钱这么做。1928年6月，太古洋行的审计发现，莫乾生在太古糖厂有一项长期且有利可图的欺诈行为（对用过的袋子收取高额费用）。然而，这未能揭露他欺诈的真实程度，因为莫乾生利用一家壳公司，趁价格低廉的时候从太古糖厂买糖，等价格高涨时将其售往广东省，同太古的合法产品进行竞争，而后者在广东和广西的分销网络都是由他控制的。[38]

正如1934年公司的一份综合报告所指出的，正是这种情况和其他"实际故障"迫使太古决策层做出行动。1926—1927年冬天，汉口革命最动荡的时候，买办魏学周（音译）报告说蒙受了相当大的损失（但也很有可能是欺骗，不过无法证实）。然而，这笔损失相当大的一部分被

第十章 构建桥梁

一笔勾销,这促使陈雪阶以令人信服的细节提出了自己的索赔。他在1924—1926年间蒙受重大损失,1927年的损失更大。他也被免除了很大一部分欠公司的债务,但这实际上于事无补。陈雪阶于1932年破产,南京的买办随即提出了索赔。当然,贸易一直很不景气,而且受到革命的严重干扰。太古糖厂也面临来自日本糖业进口的持续竞争。劳工咄咄逼人,码头工人要求用买办户头的钱给他们加薪,要是拒绝他们,政治风险实在太大。太古洋行的各位经理认为,他们的买办提出的许多要求都是合理的,但他们也会指出,与这些人的任何关系破裂都将损害公司的声誉,因为这些人实际上是太古洋行在中国各圈层里的代言人。他们担心,这些掌握了公司情报的人,要是哪个"心怀怨恨"采取行动,就有可能对前雇主造成影响。[39]

只是,太古洋行的经理缺乏任何有效的控制和监督,矛盾变得越发激化。陈雪阶"过去不是,将来也永远不会是一个有主动性的人";莫氏家族"无论如何都是无用的",他们是"罪恶之源";莫乾生则是"傀儡买办"。起初人们认为,让杨梅南这样的"进步"年轻人进入买办办公室可能会促进变革,但这个问题是结构性的,而所谓"年轻"也是相对的——杨梅南出生于1872年。[40]20世纪20年代中后期,太古洋行采取了一些仓促的行动,试图在员工中培养这些年轻的中国男性员工,跟大部分买办签合同时拟定不同的条款,并将他们纳入工资名册。之后,公司发展出一个更加照章办事的新式"中国员工组织"。1934年,查尔斯·科林伍德·罗伯茨(Charles Collingwood Roberts)在其编制的详细报告中对此进行了概述。罗伯茨1922年从牛津大学毕业直接加入公司,1932年开始详细研究这项工作。[41]

在太古洋行这样综合性的公司内部,如何发展和管理中国员工,罗伯茨对此制定了一个现实而务实的框架。在这个过程中他仍然有很多东西需要学习,而且需要认识到中国文化规范的方方面面。例如,招聘关系户介绍过来的、资格符合要求的员工,需要找到一种担保方式。罗伯茨承认,太古洋行在应聘者中的声誉很差。公司目前的薪资水平很低,职业管理也很差——办公室都是彼此疏离的文员,想想兰伯恩小说中对这个场景的刻画吧。此外,"精英"永远不会加入,因为他们知道自己永远不可能升到这家外资公司的高层。但是,只要有耐心,并在新的专业部门建立专门团队,相信可以建立和培养一批合格的文员和一批中国经理和高级顾问组成的骨干。罗伯茨完全相信,公司可以培养出一支完全超越外国雇员的中国员工队伍。毕竟,在这个新的民族主义时代,他们可能需要这样做。

并不是只有太古洋行在努力建立这样的新型结构。从19世纪末开始,在中国的日本公司就开创了这种方式,汇丰银行也在修改与买办的合作方式,这是商业逻辑和政治逻辑的要求。

公司新成立的"中国事务部"从1934年1月1日开始运作,其目的是实现罗伯茨报告中的目标。公司为这个新成立的部门特意从市场聘请了一位有丰富经验的人士——安献令(George Findlay Andrew),他在中国内地教会服务的26年记录巨细靡遗地展现了他的性格。[42]安献令生于中国,是中国内地传教士,能说一口流利的中文,对中国的社会和文化习俗非常熟悉。他很早就在曼彻斯特的一个办公室里做了三年学徒,但他被录用并不是因为他的商业潜力,用华伦·施怀雅的话来说是"因为他看问题的角度与普通的太古商人不一样"。[43]安献令在饥荒和灾难救济机构的工作,赢得了良好的声誉和广泛的认可,公平地说,在中国没有任何一家外国公司能够从自己的队伍中找到这样的人物。尽管如此,一位最近被招为办事处职员、前途大好的新员工汤姆·林赛(Tom Lindsay)还是被派往北京,接受高级语言训练,并作为副职接受培训。因为中国事务部确实是太古洋行的一部分,需要融入其中。

这个部门的作用有三个方面。首先,它在一定程度上是政治办公室,负责重塑和支持太古洋行与中国官员和其他领导人物的直接关系;其次,它是公司在中国的招聘部门,负责员工福利;最后,它负责处理

第十章 构建桥梁

劳资关系。起初，英国经理和中国员工都对这个部门持怀疑态度，但它逐渐开始改变太古洋行内部的中国就业文化。这个部门的第一件事是，建立一套系统而全面的关于中国员工的详细记录。在这之前，公司对他们的了解真的很少。除了更好地管理有前途的人和表现不佳的人之外，这个部门还能让公司通过数据来确定从哪些地方招聘优秀文员，并更稳定地从这些来源招聘。这是基本的招聘做法，但以前在招聘中国员工时根本没有使用过。除了像施约克在1935年指出的那样，中国事务部除了彻底改变我们的整个对话关系之外，它还致力于调整公司的公众形象。该部门建议将习以为常的中文名称"太古洋行"改为"太古公司"，同时为公司与中国官员的通信准备恰当的中文信函。经此，中国事务部磨平了这家仍然是英国公司的钝化边缘，使它更好地融入了中国的政治和公共环境。[44]

事实上，中国的大学毕业生，包括那些在英国学习的人，如今十分受欢迎（但不包括那些专注于"商业教育"的人士，这种教育只会提供"一大堆理论"）。与此同时，招聘英国员工的事务也发生了重大变化。施约克在战后首次访华期间产生了一种顿悟。他写道："我在大学里的任何一个同龄人，都会迫不及待地迎接在太古工作的机会，但在这里几乎没有雇用一名牛津或剑桥的毕业生。太古必须改变他们的招聘体系，而我必须同牛津荐任委员会取得联系，了解我们如何能够招聘牛津大学的毕业生，并用毕业生取代目前寄宿学校的小伙子们。我相信他们会争先恐后地加入，但要说服现在的高管和部门主管去接受他们，可能会很困难，但我们必须想办法确保他们接受。"[45]

施约克是以董事，但更多的是以前高级职员的身份写这段话的，而且是写于战后的萧条时期。在此期间，前高级职员的失业率成为令人担忧的问题。当然了，也有许多失业的前"寄宿学校的小伙子"，但施约克所想的是那些他在牛津一起学习和玩耍，并在法国并肩作战过的人士。1920—1921年间，公司开始从牛津大学招人，施约克本人于1931年

- 267 -

加入荐任委员会（履职30年），并将剑桥、爱丁堡、格拉斯哥和伦敦的人员引入公司。他后来回忆说，自己看的是"领导力"，"根本不在乎他们学到了什么"。由于健康原因，这些被招募的人中有许多人没能前往东方任职，或者他们有了新的想法，相当一部分人在试用期结束后离开了。从20世纪30年代起，剩下的人开始管理公司的分支机构，有些人还进入了董事会。[46]

1926年夏天，太古洋行开始大规模、成系统地雇用英国大学毕业生。当年有六人加入，1927年一人，1929年三人，1930年四人。总的来说，这一时期太古洋行在伦敦招募的24名见习生中有14人是大学毕业生。[47]中国事务部的汤姆·林赛就是其中之一。他是一位印度文职机构行政人员的儿子，毕业时有意到海外找工作，但中国只是偶然的选择。剑桥大学的"荐任委员会"给他提供了几次面试机会后，他接受了收到的第一份工作邀请，而这份邀请就来自太古洋行。林赛的任职时间很短，他在伦敦的蓝烟囱办公桌边跟着有经验的老员工工作，从而度过了这段时期。工作之余，他学习了簿记，并在东方研究学院上基础汉语课。他在那里跟着庄士敦学习，此人曾是英国租借地威海卫的行政长官，也曾担任过末代皇帝的英语教师。然而，庄士敦并不是语言教师，他在很大程度上是在回忆，因此，尽管林赛是太古洋行为数不多的几个在前往中国之前正式学习过中国知识的员工之一，但他从庄士敦那里学习、了解到的知识在国民党统治区毫无用武之地。[48]

公司活动的复杂性是公司需要培养一批人的原因之一，这些人将在未来领导公司，而不仅仅是在公司任职。公司早已过了派遣文员的时代，因为受过良好教育的中国人可以找到很多。一个持续的例外是性别问题。英国妇女仍然被派往海外做速记员，主要是在经理和私人办公室工作，以保持机密性。到了1923年底，她们至少有14人（包括一位大学毕业生）。中国事务部在太古洋行内部的发展程度是有限制的，这并不是说中国员工不值得信任，尽管英国民众肯定是这样认为；相反，公司可能是这样的假设,即该部门可能容易受到外部压力(例如那些蛮横无理的因素)的影响。[49]

公司着手建立自己的毕业生新员工团队——到了1936年,他们占到年招募人数的大约60%。这其中的关键原因是中国商业和政治文化的深刻变化。[50]新的中国是由一批受过高等教育、举止文明的世界公民统治的。但也有例外,大多数有影响力和权威地位的人都是喜欢跟他们的平辈接触的男性。老一代的太古人在"好"学校接受培训,且精通技术,但他们常常缺乏更开阔的眼界、同理心以及拓展人脉的技能,而这些是那些受过更高等教育的人所具备的。同样,英国外交官和领事发现自己正在与在教育程度方面远远优于他们的人进行谈判。这一点影响深远。没有任何其他策略能够奏效,至少肯定不是在1927年万县仍是一片废墟时被严肃讨论过的策略:拍摄一部纪录片。伦敦向香港和上海传达了一项它自己非常中意的提议:何不委托制作一部电影,随后在中国的电影院里安排放映?这样可以突出"在中国有家的英国公司"的运营,展示劳动条件,以及"英国人,不管怎么说,都是相当不错的工作伙伴"。英美烟草集团(BAT)有自己的工作室。太古糖厂喜欢这个主意;它可以展示工厂和"当地村庄"的运作方式。太古船坞也同意了,因为纪录片"将有助于澄清那些只希望制造麻烦的人所做的虚假陈述"。上海办公室对此也表示赞同,认为待"目前的骚动平息"时,应该进一步探讨。[51]这篇文章是在共产党武装力量刚刚控制了该市部分地区之后写的,其领导人主张立即交出外国租界。如果"他们"能更好地理解"我们",这是一个老生常谈的问题,但事实上"他们"确实理解"我们",而且一直如此,但他们不喜欢他们看到的东西。这个想法被放弃了。

太古洋行还面临着一项重大挑战,比起公司对自己组织和经营模式的控制,它对这一挑战的控制要弱得多,那就是英国在中国的存在所引起的政治纷争。长期以来,在上海的英国居民相当程度上被外交官忽视，他们尤其认为自己在政治上有自治的权利，而不只是由公共租界的发展偶然得来的，他们的工具是上海工部局，由纳税者选举产生，而且据说只对纳税者负责。直到1928年，这种选举权只限于条约国的国民，中国人被排除在外。在工部局的实践和政策中，还存在其他排斥和结构性种族歧视的领域。除此之外，上海工部局对1925年"五卅惨案"的应对几乎毫无圆滑和灵活可言。施怀雅家族长期以来不参与工部局的政治，尽管麦凯在20世纪20年代初加入工部局。但如今，公司直接参与进来并将其当成紧急事务。尼尔里奇·布朗（Neilage Brown）于1929年从香港调来接管上海大班，并很快加入工部局。他还参与了一项狂热的运动，致力于"培养"（这是他最喜欢的一个词）与中国官员以及上海有影响力的知名人士的关系，这些成了这位上海经理工作的重要组成部分。像太古这样的企业通过和其他人物的合作，例如英国公使兰普森（Miles Lampson）爵士以及怡和洋行的新任在华领导约翰·凯瑟克和凯自威兄弟，旨在约束煽动性的行为，至少是平息越来越保守的英国居民的愤怒言辞。

施怀雅家族也是为怀特（Frederick Whyte）爵士非正式外交努力提供资金支持的企业之一。怀特是前英国国会议员，后来活跃于印度，接着又被派来中国，试图改善中英阶层之间普遍恶劣的关系。当华伦·施怀雅于1929年在上海出差时，他报告说，通过怀特，他不断"会见中国的部长和政商巨头"，以便"为个人关系奠定基础"。一桩个人丑闻意味着怀特的使命失败了，但这一势头得以保持。对解决"上海问题"（这个组合词成为数以千计篇文章的标题）细节的强烈关注，取代了先前英国外交界的疏忽。外交官和大企业搭档，致力于恢复"小通商口岸的人民"和"上海人"的秩序，并削弱他们的力量，避免他们再次造成像1925年那样的破坏。从这场新体制中涌现出来的，大多是那些有着更广阔国际利益的企业——包括帝国化学工业（ICI）、亚细亚火油公司（通过其母公司英荷壳牌公司）和英美烟草集团。怡和洋行连同汇丰银

第十章 构建桥梁

行,是最大的在华企业,在民族主义的背景下,致力于通过这种新的伙伴关系努力挽救英国的未来。从这一层面来讲,像怀特这样的人以及许多其他英国外交官的工作至关重要。改善关系的需要显然是相互的。1931年10月,科林·斯科特与其他英国商人一起受邀在南京观看了纪念民国国庆的主席检阅仪式。之后,他被介绍给蒋介石,随后与其他人一同就餐,同他一桌的主人是宋子文。[52]

由于当时日本军队在满洲里横行霸道,因此一度遭到日本人仇恨的英国人受到国民党的殷勤款待。太古的董事和经理在这种外交中投入了很大的精力,但生意当然始终是生意。就像太古在中国遇到的问题一样,全球经济环境也抛出了严峻的挑战。1929年华尔街股灾之后的大萧条波及中国的时间较晚,但太古是一家跨其他市场经营的企业,对英国的状况也十分敏感。它拼命降低成本,例如,将所有薪酬降低10%,并削减任何可以削减的开支。太古还投资了一项新业务,1933年后在上海开了一家油漆厂(遵循了"大胆尝试其实一无所知新领域"的老传统),但公司的重点业务仍然是船舶、船坞、保险和糖。事实证明,这场革命对糖业来说是灾难性的。[53]面对政治对立、混乱和来自日本竞争者的强大新挑战,太古糖厂不得不于1928—1929年全面调整其策略和实务。新的精炼设施于1926年末完工,但在1927年的大多数时间里却关门停业(在这一时期,公司厂房的租金免除)。1928年,太古糖厂经理决定重新专注于只生产高规格的精炼糖。公司一股脑地关闭内地的销售组织,清算库存,并遣散其代理商。尽管太古糖的分销网络曾取得了毋庸置疑的成功,但在这样一个不确定时期,维持这个网络的成本太高。太古洋行还在香港推行严格的成本削减计划,21名外国员工被受过培训的华人技工取代。蓝烟囱将许多变得多余的公司"老仆"送回苏格兰。这些烧糖锅炉工、助理工程师、仓库管理员和计时员的工作由经过培训的中国学徒担任,这一成功举措随后被作为太古集团的典范广泛采用。这些华人技工和学徒的效率并不低,甚至可能更高,当然也更便宜。[54]

这次重心调整在经济上和政治上都是明智的。就像优先生产高规格食糖一样，太古糖厂从它的对手中华火车糖局那里买来一家方糖车间，当时该厂于1928年5月清盘，在1931年9月搭乘一艘太古轮船公司的船，将其部分业务转移至上海，并在那里开始生产事后证明"利润丰厚"的纸盒包装糖。1929年香港开始生产后，上海报纸刊登了礼盒装太古糖抵达商店仓库的新闻，在远离中国的地方也有大张旗鼓的市场推销，尤其是在印度。[55]在那里，公司利用香港和孟买之间的帕西人网络，雇用了殖民地一家著名企业的领袖之子布焦尔·塔拉提（Burjor Talati）和一位香港大学的毕业生。塔拉提这个"天赐奇才"一开始担任口译员，并很快证明了自己的价值。他在孟买工作，直至1933年英年早逝。当时另一名帕西人E.D.达姆里（E. D. Damri）接替了他。此人在1935年带施约克去了加尔各答的集市，向他展示正在出售的太古糖：施怀雅家族利益范围的新疆界。[56]

到20世纪30年代中期，太古糖厂报告了在印度和马来亚、大多数其他东南亚市场、东非和南非，甚至加拿大和美国的销售情况，这些市场是公司长期缺席的。如果说太古糖在中国享有一种中国式身份的话，那么在印度就完全是另一回事了。在那里，其营销口号是"帝国糖""来自英国的纯净食糖""由英国公司在香港精制和包装""未经人工触摸"。广告的指导原则是，这些糖干净、卫生、便宜、纯粹，且具有英国风味。[57]之所以要强调这些主题，是因为对于那些不熟悉的人来说，"太古"意味着这家企业要么是中国的，要么是日本的，使用中国文字或符号的包装于事无补。新的设计包含印度文字或英语，没有任何中国风的暗示（在中国本土则引进了一种新设计，包括一尊笑面佛，并采用国民党党旗和中华民国国旗上的蓝底）。20世纪30年代早期的重点是建立品牌意识，首选的载体是英国幽默周刊《笨拙》，尽管价格昂贵，但人们更喜欢它。这是一场从1932年底开始的大规模广告宣传活动:"穿越苏伊士的糖!新玩意!太古糖!"在"帝国偏好"成为政治辩论话题的时候,公司将太古糖定位为帝国的产品。[58]在1931年以前,公司从来没有用英语做过广告;现在,太古公司可以在家喻户晓的品牌中找到,例如普莱耶香烟和三炮台香烟、瑞士莲巧克力、OXO食品、李施德林和白速得牙膏等等。

20世纪30年代,太古糖厂销售的国际重点变得更加重要。国民党的国民政府在建立自己的权威后,于1929年恢复关税自主权,这是它在重新谈判19世纪中期条约方面取得的第一个重大成功。国民政府现在有了建立其财政资源的机制,并马上加以利用,对糖和其他产品提高了关税。

这项挑战足够艰巨:太古糖厂如今处于中国的关税壁垒之外。政府意欲掌控太古洋行先前在广东省的大本营,但遭到地方政权的挑战和拒绝。这个省级政权拥有自己的经济发展政策,而食糖是其中重要一环。[59]国民党当局引进了针对白糖进口、分配和销售的垄断,并且,考虑到莫氏家族利益的显赫地位,莫乾生将不出所料地在监督部门扮演领袖角色。这一举措实实在在地刺激了广东本身的生产,保证了这个政权的收入。

然而,实用主义还是胜出了。太古糖厂成为若干家垄断企业的其中之一,通过中介商弄到精制糖然后在广东省内当成自己的产品销售。太古默许了这件事。一份1932年的报告指出,香港的大多数销售额都流向了"莫氏或其他走私组织",随后又流入中国内地。[60]围绕着关闭糖厂并在上海盖一座新厂的事宜,各位董事展开了无休止的讨论,但是,尽管和广东垄断者谨慎合作在一定程度上缓解了太古糖厂所面临的问题,糖厂也因为日本入侵中国东北所引发的强烈反日抵制而得到救助,随着国家和私人利益集团将糖运销广东,沿海地区产生了动荡的新局面,一波暴力浪潮将席卷中国南部沿海地区。

从公司的发展方向和特征来讲,这是一个真正变革的10年。太古洋行从来没有停滞不前，因为无论是董事的野心，还是中国的政治或全球事务，都不允许它一劳永逸。但是，自1925年5月底开始，充满血腥和愤怒的10年里，太古洋行的业务发生了变化，虽然并非尽如人意——公司适应了激进的新工作方式，也适应了与其华人员工之间的关系，并在中英关系的政治中扮演重要角色。中英关系在1925—1927年间跌到最低点，而太古公司的利益卷入当时的冲突和对峙之中，并至少引发了其中两起事件。

不过，自1930年开始启程前往东方的董事发现，同中国官员和政治家商讨的大门敞开着。施约克于1935年春访华时，他和宋子文会面两次，第二次是应宋子文部长本人的要求，主要议题是船运：招商局已被国民政府接管，后者的长期雄心是要建立一套行之有效的中国商业海运，那些不以放弃主权作为回报的国家，他们的商船将被禁止在中国的海岸和河流上活动。太古洋行想知道，正式的"英中"合作有什么样的前景？如果太古轮船公司向中国资本开放会发生什么？或者，一家新的合资公司可能有什么样的机会？（太古已经投资过在湖泊和长江上游开展业务的合资公司）这些讨论至关重要，但引人关注的是施约克的总结陈述报告："我们在中国的时间够长，以至于我们觉得自己属于这个国家，并一心一意想要留在这里，无论时代会带来怎样的改变。如果中国政府引入权益保留，且当这一时刻真的来临时，我们大概不得不与时俱进，正如我们先前多次做过的那样，降下英国国旗。"[61]

他的意思不是说他们将关门大吉，收拾走人；相反，他们会升起另一面旗帜：中国国旗。这番陈述超出合理的外交辞令所要求的范围。这番言论表示，太古接受完全放弃曾长期支持施怀雅家族在华利益的帝国特权的必要性，不过它在中国以外的面貌当然又是另一回事——全心投入转型，使得公司可以在一个后半殖民地国家开展业务。这是一份清晰无误的企业承诺，表明公司准备好随着中国的转型而进一步自我转型。中国将会在合适的时机做到这点，但首先，这个国家面临着迄今为止最严峻的挑战：与日本的全面战争。

第十一章

灾　难

1937年12月初，一大群码头工人冒着刺骨严寒，挑着竹竿、踩着踏板，在三天时间里将大约5000箱货物搬上太古轮船有限公司的"黄埔号"。这条近400米长的船停泊在下关码头，也就是南京城高耸城墙外的港口区域。船是在鲗鱼涌建造的，于1920年11月下水。香港大班曾夸口说（这号人物在类似场合通常都会这么说），"这条船象征着英国企业的海外拓展精神"。它由英国工厂在英国的殖民统治地区建造，目的是方便英国在长江的航运贸易。在这个以南京的湿冷早晨开场的月份之前，这艘船的经历平平无奇。此时此刻，工人正将货物搬上船，他们一次又一次被日军的空袭打断。

空袭已持续超过三个月，反复摧残着这座防守薄弱的城市。当空袭警报响起时，在公司服役17年，当时42岁的苏格兰人船长威廉·麦肯齐（William McKenzie）下令船只驶出河中，靠近停泊着英国炮艇的河段。敌机飞走后，载货工作重新恢复。应国民政府要求，"黄埔号"被租来将这批货物沿江而上运往武汉。中英庚子赔款董事会总干事杭立武受命处理此事，请求海关专员出资，雇用码头工人搬走货物，不然就得滞留码头,而日军已经近在咫尺。[1]

人们大多惊慌失措,杭立武紧盯着货物装船,工人不得不从绝望的人群中挤出一条路才能把货物运上船。与此同时,"黄埔号"的姐妹船"万通号"已经被政府的中国旅行社租用,以便疏散其职员,现在正在运载邮政总局的稽查人员及其文件档案,而"武昌号"则载运着"卫生署全体人员"。各大学和学院的教职员工、后勤物资和记录都登上了太古轮船公司的船只。"沙市号"装载了中央银行的人员;"湘潭号"也装载了邮局的人员;太古洋行武汉办事处被要求提供船只,装着六船纸钞从长沙向西航行至重庆。

中华民国的要员四处逃亡,忙于转移人员、文档和现金。平民四散奔走,每艘船都有超过1500名乘客被运出上海。工业设施迁往别处,从工厂拆下来的机器沿着古老的大运河一路运至镇江,在那里等待转运。一旦有任何船只停泊在港口,一心指望着逃难的难民就会蜂拥而上。"黄埔号"已经装载了化工厂机床,还有南京各高校的教职人员和档案。据一位船员回忆,当这条船启航时,"船上挤满了难民,许多人在主舱的栏杆外挂着,直到能在稍微里面的位置落下脚来"。[2]

7月7日,在北京附近,日军攻击中国军队,两国自1933年初以来的脆弱和平就此终结。[3]民众越发向蒋介石施压,要求他抵抗日本的持续进犯。1936年12月,两名国民党高级将领甚至在西安将其扣为人质,试图迫使他承诺对日作战。

蒋介石最终亮明态度,于是在最初的小规模冲突之后,日本人要求中国在北方做出进一步的让步(在占领东北之后,他们已经获得了长城以南的非军事化缓冲区),然后占领了北平和天津。面对如此危急的形势,蒋介石决定在上海与日军对峙,因为全世界都能看到,所以他不得不进行干预。

世界各国当然都在关注,并进行了拍照和录像,记者也提交了大量的稿件,但没有人插足其中。欧洲的政治越来越脆弱,美国仍然保持

第十一章 灾 难

孤立主义，中国最精锐的部队——由德国顾问训练出来的军队被投入战场，但他们在这场被称为"淞沪抗战"的战役里遭受重创——三万名军人战死或负伤。随后，日本横渡日本海，派来更多军队，上海居民区和租界以外的郊区遭到战火摧残。8月14日这天，几百枚炸弹从天上掉进市区，令难民充塞的南京路沦为尸山血海。记录恐怖情景的图像到处流传。流行小说家维吉·鲍姆（Vicki Baum）当即根据这出悲剧创作了一部畅销小说，而其他人都没有做什么，他们什么也做不了。

日军攻占上海后，一路向西，迅速逼近苏州，兵临长江北岸的扬州。滚滚的坦克和部队踏过长江三角洲的肥沃农田，直奔中国当时的首都南京而来，一心想夺取破城的战功。在上海的战斗中元气大伤的国民党军队无力抵御，而日军在空中的主导权意味着他们可以随心所欲地攻击中国军队。

一项调查显示，随着国民党政府迁往武汉，1938年10月末武汉陷落后，又迁往重庆，至少有900万中国人最终一路西行抵达四川。但还有数以百万计的人们在战争结束前颠沛流离，人人都在寻找安全的落脚处，不论何乡何土，随处皆可安身。他们不得不逃，日军进攻时无恶不作的消息在12月12日南京沦陷前就已经引起全城恐慌。他们杀害了数以十万计的被俘士兵和仍在城里的平民，无视为非战斗人员设立的安全区，并惨无人道地蹂躏了这座城市。

这就是"南京大屠杀"事件，日军涣散的纪律得到他们的指挥官的认可，战后其中一些人最终因这一罪行被处以绞刑。[4]在这次事件中，大批中国妇女遭到摧残、强暴，更有大批人被残杀。

全民族抗战持续了八年，中途卷入了第二次世界大战在欧洲和亚洲的更广泛冲突当中。但中国土地上的这场战争有四年的时间是孤立进行的，没有任何其他势力卷入（甚至德国人也于1938年退出）。日本人至少在名义上尊重外国控制的租界和国际定居点的地位。香港很大程度上未受战火波及，相反其人口还增长了，特别是在1938年10月广州被日本人占领后，它成为重庆"难民共和国"的主要交通枢纽。

太古公司继续在前线两侧经营，这条前线在任何情况下都是相当易于渗透的边界。[5]船只继续开展航运，至少是在战场以外的地方。太古轮船公司仍然保持从上海到北方日军控制的天津以及到南方中国控制的城市的业务。12月3日清晨，太古轮船公司的"黄埔号"在其两侧的遮阳篷和甲板上画上了绘着英国国旗与太古公司联合的图案，像其他船只一样，装载着向西运往武汉的1000吨物资。有人认为这些物资体现了中国的精神：紫禁城的珍宝，包括绘画、屏风、陶瓷和其他文物，它们都来自故宫博物院的收藏。船上并无卫兵，只有杭立武在麦肯齐的坚持下随行，陪着这1000吨象征着中国历史的货物。由于准备启航时难民的拥挤，"黄埔号"与码头保持着近20米的距离。杭立武回忆，他不得不跳起来抓住一根绳子，接着被人拽上甲板。[6]

麦肯齐上尉在12月下旬抵达上海后不久就向媒体谈起了他的任务。[7]这批藏品在海外颇具盛名，1935年，国民政府采取前所未有的行动，为了争取国际社会对中国困境的同情，将1000多件文物运到伦敦，成为皇家学院一次轰动性展览的焦点。这批藏品在被运回国后保存在南京。杭立武弄到现金付给码头工人之后，这些文物才得以进一步向西撤离到安全地带，对此，英国大使馆要求太古洋行提供协助。在这件事上，《曼彻斯特卫报》自鸣得意地写道，整个事件提供了"对焚烧颐和园的补偿，无论多么微小"。[8]

时任太古轮船公司总经理的华伦·施怀雅在他的年度报告中特意指出了这次救援行动，而他自己访问中国时，总是会长时间地参观故宫博物院。但在当时，这件事相当大程度上被紧随其后的后续事件掩盖了。在三天逆流而上的航程后，"黄埔号"在武汉卸下货物，返回了南京。到了南京后，"黄埔号"和包括"万通号"在内的其他若干英国船只在两艘海军舰艇的监视下，等待着被护送下河。[9]12月10日，英国领事下令疏散。"黄埔号"载了25名外国人（包括英国和德国大使馆职员、

第十一章 灾 难

中国海关总署人员)以及350名中国妇女儿童和800名男子。太古洋行以及太古轮船公司的雇员及其家眷、办公室家具和档案,甚至是办公室的汽车(以及司机和司机的家属)都被装上公司的一艘驳船。这些船向上游航行了5千米,远离了笼罩城市的战斗。但就在那里,日军重火炮于12月11日故意瞄准他们,向"黄埔号"射击了一个多小时。次日,这些船只在向西航行超过16千米后,又遭到日军战斗机和轰炸机的攻击。英国炮艇用自己的炮火抵挡了一阵,但炮弹仍然掉到商船上,造成了广泛的浅表层破坏,引发了船上人员的恐慌。

为了免受进一步攻击,船队于当晚沿着河的高堤呈线型停泊。麦肯齐下令,让乘客和船员做好准备,以便从次日清晨直至黄昏在岸边密布的高大芦苇丛和附近村庄中寻找庇护所。人们一上岸,抢劫者就冲上了这艘遗弃的船。麦肯齐和船员围捕了其中一些人,"并加以妥善处置"。在这之后,船员中的外国人拔出左轮手枪站岗放哨,当日本飞机掠过时,他们就藏身在泥泞的壕沟里。但那时,英国方面已经与日本人取得了联系,实际的攻击也停止了。进行了一些修理之后,在海军的保护下,大多数乘客返回船上,继续前往上海。12月17日抵达时,一些船员已经逃跑。麦肯齐请求对他们宽大处理,并说:"他们中有些人暂时性地神志错乱。"他自己的报告的口吻不出所料的苦涩,就好像是刚刚遭到惨烈袭击后马上写成的。

"黄埔号"遭到炮击时,澳大利亚记者雷克斯·华伦(Rex Warren)正在船上,他重新讲述了这起事件,说英国人英勇无畏、中国人惊慌失措,空气中充斥着狗吠猫叫的声音。[10]这当然是一起令人惊恐的事件,日本方面的回应是:当时他们身处战地,因为浓雾弥漫所以看不见任何旗帜,船上又冒出显然是故意施放的黑烟,而他们毕竟奉了命令要击沉任何敌舰。英国人逐条驳斥了这些说法。[11]

此外,还有其他袭击事件。就在12月12日"黄埔号"被空袭的当天,美国炮舰"帕奈号"遭到一阵蓄意的炮轰,造成四人死亡。此事震惊了美国。而当炸弹落下,水手还击时,一位正在舰上的通讯员诺曼·阿雷(Norman Alley)拍下了整场袭击的新闻电影。此后该片广为流传,进一步加剧了事件的冲击力。另一个地方,英国炮舰"瓢虫号"和"蜜蜂号"也遭到炮轰和机枪射击,一名护理员身亡。

太古洋行和怡和洋行在芜湖的船只更是遭到反复轰炸,就连仓库也不能幸免,其中一个货仓的屋顶上画着英国国旗的地方被直接击中,看来中立的下场也不过如此。一艘废船被烧成灰烬,三名中国雇员被确认死亡,"据说被炸成了碎片"。此外还有八人受伤,二人失踪。[12] 驳船和拖船船员发生哗变,但大多数船只继续航行。他们提出了正式的抗议和赔偿要求,计算了维修费用,并评估了对家庭的补助。汤姆·林赛从太古洋行的房顶上目击到上海城郊华人区的熊熊战火(他也从那里拍摄了不少照片),随后走下楼着手筹备赔偿的相关事宜。[13]

日军溯江而上,向华中地区推进,他们夺取了华北的青岛,并轰炸武汉和其他城市。上海的公共租界被日军占领的区域包围,作为缔约国之一,侵略者理所当然地提出成为公共租界管理当局的一员,哪怕它正在和中国开战,而且并未正式宣战。当胜利者在国际控制之外的城市地区建立起傀儡政府时,游击队在租界内对他们发动了恐怖主义活动,而日本特工也以牙还牙。

1937年冬天的大乱局惊天动地,这是太古洋行所要面临的新处境。在接下来的几年里,随着其他城市的衰落,这种情况还会重演。但一些观察人士认为,这只是他们所认为的、当代中国不稳定状况的延续。他们会问,在清王朝覆灭后的几十年里,中国什么时候稳定过?有起义,有军阀混战,有大规模的内战,然后是国民政府的建立,再然后是反对国民党的革命。任何权力似乎都是从海外进口的枪杆子里生长出来的,尽管1919—1929年,主要大国对中国实施了武器禁运,但军阀依然霸占着政治舞台,土匪和海盗侵扰着陆地、河流和海岸。

众多旅行者被派来报道战争,面对其中两位——诗人W.H.奥登(W.

H. Auden）和小说家克里斯托弗·伊舍伍德（Christopher Isherwood），汇丰银行的董事总经理挑衅般地说："这只是本国人内斗而已。"[14]与1931—1932年对战争的反应不同，这一次在中国的英国人相信日本发动战争的理由太牵强了，几乎所有人本能地站在中国人一边——在大多数照片和电影中可以清楚地看到，是中国平民承受了日本侵华战争的冲击，而少数表面大义凛然背后却支持日本的外国人往往得到优厚的报酬。[15]而且，越来越明显的是，日本人的目的不仅仅是为了征服中国，也是为了赶走其他外国利益。

对于那些反对放弃治外法权，反对修订条约的人来说，暴力和混乱到处可见是一种有用的观点，因为1931年后日本对中国的侵略使这些条约得以暂缓执行。在这个四分五裂的国家中，国民政府平静而持续地宣称其合法性和权威性，国内的无政府状态却似乎已根深蒂固，这样的局面多少有一些是事实。除了国民党统治的核心地区以外，在华中地区的东南部，国民党还得面对一个独立自主的苏维埃政权，装备简陋的中国共产党武装占据了很多的丘陵地带，这些武装力量虽然零散，但实力与日俱增。别的地方当然也存在共产党活跃分子，有一份记录显示，1933年初在太古公司的"吴淞号"上甚至有一个小型的"轮船"小组。1934年，在国民党军的"围剿"下，军事失利的共产党展开了后来被称为"长征"的战略转移，幸存者建立了以陕西省延安为核心的根据地。参加长征的人员中有位前太古公司海员——"宁波号"船员朱宝廷。他大约于1893年开始在太古公司的船上出海远航，自从1914年起参加工会活动，1922年加入中国共产党并在劳工运动中担任领袖。[16]未来也还有其他一些曾在太古旗下出海或工作过的人士为红色事业奋斗。而日本对中国的侵略也促使国民党和共产党展开第二次合作，共同抗战。

当然，面临这场危机的公司在某些重要方面与面临20世纪20年代中期挑战的公司不同。1927年7月，最初担任高级合伙人，从1912年起担任主席的杰克·施怀雅卸任，由他的兄弟华伦·施怀雅接替。他说：

"40年来，我一直将商业利益置于任何事情之前，是时候将我的商业利益交到我的联合董事们手中了。"[17]这对企业的方向来说，或许没有造成多少直接的差异，尽管杰克·施怀雅很可能继续对华伦·施怀雅锐意进取的性格进行一定的牵制。但此举标志着和约翰·森姆尔·施怀雅时代的历史性断裂，因为曾和"祖师爷"一起工作过的人士已经一个都不剩了。尽管华伦·施怀雅一直佩戴着他父亲的表链，但他并不是他的父亲，不管他怎么想成为他父亲那样的人，他都不是。在公司董事会内部，很难说清谁管理什么事务。例如，除了主持太古集团大局，华伦·施怀雅明显偏重太古轮船公司，而他的侄子施约克负责很大一部分员工事务（施约克的弟弟格伦早在1915年就在战斗中死亡，他曾被安排和施约克一起在公司里工作。随着时间推移，他的死将会显著地影响企业的管理特征，因为这意味着华伦的一个潜在制衡力量不存在了）。然而，家族企业的决策具有集体性质，文献对此少有记载，很难衡量每位董事的个人贡献，包括从身在中国的员工队伍中被提拔起来的H.W.罗伯森（H. W. Robertson）。有一段事后的评价显示，杰克·施怀雅可能从1920年起就不是以事必躬亲的风格进行管理，而是更多地扮演非执行董事的角色。他在1910年因商业压力辞去埃塞克斯狩猎协会会长的职务，而在1922年刚满60岁的时候重新复职，这意味着到那时，他在比利特广场的办公活动并不是十分活跃。当他于1933年5月去世时，《埃塞克斯纪事报》刊登了一篇冗长的讣告，该讣告证明，作为一位了不起的人物，杰克·施怀雅对乡镇社团具有极为浓厚的兴趣，而中国仅仅被提到一次。他本人极少造访中国内地或香港，在那里的名气也不大，但他去世之后六个月，太古轮船公司的船只出航时都会挂上一块蓝色绸带以示哀悼。[18]

要考察施怀雅家族在战争年代和先前若干年里的故事，太古轮船公司提供了理想的聚焦点。它的命运理所当然地既和中国的命运交织，又和全球经济的阵痛难分难解，因为它养活蓝烟囱货仓码头在英国和太平

第十一章 灾 难

洋的业务以及太古洋行的其他代理商，包括经由马尼拉至昆士兰、悉尼和墨尔本的澳大利亚东方航线，同时还是太古糖业的运输商。1929年后爆发的大萧条造成严峻的国际挑战，在航运领域，全球性的严重生产过剩雪上加霜，这是第一次世界大战和政府规划的后遗症，以美国和日本最为突出，但其他国家和地区也未能幸免。中国自身的经济走势在一定程度上未受波及，衰退的影响较为缓和。[19]

太古轮船公司遭到的最惨重打击是汇率暴跌，这意味着在中国的收入上交给英国总部的英镑远不如前。在英国购买日用物品的价格暴涨，工资换汇结算工作的成本增加。太古洋行旗下的所有企业都大刀阔斧地厉行节约，包括1931年全面减薪10%。此前的1927年，太古轮船公司执行同样举措时，由于船长和工程师的长时间罢工，其运营很大程度上停滞不前，而这次并没有发生罢工。

经济驱动是全面的。例如，在华外国工作人员的服务条件和生活质量仍然远远好于他们在国内的同事——英国的海员失业率很高，一些寻求就业的人流向了亚洲——船上的奢华生活也要重新评估。例如，弗兰克·戴维文件中的美食大餐和长长的菜单就消失不见了，虽然它们看上去依然丰盛。"利润是精打细算的结果，也是收入增加的结果。"华伦·施怀雅于1931年12月写道。菜单显然也不例外，曾经常规供应的霍克酒、波特酒和利口酒杯也是如此。这些都被取消了，雪利酒杯可以保留，但必须在上面加一条刻度线。所有此类物品都要进行评估，华伦·施怀雅对公司经营事无巨细的关心令人惊讶：书信中的双倍行距应当取消，这样就能节省纸张。蓝烟囱码头也鼓励员工开展全面的成本节约计划，以应对危机。该公司能够从1929年以来的收入骤减中恢复元气，此举是主要原因之一。尽管华伦·施怀雅热心鼓吹"买英国货"的爱国口号，但他不得不在1930年为许多条线路选择中国供货商，尽管有的英国企业也能在中国开出低价。华伦·施怀雅则摆出老爷派头，指责"无产阶级"的工资要求和政府的高税率。[20] 伦敦对细节的关注表明，董事会在比利特广场继续对太古洋行及所有业务进行严格控制。这家企业"是由位于伦敦的一群独裁者领导的"，新入职的莫里斯·斯科特（Maurice Scott）于1934年抱怨道。或者不如说，他补充道，是由其中某个人专门领导的，此人当然就是华伦·施怀雅。

"船是他个人的船，代理商行是他个人的商行。"汤姆·林赛写道。后来，"企业成了他个人的企业。"林赛又补充说。华伦的作风对员工个人的主动性和公司的文化产生了抑制作用，因为极少有雇员敢得罪他，或引起他本人的注意。[21]

厉行节约也意味着经济的复兴。太古轮船公司继续淘汰船队中的老旧船只，但也大举缩减船队规模。1931年，公司雇用了将近400名外国船长和工程师、约9500名中国员工，其中6900人分散在公司于当年底运营的61艘轮船、2艘柴油机船、11艘拖船和39艘驳船上。在岸上，有2600人在码头、仓库和其他设施组成的网络中工作。[22] 1929—1940年间，公司建成了16条新船，其中九条位于太古造船厂，另有37条船退役，削减反映了世界范围内船只吨位减少的趋势（以及薪酬开支的削减：1929年和1931年末之间，外国海员的数量减少了60人）。大多数从企业退役的船只被卖给拆船厂，但有九条船遭遇意外："广东号"毁于火灾；"宜昌号"在厦门遭台风损坏无法修复（另两艘船因同样原因在香港毁损）；有三条船在长江搁浅，无法修复，包括50年船龄的旧船"南京号"。1933年3月，船龄七年的轮船"丹东号"发生了更重大的事故，在大风大浪和能见度极低的情况下，该船在从汕头到新加坡的途中撞上了海南岛海岸的岩石。船上有420名乘客，大部分是外来劳工，还有111名船员。在发出弃船的命令后，两艘救生艇被冲翻。船长R.H.G.阿什比（R. H. G. Ashby）在公司工作了19年，虽然被免除了所有的责任，但还是辞职了。事故发生时，他的妻儿落水，一名俄国警卫和唯一的英国乘客潜入水中把他们救起，带回船上，而这次灾难大约造成了70人死亡。[23]

第十一章 灾 难

虽然以无线电为代表的新技术迅速改变了船只发出遇险信号和获得帮助的能力，比如太古轮船公司的"安徽号"很快采用了新技术，但没有任何技术能够真正帮助船长始终安全地在恶劣和危险的海面上航行，而人类的错误、脆弱和恐惧也不可避免地破坏着这种进步。

太古洋行在中国面临的重要不稳定因素是沿海海盗，这在20世纪20年代后半期成为困扰，但劳资关系同样矛盾重重，尽管其员工公积金计划的福利一直在稳步地覆盖全体员工。1937年前几年的中国是动荡的，但总体而言，整个太古轮船公司一直在忙碌中保持着盈利。当太古公司董事前往东亚，参与到与中国国民政府共栖共处的高层政治之中时，公司的各位经理则在奋力维持联营协议分配给他们的股份，这种协议仍然将公司业务按照等级结构划分。在长江上游，公司承认失败，开始尝试新的合作形式，于1930年将船只转让给新成立的太古航运有限公司，因为"我们永远不会得到公平待遇"——华伦·施怀雅在向企业的年度大会报告这项举措时宣布说："除非我们以某种方式和有影响的中国人打成一片。"[24]在这段河道上，执掌这一省的实权人物刘湘推行的民族主义政策过于强硬，难以与之相争。在万县和皇家海军发生冲突的正是刘湘，而那场失败的苦果一直困扰着太古轮船公司，抵制行动直到1935年才被解除。公司还进行了另外两场战斗，但都失败了：一场是为了确保对其船只的完全控制，另一场是为了迫使英国政府支付防御海盗的费用。

20世纪30年代初，货物装卸和旅客住宿的控制权仍然掌握在船舶买办手中，就像往常一样。但是，太古洋行正在其他业务中对这种分散控制和广泛的影子组织模式进行改革，并有望对航运业务进行同样的改革。同时，中国乘客不想再容忍自己在外资船上受到的恶劣待遇，情况变得更加紧迫。过去的船舶设计了严格隔离的空间，并且这种做法得到香港法庭的认可，也一直为人们所忍受。[25]虽然公司开始认识到乘客期望变化的重要性，并在新船的设计中体现出来，为更多的中国乘客做出更好的安排，但过时的船舱住宿（以及卫生和餐饮）的遗留问题仍然存在。因此，有一封信认为，我们是否应该把头等舱改名为"二等舱"（并改变票价），然后沙龙舱（直至1931年，沙龙舱其实就是"外国人专用厅"的委婉说法）就可以变成头等舱？中国乘客会不会愿意乘坐头等舱并吃外国食品？我们能否安排在同一舱位上提供中国菜和外国菜？答案是：不能！如果沙龙舱成为头等舱，那么以前的"中国头等舱"会不会变成中等舱？如果每艘船的买办都完全负责提供沙龙舱（他们确实如此），那又如何让标准统一呢？

这些讨论有点令人困惑，但关键的一点是：乘客的期望正在发生变化。经济条件较好的中国乘客在港口之间旅行时通常会选择远洋航线的卧铺，而不是太古轮船公司的轮船（尤其是因为前者住宿条件总是更好）。即使是分别选择太古轮船公司一、二、三等舱的"中产阶级下层""高级工匠"和"苦力"，都有了更高的期望。这样的情况下，伦敦方面只能下令太古轮船公司采取控制手段，并"妥善运营"。[26]

还有一个需要处理的问题是打杂仆役在船上的活动，这类人员在英语中被称为"端茶小厮"或"船舱小厮"（在殖民世界的通用语中，这些人统称为"boy"，即"小厮"或"伙计"）。这些人的职位实际上是从船务买办那里买来的。在他们看来，这些职位是他们自己的财产，任何公司都不可能从他们手中夺走。

太古轮船公司并不是唯一面临这个问题的公司，茶马古道系统的经济状况更为复杂，然而端茶小厮的这笔账还要复杂得多。船务买办会（有偿地）任命一位总管，后者再（有偿地）任命某个"二号人物"，后者再把端茶小厮的职位卖给别人，其价格……据警察透露为20美元一趟来回。二号人物常常会卖出超过任何船只合理承受能力的职位，端茶小厮为了补偿花费，会出售点心、零食和香烟，要求小费，如果不是强行讨要的话，这笔钱占了实际船票费的很大一部分，而有的买办会从中抽成。[27]显然，端茶小厮有迫切收回成本后捞一笔的动力，这常常会

第十一章 灾 难

导致他们和乘客发生不愉快的冲突。端茶小厮还经常参与走私盐、鸦片和事实上任何可能有利可图和容易携带的东西,包括额外的乘客。1931年"汉阳号"海盗事件发生后,人们发现船上共有101名乘客,但只有15人正式登记过,其余人都躲在船员室里。[28] 这些人全都为这趟旅行付过钱,但太古轮船公司却根本没有见到他们的船票。

走私是时常存在的。据武汉海关1934年的报告,违禁品(即contraband,这是"洋泾浜"英语单词)"常常在船驶离码头前片刻由一伙粗汉一股脑儿搬上船",船一到港,这些货通常会卸到等候的船上。同样司空见惯的是,走私货常常会被海关扣押,船商被勒令罚款。举个例子,一箱鸦片准备搬上太古轮船公司的"黄埔号"时被海关没收时,走私犯发动攻击,将其夺回,并运到船上。船务买办更懂得如何应对帮派渗透,而且他们对此并不一定避而远之,因为众所周知,当违禁品被没收时会由买办斡旋要求归还。据报道,1931年有一个人说,如果不这样做,对他来说就是"大麻烦"。华伦·施怀雅在讨论这方面的问题时不止一次地问道,船长和副船长是否也在受贿,因为海关的罚款累积起来是一件代价高昂的麻烦事。这个问题众说纷纭,但船长他们肯定也足够聪明,不会因为看得太仔细而给自己带来"大麻烦",[29] 那些在幕后经营走私业务的人可不是什么谦谦君子。

并非只有太古轮船公司会采取应对措施,反击端茶小厮的"威胁"(这种事通常都会被贴上这样的标签),招商局的航运公司也在行动——他们有艘船只能运载170人,但实际载了564人。"这些人在船上并不工作。"一位印华轮船公司的大副于1931年报告说,他的船上有150名"超载"的端茶小厮。"他们上船只是为了卖洋泾浜货物,是桀骜不驯、不服管教的一大群人。"华伦·施怀雅如是说。[30]

1932年12月,太古轮船公司初步采取行动,决定强硬地从"吴淞号"开除126名端茶小厮,当他们在1933年1月10日试图重新上船时,武装警察出面阻止,并对他们进行了"有些严厉的处理"。公司雇用了人数少得多的受薪服务员,取代了这些端茶小厮。这是一项决定性的举措,而且事实证明这样做是有利可图的,至少就"吴淞号"的收益而言,但也仅限于此。在打击端茶小厮的过程中,该公司面临着更大的挑战。当时"吴淞号"的失业端茶小厮为了索取救济金,呼吁首屈一指的中国船运业巨头虞洽卿和杜月笙出手干预时,这种挑战就很明显了。杜月笙是"法租界的杰出居民",他经常被描述为上海青帮的关键人物。端茶小厮的生意世界和太古洋行办事处买办的世界不一样,前者完全属于码头黑帮,帮派和保护网是不容易被打破的。[31]1932年3月,上海法租界的官员收了贿赂,却没能在一位新的改革派总领事面前保护帮派的利益,他们很快就发现与青帮派打交道实际上非常危险——一个星期内就有三人突然死亡。[32]许多人都注意到了这一巧合,而这很可能正是青帮的本意。

在这件事上,持续时间最长的反对势力来自海员工会的广州分会,因为端茶小厮也是其分支"船舱服务员工会"的成员。该工会于1933年5月发起罢工和抵制,行动一度得到广州一家著名餐厅的"歌女"公开集资援助。太古轮船公司花了很大代价,直至11月才将事情解决。罢工诉求的核心问题实际上是因为公司动用了武力,而且还有一名端茶小厮无端失踪,据说已经身亡。尽管太古轮船公司不得不打消将这批人从现有船队中开除,并在别的地方重新雇佣"吴淞号"的端茶小厮的计划,但公司终究还是采取了在新船上只雇用领薪仆役的策略。[33]当然,1937年12月的"黄埔号"上也有端茶小厮。"他们是跑得最快的,慌慌张张就像老鼠一样,"船长麦肯齐报告说,"他们跑了,这是轰炸中唯一的幸事。"船上的高级船员和这批不受欢迎的员工之间没有任何好感。1933年,太古轮船公司仍然无法完全掌控自己船舶上发生的事情,业务因此仍旧受到影响。同时,他们还受到外部威胁的影响——海盗。

万县事件发生后,太古轮船公司的船只遭到九次海盗劫掠。考虑到20世纪30年代大部分时间里船队运营近乎饱和,因此日均航行碰上海盗

第十一章　灾　难

的概率是很低的，人身伤亡也少（九次遇袭中共有三人死亡）。国际舆论对中国的土匪行为、绑架和海盗行为的新闻非常感兴趣，而在船上加装海盗防御设施的费用也加剧了声誉的损失——用栅栏、大门将船员和驾驶室与船舶的其他部分隔离，这对公司重新夺回船舶控制权几乎没有帮助，而且他们还要支付防御武装海盗的费用。

有两起事件特别引人注目。1933年3月，"南昌号"在牛庄等候领航员上船时在辽河河口遇袭。尽管武装守卫力量强悍，但仍有五名英国船员被劫持，其中一名船员被释放时匪徒提出了赎金要求，其余的人则在一艘舢板上被关押了五个月，然后又被关押在三角洲地区，绑架犯讨价还价，要求支付足够的赎金。最终，太古洋行拿出二万美元来支付这些匪徒的"费用"，并偿还了英国领事馆为海盗购买鸦片的钱（他们索要太古糖厂生产的糖果更容易让公司在良心上好受些）。当时，伪满洲政府当局也提供了三万美元左右的经费。这些人在获释时告诉媒体："最难的时候……我们只能喝水。匪徒倒是够好心的，给我们烧酒喝，但我们不喜欢这种酒。"

大副克利福德·约翰逊（Clifford Johnson）在碎纸和香烟盒上潦草地写下的日记于次年出版，里面更多地讲述了他们在漫长乏味的囚禁中偶尔发生的恐怖事情，尤其是第二批海盗从原来的船员手中夺走他们的那段危险时期。[34]四个月后，他们写道，"再过一段时间，我们就不值得救了……现在的口号是'快快行动'"。[35]获释后，约翰逊和第二工程师阿奇·布鲁（Archie Blue）在英国广播公司的节目上讲述了他们的经历，约翰逊的书加入了诸如《中国海岸的吸血鬼》（Vampires of the China Coast）、《中国海盗》（Corsairs of the China Seas）以及廷科·波利的《我的强盗主人》（My Bandit Hosts）等书名骇人听闻的回忆录行列。

不足为奇的是，杰克·施怀雅的讣告里说，他的公司"经常因为在中国水域遭遇海盗而在国内引起关注"。[36]但对公司来说，损失最大的是1935年1月"通州号"在从上海经烟台前往天津时遭到劫持。这不仅是该船第二次被海盗劫持，也是六个月内被劫持的第二艘船；更重要的是，该船载着73名英国儿童返回他们在烟台的寄宿学校。失去另一艘船是一回事，失去73名儿童则是另一回事。

这些儿童全都毫发无伤地幸存下来，但俄国警卫伊万·提霍米洛夫（Ivan Tikhomiroff）却未能幸免于难。他在一开始的冲突中受伤，随后又被残忍地射击了两次。接着，船长詹姆斯·斯玛特（James Smart）和他的船员机智地决定团结合作、保护乘客。当噩耗传到上海时，有位好几个孩子的母亲可能会备感绝望（她有六个孩子，其中四个在船上）：她的丈夫早在三个月前就被政府的士兵俘虏了。[37] 船上有几位儿童似乎颇为享受这整段经历，因为他们在被释放后在香港好好玩了一通（这可比许多传教士的孩子习以为常的生活有趣多了），而绑票者则大大方方地喂他们吃船上运载的橘子，即便他们被抢走了价值不菲的手表和兜里的钱。"再没有比这更精彩的学校远足了。"一位记者小心评论。"如果太古搞砸了，会怎样？"科林·斯科特2月从香港报告说，"每位母亲、父亲和海军都会恨不得让我们见血。"[38]

海盗是广东人，这本身就是线索，他们在船离开上海时劫持了船只，掉头向南前往香港东北方的大亚湾，重新喷绘了烟囱和船名，伪装成一艘日本船，就这样大摇大摆地和好几条船擦肩而过，甚至一艘搜寻这条船的英国军舰也被改装蒙骗了。为了掩饰自身的过失，海军军官严厉批评太古轮船公司，而斯科特认为："从表面上看，我们似乎确实活该遭到铺天盖地的批评。当时是中国农历新年，他们已经收到警告，说有一伙匪徒前来上海，一群南方人正在北上。船上装了25万美元的银行钞票，还有75名儿童。栅栏门并没有锁上。"[39]

这帮匪徒实际上是搭乘太古轮船公司的"岳州号"北上的。安保方面的任何疏失很可能屡见不鲜，但不能说这就是事件发生的起因：匪徒人数众多、有条不紊、意志坚决。公司调查过是否有海运办公室的

第十一章 灾 难

内奸串通海盗的可能性，或者甚至整件事会不会是青帮为了对付公司而协助策划的（还有一个简单的想法，就是与杜月笙达成某种协议，为这些船只争取豁免权。斯科特总结道："太危险了，根本不敢认真考虑。"）。但人们承认，在此类船只上加装安保栅栏从来都不能保障其安全。封闭楼梯井意味着海盗只需攀过船舷、爬上上层甲板就行了。太古轮船公司本来采取策略，要求乘客出具经认证的店铺或银行提供的担保文件，但也没有奏效。尽管船上有18名中国乘客实际上没有担保文件就上了船，却有12名海盗带上了这些文件。他们看上去都是体面人，而且有文件证明。其中一人还夸口说，自己以前在这艘船上待过，当时他参加了1925年的劫持行动。[40]好在这些银行本票没有签名，所以无法使用。孩子们在《字林西报》发表他们的冒险经历。"我并没有自己以为的那样害怕，"一位男童写道，"因为他们让我失望了。我还以为他们有刀子，样子凶巴巴的，但他们只是看上去很讨厌，而且也没有刀子。"当然，对某些人来说，这种童话剧般的视角以及橘子的香味和色泽并未抹去伊万·提霍米洛夫在甲板上被杀的一幕。[41]

提霍米洛夫是船上的六名警卫之一，这六人全都是由太古轮船公司付薪，作为防范海盗的警卫已经工作了一年。公司是在抗议压力下付这笔酬劳的，他们持续不断地试图要求英国政府资助防海盗安保措施，而华伦·施怀雅似乎就是其主要发起人。在国民革命危机期间，皇家海军人员被部署到一些在中国水域航行的商船上。1926—1927年间的寒冬，香港总督甚至下令突袭大亚湾的"海盗基地"，令英国驻华外交官感到震惊。但从1928年以来，像太古轮船这样的公司收到提醒说，预计他们将来要一直自行筹措安保费用，并且这一规定自1930年3月起正式生效。[42]配备警卫造成了额外的问题，不管是谁付警卫的钱，或许是船务买办，他们都要冒一定程度的风险。1930年，买办被要求为每一趟往返旅程的开支付一大笔钱。即使是六人一间的铺位，他们也占用了原本可以容纳付费乘客的空间。警卫应当是哪个国家的人呢？印度人？"靠不住。"太古轮船公司抱怨说。中国人？一般来说，人们普遍担心中国人会与海盗"联手"，因为有时在其他航线上，他们确实如此。[43]

1932年，太古洋行的大律师在上诉法院争辩说，作为英国国民，太古轮船公司"有权得到英国王室的保护，免受……海盗行为的侵害，而无须支付费用"。关于国王对其忠诚臣民的责任，英国历史上就有先例可循。斯克鲁顿大法官本人是船东的儿子，驳回了这起上诉案，他答复说："我认为，如果亨利二世听到他的佃户去中国，国王有义务跟随并保护他，他会感到惊讶。"王室没有法律义务……向在外国的英国国民提供军事保护。[44]华伦·施怀雅的独特观点实际上是——如果一个英国国民已经缴纳了所得税，就不能指望他为保护自己而支付两次费用，但这并不是法庭上的论证思路。诉讼费用很高，公司最终败诉。值得注意的是，该判决完全违背了1842年后发展起来的英国在华文化，而这种文化现在正在解体。英国居民已经习惯了要求并获得领事的服务、炮艇的派遣和中国法院的支持，他们默认这样做是正当的。有人在上海声称他们应当得到保护的地位是"与生俱来的权利"。

即便负担了聘请警卫的开销，太古轮船公司在20世纪30年代仍持续盈利。[45]但1937年8月之后，中日之间的战争的扩大给公司带来了一系列后勤方面的挑战，最具戏剧性的就是长江流域的关闭。1937年8月12日，国民党禁止镇江下游的交通，并击沉封锁船，在江阴筑起一道拦河坝。其中一艘是太古轮船公司的老旧轮船"湖北号"，该船于1901年建造于格里诺克，1931年被出售。这道屏障将该公司的12艘船困在了上游，剩下5艘船在外面。只有"黄埔号"和"万通号"在江阴被日军占领后逃了出来，在离海300千米的芜湖。为了熬过这几个月，太古轮船公司需要灵活的临场发挥，因为在某种程度上，保持中立态度能让太古轮船公司得以继续经营自己的船只。起初，公司经营着从上海到长江北岸海门的高利润服务。在那里，渡船沿着150千米的三角洲河道将乘客和货物运到被困的轮船上。在封锁范围内，船只进行着"繁忙"的贸

第十一章 灾 难

易，运送人员和设施一路向西。日本人的进攻结束了"小河贸易"，但并没有导致河道对中立交通的重新开放。[46]1939年，内河船舶只有五分之一的时间在运营。广州沦陷后，沿海舰队开始为未被占领的地区运送货物到法属印度支那，直到这一繁忙的贸易因日本对中国铁路的轰炸而受到打击，然后法国又在日本的压力下出面阻挠。即便如此，高额的运费在总体上对太古轮船公司来说是非常有利的。

1939年9月，欧洲战事的爆发开始以各种方式影响公司在中国的营业，特别是在征用吨位和船只方面；后来，问题又出在英籍职员日益短缺上，尤其是工程师。公司的管理层于1939年10月东迁至香港，并没有像1914年那样出现匆匆忙忙强拉文员或水手到部队里当志愿兵的混乱局面。但太古轮船公司有许多海员是皇家海军的预备役军人，国家很快就需要他们。第一艘被征用的船只是内燃机船"安顺号"，这艘船于1939年8月末从新加坡返回香港的常规航行中被征用，并开始作为军需船只在塞拉利昂服役了近一年。有100名中国船员拒绝离开新加坡，因此不得不由太古轮船公司遣送回国——这毕竟不是他们的战争。[47]在新加坡很容易为"安顺号"找到船员，但太古轮船公司在中国的高级人员配备方面遇到了更多困难。1940年6月，华伦·施怀雅报告说："不得不雇用的中国工程师远远超出我们预期（该公司在20世纪30年代就开始慢慢引进中国舱面高级船员和较低级别的工程师）。而1941年，在我们的名单上出现了让人避之唯恐不及的名字。"1940年法国沦陷后，英国岌岌可危，再加上英国理所当然地关注欧洲事务，这些都意味着日本在所有战线上对英国的压力加剧了。英方的回应前后矛盾，有时是为了安抚日本人——例如英国在1940年7月底关闭了重庆唯一的陆路补给通道缅甸公路，但这只会让日本人更加胆大妄为，也让国民政府更加疏远英国。[48]

1940年7月，华伦·施怀雅坐船前往太平洋彼岸，这是六年来董事最后一次"出访"东方。他在一封私人信函里写道："我只不过离开了英国,以便万一这个地方陷入围困、通信被切断、一切都乱套,那么能有一位家族董事可以免于此劫,而在东方的人们不会被放手不管。"[49]总的来说,他对温斯顿·丘吉尔首相那不可动摇、大肆鼓噪的厌恶(他经常称对方为"墨索里尼"),以及对英国坚持参战的反感,非常有可能让人们想迫不及待地把他撵出伦敦,而他也从未放弃过这些观点。华伦·施怀雅也异乎寻常地公开支持蒋介石,他在1940年的这次访问中在重庆见到了"这位中国当前的领袖"。他写道:"他是当今世界上最伟大的人。"其实只有少数人这样认为,即使在一个自20世纪30年代初就积极与国民党政府接触的公司内部也是如此。华伦·施怀雅只走了董事常规巡游路线的一部分——在上海上岸,折向香港,飞往重庆,再回到上海和天津,随后于12月返回英国。在重庆,据他记载,公司只有"两个人在办公室,他们在这世界的尽头互相做伴"。三艘被困船只中的一艘被拆卸修理。它体量太大,只能在深水中航行,而且只运输(昂贵的)菜籽油;一艘船在万县之间往返,另一艘船在绥化之间往返,而且"每趟就运载该死的一点点货物"。中国各地的公司职员"强硬"起来,主要是为了对抗英国领事据理力争,试图迫使领事行使英国权利,但战争几乎不会承认此类权利。从中国这场战争早期开始,华伦·施怀雅就完全不相信日本人,他一直在吸引英国的注意力,提醒英国必须抵抗日本人,要说他在这次旅行中学到了什么东西,那就是他更加认定,一场更大规模冲突的到来只是时间问题。

当时正值德国空袭英国期间,华伦·施怀雅回国后发现伦敦成了一座千疮百孔的城市。1940年8月至12月底之间,纳粹德国对英国发动了96起大型炸弹袭击,仅伦敦就连续发生了57起。在前三个月中,有1.8万名平民被杀害。随着年关的到来,恶劣的天气缓解了这一速度,但这场战役远未结束。[50]尽管蓝烟囱公司的业务被大大缩减,但在1940年12月,太古洋行英国总部及其下属公司的运作基本如常。对英中利益而言,最大的新闻是同一周宣布向蒋介石政府提供1000万英镑的贷款,

第十一章 灾 难

其中一半用于帮助稳定其货币,一半用于购买用英镑计价的材料。在上海的英国人举行了本赛季的最后一场比赛,其中纸猎赛马尤其激烈,还有一大群人涌入在英国妇女协会的圣诞筹款集市。与此同时,敌对的特务部门和匪帮(通常很难区分)在被占领城市的街道上谋杀或绑架他们的敌人,高昂的物价和快速上涨的生活成本增加了驻上海外国政府的焦虑。香港倒是宽松,尽管那里的食品价格也存在问题,但是港英政府介入对大米实行批发价格管制。不过,天祥洋行仍然能够出售贴着红色"做英国人,买英国货"标签的麦克尤恩啤酒,这条广告词专门瞄准爱国的酒鬼。有位评论航运事务的专栏作家毫无大局观地说:"压根没人想过拒绝内陆水域《条约》特权所引发的赔偿问题。"即长江上的英国船舶遭到打压,而且"结果便是英国航运公司承担了极为严峻的财政负担"。[51]

12个月后,一切都变了。简而言之,太古集团的情况是:大部分资产已经损失,大部分员工已经被带走,伦敦方面几乎没有留下什么可以管理的东西。只有一家分公司在重庆运营(差不多是整个中国唯一一家还在运营的英国企业),只有两艘船挂着公司的旗帜。因战争而分散的董事,他们的信件也没有什么引人注目的实质性内容,因为没有什么可讨论或可决定的。战争中最黑暗的时刻,太古集团似乎只剩下现金,大量的盈余徒增焦虑,银行里有400万英镑,还有更多的钱进来,但几乎没有什么可花的。

第一起重大伤亡实际上发生在位于比利特广场的办公室,在1941年5月10日一个月光皎洁的星期六夜晚,这些办公室全部被烧毁。伦敦遭受的最惨重轰炸之一——550架敌机袭来,造成超过2000场火灾,其中一场摧毁了办公室所在的大楼。那晚有近2500人死亡,许多历史建筑被摧毁或严重损坏,其中就包括威斯敏斯特宫、大英博物馆和威斯敏斯特教堂。

"伦敦陷入一片火海。"一位记者如此报道。第二天,施约克写道:"自从伊普尔战役以来,从未见过这样的废墟。"那一天,当春天的阳光温暖地照耀着这座城市时,施约克却穿过冒着烟的"废墟",寻找能顶上用场的办公室地址。由于规划好的备选地点被毁,应急措施作废,最后靠怡和洋行出手相助,提供了几天的住房。施约克四处寻找打字员,但有什么好写的呢?

"我们所有的图书和记录都付之一炬了,"他亲笔写道,"但更糟的是副本在上周六的霍尔特大火中被烧毁,而在星期一,第二副本也连同格里诺克的斯科特办公室一起被烧毁了。"[52]储藏在码头办公室的船运记录在十天前就已经被烧毁,那里也遭到了空袭。当库房的保险箱充分冷却后,他们打开箱子,出乎意料地发现很多文件幸存了下来。尽管如此,公司还是向亚洲发出指示,要求提供大量当前和过往重要材料的副本。伦敦下令亚洲寄来长江水域图、最新的《中国名人录》和《太古航运公报》、中国邮政局地图、《太古轮船公司员工工作条件手册》、《商行列表》、职员相片和轮船时间表。幸存下来的记录被运往乡下,一些被认为多余的资料则被卖作纸浆。在香港和上海,打字员滴滴答答地敲打着副本,船只航程和资产计划被翻印,员工还开始使用微缩摄影来备份财产记录、调研报告和图纸。[53]这项任务最初是为了填补伦敦的空白,但随着和日本的关系逐渐紧张,变成了把关键文件副本送到中国内地和香港以外安全仓库的竞赛。有些材料被运到伦敦,有些被运往新加坡的汇丰银行,另一些被送往悉尼。

没有时间了。公司重建档案的文件夹末尾,有一张用办公用纸写的纸条,日期是1941年12月23日,由第一仓库保管员阿尔伯特·法雷尔(Albert Farrell)撰写,没有附评论。纸条向伦敦汇报了从天津、烟台和上海通过船运送来的19箱文件,是"我们随身带来的"。法雷尔可能是在海上写下这份说明的,当时他搭乘的"汉阳号"正在前往澳大利亚西部的弗里曼特尔,并于1942年1月3日抵达。这艘船,再加上它拖拽的"安顺号",是当时抵达该港口的六艘太古轮船公司船舶中的两艘。

第十一章 灾难

战争已经来到了太平洋地区。1941年12月7日（当地时间），日本偷袭珍珠港。此前一天，该公司的18艘船被命令离开香港港口，然后与其他英国船只一起，按指示驶往新加坡。这些船载有太古洋行的一些职员及家属，以及其他享有安全通行权的人。相当大一批太古船坞工人及家属由"江苏号"运送。港英政府下令疏散船只。当日本对火奴鲁鲁和马来亚还有香港同时发动攻击的消息传来，这些船决定自己去安全的地方，有些继续前往新加坡，其余的去马尼拉。[54]在他们航行的过程中，太古洋行在中国的全部业务（除了被放逐的船只和在重庆业务不足的代理人之外），都落入了日本人手中。

日军轰炸马尼拉，前往这座城市的船只几乎立刻就发现自己处于枪林弹雨之下。公司在太平洋战争中最早的死伤是39岁的达林顿人詹姆斯·威廉·贝内特（James William Bennett），他是"安顺号"上的大副，于12月10日炸弹在舰桥附近爆炸时身亡，他的儿子当时正在船上。另一枚炸弹炸死了若干名乘客。"太原号"也中弹，但无人伤亡。炸弹在"云南号"船舷的两侧掉落，这艘船侥幸逃脱。有六艘船前往弗里曼特尔，其他船只前往泗水。"太原号"在那里被征收，最终被荷兰当局下令炸沉，剩下大多数船只横渡印度洋前往科伦坡，只有"江苏号"在逃跑途中被俘获并被带到厦门。战争爆发时，有四艘船在新加坡，都被征用。一艘最终被击沉，另一艘在敌方行动中丧生——1942年3月4日，"安庆号"试图从巴达维亚前往弗里曼特尔，船上250人，幸存者寥寥无几，死去的人中有公司的八名员工。"武昌号"被改造成了弹药库，在该岛沦陷时被命令逃离。这艘船的司炉弃船逃命，一颗瞄得很准的鱼雷从船身下面擦过，让它在轰炸中幸存下来，载着一大群难民最终抵达科伦坡。

日军在上海、宜昌、香港、曼谷和上海扣押了18艘船，有些船被击沉了，但被日本人打捞起来修好重新服役。詹姆斯·斯玛特的"东州号"现在改名"新北平号"，打算从天津逃向安全区域转移时遭到拦截，敌方打算让它搁浅在岸上无法使用。事与愿违的是，斯玛特把船开到了非常柔软的沙洲上，俘虏他的日军一怒之下打落了他的牙齿，但这艘船并未受损。[55]这些被征用的船只有三艘在战争中幸存下来。在其他地方被征用的舰队中也有人员伤亡。12月23日，在被征用将近四个月后，"顺天号"在地中海东岸被鱼雷击中，船员中有31人死亡。船上总共有近900人，其中大部分是轴心国的俘虏，有些人在几小时后因其救援船被击中而死亡，只有十分之一的人活了下来。最年轻的伤亡者是船上的仆役刘少和（Liu Shao-wo），才15岁；在太古轮船公司的23名海员当中，其中一名"失踪，被推定淹死"。[56]公司1942年的报告显示，未沦于敌军之手的28艘幸存船只被征用，去往西非和东非、波斯湾、地中海和印度，结论是："除了零星的消息之外，我们实际上对我们的船一无所知。"[57]

日军对香港的第一次空袭发生于太古轮船公司船队逃离的次日，接下来是香港为期三周、艰苦而徒劳的防御。香港没有空军和防空系统，这也就意味着它不可能得到任何增援，毫无胜算。日军从新界长驱直入，迅速突破了英军防线。英国人则通过九龙撤退，并在12月13日之前放弃了半岛。接着，日本人于12月18日在靠近船坞的岛屿上登陆，双方又进行了七天的交火。最终，英国人在圣诞节当天投降。

大多数在战斗中阵亡的连队人员都在香港义勇军中服役，但也有一些人此前担任防空警报员。有22名英国人伤亡，但中国员工的死亡人数更多。员工于12月22日投降，船坞看守员W.H.波纳（W. H. Bonner）和其他30多人被杀，当时W.H.波纳担任的是面包师；仓库职员弗朗西斯·豪尔赫（Francis Jorge）在同一屠杀地点逃脱，当晚因伤势过重而死；在圣诞节前夕受伤的唐纳德·布莱克曼（Donald Blackman）是货场的一名职员，才18岁，他和其他人一起被送去接受治疗，在途中被杀；港口的工程师J.J.雅各布斯（J. J. Jacobs）在他乘坐的汽艇被炮击后受伤身亡；另一名值班员A.J.海丁顿（A. J. Headington）在战斗中被机

第十一章 灾 难

枪打死；长期给糖厂办事的工头威廉·斯内思（William Sneath）当时正在特警队服役，在鲗鱼涌被刺刀刺死；在被俘的义勇军中，有一位船坞的仓库管理员亨利·丘（Henry Kew），1942年9月，运送战俘到日本的"里斯本丸号"被一艘美国潜艇炸毁，日本人用机枪扫射幸存者，他因此丧生。[58]

战争带来了恐怖和痛苦，但对大多数人来说，它只是带来了枯燥乏味，摧毁了人们的健康，让人们的精神受到挫折。当香港陷落时，C.C.罗伯茨（C. C. Roberts）担任大班职务。1942年7月，他在赤柱的平民拘禁营报告说，有155名工作人员及家属和他在一起（后者只占总数的一半，因为许多家庭在1940年6月根据政府命令被疏散到澳大利亚）。"一切都挺好。"有10人被抓为俘虏。"我们情况不错，"码头会计弗雷德里克·埃利奥特（Frederick Elliott）在给公司代理主管阿瑟·迪恩（Arthur Dean）的拘禁营记录中如此叙述，"但我们的庇护所空间不大。"

庇护所在战争结束前都大不了，1942年，在盟军和日本的换俘中，有一位员工因交换而被释放，但大多数人只能坐等战争结束。对上海仓库管理员杰克·康德（Jack Conder）来说，拘禁带来的问题是个人问题。康德是唯一从囚禁中逃脱的员工，但正如他在写给日本营地指挥官的信中所说，他这样做的目的是"逃离我的妻子"。他说，哪怕在越狱时被射杀也能帮他完成这个心愿。[59]即使香港的营地条件远远好于东南亚，但这些都是相对的。由于营养不良和很少有机会获得医疗帮助，一些人因身体健康状况不佳而死亡。唯一因暴力致死的是在太古洋行客运部工作的艾琳·格林（Aileen Guerin），她于1945年1月在赤柱被杀，当时一架美国飞机误炸了营地。[60]

相比之下，就像往常一样，战争给上海带来了奇怪的生意。日本人宣布他们准备攻占公共租界时，几乎没有遭到抵抗。唯一的一艘英国炮艇拒绝投降，于是被击沉，用六条人命的代价捍卫了英国海军的荣誉。

-299-

工部局的英国董事很快辞职，但上海工部局继续管理公共租界，盟国国民继续为其工作，其中大多数人还要再干上一年又一个季度。

除了油漆场和船只，太古洋行上海办事处一开始可自由行事，但获取现金的渠道被严格管制。在接下来10个月的大部分时间里，公司努力向所有中国员工支付退休补助金，最终在1月底前付清了1100名员工的工资，并向几十名员工支付了聘金，以期后续能恢复正常营业。

1942年8月15日，太古洋行正式清盘，当时公司的办公室被日本航运公司东洋汽船会社接管（阿瑟·迪恩满怀希望地报道说，这家公司的经理"是我的一位旧相识"）。保险业务由东京海上火灾保险株式会社收购，而大日本公司则接管了油漆公司。[61]许多中国员工和保持中立的员工继续为这些企业工作，在这座城市的大部分地区，他们已经在占领或半占领的政治状态下活了一段时间，而且会继续这样活下去。英国员工制作了一份关于上海资产和负债的全面清单，并将其他被俘分支机构送来的类似数据加入其中。迪恩尽其所能地向身在香港的罗伯茨提供资助，"由于露天生活、挖掘和骑自行车，全体工作人员比以往任何时候都更健康、更出色……他每天都去办公室，看起来十分健康和快乐"。1942年9月，分支机构的经理爱德华·麦克拉伦（Edward McLaren）从天津报告说："大多数人似乎都因债务减少和烈酒匮乏而变得开朗。"和其他港口一样，当地的英租界也被和平占领。麦克拉伦和员工在意识到发生了什么后，立即烧毁了私人办公室的文件，这也是无奈之举。[62]8月，公司被日本大仓贸易公司接管，日本提出在工资单上保留关键的英国员工，不用其中任何一个，但可以为这些人提供某种收入。[63]

上海的赫世屋（即后来的上海兴国宾馆一号楼），是大班的宅邸，成了职员和家属的旅舍，主要由汤姆·林赛经营，网球场则被改建成菜畦。1943年2月和3月，盟国平民被关押在上海，不过早在1942年11月，日本人就已经抓捕了那些会构成安全危险的人，拘禁在前美国海军兵营

第十一章 灾 难

一座位于海防路的禁营中。阿瑟·迪恩先是在日本宪兵队管理的桥屋拘留中心度过了痛苦的三个月，1943年2月被送到海防路的营地。从营地出来时，迪恩又饿又脏（他不知道自己为什么会被带走）。被带走一个星期后，迪恩受了酷刑——他后来报告说，折磨他的人"对酷刑的热情是不言而喻的"，但除了一次可怕的事件外，他没有受到其他伤害。1943年3月，天津的公司员工被关押在山东省潍县一位前传教士的大院内。一些在"江苏号"上被抓的太古船坞员工后来也被送到了海防路的营地，他们在营地很受欢迎，因为他们拥有上海英国人没有的技能，特别是为营地的乐队制作乐器。迪恩后来报告说："太古的名字在那里非常响亮。"[64]

正如阿瑟·迪恩后来所说的那样，在珍珠港事件后可怕的一年，还有1942年阿拉曼战役和斯大林格勒战役胜利后，有关战争局势的信息越来越容易打听，但即使在拘禁营内，被扣押的员工也都"沉浸在我们自己的日常问题中"。这些事情包括：饥饿、迫不得已的拥挤生活、"太古船坞的人"。一位观察家报告说，他显然很喜欢这种对比——他与香港的总检察长阿索尔·麦格雷戈（Atholl MacGregor）爵士一起排着队，手里拿着碗——担心自己，担心家人，没有新闻可以看，没有酒可以喝。

关于战争爆发后的几个月，业务清算细节和个人经历，种种消息传到了伦敦——谁在哪里（如果知道的话）、谁情况不妙、谁是中流砥柱。公司在伦敦开设了时事通信，转达所收到的消息。最近刚刚入职的员工郭道孙（Dawson Kwauk）将一份有关上海办事处的详尽报告偷运出来，他把文件藏在一个手提箱里，经武汉和长沙送到重庆。[65]前线仍然漏洞百出，最大的危险不是日军或傀儡部队，而是土匪。国际红十字会也为一些个人的通信提供了便利，消息也通过这种方式传回伦敦。当时，伦敦知道了很多事情，但似乎都不是好事。

鲜为人知的是，日本人迅速让香港太古船坞尽快恢复工作。任何拆除计划都赶不上征服的速度，尽管船场遭到彻底洗劫。日本人表示，如果洗劫的物资没有送回来，而是在本地被发现，就会有严重后果。这招很快奏效，部门负责人重新安置好，新上任的经理就开始将员工召回他们原来的岗位。安置工作由三井负责管理，一支由日本经理和技术人员组成的骨干队伍被招募进来。情报提供了许多关于正在进行的工作的细节，但物资总是不够。造到一半的船得以完工，新船开始建造，包括重4000吨，长400多米的标准船"平海丸"，这艘船于1944年7月21日在船厂下水。[66] 我们不知道当船在滑道上滑行时，三井任命的经理是否夸赞过日本战时在东方企业的品质，他要是夸了，也不是没有道理。1943年1月，日本方面拍摄的船场下水仪式的新闻镜头显示，当船在挥舞旗帜的人群面前下水时有人就这么做过。战争中受损或沉没的船只得到修复，1944年7月，太古轮船公司"佛山号"停靠在码头上进行维修，该船在和平时期曾往返于香港和广州（该船的英籍船员和工程师就被拘禁在那里）。4500名中国员工中的许多人对这艘船相当熟悉。不过，有些人还是去了澳门。施约克后来遇到了七个人，他们在澳门度过了占领时期，且"一直处于饥饿状态"，没有得到太古洋行的任何资助。[67]

英军服务团（BAAG）是情报和救援组织，由香港大学生理学教授林赛·里德（Lindsay Ride）创办，总部设在香港北部，他们试图将熟练的船坞工人从这里转移出去，不让工人的才能被敌人利用，然后将工人送到位于印度的英国船厂。这项"伙伴计划"在1942年9月前将大约175名香港船厂的工人带了出去。许多人带着家眷和亲随，给英军服务团带来了后勤上的挑战，因为他们需要住房和食物，他们的孩子也需要上学（在华英军不太可能完成的任务之一）。[68] 逃跑并不困难，但在这个危难和不安全的时刻，他们不能抛下家人，这使得对他们的支持成了一项艰巨的任务。此外，日本人当时禁止这些人辞去职务，所以要走也只能走得仓促。基于这样的现实，生活的日常现实让大多数人留在了香港，继续工作。1944年春天，日本人企图从同一批人中招募工人，

第十一章 灾 难

用于新加坡和马来亚的船场（为了加以反制，英国人重启了"伙伴计划"）。像太古这样的英国企业，自从船坞和糖厂建成以来的几十年里，在香港培养熟练后备劳动力，此时倒成了一种讽刺。这些工人供不应求。1945年1月，作为"感恩行动"的一部分，美国的空袭横扫了南中国海，夺去许多在码头的中国员工和工人的生命，因为码头是关键的目标，船坞因此遭受了"相当大的损失"。[69]

和中国内地井井有条、遵纪守法的接收不同，香港的英国企业是战利品，银行除外。银行的管理颇有秩序，英籍银行职员继续工作。太古洋行的办公室被日本海军接管，成为他们的总部。所有记录文献在"投降后""立刻就被扔到大街上"。罗伯茨本人在那不久之后打算进入办公室，却被毫不留情地撵了出去。[70]没有一个员工得到赔偿，然而，糖厂还是重新开工，并继续生产至1944年5月。早先，经理罗伊·菲利普斯（Roy Philips）曾被问及，如果向他承诺产品只会运往上海或留在本地，他和手下的高级职员是否会恢复工作。他们婉拒了，认为此举"很可能是骗中国雇员回来的诱饵"。到1944年底，日军根据一项废旧金属回收计划，抢走了公司包括发电设备在内的所有机械设备，还销毁了太古洋行办公室那块纪念第一次世界大战的铜牌。[71]

未被日本人抓捕的太古轮船公司海员继续航行，此时效力于战争运输部。硕果仅存的船只中有三艘失陷于敌军的行动（第四条船在1944年4月孟买港口的意外爆炸中被火焰吞噬）。"新疆号"是1942年4月初两天内在孟加拉湾沉没的20条船之一，此前它们奉命在没有护航的情况下前往印度西海岸。两艘蓝烟囱公司的船只也被击沉，据该舰的无线电操作员斯坦利·索特（Stanley Salt）回忆，该舰被"近距离"炮击，他无能为力，只好关上无线室的门等待死亡。幸运的是他活了下来，但身受重伤，在海上漂流时眼睁睁看着船"几乎垂直地"沉没在海里。

这场惨剧只有18人幸存。死者包括太古轮船公司的三名工程师、大副和二副、四名锅炉工、一名水手和一名炊事员。刚刚抵达印度的戈

-303-

登·坎贝尔为医院中受伤的中国水手担任翻译。"嘉应号"一年后在利比亚沿岸遭鱼雷击沉。"海口号"于1943年7月2日在留尼汪岛北部遭遇同样命运——90秒内沉没,147人死亡。[72]

战时英国商船海员的伤亡率很高。约有5万人被杀,从某种程度上说,如此比例比任何战斗部门都要高。英国船舶上大约四分之一海员都来自亚洲,主要是印度人和中国人,其中中国人有一万一二万人在战争中服役,超过1000人牺牲。[73]而且他们不认为自己是受害者,没有半点消极畏缩,积极地为盟军战事做出贡献,在充斥系统性歧视和差别待遇的工作文化中,积极捍卫自身利益。1942年2月和3月,他们在上海也是这么做的。当时,来自被日军捕获的船只上的职员开始回到这座城市,前往太古办公室讨要薪酬。比如,1941年12月8日,"浙江号"从天津前往上海,船员就制造了"很大的麻烦",让公司不得不叫来了法国租界的警察。最后解决争端的办法是将人员安置到"塘沽号"或"宁波号"上去。1942年1月,"重庆号"停泊在澳大利亚弗里曼特尔期间,为了捍卫自身利益,"重庆号"的船员就薪酬和战时保险金的问题和船长发生争吵——这笔钱在最开始对于任何被英国公司雇用的中国海员来说都是难以实现的。他们要求预付工钱,船长奈史密斯只好命令他们回到岗位上,并威胁说要削减一天的工资。面对奈史密斯所认为的叛变,300名澳大利亚士兵登上了太古轮船公司在港口内的六艘船舶上,导致了"重庆号"上两人被士兵杀死,所有船员都被抓捕,其中有些人被关在监狱里长达六个星期("重庆号"上62名不肯屈服的成员和另外288人最后组成了一家"劳工公司",在"看不见也听不见大海"的澳大利亚北部工作)。此后在这条船停留在弗里曼特尔期间,再也没有中国船员在上面工作。[74]

在英国也有中国海员维护权益。1942年4月,有200人聚集在利物浦要求提高薪酬、领取战争保险金,因为他们的工钱只是英国海员的三分之一。这些事件有的发生在船上,有的发生在船下,引发了中国大使

第十一章 灾 难

馆的干预。人们签署了一份正式的中英协议，大大提升了待遇，但还是没有实现平等。停泊在美国港口内的英国船只上，越来越多的船员逃跑，还造成了冲突。[75]他们中许多人都曾为太古效力，或经太古办事处入职蓝烟囱船队。这些船员常常被大众谴责为不讲道理、粗鲁暴力、容易引发恐慌，而且媒体还喜欢关注他们是不是抽鸦片或赌博——任何人草草浏览一下战时的利物浦媒体就会发现这点。但他们仍迎难而上，维护自己作为海员的基本权利。当时的利物浦副领事肯尼思·罗（Kenneth Lo）是试图在报纸文章上扭转他们形象的人士之一。这些文章后来被收进一小卷文章中，叙述了混乱、英雄主义、忍耐和疲惫的事例，在当时怪诞连环画仍然经常占据主导地位的背景下，描绘了一张人性的脸。[76]

　　与此同时，在战争期间的伦敦，尽管一些职工见证了一幕幕惨剧，但两位董事却即兴发挥了一出荒诞剧的脚本。华伦·施怀雅和施约克是叔侄俩，他们彼此之间没有说过什么话。事实上，他们几乎不见面，没有太多生意好打理，战争期间一周只需要一天处理公司主要业务，大多涉及维持职员和他们的随员生活。但即便同处一间办公室，房间也被一堵厚厚的沉默之墙隔开。华伦·施怀雅清楚无误地表态，他并不信任施约克，除非后者能争取到"压舱物"——其他董事的支持，但这些人在别的地方忙活：约翰·施怀雅·斯科特身在英格兰西南部的军中，科林·斯科特在格里诺克的斯科特造船场。施约克本人大多数时间都花在伦敦的码头劳资委员会，他是主席。但两人都很信任约翰·马森（John Masson），此人早先在1922年抵达中国后就脱颖而出，成为具有董事潜力的高管。他于1939年7月加入董事会，在战争期间为位于孟买的战争运输部工作，此举是将航运技能从太古之类的企业转移到战时英国属地的重大工作的一部分（相对来说，这对重庆是好事，而且便于监管公司在孟买的临时办公室）。"合伙人之间的关系没有改善，"约翰·施怀雅·斯科特在1943年夏末给马森写信说，"合情合理的讨论或任何客观的讨论都几乎不可能。"[77]

除了这种登峰造极的窘迫处境，太古还面临两大迫切的问题。首先是资金，其次是未来太多的不确定性。后者并不只是关乎战局，因为1942年底之后，战局的走向从未被怀疑过。1943年1月，英国政府的地位因香港在日军攻击下的羞辱性崩溃而受到相当大的损害，不得不与中国签署了新的"友好条约"。从此，英国在中国的治外法权被废除，也交出了对海关的控制权，自19世纪以来中国的其他让步也被收回。比如，在列出的各种措施中，附件中涉及英国在中国内陆的航行权这条就被废除了，从此结束了英国在中国的内河贸易。1943年8月1日，被英国占领的租界也由其行政部门归还中国。

尽管在20世纪30年代，随着中国的变化，太古洋行在言辞和实践上都做了很多工作，但其管理的所有公司仍然依赖于19世纪条约所维护的不对称权力关系这一事实。现在，这些条约已经是过去，除了空洞的言辞和良好的意图之外，没有任何东西可以取代它们的位置：一旦和平到来，两国将在六个月内签署一个"全面的现代条约"。"我不觉得这个国家摆脱得了。"约翰·施怀雅·斯科特写道。就差把"不平等条约"几个字说出口了，而且"可能还会更糟"。1943年8月，约翰·施怀雅·斯科特和施约克设法争取到在伦敦和宋子文进行了一次30分钟的会面，但双方讨论的内容却很笼统，令人沮丧。[78]所有这些都使后面的计划成为一种挑战。

首要问题是现金。[79]现金实在是太多了，仅仅损失赔偿就有50万英镑，但钱不知道花在什么地方。施约克和华伦·施怀雅坐在位于比利特广场一间一开始没有窗子、墙上有一张很大的鲗鱼涌照片的新办公室里，他们在想该干些什么。他们有股票，但回报率很低。所以太古集团购买了位于柴郡的农场，这是一种回归家族根源的做法。他们的堂兄弟，也就是威廉·赫德逊·施怀雅的后代仍然住在那里，帮助公司稳固在当地的地位。到1942年10月，太古集团已经买下了八个庄园。

第十一章 灾 难

这只是权宜之计。他们曾考虑在阿比西尼亚开展某种业务（一位联络员报告说有工厂需要管理），或者最好进入印度。但是，那里已经有历史悠久的公司，哪里有"回旋余地"可言？那么，他们是否可以购买另一家航运公司？但买来干什么呢？从长远来看，这些船值得买吗？他们还会为亚洲贸易服务吗？不。他们有的只是"该死的粉尘——数以百万计的粉尘"，华伦·施怀雅在1944年5月潦草地写道："如果把钱花在这个上面，实际上它在国外一文不值，在国内也不值多少。"

他们真的不知道该何去何从，不过感到困扰的并不只有他们。怡和洋行董事之一的约翰·凯瑟克（John Keswick），曾在中国进行了一项特种行动训练任务，并在当年早些时候被驱逐出境——因为国民党怀疑英国人出现在国统区的目的，就好像他们要重新夺回香港，并支持重建英国利益。1942年7月，他与施约克分享了自己对未来的失望情绪。[80] 他提出合并两大集团业务的主意，也就是"融合"，建立一家新的"中国贸易协会"，将英国的主要利益凝聚成一个"国家企业"，这个企业将大到不容被忽视，并可能更容易获得英国官方的支持。这样一个联盟将会成为历史性的重大转折点，正如约翰·凯瑟克本人后来记录的那样，"由于某些愚蠢的传统，两家企业的员工彼此几乎不认识"。这引发了持续的讨论，并逐渐演变为准备成立一家综合机构，联合太古和怡和的员工，以及铁行轮船公司和其他公司的员工，作为"远东船务代理"，在战争结束时接管他们那些被征用的船舶的管理，直到战争运输部将它们物归原主。

如果说未来晦暗不明，那么整理先前的资料档案或许正是时候。有的人很有能力，却没有事情做，这样的员工可以协助这件事。1941年12月7日离开太古轮船公司船队时，弗兰克·D.罗伯茨（Frank D. Roberts）在香港担任二号人物，后前往印度和重庆工作，于1943年底返回英国接受治疗。"不好好利用他迫不得已的闲暇时光就太可惜了，"约翰·马森在给华伦·施怀雅的信里写道，"何不安排他去整理原先私人办公室的信函文簿，为你抄写重要的信件？这是你曾经说要是闲下来就会去完成的虔诚任务——记载企业的历史。"[81]华伦·施怀雅觉得这个主意不赖，这段历史"应该被写下来"，而且他显然已经亲自翻阅过档案。华伦·施怀雅本人盼着归隐，回到他的苏格兰田庄，但田庄全都关闭了，他转而沉浸于梦境："当办公室大门合上时，我走到乡村以便享受宁静。"1942年一整年，华伦·施怀雅都在积极计划他的退休，几乎无事可做。施约克报告说，"这确实是一项一个人就能完成的工作"。1943年9月，他的叔叔"斩钉截铁地说，战争结束后他将立即离开"。

关于这个问题的讨论缓慢而艰难，有时显然是痛苦的。最终1946年底，施约克取代叔叔，成为太古董事会主席。华伦·施怀雅反对这一决定，即使他"厌倦了破坏或仅仅是恢复被破坏的东西的价值"，想要重新建设；即使在1944年末，公司终于能够开始订购新的船只，和平计划也提高了一个层次，他作为公司负责人的任期也接近尾声。

1944年另一个讨论焦点是再招募一位董事。施约克和约翰·施怀雅·斯特克都坚持认为，被提名人应当来自企业内部。面对华伦·施怀雅的反对，约翰·施怀雅·斯科特说道："我认为我们剩下一项真正的资产，那就是我们东部员工的素质……我们必须让他们重振士气，回到岗位上来。如果我们恢复其中一人的职务，就会对他们所有人产生最振奋人心的影响。"公司不仅广泛关注战争期间占领和囚禁造成的士气低落，也在关注大学毕业生稳步加入公司所造成的影响。

太古洋行在亚洲的经理抱怨说他们需要船务员，却只派来了毕业生——上海在1936年提议派同样数量的船员和大学毕业生，伦敦反驳说，现在只有"大学生"才会考虑出国（这本身反映了20世纪30年代的英国虽然经济衰退，但生活水平整体提高）。[82]大学毕业生也是那些对伦敦的"专制者"感到不满的人，如果不给他们发挥才能的空间，也就留不住他们。[83]事情暂时平息，但是下一任经理查理·罗伯

第十一章 灾 难

茨（Charles Roberts）就来自东亚员工队伍，1944年他仍待在赤柱的拘禁营。

然而，这种情况不会持续太久。亚洲战争于1945年8月结束，就像广岛和长崎被摧毁时一样残酷而突然。1945年8月15日，日本投降，两周后英国军队抵达，在此之前，查理·罗伯茨起草了一封信寄给伦敦，他趁机找到了一台打字机，争取时间将信打了出来，因为赤柱的拘禁营突然传来经理噼里啪啦打字，向伦敦的上级编写报告的声音。[84]他和糖厂还有码头的经理已经在赤柱以外的地方走访过，想看看是否能评估鲗鱼涌设施的状况，并与他们能找到的任何太古员工交谈。这个地区"一片荒芜的景色，50%—75%的物业荒废，人口不到战前人口的10%，大多数人似乎都是赤贫状态"。他们看到糖厂和船坞散落着被拆下来的机器设备。

"中国人成群涌入"赤柱。太古洋行和逃往内地的莫氏家族恢复联络，负责太古糖厂销售的C.P.王（C. P. Wong）在第一天就出现了，而他从占领之初就一直与外界保持着秘密联络，并把他自己的家人送往澳门。但战争给香港的中国员工造成了很大的损失，除了轰炸之外，营养不良和饥饿也夺走了许多年长者的生命，而且还要考虑对家属的影响。

一封电报从比利特广场经重庆向东飞去：指示所有被释放在押人员火速占据全部资产。他们一旦有机会就立即照做了。7月初，阿瑟·迪恩与其他大多数囚犯一起从上海海防路营地被转移到北京西南的丰台。日本投降后不久，在开始抵达中国的美国先遣部队的坚持下，他们被转移到了北京城内。美军也被说服，将俘房所中的"关键人物"空运到各个城市。迪恩飞往上海，途经天津时遇到了爱德华·麦克拉伦，他是19名从潍县拘禁营飞回该城的公司经理之一。早在迪恩回上海之前，总会计师罗伯特·查洛纳（Robert Chaloner）就已经离开了龙华集中营。日本投降后两天，他就直接去检查了外滩的办公室，并给出了现在的租户需要及时离开的"建议"。三人从营地直接去了霍尔特码头，他们的行程是由大阪商船会社安排的,在那里他们碰上了"急切希望以最快速度妥善移交码头"的日本经理。普遍的混乱开始蔓延,由于很快就没有可用来交易的货币,而且国民党游击队近在咫尺,日本人如此要求显然有他们的理由。但一切都表现得十分井然有序,汤姆·林赛迅速回归中国事务部的角色,并前去和刚刚走马上任、替换伪政府官员的地方官员以及游击队指挥官商谈,请求他们提供安全保障。[85]

中国员工迅速地出现在各地。在天津,有报道称"老员工将排除困难,迅速组建一个强大的核心团队"。有些人在停工期间表现良好。据麦克拉伦记录,有一位叫小罗的年轻人,"非常富有,在停工期间一直在经营股票经纪业务,在一家电影院也有(丰厚的)股份"。裘经理自1934年以来便是厦门公司的中国经理,在那之前他担任了16年公司买办,创立了一家财源滚滚的商行,"在获得许可的情况下经营前往国统区的舢板业务"。有些人情况则不太好。小罗和天津的其他员工一度与宪兵队发生了不愉快的争执,可能是公司的日本顾问自杀,引起了警方的怀疑,过了好一阵才平息下来。8月17日,上海的高层人员与查洛纳会面(而汤姆·林赛的"家仆"带着"一瓶相当好的威士忌"出现在浦东营地)。[86]很快,不受欢迎的租户开始离开,许多建筑物的家具和固定装置都被拆除,员工开始进驻并打出清单,对缺少什么、剩下什么、需要做什么进行初步评估。

在香港,一小部分员工迅速被调入船坞。"佛山号"物归原主,这条船维护得很糟,但还能运转,而且立即进行了第一次航行,从澳门运来了食物补给,并把战时在这个葡萄牙殖民统治地区避难的数千人中的一些人带了回来。这艘12年船龄的船在整个战争期间都很活跃,而航运业务比公司其他业务更容易重新启动。然而,香港没有留下记录,船坞也没有留下记录。重要的文件在"江苏号"上被带走,但在船被扣押后又消失了。罗伯茨写道:"员工们都渴望为重建'太古'这家宏伟的公司发挥自己的作用,我希望重建后的结构,能够适当纪念那些已经离开它的人。"[87]这些豪言壮语出自伤痕累累的躯体和千疮百孔的灵魂。他们在超过三年半的时间里不曾获知过消息，不了解世界转变的真实细节。他们不知道这家企业是否还有未来，他们自己在这家公司是否还有未来，或者如果有未来，那么未来在何方。他们只能假设还有希望，尽力重拾他们失去的一切。

第十二章

飞　行

　　汤姆·林赛获得自由后，第一个晚上是在太古轮船公司航运经理杨晓南（音译）位于上海的家中，一张柔软、铺着清爽干净床单的床上度过的；但在那之后，一切就都是粗布麻衣和灰头土脸了。战后的中国让所有在华的外国企业都陷入迷茫，这位战时盟友似乎不再把英国商人看成商业上的合作者，而是有点像敌人。就太古集团而言，在日本投降后的10年里，我们可以关注三个主题：恢复，这只是部分成功；适应，在东亚政治重塑时被打断，因为1949年中国共产党夺取了政权；创新，公司的未来就靠它了。总的来说这10年也是一个重新定位的过程，因为到了1955年，太古旗下各家公司被迫撤离中国内地，他们的资产先被抵押，然后以"全资全债"的方式交出。也就是说，用全部资产偿还全部债务，这在当时看来，是最佳的方案。20世纪60年代到70年代，太古的经营和利益重心发生了深刻的转变，其根源在于1945年中国民族主义的胜利，作为同盟军之一的国民党取得了象征性的胜利，但到1949年，他们在中国大陆的权力被彻底摧毁。

　　第二次世界大战恢复的国家要比它消灭的国家多得多。当战争接

第十二章 飞 行

近尾声时，殖民地的人们开始用武装力量或非武装力量以及道德力量为自己争取自由：菲律宾、印度、缅甸，然后是印度尼西亚以及印度支那都将很快摆脱欧洲和美国帝国主义的殖民统治。[1]日本的战败投降后，中国收回了东北和台湾岛的主权，而且在别的方面也恢复了自己的利益。自1919年凡尔赛谈判受到羞辱以来，中国政治一直在寻求尊严和认可。战争以胜利告终后，中国毕竟是第二次世界大战期间四大盟国之一，但更重要的是，他也是联合国创始国之一，并在安理会享有常任席位，在国际法院和联合国教科文组织创建过程中发挥了主导作用。外国再也不可能在中国享有治外法权，那主权残破不堪、任人宰割的世纪一去不复返了。特别是自1949年10月，中国宣布成立中华人民共和国后，太古洋行开始撤出中国内地。

在世界范围内，战争的结束首先会造成大规模的人员迁移，因为难民要回到故乡或寻找新的家园，或因边界重新划定而被驱逐，以及大量军人被遣散复员。在亚洲上，截至1945年8月，光日本本岛以外的日本人就有650万之多，其中300万是平民。日本投降后，最早一批航运的船只给香港带回了一万人左右的难民，这些人之前在澳门找到了朝不保夕的安全庇护（仅一趟运输就带回60名葡萄牙银行职员）。接着，成千上万从香港北逃的人也很快开始返回。[2]太古集团的员工开始回归平民生活——约翰·马森于1945年11月从印度返回——公司自己的流散难民也开始从各处战场和难民营返回。公司的许多船只曾像人员一样星落云散，但现在也开始物归原主——例如，1946年2月在香港就有六条船被解除征收或被找到，还有艘拖船跑到了韩国，搁浅在三陟市东边港口外。[3]在珍珠港，有超过300名曾驾驶船队逃离香港的中国水手返回，他们乘坐的是从1945年12月起自澳大利亚出发，运送被遣返者回国的船只。战争也让一些人永远开始了新生活，尽管公司恪守应当对其职员履行的义务，但是也仔细筛查出一些出于种种原因不再希望留用的员工。对于少数在澳大利亚找到临时庇护所的中国海员来说，在那里的新生活

-313-

刚刚开始，咄咄逼人的移民政策就卷土重来，战时的团结顿时抛到了九霄云外，最终导致1949年7月《战时难民迁移法》的通过。该法案所针对的人包括前太古轮船公司的船员。在太古轮船公司的"山西号"以及联合所有的"常德号"上，法案为被驱逐者预留了空间。[4]

1946年2月，施约克乘飞机抵达香港，后来约翰·斯科特也加入进来，他在前往仰光的途中被改道，因为战后的交通很不稳定。施约克花了四个月左右的时间来了解情况，评估新的政治环境和商业挑战以及公司的资产、设备、员工的状况。他见到了之前的被拘禁者，有些人刚刚登上船，准备回家休养。汤姆·林赛看上去"老多了，但很结实"。某某人"身体一切都好，但内心显然疲惫不堪"，某某人"筋疲力尽，但状况尚可"。总的来说，施约克认为香港的"善后工作比我们任何人所希望的都要快"，并且"疗养阶段肯定已经结束了"，但船坞却比他之前设想的"还要糟糕"。[5] 糖厂只剩下空壳，分文不值，设备只能拿来报废。上海更是一团糟，"这里没有法律和秩序，没有煤，因此也没有火和热水，市政服务处于衰败状态，生活费用高得惊人，目前的劳工问题总是有可能发展成内乱和暴乱"[6]。

施约克想，"就像回到了一个被遗忘的、过去的世界"[7]。但是，尽管公司回信要求将"创始人的照片"替换成主要办事处的照片，施约克去那里并不是为了沉浸在过去，或将过去复原，虽然他的脑海中有这样的想法。他和约翰·斯科特在北上天津的路上聊起了公司的过去。[8] 太古洋行打算收回财产，却发现自己在崭新、自信且不屈不挠的中华民族面前感到困扰和困惑。

施约克认为，战后的中国人身上有了一种独特的气质。事实毋庸置疑，中国已经成为战争的胜利者之一，作为独立的亚洲国家，站在全球秩序机构的前列。这在现代历史上是史无前例的，而且是真实的，并不只是虚言。从实际情况来看，这意味着外国势力在中国本来享受的一切都变了：没有治外法权；没有英国最高法院；没有上海公共租界工

第十二章 飞 行

部局——员工已经从难民营出来,大多离开了中国,前途未卜,而海关的外国势力也正在被削减。太古轮船公司无法恢复其内河航线,也无法恢复其沿海贸易(除了源自香港的贸易)。1943年"友好条约"中承诺的"全面的现代"商业协议还没有进行谈判,事实上也不会再签署。首先,讨论被推迟了,断断续续进行到1948年,然后被中国正在进行的革命所取代,只是在此期间,外国公司可以继续根据中国法律经营,或尝试这样做而已。除了这些正式的变化之外,还有其他的变化——上海新成立的当局对恢复外国势力毫无兴趣,没有任何实际行动,只有位于外滩的盟军战争纪念碑基座幸存下来,所有的金属制品还都被剥掉了——上面铸有太古洋行在第一次世界大战中牺牲者的人名,再多的游说也没有说服市政府修复它。上海跑马总会的场地在冲突后期一直在举行各种会议,但现在已经被市政府接管。所以,一切都告别了。

不过,所有权的归属并没有变,或很多情况下至少权利没有变,这些权利持续存在的事实也没有变:太古洋行就在那里,占据了河边的地盘,配备了浮桥、船体、码头和货仓,其员工经验丰富,旗下有轮船、拖船和驳船,兵多将广,客源充足。因此,像太古和怡和这样的公司试图通过更间接的方式恢复其在航运业的原有角色是完全可以理解的。而且,正如所有人都同意的那样,这样对国家运输基础设施的重建有很大的帮助。招商局轮船有限公司接管了日本航运的全部资产,但发现要让东西运转起来会面临难以克服的挑战,而一旦运转起来,似乎军方就会征用任何在长江边移动的东西。现存的船只很旧,而且状况很差。因此,如果中国的利益不能使国家重新运转,为什么不允许外国的利益来运转?太古轮船公司和印华轮船公司动用的工具是中国善后救济总署,它是联合国善后救济总署的中方伙伴。[9] 1945年10月,通过战争运输部和远东航运机构——后者主要是在施约克的倡议下成立的,用来管理被征用的英国船只,中国善后救济总署同太古轮船公司和印华轮船公司联络,以便将救济物资运出上海,送往北方和沿河港口,这其中相当一部分资金是在伦敦用英镑支付的，算是一笔可观的收入（奖金或者说补贴），因为外汇管制使得资金很难流出中国。这些航线上多余的运力可以供商业货物和乘客使用。为此，太古轮船公司也迅速行动起来，向公众宣传服务已经恢复。1946年1月，公司被告知可以再运营6个月，条件是当年3月2日远东航运机构清算后，各公司将自行管理其船舶和租约。3月中旬，中国善后救济总署对悬挂外国旗船只的许可又延长了一年，直至1947年3月。[10]

　　事情看起来比过去一段时间要好，因为企业越是以这种方式深深地重新嵌入中国航运的基础设施，那么英国关于恢复其沿海和内陆交通的法律立场的理由肯定就越充分。但这些举措引发了持续和有组织的公共抗议，尤其是来自中国航运组织的抗议，而租界于1946年7月被突然废除。太古公司和怡和洋行用英中双语在媒体上发表公告，争辩说他们只是在帮助中国复苏：他们拥有大量船只、基础设施和经验，可以做到这一点。但争议在于，这不是中国需不需要的问题，而是中国主权的问题，是关于培养和发展中国自己实力的问题，而后者要重要得多。当然，对于安逸的商人寡头来说，他们可以冠冕堂皇地说这样的话，因为当民族主义为他们提供商业机会时，所有人都是民族主义者（而且施约克不是唯一这样想的人，他认为管理中国善后救济总署的中国商业利益集团是利润非常丰厚的企业）。即便如此，中国为主权和独立奋斗了多年，付出了高昂的代价，数以百万计的人不是为了在长江上重新扬起英国国旗才被日寇杀害的。

　　太古洋行的员工在重新理解中国政治方面进展缓慢，这一点并不罕见。有些人做不到认真对待；许多人从来没有考虑过这个问题；还有许多人只是忙于日常生活和工作的喧嚣，而且总是与周围的世界隔绝，没有注意到事情已经发生变化。他们过去可能输掉过上海的跑马比赛、在武汉的汉口俱乐部亏过钱，但他们目前在香港汇丰总行大厦的两个房间里重开了一家俱乐部，在私人住宅里重开赛马俱乐部，并规划了一个9

第十二章 飞 行

洞高尔夫球场。他们在废墟中重建了旧世界,因为武汉被轰炸得很厉害,但他们似乎并不了解这个世界现在有多么破败。[11]

太古轮船公司中国战略的第二条线索是,回溯到"万县惨案"后在长江上游的立场,重回19世纪30年代中期与宋子文的谈话以及战时关于组建英中公司的讨论。这个想法被采纳了,但这个想法也遇到了政治上的反对。太古洋行的朋友、金融家陈光甫一手操办的上海商业储蓄银行退出了关于合资企业的讨论,甚至就连太古洋行长期以来的中方伙伴和职员都明确表态,他们不能参与其中。他们已经制订了一份计划书,其中包括任命他们为董事,但必须由太古洋行提供资金,直至真正的中方持股人对政治大环境感到足够满意时才会参与。[12]这种实用主义手法过于明显,而且对那些最显眼的中国合伙人来说太危险。于是,太古轮船公司所能做的就只有趁着能够拿到官方许可的时候经营特许业务——例如,在1948年12月,他们被正式允许在八个月的时间里为经济合作署运送货物至指定的河流和沿海港口。经济合作署是美国向陷入困境的国民党政权提供援助的新工具。"济南号"和"南昌号"是香港向上海紧急运送大米的船只。[13]与此同时,"佛山号"继续在香港和广州之间穿梭,在此过程中,海关发现了越来越多的走私货物就藏在船员巧妙设计的隐匿处。当时,中国经济持续崩溃,为遏制硬通货外流,中国政府实施了进口禁令。约翰·马森在1947年2月说,广州"没有合法贸易",中国海军的炮艇是主要走私者。但是,被罚款的却是太古轮船公司:到1948年已经累积了价值一万英镑的罚款。[14]面对所有这些制约,又身处民族主义高涨的氛围中,太古轮船公司的经理能做的就是在情况允许时随机应变,但这并非长久之计。

太古轮船公司还发现自己背负着要么不能再使用,要么肯定不能帮自己盈利的滨河物业。外交官说:"你们的所有权是完好无损的。然而,根据1943年的条约,将它们用于河流运输的权利已经失效。"[15]在南京、武汉和九江(在这些地方,"我们自己的苦力"很可能在背后煽动没收财产，因为他们想要这份工作），财产都没有归还。在厦门，曾经有争议的"海后滩"地界上的房子现在被市政府的社会保障局租用，该局在那里经营一家茶叶店。在天津，他们有两个租户：缴租金的美国海军陆战队，还有理所当然不缴租金的敌方财产管理局。在浦东，空地被棚户区居民占据，现在似乎成了永久性的村庄。当局还质问公司，为什么你们要在你们无权使用的产业附近停靠船只？这些都是废船。公司回答，它们动不了，起的是浮动仓库和码头的作用。但是，这种被重新利用的船舶组合使公司处于弱势，因为它们毕竟是船，而且是河上的船，不应该出现在那里。除了包租外，太古洋行还因中国善后救济总署在上海、武汉、镇江、芜湖和长沙租赁场地获利颇丰，但一切都因中国善后救济总署的工作结束而终止。1947年4月，为了从公司的地产网络获取一些回报，并使其保持活跃，以期在一定程度上恢复战前的航运权，更重要的是，为了保护自己未使用或未充分使用的财产不被征用，太古洋行的决策层将太古轮船公司的岸上业务剥离出来，成立一家新的全资子公司——太古埠头仓栈公司（该公司于伦敦注册，并向中国当局登记）。公司于1948年6月1日正式成立，一经确认，就开始在太古轮船公司的设施上启动接受"外部"业务的新政策。[16]

与此同时，中国政府的航运局要求太古埠头仓栈公司对"长沙号"（该轮于1945年触雷）和"吴淞号"（该轮于1943年11月遭"轰炸、搁浅和火灾"）进行整修，或者放弃对这两艘船的所有权，因为这两艘船要是沉了，会危及长江航运。此外，还有公司位于上海黄浦江上游龙华锚场的"废船坟场"。施约克于1948年3月造访该地，发现除其他较小的船只外，还有39岁船龄的"沙市号"，这是太古轮船公司建造的第一艘轮船，此刻的它锈迹斑斑，无法胜任任何营业性用途，完全报废；它在长江上工作70年，最后的结局却是在龙华腐烂掉。在那些不向外商开放的港口，内河网络和基础设施停滞不前。1946年4月4日，施约克和约翰·斯科特与汇丰银行经理以及海关总督察莱斯特·利特尔（Lester

第十二章 飞　行

Little）共进晚餐。利特尔在他的日记中记录道："到处都是阴霾，所有人都认为我们在中国正走向灾难。"施约克于次日写道："我在考虑，在加拿大会有什么样的机会。"[17]

伦敦的董事于1946年去中国，是为了寻找新的可能性，而不是承认挫败，暂退到落基山脉。其中一个可能性在珍珠港事件之前的那段受限时期就已经讨论过的：回归商业贸易。太古早在半个世纪前就抛弃了贸易业务：茶叶、棉花和啤酒持续时间最长，但最终都放弃了。现在看来，这反而是使公司的基础设施适应中国的最佳选择，几乎任何东西都可以在这里销售。他们知道自己缺乏所需的专业知识，尽管他们在20世纪30年代曾小规模地重新开始代理麦克莱恩·沃森（Maclaine Watson）的原糖，即使在那个时候，销售部门也是一个"灰姑娘"部门。1941年，他们曾考虑收购一家已经在中国运营的公司，例如天祥洋行。1945年和1946年，他们讨论了其他选择，并于1946年初与在巴达维亚成立已久的麦克莱恩沃森公司合作成立了一家联合代理公司——太古贸易有限公司。麦克莱恩沃森公司从创始之初就和太古糖厂联系紧密，是蓝烟囱公司在爪哇岛的代理商，此前太古轮船公司为了应对中国航路的封锁，于1946年转向荷属东印度时，两家公司就已经展开了合作。[18]新公司于1946年在香港注册，其宗旨是在中国内地、中国香港和日本进行贸易。太古各家公司从事了几十年船运、制糖、造船和保险业务，早期的运输物和机构名单却让人读来感到不可思议。这里有人造纤维、药品、必富达金酒、温莎牛顿艺术家的颜料、怡泉、OXO、普罗瑟父子公司的网球拍（英国最古老的公司之一，生产庭院网球和网球球拍等运动器材。——译者注）及来自阿根廷的Swift牌罐头肉。公司还成立了一个工程部，[19]该举措还有这一系列名单暴露了华伦·施怀雅与其他合作伙伴之间的鸿沟。施约克对此策略不以为然，他认为这份名单"简直难以置信"，但他并非夸奖的意思。施约克认为此举将"对我们的声誉造成很大伤害"，而且新公司的名字粗俗，对中国来说不合适。但是，"伦

-319-

敦"方面——也就是华伦·施怀雅已经做出了承诺，必须付诸实践。

其他想法也被抛了出来——也许我们应该在鲗鱼涌建一座饼干厂？施约克思考着，也许未来是自行车的天下？自太平洋战争爆发以来，两轮一直是中国内地和香港城市交通的主要方式。我们是否可以获得一项代理权？或者我们可以推销"太古"牌自行车？

但太古没有选择自行车，而是转向了航空，展翅高飞。战争使人们的目光转向了空中。这是一场坦克战争，一场步兵战争，一场海上战争，一场针对平民的战争——所有这些事情，也是一场轰炸战争和火箭战争。在这场战争中，全球各地临时建立起广泛的空中运输网络。重庆依靠这些网络，首先从香港，然后从印度运送物资、邮件和人员。战时，美国跨越喜马拉雅山的空运是一项惊人的成就，在近20万次飞行中，将75万吨补给物资运过喜马拉雅山，改变了人们对空中力量的战略理解和空中运输的可能性。[20]这些数字掩盖了航空业的现实和潜力对个人经验的影响，包括公司董事的经验。例如，约翰·马森1942年2月出发去印度，到战争运输部上任。他从普尔飞往爱尔兰，然后去里斯本，再然经过班珠尔、拉各斯和利伯维尔——"它们全都很像康拉德的小说"。马森还去了刚果河畔的金沙萨，先是坎帕拉，然后北上，低空飞行以便观赏鳄鱼和河马——"在最难以置信的景色中，有不折不扣数以千计的猛兽"，随后飞过金字塔（"看上去并没有我想的那样震撼人心"）到达开罗。马森接下来一段旅程经过巴士拉、巴林，随后是沙迦，经波斯湾抵达卡拉奇，最后前往加尔各答，整个行程还不到一个月。[21]战争结束后，大量过剩的飞行装备和数以千计的老练飞行员无处可去——到1944年，光美国就训练出40万飞行员。[22]大多数人仍通过海运和铁路运输，但另外一些人已经开始通过航空运输物资和人员。公众的意识发生了深刻的变化，航空运输现在显然成了对手，虽然飞机并不便宜，也尚未在全球的交通基础设施中站稳脚跟，但尽管如此，空运依旧显出它前途无量的一面。

第十二章 飞 行

航运在战后如此飞速发展的背景具有浓厚的政治色彩。正如民族独立运动和新独立国家风起云涌一样，战争的结束也带来了标志着英殖民帝国"第二次殖民占领"的进程，其他殖民强国也是如此。[23]这一趋势在1930年就已开始发展，随后被战争阻挠。如今演变成殖民地当局的经济发展和殖民地福利规划，该规划承认民族主义的力量以及殖民国家通过武力遏制民族主义的有限力量，并试图通过提高生活水平来部分削弱民族主义；也通过巩固英国在新的发展中国家和经济体中的利益，以此来遏制民族主义——就像英国殖民地办公室在1948年指出的那样，他们有"共同利益……彼此繁荣"。此举也被当成阻止政治去殖民化的保障，因为殖民者的经济存在仍将维持。殖民列强为了贯彻这一新方略，大力使用技术人员、科学家、农学家和工程师，以及最先进的技术、现代理念和实践做法。在帝国的新战略中，航空是一件有力的工具，它被用来转移人员、邮件和物品，能携带无线电广播，既是一件促进发展的工具，也始终是一件用于监视、控制和暴力的工具。而且，建设航空基础设施比建港口或铁路要廉价得多，可以灵活地完成更多任务，其运营也更为经济实惠。战争期间，作为帝国现代化缩影的航空已经广为人知：空军监督着殖民地臣民（说得好听点），而像英国的帝国航空这样得到国家支持的航空公司加快了整个海上大帝国网络范围内的移动。[24]

香港的《德臣西报》在日本投降后刊发的第二期报纸中，在头版刊登了一则振奋人心的消息："香港——悉尼每日航空服务！"一架皇家海军的"达科塔号"客机于1945年9月11日起飞。该报道说，海军"开辟了几条太平洋航线"，为"和平时期的航线"获得了宝贵的经验。[25]航空业在这段早期岁月虽然还不够稳定，但其前景已非不可预期。早在1933年，太古的决策层就曾讨论过，如果向东亚提供服务，公司获得帝国航空代理权的可能性有几成，因为帝国航空是英国政府在帝国航运业务方面的"首选工具"。在帝国航空于1936年在香港设立自己的代理机构之前,太古洋行已经在那里获得了代理权,并在此后保留了在上海的代理权。1936年3月24日,帝国航空公司的第一条航线——一架德哈维兰特快邮递机在九架皇家空军飞机的护送下,降落在启德机场,在那里受到了总督的接见,并发表了自豪的评论:"距离帝国的中心只有10天,这让人重新感觉到……香港是帝国的一部分,而不是无人区。"[26]战争结束了香港参与国际航线的这一阶段,但在此之前的1939年5月,施约克结束"东方之行",在启德登上帝国航空公司航班返程。他写道,那是一次"真正美妙的旅程"。[27] 1941年,帝国航空香港办公室关闭,促使当时的香港大班瓦尔特·洛克(Walter Lock)提出了一项详细而有说服力的建议,即太古投资航空领域,包括购买飞机。他大胆地预测:也许这是一次不一样的"野猫"计划。[28]

也可能不是。施约克在1939年初曾自己思考过这样的举措,船坞需要"航空分支"来保护自己"对抗未来"。然而,在董事的战时通信中,关于公司战后战略的讨论明显没有提及航空业,但施约克后来写道:"长期以来,他们一直决定太古轮船公司应该通过某种手段,即使只是为了保护自己的地位,也要进入航空领域。"在这一点上,他与当时许多其他航运公司的董事是一致的。1946年,当施约克回到香港时,他还在考虑这个问题。随后,一个偶然的机会让施约克登上了一架飞往东部的飞机,飞机上有一个考察团,被派去探索香港潜在的新机场选址,其中有一位来自英国海外航空公司(BOAC,帝国航空此时被重新命名)的高级经理。他告诉施约克,香港很可能成为该公司未来的"远东空中枢纽"。于是,施约克一下飞机就给英国海外航空公司的主席诺利斯(Knollys)勋爵写信,非正式地发出公司的服务要约。他理所当然地指出,太古轮船公司能够提供足以吸引英国海外航空公司的"宝贵经验"以及分支网络。此举没有取得太多进展,但当施约克离开英格兰时,他们已经想到了一项不同的潜在提案。在战争初期,太古轮船公司与新几内亚的澳大利亚贸易公司科利尔·沃森(Colyer Watson)

第十二章 飞 行

取得联系。在对战时英国进行访问后，其主席鲁波特·科利尔（Rupert Colyer）给华伦·施怀雅送来了小道消息和食物包裹，并于1945年7月25日提出建议，让太古洋行与"我的两位非常要好的朋友"洽谈，他们的想法和组织结构可能与公司非常一致。这就是澳大利亚国家航空公司——一家由伊万·霍利曼（Ivan Holyman）和伊安·格拉博夫斯基（Ian Grabowsky）经营的私人企业。格拉博夫斯基是在新几内亚发展航空业务的老将，霍利曼的家庭背景是航运——正是由于航运利益，他在1936年建立了澳大利亚国家航空公司，其前身霍利曼航空公司自1932年以来也是如此。[29]

一旦到了香港，事情就进展得很快，施约克和澳大利亚国家航空公司展开讨论，随后太古洋行于1946年6月正式获得从澳大利亚到香港的业务代理权。唯一有点问题的细节是，澳大利亚国家航空公司实际上尚未运营过比马尼拉更北的业务，只不过没人觉得这是不能克服的障碍。尽管澳大利亚、中国香港和伦敦进行了激烈的游说，堪培拉政府还是拒绝向其提供该航线，而是将其留给作为国家海外航空公司的澳洲航空，因为它是国有的海外航空公司。澳大利亚国家航空公司成为堪培拉政府连续不断的攻击目标，但他们在法庭上击败了这些攻击，以便在国有化大潮下保证自己的长期存在。它还遭到伦敦的攻击，因为英帝国政府支持作为国有航空公司的英国海外航空公司。

"在航空生意当中有很多政治因素，"澳大利亚国家航空公司协议的新闻刚刚传到伦敦时，华伦·施怀雅写道，"还有很多政治问题要处理。"此外，人们还担心肮脏的政治手段，霍利曼认为，不用密码交流的电报会很快泄漏到澳大利亚政府那里。澳大利亚国家航空公司试图确保中澳航线的安全，但也没有成功。这种僵局使施约克、澳大利亚国家航空公司和其他人的注意力转向了更为局部的机会，特别是那些可能提供给总部位于香港的航空公司的机会。实际上确实有这么一个机会，那是一家小规模的"长途运营"机构，于1946年9月在香港进行正式注册。[30]

因此，国泰航空的故事源于这些早期的讨论和各种关系网，但它也始于一批牙刷、梳子、口红和二手服装。"驼峰"航线的遗产之一是一家小型货物公司，由两位前"驼峰"航线飞行员开创，使用一架多余的C-47飞机，在民间叫道格拉斯DC-3客机，英国人称之为"达科塔"。罗伊·法瑞尔（RoyFarrell），一个45岁的得克萨斯人，于1946年1月9日驾驶这架载有各种货物的飞机进入上海，然后开始经香港和马尼拉往返于悉尼。他的经历吸引了一位当年"驼峰"航线的老朋友——澳大利亚飞行员西德尼·德·坎佐（Sydney de Kantzow）的加入。与法瑞尔一样，德·坎佐在战前也从事过商业飞行。国泰航空当时就是这样建立的，而且在罗伊·法瑞尔进出口公司的帮助下，关于这家新公司的新闻报道经常出现在亚洲各地的媒体上："空运来的澳洲石蚝"、收音机、赶在圣诞节前出版的澳大利亚儿童书籍，以及罗伊·法瑞尔进出口公司在夏天时"从澳大利亚阳光海滩为您带来"的"时髦的澳大利亚泳衣"。丝织品则走的是另一条路。据称澳大利亚收到了五年来的第一批托运货物，而"手工雕刻、手工绘制"的"奢侈木屐"也很快被送到悉尼的夜总会。《空运商发现了中国的大市场》——一篇文章的标题惊呼道，他们声称已经建立了"世界上第一项国际航空销售服务"。"今天，通过国泰航空运货要便宜得多""跟着国泰飞上天吧！"等广告大肆宣传着。[31]

一旦国泰航空公司重组，确保大多数股权归英国人所有，便于1946年9月获得正式注册，并扩大了从香港出发的航线组合。这些航线包括它声称的"香港与澳大利亚之间的第一条直航航线"、前往澳门的飞艇服务（主要服务于走私到中国的黄金运输）、香港—马尼拉航线、香港—曼谷—新加坡航线，以及在饱受内战摧残的缅甸境内运营的一条辅线。国泰航空有那么点牛仔气质，尽管媒体对其业务进行了轮番吆喝以及讨好似的介绍，但回过头来看，它已经成为神话和浪漫的主题，

第十二章 飞 行

其中充斥着飞行员的形象和更广泛的飞行历史。在这个故事中,有英雄和先锋,有诗人和哲学家,有注定失败的年轻人和王牌飞行员——这些人是少数——而且总是不乏英勇过人的男子气概,或许这些人占了多数。[32]作为一家公司,当然要靠自己的力量来飞行。机组人员的工作时间远远超过了当时业界认为合适的时间(因为他们的工资是按小时计算,而不是按基本工资计算的,也没有时间限制)。另外,公司没有妥当的账目,也没有什么统计数字。还有,公司的第一位公共关系主管居然是个连环诈骗犯,此人后来在悉尼落网并锒铛入狱。有一篇报道说,这是"一家由一些澳大利亚人用小成本经营的海盗组织"。在一些英国人眼里,"澳大利亚人"可能是最严厉的指控,因为英国人看不起他们。[33]随后,位于新加坡的海外经理霍利克斯向民航部举报他从仰光到新加坡的"噩梦"之旅。这封信通过白厅各部传到了香港政府,然后又传回来。国泰航空亲自出马加以驳斥,霍利克斯称这架飞机"不适合客运服务",机上条件"是英国民航的羞耻",卫生设施"相当于三流的公共厕所",而且飞行员长时间处于危险的超长飞行状态。[34]"举报人或许很少有机会在亚洲各国旅行。"对此,香港的民航主管阿尔伯特·莫尔斯(Albert Moss)讥讽地回答道。从各方面来说,莫尔斯都很纵容国泰航空,他所谓对国泰的偏袒逼得英国海外航空公司的主席先是口头、随后书面联系殖民地办公室的常任副国务卿,抱怨人们对其殖民统治地区企业的敌意。英国海外航空公司是"政府选中的工具"——这是一个"可怕"的指控。香港总督反过来回应说,他表示对莫尔斯充满信心,但英国海外航空公司"越俎代庖",而我不想让他们"控制任何本地企业"。[35]

这家新成立的航空公司吸引了太古洋行香港经理的注意,1947年1月,他们向澳大利亚国家航空公司报告了国泰航空在悉尼的新业务,以及经营香港—伦敦航线的志向。而他们的"邻居"——太古洋行如今在通信中经常这样称呼怡和洋行——通过与英国海外航空公司建立强有

-325-

力的伙伴关系,给了他们意外打击(到这时,尽管两家公司的董事基本上保持着友好关系,但1942年至暗时期的所有商业友好和团结早已不复存在)。整个1947年,太古的经理和董事都在努力理解迅速发展的亚洲航空业。约翰·马森和同事讨论了当年5月在香港遇到的挫折。他们问道,尽管在确保航线安全方面缺乏进展,但我们是应该坚持澳大利亚国家航空公司的航线,还是应该开始缩小规模呢?我们是否应该自行组建一家地方公司,正如瓦尔特·洛克在1941年提议的那样?最终结论是"坚持和澳大利亚国家航空公司合作"。他们喜欢格拉博夫斯基和霍利曼,后者是"我们所见过的最杰出的人"。施约克认为,他们的行动是强有力的,颇具眼光和勇气。这时"邻居"又让他们吃了一惊。1947年8月爆出一条新闻——怡和洋行早在3月份就和英国海外航空公司合作建立了香港航空,一家属于他们自己的地方公司,或者看上去是这样(这项主张备受争议,因为英国海外航空公司直至1948年冬还占有公司大多数产权,它怎么能算得上"地方"呢?)。然而,此时急需解决的问题是,国泰航空自己需要改变其产权结构,"尽可能快地"让自己在英国的地位正规化。[36]国有化的政治因素已经介入,美国人持有该公司约35%的所有权,已经阻碍了公司在香港的存在和注册,更不用说它的未来发展了。

　　罗伊·法瑞尔出售自己的份额后,这件事就变得简单了。1947年12月之后,德·坎佐和格拉博夫斯基之间的初步讨论(格拉博夫斯基访问中国,试图获得中澳航线的特许权未果后抵达香港)演变成了一系列关于组建"真正的本地公司"的谈判,其中包括太古洋行以及几乎在最后一刻才成立的、有着国际雄心的私有英国航空公司——天空之路航空公司。[37]

　　最后,太古洋行在1948年6月6日发出通知函,宣布接管国泰航空,同时宣布其作为公司管理代理人的新角色;中国各地办事处宣布它们将成为国泰航空的总代理,并寻求与中国国有航空公司达成代理协议,

第十二章 飞 行

旨在为壮大国泰航空、澳大利亚国家航空公司以及为初出茅庐的天空之路航空公司提供客源。实际上，这是一家新的国泰航空公司，其中太古轮船公司占股35%、太古洋行占股10%、澳大利亚国家航空公司占股35%，剩余份额归德·坎佐和现有的股东所有。德·坎佐是经理，香港太古公司任命其一名员工为执行董事。此外，国泰航空在启德机场的维修作业被吸收进新的太平洋飞机修理补给公司，这家子公司由国泰航空持有80%股份、太古船坞及工程公司持有20%的股份，后者为管理方。这看上去是太古船坞业务能力的自然拓展，而且值得注意的是，前太古船坞的员工已经找到了飞机机械师的工作。施约克对这一发展感到更加安心。[38] 在公司文件中，"航空"被指定为业务，它所包含的政治因素比太古洋行所熟知的业务范围更大更广，其自我意识也更强。各国首脑进行干预以保护国家利益，国有航空公司利用其主人来确保航线安全和垄断地位，而德·坎佐的"动力和冲劲"需要以某种方式"嫁接"到太古洋行的经验上。当然，太古没有航空业务的经验。但现在，它的新业务很快就被大家看清了，因为德·坎佐的第一条建议是，公司在海港旁安装一个霓虹灯，"要足够大，可以照亮整个港口"。[39]

于是，国泰航空公司闪亮登场。对此，太古洋行经过深思熟虑，因为对于是否保留这个名字，人们争论不休——它的运作方式比较自由，可能会带来潜在的"恶名"。最后公司决定，对于旅行者来说（除了霍利克斯的高管之外），它"只是一家普通的航空公司"。[40]

国泰航空的新时代是以一场悲剧开始的，部分原因是法瑞尔和德·坎佐公司不太合法的遗留问题，也反映了中国经济崩溃和恶性通货膨胀所带来的普遍混乱和绝望。1948年7月16日，国泰航空的"卡特琳娜号"水上飞机在执行从澳门返回的夜间飞行时未能抵达香港。这起看上去像是意外的事件夺去了机上23人中22人的生命，最后真相大白，原来是一次拙劣的劫机。这次事故成为民航史上一座阴暗的里程碑，因为这是商用飞机史上第一次发生这样的事。唯一的幸存者是匪徒中的一员,这批人购买了欧洲服饰混入其中,之后试图夺取飞机的控制权,将其飞到安全地方,抢劫乘客或抓走富人勒索赎金。由于事件发生在中国领空,飞机又是在英国注册的,潜在被告羁押在澳门,因此似乎不可能进行有效的检控。就这样,国泰航空因为完全错误的理由上了新闻,但至少这不是它的错。[41]

对于这家新型航空公司来说,这场灾难只是它面临的最小问题,因为即便请来一位会计师掌握数字和统计数据,但很明显,如果没有航线,它就算不上是航空公司,而国泰航空在两个方面被束缚住了。首先,它在1947年初被取消了香港至悉尼运营权。澳大利亚政府为了支持其自家飞机飞往新加坡以及后来飞往伦敦的客流航线,撤回了形式上来说只算是临时的服务许可,在长期推迟后,只授予国泰航空每月飞一次不定期航班的权利,但不允许载客返回香港。在战后时期,像太古和冠达-白星这样的航运巨头深知:航空业的发展需要考虑和应对;与此同时,政治的潮流反对私人企业轻易进入一个被视为需要国家垄断应对的行业。[42]其次,在1947年秋,香港航空作为英国海外航空公司的子公司被港英政府授予从香港至澳门、上海至广州的航线。国泰航空和香港的其他航空公司被允许继续他们飞往其他目的地的业务,包括澳大利亚航线,但不具备任何永久性的效力。[43]现在,这家航空公司缺少南方的航线。

政治是错综复杂的。香港总督游说英国殖民地办公室,理由是对悉尼的服务中断意味着需求无法满足(因为航运的通行空间仍然紧张):当香港想送自家警员及其家属休假时无法将他们转移。澳大利亚总理奇夫利(Chifley)在一次造访伦敦时会见了英国殖民地大臣阿瑟·克里奇-琼斯(Arthur Creech-Jones),提出了反对香港允许国泰航空开辟南方航线的意见。克里奇-琼斯回答说"香港的繁荣一直建立在私人企业之上",因此他不能告诉港英政府,不允许某家私人公司运营至澳大利亚的业务。[44]但政府办公室的官员认为澳大利亚的要求是无礼的,澳

第十二章　飞　行

大利亚人的口气"特别盛气凌人、不可接受",而且他们"就像拿一支枪顶在我们头上一样"。一个人这样写道:"一个自治地区对宗主国做的事情是非常不恰当的。"英国海外航空公司有力地参与了英国民航部就帝国"干线"航路做出裁决的会议,通过这种存在,香港航空公司能够"为自己争取到比国泰航空更有利的待遇",而后者则没有。[45] 虔诚的利己主义大合唱震耳欲聋,太古的控制权显然增强了港英政府对公司的信心——因为尽管公司"远非完美无缺",但它还是承运了从香港—新加坡的邮政路线,而且这一点得到了伦敦方面的支持:"毫无疑问,国泰航空公司的性质已经因最近的重组而完全改变,它正在成为一家由香港老牌商行管理和控制的信誉良好的公司。"而且,即使继续向澳门进行黄金贸易——这显然支持了向中国的走私——这也不是非法的,即使官员不喜欢这种贸易,或者不喜欢任何不违法但令他们厌恶的贸易,也没有理由阻止它。[46]

完成接管后,国泰航空每周两次飞往马尼拉、每月一次飞往澳大利亚、每周两次经曼谷飞往新加坡、每周一次飞往加尔各答,并仍然经营在澳门和缅甸的业务。1948年6月28日,公司正式申请被指定为港英政府认可的、享有大量新航线的航空公司,同时也草拟了申请允许飞往中国内地的意向书。这事一直悬而未决,直到1949年1月,英国皇家空军司令兼英国海外航空公司董事道格拉斯(Douglas)勋爵抵达香港,他告诉媒体,其目的之一是与港督讨论"分割航线"的问题。[47] 他的原则非常明确:香港航空和国泰航空应当自己达成协议,然后他将首先支持这一协议。此后,两家公司在香港怡和的会议室里迅速开始讨论,然后在伦敦开始正式谈判,并于5月11日得出结论——英国海外航空公司、怡和集团和英国太古集团同意所谓的南北航线划分。由于怡和与英国海外航空公司北方的客流份额,所以他们专注于保持自己对北方交通的控制;而对太古洋行来说,南方是"绝对重要的",因为没有它,太古轮船公司的海峡贸易将被溢出。于是,民航部和香港总督葛量洪

（Alexander Grantham）很快签字同意。

各条航线在地图上被标出，唯一的重叠之处是香港至马尼拉的航线，双方都保留了平等的权利以及英国海外航空公司的"主干"业务。回过头来看，这显然是唯一的视角。事实证明，此举成了怡和洋行和英国海外航空公司一记精彩的乌龙：5月16日，就在协议得到民航部批准的三天后，一架香港航空公司的飞机完成了公司在上海的最后一次着陆；从此以后，所有的业务都被终止。在中国共产党的军队向这座城市推进之际，每天最多五架飞机飞往北方运送南下的人。[48]

服务的停顿成为永久性的。航空公司继续提供飞往广州和昆明的航班，但随着中国共产党的军队开始解放中国其他地区，这些航班也随之终止。中国内地航空业"当下的混乱"变成了旷日持久的停顿，直至彻底中断。从此，香港再也没有航班飞往内地，只有香港航空公司保留了香港—东京航线的独家经营权。

成功不可能建立在运气上。国泰航空要获得利润就需要付出时间。很快，德·坎佐的"冒险"风格与和太古管理文化之间的冲突迅速激化为严重问题。钦佩变成了焦虑，甚至更糟。"我感到害怕"，约翰·马森说道。这已经超出了个性的范畴。对于像香港执行大班埃里克·普莱斯（Eric Price）这样久经沙场的生意人来说，这一点似乎应当被嵌入航空业的文化当中，而且包括澳大利亚国家航空公司在内。这些人在太古的职业生涯中，从未准备好与新同事共事。普莱斯于1925年加入，而且资历深厚，协助太古轮船公司的业务，负责华北和东北的食糖运输，在上海时打理太古轮船公司的特许经营业务，在重庆、厦门、神户担任代理，在孟买担任主管，任劳任怨20年后，他在太古担任了更重要的职位。

"这些航空人真是了不得。"他针对格拉博夫斯基似乎突然被调离香港一事感叹道。格拉博夫斯基曾在香港担任澳大利亚国家航空公司董事会的席位，如今将被调往锡兰，公司计划对该地的地方航空进一

第十二章　飞　行

步投资。次月，他写道："我一直感到震惊"，头脑里挥之不去的是：当"德·坎佐、罗伊·法瑞尔、格拉博夫斯基等人坐在桌前，就会碰到'好吧，为什么不？让我们试试吧'这样胆大妄为的态度"。[49]

直至1951年夏，有资格坐在那张桌边的人多少不那么焦虑了。德·坎佐已经辞职并售空了股份，带着他的创造性才能、令人瞠目结舌的开支以及"离谱的商务规划"回到澳大利亚。[50]这就留下了一个问题，该如何处理他曾在太古洋行那间装了空调的"箱子"房间，因为不管从字面意思还是比喻层面解读，德·坎佐都不是一个会在商行里挥汗如雨工作的人。国泰航空的亏损被缅甸风险投资带来的"可观利润"部分抵消，但这些利润将在1950年7月被切断，当时缅甸政府似乎准备将民用航空国有化，于是国泰航空退出了。直到1951—1952年，国泰航空才有了少量的盈余，此后业务慢慢增长，开始投资新飞机；到1954年，乘客人数比接管时翻了一番，货运吨位增加了两倍。他们与澳大利亚国家航空公司的关系依然密切，澳大利亚人为这家新公司提供专业技能、训练一级员工和指导。但与此同时，霍利曼的公司在澳大利亚却输给了国内的国有航空公司。

1950—1951年冬天，从伦敦到香港最快的定期航班单程费用为193英镑，耗时不到48小时，而更悠闲的旅程，包括两个过夜站和观光时间，需要三天半的时间。[51]手头充裕有选择的人，旅行时更喜欢不那么匆忙的行程，或者他们认为如此。1951—1952年冬天，公司董事级的人员出访东方期间，约翰·斯科特选择乘坐铁行轮船公司的"广州号"客轮航行，这是一艘"可怕、炎热、肮脏、嘈杂"的船，在头等舱中载有不少于130名儿童。他写道："我今后一定坚持坐飞机。"[52]大多数人别无选择，所以仍然通过海运旅行，即使是头等舱也比飞机票便宜得多。除了试图通过进入航空业来保护自己之外，太古轮船公司还需要开辟新航线，或升级旧航线。他们从一开始就把重建海峡航线作为"第一要务"——假设汕头和厦门的移民贸易可以重新启动——把澳大利亚贸易作为"第二要务"。到1947年,它还希望在从上海和天津到日本的航线上建立自己的地位,比如介入荷属东印度公司交通业务,但更实质性的举措是二号选项:澳大利亚贸易。这一业务的载体是澳大利亚东方航运公司,这是一家与老合作伙伴尤尔斯公司合作的航空公司。作为一家业务有些垂死挣扎的企业,在1946年与施约克达成的交易中,这家公司表现出了坚韧不拔的精神。太古轮船公司从中国—澳大利亚的旧航线于1912年终结。移民限制以及绿茶市场的迅速衰落都使原来的贸易陷入瘫痪。恢复的服务集中在北上马尼拉的冻肉贸易上——美国对菲律宾的占领和技术革新提供了双重机会。但在1912年,太古在这条线路上的剩余轮船被卖给了尤尔斯。1939年春天,由于日本入侵使太古轮船公司的商业活动陷入瘫痪,公司对重新开始业务进行了很多讨论,一位经理认为,这是"一个需要征服的新世界"。施约克深表怀疑,因为中国对贸易的贡献将是"微不足道的",而在中国发展却是公司的专长。[53]直到欧洲战争爆发后,公司才恢复了与中国内地的联系,分配给"云南号"的任务是承接以前由德国利益集团负责的椰肉出口贸易。

对太古轮船公司来说,南进政策的必要性此时已刻不容缓。尽管亏损,但它有船,并在新吨位上投资了200万英镑,还有五艘船正在建造,而且他们需要业务。这一新的贸易首先使用的是陆军运输部归还的"岳州号"和"云南号",然后是新建造的船只,最后是斯科特公司交付的大型班轮"太原号"和"长沙号"。它们比以往太古轮船公司定制的班轮更大、更好,还装了空调,安排了专门的旅游舱住宿。[54]有了船,还需要货物和乘客,而货物和乘客又需要船员。重建一支行之有效的海上职员队伍被证明难度很大,因为优秀人才在1941—1942年的多事之秋之前就已经离开了太古轮船公司。约翰·马森于1947年1月报告:"老员工非常忠诚,但新招聘的人……对公司没有那种传统的忠诚。上海的情况令他们'恶心';香港的人力过于昂贵,升职前景看上去不乐观,这是由来已久的抱怨,而服务条款和太古洋行管理的其他公司的条

第十二章 飞 行

款严重冲突。例如，码头雇员享有免费住宿。员工想要休假，而且想要和家人在一起。"[55]

而那个曾经老是说所有船都属于他的人，现在情况如何呢？当创始人的画像在各办事处的办公室重新挂上，最后一位实实在在为这位"祖师爷"照过相的在世之人——他的儿子华伦·施怀雅，仍然参与公司大计方针的讨论。但现在，他的参与成了问题。1946年4月，他在施约克和约翰·斯科特缺席时，强行通过了太古贸易有限公司的协议。

"我们不能同意，而且我不知道接下来会发生什么。"施约克得知消息时在日记里吐露心声。接下来发生的事情是，华伦·施怀雅于该年11月被解除主席职务，正如他指出的那样，辞职"是为了回应其他董事的紧急陈词"。取而代之的是施约克，此后华伦·施怀雅在"美丽新世界"中就不再发挥关键作用了，正如他讽刺性地说道那样，虽然他用铅笔写下的端端正正的评论继续散见于文档信函之中，而且在1948年国泰航空的业务中，他仍能"起到很大阻碍作用"。1946年10月起草的一份关于领导责任的说明中，他几乎完全没有出现。该记录主要将太古糖厂、保险以及太古贸易有限公司都分配给约翰·施怀雅·斯科特，将航运和造船生意分配给约翰·马森爵士（他因战争时期的工作而获封为爵士），所有员工、大多数财产、油漆公司和航空业务分配给施约克。只有在"政治事务"和中国商会活动中，华伦·施怀雅才会正式出现。对于斯科特和施约克来说，复苏需要建立在"充满活力的机体"之上，他们一致认为，这意味着迫使这位在位近20年的集团主席下台。[56]

在后来的生活中，施约克曾写道，华伦"有一种疯狂的倾向"。所有认识他的人都认为他很难相处，在个人评价中，即使他在很多方面都很积极（这些方面各有不同），他也被描述为顽固、偏执和无情。华伦显然是一个让下属感到恐惧的人，也让他的合作伙伴感到疲惫不堪（科林·斯科特逃到了苏格兰），他在战时私人信件的措辞和内容以及他对待施约克的许多行为，都表明这些是更深层次问题的表现，而且这个问题在20世纪40年代变得更加严重。

华伦·施怀雅每况愈下的身体健康当然不能当作任何解释和借口,他于1949年11月死于心脏病,太古轮船公司的船只随后哀悼致意。他甚至在死后也打算报复自己的侄子,其中更为明显的怪异之处引起了媒体的困惑和关注。[57]当战争接近尾声时,太古的挑战多得令人难以置信和迷茫,而且严峻得令人沮丧,值得注意的是,其中一个挑战正是来自集团主席华伦·施怀雅。公司在1945年后能幸存下来,一部分原因就是他被迫离开了公司,并被解除了管理大权。其他方面则得益于施约克确立的新方针、重心和基调,再加上同事的支持以及汇丰银行总经理摩士(Arthur Morse)爵士的慷慨贷款。[58]所以,这是关于资本、技术革新、国际政治和经济的故事,但它也始终是关于人的故事,以及一个人可能产生何等深远影响的故事。

这也是一段有关地点的故事。20世纪30年代和40年代,英国在中国的历史特征之一就是其重心逐步迁往香港,或者从更宏大的历史视角而言,是迁回香港。随着民族主义者巩固自身权力,开始起草和实施立法,并在各行各业采用各种形式的注册,英国公司慢慢开始将正式注册转移到香港。随着1937年日本入侵规模的扩大,也更多地刺激了英国利益的战略调整。永光油漆公司只是这些商行之一:它于1936年成立于上海,却在1947年改在香港注册。[59]战争也引发了英国居民的大迁徙,许多逃离战火的人再没有回来过。世界大战以及和平时期的困难进一步加速了这些趋势。许多人留在当地,在远离上海外滩、天津或武汉的地方发挥他们的经验和专业技能。不管这些城市现在看上去有多不一样,但对越来越多的人来说,香港是个不错的选择,并很快成为唯一的选择。约翰·马森在1947年初评论英资上海企业"入侵香港"——会德丰律师事务所、摩勒洋行和埃利斯·哈伊姆(利安洋行)都将业务搬到了香港。[60]更多商号加以仿效,而不仅仅是英国公司。

马森1947年春天访问天津时,他也注意到共产党游击队在城市周围

第十二章 飞 行

十分活跃，有效地阻碍了天津与腹地的通信，并对城市实行宵禁。它的地理位置在一定程度上遭到美国军事存在的冲击，但这并不是永久的。他后来发回国内的一份有关"政治概况"的笔记表现悲观——"腐败""效率低下"和"自负"正在蚕食着国民党的统治。但与许多外国观察家一样，马森也认为，即使共产党取得了胜利，他们也将不可避免地通过延续当前政权的方式进行监督。他们该如何管理庞大、复杂的工业和商业城市呢？他们并没有经验，因此需要保留有经验的公务员和商业人士。任何胜利都将是"1927年"的重演，那场权力的交接，除去中日战争的那几年，仍然深深印在许多英国人心中。他们始终认为中国共产党本质上是一场农业社会主义运动，这导致他们严重低估了共产党改革社会的决心。[61]

1948年初，施约克在战后第二次访问中国时，为"这些人这两年的下坡路走得如此之快"而震惊。中国因为长期战争而被掏空，持续的经济危机使中国人民普遍心情低落。[62]杜鲁门执掌的美国政府进行了一系列调解工作，但所促成的国共和平协议很快就破裂了。而随着冷战的加剧，杜鲁门政府也向国民党政府提供了大量补给和军事援助。但是，这似乎只是吊起了他们的胃口，而没有任何实际效果。当约翰·斯科特于1948年12月在与宋子文见面时，发现他打出了这样一张牌——全世界必须支持国民党，因为它是抵抗共产主义的堡垒。宋子文大声疾呼："国际反共战争是不可避免的，而中国就在前线。"一个月后的上海，外交部部长吴铁城手下的礼宾司主任找斯科特，问他是否可以帮个忙，安排120包"部长的私人行李到香港"。因此，虽然国民党口口声声说战斗，但它的行动显而易见是逃跑。[63]如果翻阅当时的记录和新闻报道就会发现，在1948年和1949年的动荡中，太古洋行总会被提及，因为尽管这家公司在困难中挣扎，但业务仍在继续。然而，有两件事表明事件开始转向戏剧性方向转变。1948年1月，在陷入重围的天津，国民党的残兵败将不顾船上的人驱赶，涌上了"汉阳号"，并被运往南方。

1948年11月29日，"济南号"向饥肠辘辘的上海运送大米后返回香港时，带回了350名难民。[64]人们在迁移，城市被共产党占领，全国解放的势头正在加快，很多人期待着共产党的胜利，因为这样可以带来稳定与和平。要知道自近代以来，中国大部分时间都处于战争状态。

1949年10月1日，毛泽东宣布中华人民共和国成立。在1948—1949年之间，断断续续的冲突迅速转向有利于中国共产党的局势。共产党人夺取了东北，随后于1949年1月攻占天津，并于5月底占领上海。一份发给太古洋行员工、只能在办公室阅读、不得外传的通知里大致阐述了他们与共产党控制区进行建设性接触的战略。文件宣称，与西方国家的贸易是中国"经济生存的唯一手段"，保持沟通有助于鼓励那些希望参与并受益于外国专业知识和援助的政党发展。[65]随着局势收紧，失利演变成溃败，国共战役拉开，外国利益集团发现自己处于战线后方。天津被攻陷后，太古洋行试图尽快重新开放服务。这种混乱似乎为中立的第三方提供了机会——为一个分裂的国家提供服务，因为没有人预料到即将发生的崩溃。在城市被占领的三周后，来自该市的一份早期报告是谨慎乐观的。撇开实际困难不谈，事情给人以"正常的感觉"，旧政权的官员被命令留在他们的岗位上，共产党人在纪律方面是"表率"。跟新中国外交部的沟通产生的是"完全无望的感觉"，或许可以从中窥见未来事情的预兆。但这可能只是细节和暂时性问题，对一些人来说，还有很多希望，因为尽管有通货膨胀和焦虑，但华北现在是和平的。"我们觉得中国商人会找到一种方法"，让事情重新正常发展。[66]但是，共产党不承认英国是中立方，1949年7月，国民党被赶出北部和东部，其残余势力先迁至广州，后迁至台北，并下令对共产党控制的领土实行禁运。8月初，塘沽的外国船只被国民党海军扣押。随着新政权站稳脚跟，这一规定一直执行到20世纪50年代。

封锁并不纯粹是纸面上的。蓝烟囱的"安喀塞斯号"于1949年6月进入黄浦江时遭遇轰炸，造成一人重伤，次日又被炮击。太古轮船公

第十二章 飞 行

司的"安徽号"于1950年6月进入汕头港时撞上国民党的水雷。在此后的打捞作业期间,这条船遭到国民党飞机的狂轰滥炸,当时纯粹因为运气好才没有造成伤亡。1954—1955年,悬挂外国旗的船只在穿越封锁线时仍会遭到攻击,尽管一般情况下它们只会面临枪口威胁,被命令返回香港。这场持续低强度内战对太古洋行的牵连还体现在其他方面。1951年10月,"湖北号"在长江河口外被全副武装的海盗登船。当一艘皇家新西兰海军的船只前来救援时,袭击者被允许安然离开。这些人很可能是国民党游击队,但在很多时候难以清楚辨别。[67]还有一次也不清不楚,1953年11月,太古船上的两名管家在天津被捕,被指控为国民党特务破坏小组的成员,罪名模棱两可。英国外交官认为,除非通过封锁线,不然国民党特务如何渗透进华北?船长威廉·哈格雷夫(William Hargrave)并不同意。这位在船队里服役了将近25年的老水手认为,这些人纯粹是为了走私获利,就像船员常常干的那样,而当船只一返回香港,就有另外六人辞职了。这个观点是学术性的。其中一人被处死,另一人被关进监狱,与此同时,这个"蒋匪帮"的其他同伙也被关进了监狱。[68]1954年7月23日,国泰航空一架DC-4"空中霸王"客机自泰国曼谷飞往香港时,在海南岛上方坠毁,飞行员凭着强大的意志和高超的技术,设法在海上迫降,美国空军采取紧急行动,将八名幸存者送至启德机场。这一事件据称有可能与当时盘踞在台湾的国民党军队有关系,但逝去的人终是不能复生了。[69]

英国政府于1950年1月6日正式承认新政权。[70]但令人困惑的是,此举没有在共和国的新首都北京引起任何回应。相反,北京当局拒绝承认英国或者任何北约集团外交官的地位。1950年底,中国抗美援朝,局势变得更为复杂,当这场战争延续到1953年时,一场更大规模的战争似乎眼看就要爆发了。英国官员考虑过,如果发生冲突,该如何处理英国船上的中国海员。而且,人们对香港的安全极度担忧。太古等公司当然怀疑,在暴力接管似乎可能发生的情况下,还在香港大举投资是否明智,尽管这种威胁将会过去,因为新政权似乎愿意把这个问题留到下次再解决。[71]但是,在香港发生的事件可能会引发边境上的反应,一直是这段历史的一个特点。这种情况如今仍然存在。1948年1月,太古洋行的广州办事处在一场抗议香港警方试图驱逐九龙寨城寮屋居民的暴动中被烧毁。[72]内战本身让成群结队的人涌进了香港。在1945—1951年间,实施边境管控时,已经有140万难民在香港找到安身立命之所,而接下来的10年里还会涌入超过40万人。这些人中包括许多企业家,他们对香港经济的影响是巨大的,带来了技能、资本,在某些情况下还带来了他们的资产,但不包括船只。[73]于是,从此时起,香港走上了成为冷战飞地和制造业奇迹的道路。

英国和中华人民共和国之间的正式外交关系直到1972年才建立,而且从1954年开始,英国派驻北京的代表才最终得到承认。与此同时,新政府巩固了政权,攻克了华南和西南,并将国民党军队赶出海南岛,随后又于1950年3月发起"镇压反革命"运动。这个新政权似乎没有对在中国的外国商业机构采取任何具体政策。[74]唯一的例外是要求他们(外商)继续运营,而事实证明,要想照常营业越来越难。

就像其他外资企业那样,太古的在华利益实际上受损了,直到最后关门停业。起初,董事和经理认为共产党的胜利会促使商业活动复苏,当他们从中获利时,商业就会继续发展。1949年6月,太古决策层甚至考虑过,是否能找到办法让国泰航空提供从香港—上海的飞行服务。[75]尽管太古洋行受到阻碍,难以有效地开展竞争和运营,收入也受到影响,但是他们仍需要按照要求继续雇用员工,并保持其设施的良好工作状态。新的税务和税收启动,最终,甚至连出售任何超出规定数量的东西都需要官方许可,包括某份申请书中的16张桌子、3台吊扇和8台旧式打字机(打字机的需求越来越少是因为越来越不需要打字了)。对这份琐碎列表的回复拖了很久,以至于他们甚至请求英国大使帮他们取得回复,只要是回复就行。[76]现金越来越少,中国的外汇通道因此开启。到1954年初,太古洋行每月要从香港汇一万英镑到内地。外国员工被禁止离开中国内地,有些人甚至在正式申请出境签证数年后仍不能离开。个人被要求对其公司负责,其中包括因行政或技术错误而被追究的个人责任。这段被称为"人质资本主义"的时期,在太古洋行持续了五年。在其他主要企业也纷纷退出中国内地之际,他们也退出了中国内地。到1957年,仅壳牌和汇丰银行留了下来,这是英国在上海存在了114年的最后残余。[77]

负责最后退出谈判的约翰·马奇(John March)回顾了公司在这些年的经验,指出在共产党执政后,他们的业务处理方式有三个阶段。[78]首先是巩固期,然后从1952年底开始的控制期,最后是从1953年秋天开始的厌烦期。在第一个阶段,工人被鼓动起来与管理层对抗,后者被迫承认他们的诉求并妥善处理;与此同时,工人给公司设置了若干障碍,以防止公司以任何方式削减开支。增加的员工成本则需要以某种方式得到满足。战后的经济危机支撑着上海看似不间断的劳资冲突,封锁再加上国民党的空袭,进一步对经济造成伤害。现在,有组织的劳工有了强大的政治力量支持他们讨价还价。1950年,太古轮船公司告诉上海市劳动局,你们没有权力确定"私营企业"的工资水平。但劳动局回答是他们有权,并命令太古轮船公司满足海员工会向他们提出的要求。[79]第二个时期,党的干部开始在公司内部和外部行使更大的权力,并着手限制管理人员的选择权。第三个时期,压力如此之大,以至于太古洋行完全关闭了其在中国的业务。其中许多策略也是针对中国公司的,外国企业在一定程度上受到了针对私营企业的全面压力,但认识到这一点也没有让事情变得轻松。几乎很少有公开征用的情况(尽管所有废船都被接管,其中有些是航运时期的幸存者;天津的部分"闲置"土地被接收;而太古轮船公司在广州的仓库和财产于1953年2月被充公)。[80]影响该总体进程以及中国政策基础的因素在于,某些情况下,最初没有其他工作人员或任何机构可以接管这些复杂的既定利益。但是一旦准备就绪，变革的步伐就会迅速加快。这一期间有一项稳定的政策，公司的员工称之为骚扰。例如，1953年末，有人指控该公司1951—1952年在上海的一些活动是非法的（为了"太古洋行的普遍利益"，与太古贸易有限公司的销售收益进行交叉融资是受追查的脆弱之处）。[81]一组调查员随后来到办公室，在文件中翻找了几个星期，拿走了成堆的信件，并称那些破坏国家经济的人应该受到惩罚。

公司的一些办事处仍在自负盈亏，从租金中获取收入。不过，情况越来越糟：租户被勒令不付款，或者租赁协议续签的批准申请悬而未决。上海在1952年12月关闭保险业务后，花了18个月的时间，与工会进行了一轮又一轮的谈判，才给16名现在失业的员工发放了工资。一位经理拿到出境签证后离开时，公司发现自己不得不雇佣他原本就多余的私人仆人。承包商的工作人员被要求列入公司自己的账目，花了一年半的时间，才还清了四个没有餐厅可服务的餐厅服务员和两个没有车可开的司机的工资。1939年武汉沦陷后，350名海员在武汉得到了补偿，同时他们要求在1949年后领取退休金。那些真正有事情要做的员工严格遵守他们的确切职责，只做分内事，拒绝承担任何其他任务。1949年5月后的三年里，没有船只停靠在上海的霍尔特码头，但公司仍被要求继续雇用439名员工并支付工资，每年要为此支出10万英镑。太古洋行曾于1951年9月、1952年4月及6月提出关闭永光油漆公司，但申请被完全无视了。最后这项请求也包括关闭霍尔特码头和太古贸易公司与太古糖厂在上海的业务。1952年11月，关于关闭霍尔特码头的进一步请求终于得到了回应。显然，当地政府现在已经准备好了，并且已经组织了替任的码头公司。1953年2月2日，公司被关闭，其资产被转移。与此同时，当局还对油漆厂员工开展了"非同寻常的教育"，被认为是展开谈判的前奏。1953年7月29日，经过一系列艰难的谈判，永光油漆公司的厂房、一切资产和员工都被转移到一家中国企业。[82]

如果说太古旗下各公司的生意遭到重大冲击，那么这段时期其员工承受的压力也十分巨大。纠纷可能会让他们被锁在办公室里直至深夜，他们的谈话对象常常跟着他们回家，在他们家里继续争论。1950年9月，汕头代理商马丁·斯派尔（Martin Speyer）在公安局里被拘押超过三个星期。这一事件部分归咎于国民党军袭击"安徽号"的余波，在打捞作业中留在船上的骨干船员在遇袭时乘救生艇逃离、打捞船逃回香港。船员登陆时，他们的救生艇被撞毁。斯派尔奉航海局的命令造出这条船，但对他来说这项作业既没有意义又难以完成，同时还要解释为什么船上有另一艘船的名字。这件事本身就能成为争议焦点，再加上拖船未经许可就擅自离开汕头港，以及"汉阳号"载着七名海盗武装警卫抵达汕头港，这几人在香港警队有标准编制，事态变得更加严重。这些人被迅速逮捕，他们待在船上被认为是非法进入中国内地，武器是非法的，他们与香港警察部队的关系是对中国主权的侮辱。9月2日下午，斯派尔被捕并被拘押在汕头的公安局，就这些指控被盘问了好几天，一直被拘押到月底，直至案件被移交给省政府进行商讨。作为解决问题最简单的方法，斯派尔迅速而明智地签署了一份"认罪书"和道歉声明——其中一些要点，比如守卫的身份，得到充分澄清。[83]

情况可能会更糟。斯派尔于1914年生于上海，是一位小商贩的儿子，曾花时间阅读和学习中文。被拘留期间，斯派尔被允许和他的副经理莫里斯·程（Maurice Ching）见面，以这种方式处理公司业务，而且还有饭菜从莫里斯的家里送来。他讲述自己"并未吃过特别的苦头"。他的态度，香港大班认为，是"非常宽厚的"。斯派尔晚年在澳大利亚企业中升任高级职务，别人从来不认为他是个有耐心的人：他之所以宽厚是因为他知道信很可能被拦截，因此采取的权宜之计。[84]海盗武装警卫的日子就不好过了。他们接受了"教育"，在自己的"认罪信"中说："我们现在完全意识到自己的错误，我们在帝国主义的煽动下破坏了航运规则。"斯派尔被罚款3亿元（当时约合3000英镑），并在6个月后离开中国。厦门经理R.D.莫瑞尔（R.D. Morrell）于1951年3月离职。整个地区仍然是内战前线，国民党控制的金门岛离岸仅有不到两千米。[85]在过去的12个月里，莫瑞尔曾不经意地闯入一处禁区，接着被逮捕并被关押通宵，之后他再也不敢冒险走出他位于鼓浪屿的办公室或家了。整个经历就像被监禁一样，让他心神不宁。[86]1954年1月的天津，西德尼·史密斯（Sidney Smith）在人民法院外的一次争吵中被打倒在地，失去了知觉，当时前太古轮船公司海员的家属正在向该公司提出索赔。[87]

从另一个角度来看，斯派尔、莫瑞尔和西德尼·史密斯的经历还算轻松，他们也很清楚这一点。中国内地员工则面临着更大的压力。1948年4月，姚刚从后来的北京大学毕业后，在上海加入公司。他曾在香港和伦敦接受培训——在那里，他是香港办事处参加华伦·施怀雅葬礼的代表。姚刚于1951年初被任命到上海办事处，从到达上海的那一刻起，他就被怀疑了，被要求向当局提供他的生活记录，一旦上班就会被例行监视，每天下班时他的废纸篓被翻开，他的房子被搜查，日常活动被监视。至少他的房子还挺大，远比同级别职位通常配备的标准要气派得多。这是公司的策略，将员工四散到当时分布非常广泛的房产中去，以防止有人擅自占用房屋。但调查员仔细搜索之后，发现了房屋先前曾被某位战时高级汉奸住过的证据。这个污点将姚刚牵连了进来。[88]他的妻子则迅速请求返回香港。

姚刚的工作在很大程度上涉及如何尽可能地洗刷税务部门和警方对公司的指控——在海外收取英镑付款的权宜之计成为一种负担，因为它被指控是为了让该公司逃税。最糟糕的时期是打击腐败、逃税和其他经济犯罪的运动，即"五反"运动。[89]这也吓坏了城市中产阶级。公司的一名高级经理被"严厉审问并被迫认罪"，承认该公司使用了第二次世界大战结束时从日本收购的原材料，并犯下货币"罪行"。另一个人"两次被严厉审问了好几个小时"。更糟糕的是，"他的一位非常亲密的朋友杀害了他的四个孩子和他的妻子，然后自杀"。上海发生多起自

第十二章 飞 行

杀事件,这封转发给外交部的照会中,没有过多提及一名男子刚刚从隔壁大楼跳下,就在太古洋行的前门附近摔死了一事。[90]当然,尽管当时一些麻烦给人带去了烦恼,但像姚刚、汕头的中国经理莫里斯·程和上海副经理马宗仪这样的人,他们的坚持和现实主义对公司脱离中国内地市场至关重要。

早在1952年3月,公司就讨论过离开上海,随着"五反"运动的展开,当地的情况"变得完全无法忍受",但公司仍然认为其他办事处可能会坚持下去。对这个问题的审议由于一些实际困难而受到阻碍。其中之一就是与内地员工进行沟通。香港和上海可以通过电话交谈,但所有人都知道这并不安全,任何行动都需要提前谨慎地做好准备。在信件和电报中,名字被粗略的代码所取代。第二个问题更具挑战性:实际上很难找到可以交谈的人。前上海经理比尔·雷-史密斯(Bill Rae-Smith)发现,"不可能见到任何比办公室勤杂工级别更高的人了",据约翰·斯科特1953年3月的报道,或者即使能找到员工谈话,他们发现也不可能做出决策。[91]但在1953年秋天,一份来自上海经理德里克·德·索斯马雷斯·凯里(Deryk de Sausmarez Carey)的备忘录"通过安全和曲折的渠道"到达香港。凯里评估了到目前为止的情况,并建议停业。或者,正如他直言不讳指出的,采取"故意破坏的策略"。

"我意识到,"他写道,"帝国不是建立在失败主义的基础之上,但在共产主义之下没有冒险的空间。"而且,这位曾在太古好几家分支机构任职的20年资深员工指出,这也是一个民族主义问题。事实上,凯里认为:中国的民族主义浪潮并不新鲜,它代表了整个世纪以来一直在激荡的运动的成熟,但这一次,它有了敬业的领导和使命感。[92]因此,1954年5月初,访问香港的施约克在日记中记下了简短的一笔:"如果可能的话,迅速全盘退出中国内地。"[93]

安排入境签证花了一些时间,但1954年7月20日,约翰·马奇作为新任经理抵达上海,他的职责非常明确:关闭一切。在中国经营了90年后，太古董事会得出结论：再待下去不仅是没有好处，而且会一无所有。企业需要找到办法清算其资产、处理其债务。马奇的目标是确保达成一项全面的协议。

9月2日，马奇开始同上海市政府外事局安排的一位何姓谈判人员展开会谈，此人先前洽谈过1952年霍尔特码头的交付事宜。原则性的关键问题很快达成共识，所有关联公司都将被视为单一实体，此后的11次谈判会议（一直持续到12月15日协议签署，其中包括中国拒绝所有接触导致的重大中断）主要围绕估值和一些小索赔展开。公司不得不进行最后一笔汇款，但随后就解除了财政负担。正如约翰·斯科特在1954年10月给英国外交部的一份报告中所言："由于资产价值在200万—300万英镑，而负债总额远低于20万英镑，以资抵债的安排似乎并不难。"

这话最终应验了，中国外轮代理公司收到了太古公司在中国内地的所有物品，这些物品遍布太古洋行所经营的18座城市，"永远归他们所有"。当约翰·马奇最终离开时，只剩下七名外籍员工，他们都是在当地工作的人，不是职业雇员。大多数分支机构在1955年1月底前被正式接管，一封又一封的信件抵达香港，确认公司的公章和名称印章已被销毁，上海的最后一次交接是在1955年6月1日进行的。代理经理移交了所有剩余的文件，以及办公室家具。一些前经理、董事和指挥官的照片和旧的体育奖杯被运到了香港。6月底，公司的集团电报地址到期，一切都过去了。[94]

经过一轮又一轮令人厌倦的谈判，公司活动的每一个小细节都被挑选出来。这些谈判可能会让人精神紧张：

何同志：我不得不再次提醒你的态度，我不喜欢这样。
马奇先生：别对我太苛刻。这是正常的讨论，没有必要激动。
何同志：最近，我们每次开会，你都会发脾气。如果你愿意好好表现，我们就继续；如果不愿意，就结束一切谈判。

第十二章 飞 行

马奇先生：何先生，请不要威胁我，我不喜欢这样。

……

马奇先生：你要我跟你解释多少次？我已经把所有的事实至少讲了两遍了。

何同志：不要发火，你的态度很差。

最后阶段的交换涉及汕头的两个浮筒以及移除它们的责任问题，这两个浮筒在战争期间被日本人击沉。两个人为了在这个问题和其他问题上达成一致意见而争论不休，双方精疲力竭。[95]对于翻译马宗仪来说，他可能被视为亲太古、亲英以及亲帝国主义分子。这并不是什么美好的处境。

随着谈判的展开，过去10年中日战争和世界大战的动荡历史，以及它们与太古洋行之间的冲突，一些琐碎但令人头疼的要求继续被提出。协议签署时，这些索赔仍然包括1943年8月在孟买自杀的"贵阳号"工程师的遗孀：她声称这是一起谋杀，要求赔偿抚恤金；有两名战争时期"安徽号"的船员要求领取"工资、遣散费和危险津贴"；有位战前曾在"辰州号"工作过的工程师，他"所谓的母亲"（身份未经核实）也前来索要他的退休补贴；另一位曾在"万县号"上工作过的前任工程师的妻子提出相同主张，但由于此人当时生活在台湾，就建议他和香港办事处取得联系，在香港办事处办理此事；还有两个于1952年被捕的人要求支付退休工资。[96]然而，最棘手的问题是在战争期间于"顺天号""北海号""海口号"和"新疆号"牺牲的船员的家属。这些人向天津办事处提出索赔，要求赔偿这些船员的死亡以及退休补助和个人物品损失。有一个自称"有仇必报的太古洋行战前雇员"，在1945年之后没有再次受雇，领导了这场冲突（并击倒了西德尼·史密斯）。直至1955年7月此案才被认为解决，史密斯被允许离开中国内地，标志着天津办事处正式关闭。[97]

一个持续的担忧是"忠诚和值得信赖的高级职员"或共产主义者眼中的"资本代理人"的命运。他们都在撤离时按照其要求得到补偿，他们再耗下去没有未来。南京本地人马宗仪于1922年加入公司位于上海的保险办公室，他作为翻译和顾问，是谈判中的关键人物。马宗仪白手起家的背景让他在和中方的谈判中赢得了一定的地位，但他在日本占领上海期间担任过公共租界口粮配给系统的主管，而且他还在1948年被借调，为政府做同样的工作，这成为他履历上的污点。实际上，约翰·马奇曾被命令立刻向高级中方经理移交员工档案。尽管他做了最大限度的争取，但这些档案以及公司所有其他营业记录都被移交给中国外轮代理公司。[98]匆匆忙忙的删改于事无补。这些员工在外国公司位高权重，他们像许多人一样曾在国外留学或旅行，会说外语，与外国人有过接触，哪怕他们只是过着国际化上海特有的国际化生活方式，也全都受到了威胁。英国外交官认为，太古洋行对于其雇员此时所面临危险的顾虑过于夸张，甚至连员工本人都演得太过火了。"我们还要记住，"上海总领事写道，"中国人都是了不起的演员。"然而，事态将会证明英国外交官大错特错。[99]

一些高级员工理所当然地设法离开了中国内地。姚刚于1953年春抵达香港。前汕头买办的儿子H.T.李（H.T. Lee）于1955年从天津退休，1961年回到香港。"困惑不解地"发现自己被扫地出门的杨晓南于1957年3月抵达香港，离开公司并前往加拿大生活。[100]莫里斯·程于1955年2月在汕头被解雇，他过得很拮据，生活在监视之下，于是设法在1957年3月离开，并在香港重新加入公司。马宗仪于1957年5月回归太古洋行香港办事处。这些人都是特例，并不是所有离开中国内地的人都能找到其他工作。那些地位较低的员工，主要是中层经理，承担了公司新秩序带来的后果，比如前宁波代理人就只能当工人，上海立方体工厂主任被安排挖河沟，由场地清洁工监督他的工作。

如果油漆厂的经验可资借鉴，那么就没有理由怀疑由干部组成的

第十二章 飞 行

"工作组"会在随后移交的那天进入每座公司厂房,并召集老员工和部门领导开会。会议在永光油漆公司的目标是强调稳定的必要性、维持生产、巩固团结。工厂的姚经理(此人自从最后一任英国经理离开后开始经营油漆厂)被认为是维持产量的重要人物。"工厂现在已经是我们的了。"有人告诉工作组。次日,为全体员工召开了一场"欢迎会",会上做了兴高采烈、鼓舞人心的讲话。每天工作后会召开日常政治会议,有时候一直开到夜晚。姚经理长期以来被人抨击是一条帝国主义"走狗",他"崇洋媚外、是亲英的典型例子"。[101]

还有一人,在公司内部人称查理·姚(Charles Yao),永光油漆公司被移交时他40岁。此人是罗马天主教徒,是1935年从美国耶稣会在上海开办的公萨格公学毕业的第一批学生之一,随后以化学家的身份加入太古洋行公司。无论从哪个角度看,这都是一份在政治上具有破坏性的简历。[102]许多像他一样的员工被认为"有污点",他们不得不参加政治讲座和学习会议,开展自我批评、暴露过去的历史,就像姚刚在归来后经历的那样。约翰·马奇指出,太古洋行的工作日时间在移交后被立刻延长,相对优厚的薪资很可能被削减到和政府官员相同的水平。反过来,永光油漆公司员工的工作环境明显改善,就像20世纪50年代整个上海产业工人的蜜月期一样,直至1957年结束。[103]只要是革命就自然有失败者和受害者,我们总是很容易把注意力集中在这些人身上。但革命也有胜利者,我们应该承认,新制度得到了广泛和真正的支持。

太古集团要做的是把利益留在中国内地。永光油漆公司的工人习惯了在他们的新餐厅里享用午餐,有吊扇为空气降温,但这些事情基本上不再属于太古的故事,而且完全不属于太古集团的能力所及范围。报告显示,就在中国外轮有限公司员工迁入太古洋行办公室,将两个团体合并起来的时候,有人说,所有前太古员工需要按照指示"加强政治学习并洗心革面",进行思想改造。这番过程并不是一蹴而就的,有10%的"顽固分子"被认为进步得不够,这批人在1956年晚期"过得非常糟糕"。经过"洗心革面"的员工发现自己被转移到大连、北京或重庆。公司并未彻底割断它和中国内地的联系，因为公司继续经营从香港北上到上海和天津的业务，而中国外轮代理公司就是其代理商。莫里斯·程离去后也会定期访问广州、上海和北京，以便会见中国外轮代理公司的官员，并讨论蓝烟囱和太古轮船公司的事务。太古轮船公司船只上的中国海员中，有些家属住在中国内地，就必须向家属支付津贴。当英国商行和利益团体同中国内地进行有限接触时，董事和经理们依然踊跃，他们参加代表团，进行个人访问，有时候会和以前的雇员见面。"祝施约克好运！"1957年，有位"老伙计"在中国外轮代理公司的上海办事处向施雅迪（施约克的幼子施雅迪1956年加入公司）上茶时小心翼翼地说。这位老伙计是中国外轮公司曾为太古效力的50名员工中的一员。[104]

　　抛开情绪不谈，这种与中国内地过去的彻底脱离，可以说是太古集团在公司历史上、在这一时刻发生的最重要的事情之一，让一切都变得简单多了。在第二次世界大战余波中，公司曾恢复了对即使不是眼花缭乱、至少也是五花八门的（大多数）房地产、关系和业务的控制。每个港口都有自己根深蒂固的利益和惯例，大部分房地产退化、老化、受损或尚未完全恢复控制。解开所有这一切，超越民族主义，并在全球经济秩序发生实质性变化的情况下，重新开展一系列有意义的操作，是一个巨大的挑战。该公司在中国各地资产中凝结的过去，让它无法对1945年后开放的新政治和经济世界做出有效的反应。如果国民党在内战中取得胜利，公司就不可能从1943年签署的"新英中条约"带来的政治挑战中得到任何喘息之机。重新开始会更容易些，1954年12月15日，这一系列问题中的很大一部分就这样割离了。这样做代价高昂，造成了极大的痛苦，与长期为公司效劳的老员工的纽带被切断，但这样做也使得太古集团得以追求新的事业。公司在许多方面只需离开中国内地并转向香港。而且，卸下了这个通商口岸的历史负担后，公司能够更深、更广地进军亚洲其余地区和太平洋，取得远胜于之前的成果。

第十三章

制造亚洲

第二次世界大战、革命风云、铁幕的落下以及各帝国的衰落完全改变了东亚和东南亚国家的版图。而这一切,绝非冷战政治家给出的隐喻。一方面,全新的真实边界从地图上显现;另外一方面,原有边界被废除。各国需要重新绘制国境线:制图员忙碌起来,打字员也得到了充分的利用。调查员赶赴边境,用他们的脚和工具丈量出新国界的边缘。建筑工人建起了边界哨所和栅栏;人们封堵了道路,城镇和村庄被一分为二。在被解放的城市,当街道的名称改头换面时,书写招牌的人一直忙碌着。人们拆除了原先的雕像和纪念碑,用新的英雄和烈士纪念碑取而代之。帝国似乎永远被推翻了,随着旧国界的烟消云散,国王、王后、总督和将军们支离破碎的半身像也被推倒。尽管人们以极其乐观的心情盼望着独立,但是后来发生的各种事情取代了这一看法,大家的美好展望被证明是非常脆弱的。政治方向始料未及的变化,政策方面的重大逆转,其结果令人震惊。无论是短期局势,还是长期局势都很不稳定,人们的信心遭到了沉重的打击,而时局让人们仍然采取谨慎小心的态度。

到1955年，太古洋行的业务区域也迎来了戏剧性的重绘。尽管这家企业在中国有着漫长的经营史，但是其中的很大一部分业务要么只有在太古轮船公司的船舶名称上才能窥见一斑，要么在老员工的闲谈中才能觅得一鳞半爪（而且这还是在资历较浅的战后雇员愿意倾听公司前辈讲述的情况下，才能知道公司过往的历史）。过去常常以这样的方式留存于世：它被现实覆盖，随着时移世易越来越模糊。政权的更迭总是会改变版图，但即便障碍重重，仍然保留了一些看得见摸得着的联系。人员或商品继续沿着既有的线路流动，或者找到新目的地，或者曲折地前往已经习以为常的地方。无论是地下交易还是合法贸易，新的限制也为其带来了新的机遇。新技术总是扮演决定性的角色：无论是阿尔弗雷德·霍尔特生产的复合发动机，还是穿越驼峰航线的飞机，这两件事都是这一时期技术改变历史的范例。正如我们所见，企业家致力于发展航路，为他们的船只或飞机找到雇员，有时候寻求从蒸蒸日上的贸易中分一杯羹，有时候力争开拓一番事业，指望灵光乍现的机遇带来无量的前途。

战后东亚和东南亚的历史有两大影响深远、彼此联系的因素：一是地区重建和经济发展创造并重塑了我们今天已知的"东南亚"，而这一地区概念在第二次世界大战前很大程度上尚不存在；二是中国向日本和韩国关闭了开放边境以及南向的道路。印度尼西亚等新兴独立国家的领导人和精英致力于摆脱原先殖民列强和新国际霸权，创造属于自己的网络和联系。例如，1947年召开的新德里亚洲关系会议和1955年的万隆亚非国家会议，就能看出新兴国家在这方面的努力。西方冷战时期的强国同样致力于将这一区域整合为反共产主义集团，为此于1954年建立了东南亚条约组织，旨在"遏制"（西方国家的原话）共产主义在亚洲的"蔓延"。基于本土族裔诉求的民族主义同样也妨碍了万隆精神的传播，尤其是那些针对该地区中国移民群体挑起极深敌意的民族主义浪潮；另外，各地政府对迁徙自由采取的限制措施也有悖于万隆精神。香

第十三章 制造亚洲

港地区是中国战时难民的庇护所和中转站,既接纳成百上千逃离中国内地的民众,也容留那些逃离东南亚困境和危险的流亡者[1]。我们可以在这一背景下研究太古洋行在日本的复兴和发展史,以及太古在香港地区发展中所起的作用。当时的香港危机四伏,地处一个充满敌意的地区的边缘地带,各色人等齐聚此地。我们可以记述国泰航空的发展历程以及该公司用来融入这一新地区的策略,即太古何以通过这种方式和它飞往的多语言、多文化的城市世界联系起来。

国泰航空的宣传手册、乘客杂志以及员工时事通信向我们显示:人们如何运行、代表、推动和报道这条将亚洲紧密编织于一体的联系网。航线地图总是意味着机遇,当读者的手指划过"从东京、台北和香港前往马尼拉"或"从加尔各答至新加坡以及曼谷"这行字的时候,摊开的小册子揭示一系列可能性、便利和好处,吸引读者成为旅行者。香港的报纸印制每天的航程表,也印制抵达和出发的乘客表。这些刊物会发出灵魂拷问:为什么你的名字不在这里?此时,市场营销也飞速发展,在这一时期的航空史中,航空旅行发展速度越来越快,班次越来越频繁,运送的乘客越来越多,旅客出行的目的地也越来越多。国泰航空最初配备的达科塔型客机最多运载28名乘客,航速为每小时167英里(约269千米),从香港经曼谷飞往新加坡耗时14小时。1949年购买的麦道DC-4型客机运载48人,航速略快。1954年购入的麦道DC-6型客机能容纳64名乘客,航速为每小时313英里(约503.7千米);同年投入运营的麦道DC-6B型虽然航速较慢,但能运载72名乘客。1959年机队添置的两架洛克希德·伊莱克特拉客机能运载78名乘客,航速为每小时406英里(约653千米)。当国泰航空开始运营这些涡轮螺旋桨飞机的时候,其载客量和载货量迅速增长。1962年,国泰航空添置了它的第一架喷气式客机康维尔880-22M,该型客机能运载104名乘客,并稳定保持每小时航速560英里(约901千米)。此时,从香港飞往曼谷的航班只需2小时25分。航运提速使得人们能够用空运形式带来新鲜食品——1959年底,悉

- 351 -

尼岩牡蛎重新出现在香港酒店和餐厅的菜单上，而且比以往更为新鲜，这是国泰航空重新开通香港飞往澳大利亚航线的结果。提速对乘客来说意味着更快捷的航班，但对国泰航空来说，也意味着更频繁的航班、更广泛的飞机用途。如果飞机只是停在地面上，那就是收不回保养费的负资产。1949年，航空公司的麦道DC-4客机每周飞行32小时，目标是提升到48小时。1951年，达科塔型客机每周飞行66小时。直至1954年，报告说麦道DC-4客机每周飞行80小时，公司认为这个数字在"世界上任何地方都无法被超越"[2]。这些变化反映出商务飞行更为广泛的发展，这就需要建造新机场，扩建已有机场（1958年启德机场扩建），开发处理货运以及人流压力的新系统。对于香港飞机工程有限公司来说，还有更多工作要做。该公司和怡和洋行、太古洋行的太平洋飞机维修公司组成的合资企业于1950年停业。

这些并购所需的资金要多于太古洋行先前在此类资产上的花费[3]。1954年的重组和新股份议程令国泰航空从太古洋行、太古轮船公司和经营船运的铁行轮船公司那里获取更多的现金融资。铁行公司在企业中掌握大笔股份，而澳大利亚国家航空公司自己的股份缩水。即便如此，汇丰银行（该行继续支持国泰公司）仍然贷款资助两架伊莱克特拉客机（每架耗资100万英镑），并被要求一次性资助国泰公司购买喷气式飞机：因为每架康维尔耗资200万英镑[4]。尽管此刻的航空公司盈利稳定，但是因为20世纪50年代的亚洲政治动荡，公司要面对由此一再引发的问题：目的地航线很可能因爆发战乱而被取消或被中止。暴动、突发事件、冲突和内乱层出不穷。一位身在海防的代理商于1954年3月报告，越盟确实采用了防空装备，但"十分原始"。同一星期一名飞行员报告，我们在法国战斗机旁边停放飞机，这样警卫就会彻夜看守它们了[5]。外汇管制越来越成为经贸领域的常规操作，这一点给来自仰光、万象、西贡、加尔各答尤其是马尼拉的收入回账造成很大麻烦。资金要么被旨在扶持民族工业发展的法律冻结，要么单纯因为缺乏外汇

第十三章 制造亚洲

而受到阻碍。在马尼拉，国泰公司不得不购入黄金以便汇出资金，这么做导致重大汇率损失。当然，有一个问题值得考虑，而且正如太古洋行所做的那样，不止一次考虑过这种做法：将国泰航空公司的股权全部清算，带着一些收益退场，对太古洋行而言，是否是一种更好的选择。航空业似乎过于脆弱、前景难料，为了回本，太古洋行付出了太多努力，这一点过多地消磨了管理层的耐心和神经。[6]

香港航空公司先前因失去中国内地的入境权并卖掉名下的飞机而在1951年被封存，改而特许西北航空公司经营其日本航线。在1957年，当局势达到白热化之时，怡和洋行在英国海外航空公司的支持下令香港航空起死回生。公司开始用两架崭新的涡轮螺旋桨维克斯子爵型客机运营其北方航线，但在两年后放弃，并连同这些目的地航线一起并入国泰航空。这标志着一场长期争议的结束。尽管香港航空公司和国泰航空公司在1949年5月达成协议，但这场竞争旷日持久，而且双方屡屡违反约定。英国海外航空公司继续运营新加坡/香港地区航线，使之成为一条"干线"。公司主席在1951年10月指出，这条线的距离相当于从伦敦到莫斯科的航线距离。相反，像国泰这样的地区航空公司经营重点是地区交通。表面上，这样的地位安排看上去合情合理，但英国海外航空公司后来还提供了"旅程费"，显著地压低了国泰航空的航线价格[7]。1951年10月双方达成妥协，牵线搭桥的是英国殖民地部和英国民航部，但各方在后续的协议谈判中因为没有达成一致意见而无果而终（这项协议致力于将包括马来亚航空在内的三家企业的利益整合为一条单一的地区航线）[8]。1957年，英国海外航空公司咄咄逼人地再次入场，重新挑起矛盾。但英国海外航空公司重新启动香港航空公司营业的做法得不偿失。英国海外航空"自己损失了16.7万英镑，还耗费了我们的100万收入"，施约克在1958年和英国海外航空公司的董事会成员雷内尔·罗德爵士（Lord Rennell of Rodd）商谈后如此评论。罗德爵士前来香港（从新加坡出发，搭乘国泰航空飞机）洽谈解决办法。你是否分辨出两者的区别，香港总督柏立基（Robert Black）问雷内尔："香港航空和香港心目中的香港航空的区别？"[9]就在此时，英国海外航空公司终于看到一线生机，而雷内尔原则上同意合并，香港航空公司成为重组后的国泰航空的全资子公司，而英国海外航空公司和怡和洋行分别在新董事会中保留席位。香港航空在被并入国泰航空前，在1959年又损失了13.5万英镑，此后不久其名称就终止使用了（这里指的香港航空为Hong Kong Airways，和2006年创立的Hong Kong Airlines没有关系，尽管后者也被称为"香港航空"。——译者注）[10]。子爵型客机被出售，国泰航空的伊莱克特拉型客机开始运营飞往日本的航线。这将会改变公司的业务。拥有航运权和飞机确实是一大好消息，而且此时还赢得了港英政府的偏袒，后者早在1954年就因英国海外航空公司"彻底无视"政府指令而失去了耐心。但所有航线都需要乘客[11]。那么，谁来乘机，为什么乘机，前往何处？

或许，我们可以从太古董事和经理在争取航线时投入的最初设想开始入手，这是一种比较有用的研究途径。当国泰航空和香港航空在1949年2月商谈拆分他们的对外航线时，双方对这一行业的特点都心知肚明。香港—上海航线特点是"沿岸中转通道和货运渠道"，香港—日本航线的特点是"常规的地区间贸易和夏季游客线路"，香港—马尼拉则是"常规地区间和移民线路"。但是，正如埃里克·普莱斯于1949年8月指出的那样，比方说，尽管"下层华人不会大批乘飞机去南方旅行"，但太古洋行却将其赌注押到了"我们会教育他们这么做"这一信条上（他指出，走私不需要上课：他们只需买前往马尼拉的单程票，然后从海上把违禁品运到厦门）。如果要对华人客户开展"教育"工作，就需要中间商以及懂得教育的员工。[12]华人地勤人员帮助乘客在穿梭航站楼时填写文件、登机，并在乘客抵达时帮助他们穿越海关和移民检查站，这样的经历一开始对许多人来说是陌生的体验，而且他们还要听到陌生的语言。已经熟悉太古轮船公司业务的资深旅客把他们的生意转移到了公司的航班上[13]。即便如此，用这种方式出行的乘客仍然数量有限。人们不到万不得已或者有此意愿，再或者到了力所能及的阶段，不会坐飞机出行。这几个条件不会凭空产生，于是营销就变得至关重要了。汇率管控、旅行和签证体制的调整（例如，1964年4月1日港英政府取消了日本个人游客赴港旅行的政府限制措施，1966年终结了英国和16个欧洲国家短期访客赴港出行的签证要求），以及美国和澳大利亚经济蒸蒸日上的势头都为航运公司提供了大批客流。

原始数据表明当时的数据增长模式相当稳定。国泰航空在1949年运载了9345名乘客（此类统计变得可靠的第一年），而在10年后运载了68929名乘客。在整个20世纪60年代，随着伊莱克特拉的投入以及日本航线的购入和扩展，在稳定增长的香港境内外民航交通市场中，国泰航空持续保持四分之一的份额。到1967年，130万名香港乘客中有32.5万人乘坐国泰航空，其平均份额接近30%；而在1969年，由6架康维尔客机组成的专门机队运送了504369人。至20世纪70年代中期，总客流量的份额保持在稳定的40%。[14]

这些数字意味深长，而1967年的一次调查显示，国泰航空有四分之一的乘客是北美人，18%为华人，16%为日本人，9%来自马六甲海峡两岸。[15]但实际上旅行的是什么人呢？对于企业来说名头最响的是这些乘客，他们包括：秘鲁总统、玻利维亚副总统、（当时的）前副总统理查德·尼克松、安奈林·贝文（Aneurin Bevan，1897—1960年。此人是英国工党政治家。——译者注）、戏剧家田纳西·威廉斯、作家韩素音、演员查理·卓别林（1961年）、本土电影巨头邵逸夫（Run Run Shaw，和马来西亚电影明星莎罗玛一道）、时任马来西亚总理和新加坡总理、前任日本首相、1961年的华人小姐、1959年的香港小姐、尼泊尔王后、泰国公主、锡金王太子、波士顿交响乐团、维也纳童声合唱团、披头士乐队（1965年）、一位洛克菲勒家族成员、一个巡回马戏团（Sheum团。虽然大象、老虎和豹子是通过海路运载的）、一名"经常旅行、擅长行走的邮递员"（此人叫李智诚，Lee Chi-shing，是一位香港运动员）、一名"获得竞走冠军的旁遮普警察"、各位外交部长和当时不出名的政治家、几位香港总督（以及一位特立尼达总督和一位英属婆罗洲总督）、担任蜜丝佛陀（Max Factor）形象大使的美容师、埃塞俄比亚皇帝海尔·塞拉西（Haile Selassie）、越南前皇帝保大（Bao Dai）、艾娃·加德纳（Ava Gardner，1922—1990年。美国著名女演员。——译者注）、简·拉塞尔（Jane Russell，1921—2011年。美国著名影星。——译者注）、西比尔·桑代克夫人（Dame Sybil Thorndike，1882—1976年。英国女演员。——译者注）、路思义（Henry Luce，1898—1967年。美国著名出版商，《时代》《财富》和《生活》杂志的创始人。——译者注）、英国童军总会总领袖、女童军总会副会长、粤剧名伶、香港电影明星、船员、高尔夫球手、美国中西部旅行团、"数百名扶轮社成员和他们的妻子"、国际扶轮社社长本人、主教（安利甘宗以及来自凤凰城、亚利桑那等城市和日本非政府组织的友好代表团。[16] 连接亚洲各地的航运十分繁忙。公司向其整个网络的代理商提供副本和票据、传播时事通信，鼓励他们向地方媒体宣传事迹，并关注任何可能搭乘国泰航空旅程的"大人物"（原话如此）的新闻，不管是预定航班还是特许航班。香港媒体会开辟专栏，刊登往返于香港的乘客的相关照片。当然，因为日程安排和座位的便利性，上述情况在很大程度上存在着偶然性，但也有很多事情是刻意设计的：亚洲人和造访亚洲的乘客旅行人数越来越多、越来越频繁、越来越公开，因为政府希望他们这么做。

  为何如此？在开始解释这件事之前，我们可以拿一起奥运会事件为例阐述这个问题。1948年，当时的韩国还不是一个正式踏上国际舞台的国家，他们派出奥运代表队，开始了前往伦敦的漫长旅途，这次事件颇具典型意义。朝鲜半岛后来很快成为加剧冷战对抗的毁灭性冲突的战场，将英美两国军队拖入和中国的战争，其意料之外的连带效果之一是

第十三章 制造亚洲

日本经济的复苏，而另一个连带效应则是人们对香港地区地位的信心遭到严重冲击。在太古洋行船运部门工作10年的老员工比尔·雷伊–史密斯（Bill Rae-Smith）于1947年11月被临时调派至位于朝鲜半岛釜山的战争运输部。他在那里同时为公司业务进行初步探查。1948年5月开始，韩国与国泰公司会谈，内容是开设一条从韩国至香港地区然后前往伦敦的航线，运送67名奥运会运动员和官员参加第14届奥运会。后来，计划发生变动，对代表团来说，事实证明：从海路出发前往日本，然后坐火车穿越日本，随后在横滨登上另一艘船的路线是更便宜的出行方案。他们在1948年7月2日经上海抵达香港并登上飞机，随后于7月9日在伦敦西区的阿克斯布里奇奥运中心升起韩国国旗，这面旗在他们出发前就在汉城体育场展示过了。[17]这实际上是第一面在正式国际场合升起的太极旗，而且很可能是首次在英国升起、作为合法国家象征的韩国国旗，即便不是首次在海外升起太极旗，那也是殖民统治结束以来，人们在朝鲜半岛以外的任何地方正式升起韩国国旗的若干场合之一。韩国人在本国危机重重之际参加奥运会，是这个已经摆脱日本统治的国家迈向民族复兴之旅的重要一步。这支队伍夺得两枚铜牌，但更重要的是，他们的长途跋涉是韩国迈向独立建国历程的重要阶段，当人们载着国旗飞往伦敦的时候，他们也在此地奏响了国歌（当时差点演奏失败，因为在为国歌找伴奏音乐时出了问题，还好最终没有发生意外）。在民族缔造、国际政治和国际关系的象征领域中，体育的重要性不言而喻。直至代表团回程时（最后一名成员于8月30日离开香港），新成立的大韩民国（其领土为此前美国管辖的朝鲜半岛南部）刚成立两周。太古洋行从这笔生意中挣到了可观的收入。[18]

这一趟旅程本来不是国泰航空的经营范围。但1948年12月为了载运菲律宾男童军参加在墨尔本召开的第三届泛太平洋童军大露营而从马尼拉至悉尼、再从悉尼起飞的额外特许飞行是国泰航空的一次大手笔。除了短暂的中断延误（因为这些青少年不是经验丰富的旅行者，结果飞行不得不延迟），飞行吸引的关注比其成员所预期的还要大，1.1万名童军大露营参加者中有一支21人的队伍，其中包括十来岁的前抗日游击队员。太古轮船公司运送一支香港代表队前去参加下一届大露营，还带上了用来盖拱门的材料和看门的龙模型，用来标记他们营地的入口。公司还在1957年运送香港队前去参加英国的世界童军大露营，运送澳大利亚男女两支童军参加1959年的马尼拉世界童军大露营和东京的日本大露营（以及运送一位从马尼拉出发、穿方格裙子的爱尔兰童军领袖在香港进行为期一天的购物之旅）[19]。如果说奥林匹克运动正在逐步发展为全球性盛事，成为参赛者展示自己国家和地区的重要平台的话，那么不管是童军，还是政治或经济利益方面，"泛太平洋"共同体的理念都要更为新颖。无论是第二次世界大战历史本身，还是战前20世纪20年代和30年代由太平洋国际学会和泛太平洋妇女协会等政治和国际事务智库召开的一系列会议，都给人们带来了"存在这样一个实体"的理念。[20]就像"东南亚"一样，其真实性是通过体育、文化交流、大露营、锦标赛和竞赛等形式夯实巩固的。

　　美国冷战时期开展文化外交资助教育交流项目并发放奖学金。演出者的访问得到"文化展示计划"（或称"总统文化交流国际计划"）的支持，该计划派遣北美的古典音乐家和各类明星前往东亚演出。[21]亚洲国家有他们自己的规划，例如1963年由新加坡文化部组织的东南亚文化节。当时官方宣传该文化节是同类活动的第一例，然而事实证明该文化节是所属类别的唯一一项活动，该地区的政局持续动荡，阻碍了许多文化节和文化活动的推广与倡议。在东南亚文化节的案例中，马来西亚将新加坡逐出联邦，导致未来计划夭折。[22]尽管参与其中的人士有时仍然从海路旅行，但他们越来越频繁地坐飞机旅行，而且就像1963年的半数乘客一样首选国泰航空出行。《魅力四射的入侵：一飞机的女演员参加盛会！》——新加坡某份报纸的头条惊呼。[23]市场的重塑受到冷战边界的限制，但因地区性事件得到加强，因此表面上也存在商业盛事。1954年,漂泊不定的东南亚电影节("东南"二字很快被删去)首次于东京举办,其目标是为东南亚开展营销和宣传活动。事实证明,电影节在这方面十分成功,尤其是对于香港的邵氏兄弟来说。但这桩盛事在其开头几年也暗中得到亚洲基金会的赞助,后者本身由美国中央情报局秘密资助。[24]

除了"一飞机的女演员",一旦涉及体育,冷战网络就会吸引更多的关注,尤其是通过驰名的国际锦标赛。1951年,战前的"远东运动会"改头换面,以"亚洲运动会"的形式在新德里举行,是战后的里程碑事件之一。[25]印度的组织者称之为"战后",而实际上是后殖民时期"亚洲重生"的象征。但1954年5月在马尼拉举办的第二届赛事被参赛者利用,用来明明白白地标榜自己是"自由世界"的一部分。运动会只接纳来自非共产主义国家的成员;而这座城市是美国中央情报局的宣传中心,确保赛事相关电影、小册子和其他材料能够生产出来并广为传播。通过体育表达出来的、国际友谊的措辞掩盖了经久不衰的反共议程。针锋相对的反帝议程也可以被左翼阵营提出来。1962年印度尼西亚筹办亚洲运动会,设施是在苏联援助和技术下建起来的,而台湾地区当局和以色列代表队因北京和印度尼西亚的阿拉伯盟国反对,未能收到邀请,此事引起轩然大波。无论是雅加达的新体育场,还是宽敞的国际旅店和宽阔的道路,以及当局开通广播电视播报赛事,全都明确指出了此类赛事的意义。这些体育赛事是现代化发展战略的宏伟象征。1958年,日本人把第三届亚洲运动会当成他们申办1964年奥运会的彩排(在赛事期间,国际奥委会首次在亚洲的东京召开会议),以及修复其在亚洲和国际上的形象所付出努力的一部分。主办方发布赛事的报道、广播和录像背后有着一个关键目的:这些大场面就是用来让人们远距离地从出版物、电视屏幕以及脑海观摩——许多场面也是用来改变人们的思想的。

香港地区队、缅甸队、马来亚队和泰国队于1954年乘坐国泰航空前往马尼拉。国泰航空运载印度队、缅甸队、马来亚队、沙捞越队

（Sarawak）、英属北婆罗洲队、新加坡队和香港地区队参加1962年雅加达运动会。从珀斯主办的1962年大英帝国运动会（British Empire Games，后来被重命名为英联邦运动会，Commonwealth Games）中分一杯羹的想法，在1961年的时候一直萦绕于施约克心头。[26]亚足联亚洲杯于1956年在香港地区首次举办（韩国队夺冠，香港地区队获第三名）；青年亚洲杯于1959年在吉隆坡首次举办，当地媒体拍摄了一张即将登上国泰航空班机的香港地区队的照片。[27]各支队伍坐上飞机参加"埠际"的板球赛、亚洲乒乓球锦标赛（Asian Table Tennis Championships，1952年首次于新加坡举办）、年度足球联赛、城市间杯赛或东南亚各国的友谊赛。香港队搭乘"香港航空"的次数越来越多。在和英国海外航空的航路争端以及和总督的讨论中，这一战略政治地位变成了国泰航空品牌及其身份的重要部分。国泰身为本土创业公司，是香港自己的航空机构，是一家为一座饱受摧残的城市而成立的临时性新企业，作为一家随着城市的发展而发展的航空公司，它自己的历史也成为一项重要资产，在纪念其周年纪念的广告增刊中或新飞机的到来时，以及1967年标志着其成熟的小册子中都有讲述。国泰航空位于这张联通亚洲的关系网的核心。

诚然，各界名流乘坐国泰航空的故事成了绝佳的宣传材料，停机坪上停着印有公司名称的飞机，运动队在飞机跟前拍摄全家福，每位选手都拿着国泰航空的礼品包（标识正对着相机），这幅景象可谓引起公众注意的上好宣传资料，但这类乘客是不会大量购票的。在这一地区往返穿梭的商务旅客和官员客流更多，但如果能说服游客去旅游，那么他们就会搭乘越来越多的航班，占据越来越多的座位。旅游业也不是自然而然成长起来的。尽管20世纪30年代旅游业蓬勃发展——正如航运公司引入邮轮作为应对长期低迷时期的策略（甚至连太古轮船公司都涉足其中，为旅游业推销它的长江业务）——但海外休闲游只是精英群体的专利，而非平民能够承担的消费活动，对于造访亚洲的访客而言当然如此。泛美航空是经停夏威夷的太平洋业务的先驱,但这是一项精挑细选的业务。战后,美国中等收入群体开始旅行,美国游客的形象很快变成战后欧洲流行文化的主题特征。这一点是完全经过美国官方刻意设计的结果,因为该项目一开始是致力于战后欧洲复苏的马歇尔计划的主要项目板块,后来也是冷战战略不可或缺的一部分。[28]旅游业被战后的美国决策者视为向海外经济体输送美元、出口美国文化("美国生活方式")以及建设冷战西方集团凝聚力的廉价途径。香港被一位有影响力的旅行作家重新包装为"微缩中国"。[29]朝鲜战争和台湾海峡紧张局势以及1954年国泰"空中霸王"被击落事件(国泰损失了一架麦道DC-4客机),都理所当然地助长了挥之不去的观念:人们认为亚太地区是不稳定战区,在1950年初和年中遏制了当地旅游业的发展。但美国政府促进旅游业计划的投资,直至20世纪50年代末和20世纪60年代初都维持了跨太平洋旅行人数的稳步增长。

1947年,只有20万美国公民持有护照;1953年,100万美国人出国旅行;仅仅6年后,有900万美国人出国旅行,有150万人前往墨西哥或加拿大。1961年,光前往亚洲旅行的美国游客就有50万人。1966年,14.3万美国人造访香港地区。[30]专门的假期杂志和新闻周刊突出报道了旅行的便利,缓慢但稳定的价格下落以及值得发现、体验、购买或品尝的"东方神秘风情"。像詹姆斯·米切纳(James Michener)这样的美国作家一开始偶然为之,后来则有意识地促进美国人对当地的旅游兴趣和当地的观光生意。米切纳获得1947年普利策奖的战时小说《南太平洋故事》(*Tales of the South Pacific*)在1949年改编为同名音乐剧,1958年又改编为同名电影,这个复杂的故事充斥着炫目的彩色摄影图像。颇富影响力的贸易组织太平洋地区旅行协会(后来改称为亚洲-太平洋地区旅行协会,Pacific Area Travel Association,PATA)的联合创办人评论说,百老汇音乐明星玛丽·马丁(Mary Martin)助推了这种转变:"因为她,太平洋各国的优美和浪漫对于成百万美国人来说变得更真实、更令人神往。"米切纳撰写旅游文章，进一步鼓吹太平洋是值得一游的绝佳目的地。游客会报告说"普通读物"是获得有关香港地区信息的关键来源，而且美国杂志上和美国书店里的"普通读物"越来越关注亚洲。[31] 自称"航空之子"的米切纳后来在他为亚太旅行协会官方历史所写的前言中写道，是空中旅行让美国人真正有可能亲临现场，饱览亚洲山河。米切纳本人曾在不同时期为美国最大的四家航空公司工作，而澳大利亚航空公司赞助澳大利亚本国旅游作家的海外旅行项目。他们撰写的通俗作品配合着更明确的营销行动，鼓励人们在前往欧洲的长途旅行中在亚洲歇歇脚（常常不需要乘客额外付费），而一份调查显示，当他们在香港的时候，这些旅客会购物和就餐，给香港经济带来大笔现金收益。[32]

美国人的需求首先来自驻扎在菲律宾的美军官兵，他们北上香港地区是因为当地的"气候、景色、购物和娱乐"。这个地区后来变成驻越南美军主要的休闲放松场所，但这种模式先前就已经被奠定，并因为《江湖客》（*Soldier of Fortune*，1955）、《生死恋》（*Love Is a Many-Splendored Thing*，1955）或《港澳渡轮》（*Ferry to Hong Kong*，1958）等电影的影响而得到深化。这几部影片全都是在当地用比较便宜的新式彩色技术拍摄。吸引美国人来亚洲观光最重要的推动器是1960年拍摄的电影《苏丝黄的世界》（*The World of Suzie Wong*）及其引人入胜的香港夜生活幻想。我们或许应该从"东方"游历的北美旅行团中寻找思想更为"单纯"的旅客，其中45%的游客是从日本出发抵达香港地区的。[33] 根据一份1958年3月的报告，响应"太平洋的召唤"的旅行者在短短五年里翻了三倍。"香港的诱惑"越来越势不可当，而且人们越来越容易在诱惑之下就范。作为自由港的香港还是"美国购物者的便宜货地下室"，亚利桑那州凤凰城的一份报纸在该年秋天报道说："日本和德国的相机、法国香水、瑞士手表、瑞典玻璃杯（吸引着美国顾客）。"游客在48小时内就能在香港定做一套西服（或者叫鸡尾酒服），这件事成了在报刊上反复出现的专题报道内容，即便经久不衰的笑话以此为笑柄（幽默作家声称，"香港西服"的保质期就和它生产出来的时间一样长）。尽管如此，每10名美国访客，就有6人会定做一套西装或礼服。至1959年，国泰航空任命了本公司驻美国的代表，以便鼓励游客来访。[34] 1957年，香港总督为了鼓励并促进"本地头等重要的"行业发展，成立了香港游客协会。为了推广这座旅游目的地城市，协会着手制作手册、海报、电影和用于美国全国广播公司无线电网络的素材，其中包括对总督、"人力车苦力和酒吧女招待"的采访以及有关旅客在香港经历的报道，同时努力提升游客体验。[35] 广告投入还包括厂家赞助一艘香港造的豪华船只"顶好轮"（Ding Hao），该船展现了香港的工艺水平和时尚品位，并参加过1967年的蒙特利尔世界博览会，还是帕萨迪纳的年度玫瑰花车游行上得一等奖的游船（装扮成龙的形状，而"华人少女锦上添花"）[36]。1958年和1961年间，涌入香港的访客人数（主要是观光客）翻倍；至1966年，总数再次翻倍；至1975年翻了三倍。

港英政府为了探索向游客推广香港旅行项目的潜力，在香港设立了一个协会。其成员包括代表国泰航空的太古洋行大班钮鲁诗（Bill Knowles），他担任新协会的第一任主席。此人生于印度，是一位会计的儿子，为人"羞怯粗犷"，他也是一位才华横溢的数学高手，曾在内地和太古洋行一道度过了战前的10年时间，大多数时间在上海长江沿岸和天津从事航运工作，其中包括在香港的一段工作经历。他在印度服完兵役后回到公司。1950年，钮鲁诗凭借航运经验被调到国泰航空，并在1957年成为香港大班。[37] 钮鲁诗或许比其他任何人都更能反映施怀雅家族的利益如何深入扎根香港。他也一度出任过汇丰银行主席、商会会长、香港大学财务主任和后来的副校长，并任职于香港立法局，他还是游客协会的创始主席。不止一位总督评论过，太古对于香港的自信、稳定和繁荣来说不可或缺。[38] 而香港经济的增长对于太古的商业来说也至关重要。钮鲁诗为推销香港而工作,但作为在立法局有一席之地的商会主席,他也为推销商会业务而工作。[39]不出所料,港英政府向各国游客推广香港旅游的做法和国泰航空市场营销计划成了相互重叠交织的市场推广活动。"发现新世界吧!发现东方吧!"的口号给国泰航空的广告加油打气;由于"没人像国泰航空那样了解东方",国泰在日本和旧金山的办事处为旅行社组织了香港游客协会的推广座谈和电影放映活动(国泰在12个国家里代表该协会,其中就包括美日两国)。在1961—1962年,钮鲁诗成为亚太旅行协会主席,该会于1962年在香港举办其年会,会议晚宴就设在太古洋行。[40]

1959年7月,伊莱克特拉客机开始在恢复运营的国泰航空悉尼航线上飞行。钮鲁诗和香港游客协会董事一同搭乘首次航班。[41]这桩业务立刻遭到澳大利亚航空的威胁,国泰还以颜色,每周运营更多班次,随后在1961年11月引进了一架波音707喷气式客机,达成了一剑封喉的效果。国泰反击最初威胁的方式是将一开始被标记为"国泰喷气快运"的自家业务定位为"国泰东方喷气式航空"。在新航线上,"充满魅力的空姐"会奉上"让人胃口大开的异国风情大餐",中餐会配备筷子,还会提供日本的半被短褂。游客还能在飞机上看到"身材苗条、穿鲜艳旗袍的中国姑娘和身穿和服、举止娴静的日本姑娘"。在澳大利亚的宣传页上,一位身穿旗袍的女性向读者招着手。乘客一登上飞机,就能保证享受"东方风情和礼仪服务"[42]。最初出现在报纸上的广告语十分不同。它们敦促旅行者,"来一场与众不同的旅行吧……乘坐国泰航空吧!"并提醒他们这是一趟由"英国飞行员驾驶的英国航班",并说明"整个东方都是你的天地"。日本航空公司曾在1954年开拓太平洋业务的时候采取过类似策略,位于台湾地区的民航空运公司1958年在其"翠华号"上也是这么做的(以及1961年10月起的"超级翠华号")[43]。客机本身,或者不如说乘务人员逐渐成了旅客享受的一种体验。

国泰航空的女性乘务员是航运服务的点睛之笔。航空业有着利用女性乘务员为卖点兜售服务的历史,总的来说,这种营销手段一直以来都是毫不掩饰的性别歧视。国泰航空也在其营销和广告中雇用亚洲籍女性乘务员,但其做法的非同寻常之处在于,它将这种全行业的性别歧视同一种客体化的"东方主义"和"异国情调"杂糅到了一起。一份1962年的公司广告如此宣称,国泰的舱务人员"天生就具备东方式的优雅和智慧",而且"乘客为她们写下抒情诗般的书信"。之所以出现这一现象,部分原因在于国泰航空执行了把香港当作旅游体验地兜售的普遍性策略,并配合更大范围的广告潮流,但更大一部分原因来源于航空业特有的运营实践。就在20世纪70年代,这批经过精心培训的职业空乘员,身为在施怀雅家族任何公司内第一批直接和客户打交道的女性员工,成为营销噱头和广告推广的焦点,贩卖妩媚、"东方式"魅力、"娴静"以及自我谦抑的谄媚。[44]公司鼓励机舱员工参加选美赛和时尚表演。作为香港推销计划的一部分,人力车贴着"国泰美人"跑遍了1964年的旧金山,而据一家媒体报道披露,当年11月在那里展览的"东方风情绝色收藏",参展人员就包括了国泰航空的两位员工。她们被委任为商贸会议的接待员("站在一队东方美女之首"迎接参加1962年亚太旅行协会晚宴的客人),后来又穿着比基尼拍电视广告。[45]1969年,公司宣布"国泰航空的全新面貌"不仅是飞机外观上的变化,而且还体现在重新设计的(裙不过膝)"鞭炮红"套装和短上衣制服。[46]

目的地当然也成了国泰公司的卖点,这次不只是前往"东方"的"西方"之旅。亚洲人也在旅行:在赏樱季节,人们组织旅行团从新加坡出发前往日本。移居婆罗洲的侨民受到鼓动来到香港地区或日本度假。"飞行可要有趣多了",1958年一篇新加坡报纸上的文章如此呼吁,而且"国泰航空飞得更快,价格更便宜,还打理一切——从旅店到购物再到观光游览"[47]。后续的国泰航空时事通讯向乘客和潜在的旅行者介绍在新加坡、曼谷、马尼拉、东京和仰光该做什么,游览什么,购买什么,以及在当地如何讨价还价、什么时候不能讲价以及该住在哪里。如果飞行员和维修工程师就像广告持续强调的那样仍然是"英国人"（或者有时候是澳大利亚人），那么这一地区的航运网络就需要在机场和飞机上投入更多的劳动力，而且是讲多种语言的劳动力。国泰航空的空域服务也同样要迎来变革，新的目的地意味着招募能够助一臂之力的新员工。一来国泰开通了前往日本的航线，二来此后日本政府在1964年取消个人旅行限制，于是国泰就有必要大量增加机上的日籍服务员。1963—1967年间，光是来香港的日本访客人数就翻了近三倍。1964年，他们占海外访港旅客总数的40%[48]。日籍游客平均游港时间为三天半。越来越快的空中旅行重塑了人们的距离感以及时间感，并且重新定义了人们在时空交错的旅程中的所作所为。施约克自己从英国到香港出差的经历，在一定程度上体现了航空旅行创造的新规范。1940年，华伦·施怀雅曾说过，董事会从英国往返香港的旅程为期"通常八个月"。至1960年，旅程只需持续一个月。远程通信的飞速进步也改变了企业的工作方式，但世界通过航班重新调整和校正也很重要，在这一进程中，国泰航空在亚洲扮演了至关重要的角色。

当时，随着游客涌入这一地区，亚洲开始发展，国泰航空也蒸蒸日上。亚洲乘客越来越多，乘坐飞机的频率也越来越高，人们越来越认为亚洲是一片相互贯通的区域，一个地方，而不仅仅是一个地理名词。国泰航空还因为亚洲的经济增长以及日本和香港地区的经济增长而成长。

日本让太古洋行大吃一惊。"二战"前，太古就于1928年在横滨和神户组建了办事处，称"太古洋行（日本）株式会社"。这两家办事处很大程度上仅限于从事蓝烟囱公司和一些保险代办行的业务活动。但1945年后，经营业务重组带来了业务量的剧增。蓝烟囱公司恢复航运，太古轮船公司开始从天津和上海出航，后来又开始试验自家远洋航线。从1956年起，公司船只开始从澳大利亚向日本运送羊毛，随后在20世纪60年代初也开始经营肉类进口。对于设立了一处分行的太古贸易有限公司来说有的是机会，而且国泰航空的航线一经确立，生意就迅速增

第十三章 制造亚洲

长（仅在1963年，来自国泰航空的服务费单据就翻倍了）。航空公司于1960年4月进行首次国际飞行，飞抵大阪机场，并获得了"大众热情的接待"[49]。一位经理后来回忆说，1964年的奥运会"之所以取得巨大成功，是因为东京都完成了一次巨大飞跃"。[50]

日本在战后之初的局面并不美好。经理和到访的董事抱怨英国利益被过于自负的美国占领当局榨干了。这话一点不假：横滨办事处（在1922年大地震中幸存下来）被美国人的征收搞得一团乱，而占据"横滨最好的房子"的陆军上校将他的任职延长了一年，因为房子实在太舒服了。这里本是太古日本办事处经理的住宅。1948年，日本员工的状态令约翰·斯科特如此震惊——少数人是战前的"老员工"，而有些员工是完全没有经验的青少年，虽然这部分人本着自愿的原则加入了太古洋行——以至于斯科特批准每天每人发放一罐肉、淡季旅行票，从香港运来新服装，以方便和慷慨的条款出售给员工，并提供低廉的住房贷款。[51]然而，日本经济很大程度上停滞不前，而且增长前景难以预料。但此时，发生了一件被时任首相吉田茂称为"众神的赠礼"的大事：朝鲜战争爆发了。

美军在朝鲜半岛的惨败意味着会从日本运送大量补给和物资到朝鲜。美元滚滚而来，刺激了全行业的生产，支援美军就意味着来自海外的新机器和补给源源而至。当中国内地的市场地位衰落时，日本已经成为太古眼中的机遇宝地。日本是"我们能为蓝烟囱真的做点事情的地方"，斯科特在1949年初如此记录道。他们找到了新伙伴（日本通运）并在大阪开设了新办事处。施约克于1951年宣布，这个国家"很可能是比澳大利亚更优越的未来新基地"[52]。事实上，美日太平洋战争和随后的美国占领日本这两个历史事件似乎给太古洋行带来了类似振兴的效果，就像当年太古洋行及时撤出中国内地市场一样。施约克在1951年评论道，此举迫使公司"从我们自己制造的牢笼里逃出来"。旧横滨的生活舒适而自闭，罗便臣（W.J. Robinson）曾在那里收集他的古

-367-

玩，并协助管理古老的外国人公墓。距离日本实现条约修改已经过去很久，但此情此景还让人想起横滨的条约开港时代（美日两国于1858年签订《美日修好通商条约》，横滨于1859年开港。——译者注）。而现在，这个时代已经一去不复返，原先的合伙人都已逝去。朝鲜战争提供的机遇有助于一群才华横溢的新员工展现其才干，其中包括约翰·布朗（John Browne），他将接手管理香港；以及迈克尔·费因斯（Michael Fiennes），他在1956年成为董事。至1959年，公司在东京、横滨、神户和大阪四地雇用了9名英籍员工和176名日本员工。日本大学毕业生开始申请加入公司，他们中很多人效力于太古轮船公司和国泰航空，但此时也供职于蓝烟囱公司沿线的其他船运代理行及其保险业务公司。1951年，太古任命了一位日本业务经理全权负责日本业务。比尔·雷伊-史密斯从1955年起担任该职直至1972年，在此期间他曾经有过一段在其他部门就职的短暂经历，当时他在香港执掌国泰航空。原先自1918年以来，太古洋行有一惯例，每位上任的经理，其履职时间都相对较短，而史密斯担任日本业务经理这一任命，将原有的惯例打破。此举反映了这样一种观念：要想在日本取得成功，太古需要不一样的方略——这不仅仅体现在任命专职的日本业务经理——而且员工也应当学习日语。[53]长期而言，日本的成功被证明是日本商业的成就，而非外国公司利益推动下的成果，而太古集团的发展在1960年后开始停滞，但当公司在1950年后重组其业务，尤其是航运业的时候，事实仍然证明该行业是一块生机勃勃的领域。

香港仍然是公司的航运中心，它的港口比以往还要繁忙。除了旅游营销、低廉的商品和可口的美食，香港还能经营什么呢？太古集团的利益该如何在香港运作？简言之，这个地区自从1945年以来就坐上了过山车，来自中国内地的难民蜂拥而至，有时候令其现存的基础设施不堪重负，之所以造成这个局面，相当重要的原因在于当时港英政府一直秉持这样的观点：一旦对面的状况安定下来，这些人就会回去。然而这些人是寄住客,不是移民,当然更不是官方意义的"难民"。相反,人们认为他们是基于亲属或其他类似纽带抱团(英国人会称之为"亲朋邻里",即kith and kin)而穿越边境,他们面临的挑战在于如何融入一块地狭人稠的飞地:他们构成了"人口问题"[54]。在接下来的四年里,至少有14.2万名内地居民非法来港;仅在1962年就来了8.5万人。据估计,截至1961年,非法来港居民占总人口的三分之一。据1963年的报道,港英政府旗下的徙置事务处"每天都和超过120万人打交道":其中有55.5万人是非法占屋者,其数目和"徙置"住房相当,还有10万人没有固定住所。[55]政府担心从非法住宅区可能蔓延的政治后果,于是在1952年开始实施一项住房规划。香港已经满满当当,但仍然始终有人前来,当他们来来回回地搬迁,而且在1962年港英政府制定限制措施之时,仍然不断有人流落至此。

这些人该如何在香港谋生呢?人力被证明是资源,但也是麻烦;限制令鼓励创新和调整;而来自上海的商人、他们的技能和资本洪流汇入了这些鱼龙混杂的人群。尽管来自上海的贡献可能被人夸大,但确实至关重要。[56]1947年,香港没有纱厂;截至1953年香港有了13座纱厂,1964年上升为40座。1955—1965年间,在册制造工厂中的劳动力翻了三倍。香港实现了工业化,其发展远超太古旗下各家公司曾引以为豪的老牌制造业基地。此时的香港在纺织和后来的塑料制品领域遥遥领先。这种转变并不轻松,此地要面对来自海外竞争者和政府的反对声音,但香港经济的特征已经经历了根本的变化。至1965年,大多数的出口货物都是本土制造的产品。[57]香港以稳定、快速和以前所未有的方式增长。

太古集团继续在制造业发挥其作用,而且正如我们看到的,太古贸易有限公司也在其中扮演角色,但核心贡献体现在战后制糖业和造船业的复苏。然而,随着新产业、新实业家和华人商业精英的规模和信心增长,这两个行业的重心也在演变,它们在香港的突出性遭到削弱。当香港地区被日本人攻陷时，经历了20世纪20年代末和20世纪30年代难关的糖厂刚刚恢复盈利：如果一切照常，糖厂在1941年有望获得重大盈利。1945年8月，尽管厂房大多毫发无损，但设备被拆除，后来又遭到掳掠，损失被认为"无法修复"。有的外国员工被船坞雇用，将近半数人离职，直到1948年只保留一位领班和一支规模很小的华人维修团队。公司承担了费用，并通过交易其蓄水池中的水，出售废金属和出租空置仓库的方式获得了收益。一种新的意识开始抬头，人们留意到公司所拥有的，或者从字面而言房屋下面具有最大潜在价值的资产：也就是地皮。但在1948年太古洋行订购了一批新设备：计划重建一处较小的厂房，只专注于高品质的精炼糖。论及最初的炼糖企业，无论其物资还是产权结构，全都是约翰·森姆尔·施怀雅在1881年竞价压倒怡和洋行留下的遗物，它们在1949年被心甘情愿地清算，其资产被转移到新公司，并在香港由董事会管理，董事会包括两名非太古洋行的成员。直至那时，鲗鱼涌的设备被重新安装、销售部门被重建，至1950年6月，产品准备就绪。方糖压块机器在那以前就已经全面启动。[58]

"方糖终于回归商店，"新加坡媒体广告兴奋地欢叫，"一块还是两块？"他们在香港宣布，"重回商店，而且也重回我的厨房"。当新加坡的英国侨民寄送礼物到仍然实行配额限制的英国时，一份广告单上印着"食品包裹的绝佳选择"，而"人人都乐意你送了太古糖"出现在另一份广告单上。有些人索性随身携带糖块。1952年1月，泰国第一支国际橄榄球队的队长坐飞机抵达英国，他在抵达时提着一大包太古糖的样子被记者抓拍下来。这张照片印制在香港的《德臣西报》上，与太古集团利益息息相关的几大发展趋势的汇合点，都被这幅照片巧妙地捕捉到。太古糖通常不会迈出太远的旅程，但它还是传播了出去。太古轮船公司会带着太古袋装糖和方块糖，沿着其网络前往马六甲海峡、文莱、婆罗洲和柬埔寨，然后去更远的地方，前往亚丁、肯尼亚、伊拉克、印度和斯里兰卡。"记住，"一份给新加坡零售商看的1959年小册子提醒人们,"十月是太古月,要以纯净、优质、经济的方式出售太古产品,您不也在推销太古吗?"[59]

但是,尽管干得"相当不错",各位董事认为,要想在大幅缩水的海外市场恢复战前的生产水平,太古糖厂将面临严峻的挑战,保障原糖供应就是其中之一。台湾地区是显而易见的原糖产地。"但我们为什么要出售我们的糖来换取不值钱的英镑呢?"当约翰·斯科特于1952年2月前往台湾洽谈"买糖"业务的时候,流亡台湾岛的国民党信托局局长尹仲容如此反驳。斯科特思索,自从英国承认中国政权以来,像尹仲容这样的人士"对英国人没有好感",但涉及这座岛上的糖类作物时,和太古作对的不是政治情感,而是政治经济学。[60]台湾反过来把岛内的糖运往日本,但人们到1964年才最终明白什么是最具毁灭性的威胁。原先太古糖厂从香港出口到海外的糖制品中,大约有三分之二销往马来西亚市场,结果当时马来亚制糖公司在新路头开办了马来西亚第一家制糖厂,此举不光冲击了太古糖厂的市场占有率,而且也冲击了太古轮船公司,截至当时太古轮船公司一直经营着一条重要而稳定的商路,从新西兰出发向北航行,为公司运输原糖。结局早已放眼可及。1956年,太古曾讨论过放弃香港的制糖业,并向马来西亚政府提交"一揽子协议","以便为他们建立炼糖产业"。太古洋行不但争取到进军马来西亚市场的机会,而且还在鲗鱼涌的地盘上大赚了一笔。当时的人们普遍相信,在各大殖民地独立建国的过渡期中,英国既有利益不光能够大体上不受局势波及,而且甚至可以在新独立国家的发展战略中拓展其作为伙伴的地位。但英国人在后帝国和后殖民时期的乐观主义没有维持多长时间,而且这样的盘算遭到反复挫败。

在此情况下,其他人采取行动:"新路头"是一家合资企业,一方是郭鹤年(Robert Kuok,一位出生在马来西亚的华人企业家)创办的新公司以及马来西亚联邦土地署,另一方是几家日本企业。在开业前,马来西亚政府引进了进口配额以便保护本国新兴产业。郭鹤年曾掌管过太古在马来西亚新山市的代办处,每个月从新加坡牙直利公司获得80吨货物,而且"非常非常善于赚钱",直至被突然解职。他已经没有什么兴趣和英国人打交道了,而且论及经商中需要的朋友、关系、决心、怒气,他样样都不缺,后殖民时期的历史大潮也站在他这一边。国际政治大环境、新独立国家的保护主义发展战略,以及郭鹤年这样的后起之秀所掌控的人脉和商业运作手腕,迫使太古洋行重塑其业务。在英国势力范围内,英国人非常熟悉这类关税优惠战略,每当力所能及的时候,像太古集团公司这样的英国企业就会充分加以利用,并取得优惠地位。比方说,他们在重启生产的过程中,曾在1948年考虑投标争取到马来西亚糖类配额的唯一供应商地位。据施约克报告,在从马来西亚农业及粮食安全部那里取得了马来西亚和香港市场的担保订单后,他们获得了若干市场保护,当时他们"趁着不得不面临全面竞争风险之前"重启了业务。[61] 但正值英国势力衰退之时,他们发现人们再次利用配额政策和垄断措施来对付自己。马来西亚人给英国企业带来的冲击立竿见影:在马来西亚新糖厂运营的头一年里,香港的精制糖出口额下滑了三分之二。[62] 郭鹤年的生意排挤了太古糖厂。这一点不需要更多证明:1973年,太古糖厂完全停止精炼原糖,但仍然继续压制和包装精制糖,其品牌仍然是商店里的常客。位于鲗鱼涌的公司库房继续对外出租用于仓储,为公司提供稳定收入,而当公司于1960年重新开发自家原糖仓库时,设计了新建筑,在供公司使用的一层楼上盖了四层楼,用作商业仓储空间。这里的原糖精炼业务正在转型,其作为太古洋行长期经营项目的时代就这样结束了。它最初的战略目标是吸引东亚人,尤其是让华人抛下他们的粗制糖,改吃太古生产的精制白糖。在很大程度上这一目标实现了,因为人们的口味和消费模式急剧改变。但现在,其他人把太古糖厂挤出去了。正如施约克在他的日记里记录的那样,尽管重建的设施本身在当时完全超出需求,但毕竟"它们坐落在一座金矿上",也就是鲗鱼涌。[63]

第十三章 制造亚洲

1958年,一位身在香港的美国海事验船师朱利乌斯·M. 波梅兰茨(Julius M. Pomerantz)向太古洋行建议了类似的"一揽子协议"。约翰·斯科特写道:"他是个奇怪的人,名声不太好。"波梅兰茨盯着太古船坞,一心想将它和巴西的维多利亚港牵上线。他有一份供应"并安置完整造船业"的合同以及所有配套劳动力和设备。员工经验丰富,背靠太古洋行,资源雄厚广博的太古船坞肯定会认为这是一次非常有吸引力的机会,它远离动荡不安的亚洲和"香港未来的不确定性"[64]。尽管从部分层面来说,这种商业猜想有点异想天开,但在太古洋行漫长的商业史中,确实存在着一条根深蒂固的念头:把中国的专业技能和劳动力迁往太古集团势力相关的海外区域。但这项提议被婉拒了:太古船坞在1945年以后经历了更加愉快的重生历程,船坞在1953年为太古系公司之外的一家企业建成了一艘远洋轮船,为战后首艘出厂轮船,而且在1958年船坞订单全都爆满。

太古本身显然就是一笔固定资产。尽管其专业技能可以被借贷或转让——1951年,有人发出求助信,信上这样写道:"请到马尼拉来帮助我们!""但愿我们能在澳大利亚做点什么。"各位董事在1952年曾这么想过——然而船场本身根基深厚、牢不可破。[65]但将船坞搬迁到巴西这个主意并不是完完全全的新主意。波梅兰茨不太可能获悉太古集团内部的高级别会谈内容,但在最近十多年的时间里,太古高管一直在讨论这一话题:如何在这个易受攻击的地方未雨绸缪,早做准备?这家公司最初在英国注册,后来在1940年被清算并在香港重建,香港当地的税收环境更为优越,因为战时的英国税收,用华伦·施怀雅的话说,"形同没有征收"[66]。但一来中国建立了新政权,二来朝鲜战争爆发,这两件事情让这种务实的决策看似成了失误。香港此时是一处薄弱的前线区域,实际上不堪一击(1941年12月的溃败已经暴露过这点),而且暗中容留了一支得到北方南下移民支持的强力第五纵队。我们"身处政治局势不稳定的香港,在船坞上下了太大的赌注",约翰·马森在1949年末写道,"我们在一定程度上应该从中脱身"[67]。船坞的营利这件事也让事情变得复杂,因为这有助于储备雄厚的准备金。

全亚洲的"民族主义大潮"值得关注,但最大的问题是"被共产主义中国控制的危险"。1939年,根据伦敦事后的估计,太古洋行在中国拥有400万英镑的资产。他们失去了这一切,不但如此,直至1954年8月,他们还给人质公司(hostage companies,指满足不了员工要求,被员工以怠工等方式威胁而白白付出运营成本,处于亏损状态的公司。——译者注)汇去了86.1万英镑。除了外界对香港的直接威胁,还存在长期的"1998"焦虑症(当时人们如此称呼)以及新界租约的到期。作为一家拥有当地董事会的本土公司,因为太古船坞的特殊地位,任何新政权只要接管香港,太古很容易就会丧失控制权,而且得不到赔偿。太古高层逐渐细化规则,并于1954年首次将这一规定对外:公司将通过在香港发行股票的方式来释放并提取准备金。资金将会被重新投资到位于英国的公司——斯科特家族造船厂,并将资助太古集团在澳大利亚开展业务。约翰·斯科特也是斯科特集团的董事,家族和企业之间由来已久的交错关系依然深厚,而且太古船坞已经于1953年作为"锁定投资"买下了斯科特集团三分之一资产,人们认为此举不受亚洲政局的左右。1958年,太古集团决定性地将太古船坞的30%资产在香港证券交易所挂牌上市。1954年的台湾海峡局势紧张,对香港也有一定的影响。[68]

施约克于1958年10月抵达香港,他和汇丰银行总经理端纳(Michael Turner)以及总督葛量洪爵士一同铺路搭桥。据施约克报告,当时端纳这么建议:"试图进行任何伪装都没什么用处,无论(你)说什么,大众都会觉得目的是要从香港敛财。"对于这句话,施约克私底下补充说:"事实上千真万确。"葛量洪"不太高兴",因为这样做会潜在地破坏"香港的稳定和香港人的信心"。施约克在日记里记录道:"我觉得他一点也不喜欢这样。"一来是港英政府和汇丰银行在最初阶段表达的担忧之情,二来端纳本人对于仍然稚嫩的香港证券市场是否能吸收这笔交易也忧心忡忡,人们会因为这些忧虑而重新考虑资产交易计划。实际上,邀请本土企业分享太古船坞的产权还有另一个实用目的,因为外界也能将此举理解为公司对香港未来抱有信心的标志,尽管此举意味着太古集团实际稀释了自己在香港的整体财务承诺。股权认购额是超额的100%。[69]此时,公司也出售自家位于香港的办事处,于1960年6月中旬搬进了新大楼于仁大厦的出租办公间。钮鲁诗于6月11日从屋顶将太古洋行的商号旗降下旗杆,新主人将会拆除这栋始建于1897年、距离港口有些路程的建筑。老商行变得拥挤和破旧不堪,尽管日本人在商行部分区域建的妓院很快被拆除,人们甚至在1954年还新建了一层楼面并安装了空调,但此地逐渐不敷使用。自从1952年以来公司已经在酝酿出售计划,包括由一家公开上市的土地投资公司买下地产,太古再回租,或者这家公司甚至可能买下太古洋行的全部地产,并在更安全的悉尼重新投资产业。太古高层害怕香港遭遇"大劫难"和资产损失,这种担忧成了公司高层在这次资产转移计划中的首要考虑因素,于是他们在1951年10月任命布力活(J.A.Blackwood)为大班,因为太古高层认为一旦香港局势发生变化,布里活可以确保太古部门全身而退,毕竟布里活担任上海经理期间已经经历过局势的变化。1963年8月,一栋全新的全资办公楼太古大厦在悉尼竣工。[70]

船坞公司的复苏堪称传奇,对1945年后香港经济的重生至关重要。当身为商会主席的钮鲁诗强调在海外市场营销香港产业的必要性时,身为大班的他,就像他的前任和继任一样,也对船坞的复苏贡献了一部分监管力量。C.C.罗伯茨(C. C. Roberts)在1945年逃出赤柱拘禁营后第一次视察船场时回忆道:"当我盯着……几乎是绝望地盯着一派荒废和萧条的景象时,我惊讶地听到我的同伴高声自言自语'比我想得可要好多了!'"这位同伴是经理约翰·芬尼(John Finnie),芬尼的看法实际上是对的。他们不知道的是,当二人看到满地断壁残垣的景象时,一人垂头丧气，另一人却满怀希望。一台沉箱（即船闸闸门）已经从香港的港口出发，抵达科伦坡。价值10万英镑的设备、工具和钢材都在转运中。美国空军拍摄的空袭后照片传回了比利特广场，于是太古总部搞清楚了当年日军空袭炸弹对太古香港的破坏情况，始于1943年的复苏计划得以紧锣密鼓地推进。伦敦请求外交部努力将被扣押在上海的码头职工转移到香港，这些员工在香港能够"立刻"派上用场。在赤柱拘禁营，被监禁的码头建筑师和制图员一直在画各种蓝图。直至1946年1月，第一条下水滑道被清理，海军承担起扫除大型未爆炸炸弹这件有点"棘手"的任务，此后不久干船坞便准备就绪，于2月8日迎来了第一条船。1950年9月，新建的"安顺号"是第一艘下水的新船（其前身于1942年在新几内亚沉没）。摩士夫人（Lady Morse）的丈夫是汇丰银行经理摩士爵士，曾替公司看管过一大笔透支贷款。这位夫人打开一瓶香槟酒，送这条7000吨重的船一路滑下水道。直至1952年，船坞上"满是需要提前着手的工作"，这当然是因为当时的政治不稳定所致[71]。

重建的船坞在其他方面也让伦敦担心。当时大量格里诺克籍的员工在鲗鱼涌工作，作为其中一分子的芬尼，很大程度上把船坞当成自己的小地盘来经营（并且以自己的主见进行管理）。他并未像董事和大班想的那样有着在商言商的性格，也不是一位现代意义上的企业管理者，但他让船坞再次运转起来了。尽管一开始船坞员工在重建时得过且过、随心所欲，而且在对待任何他们能抢救的东西时都是本着这样的态度工作，然而有时候盖起来的新建筑看上去"十分奢靡"。芬尼有个合理的目标，那就是对这处楼龄40年的设施进行现代化改造，并让它重现活力。甚至在大幅削减了150万英镑的重建计划后，芬尼似乎仍然得偿所愿。新办公楼"无疑极为高效，但（它）引起令人不快的巨物恐惧症"，施约克在1951年这么认为。而且事实证明，获取充足的钢材是个老大难问题。董事轮番去日本和澳大利亚游说，力争能确保钢材的供应。1954年，船坞借纪念自身复兴历程和50周年落成庆典之际，制作了一本插图生动的大型画册（日本人经营时期的业务史被排除在外），并下水了太古轮船公司的新"重庆号"，这是同名轮船的第四艘，也是第35艘移交给太古的船。[72]公司每年平均修理700艘船。动力强劲的新蒸汽拖轮"太古号"于1950年下水（它是在赤柱拘禁营里被设计出来的，是一款不合时代潮流的产物。对被拘禁者来说，赤柱营的时光过于静止了），执行搜救作业。台风常常给船坞带来维修业务量，而狂风则会给船坞设施造成一定的损害，并造成港口大量人员伤亡。[73]维修和煤转油日益成为船坞的核心业务。

船坞和船坞上的作业是一回事，而作业和船坞工人又是另外一回事。鲗鱼涌的劳动力是本地最庞大劳工群体之一。人员随着业务的变化而变化，但一份1954年的会议纪录显示，当地平均数据为：4500名工人、350名事务人员和93名英国人。男女员工和青少年学徒的总人数达到5700名。此时的劳动雇用结构依然复杂。核心员工由船坞每月付薪，包括学徒工或日结工人，此外还有各种承包商提供的计件工，他们占一般雇用总人数的五分之一。施约克在1946年评论说，战争使得许多人在别的地方工作，当他们回归时具有了"更高的标准"，他的意思是说更高的期望。正如我们已经看到的，启德机场下属的飞机维修厂为受过训练的华人机械师提供了新的出路。只有大幅提高工资和待遇才能留住华人办公室职员，华人女性也第一次受雇担任白领工作（就像她们在商行办公室一样）。[74]一来人们的期望值有高有低，二来经济形势十分脆弱，这两样因素终于在1946年5月引发了战后第一次罢工，牵涉2000名合同工。到了1946年11月，当地又爆发了另一起罢工。1947年8月，为期一个月，遍及整个香港地区的机械师的罢工实现了薪资上涨50%的目标——太古的合同工又罢工了一个星期；1956年人们发起了一次成功的涨薪请愿，而在1959年，劳资双方围绕公司住房问题爆发了严重争议。1947年，企业任命一位福利和劳工专员，由此人监管扩充后的福利方案。这并不是全新举措。除了"鲗鱼涌村"里容纳将近三分之一劳动力的住房设施，太古还在1923年建设了一所免费学校（从1924年以后开设学徒班），并经营一家服务员工及其家属的诊所。当时在船场开设了一座餐厅和诊所，在村里盖了两家商店，"以合理价格"出售生活必需品，并与当地福利协会合作，在那里开办了一家面向社区的扶轮社诊所。前往东亚的董事及其夫人经常在媒体亮相，他们创办了一家福利中心（1951年），建设了一家游泳馆（1954年，这个游泳馆让温绍明代表香港地区参加了1956年墨尔本奥运会）和一处娱乐场所（1961年）。他们还访问学校、举办活动，在会上向员工颁发长期服务奖。公司创立了太古船坞华人福利协会，每年向其发放津贴。[75]截至当时，该协会比当地许多行业领域的社会福利都要优渥，即便如此，时值艰难岁月，许多人在拥挤不堪的香港挣扎谋生，这样的福利永远不够。何况随着条件的改善，人们的期望也水涨船高。

就像香港的总体情况一样，劳工在许多方面四分五裂，尤其是政治方面，泾渭分明地分成左翼团体和右翼团体。在代表员工的各色协会中，调门最高的是成立于1946年的左派太古船坞华员职工会。1959年，该组织有1700名会员（大约是常规劳动力的一半），尽管只有半数人负担得起会费。职工会运营专属福利中心，为会员子女开办识字班，向会员开设政治学习班，并规划了死亡抚恤金方案。中心里有家中国民族产品经销处（内地经营的企业），还有自己的粤剧团。在现存于世的职工会出版物上，介绍新中国各项成就的篇幅比介绍太古厂房在鲗鱼涌工作内容的部分篇幅要大得多。1956年10月1日是中华人民共和国的国庆日，职工会在其办公室里挂了一张很大的墙画，庆贺新中国各项成就。[76]

香港工会联合会遍布整个香港地区，作为其中的分支，太古船坞职工会积极支持其在香港的运动，比方说反对公司清理非法占屋者，并参与动员有技能的机械师移居内地，尤其是在1958年7月，有400人离港参加"大跃进"运动。其中许多人垂头丧气地回来了，深感遭到欺骗。香港劳工处开展了一项造访联合会的计划，并表达了他们对太古管理层的关切。经理贝尔（R.D.Bell）于1959年8月在一份备忘录上冷漠地回复道："我们饶有兴趣地阅读了你们的造访申请文件，而联合会已经了解了我们在这几点上深思熟虑的观点。"联合会本身对于船坞员工生活和工作状况以及企业管理的陈述，在通常情况下当然会自相矛盾，而且联合会建有共产党支部，但是这些陈述内容也可以互相补充，构成一幅船坞工人生活的图景。尽管劳工处职员和其他人习以为常地怀疑联合会对职工状况或对安保过失的陈述，但对于太古管理层给出的一些回应，我们也可以合理地怀疑。然而，正如1959年一位官员记录的那样，"尽管不是慈善家"，但他们"懂得如何经营一座出色的船坞"。在我们的"公序良俗"名单上，我们给予他们很高的地位。[77] 不过，当时的人们对20世纪50年代船坞一直雇用轿夫抬着经理上下班的做法有什么评价，我们现在不得而知。[78]

数千名码头雇员和他们的随属住在鲗鱼涌的公司居住区。"太古"一词既指代太古洋行的厂房，也指公司沿着海岸，在船场东侧的筲箕湾兴建的公司新村，一排排三层楼住房以及供太古劳工吃喝的餐馆和小食摊（那里也有放贷人和典当商），还有家人、前职工或那些去世员工的随属，这些人在员工宿舍生活。一个船坞工人可能会有三到四名随属，通常情况下会携带更多人员。香港的"人口问题"也包括当时居高不下的出生率。联合会在1957年的报告中认为，船坞工人平均每年会生育440名子女，新生的家庭人口需要喂饱，也需要更多住房。但自从1947年以来，赖以为生的工资就停滞不前，而食物价格比10年前上涨了25%。[79] 最初收纳170名儿童的员工子弟学校，在1946年重新开学时迎来了200名学生，1951年学生将近600人，1956年在校生超过700人。[80] 联合会声称，船坞的所有权人"获利数以百万"，而伦敦认为过于豪奢的"新办公大楼"被单独挑出来，与员工所面临生计困窘的"铁的事实"形成了鲜明对比。至1960年，有的家庭已经出现了三代太古人。

陈兴钧（Chan Sing-kwan）的祖父在一位木工承包商旗下工作了20年，在日占时期去世；他的父亲在1950年左右去世前，为另一家承包商工作了超过20年。陈本人是车库的编外工人。学徒工张大兴（Cheung Tak-sing）的父亲也曾在16岁加入太古当学徒工，于日占期间去世。工匠罗涛（Lo Too）于1921年13岁时入行，50年后于1971年退休，他的两个儿子都为船场工作。计件工领班王恒（Wong Hing）在工作60年后于1969年退休。他是大概16岁时入行的。[81]

随着老旧公寓的拆除和新公寓的兴建，冲突得到很大缓解。这些房屋甚至在20世纪40年代就处于糟糕的状况。根据资料记载，早前就有过转租和分租现象（一个人只租一张双层床，每层楼可以住20个人），非正式管理层掌管入住资格，船坞对其没有控制权。拆除旧楼可以一下子解决一系列问题，因为只有那些有明确居住权的群体才可以获准返回原地，而且公寓楼的质量明显更好（这样可以激励员工士气）。但在清除非法占屋者的时候，此举也冷落了在楼房中过活的退休或伤残职员和去世员工的随属，他们都觉得自己在伦理上有权获得补偿。此外，分租和转租构成了许多家庭收入的关键部分。[82]公司从1947年以《业主与租客（综合）条例》中的相关条款争取到豁免。该法令规定了租赁的限制，于是新建楼房的月租从5港币涨到25港币。联合会组织抗议，并反对太古当局的政策改变和驱逐措施，但他们在企业里却称赞新住房带来的生活条件改善，据说抗议工人的妻子们就是这么做的。[83]公司和联合会都在争夺劳工的心。胜出者是太古，大多数员工接受重新入住方案，而不够重新入住资格的员工获得补偿，或由徙置办公室重新安置房屋。这起事件让人们窥见在太古繁盛的商业帝国之阴暗处，贫困员工生活的图景：这里没有任何光鲜亮丽的事物，人们看不到贵妇身着旗袍，也看不到女演员的华丽身姿。在老旧的工人村里有一位太古轮船公司海员的遗孀，她和"精神有问题的"儿子相依为命；有装配工郭某的遗孀和年幼的儿子，有退休的合同木工赖某；有编外员工油漆匠张某，他是四个孩子的父亲,在船坞工作了七年;有编外工人王某,她的丈夫有时是非正式油漆匠;铲漆工吴某在一次工伤事故后残疾,恶劣的医疗恶化了他的身体状况,使他失去工作能力;太古员工遗孀陈某是临时合同工,亡夫是临时油漆工,并有三个孩子;已故铲漆工梁某的妻子"此时靠乞讨为生",梁某在22年前就去世了。大多数和企业有关联(尽管这种关系非常微弱)的工人实际上住在私人租赁屋里,有的人流离失所。1967年圣诞节,灾难一连三次降临船坞临时工冯凯(Fung Kei)头上:这个家庭住在一处避风港的小船上,此前已经有五个孩子,此时三胞胎的降生让他们陷入赤贫。[84]这是另一个香港,它大部分时候大多是这样的景象;甚至当人们有稳定工作的时候,也很少能从空荡荡的锅里盛出一两碗米饭。

当然了,此时的香港仍是英国实行殖民统治的地区,这点需要人们记住。它看上去、听上去、感觉上去就像是一个殖民地,它并不像旅游营销鼓吹的那样是一只容纳中国万象的胶囊。但随着几十年的过去,随着英国一次又一次地放弃其殖民地,然后在一场变革的旋风中,香港看起来就像一个微缩胶囊,里面可以找到过时的英国殖民历史。比方说,总督穿戴着殖民地部的全套鸵鸟羽毛正装,可以从所罗门群岛的任上离岗,转任香港职位,履行完港督职责后,又前往新加坡担任总督。当时的英国早已经抛弃了爱德华时代访客递交名片的社交惯例,但是在香港的新来者会留下名片,仿佛旧时的社交惯例在更炎热的气候里绵延不绝。而且香港是一个"充斥着严重种族分歧和尖锐社会派系冲突的地方",一位访客在1952年的殖民地部出版物中评论道。此人注意到,尽管当时按照法律规定,太平山不再只属于欧洲人,但就社交功能而言,甚至连英国平民都觉得它高高在上、无法亲近。太古集团董事会主席施雅迪(Adrian Swire)后来回忆说:"此地与华人几乎没有产生任何社交关系。"他于1956年抵达香港,开始摸索经营香港业务的门道。"所有战前的殖民惯例仍然原封不动,颇具挑衅意味。"基本上当地的英国同事和华人同事在工作之外没有任何非正式交往。由于公司缺乏真正有效激励政策让英国员工学汉语，再加上太古洋行等企业禁止男性英国员工和华人女性建立（正式）关系，英国员工和华人员工之间继续存在着鸿沟。[85]这确确实实是"自己打造的牢笼"。社会隔阂被政治隔阂强化了。在战争时期，伦敦和拘禁营的官员和居民供职于英军服务团，为澳门难民服务，当时就已经批判性地反思过1941年香港保卫战灾难性失败，以及造成当地防卫崩溃的原因。港英政府草拟了若干重大政治改革计划，但全都作废了。香港保持着官方的专制统治，缺乏任何民众合法性，同少数齐心协力的"非官方"代表们合作（这个词的实际含义另有所指），这些人主要是从英国势力范围中挑选出来的。太古洋行此时是其中的例行成员。从来没有人投票将钮鲁诗、布力活或其他大班选进立法局（他们因此成为"荣誉议员"）。英国大商行和港英政府之间的关系十分紧密，有些观察者甚至觉得过于亲密，而对另一些人来说，他们所代表的利益对于经济来说过于重要，以致不能与其疏远。（英国人心目中）有这样一种没有依据，但普遍存在且对他们有利的看法经久不衰，即认为华人居民实际上对政治没有兴趣，相反他们对外人搞政治这一现状非常满意，如果外人治理行之有效的话。而英国人相信自己施政良好。然而，事实很快就清清楚楚地显示，英国人的料想并非如此，尤其重要的一点在于：腐败在这个地区的所有层面上根深蒂固，而且蔓延到公共和私人生活的所有领域。[86]

无论是企业的新雇员，还是从其他办事处新调来的人员，他们都被笼罩着办公室生活，还有英国社会生活的战前氛围所震撼。姚刚是从上海抵达香港的员工，他认为盛行于香港当地的清规戒律不但扭曲了英国人的举止，而且还扭曲了香港土生土长华人的态度，他觉得香港人通常毫无必要地顺从英国人，这一点与身份和等级问题重叠在一起。作为管理培训生的他有权使用高级职员专用的洗浴设施，他甚至会发现与自己地位相当的英国同事会反对，因为香港教会了英国人这么做。对英国雇员来说,这种与华人雇员不期而遇的场景格格不入,因为像姚刚这样的人享有此等地位有着非同小可的意义。公司的等级制在很大程度上仍然以种族为阶序,殖民式社会是由正式和非正式的差异政策塑造的。施雅迪回忆:"去日本太好了,因为它是一个'得体的'国家,你看不到那种界限。"[87] 直至20世纪60年代,公司办公室里都弥漫着来自战前的氛围。"说来可真不好应付",一位1964年刚到家族办公室的新秘书在晚年回忆道,她面对的是一丝不苟的办公桌摆放格局,而且办公室的着装要求和季节完全不匹配,更不要说外面的天气了。[88] 在这方面,企业处于重大转变的前沿。就在前一年,公司高层任命邓莲如(Lydia Dunn)担任太古贸易有限公司的培训生主管,她生于香港,早年毕业于加利福尼亚大学。公司开始缓慢但坚定地推行新政策:雇用更多长期以来回避加入太古的香港籍大学毕业生。"学业一流"的华人毕业生是这样想的,他们在一家外资企业里晋升高级职位的道路已经被堵死了,于是宁可选择在华资企业工作,或者投身专业领域。汤姆·林赛反思道:"我们也许错失了真正朝气蓬勃的员工。"他在1966年退休后专注于人事方面的事务[89]。太古洋行在撤离中国内地市场后,公司的中层员工过剩,于是公司高层试图在太古贸易有限公司这样的新部门里为这部分群体找到临时的安身立命之处,或者将他们派到太古在澳大利亚开设的企业。但随着亚洲地区的重心越来越集中到香港,即便此地一直是烦恼的来源,但它仍需要香港人来经营香港企业。

  姚刚后来将"历史遗留下来的待遇不平等"文化归咎于公司在处理部分员工问题时的惯例。我们注意到其中一种做法是,不论其实际作用如何,华人主管都代表或领导全体华人员工。1949年,一群雇员成立了太古华人雇员协会,并由公司提供场地,人们希望办公室员工可以在里面打麻将,好吃好喝并发挥兴趣爱好。一开始人们带着怀疑的眼光看待这家协会,因为里面有"政治和工会色彩",根据一份报告的记载(尽管协会宗旨声明书用美国《独立宣言》的口吻起草,也无济于事),一些参会人员被认为是"激进分子",但公司决定配合"并指导"这家新成立的协会。[90]该协会并不是代表机构,而政府针对社团和组织所立的严苛法规意味着它只能登记为"慈善机构"。当局禁止代表员工展开任何有关薪资或工作条件的讨论。但作为唯一正式组织起来,且具有选任代表理事会的员工团体,它在20世纪50年代中后期恰恰试图为员工争取薪资和工作条件等权益。其中一位华人职工领袖切斯特·严(Chester Yen)受命驯服该组织。然而,这将是香港爆发更广泛矛盾的征兆。

整个20世纪60年代,这些主管都是战前就加入公司的人士,有的作为买办,有的作为买办的亲属,而其他人则是"华人内部员工"招工计划的老成员。大多数情况下,他们在1954—1955年正式退休,因为作为"资本代理人"(外界就这么称呼这类群体),在接管了太古洋行的各公司中,这些人毫无未来可言。多数人当时已经找到他们的出路。"一部分员工的领袖",汤姆·林赛于1966年4月写到其中一人,他又写到另一人是"相当一部分员工的领袖",第三人则"代表了汕头生活两大主要特点之一"。[91]这些人在企业内部是有技术的资深人士,但他们并不总是代表公司所建设的新世界。在当地社会有深厚根基的广东籍主管只是少数。

1967年5月,香港发生大暴动时,拒绝改革的港英政府僵化迟钝的弱点被完全暴露出来。当时一家塑料花工厂爆发劳资纠纷,这并不是香港发生的第一起严重内部骚乱事件(上一年因天星小轮打算涨价而发生暴动,本身就是一种信号:当时个人生计非常艰辛)。但这次事件暴力程度最高,持续时间也最为长久,并迫使港英政府在骚乱刚被镇压后(此次暴动最后的结局)就采取了一连串新的策略,旨在小心谨慎地重新界定政府和香港社会的关系,同时不进行任何政治改革。[92]这场暴动最终导致51人死亡。若非香港潜滋暗长的社会问题和治理问题,爆发的冲突本不会掀起狂风骤雨。当政府奋力恢复秩序时,绝大多数香港人都支持,而且政府最终也做到了这点,但香港由来已久的贪腐仍然遭到了报应。

实际上对太古集团来说，这一年一开始洋溢着喜气洋洋的气氛，因为太古筹划一系列活动来纪念企业扎根中国市场100周年。在汇丰银行于1965年纪念它自己开业100周年后，人们也开始讨论约翰·森姆尔·施怀雅首次中国之旅的100周年庆典。讨论最后决定将1867年1月1日定为太古洋行的创始日，太古洋行在香港、台北以及当年晚些时候在日本组织了各种活动。长期效力的员工被授予大奖章（发给多数人铜章，少数人领银章，金章只有一枚，颁给了东京的王族贵宾雍仁亲王），香港大学和新成立的香港中文大学获赠新奖学金和厚礼。有1400名员工来自太古集团和太古集团管理的企业，他们受邀在香港大会堂观赏歌剧和歌舞表演（当时有场出乎众人意料的表演，一位"澳大利亚夜店舞女，周身覆盖着鸵鸟羽毛"假装正经地跳了一段未完成的脱衣舞，给庆典增加了一丝超现实的意味）。职位更高的员工和英国人在香港会聚会。从某些微小的差异和区别，以及显而易见的混乱可以发现，香港的脆弱状态是如何阻碍诸事顺利运转的：公司给香港中文大学的礼物是资助校方编纂一部新汉英词典，然而没人发现大奖章上的中文日期和英文日期不一致。施约克为美好未来发表了祝酒词，他自己对这座城市将近53年的造访被这样一个事实盖过：约翰·斯科特在日本指出，他本人的父亲在1867年就到过那里了。显然，这种传承既属于公司，又非同一般地属于个人。

当一些董事于1967年新年齐聚香港时，新一代后辈正在经营着太古集团。施约克的长子施约翰（John A. Swire）于1950年10月第一次抵达香港料理公司生意。在接下来的四年里，他在那里的各部门以及日本和澳大利亚工作，1955年回到英国加入董事会。他的兄弟施雅迪于1956年9月抵达香港，像许多新员工一样，一开始做的工作是"跳船"：也就是去视察即将到来的船只，并上船和船长、船员谈话。1961年，他回到伦敦加入董事会。约翰·马森在1963年辞职前教他怎么管理航运生意。施雅迪一直掌管这一核心业务，直到施约克于1966年6月辞去主席职务，而约翰·斯科特在董事会担任了42年副董事长，两人的位子分别由施约翰和施雅迪接替。约翰·斯科特的侄子詹姆斯·辛顿·斯科特（James Hinton Scott）和爱德华·兰金·斯科特（Edward Rankin Scott）也加入公司，而詹姆斯于1967年1月1日加入董事会。在企业内部也有其他一些代际传承，尤其是在华人高级主管的圈子里。太古轮船公司的中国经理王保侠（Wong Po Hsie）于1931年加入公司，他的祖父从很早的时候起就作为航运经纪人和太古轮船公司密切合作；华赛礼（Hua Tshai Lee）的父亲是前汕头买办；莫里斯·程是牛庄前买办的儿子，父子俩都在太古轮船公司工作。1958年，本杰明·王在其父亲C. P. 王（太古贸易有限公司的正式经理和华人员工的非正式领袖）去世后三年也加入公司，后来加入了香港董事会。

然而，如果太古公司用庆典、演讲和节目迎来了1967年，那么到了当年暮春，香港就已陷入烈火之中。人们在社会经济领域爆发了不满情绪，香港兴起了政治运动，"文化大革命"的重压以及迟钝的殖民统治制造了连锁反应。英国人公开称之为"暴乱"；在私人和官方文件上则将其称之为"冲突"。他们已经警觉到政治越发不稳定的普遍趋势，因为在1966年12月，澳门街头和港口预演了即将在香港爆发的暴动。港英政府密切关注此事，政府旗下的基要服务委员会（Essential Services Committee，同时也是负责处理紧急事态的政务单位）传阅一份事件报告，该报告被一路送到了伦敦的太古大厦。约翰·布朗对一件事苦思冥想：一旦发生严重的内乱，公司究竟能做何应对。此人于1964年接替钮鲁诗担任大班。[93]布朗也是"运输部影子代表"，而且由于朝鲜战争危机的余波以及1951—1961年间的法律要求，太古洋行香港办事处的员工效命于空军后备队、警队或皇家香港军团（时称义勇军）。危机在1967年春夏两季急剧恶化，不少人除了工作还要忙活别的事情。

詹姆斯·卡塞尔斯（James Cassels）在1946年加入船坞公司。尽管在香港的头20年里他见识过不少大风大浪,但他可能从没想过自己会处于风口浪尖。1967年6月6日下午,时任公司总经理的卡塞尔斯和他的船场经理汤姆·邓肯(Tom Duncan)被一大群愤怒的工人包围,许多人手持装了金属尖端的土长矛,其中一名焊接工把经理逼到了墙角。此前一天,警方执行了一次波及整个香港的行动,清除左派活动家张贴的大字报。政府下达紧急状态令,于6月1日禁止群众张贴"煽动性"大字报。6月5日早晨,500名工人聚集到一起并"开始呼喊口号,高举起一面旗帜,上面写着'我们强烈抗议和港英政府狼狈为奸的公司无缘无故开除工人'"。船坞开始自行抹除各种大字报。当局势紧张时,有位华人领班不得不跳进海港,游过一堆废弃物才得以逃离人群。下午时分,一小群人围住卡塞尔斯和另一名员工。左翼组织太古船坞华员联合会主席邓全(Tang Tsuen)要求他们签署一份同意联合会要求的文件,另一位活动家指挥着"一群唱着政治歌曲,高呼政治口号的人"[94]。

船场最早爆发的骚乱迹象是5月23日出现的为期一小时的象征性罢工,号召人们抗议人造花工厂的"英国人暴行",3000名工人参与罢工。150名太古糖厂雇员也在三天后举行了类似的抗议活动。但是,火上浇油的是大字报禁令,激起遍及各处公共设施的抗议狂潮,包括船坞和天星小轮公司。总督戴麟趾(David Trench)6月8日发布的局势报告吸引人们关注"部分工人,尤其是太古船坞的工人愈演愈烈的好斗行为"。6月7日晚,在召开了紧急董事会议后,大门被锁上,员工被告知未经要求不得返回。公司进行"调整重组",当6月14日船坞重新开放时,有168人未被召回,他们后来也被逐出了公司住房。另有140人参加了6月24日的总罢工,这些人也被阻止返回工作岗位。一个月后,政府做出强硬回应,发起了一场警察和部队的联合行动,袭击各左翼组织壁垒森严的办公室。太古船坞联合会的福利部门所在的筲箕湾路是目标之一,而太古糖厂工人联合会的福利中心是另一个目标。在筲箕湾路发现了燃烧瓶、土制炸弹、长矛和刀具。这次突袭中被捕的联合会干部中,至少有两人后来被下达拘禁命令,并未经审判被关押了六个月。邓全于当天被捕。他也是遍及整个香港,配合暴动的"各业工人斗争委员会"的执行委员。邓全因参与6月6日事件被判监禁六年,他也是这起事件的带头人物。[95]总共有大约43人被捕,其中大多数被关押至次年。

在太古糖厂,5月19日爆发第一次小型象征性罢工后,紧随而来是整个船场和货车上都被贴满了"煽动性的大字报"。运输停顿了。一周后,在牵涉大多数工人在内的第二次短暂关停期间,"新的大字报每天都会冒出来",总工程师和工厂经理的办公室也不例外。太古上层的谈判尝试毫无成果。超过三分之一工人加入了总罢工。他们全都被立刻开除,但公司通知多数人申请复职,并自行解释应当复职的理由。这个机会没有提供给"死硬武斗派"。这批人被结清工钱,然后接到离开公司住房的通知。[96]

在为期数月的暴动爆发期间,当时的左翼宣传也包括一部卡通漫画——"太古船坞工人血淋淋的可怕故事",每周都在《文汇报》上刊载,并结集出版为小册子。这本漫画绘制了粗暴的英国领班踢打教训学徒工的场面;揭露在危险条件下工作的受害者在火灾中窒息、受困、丧命、从高处摔死,或者死于忍饥挨饿和疾病缠身的场景。当工人不受饥寒交迫之苦时,他们就是英雄的无产阶级力量和怒火的象征。有几期漫画讲述了真实事件和个人灾难,其中至少有一起不幸事件的验尸官要求起诉公司。这是当时经典的宣传鼓动材料:"我们是时候一次性地向英帝国主义分子算账了!""我们一定要斗争到底,直至他们被彻底打倒!"[97]船坞针锋相对地推出广告,强调企业提供的福利和培训活动。但左派对船坞的指责十分有力,且道破了引爆香港暴动的广泛社会和经济问题,以及未经改革的政权的合法性危机,这些也揭示了工人关注的真正原因。

罢工后由企业和外界顾问进行的分析触目惊心[98],问题包括:过于信赖外籍监管员工,缺乏足够的渠道供员工投诉,"不平等的工资结构"以及未能落实1967年原则上同意提高工资，以便"为所有工人发放符合维持实际生活水平的薪资，且不需要通过加班争取"的承诺。这项提案伴随着一项提拔更多华人员工——"其品行众所周知"——担任监管工作的计划，但这份计划执行起来也毫无紧迫感。很能说明问题的是，公司"高级华人员工任职详情"的小册子完全是用英文印制的。直至10月，双方同意每个月加薪40港币，这意味着最低薪资上涨了22%；采取大刀阔斧的举措，加快用华人员工替代外籍员工的步伐。一项旨在将计件工改为计时雇工的计划被加速实行，学徒工培训得到彻底改革。1967年秋，太古开始同员工代表一道设立一系列跨行联络经营委员会。卡塞尔斯注意到，这些委员会迅速"暴露了大量本不会引起我们注意的问题"[99]。这些问题全都是太古船坞的，但它们也全都反映了香港的痼疾。

英国人发动的镇压行动，外加当时香港大多数公众对暴动的敌意，以及支援活动人士的本钱逐渐消耗殆尽（因为罢工基金很快就被花完），这一切使得暴动在秋天偃旗息鼓。至1968年1月，暴动彻底平息，除了那些坐牢或未经审判被拘禁的人士未被释放。这段经历的苦涩回忆长久留存在香港社会当中。太古船坞华工联合会在警局的注册于1967年中止。船坞公司和太古糖厂被开除的工人在1968年7月要求复职。太古糖厂工会写道："我们必须指出，罢工完全是港英政府强加给我们的。我们的罢工并非针对工厂。"[100] 劳工激进主义运动于1972年在船坞重现，将会重建一个左翼政治组织。政府推行一系列行政改革，着手开展重大基础设施项目，并发起旨在弥合港英政府和香港社会鸿沟的行动。激起香港工人暴动的那种量级的挫败感，一去不复返了。

我们也需要回顾更宏观的背景。这一年披头士乐队的《比伯军曹寂寞芳心俱乐部》（*Sgt. Pepper*）问世、"爱之夏"（Summer of Love）如火如荼，当时整个工业化西方的社会、法律和文化束缚变得宽松。伴随着英国重要的改革立法，号称英国政治的"自由时刻"，以死刑的废除、里程碑式的《1965年种族关系法案》、成年男性同性恋行为除罪化和堕胎合法化为标志。这一年同时是政治危机的年份：发生了中东"六日战争"，美国各城市的暴乱，以及美国干涉越南事件（这件事后来在1968年达到高潮）。面对亚丁持续不断的动乱，英国在经过130年的殖民占领后，可耻地撤军了。另外两项里程碑式决策标志着英帝国的解体：1967年6月发布的《国防白皮书》计划将英国军队从"苏伊士以东"的基地撤出；而在11月，经过多年昂贵但无果的抵抗后，英镑贬值。后一项决策对香港的冲击是深远的。1967年10月，此时的香港是海外第二大英镑持有者，而且香港收到的警告很不充分，几乎没有考虑过英镑贬值会产生何种影响。包括行政部门在内的港英政府觉得自己和帝国中心的联系变得松散，同伦敦的决策者和官员的关系，在那之后很长时间都脆弱不堪。

  这个周年纪念让太古洋行百感交集。历史既青睐公司，又对它不利。香港各商贸协会和游客协会的业务和日常活动也迅速恢复元气，但其经历令人深感不安。太古糖厂的会议记录显示，糖厂董事会在11月将其80%资产返还持股者的决策"并不是受香港局势刺激而做出的"，但实际上当然如此。[101]总的来说，1966年太古集团有40%的投资都位于香港，超过70%的利润是从这里获得的。然而，在狂暴的夏日时节，尽管公司已经再三重申它们的保证，尽管施约克在香港会掷地有声地鼓吹他祖父的核心原则，即公司"决不屈服于勒索"，但他在1967年8月底指出，这些数字意味着"香港太过重要"，而这正是"我们真正严重的弱点"。[102]那么，对此能采取什么措施呢？

第十四章

制造香港

香港危机和伦敦的代际更迭，促使太古集团内部对其工作方式、运营地点以及业务活动的实际内容进行了激烈的思考。这也促使施约克勾勒出他所认为的、处于公司要害位置的核心原则。但是，施约克比其他任何人都更有能力让公司在1945年后恢复运作，并在战后几十年里促进其发展，但他也发现自己对随后展开的变革的速度和规模感到困惑。在接下来的10年里，公司被重新规划，重要组成部分重新命名——古老的"巴特菲尔德"终于功成身退，长久以来的业务被按比例削减，有的被永久关停，有的则应运而生。这一趋势很大一部分是源自董事和经理的自我反思，但在付诸实践前也征询了管理顾问的意见。香港本身的发展演变、城市环境的改变和日新月异的政治文化和经济，尤其是20世纪70年代的惊人成长，都影响了公司的变革进程，而这种进程反过来又塑造了香港这座城市。约翰·森姆尔·施怀雅在很久以前就经常警告人们，不要把资本锁定在无利可图的土地和建筑上，此时的公司却将现金投入地产；以前曾雇用过数千人的地方，现在容纳了数万人。企业里有些人会抨击变革的规模，有些人则抨击变革的细节，但变革制造了健全的商业。这一过程中产生了若干问题，在这10年里，香港有好几家树大根深的英国企业都蒙受致命损失，甚至连怡和洋行都处于崩溃边缘，而事实证明，太古公司是一位不同寻常的幸存者。

一切始于反省。从20世纪60年代初开始，太古决策层就委托英国管理咨询界首屈一指的厄威克奥尔管理公司检查其业务。国泰航空、太古贸易有限公司、太古船坞以及太古日本和香港各家公司的业务都在被分析之列。1967年6月中旬，厄威克奥尔受托紧急审查伦敦公司的业务活动，并形成报告，"以确定太古的整体政策和长期规划（包括多元化发展规划）"。[1]这份报告提供了1967年夏天太古集团自身异常的详细概况。这家伦敦公司的价值约为1250万英镑（2019年约为2.2亿英镑），超过50%的资产由非太古管理的公司持有（20%分布在古老的斯科特家族企业和霍尔特家族企业）。[2]外界可以清楚地看到，公司的运作是有组织地发展起来的，虽然有点杂乱无章。这种选择相当程度上受到有关人员"能力和天赋"的影响，而不是任何系统性、协商性战略的结果。但外界的观点对太古来说并不是完全准确的，至少从长远来看是不准确的，例如太古轮船公司站稳脚跟之后，自然就会成立太古糖厂；而建造船坞的逻辑在约翰·森姆尔·施怀雅去世前就已经很明显了，一旦时机成熟，航运的诸多好处就会浮出水面。但对于一个不了解公司历史的局外人来说，1967年的景象显得相当奇特。太古集团有32家公司，要理解太古贸易有限公司、太古国光公司或更近期的发展情况是困难的，例如1965年收购软饮料公司香港汽水厂（持有可口可乐香港装瓶业务专营权）、快捷酒店以及澳大利亚的一家冷藏车公司。关键的问题在于，公司不但缺乏协调一致的战略，而且制定战略的能力也受到董事会传统管理做法以及来自"东方"信息流的阻碍，这些信息在局外人看来是令人困惑的。例如，来自亚洲的邮件在周一到达，会呈现给所有董事看，并在"邮件日"——周五集体回复。在香港，这种办公节奏与一名员工所回忆的"伦敦邮件的每周仪式"（所有邮件必须在下午1点

55分之前准备好）形成了对照。[3]相反，想在公司的其他领域找到关键信息却很难。例如，公司没有财务总监，也没有为任何一家公司制定年度计划和预算。尽管所在公司的工作人员被委以重任和自主权，但这取决于个人关系和信任。而在指导子公司和关联公司方面，太古并"没有正式规定的程序"。

施约克对最后一点批注说："我们取得成功是因为相互信任和尊重，这是我们的最大优势。"他手握铅笔，削尖了笔尖，显然感到越来越恼火。但是，"相互信任和尊重"是应对公司面临的重大挑战所需要的全部吗？报告认为，公司要想多元化，就需要制定战略；为了协调该战略的发展和实施，公司就需要任命一个人担任战略发展的角色，为此需要建立发展预算。此外，应任命一位集团财务总监，并引入一些改进的系统，使董事能够更好地进行指导，而不是像以前那样，过多地关注管理现有的活动及其问题。尽管所有的信任和权力下放给海外的管理人员，尽管这种模式正在慢慢改变，但伦敦仍完全控制全局，而且伦敦的税收状况是重要的因素，这也是对哈德罗·威尔逊（Harold Wilson）工党政府政策的担忧所决定的——太古集团是所有权人，它的决策是终局的。施约克认为，厄威克奥尔报告中的一些内容是"胡言乱语"（这是什么意思？——他在"目标"和"政策"的定义旁边潦草地写道），有些则是明智的、早就应该采取的措施。同时，他也回复道："我们的管理一直是世界羡慕的对象。与时俱进……但不要轻易背离基本原则，这是成功的秘诀。例如，第一，主席和整个董事会都对公司员工和其他利益相关方有着严密的管理；第二，家族董事对集团财务享有最终控制权；第三，公司现金保持保守的流动性，以便援助有困难的子公司；第四，除非有特殊原因，否则不要大规模投资无法管理的东西，比如远洋轮船公司。"

但施约克现在不是董事长，一年后他将完全退出董事会，然而，他有着超过40年的经验。这位厄威克奥尔的顾问是位28岁的年轻人，刚从大学毕业不久。他告诉施约克、C.C.罗伯茨（此人一度担任过香港大班，是赤柱拘禁营的老员工，早在这位年轻人出生前很久就前往中国）和迈克尔·费因斯（1935年前往中国，在亚洲工作了20年，此外还在战争运输部效力）该如何经营一家公司。后来的事实证明，将所说的这些方法和理念结合起来，对战后太古集团的第二次重生至关重要。

几位厄威克奥尔的顾问还重申了人人皆知，而且已经被讨论了将近20年的问题——公司过于依赖香港，而香港看上去过于脆弱。于是，从整个秋天直至1968年的前几个月，董事逐步设计了一份多元化的计划，并迫切地四处搜寻机遇。1968年1月，施雅迪前往日本，参加散装货船"艾瑞丁号"的落成仪式，后来他转而在香港和吉隆坡进行战略会谈。回到伦敦后他归纳了有关公司发展政策的想法——除已有业务的合理发展外，不应再在香港进行新的投资。日本是船运和航空业务，也许还是地产增长方面的最优先选项；澳大利亚也被证明利润不足，将作为新的"基地区域"发展。公司计划将多家公司的少数股权出售给它可以信任的英国利益集团，并将资金用于新的投资。一半资金将用于两个新基地区域，另一半资金将用于其他领土（尽管该计划还有待完善，澳大利亚和日本的发展资金将来自它们自己的收入或当地贷款）。一封于1月份寄往香港的信函中说：请发来韩国、中国台湾、菲律宾、婆罗洲和文莱、马来西亚、泰国与印度尼西亚的当前商务目录；另外，新加坡目录也过期八年了。这里有一份有关柬埔寨的报道（不，我们不会投资，保持距离）。我们需要更多地了解新加坡和台湾地区。在不列颠哥伦比亚省能做成什么？在塞舌尔群岛或加勒比海能做成什么？无论我们去哪里，我们都不能进行新的"专门"投资。我们从不擅长"推销"，但我们应该再度观望吗？无论我们做什么，我们都需要优先考虑能让我们施展管理才能和管理技巧的机会，并牢记"一旦出现可能的政治动荡，如香港崩溃的情况下，未来该如何安置我们当前的员工"。[4]

1968年，时任经理的施雅迪报告说："香港渴望前进，而且手上有

第十四章 制造香港

不少钱。"大家都对日本印象深刻，施约克也参加了"艾瑞丁号"的落成仪式，他在日记中写道："这个国家的活力和精神简直太了不起了。每个人都在努力工作，显然是为了让自己的国家站在世界之巅而竭尽全力。和我们相比，他们在公路和铁路方面遥遥领先，很快就会在所有方面击败我们。他们似乎有一种令人难以置信的能力，能够正确安排事情的优先级，一旦他们决定了方向，就会不顾一切地完成这项任务。我对他们深表钦佩，我们必须加强和扩大我们在这里的基础，最终取代香港。"[5]

"艾瑞丁号"是太古集团新举措的一部分，船是日本的公司建造的，通过包玉刚的环球航运集团授权给日本船运公司新和海运，由太古轮船公司配置人员和管理。这次合作代表了两个方面的新业务，首先是和包玉刚以及内地船运集团的合作，其次是长期的特许经营权。太古集团打算通过这种方式订购几艘船用于澳大利亚和亚洲港口之间的业务，"艾瑞丁号"是第一艘（太古进入这一行业的条件之一）。事实证明，此举是有利可图的措施，可以应对20世纪60年代末航运业低迷带来的挑战，并解决太古轮船公司因环境造成的混乱，导致每月前往内地的业务中止带来的额外问题。[6]

内地的政策仍是这些举措令人不安的背景。作为蓝烟囱代理商的香港太古洋行试图在1968年2月和3月解决该航线的"得摩多科斯号"在上海被扣押五个星期的事件，该船一开始载着常规货物离港。为此，莫里斯·程被派往广州，但这趟访问以及同中国政府的半官方代表处香港新华社的接洽都没能带来好消息或者说是任何确切的消息。后来了解到，二副彼得·克劳奇（Peter Crouch）对上海的海军航运做了记录，此举违反港口规定。港口所有外国船只的船长都被下令参加公审，克劳奇在数千人面前接受公开审判，最终被判监禁三年。[7]1969年，蓝烟囱最终结束了其一个月两次的内地业务，即便"中国人对外国人的态度有所缓和"。例如，"为船上的人"，包括船长的妻子，安排了在青岛的

"工厂参观"。[8]其他英国人遭到拘禁,而另外几位海员——仅有的常规外国人访客——与当局发生了冲突。1967年8月,受到英国在香港大肆镇压"五月风暴"的刺激,北京的红卫兵突袭并烧毁了英国代办处(该处不享有大使馆地位)。所有这些都加强了公司寻找其他出路的必要性。

香港罕见地率先进入加勒比海地区,尤其是巴哈马群岛。这一切似乎都很熟悉。无论如何,那里是英国的殖民地。所以在1965年,大英帝国日揭幕的维多利亚女王雕像自然而然地出现在巴哈马的海滨,每到周六,总督府外都会举行换岗仪式,乐队演奏《伊顿船歌》和《黛西,黛西》。[9]尽管这个主意在当时看上去不错,后来却被证明是不折不扣的败笔。1968年3月下旬,公司开始和英国海外航空公司洽谈,后者急于摆脱曾经一度是其战略中心(曾在香港引发巨大争议)的地区航线。巴哈马航空有限公司长期以来耗尽了英国海外航空公司的资金,并以象征性的支付方式向太古集团提出收购。就巴哈马政府而言,更乐意看到巴哈马航空扶持群岛的社会和经济发展。巴哈马总理林登·平德林(Lynden Pindling)认为,英国海外航空公司只对其长途航线感兴趣。[10]考虑到国泰航空过去10年的增长,以及伦敦的董事正在进行多元化经营,这一机遇抓住了信心十足的国泰管理层。如果有任何不测发生在香港以及国泰航空头上的话,公司会为员工和资本提供避难所,因此移师巴哈马也是"重要的提振士气之举"。他们曾留意过斐济航空("被人牢牢握住,以至于没有留给我们空间"),考察过"接受报价"的牙买加航空,但这家公司未能通过进一步的调查,后来英国海外航空公司派驻国泰航空董事会的代表让他们考虑巴哈马航空。从10月1日起,蓝烟囱和铁行轮船公司加入太古集团,收购了国泰航空公司85%的股份,而英国航空公司掌握少数份额。[11]国泰航空的商务总监邓肯·布拉克(Duncan Bluck)前往巴哈马担任董事会主席,而其他有经验的国泰航空员工也加入了他的行列,担任运营、工程和行政经理,计

第十四章 制造香港

划为这条航线重新配备BAC1-11喷气式客机,并在主要飞往迈阿密的航线之外增加航班安排。这是一项大工程,总计有80名飞行员、800名员工。尽管在伦敦的航空官员们看来,这套班子看上去也是"非常不稳定的",[12]但这家公司是这些岛屿上唯一最大的私营部门雇主,购买新飞机让它一举成为最大的进口商。佛罗里达州媒体上的广告宣称:"除了名字,巴哈马航空公司一切都是新的。"还体贴地提供了飞往这个群岛的"有趣方式",乘客能见到令人惊奇的火烈鸟式新制服(象征喷气式飞机的粉红机尾),由风格全新的"美丽巴哈马姑娘"招待的免费机舱鸡尾酒("火烈鸟斯林酒"),她们穿着迷你裙,头戴木头盔,搭配很不协调——这种风格没有得到更广泛的认可,还提供"火烈鸟宾果游戏","每个航班都有中奖者"。[13]

"我相信这件事一切进展顺利,"一位外交官记录中这样谈道,"不过我也没蠢到认为一点困难都不会有。"几位官员还秘密指出,另一家航空公司的发起人"被告知",如果他希望自己的提案能"大获成功",则需要雇用当地一家特定企业。[14]可以想象,他可能需要的不仅仅是礼貌和现金(另一家本地运营商将收益的1%直接交给政府)。但是,国泰航空刚刚开始它1968—1969年的运营,就取得了有史以来盈利最多的四个月的业绩,而无论从任何标准来衡量,英国海外航空公司对巴哈马航空都属于管理不善,也没有抓住后者带来的机遇。[15]巴哈马群岛正处于繁荣发展时期,从1964—1967年,旅游业增长了50%;大多数人来去都乘飞机,许多人坐飞机四处旅行,或者中途停留,到迈阿密进行一日游。邓肯·布拉克是一位上海百货公司经理的儿子,在国民革命期间蒋介石军队占领上海的那个星期,他就出生在这个城市。战争期间他在海军服役,后来于1948年加入公司。

"英国是个非常无聊的地方,有定额配给之类的,所以去远东似乎是个明智的选择。"布拉克后来回忆道——在日本为公司工作后,他开始长期和国泰航空合作。老同事对他持怀疑态度,因为航空业似乎仍

-397-

然是一个匆匆兴起的行业,而且澳大利亚人的记忆仍然鲜活——"我们将不得不和邓肯保持密切合作",有人在1968年11月告诉施约克,"要不他可能会像所有航空运营商一样患上巨物恐惧症",比尔·克诺尔斯(Bill Knowles)认为布拉克需要"在其他领域磨炼他的棱角",不过接下来两年,布拉克在很多方面的成绩都是显著的。他信心满满的对航空公司进行了大刀阔斧的改革和重新构想,接着,四架喷气式飞机也到了。

公司在群岛上广泛开展宣传,加强了巴哈马航空的地方身份——《我在飞我们自己的航线》成为头条新闻。此外,为了履行对平德林政府的承诺,该公司招聘了包括飞行员在内的新员工,并将他们送到海外接受培训。这都是公司"在巴哈马投资3000万美元"的一部分。[16]太古集团未能取得"国家唯一运输商"认证,尽管它曾作为"国家运输商之一"开展过业务(这种区别在文件中反复出现),但公司表现得好像自己已经获得了这一地位,而且被认为有足够的保障来实现这一点,包括所有航线的首选权。赌场仍然是吸引人的地方,挤满了往返迈阿密的夜间航班。与此同时,巴哈马群岛也在进一步向海外推广。这个国家是"加勒比海的骄傲",1968年12月,《泰晤士报》刊登了一篇长达8页的副刊(其中有一篇关于航空公司的文章,以及它的新广告),强调了岛屿的繁荣和稳定以及"不断流入的旅游收入"。一则广告声称:"你的年龄够了吗?可以去巴哈马了吗?那里是天堂。"[17]但是,1970年10月10日,喷气式飞机永远地离开了巴哈马。前一天,纽约发布了一系列最新的广告,预示着11月12日将新开通从纽约到拿骚的每日航班服务。"为什么只坐在飞机上不干点别的呢?"广告语这样问道,您在飞机上还可以体验"火热的卡利普索歌谣"——"我们航班最先播放的是来自'最狂野的某乐队'演唱的 '背靠着背,肚子贴着肚子'——当然了,还有'人人有份的香槟''龙虾或牛排''豪华服务'以及'意外惊喜'。"[18]

第十四章 制造香港

所谓"意外惊喜",原来是邓肯·布拉克在头天晚上6点宣布巴哈马航空公司将接受清算。客机全部被出租,起飞前往蒙特利尔(尽管有传言说飞往香港),躲开愤怒的巴哈马政府管辖范围。当客机滑行到跑道尽头时,总理亲自打电话询问是否可以将其截停,但得到"差不多可以吧"的回答,于是客机起飞了。飞行中出现了一些临时插曲,施雅迪和布拉克口头许诺太古会支付油费,因为巴哈马航空一分钱都没有。[19]

林登·平德林于10月11日向民众发表广播演说,宣称这是"历史上意义重大的一个周末"——它一下子让1.5%的劳动力失业——而且更宏观的问题在于殖民主义阴魂不散。"它本是巴哈马群岛的一部分",平德林指的是航空公司,"但我们在最后分析时发现,它并不是本地的一部分"。[20]那些"我们的航空公司"广告到此为止。这个地区第一位多数票选出来的领导人的措辞十分聪明,他的话旨在将公众的失望和愤怒转移到伦敦,而不是本地区的问题。换句话说,"这是一场发生在纽约公墓里的僵尸大狂欢"。或许纽约的报刊编辑知道的比他们透露的还要多,因为"背靠着背、肚子贴着肚子"的广告语是以哈里·贝拉方特1969年卡利普索歌曲的副歌开始的。但后面,接下来唱的内容就是"我什么都不管,我已经完蛋了"。事后一份航空业报告称:"多年来的累计亏损相当可观。"据估计,在收购之前的四年里,累计亏损约为82.9万英镑。[21]新运营商面临的问题包括:依赖被证明非常不稳定的美国旅游业(1970年显著下滑)、来自美国泛美航空公司和特许飞行的不正当竞争以及巴哈马政府,后者设法将前往纽约的深紫色新"皇家火烈鸟号"的航行权授予巴哈马环球运输公司(后来的巴哈马环球航空)。这家航空公司还没有任何飞机,更不用说其他看得见摸得着的东西(尽管公司很快就在一家炸鸡餐厅的楼上有了办公空间),其所有权人是一位在巴哈马出生的纽约商人,此人干过见习牙医、管家、看门人,他是总理"一辈子的好朋友"以及政治伙伴,"是个很有说服力的人",后来成了黑手党势力以及诈骗犯罗伯特·维斯科（Robert Vesco）的关键"顾问"。之后，在美国参议院小组委员会听证会上，他的儿子揭露说，自己的父亲是一个复杂的暴力毒品交易腐败网络的核心。[22]

平德林本人平静地下令，在6月将航运权授予巴哈马环球运输公司。此举非同小可，因为这家公司被并入了当地的平德林–诺蒂奇律师事务所的办事处，也就是平德林本人的公司。就这样，一家僵尸航空公司被造了出来。但伦敦派遣了一位国泰航空财务总监带着更多现金（施约克认为，国泰在1968—1969年的利润可以弥补损失），和一些飞行员的不满作斗争（有报道说员工发起了小规模的怠工破坏），在机场建造新的办公室，又刚刚在纽约租赁了场地，从7月开始与殖民地政府谈判寻求解决方案，但没有结果。虽然巴哈马航空有限公司不是唯一的"国家"航空公司，但其25%的股份已经保留给巴哈马公众。太古提出将其置于政府的信托之下，但事实证明平德林政府不愿意接受这一提议。巴哈马总督拉尔夫·格雷（Ralph Grey）认为，太古集团在接管这家航空公司时，除了"相当模糊的善意"外，几乎没有获得任何其他好处。在1970年夏天的危急关头，平德林政府花了6周时间回应太古持有航空公司大部分股份的提议，随后要求额外的90天时间进行考虑——因为没人会去辛苦地阅读已经提交的文件——并且拒绝接受将来可能造成重大损失的股份。据称，在巴哈马群岛的这笔钱有3100万美元。布拉克则公开驳斥了政府有关数字和事件经过的总体陈述，他的措辞敏锐而有效，巴哈马环球交易的细节，以及平德林自己在公司本身的角色很快就成为公共热议的对象。[23]

对伦敦来说，夏季审议那懒洋洋的步调实在太过分，但在幕后总是有钩心斗角的故事，而腐败几乎不是什么意外，即便伦敦的航空官员一直贴身保管机密记录，腐败也不能幸免。[24] 1967年2月的《周六晚邮报》披露了一条内幕——附有美丽海滩的照片，揭开纽约黑手党在巴哈马腐败案中起的作用。英国政府迅速成立了皇家调查组，并于年底提交了一份惊人的详细报告。被搞清楚的地方在于，1967年1月把平德林带上台的选举虽然困扰和排挤了一批腐败的精英，但并没有结束腐败。

所有这些都是远在巴哈马之外的地方报道的。[25]施约克曾两次造访该岛，对他来说，这是一场公司的"生死赌博"。"最初的目标是寻找一个新世界，在那里建造一个新太古，以此进行豪赌是可以接受的"，但危险是，随着资金流失（随着有经验的员工被调离亚洲，试图阻止资金流动），"如果失败，太古很可能会破产"。至1970年秋天，伦敦的董事似乎全力以赴想要解决这次事件（有人注意到，香港在五个月里只收到三封来信）。他们的担忧或许是有道理的。施雅迪后来将这件事描述为战后唯一被证明"威胁到公司结构"的举措。[26]

我们可以将这一事件看作平德林及其政府对舆论的导向：当群岛迈向独立时，殖民强权试图维持其经济特权，而他的政府不但致力于保障巴哈马航空内部巴哈马人的投资——这一点不仅仅体现在太古控股的新企业的公关活动中，而且还激发了本土人选择巴哈马环球运输公司。拥有一家本地的运输商也成为公认的国家象征，以及独立地位、身份和尊严的一部分。于1965年获得自治的巴哈马联邦致力于走向独立，并于1973年7月最终实现。这种舆论的导向还包括，一位前巴哈马航空雇员于该月底在执政党年会上发表的煽动性演说——那之后不久，他本人就成了航空公司推销商。他怒斥这个"极为强大和富有的英国组织"，它"想要让……我们的政府难堪，因为这是一个黑人政府……我们不会被任何花言巧语、威逼利诱的奸商吓倒"。[27]这是司空见惯的民族主义措辞，而平德林对于现状的陈词则是老一套耳熟能详的民族主义经济发展策略。在整个20世纪，无论是在国民党时代的中国，还是在独立的马来西亚，这对太古都是日益严峻的挑战。但我们不妨把巴哈马事件看成是民族主义和资本主义及腐败勾结，联手击败太古集团的事件。许多巴哈马人也这么认为。1970年初，事情开始败露，迈克尔·费因斯向民航部提交了一份说明，报告说有人向董事提议另一家航空公司，就在该地区的某个地方（据披露，很可能是多米尼加共和国），但费因斯没有兴趣去了解，他说："我已经拒绝了。"[28]

伦敦在1968年初的一次战略讨论中说："我们不善于对不盈利的企业采取无情手段。"[29]尽管收购巴哈马航空违反了公司当时的既定方针之一，即公司不介入"解决别人的烦恼"并接管不成功的企业，此时董事却表现得他们完全擅长这么做。关闭公司意味着非常重大的损失，但施雅迪后来声称，这是他为太古集团作出的最明智的决定。布拉克回到香港，并成为国泰航空的执行董事。"这是太古集团做出的最好的投资之一"，后来董事会主席士葛（Edward Scott）拿巴哈马航空事件打趣，因为此事"打击了国泰航空顶级管理层因为成功带来的狂妄自大，警告他们不要过度扩张，不要相信只有我们已经完全掌握了如何经营一家盈利的区域航空公司"。[30]从更宏观的层面来看，此事明显有助于伦敦继续寻找新的方向，尤其是与其他发展相结合，大大加强了公司对它最了解的亚太地区的关注。

太古轮船公司仍在整合太古集团的亚太业务，它在中国面临着一场革命，但与全球航运业一样，它也面临着一场起源于美国的、截然不同的技术革命——集装箱运输。"单元化"运输系统并不是什么新事物，长期以来，人们一直在试验能够方便地将货物单位从一种运输方式转移到另一种运输方式（联运）的系统。太古公司在1958年的一份董事会报告中写道："有关早期决策的问题"包括"如何最好地开发所谓的'背负式'运输法"。[31]冷战催生了集装箱。美国军事存在的影响力及其大量供应合同推动了集装箱的发展，这种集装箱后来成为全球标准形式，比以往任何航运实践创新都更迅速、更广泛地获得了吸引力。美国在西欧尤其是后来在越南的军事存在，以及美国运输企业海陆公司承揽的后勤合同导致了港口设施、公路网络、新船舶的设计和快速建造，以及全球工业性质的重塑。随着已有的航运巨头联合起来抵御威胁（有时候建立在会议联系的基础上），聚集资源，对所需的新船舶进行大量投

第十四章 制造香港

资，新企业应运而生。战后立即重建的船队已接近工作寿命的尽头，需要进行替换，这也是一种推动因素。而随着战后全球贸易的增长，拥挤的港口和劳动密集型企业的高劳动成本也变得令人沮丧。上述因素都反复出现在太古集团的报告中，这些问题急剧增加了成本，并妨害了服务质量。在这些因素的共同作用下，新系统迅速得到应用：1966年春，共有三条线路提供集装箱服务；至1967年6月，线路变成了60条。这是一场"来自美国的飓风"，《经济学人》宣称，与其相关的所有语言都是戏剧性的。[32] 此外还有恐慌：例如太古决策层认为，蓝烟囱在1966年初就对这个问题感到"害怕"，他们的担心是对的。施雅迪回忆道，这对整个体系是一个冲击，需要进行很多彻底的反思。[33]

对太古业务的直接冲击是，1965年8月霍尔特家族集团和合伙人组建了海外集装箱运输公司。据说这家公司是在伦敦一家俱乐部"浸湿的餐巾纸"上（或菜单背面）勾勒出来的，新公司还订购了六艘新船，其中第一艘将于1969年启航。[34] 到1973年底，海外集装箱有限公司联合体的亚太业务集装箱化已经完成。5.8万吨的"东京湾号"是"世界上最大和最快的"船只，它从南安普敦出发，是海外集装箱运输公司第一艘抵达香港的船舶，于1972年9月5日停泊在崭新的、尚未完工的码头上。它从另一处码头启航，驶过香港港口半沉没的前皇家邮轮"伊丽莎白女王号"。这艘船受到海外集装箱运输公司主席的欢迎，刚刚铺设的沥青表面尚未完全干燥，还有600只塞得满满的集装箱以及"被完好保护"的货物，等待前往欧洲。[35] 新集装箱港口之一的珀斯港由一家新的联合企业现代货箱码头有限公司建造。这家公司由太古集团管理，并由包括海外集装箱运输公司和汇丰银行在内的若干合伙人共同拥有。集装箱化大大节省了时间、劳动力成本和保险费率，更少的船只和船员就可运送同样的货物，在港口花费的时间也更少，产生的费用更低。运输链被改造以适应集装箱，而随着时间的推移，新的全球生产链也将得以发展。这一新系统的复杂物流也加速了计算机在航运管理中的应用，这是必然的。随着安装完成，现代货箱码头有限公司的集装箱流量每年增长20%。[36]

这场革命推翻了伦敦港等曾经占据主导地位的全球航运中心，带来了巨大的社会和经济代价。虽然集装箱"完美地保护了"货物，但它留下了城市的废墟，打击了曾经作为英国心脏还有太古故事发源地的利物浦，这座港口城市因此陷入困境。技术变革加剧了这座城市持续依赖帝国贸易联系的自我伤害，使它无法适应后殖民世界动荡的新经济。[37]

1967年5月，太古轮船公司被蓝烟囱和太古集团以共同共有人的身份接管，也在"集装箱革命"（太古董事会是这么记录的）中发挥了作用。这是一项务实的防御措施，是每家公司为提高业绩和选择权而采取的一系列发展措施的其中环节。[38]此外，航运业务还取得了其他一些进展，例如包玉刚的环球航运等亚洲船运联合企业的惊人增长。

"我上周在前往东京的航班上坐在包玉刚身边。"施雅迪在1971年3月报告说，"他目前正在日本建造55艘船，不久将运营800万吨的航运业务。"[39]包玉刚的崛起是通过汇丰银行（负责提供资金）的空前合作来实现的。这是一个全新的同盟，因为它打破了该银行旧有的，甚至是种族主义的做法，此前该行从未为中资企业提供此类融资，或实际上从未为任何此类业务提供融资。事实证明，这对所有相关方来说意味着巨大的利润。[40]这些变化迫使太古考虑变革。管理顾问也来了，1969年至1970年，厄威克奥尔开展了一项工作研究计划，让太古削减了船员人数（虽然补偿了更高的工资），发展出更灵活的船员管理方法。公司开始将员工认证从英国移交到香港。航运集装箱有其竞争对手，还有其他"单位化"系统仍在开发中。1967年6月初，太古船坞发生骚乱，工人用临时制作的长矛武装起来，喊着口号提出抗议。当时，前挪威船只"巴伊亚号"正在船坞中改装，并安装新的侧装能力，以实现"托盘化"。受到奥尔森航线创新的启发，这艘将被重新命名为"巴布亚酋长号"的船将改变太古轮船公司澳大利亚新几内亚航线的运营模式。

第十四章 制造香港

这也是公司多元化发展的一部分,而且促进了澳大利亚业务的增长。在澳大利亚,太古轮船公司被视为太古名誉和形象的重中之重。与集装箱运输一样,侧装作业需要建造新的码头周边设施,对员工再培训,但成本要低得多,因为可以改造已有的船只,并且又能购买几条新船,在鲗鱼涌进行加工,以便随时加入队伍。考虑到现有的贸易和设施,这种做法更合适。到1969年,公司已完全转向侧装业务,而最后两艘专门建造的中国沿岸贸易船"山西号"和"苏州号"被卖掉——两艘船都是1947年的古董,此时早已过时。对于此时的太古轮船公司来说,托盘化被证明是成功的,但将改变世界的是集装箱,而不是托盘。[41] 1968年8月,太古轮船公司成立澳大利亚日本集装箱航运公司,更直接地进军集装箱市场。公司一开始是海外集装箱运输公司(而非蓝烟囱)、太古集团及子公司与澳大利亚西太平洋航运公司的合资企业。该公司对太古轮船公司来说是一个"立足点"(用蓝烟囱主席约翰·尼克尔森爵士的话来说),但随着时间的推移将成为有利可图的项目。澳大利亚日本集装箱航运公司于1969年初开始运营,并从日本船场订购了两艘新船——"有明号"和"阿拉弗拉号"以及被特许出租的船只,包括太古轮船公司的最后一代"南昌号"。[42] 与海外集装箱运输公司的澳大利亚业务不同,澳大利亚日本集装箱航运公司和欧亚航线几乎是直接盈利的。海外集装箱运输公司聘请了太古船务作为其在香港和日本的代理——这并非理所当然的事情——在日本,他们已经从另一家代理那里获得了集装箱经验。太古集团曾游说港英政府考察建设一处集装箱码头,还询问外交部如何让中国内地跟上发展,如何让英国成为中国人心目中潜在的技术和设备供应商。澳大利亚和日本集装箱航运公司的业务获利颇丰,而从前者和海外集装箱运输公司那里获得的代理收入也十分可观,尤其是日本分公司;在很大程度上,这是集团业务中被忽视的领域(实际上该领域在公司内部也常被视为异常业务)。[43]

其他航线也在发展。1961年,围绕着太古轮船公司和印华轮船公司的合并事宜展开了详尽的讨论,但谈判者逐渐清楚的是,这样一场并购所引出的问题将远超可能获得的任何好处,于是计划就此搁浅。[44]1953年还出现了一项特别丰厚的业务,在公司里被称为"朝圣贸易"——蓝烟囱长期以来运载马来朝觐者前往麦加朝觐。总的来说,英国人在朝觐的管理和组织中一直起到十分广泛的作用,但太古轮船公司转而提供这项服务,利用的是最初为中国海峡贸易而建立的能力,只是现在这项业务被关闭了,[45]而且这也为进入马来西亚提供潜在的有用机会,在马来西亚实现独立之际,如果处理得当,可以与新政府的权力主体建立友好关系,因为这项政府租赁业务促成了与各部长的高层讨论。

各部长也参加了下水和启程仪式,两艘船每年跑两趟远途,运载大约5000名朝圣者,一般都是普通家庭的男男女女,往西的人总是多于往东的人,因为朝圣的艰苦每年都会造成老年人死亡,包括1967年一位103岁的老人在回程不久就去世了。同年,在返乡途中生于"安顺号"上的婴儿穆罕默德·阿里(Mohamed Ali)被特许终生免费乘坐这条船。[46]1955—1956年期间,"安顺号"还接了更多的生意,从约旦的亚喀港运送叙利亚朝觐者,1957年从地中海的拉塔基亚运送朝圣者,1958年从巴基斯坦运送朝圣者。1959—1963年间,"安庆号"和"安顺号"有时候运送不同信仰的群体,接受包租,将离开中国东北或被驱逐的俄罗斯"老信徒"从香港运送到澳大利亚。[47]

在1957年发表于伦敦的一篇摄影文章中,"安庆号"看上去确实干净、宁静、不拥挤,但迈克尔·费因斯报告说船上的情况"着实糟糕"(通风是个大问题),尽管这些船是为了海峡贸易建造的,要比蓝烟囱的班轮更适宜(而且速度更快,12天就能到达吉达)。"吉隆坡号"于1961年在鲗鱼涌经过改装后投入使用(公司"有史以来最大的工程之一"),为200名头等舱乘客和1800名游客及朝圣者提供了"凉爽舒适"、有空调的住宿,船上有祷告室,还有一个游泳池。这艘船曾作为军舰服役,如今经改造投入商业使用,在一定程度上解决了对服务的批评。[48]这项贸易操作复杂,国家朝圣者办公室在船上安排了医务人员,提供乘客所需的七种不同的饮食,还需要与官员进行微妙的政治谈判。1959年,首相东姑·阿都拉曼(Tunku Abdul Rahman)没有对"安庆号"执行许诺过的"隐蔽"检查时,费因斯松了一口气。1967年,施约克看着"吉隆坡号"从巴生港启航,看上去乱糟糟的,船上满载着善男信女,扩音器响起,一位苏丹不请自来,和他的妻子和妻子的仆役们告别。[49]这桩业务有时候盈利颇丰,但在政治资本上没有多少收益,1970年之后就被放弃了。空中旅行更便宜、更快捷,但马来西亚人也建立了新的朝觐组织"朝圣基金局",特许权被新成立的大马航运公司获得。这一回,太古集团也被那些有其他关系的人耍得团团转:尽管名字中有"大马来西亚",但这家航运公司是由一位与执政的马来民族联合组织关系密切的香港企业家建立和拥有的,他的两位董事在该公司中持有大量股份。事实证明,这是一家不成功的企业。随后又讨论了是否恢复太古轮船公司的地位,但没有任何结果。[50]

20世纪60年代,随着旅行者乘坐飞机,船舶客运量总体上急剧下降。太古轮船公司的损失,在更大的范围内,成就了国泰航空的收益。一些客运企业将自己调整为假日运营商,并发展出新的游轮时代。太古轮船公司也涉足其中,将其亚洲至澳大利亚和香港至台湾的业务包装为休闲旅游,并在朝圣季节之外利用"吉隆坡号"进行澳大利亚游轮服务(当时,菲律宾乐队为其舞池演奏曲子)。1971年,太古船坞改装了一艘有九年船龄、由西班牙建造的破旧船只,更名为"珊瑚公主号",并为该船聘请了一位英国室内设计师,负责监督将其改造成豪华的单层船,满足日本市场的需求。船内甚至还有"贴心摆放"的阅读台灯。20世纪30年代,太古轮船的船舶不曾有过和床铺配套的台灯,因为华伦·施怀雅不在床上看书,他的乘客也不会这样做。该项目将持续20年,带着旅行团进行游学;1973年,"珊瑚公主号"前往上海和天津,成为1949年以来第一艘访问中国港口的境外游轮。施约克记录道："这是我见过的最可爱的游轮，但它不可能给我们带来收益。"事实证明收益并不均衡。[51]

凭借这些不同的业务，太古轮船公司的航运业务在1973年提供了约占太古集团47%的营业额和约42%的利润，并占其资产的约35%—40%。当时，该公司四分之一的运力是集装箱船，一半是散货船，而包括托盘装载机在内的普通货船约占15%。严格说来，在这么长时间内如此坚定地致力于航运，在商业上没有什么意义，因为回报不均衡，而且利润往往很低。但额外好处是巨大的——它为太古提供了工作，以及随着其他利益的增长，保持了太古在蓝烟囱等合伙人中的信誉。它还在伦敦提供了巨大的税收优惠，这对太古的运营至关重要。[52]随着公司的多元化，人们开始对太古利益的整体形态产生担忧。1972年起，施雅迪就开始"退出"太古轮船公司的直接领导角色，以副董事长的身份专注于更广泛的业务。他担心关键合伙人此时会认为公司"如今如此广泛地涉足房地产、公司结构、航空公司、可口可乐等业务，以至于我们不能再认真对待航运业务"，尽管航运对整体业务至关重要。他还对集团多元发展之间的协调性表现出担忧。公司是否会越来越多地遵循自身发展的逻辑，有时违背了集团中其他成员的利益？他说："这对我们来说是一个新问题，且是非常根本性的问题，必然会改变我们业务的性质。"[53]如果从逻辑上讲，同一公司内部可能会有不同的政策，那么，究竟是什么定义了共同的努力呢？

首先，太古现在的名字已不仅仅是一个描述。从1974年1月1日起，正如当天报纸的整版广告所宣称的那样，随着太古集团的正式成立，出现了"具有世界意义的名称变化"。"巴特菲尔德"这个从约克郡羊毛出口和霍沃思磨坊时代遗留下来的奇特遗迹永远地消失了，取而代之的是太古集团（香港）有限公司［John Swire & Sons（Hong Kong）Ltd］、太古集团（日本）有限公司［John Swire & Sons（Japan）

Ltd〕，以及21家各种各样的太古公司。太古船坞早前已经更名为"太古施怀雅有限公司"（Taikoo Swire），此时成为太古股份有限公司（Swire Pacific）。只有太古轮船、国泰航空和太古糖厂保留原名。新身份在当地的报纸上广为流传，在伦敦也是如此，目的是提高太古公司在香港以外的知名度。此外，还推出了新的集团杂志《太古新闻》（*Swire News*）以促进新集团各公司和业务之间的认同。但要实现这一目标，光靠更名和报道国泰航空里程碑式的12个月内运载超过100万乘客的新闻短片，或长期员工团聚会及船坞合并是不够的。即便如此，遍及集团不同业务的男女员工的工作记录、任命和离职、结婚和更多事务首次大量出现在公司的出版物上，被提名者还会接受长期服务嘉奖，这些标志着公司自我呈现方式的深刻转变。一则头条新闻的标题为《珍贵胸针》，刊登了给油漆厂员工、收银员、食糖包装员和汽水厂雇员等长期效力员工颁发胸针的照片（金胸针代表30年，银胸针代表25年，10年和20年佩戴珐琅胸针）。有的人对此嗤之以鼻，但这和中国业务百年庆典时采取的排他策略形成鲜明对比。[54]

　　重塑公司还需要"内部员工"。1920年，施约克回国后发现，公司可以为毕业生提供良好的前景（以及利益），并从雇佣他们中获得好处。从那以后，公司发展出了一套招聘、培训（主要是岗位培训，但又不完全是岗位培训）、评估和发展体系，这代表了公司对自己实际业务的核心理解。当然，太古是一家航运公司，它也经营食糖加工、造船、销售保险、软饮料装瓶、销售和航空公司，但将所有这些结合起来的，主要是管理业务。[55]除了一些专家，公司还从牛津大学和剑桥大学寻觅管理人才，并从20世纪60年代起，逐渐扩大了人才储备。据1964年加入的彼得·罗伯茨（Peter Roberts）回忆，你要么是伊顿公学出身要么是类似出身（大多数人是伊顿公学毕业生以及牛津大学或剑桥大学毕业生），或者"在东方有人脉"或者以前服役过（尤其是皇家近卫军），又或者两者兼备。罗伯茨属于"在东方有人脉"——他的父亲是C.C.罗伯茨，他本人又毕业于牛津。直至1970年，公司招募的人员都是男性。罗伯茨也考虑过为壳牌、英国石油公司或英国金属箱公司工作，但太古的工作待遇最好。格雷厄姆·麦卡勒姆（Graham McCallum，牛津大学毕业，皇家空军）一直在考虑南美的一个职位，而董事会把他引向了太古。迈克尔·迈尔斯（Michael Miles，陆军）决定加入太古，"因为工作在国外"。另一个人（陆军）一直以殖民地办公室为目标，接受了一份壳牌的工作，但被任命委员会指派到太古集团——"一次很棒的上流社会就业交换"。他回忆说，对于太古集团，"我不知道他们是谁，也不知道他们是干什么的"，但公司很重视他，于是他就被派过去了，拎着一个箱子，里面装着衣服，为下一位前往东方的董事（准确地说，是他的妻子）服务。

　　就这样，他们开始了在亚洲的职业生涯。从任命委员会桌子的另一边（即应聘者）来看，公司的招聘工作是更加科学，或者至少是更加精心制作的艺术。施约克担任主席前后，曾亲自面试所有候选人，寻找"有活力和幽默感的人"，目的是协调管理派来的人：学术界的高才生、"外交部的那种人"、来自英格兰北部或苏格兰的人、有风险的人，甚至是"怪人"（他总结说，其中三分之一的人证明是成功的）。从20世纪60年代中期开始，学员在前往亚洲之前开始参加短期课程，如厄威克奥尔的管理学课程，或位于萨里的法纳姆城堡的海外服务课程。这座城堡800年来一直是主教的故乡，跟跨文化意识课程来说很不般配。该海外服务课程成立于1953年，主要由传教士团体设立；到1971年，每年培训约1300人，主要是为海外发展机构工作，其中350人进入商业领域。长期的住宿课程是针对特定地区的，香港商会还为"远东"课程做了广告，前总督柏立基也在课程理事会任过职；记者、官员和历史学家在课程中发表过演讲，还有关于健康、健身和金融的实际讨论（什么东西在商店里容易找到，什么东西买不到），以及电影与当地音乐和文化鉴赏。同时，还鼓励员工的"妻子和未婚妻"参加。[56] 牛津大学的荐任委员会在1914年之前被认为是为培训课程校长工作输送人才的机制,在两次大战之间经历了稳定的增长期。当时,商业空缺逐渐成为该委员会工作越来越突出的特点,因此也成为毕业生寻找工作的平台,并在第二次世界大战后成为商业招聘的重要工具。1967年,进入企业的男性毕业生人数是1945年的两倍。剑桥大学的代表性数字表明,在1951—1955年期间,有20%以上的毕业生进入企业,而且这一比例将继续增长。[57] 在1921年之后,太古公司曾在某种程度上引领了潮流,商业生涯现在更像是毕业生的常态。

工作人员的记录中有大量关于在第一个三年试用期(在此期间不允许结婚)以及之后对男性员工的持续评估。根据后来一位主管回忆,试用期的"失败率很高",这个印象在评估记录中得到了印证:"不是搞管理的料""没用得出奇""似乎毫无干劲""不太可能做出顶级业绩""彻头彻尾的二流货色""你也就这点才干了"……有人收到这样的评价;还有一个人收到的评价是:"可能更像是'外派'人员,而非'总部'人员。"这是他不被录用的原因。相反,1969—1970年招收的学术优等生"没有留下来",因为他们发现"自己一流的大脑没有得到充分利用"[58]——这条有点风趣的评价指出了真正的问题。20世纪40年代和50年代招募的员工,其职业生涯是从"跳船"开始的,或是从悉尼码头上开始的,那些地方可能会很艰苦——他们热情地谈论着过去"无忧无虑和愉快的生活",这些人常常也是刚给国家服完役的新人。某种程度上,太古集团新员工的生活并没有太大改变,至少一开始是这样。但是,20世纪60年代和70年代的毕业生,在不那么顺从的文化和更富裕的经济环境中长大,他们的期望更高,耐心更少;如果他们发现自己最初从事的工作太过乏味单调时,他们可以(也确实)去其他公司谋职,让自己的才能得到更好的回报,或寻找不同的管理风格。

报告中也有庸人自扰的评估:"不禁要问,他在生活中的真正兴趣是不是舞台,而不是商业。"一份针对另一人的报告如此显示(但后来没有证据表明是他们所认为的这样）。"我肯定，若要治愈他当前血气方刚的极端激进倾向，他还有很长一段路要走，"另一位经理如此评论某位员工，"尤其是在衣着方面。"另一个人有着"浮夸的总经理式外表，例如单片眼镜、表链、硬领，但不受欢迎"。无论是年轻的老顽固还是20世纪70年代的时髦青年，这些报告几乎重叠在了一起——在同事和经理看来，都不太合用。就像公司在试用期结束时把有些员工打发走一样，有的新员工会自动选择离开，有些甚至提前离开：这个人想结婚，但公司不允许；这个人"想在英国生活和工作""不想在远东发展""想在南非发展""觉得不适合东方的商业和生活"。但还有一个人离开去攻读博士学位，另一个人加入了教会（他们都在各自的领域取得了成功）。甚至有一位员工后来去了马戏团工作。事实证明，巴哈马对一位国泰航空公司的经理来说很合适，他决定在巴哈马航空公司倒闭后继续留任。有的人过于雄心勃勃，"自视为初出茅庐的董事长"。但对大多数被打发走的人来说，情况恰恰相反。有的报告指出，跨文化培训对于让员工正确调整和中国人或日本人关系来说收效不大。但与中国人的和睦相处是反复出现的评价。对于其他人来说，文化问题其实是侨居生活的问题："讨厌香港……无聊、肤浅和物质主义。"另一个人发现中国"和他想象的一样"，他说："物质主义和幽闭恐惧症——但中国人很有趣。"体育继续发挥着重要作用——"打橄榄球，学习粤语，我们认为他会做得很好"（但此人在三年后离开了），"大多数运动他都不擅长"；甚至拒绝使用公司的游艇——主要是作为与同行交往能力的标志，而交往是至关重要的。害羞的员工和书呆子都回了家。

不管怎样，公司通过这些人才组合培养了内部员工，然后通过这些员工"培训聪明的、有潜在领导能力的新人"。[59]新员工学习粤语口语——通过第二次考试就有可观的奖金（相当于一个月的工资）——实行轮岗制，经常在很短的时间内被派往不同的分支机构。直到1967年，休假的模式仍然是老的那一套——每三年休假六个月，这为初级员工提供了在不同岗位中试用的机会，能让他们积累经验，并测试其能力。但随后引入的年假，使这点变得困难。一位未来的董事会主席一开始在香港船运代理处搞销售，然后被提拔到集团在台湾地区和日本的其他公司，担任国泰航空日本地区经理；后来又在日本太古公司工作，再后来回到香港担任航运总监，之后担任澳大利亚企业的执行董事；接着又回到香港担任船运和保险总监，随后成为太古轮船公司主席和执行董事。员工休假时，可以参加厄威克奥尔的课程或者参加牛津商学院暑期班，该班于1953年创办，由商界、学界的联合委员会以及任命委员会管理。20世纪70年代，人们更为重视管理培训，新入职人员也可以被派去参加欧洲工商管理学院的商务班学习。

"对我们来说，光鲜的职业规划是不够的。"施雅迪报告说，1975年6月有位新招聘的员工曾这么告诉他，如果不包括更多个人规划的话，根深蒂固的家长式作风难以跟上时代，也难以适应员工。[60]直到20世纪末，当彭励治（John Bremridge）卸下他的香港大班职务时，他表示需要反思这个系统，以避免看起来像"英国人犯的错误，即宁愿选择体面的业余人士也不愿选择专业人士"，而且挑选"21岁就能明确其未来的人选"的做法是"令人反感的"。[61]实际上，这种回应在实质上更偏向于专业化。

1970年，巴哈马航空公司惨败后，迈克尔·费因斯为伦敦董事会准备的一份备忘录中，可以看到这种对通用培训和技能的关注理由。就在此时，董事会的一些人士正在商讨是否应减少企业在国泰航空的投入，因为巴哈马事件显示，对航空业来说，"与其他形式的交通工具相比，航空灾难来得更少，但更容易造成伤害"。费因斯也为太古继续管理航空公司提出了一个论点。毕竟，按照逻辑，航空公司可能最好由航空业的专业人士来管理，这样也会更便宜。历史上，集团管理的理由是：第一，你会得到更高水平的管理人才……第二，你可以迅速从其他部门紧急调拨人员或调班……第三，与太古洋行共享物流和账户，有利于大量节省资金……第四，对员工有利的是一家脚踏实地的企业集团的内部纪律，而不是航空界好高骛远的稀薄云层……第五，太古洋行高层、执行同事或其他高层、担任其他职务的人士之间的理念交流具有积极意义……第六，在太古洋行工作能更好地在海外赢得接受和代表，例如日本、澳大利亚和英国。

费因斯认为第一条"仍然十分正确"，第四、第五和第六条也是如此，其中很大一部分是集团共享一套价值观、跨集团多样化经验以及对管理发展的一贯关注。集团一贯重申的"哲学"是，公司业务主要集中在"管理和做事"上，而不是演变成一种投资操作。[62]为此，公司需要经理人——这就是太古的内部员工所提供的东西，随着集团的扩张，其业务日益复杂，公司的甄选和培训也变得更加系统和专业。公司为男性人才提供机会，而且招聘只为男性人才提供机会。直至1970年9月，牛津毕业生凯瑟琳·希克斯（Catherine Hicks）才被作为"试验"招募进来，在此之前，不曾有女性被招募为内部员工。太古集团在英国一直延续招募女性担任秘书职务的做法，在家族办公室的机密岗位配备与香港人的小世界无关的女性。对她们来说，跟外人交往是有问题的，速记员如果在非上班时间跟商业竞争对手过于友好，就会被调岗。撇开护士和教师不谈，英国女性在海外工作的历史很少被研究，尽管她们的声音在唠唠叨叨的糖业旅行者，以及悉尼码头和船坞工人打趣的跳船者当中很难被听到，但是一群有着独立思想的女性也同样会为了公司而前往亚洲。1949年，琼·维尔德（Joan Weld）签订了标准的三年初始合同，在船坞担任私人办公室速记员。她是一位银行家的女儿，14年前就取得了皇家飞行俱乐部的飞行员证书，并骑着1947年的350CC凯旋摩托车，给香港留下了深刻影响，因为警方告诉她，她是香港唯一的女性摩托车手。[63]尽管出于其他原因，维尔德被认为对工作本身太过冷漠，那么另一名新员工就是太过投入。虽然维尔德可能"在一般情况下不符合私人秘书的要求"，她的经理认为维尔德"更像是一名助理而不是秘书"。一个简单的事实是,香港的公司基本上将女性员工的才能和经验局限在过去的角色中,这种做法到20世纪60年代末已经过时了,而且是站不住脚的。1960—1967年,牛津大学只有超过14%的女性理工科毕业生以及4%的女性文科毕业生进入(广义上的)商业部门。[64]太古集团没有招聘其中任何一人。

一年后,施约克在香港与凯瑟琳·希克斯见面。他说,希克斯的任命是"一次很好的尝试",但这种尝试并没有立刻推广。首先,事实证明作出决定很难,如何让她适应传统内部员工的习惯,因为太古轮船公司和航运业的环境被认为过于男性化,一位22岁的女性大学毕业生难以融入,而且也很难考虑如何为她提供住房,她肯定不能住在男同事乱糟糟的新人宿舍。企业的惯例和思维都是男性主导的。希克斯在国泰航空上班,公司为她安排了单独住处。她并非第一位为香港太古工作的女性毕业生——1922年有过速记员玛丽·惠姆斯特(Mary Whimster),而第一位明确以提供管理机会为目的而雇用的女性是邓莲如。公司在日本也招募有学位的女性,但希克斯是第一位被招募为内部员工的女性,当时就是这么规划的。邓莲如的背景——她的父亲曾是宋氏家族的商业伙伴,与她的关系并不密切,就像现在英国新人一般都有家庭或商业关系一样("不存在自动入职"——一位董事的儿子回忆)。希克斯和企业并无瓜葛,也对这家公司一无所知,尽管她拥有英国社会中习以为常的历史联系(来自一个海军家庭)。和大多数人一样,她父亲的职业生涯包括在中国舰队工作过一段时间,曾访问威海卫。这样的联系一直存在,有些在慢慢消失,痕迹留在了家庭相册和故事中;另一些则在博物馆里的中国展厅、以中国军事设施命名的兵营小镇街道、中国风格的设计、文学和艺术中体现得更加具体。

但邓莲如的这种新任命方式将塑造公司的未来,并且在太古贸易有限公司中显现出成效来。这家公司通常不大引人注目,业务勉强维持,只会在英国员工出现奇怪的大规模辞职时才会积极作出报告——1955—

1956年发生了一次"传染"式的辞职潮，两年后又发生了三次——而"欧洲人、中国人和日本人部门领导组成的强大后援阵容"共同稳住了局面。使用英国员工的成本很高昂，于是公司在1956年原则上制定了一项决策，"培养一些表现出巨大潜力的年轻本地人"。[65]邓莲如于1967年初成为香港出口部门的负责人，取代了一位离开香港成立自己公司的英国销售员。邓莲如为公司提供的是她在美国的经验（她被委派处理一单美国百货连锁店的生意）——她回忆道："我在想，我的天啊！他们为什么这样给美国人写信？"邓莲如有着和上海供应品制造商打成一片的本领，她说服后者采用他们的产品设计，并更好地适应美国市场（改变了设计师的想法）；她还说服太古集团调整他们的客户关系，使之适应更加非正式的美国风格。[66]

对于像太古贸易有限公司这样的出口商来说，香港在海外的广泛形象可能很不利，因为印象中这里全是血汗工厂和低劣商品。海外的工会和制造业面临香港的激烈竞争，再加上劳工活动家和更多无利害关系的观察家的影响，香港的形象更受打击。虽然强有力的社会和工业改革政策可能是原则性的回应，但这只是暂时的，而反击这两种形象，回应贸易造成的损害，也是1967年秋季"香港周"期间举行时装节的目标之一。[67]当时作为旅游目的地和制造业中心的香港开展面向海外的宣传活动，时装节便是其中一环。该庆典后来变成了一年一度的"成衣节"，邓莲如在其中发挥的领导组织作用有助于建立公众形象，而她在公司内部的职业生涯从此一帆风顺——1973年成为太古贸易有限公司董事、1976年成为常务董事、1978年成为太古集团（香港）有限公司董事，这些经历帮助她在1976年进入了立法局。

一位男员工被告知，有些在内部员工岗位任职的英国男性被撤职，是因为他们"阻碍"了中国人的前途。而另一位员工则被告知，一定程度上是因为"我们的中国毕业生正在发展"，确实如此。这一趋势如此强劲，以至于彭励治在1980年认为，中国职员和外籍职员"完全不一样

第十四章　制造香港

的薪资结构"再也没有理由存在了。[68]撇开邓莲如不谈,那些在20世纪70年代及以后担任高级职务的中国员工,主要是那些在汤姆·林赛协调的非结构化招聘中脱颖而出的人,当然也有凭借家族或私人关系入职的。姚刚于1977年在香港成为董事,并负责保险业务,他是大卫·欧(David Au)举荐的,是最后一位通过老华人员工任命形式加入公司的人选。本杰明·王的父亲查尔斯·王在1955年去世时是香港公司的资深华人员工。本杰明于1958年加入公司,本来会跟随父亲进入太古糖厂,但他主要还是在航运部门工作,包括调派到澳大利亚,并于1978年成为太古轮船公司的执行董事。后来成为国泰航空领军人物的蔡仁志,是在1962年由切斯特·甄(Chester Yen)从香港民航空运公司带进公司的。

公司新形象的显著特点是积极利用公司的历史。退休员工撰写公司和太古轮船公司的故事,把这些故事写成简短易懂的叙述,刊登在香港媒体或合作公司的期刊上。公司百年庆典时,专门委托了利物浦大学的一位历史学家为公司撰写了一本历史书,尽管对许多人来说有些枯燥,这本书还是将目光聚焦于约翰·森姆尔·施怀雅以及伦敦企业的管理层。

"这是一场灾难。"施约克在阅读初稿时怒斥,此外,这本书没有超越这位"祖师爷"的生平,约翰·森姆尔·施怀雅仍然是书中的焦点。许多基础分析是由前太古轮船公司经理阿瑟·迪恩提供的。在这之后,又出了一部轶事趣闻比较多的故事集,大量取材于中国现存信件,由一名前海军军官和军情六处特工撰写。这本故事集在很大程度上没有超越作者自己在中国的海军经历,这段经历结束于1928年。[69]《太古新闻》印制了来自公司退休人员及其家属有关海盗、运糖以及在旧中国生活的小故事。迈克尔·费因斯负责保管在德国空袭和办公室搬迁过程中保存下来的企业记录。1975年,第二次世界大战以前的档案被存放在伦敦大学亚非学院,太古资助了一项口述史计划,1978—1982年间采访了若干前太古洋行和太古轮船公司的职员,其中的片段以图书形式被出版。该计划在一定程度上受到1972—1974年间英国广播节目《英属印度往事》(*Plain Tales from the Raj*)的影响，该节目以曾在英属印度生活和工作过的英国男女的访谈为基础，后来在英国发展成一股"英属印度怀旧"风潮。有关太古历史的著作重点总是放在中国那个条约港口正在消失的时代，以及那个充满战争、海盗和抵制的失落世界，尽管如此，从混乱而疯狂的20世纪70年代的角度来看，它似乎以奇特的方式吸引着人们。[70]

　　对于学者而言，这段历史最突出的特点以及太古集团的业务继续证明的，是太古——蓝烟囱——斯科特家族长达一个世纪相互交织的历史。这种情况一直在演变——1971年以后，霍尔特家族不再参与蓝烟囱的高级管理活动（自从1967年以来，"阿尔弗雷德·霍尔特公司"这一名称不再使用），而斯科特造船业处于较弱的地位，但英国造船业总体上如此。[71]家族、资本和企业交织在一起的婚姻，已演变成企业的利益联盟，其联系灵活多变，有时较为疏远——例如，围绕海外集装箱运输公司的明争暗斗，有时则更加紧密。除此之外，还可以加上一种较新的"特殊关系"，在20世纪70年代中期与"汇丰银行"的关系便是如此。伦敦的太古集团也依赖以伦敦城为中心的一大堆私人关系，尤其是船运方面——施雅迪在1979年成为英国航运总理事会副主席，随后在1980年成为会长。公司高层还与部长和公务员建立了联系，他们和同龄人，基本上在同一所学校或大学上过学，这进一步滋养了他们的商业关系。[72]这些人脉关系发展出了重要的新业务和关系。在小小的香港世界里，企业档案和私人文件显示，在香港赛马会和每周的"牧羊犬"午宴上，商界领袖、政府官员和到访香港会的知名人士是如何建立人脉的。关于这些周四午餐期间的联络和讨论，以及在那里听到的八卦，笔记中经常会出现"我坐在旁边"和"我看到了"之类的记录。此外，往返于香港的航班的头等舱也是商谈的机会。随着太古集团越来越像综合企业集团，它的业务似乎更加依赖于这种亲密的联系和接触。

第十四章 制造香港

同样矛盾的是，尽管太古集团在1968年离开了香港，开始在其他地方投资，但最后又回过头来，进一步深入此地。施约克在1974年的报告中称，香港是"洪水世界中的旱地"——意思是在石油输出国组织危机的背景下，太古集团在这片旱地上发展壮大。[73] 1974年，在公司重新起名的同时，香港业务的性质发生了一些重大变化，最引人注目的是，位于鲗鱼涌的太古船坞即将关闭。一份报告称，香港的造船业已经有15年没有盈利了。虽然太古每年处理大约1000艘船只（九龙每年处理600艘），但香港海事处处长在1972年曾仔细考虑，从长远来看，就连这种大规模的修船业也会逐渐消失。太古的造船业务于1970年结束。[74] 与此同时，由于仍有大量的维修工作要进行，它们与九龙码头长期以来的联营安排需要进入新阶段。1972年7月3日，两家公司宣布打算合并他们的业务——保留地产的所有权。于是，从1973年1月1日起，一家新企业——香港联合船坞开始运作，租用了这两处场地，将大量的鲗鱼涌管理人员抽调到港口。对这家有着3200名员工的企业工会来说，此举激发了其活动的热潮，尽管船坞管理层在当时被视为处理劳资关系的行家，9月一场为期八天的罢工还是迫使公司作出重大让步。[75] 该处厂址持续运营至1978年，尽管它的部分历史资产连同仍在使用的船场都被重新改造，[76] 老旧的公司本身变得多余：太古船坞工程公司于1973年4月27日召开最后一次会议，将残余的产业权益卖给了集团的新部门太古实业，重新命名为太古施怀雅有限公司，并大量增加企业资本，准备重建鲗鱼涌。

之所以采取这一系列看似错综复杂的重组举措，部分原因是恐惧。"香港"已经疯了，施雅迪在1972年报告说，"当狂妄自大的纸上谈兵被抓的时候，意想不到的事情就会发生"。他说，问题在于，如果合作伙伴有实力且值得信任，旧的所有权和管理安排就会起作用。但如果合伙人弱不禁风呢？海外集装箱运输公司呢？这家公司的合作伙伴当中，至少有一个是实力较弱的。现在香港又出现了新的激进利益集团。"让

- 419 -

我们直说吧",其中一人在1972年3月香港的一场新闻发布会上放出狂言,香港"是我中意的城市"。此人就是吉姆·史莱特,他是资产剥离投资银行史莱特·沃克的首席执行官。该企业在1970年末已经在香港设立了办事处,但史莱特本人的到来预示着该公司在香港的业务进入了新阶段。"大多数人都喜欢赚钱,或许我们可以让赚钱变得更轻松,"他宣称,"史莱特·渥克公司在香港的存在将有助于吸引英国股票经纪人的注意力,并激发机构投资者的兴趣。"在1972—1973年期间,香港证券市场共有四家,其价值和业务强度都在飙升。从1970—1973年底,恒生指数的月平均价值几乎上升了八倍。[77]

人们担心的是,通过公开上市的船坞或太古实业公司的竞标来争夺土地,太古糖厂、太古贸易有限公司和香港汽水厂被纳入其中,并于1969年12月上市。上市不但意味着此时公司账目任人翻阅,而且还表明"太古并未控制任何一家公司"(只占太古船坞的36%和太古实业的46%,如果算上汇丰银行的话)。汇丰银行主席盖伊·塞耶(Guy Sayer)表示赞同:"这里有一些不可预测的疯子。"史莱特·渥克公司在1973年末将主要注意力转移到新加坡,该公司在那里的业务陷入了一场欺诈丑闻,并波及香港,但总体威胁依然存在。[78]

此外,香港对市场监管的不足和低税收制度,是吸引史莱特·渥克公司等运营商的主要原因。但是,尽管此后金融环境的不确定性造成了一系列问题,1967年后另一项姗姗来迟的改革还是带来了新的变化。香港地方性腐败不仅限于司法系统,在金融领域更是触目惊心。腐败是引发1967年暴动和1966年"天星小轮"骚乱的更广泛因素之一。也有一些证据表明,在1967年后,腐败的规模实际上扩大了。在1973年香港警察高层曝出丑闻后,新成立的廉政公署开始积极地处理现状,结果引发了全面整治。[79]香港警方发动罢工以示抗议。而令商界震惊的是,廉政公署开始追查的一些案件,动机是当时似乎司空见惯的商业文化,即个人在商业交易中收取和给予酬劳,号称"回扣""好处费"或者"中介费"，用法律术语来说就叫行贿。[80] 1976年3月，太古洋行承认违反了香港的《防止贿赂条例》。此外，一位中国业务员和太古的一位英国经理也面临指控，该业务员盯上的对象之一是一位国泰航空的工作人员，该工作人员得到1500港元的报酬，同意购买对方的一台影印机。在回应中，争论的焦点是商业生活的整个常规文化，无论是个人还是公司都无法幸免。"全香港都是靠好处费才得以运行的。"1973年，官方对贿赂的调查如此表示。该报告的作者评论说："我有充分的理由相信，香港绝大多数企业不会有这种情况。"[81]尽管立法本身并不新鲜，但很少有人在实际情况中区分过正式佣金和秘密佣金，更少有人预计到廉政公署的行动会扩大到商业部门。于是反对这一发展趋势的游说层出不穷，太古公司在香港的地方经理也参与其中，但局势很快明朗。

"事情已成定局，"正如大班彭励治所说，"毋庸置疑，香港和全世界的气候都在改变，而我们也必须随之改变。"彭励治下令，所有此类行为都应该停止。"我们的总体政策必须是在法律范围内开展业务，现在法律是什么已经毫无疑问了。"[82]

与此同时，美国航空航天公司洛克希德的贿赂丑闻也在不断曝光，在销售其宽舱喷气式三星客机时，它们曾在国际政界和航空管理界广撒贿赂和秘密佣金。因为公司的未来就指望三星客机，所以洛克希德毫不犹豫地贿赂了当时的日本首相田中角荣、财相、防卫大臣和航空局长，还额外贿赂了一位荷兰亲王。洛克希德的首席执行官后来写道，他相信，全日空航空社长若狭得治的背书（全日空也签订了这一型喷气式客机的合同），有助于国泰航空后来决定购买三星客机。作为"营销"三星科技的回报，若狭得治从香港一家兑换银行得到了充分的回报。所以，洛克希德当然会毫不犹豫地在1974年11月支付8万美元（相当于2019年的40万美元）给国泰航空志向远大的前飞行员伯纳德·史密斯（Bernard Smith），他当时是董事会成员和营销运营主管，负责"公关业务"。也就是说，在国泰挑选了洛克希德三星作为他们第一架宽舱体喷气式客机之后,由他协助将这架客机推销给马来西亚国家运营商。[83]

史密斯于1952年加入国泰航空,他在巴哈马时作为高级经理闯出了名声,而且对公司来说,他是新飞机及"亚洲航空新时代"的代言人。1975年9月2日,他驾驶着交付的第一架超级三星客机返回香港,总督麦理浩(Murray MacLehose)在启德机场迎接他。六个月后,当丑闻曝光的时候,史密斯辞掉职务,迅速离开香港并躲了起来。他的公积金原封未动,但应他的要求扣除了一笔相当于佣金的款项,使得这笔钱光明正大地成为洛克希德付给国泰航空的款项,于是他就摆脱了被起诉的危险(廉政公署的一名官员通过电话证实了这一点)。

"'钞级'三星号!"《远东经济评论》奚落道,狠狠地咬了为它提供利润丰厚彩色广告的公司一口,因为在其中最近的一张广告上,史密斯大吹特吹"我驾驶过的最棒飞机"的优点。[84]消息传到史密斯那里,他后来从国外给上级飞行员和机组人员写信,争辩说他的做法是为了国泰航空的"最佳利益",杂志将信函的内容和太平洋行被传唤的新闻刊登在了同一页。[85]

但是,洛克希德事件并未就此结束,这当中还穿插了其他一些故事,随后所有的事又重新浮出水面。国泰航空作出这一决定时,一些观察人士对此感到困惑,因为竞争对手麦道DC-10似乎更符合公司提出的要求,尽管最终价格会更贵。他们将其归咎于政府方面给予的压力,但遭到"坚决否认"。不过,如果公司选择的是三星客机,英国高级公务员和政府大臣迈克尔·赫塞尔廷(Michael Heseltine)的确会提供一些不一样的好处。而三星飞机的RB211发动机是由罗尔斯·罗伊斯公司制造的,后者于1970年被收归国有(罗尔斯·罗伊斯控股有限公司,又译劳斯莱斯控股有限公司。但这里的劳斯莱斯飞机发动机非宝马公司所有,这是后期公司品牌归属问题,在这里不做深究。——译者注)。这是一个外交政策的问题——特别是英美关系,1970—1971年期间,这一问题变得令人担忧，另外也涉及国家政治问题。一份发给香港总督的电报称："大臣向他坦言，如果一家英国航空公司在这样的激烈竞争中决定不买三星客机，会产生什么样的推论。"赫塞尔廷观察到"英国政府对国泰航空有很大的兴趣，尤其是在通过和他国政府谈判发展其航线方面"。在未有公职人员记录或聆听的情况下，赫塞尔廷曾提到，如果航空公司买下DC-10就会带来"负资产"。而后在该年1月29日，国泰航空董事会"一致"决定这么做。[86]

除了恢复香港—悉尼的航线，很明显，国泰航空还希望获得飞往伦敦的权利，而根据双边条约，通航权被保留在政府手中。国泰航空最重要的考虑是DC-10能够进行改装，以适应更长的航线，而且洛克希德的财务状况看起来很不稳定。赫塞尔廷及其官员劝说太古集团推迟一个月，在伦敦和香港对公司进行纠缠——一旦赫塞尔廷不在，这些催促就会变得更加微妙，与此同时还敦促罗尔斯·罗伊斯和洛克希德再和他们谈一谈。直至那时，国家对RB211发动机的支持达到了1.4亿英镑，而在2月份当选的工党政府中，赫塞尔廷的继任者重申了他更倾向于洛克希德的决定。最终，当董事会改变决定，向洛克希德订购飞机时，所有人都感到满意。当时，洛克希德提供了更好的条款。这个决定现在可以诚实地说，完全是出于商业考虑，而商业考虑现在变了，变得与政治利益一致。布拉克这样评价洛克希德的首席执行官，"这些美国人很厉害"，尽管罗尔斯·罗伊斯的销售宣传"令人震惊"。运营总监不需要说服，因为他一直更青睐三星客机。英国贸易与工业部副部长乔治·罗杰斯（George Rogers）指出："我们正在与两家英国公司商谈（国泰航空和罗尔斯·罗伊斯）打交道，这两家公司都非常依赖政府。"罗杰斯认为，这似乎是对一家私营公司的奇怪描述（他写道："革命性的"）。他澄清说："国泰的成功取决于——并将继续取决于——英国政府代表以不亚于国泰本身的商业眼光，追求国泰利益的技能和精力，同样也取决于国泰自身的商业头脑。大阪、珀斯和悉尼只是目前的三个例子！"[87]

对英国官员来说，国泰航空进一步购买三星客机——1975年又买了两架——及其航线的谈判仍然是盘根错节、牵涉方方面面的问题。在这一事件中，英国公务员和政界人士尽量不与香港政府发生冲突。自1967年11月宣布英镑贬值以来，英国在香港的利益与伦敦之间的疏离感一直在稳步增长，因为在香港，二者之间的不一致越来越明显。伦敦总是将自己的利益置于它实施殖民统治的地区利益之上，这使得香港在必要时进行自我改革变得更加重要。反腐运动当然与法律和政权的合法性有关，但它也与更广泛的持续问题有关，即香港的国际形象。警方因反腐运动而罢工的情况不容乐观；此外，血汗工厂的指控仍然存在，1975—1976年，英国媒体和广播曝光的关于童工的报道也起到了推波助澜的作用。约翰·勒卡雷（John le Carré）在他1977年的小说《荣誉学生》中说，这是"一块自鸣得意的、富有的英国岩石，由一群趾高气扬的商人经营"。他对香港的不恭之词体现出当时海外对香港的看法。人们围绕着应如何挽救香港的声誉展开了大量讨论。然而，1977年秋天在桑当公园赛马会举办的"香港日"并没有被视为最好的对应之策。彭励治认为："把丰满的、抽着雪茄的香港赛马观众与童工联系起来，是一个非常不幸的时刻，即使是罗曼诺夫家族也不会如此不堪。"[88]

相反，英国在香港的声誉也下降了。从英国制造的汽车质量到发电站的涡轮机，人们公认英国的制造标准正在下降；中国学生越来越多地去美国上大学，而美国对香港的商品来说成为越来越重要的市场。英国似乎越来越看重欧洲，除非它想保护就业（例如罗尔斯·罗伊斯公司）并通过这些公司获得选票。香港还以颜色，例如，选择了一家日本财团来发展港铁，令伦敦的官员大为光火。[89]从20世纪70年代中期开始，港英政府就习惯性地将香港称为"领土"，日益成为人们讨论的话题，包括某些情况下升级"应急"计划，即如果事情变得非常糟糕（而"大班都会被关进皇后像广场的老虎笼子里"）该怎么办的老话题。据施雅迪在1975年报告说,怡和集团"多年来有了一套机制,可以一下子将他们所有非香港资产都转移到一家百慕大公司"。两家企业的利益迅速扩展,如果香港各家公司被夺占,可能受到威胁的外部资产规模变得比单纯关注香港资产本身更为重要。[90]

到20世纪70年代,在香港太古的业务整理和重整的过程中,形象是另一大因素。到1976年底,太古集团有限公司吸收了太古实业,也就吸收了后者最新创办的分支太古地产,并获得了国泰航空(买下太古轮船公司全部产权)和香港飞机工程的控股权。集团历史上较为松散的联盟关系转变为更紧密的公司结构,而这种结构也更加突出。"Esse Quam Videri"——"求真务实"——公司这句古老的座右铭,现在得到了更多的应用,也为理解新兴哲学和战略提供了方式——太古集团得到了实质性的东西。相对于伦敦全资拥有的太古股份(香港)有限公司(简称:太古股份),人们的努力主要集中在"建立"上市公司的声誉和地位——这是一个常见的说法。在一定程度上,为了支持这一点,公司打破了以往的做法,香港大班和其他高级职员开始定期接受采访,第一次新闻发布会就是为了纪念品牌重塑而举行的,这是该公司为重塑品牌举行的首次新闻发布会。一位分析师在1974年说,当时有一项政策是在改组后的太古集团里放鞭炮。人们还探讨了其他举措,特别是在1974年,以"欢乐谷行动"为掩护,提出了与和记国际或其重要部分合并的想法。该提议来自和记——公认的四大英资企业之一,其在中国的历史比太古还要悠久。这项提案看上去似乎是有道理的,汇丰银行提供"百分之百的支持",但这是在公司对和记国际的财务状况有全面了解之前。因为没有人相信其主席祁德尊(Douglas Clague)爵士,此外和记的文化和惯例也令人担忧。事实证明,这些担忧是很有道理的。尽管当时内幕交易还不是犯罪,但这项提议肯定没有吸引力,并强化了对任何利益合并的反对,尤其是对香港的管理人员而言。和记自身也过度扩张,政府认为它过于庞大,以至于不能任其垮台,于是次年由汇丰银行将其接管。[91]1976年，四大商行中的另一家——会德丰碰到麻烦，看上去又提供了一次机会，但正是来自太古地产的"大规模"现金流入改变了集团的能力（成为其"钱袋子"）。但公司是哪种集团呢？在"新锐派和保守派"之间应形成怎样的平衡？施雅迪在一份1972年的笔记中思索。他认为，房地产开发，在香港公众眼中，应该会给我们提供适当的"走出去"的元素。历史是一项资产，但它也可能成为企业脖子上的沉重负担。1977年，《经济学人》报道说，太古股份有限公司是"在香港的主要英国公司中，最具家长风范和最有维多利亚精神的公司"，但它是在宣布太古地产上市和集团结构改革的背景下才这样报道的。[92]

1975年1月，太古实业大胆地提出，也许建立太古股份可能会让太古集团"逐步撤出"香港。这可能会逐渐导致伦敦在该公司的持股减少，而且它很容易被接管。[93]但与此同时，太古集团在继续探索其他领域——1973年，英国加入欧洲经济共同体，公司决定在欧洲大陆获得重要机会，权衡马尼拉的风险和机会，以及他们的"太平洋盆地风险扩散论"的必要性，并通过布莱斯格林公司获得马来西亚和毛里求斯的利益，通过茶叶商人詹姆斯·芬利（James Finlay）获得印度和东非的利益。1976年，太古集团分别收购了两家银行30%的股权，并于次年初全面控制了斯科特家族集团，他们在香港扎根得更深了。[94]约翰·森姆尔·施怀雅曾一直警告说不要买地，对他来说，这基本上是一种无用的投资，他希望资金快速流动并带来回报。但到1941年，公司的业务都位于其在中国内地和香港的巨大地产上。公司的发展帮助重塑了这些城市中许多地方的形象。最引人注目的是，在鲗鱼涌，糖厂和船坞参与了公司村的建设，并在其周边吸引人们形成了一个熙熙攘攘、兴旺发达的新郊区——私人住房和商店沿着有轨电车线路和后来的巴士线路错落有致地分布——随着20世纪的发展，这些都被纳入了香港市区。到1954年，太古已经失去中国内地的地产，但它仍然保留了位于香港的土地。

到1970年，船坞公司已经与怡和集团控制的香港置地合作，重新开发太古俱乐部的旧址，那里曾是供太古男女老少娱乐和锻炼的休闲场地。如今取而代之的是六座26层的公寓楼，面向中产阶级市场。政府的工务司署署长和其他官员对这些建议的第一反应是震惊，因为关于在鲗鱼涌和糖厂员工宿舍旧址进行更广泛开发的声明很模糊，直到1972年，他们才看到了1967年制定的计划。香港需要住房，但这种零散的发展意味着很少会考虑基础设施，根据估计，这些基础设施将成为一个人口密度非常高的新郊区，大约有三四万人，没有学校、商店、足够的公共交通、供水和污水处理能力。早期对小块土地的处理意味着其他私人开发使这一提议更加尴尬。附近两处私人拥有的街道已经"毫无希望地挤满了叫卖的小贩（和）违章停放的车辆"。香港经理"坦率地觉得超出了他们的能力范围"，施雅雅在1971年10月的报告中提到。即使1972年7月，太古糖厂和船坞成立了一家新的公司——太古地产，将物业顾问伯克利·汉布罗（Berkeley Hambro）引入公司来管理业务，但仍未能安抚官员。当时的计划建议将12万居民迁往鲗鱼涌和天水围水库的旧址发展。如此众多的人口意味着香港将从铜锣湾延伸至筲箕湾，形成一个连续的建筑覆盖区和人口密集地带。这将是对现有城市发展计划的"嘲弄"。民政事务局（前称政务司）局长建议，何不计划换地，把当时规划的新市镇用地之一提供给他们呢？"我知道这不会带来同样迅速而丰厚的回报，但我相信这样做对香港最有利。"也许甚至需要"更激烈的行动"才能从该公司手中"获得土地"。[95]

运输署署长郑重其事地说："这份计划把我吓坏了。政府部门不喜欢它们自己规划的东西由他人开发。"不过随着计划的推进，反对意见也顺理成章地出现。规划于1974年初被批准，随着时间推移，一个由61栋住宅楼组成的太古城以及超过1.5万所公寓和轻工业设施拔地而起，这是香港迄今为止最大规模的私人住宅区。即便如此，施约克也不喜欢他在1973年看到的香港及其景象。

"我们去了鲗鱼涌。旧船坞西区到处是巨大的公寓和办公室，办公室与福利中心和游泳池一起出租。会所的保龄球馆、太古轮船的宿舍都没有了,大多数船坞公司的作业和办公室都被搬到了香港联合船坞下的九龙……全都是钱、钱、钱,我一点都不喜欢这种受美国影响的新氛围。"[96] "我们参观了……太古地产在鲗鱼涌的发展项目。有人放着影片向我们讲解,并向我们展示了一个可容纳六万人、计划建设的大型混凝土建筑的完整模型。我不知道他们将在哪里工作,因为每块独立用地都被变成了可能更赚钱的房子。"[97]

土地储备带来了钱,当太古城公寓拔地而起,它们的影子落在仍然嗡嗡作响的船坞上,为太古集团带来了前所未有的收入和"大规模"的现金流。但这种失去了什么的感觉并不仅仅是一位80岁老人的反应,他的大部分职业生涯都在指导鲗鱼涌的发展,雇用了数千名员工,他还记得这里的施工问题如何在75年前影响了家庭度假的气氛,以及他如何在1945年后监督了它的重建。[98]这种语气和关切与迈克尔·霍普(Michael Hope)的思考相呼应,他的公司曾被史莱特·渥克公司收购并摧毁。金融的胜利——史莱特在公司的第一次收购董事会上宣布:"我们要制造的产品是钱。"这让许多人感到震惊,因为对他们来说,制造和发明,以及作为劳资关系核心的人际关系,是英国企业的基石。[99]30年后,施约翰反思道:"我不确定自己是否真的赞成将造船厂和糖厂清盘,并将其转为房地产,尽管这确实为公司提供了大量资金。可是,我不会那么做的。但对公司来说,这样做是正确的,不过,这意味着与很多人失去联系。"[100]

从时间上看,对员工来说,这样做可能是正确的。迈克尔·霍普反映,他的员工受到的实际影响已经被充分就业和慷慨的裁员条件所缓解,还有一部分原因是对商业伦理的道德关注。彭励治在1975年宣称:"我们已经从一团泥巴中赚了很多钱,其中一部分应该投入到确保造船厂工人的工作上,这是正确的做法。"[101]实际上,这意味着为青衣的住房和城市发展部提供资金。太古城早期的销售手册显示,船厂就在旁边，仍在使用，但1980年7月后，业务全部转移到新地点，九龙码头的土地也被转让给房地产。在青衣接受维修的第一艘船只来自中国内地，这是一个重大变化的象征。20世纪70年代，中国转向试探性地重新对外接触和贸易，与美国恢复接触、1971年美国终止贸易禁运以及1972年尼克松访华，标志着地缘政治转变的开始。

到1977年，太古集团已经在考虑是否需要任命一名政治顾问，以协助北方新兴的环境。1978年4月，太古集团讨论是否在中国内地设立办事处。1973年和1975年，飞机工程公司与中国内地的公司签订了两份最早的合同，这两份合同是在1972年中英关系正常化之后签订的。飞机开始向南飞入启德机场进行发动机维修。[102] 1978年，怡和洋行已经在北京设立了代表处，1979年在北京设立了办事处，随后又在广州设立了办事处。当时，太古集团在"贸易、保险、航运、造船厂、油漆和飞机工程"等领域已经与中国内地有了交易，尽管"很难从中国内地获利"。香港目前还在敦促各方保持谨慎，其他地区后来对中国内地的贸易前景表现出"乐观的情绪"。[103] 随着时间推移，这种"改革开放"的政策最终意味着，香港在1978年后改革开放时代的中国转型中发挥了关键作用，而其自身的制造业将开始衰退。随着香港企业利用较低的制造成本，曾经在香港管理的制造业"打工"的人们回到内地。到2000年，估计有500万劳动力在广东省为香港的利益工作。相反，香港人会做什么，在很大程度上将取决于香港提供的服务、香港作为转口港以及继续转型为国际金融中心的角色。

香港历史上的新阶段以及在中国经济中的重要地位，使许多人更加相信，在1997年新界租约到期之前，英国或许可以与中国达成某种安排，以保留英国的角色，甚至是英国的行政管理。因为他们认为——难道英国不是治理得井井有条吗？但中国的反帝国主义民族主义（英国人很大程度上低估了这一点，或者根本没有理解这一点）将使这一切变得不可能。英国人在中国的土地上统治着一块区域地，尽管这一点不言而喻，这块区域就在他们的脚下，但他们却相信条约口岸会被安全地存放在一个贴着"历史"标签的密封盒子里，任由这段历史积灰蒙尘。他们无法以中国人的眼光看待自己，也无法以任何理性观察者的眼光看待自己。总督麦理浩爵士在1979年试图向邓小平提起租约问题，却遭到"断然回绝"——这是他的原话——此时他才正式意识到不存在任何谈判协商的可能性。流程已经启动，但在接下来五年的大部分时间里，英国外交官和政治家没有意识到，香港地区的未来将由中国来指导。

到1980年，香港的服务业和制造业在整个经济中的规模大致相当。在这10年间，香港的经济规模翻了一番，服务业每年增长约17%，比20世纪60年代快得多，而制造业现在增长较慢，但还是在增长。[104]一路走来并不总是一帆风顺，尤其是在1974年和1975年，经济衰退严重，但人均生产总值在1970年和1980年之间翻了一番。在这10年的后半段，仅制造业的工资就翻了一番。彭励治在1978年7月报告，劳动力短缺仍在继续，普遍的繁荣是显而易见的。[105]在麦理浩总督治下——他是一名外交官，而不是一名职业的行政人员，这对他的语调、风格以及他所带来的假设都产生了重要影响，政府推出了免费的中小学义务教育，大幅增加了社会援助计划、公共住房计划和新城镇计划，并明确了粤语作为官方语言。

经济增长带来的收入增长加强了麦理浩的影响力，1966—1967年的危机和香港制造业的持续污点也迫使他这样做。这些改革和其他改革的速度、规模和影响可能被夸大了，但就20世纪60年代的管理风格而言，这是相当激进的。整个20世纪70年代，香港的社会也发生了变化。香港人受教育程度更高，技能更强，有更多的可支配收入。太古城公寓的目标客户是年轻的已婚夫妇，他们自行安家，而不是像以往那样与父母一起居住。太古地产入局了另一个不同的市场，投资美国的开发项目，以满足中国股东和董事的"假定愿望"。[106]在电影业、电视和粤语流行音乐的推动下，一种对香港特殊身份的强烈意识和表达也变得更加普遍。越来越多的游客到中国内地旅游，让内地强烈感受到了香港的与众不同。香港人也越来越多地去更远的地方旅行，而且经常乘坐国泰航空的飞机。

20世纪60年代和70年代还发生了另一场金属集装箱革命：波音747客机——"巨无霸客机"——廉价的大规模空中旅行的到来。与标准化集装箱一样，波音747也是美国军事需求的副产品，而这次的副产品是喷气式运输机项目。在那次竞争中，波音公司输给了洛克希德公司。在那之后波音和泛美航空公司一起推行他们自己的计划。1968年12月，波音公司签下泛美航空公司作为其首个客户。1970年1月21日，第一架泛美747客机从纽约飞往伦敦。[107]与竞争对手宽大飞机相比，747机身更大、噪音更大、更具成本效益和利润，很快就像集装箱革命一样，改变了全球航空旅行的基础设施、旅行习惯和货运。由于担心自身庞大的客运量，国泰航空公司花了一点时间来冒险。香港乘客首先乘坐的是1971年投入使用的波音707客机。1971年8月24日，当第一架707客机按照到台北和大阪的航线，从启德机场起飞时，太古轮船公司那艘早已出售并重新命名的老旧渡轮"佛山号"在港口倾覆，成了大批海员的新坟墓。这些海员是一周前的台风"露丝"袭击这条船的时候被淹死的。

波音707客机能容纳154名乘客，宽体三星客机可以载运286人，而747客机可以装下404人——由罗尔斯·罗伊斯公司提供发动机。正如国泰航空在英国的广告努力指出的那样，据1979年计算，这笔投资五年多来在英国制造业投入了7000万英镑——这些飞机于1979年开始抵达香港。第一架飞机于7月30日飞抵香港，由港督麦理浩隆重迎接，当警察的铜管乐队在飞机库前演奏时，他很可能会反思，自己在香港为女王陛下政府履行职责期间所反复出现的怪事。[108]然而，他是乘着一架国泰707飞机正式抵达香港上任的，1971年11月19日从东京起飞，随后换掉西装，穿上总督官袍，戴上鸵鸟毛帽子，那羽毛装点着他在喷气机时代的上任之旅。麦理浩在横穿港口后抵达皇后码头，那里是香港总督登陆的传统地点。[109]他是1976年国泰航空65.3万名乘客中的一员。1972年有82.7万人乘坐该航空公司航班,这个数字到1976年时翻倍,并在1980年达到288万人。国泰航空占到香港全部航班数的四分之一,运载大约30%的香港旅客,这一增长率远超同期国际客旅量约85%的增长。[110]新的747飞机被安排首先向南飞往悉尼和墨尔本,并向北飞往东京,这是一条非常有利可图的航线。但国泰航空的目光也投向了另一条顶级线路:伦敦。1976年,三星客机开始提供飞往巴伐利亚的服务;1979年12月,该公司在香港正式申请飞往伦敦的权利并申请成功;1980年1月,又向伦敦民航局(CAA)申请对等权利,但没有成功。《南华早报》怒斥道,这是"对帝国特权的无耻滥用"——没有一丝讽刺——因为加盟英国航空公司航线的专属权利被授予给英国金狮航空,此举似乎是出于温情脉脉的保护主义,"伦敦"通过这种方式拒绝给予香港对等的权利。贸易组织也加入了中国媒体所表达的愤怒之声(尽管彭励治曾认为,他们成功的概率只有50%)。据约翰·布朗当时的报道,港英政府支持国泰航空的竞标,并曾在1974年向国泰施压,要求其尽早开通这条航线。公司与麦理浩展开了非正式讨论,焦点集中在政府如何以及何时最有效地部署对国泰的支持。[111]1975年1月,邓肯·布拉克对英国民航驻香港代表说:"航空公司的航线规划是一项商业职能。"于是,有人"轻松地"反驳说:"国泰航空任何飞往伦敦的航班……都不可避免地涉及政府功能的许多方面。"[112]

6月17日,贸易部长约翰·诺特(John Nott)推翻了裁决,允许国泰航空每周运营三班航班,该让步也被扩大至英国金狮航空和第三家竞争者莱克航空,这也许是积极的"回报",也是这7000万英镑的回报。[113]诺特在给首相撒切尔夫人的简报中指出,他的决定在香港引起了"深深的不满",这主要是因为"国泰航空在很大程度上被视为本地航空公司",而民航局的决定"被批评者指为代表殖民主义的做法"。他在伦敦举行的香港协会年度晚宴上说,他的决定"将使香港和英国更紧密地联系在一起"。[114]一个月后,警察乐队奏着小夜曲送别一架国泰航空747飞机,抵达时受到了一条中国龙、施约克和一架喷火战斗机的迎接。包括邓肯·布拉克在内的400名乘客走下飞机,前往盖特威克机场的航站楼。在一年时间里,尽管联运旅客流量增长了大约35%,但国泰航空的整体份额从23%增长至40%。[115]"我们最懂亚洲。"就在诺特声明的次日,英国媒体就刊登了此类广告,而在香港流传的广告上写着"从香港到伦敦",对开的两页分别印着港口的舢板和英国国会大厦:"不负您的期望"。

施约克是1981年乘着国泰航空前往东方的成千上万乘客中的一员。1914年2月,他曾搭乘一艘冒着蒸汽的蓝烟囱船只,从利物浦出发来到香港;自那以后,他往返了24次,而这是最后一次。当时,他在科伦坡换乘铁行轮船公司的"阿卡迪亚号",于3月25日抵达香港。当天,香港的报纸报道有人在太平山目击到一只大虎。1981年11月,据施约克的报告,他经过六个小时的飞行到达巴林,又花了七个小时到达香港,"在一片浓雾中"着陆。此时距他的祖父约翰·森姆尔·施怀雅第一次来到此地已过去了115年。现在,香港的变化之大模糊了施约克对过去的记忆,掩盖了70年来与之一起成长的地点和场景,而这些都是他的祖父一手创建的。

"办公室……现在完全是个迷宫,我什么都认不出来了!我进来的时候签了总督的签名册,一个早上都在东亚派驻董事的新房间里写东西。皇后像广场都认不出来了,香港会和汇丰银行被拆除,会所搬到了我们办公室隔壁的临时场地。办公室经过彻底整修,变得现代化,每个人都有自己的办公室,我完全摸不着头脑。"

在两次短暂停留期间(当中穿插了一趟澳大利亚之旅),施约克也在牧羊犬俱乐部吃午饭,驱车前往青衣的新联合船坞——"一切都如此不可思议"——他在三年前开业的沙田马场待了一下午,在汇丰银行(该行主席的马得了第三名)的包厢里吃午饭。人们开车载着施约克环游太古洋行的旧址，去了筲箕湾，穿越鲗鱼涌，还"尽兴地游览了太古城，这个地方百闻不如一见，十分美妙"。麦理浩甚至安排了一次直升机之旅，带他游览港口和新界。

老员工从海外赶回来和施约克会面，其中一些人最初是由他在20世纪30年代通过牛津的董事会，或通过中国内部员工举荐派往"东方"的，除了他在1965年奠基的太古学校（如今没有多少保存下来），香港前途不定的那些年，还有公司在中国内地、日本、澳大利亚等地几十年的业务，没有人比这些员工更能保留这其中的延续性。太古轮船公司和太古洋行的老员工和太古前飞行员一道吃午餐和晚餐，讲述过去那些扑朔迷离的人和事。买办和船舶经纪人的后代筹备了一场中餐大宴。1933年在上海入行的切斯特·甄从退休的地方飞越太平洋赶来参加。一道来见施约克的还有长江上的船长、赤柱拘禁营的老员工、船务经理的孩子们以及霍利曼家族，后者是这家英国跨国企业的活历史。1981年12月7日，施约克"于22:20分乘坐国泰航空"离开启德机场，"凌晨2:15分从巴林出发"，并"于7:45分在漫天风雪中于盖特威克着陆"。施约克在两年后逝世，随着他的离世，这家公司同他的祖父之间的最后一丝直接联系也烟消云散了。近90年前，他的祖父参加了他的洗礼仪式。写到这里，施怀雅家族的故事基本也就结束了。这个故事描绘了人与人、商品、城市与海洋之间的联系，也勾勒了事业、拼搏、战争、民族主义、帝国衰落、两个世纪的动荡、技术、社会和文化的转变。正如这个故事的开头那样，这艘来自亚洲的船在12月的深雪中抵达港口，船上载满了乘客，送来了日新月异的中国的消息，开启了一段即将展开的故事，也创造了一船的历史和回忆。

第十五章

此　时

　　这是一家公司从诞生到壮大的传奇，主要描述了两个国家之间的关系，同时也是一个关于现代世界是如何被塑造的故事。通过太古集团及其历史，我们可以从过去两个世纪的历史进程中摸索出一条道路，以不同的眼光，或者至少是以不同的角度来展示这段历史的各个部分。来自账房、董事会、商行的视野和来自领事馆、政府官邸或部门的视野必然是不一样的。当然，这也是一段英国，或者可以称之为英帝国的势力在亚洲兴起、延伸和消亡的历史。这个"帝国"的称谓名副其实，它曾经确实如此，旗帜飘扬在外国领土上（或画在船上、屋顶上、飞机机身上），在国外施加压力和影响——代理人和臣民、合作者和反对者，还有那些抓住机会，实现企业包袱和自我野心的人，包括太古集团的合伙人、董事、代理商以及许许多多的雇员，都是承受这些压力和影响的人。在这段传奇的故事里，英国人匆匆忙忙地涌进中国的城市，占据中国的河流和海岸，提出他们的要求，并与清政府及臣民发生纠缠。双方在经济和社会领域都不断地相互适应，直到革命人士建立共和制的中国，实现主权恢复的大业。这是一段流散在海外的华人的故事（人称

"广东人的太平洋"），故事里有着来自香山的商人、来自汕头的移民、远离家园的海上船员（有时候是远离他们的船舶）。[1]同时，它也是同时代殖民势力衰退，但在香港这块土地意外硬撑下来且发展壮大的故事。这些故事都源于亚洲民族主义的兴起，去殖民化运动和英国为了在地缘政治的变化中求生存而采取的策略也起了作用。

太古的员工也是这段历史的见证者和参与者，比如书中描写了法租界的古怪搭档郑观应和恩迪科特曾谋划用公平手段和歪门邪道双管齐下的方式控制长江及沿岸；科恩博士的科学炼糖法；一流打字员凯蒂·里斯，她在比利特街时就让香港大班感到惶恐不安；沃尔特·费舍尔从英国士兵手下保护了他在天津的员工；吉姆·斯科特一反自己的天性，给一所大学投资；罗伯茨靠一己之力，管理被扣押的香港企业；太古轮船公司的船长们驾驶着难民船离开香港港口，投入海上的冬季战争；约翰·芬尼看到被毁坏的太古船坞时尽管内心沮丧，却表现出积极乐观的样子；西德尼·德·坎佐为了安抚恼怒的埃里克·普莱斯，早早地退出国泰航空；等等。这段历史中有许许多多这样的故事，而且还有很多尚待讲述。这些故事的主角是太古本身，但还有其他角色登场：举行罢工的太古船坞工人；太古轮船公司班轮上的宁波厨子；谱写诗篇讴歌上海的无名作曲家；乘客和船长都恨之入骨的端茶小厮（这些人本只是为寻求一份生计）；为广州的抵制运动募集资金的舞女；毕业于上海圣约翰大学、成为太古中国内部员工的聪明小伙子……这些人也是这段故事中的角色。

太古的故事，是一部各种经历交织的历史，是一段跨越19世纪和20世纪，贯穿中英两国错综复杂的过往，跨越国度和文化的男人和女人的历史。

对于这样一家合理保存其独特身份并扎根于家族和多元网络的实体企业而言，要通过他们长期的发展来详尽绘制其历史路径的做法非同寻常。[2]我们一般更习惯于根据国家、城市、机构、商品、理念、事件、现象或技术进行思考。我们拥有家族的参考文献或研究成果，也拥有一些对绵延几代人的家族企业进行考据的成果。当然，这个集团是与时俱进的，1980年的太古集团及其世界注定天翻地覆，迥异于1816年约翰·施怀雅在利物浦所见到的世界，其间差异之大令人无所适从。故事的开头，约翰·施怀雅做着规模不大的代理商生意，每年有两条船驶向加勒比海跑业务；他的后代后来在和利物浦远隔重洋的地方开公司，管理各种业务，说着各种语言，谈论着各种文化。本书讲述的正是施怀雅家族五代人薪火相传的故事，尤其是考虑到与太古洋行同时代的大多数商业伙伴和竞争者早就在历史的长河中销声匿迹，这让施怀雅家族的故事变得更加饶有趣味。利物浦的生意场、19世纪60年代的华商会馆、战后香港的大多数大型英国企业全都已经湮灭在历史中。但是，除了更全面地了解太古的过往，观望变化莫测、难以预料的人类经历外，我们还能从中获得什么呢？这段历史是丰富的，其丰富程度远超本书所涵盖的内容——档案汗牛充栋，而没有被归档的资料更加浩繁——历史资料的发掘总是永无止境。

在结束这段历史的时候，我们需要提出的问题是，这家不同凡响的公司究竟如何克服种种历史逆境，存续了这么长时间？答案之一是家族。无论如何，1980年掌权的是太古集团的先辈，2020年掌权的是家族的后辈——在这家私人企业中，施怀雅家族持有大多数股份。我们可以从家族传承激发出来的精神特征开始谈起。约翰·森姆尔·施怀雅的创业有很多动力，但他的家族责任感肯定是其中之一。杰克出于不可推卸的强烈责任感，将40年的人生投入到他明显不喜欢的生意上，这份责任感部分来自他的父亲——或许也是为了祭奠父亲，向父亲证明自己的价值，还有一部分来自企业所雇佣的员工。华伦·施怀雅比这段历史中的任何其他人物都更加在意他对企业的所有权：得记住，船是"他的"船。而施约克的忠诚，我认为，更多地指向那些他招揽入行的人士，即"他在大学的同窗"以及他们的后继者。两场世界大战既让他惊恐万状,也推动他锐意进取,在1945年后重建太古公司,并在其后调整企业方向,这些做法在相当大程度上是为了履行他对员工的合同义务。家族有两次面临生死存亡的挑战,分别体现在华伦·施怀雅入职和离职之时。一度十分棘手的麦金托什问题也是家族的大麻烦。这些人并不只是工作,而且还紧紧依附斯科特家族(他们在1914年的持股份额相当于公司的三分之一,且继续持有)。

吉姆·斯科特的几个儿子在大部分时间都是公司的重要高管,科林·C.斯科特自1910起直到1950年去世(当时他在前往参加太古洋行年度大会的火车上),约翰·施怀雅·斯科特从1931—1966年都为公司效力;尤其是后者,在20世纪40年代和华伦的冲突中支持了施约克。在这场冲突中,他或许多少也能取代施约克的弟弟、阵亡于第一次世界大战伊普尔战役的格伦。[3]

但"家族"这个回答远远不够,一家家族公司或许要比国有公司具有更长远的投资观,但商业史文献的一种模式表明,大多数家族企业到第三代就开始衰落,或者转变为上市公司。这说明,在创始人以及接下来一代人之后,接班人的创业兴趣会减弱,并脱离家族产业的老本行。作为埃塞克斯狩猎协会会长、骑手、乡村绅士的杰克,本来十分吻合这一模式。当然,一项针对类似太古集团这样的海外贸易企业的研究显示,转变为大众性质的家族公司一旦迎合更多短期持股者的要求,大多都无法在商业竞争中幸存。[4]失败不可避免的观点会受到批评,而且太古集团并不是唯一一家在创始人去世之后还能长期延续的企业,但它确实不同寻常,也付出过艰辛努力。严格的督促和严厉的话语迫使华伦·施怀雅习惯了企业文化,即便最终结果事与愿违,而杰克对此的最大贡献可能就是限制了他兄弟那无所顾忌的冲动。第一次世界大战打断了施约克的见习经历,但后来一批加入公司的家族成员在加入董事会前需要在亚洲花数年时间积累经验、接受培训。就像施约克在1920年为年轻的约翰·斯科特制定的计划中指出的那样,他们要学习"太古的本质与意义"。[5] 在此，五代人中不同的个人才能也十分关键：约翰·森姆尔·施怀雅面容冷峻、魄力过人、公正无私；华伦·施怀雅真诚率直，而且出人意料地赞赏中国民族主义；施约克有识人的才能。他们人各有貌，应时而生。然而，代表了企业管理和文化的家长制作风仍然是太古的主旋律——家族拥有企业，企业对其员工负有义务。这并不是说如前文所述，企业未能合情合理地、有效地遵循公司的管理方针和路线运作（即使经常延误）。而是说，在20世纪60年代，尤其是20世纪70年代，当利益多样化的时候，太古通过一批出类拔萃、备受信任且培训越来越职业化的内部员工群体，发展出更加健康的结构体系和管理哲学。与此同时，家族、历史和传统的表征对其身份来说变得更加重要。家族理所当然地也具有特定的魅力和更广泛的文化共鸣，这点或许最淋漓尽致地体现在作家詹姆斯·克拉维尔笔下香港故事的世界里。在他的小说当中，斯特鲁安家族和戈恩特家族（实际上以怡和洋行和太古洋行为原型）的斗争代代相传。约翰·森姆尔·施怀雅从未挥舞过刀子，除了开了一家糖厂之外。他对怡和洋行的复仇是甜蜜蜜的，而不是血淋淋的。

要解答太古长盛不衰之谜，第二个关键答案是帝国，不是侵略成性的那种，而是平凡普通的帝国，合理地发掘殖民势力的运作所带来的机会。英国的政治地理提供了公司经营的领地。公司在这一领地内找到了自己的用武之处，而且与其合作伙伴结盟充分利用了这一地域。我们可能会注意到，在英帝国扩张的维多利亚时代，太古很大程度上和国家保持着距离。利物浦人通过这一日渐扩大的版图开创自己的事业，至少在他们的头脑和措辞当中是这样。当英国的全球势力如日中天之时，太古集团及其代理商呼吁国家根据条约规定来保护它们的利益，并向法院讨要（他们眼中的）正义。但我不能总结说，从哲学角度而言，它们满意于这种权力的基础结构或与之共谋，尽管它们在其羽翼下受到荫庇。它们并不认为领事或殖民官员能够理解它们的世界。它们设想，互惠的事业是可以跨越文化、边界和反感被组织起来的，尽管（时不时）存在相反的证明。在它们看来，国家的代理人很大程度上瞧不起"贸易"。太古支持英国的利益——这是职业要求——但它们常常明显不喜欢它。太古集团和英国国家政权的关系，实际上在帝国遭到攻击并开始收缩（这一进程吊诡地和英国国家本身的大规模扩张重合）的时候发展得最为紧密。当时公司想方设法在变化莫测、越来越怀有敌意的局面中生存下来。反过来，当国家干预主义被用来向私人公司施压，从而帮助其掌权者实现政治目的的时候，双方关系最为疏远。[6]

太古集团在有意愿的时候，也试图和殖民势力的对手或继承人结成联盟。而在1949年后的中国或1957年后的马来西亚等情形中被证明情况并非如此，尽管公司通过运送朝觐者，或者在中国对外封闭后保留航运服务的方式获得了大量政治资本，但都无济于事。这家企业并未和帝国共谋，但它仍然在英联邦内部寻求安全保障，考虑进军加拿大，广泛并成功地投资澳大利亚，虽然在巴哈马折戟沉沙。作为大英帝国最后正式的、实质性的堡垒，香港无论如何变化，都相当出人意料地提供了企业存续之谜的关键解释。企业之所以能挺过来，是因为香港挺过来了。绝大多数英国海外商行在权力移交之际没能在去殖民化进程中幸存太久——彻底国有化、正式或非正式"本地化"的政策、重税或限制性规定导致大多数洋行的倒闭。[7]正如书中所述，香港一次又一次地被认为是一处过于不安全的港湾，但事实又证明它是安全的。总的来说，除了多样化因素外，太古依托香港提取所需资源，涉足并发展航空等新领域，而且摆脱了江河日下的船舶制造、修理和炼糖产业。1980年，集团44%的利润是从香港获得，只占其营业额的9.5%，其中较大部分来自房地产，占38.5%。[8]所以，太古完完全全和香港联系在一起，正如它始终和中国内地联系在一起一样。

这是一家网络化的企业，这一点提供了太古长寿秘诀的第三种解释。它特有的网络是这段故事的主要特征之一，资本、技能和经验通过这一网络得以被动员、配置和再配置。最开始，施怀雅和巴特菲尔

第十五章 此 时

德家族合伙，再到19世纪50年代跨大西洋两岸的利物浦商贸和约克夏出口交易网；随后是19世纪60年代施怀雅、巴特菲尔德、赫尔德和莫氏等家族以及他们在香港、上海和横滨的利益网；19世纪80年代的施怀雅、费里、马丁家族和糖业网；施怀雅和霍尔特、斯科特和曼斯菲尔德家族网，以及太古轮船公司船队和蓝烟囱在亚洲的生意网；1873年后施怀雅和郑氏（以及后来的杨氏和陈氏）家族在长江以及沿岸的航运网；施怀雅、斯科特、郑氏、陈氏、莫氏和杨氏家族的太古分行网，这些关系错综复杂，有的升、有的降，而且彼此之间盘根错节，既有汕头网络，又有20世纪30年代以及之后和上海银行业精英建立的关系网，此外还有后来国泰航空或海外集装箱运输公司的企业型伙伴关系。在一些重要的例子中，这样的关系是基于信任——尤其是施怀雅、霍尔特和斯科特家族，以及第二次世界大战后的汇丰银行——但并非绝对如此，还有很多关系也依赖有法律效力的合同。但是，根据档案记载，哪怕是在依合同办事的情形下，也有非常实质性的证据，证明存在合同之外的交往。当然，郑观应曾因欠债被关押了一年，但这是十分罕见的孤例。有位前买办倒了霉之后，公司给他安排住宿，还发给他生活费，他的遗孀得到照料。其他人的子弟也被招揽进公司。20世纪50年代中期保存着一份前任员工和伙伴的"抚恤名单"，在公司力所能及的时候会帮助这些人离开中国内地。公司经营的一大特色就是人际关系和高品质的交往——关系是公司经营方式的特征之一。这在其他形式的公司中可能是不合理的，因此我们可以单纯将之视为太古保护自己声誉的一种谋略。也许确实有这方面的因素，但显然远不止如此。

我们或许会认为，这一整套关系用图表绘制出来可能更一目了然，但我们最好从这堆令人眼花缭乱的表格中抽身，转而从根本上将其理解为围绕着施怀雅、霍尔特和斯特克家族建立起来的英国核心网络，以及由施怀雅家族及其广东合作商在中国编织起来的大网。事实上，我们可以考虑将这一阶段的中英关系重新理解为粤英关系——19世纪60年代至

- 441 -

20世纪30年代期间，中英关系的核心功能关系实际上是英国利益与广东利益的交织。甚至更具体地说，是与广东省内某个小地区利益的交织，该地区始自香山县（即今天的中山市），包括其周边地带。在武汉、天津，当然还有上海，香山商人同隶属施怀雅网络的代理商合作，就像他们也和其他外国商行合作一样。国家并未在这个故事中缺席，理解这一点——清朝、中华民国、中华人民共和国——对于充分认识这段历史是至关重要的。但在这段历史中，国家形态远不如代表太古集团及其业务习惯和结构的跨国联盟来得重要。直至20世纪60年代，和其他许多英国企业不同（例如怡和集团），太古集团并未收紧中国资本，至少没有直接收紧，但其整个运营结构建立在（大多数时候）严格分开的资本和利益的联盟基础上，买办业务和公司业务双管齐下（尽管是在不同楼层和不同办公室里）、互相弥补，并且彼此依托。

这些网络当然扎根在城市中，太古在其历史进程中利用的最重要资源之一就是城市。其中比较突出的有利物浦、墨尔本、上海和香港，当然还有伦敦。但除了伦敦之外，每座城市都以自己的方式在最重要的时代脱颖而出，或迅速重塑自身，就像20世纪40年代后的香港那样。所有这些城市都是港口城市，是货物、人员、资本和思想转运的中间地带，新的商人、托运人、记者、金融家以及所有为这一行业服务的人在这些城市得以发展，不管他们身处高层还是低层。[9]这些城市是通信网络的节点，也是航运和航空枢纽。太古显然是一家不安分的企业，不断地从一个城市到另一个城市，发掘一个又一个机会，即使有些机会被证明是令人沮丧的，例如威廉·朗的步枪或广东的煤炭特许经营。公司直至20世纪70年代的主要业务是航运，以不同的速度运输商品、人员、专业知识和技术，并以不同的方式增加价值。这是一家不断发展变化的公司，通过地点、技术、联盟来寻求新的优势，或者对战争、革命、民族主义和全球经济更广泛的动荡进程作出反应。尽管它强调连续性和历史，或者也许是为了掩盖这种不安，因此在这段历史中一次又一次地重塑自己。

太古进一步发展是在20世纪80年代，中国开始了重塑的过程，这个过程在21世纪的第二个10年仍在继续。太古重返中国内地，1979—1980年在广州投资制造业和房地产开发；1979年底一次性包机飞往广州，重新开通了两个城市之间的航空联系，运载网球运动员和球迷前往观看一场表演赛；1980年3月，国泰航空开通了从香港—上海的定期航班；1983年，在北京开设了办事处。姚刚是曾经帮助公司走出内地的人，30年后，随着内地缓慢而稳定地扭转方向，他帮助公司找到了回来的路。1993年，太古集团在上海再次开设了分公司。古老的外滩和旧式洋行作为这段历史上演的舞台，在20世纪80年代和90年代大多数都完好无损。但在改革开放时期的中国，外国企业的经营变得与之前十分不同。在这里，历史几乎没有被忘记，尤其是那段近代的历史在中国人的讨论中始终非常突出。然而，这次重新回到中国内地的是一家和之前不同的企业，它在内地发展伙伴关系，投身于航空、地产、油漆、软饮料和糖果业。中国的改革开放给世界带来了新机遇，特别是1997年中国恢复对香港行使主权，标志着一个新纪元的开始。

但这一事件，连同贯穿19世纪80年代以及此后的所有关联发展都构成了另一个故事，或者毋宁说是同一个故事的延续，直至今时今日。

第十六章

现　今

　　2020年的太古已经成为一个高度多元化的全球商业集团，营业额超过300亿美元，在四大洲拥有超过13万名员工。与1816年贸易报告中首次记载的，成立于利物浦的单人贸易公司相比，发生了巨大的变化。当时，它靠进口100桶用于染色工业的树皮起家；现在，集团的业务主要可以归纳为七大板块，即航空、房地产、海洋服务、饮料、食品、贸易和工业。它的许多核心业务仍然部署在亚太地区，并保留了历史名称。2020年是太古在香港开设办事处的150周年。在亚洲，太古的活动主要由集团的公开上市部门——太古股份有限公司负责。

　　国泰航空总部设在香港，其第一架DC-3飞机目前在香港的科学博物馆展出；现在，国泰航空的机队已经拥有200多架飞机。太古轮船公司总部在新加坡经营，旗下有超过50艘航行全球的船舶，它们悬挂的仍是1873年和旗昌洋行分庭抗礼时第一次挂出的旗帜。地产分支要追溯到为糖厂劳动力建造的住房，后来逐渐发展成拥有超过400亿美元资本的巨头，在全中国和美国都建有供居住、零售、办公和旅馆混合使用的住宅。太古软饮料拥有可口可乐特许授权的6.68亿用户和将近2900万美国

第十六章 现 今

用户,在这两个国家经营着24家装瓶厂。尽管太古不再涉足炼糖业,但仍然包装和售卖贴有太古糖商标的优质糖制品,行销中国、新加坡、中东和加拿大。如今,它的销售队伍过的日子可比20世纪20年代那些吃苦耐劳的年轻卖糖人轻松多了。

在世界的其他地方,很多业务都由位于伦敦的母公司英国太古集团有限公司直接经营,分布在澳大利亚、巴布亚新几内亚、东非、斯里兰卡、荷兰、美国和英国。太古集团的发展关键仍然是长期投资理念——这项战略带领公司度过了不同的经济波动和政治动荡时期。太古与众不同的地方在于:其组织扎根于过去,其关注点却牢牢地投向未来;同时,它还是一家以家族产业作为其母公司的跨国企业,其发展历程必然是一部多元力量交织、历经无数苦难和光辉岁月铸就的历史。

致　　谢

对这段历史的记录始于一次邀请。我在此感谢太古集团的各位董事们，是他们邀请我考虑写这本书，并给予我自由发挥的空间，让我以自己认为最有效的方式完成它，并毫不犹豫地同意并尊重我对这家企业历史进程做出的诠释。我想感谢已故前主席何礼泰（James Hughes-Hallett），及其继任者施纳贝（Barnaby Swire）、太古股份主席施铭伦（Merlin Swire）和施维新（Sam Swire），我将写作大纲提交给他们的时候，他们给予了热情支持。令我遗憾万分的是，何礼泰以及同样强烈支持本书写作的施约翰爵士和施雅迪爵士在书稿完成前就与世长辞了。我们见面讨论的时候，施雅迪爵士对我在档案中可能发现的资料流露出毫不掩饰的热心，无论是正面、负面还是中肯的资料，他都给予关切。这一点始终鼓舞人心。

本书稿经太古集团档案员罗布·詹宁斯（Rob Jennings）的审核，他的工作极为耐心，为人也很宽宏大量（他在此前从未接待过作家）。给我在筹备本书时得到最出色、最亲切的支持，为此我衷心感谢他的支持和引导。我还想感谢邦尼·施（Bonnie Sze）及香港的集团档案团队的马修·埃德蒙森（Matthew Edmondson）和安哈拉德·麦卡里克

（Angharad McCarrick）；伦敦亚非学院的凯瑟琳·博伊特（Kathryn Boit）和朱莉·梅金森（Julie Makinson）。我特别感谢夏洛特·布莱斯蒂（Charlotte Bleasdale）强烈支持我多方探究公司过去30多年的历史。作为前任集团档案员，夏洛特对这段历史所知甚详。萨布丽娜·费尔柴尔德（Sabrina Fairchild）博士和阿部香织（Kaori Abe）博士耐心细致地帮我从档案中取得了大量素材，如果没有他们的帮助，我将无法在合理的时间内完成本书。我还要感谢Wai Li Chu和Joan Chan、Zhou Fen、Shawn Liu、克里斯·韦米斯（Chris Wemyss）、Vivian Kong、托马斯·拉金（Thomas Larkin）、Yuqun Gao和Jiayi Tao，他们都从查访的档案中收集了资料和信息。约翰·卡罗尔（John Carroll）和John Wong、汤姆·科恩（Tom Cohen）、沃迪恩·英格兰（Vaudine England）、凯斯·梅塞拉尔（Kees Metselaar）、保罗·C.阿拉尼亚（Paul C.Aranha）、伊丽莎白·赖德（Elizabeth Ride）、薇薇安·罗（Vivienne Lo）、杰夫·瓦瑟斯特罗姆（Jeff Wasserstrom）、斯蒂芬·劳埃德（Stephen Lloyd）和乔恩·豪利特（Jon Howlett）也提供了思路与文献。我想感谢乔纳森（Jonathan）和凯伦·洛夫格罗夫–菲尔登（Karen Lovegrove-Fielden）允许我借阅玛丽·马丁（Mary Martin）的日记，并感谢林恩·詹姆斯（Lynn James）提供了我在第二章援引的有关施怀雅家族在利物浦早期历史的笔记。此外，安德鲁·希利尔（Andrew Hillier）、蒂姆·科尔（Tim Cole）、Peter Kwok-Fai Law、Su Lin Lewis、詹姆斯·汤普森（James Thompson）、夏洛特·布莱斯蒂（Charlotte Bleasdale）和罗布·詹宁斯（Rob Jennings）审读了部分或全部书稿章节。我感谢他们付出的时间、意见和建议。当然，对本书内容负全责的是我本人。施雅迪爵士、保罗·C.阿拉尼亚（Paul C.Aranha）、何礼泰以及凯瑟琳·博伊兰（Catherine Boylan）都当面或通过电子邮件解答了我的问题，对此我向他们表示感谢。已故的大卫·米勒（David Miller）负责这项委托工作的第一阶段讨论，而我的代理商比尔·汉密尔顿（Bill Hamilton）协助开展这本书的创作，我向他们二人的支持表示感谢。布鲁姆斯伯里出版公司（Bloomsbury）的伊恩·霍尔斯沃思（Ian Hallsworth）非常耐心细致，此外，我还要感谢爱丽·柯林斯（Allie Collins）和里查德·柯林斯（Richard Collins），并感谢塞西莉亚·麦凯（Cecilia Mackay）的绘图工作。

当我研究本书中探讨的一些事件和人物时，一如30年来的惯例那样，我向我的博士导师、合作者及朋友狄德满（Gary Tiedemann，或称Rold Gerhard Tiedemann）寻求了意见和指点。狄德满对莫氏家族、恩迪科特（Endicotts）和许许多多其他人物知之甚详。但令人心痛的是，他在本书付梓之际猝然长逝。狄德满在细节、方法和精神方面的低调贡献贯穿这本书，正如它们贯穿我迄今为止的一切作品。我在此对他表示衷心的感谢。

在布里斯托尔大学，我尤其感谢迈克·巴斯克（Mike Basker）和西蒙·波特（Simon Potter），他们支持我抽出时间来写这本书。我也感谢历史系的所有同事，是他们使历史系成为启迪思想，且令人心情愉快的工作场所。很久以来，"施怀雅家族之书"一直是我家庭生活的重要组成部分，凯特、莉莉和亚瑟一如既往地对我的写作抱有极大的耐心，现在这本书终于画上了圆满的句号。

*本书的致谢部分，有作者认识的很多华人，但由于中文的多音体系，在翻译的过程中无法将中文姓氏、名称对应精确的文字，还望海涵。——译者注

档案来源

英格兰银行档案馆

利物浦分行信函汇编

剑桥大学图书馆

怡和洋行档案馆

英国太古集团有限公司(伦敦)

太古集团档案馆

香港太古集团有限公司

太古历史档案

国泰航空

太古船坞和工程公司

太古糖厂

哈佛商学院贝克图书馆特别藏馆

福布斯家族商业记录,弗朗西斯·贝克维尔·福布斯文献

赫尔德家族商业记录,琼记洋行往来信函

乔治·U.桑兹商务记录

香港特区政府档案处

利物浦档案馆

1801年6月—1841年12月美国商会会议记录

霍尔特家族文献

阿尔弗雷德·霍尔特文献

理查德·邓宁·霍尔特文献

默西塞德航海博物馆、航海档案馆和图书馆

利物浦船舶登记处

澳大利亚国家档案馆

澳大利亚国防协调部

澳大利亚对外事务部，中央办公室

澳大利亚移民部

英国国家档案馆

ADM：海军部记录

AIR：空军部、皇家空军和相关实体创建或继承的记录

BT：英国贸易局记录

CO：殖民地办公室、联邦部以及外交和联邦事务部记录

FCO：外交和联邦事务部及其前身的记录

FO：外交部创建或继承的记录

HS：特别行动执行处记录

PREM：首相办公室记录

WO：战争部创建或继承的记录

威尔士国家图书馆，阿伯里斯特维斯

J.格伦·戴维斯文献

国家航海博物馆，伦敦

T.T.劳伦森船长文献

约翰·惠特尔船长文献

贝尔法斯特女王大学特别典藏和档案馆

罗伯特·赫德爵士文献

伦敦大学亚非学院档案和特别典藏图书馆

太古洋行档案馆

PP MS2：梅乐和爵士文献

PP MS49：斯科特家族文献

MS380906：罗拔士书信集

中国第二历史档案馆，南京

中国海关档案史料679

上海社会科学院经济研究所中国企业史研究中心

太古集团选编文献

上海城市档案馆

利物浦大学特别典藏和档案馆

雷夫伯恩文献

  上海的英语报纸大多可以通过 ProQuest 的《中国口岸报纸》（*China Coast Newspapers*）档案录获取。有关《字林西报》（*North China Daily News*），我使用的是上海图书馆平台；有关《申报》，我搜索的是瀚堂（Hytung）网的"瀚堂经典报刊"；此外，我还从不同网站上搜寻《人民日报》的内容。香港的报纸我是通过香港图书馆系统的多媒体信息系统"香港老报纸"平台检索的。《南华早报》可以通过 ProQuest 访问，《卫报》《印度时报》《纽约时报》和其他美国报纸也是同理。新加坡国家图书馆的 NewspapersSG 资源库被用于检索新加坡和一些马来西亚的标题。英国报纸是通过下列数据库检索的：《泰晤士报数位典藏》（*Times Digital Archives*），《英国报纸典藏》（*British Newspaper Arcvhive*）和《19世纪英国报纸》（*Nineteenth-Century British Newspapers*）。澳大利亚国家图书馆的"典藏"（Trove）平台价值无可估量，同样的还有 Ancestry、FamilySearch、Findmypast 等家谱网站，以及《苏格兰人民》（*Scotland's People*）和《卡尔·史密斯典藏》（*Carl Smith Collection*），其电子版可以通过香港历史档案馆获得。"香港记忆"网站（Hong Kong Memory）保存了大量太古糖厂素材（www.hkmemory.hk），而香港集团实业史网站（*industrialhistoryhk.org*）亦十分有用。太古洋行在www.wikiswire.com上运营在线资源，提供了大量有关企业航海和航空活动的历史信息。登录hpcbristol.net，我的"中国历史照片"（Historical Photographs of China）平台提供了大量直接与背景相关的视觉素材，此外，我还创建了"中国家族网"（www.chinafamilies.net），汇总和中国有关的家谱记录。

尾　　注

下列档案中使用最多的是伦敦大学亚非学院档案和特别典藏馆保存的太古集团文献。档案编号以JSS开头。

尾注中使用的缩写：

HBS：哈佛商学院（Harvard Business School）

HKPRO：香港历史档案馆（Hong Kong Public Records Office）

JS&SHK：香港太古集团档案服务处（John Swire & Sons, Group Archives Service, Hong Kong）

JS&SL：太古集团档案处（John Swire & Sons Limited, Archives）

LRO：利物浦档案馆（Liverpool Record Office）

NAA：澳大利亚国家档案馆（National Archives of Australia）

NCDN：《字林西报》（*North China Daily News*）

NCH：《字林星期周刊》（*North China Herald*）

NLW：威尔士国家图书馆（National Library of Wales）

NMM：国家航海博物馆（National Maritime Museum）

SASS：上海社会科学院（Shanghai Academy of Social Sciences）

SCMP：《南华早报》（*South China Morning Post*）

SHAC：中国第二历史档案馆（Second Historical Archives of China）

SOAS：伦敦大学亚非学院（School of Oriental & African Studies, London）

TNA：伦敦国家档案馆（The National Archives, London）

插图与照片的出处说明

第 1 页

海关和税收大楼，利物浦。威廉·赫德曼和詹姆斯·马普尔版画，摘自《现代利物浦插图》(*Modern Liverpool Illustrated*)，1864年。斯特普尔顿收藏(*The Stapleton Collection*)/Bridgeman图片库(*Bridgeman Images*)。

利物浦的约翰·施怀雅。肖像缩影，19世纪中叶（约1830年）。太古集团(*John Swire & Sons Ltd.*)。

利物浦海滨街。威廉·赫德曼水彩画，1857年。利物浦记录办公室，赫德曼收藏(*Liverpool Record Office, Herdman Collection*)。

第 2 页

布拉德福德景观。威廉·考恩(William Cowen)绘图，1849年。布拉德福德博物馆和艺术画廊。Bridgeman图片库。

"伊万杰琳号"快船。一位匿名艺术家的水彩画，1853—1968年（？）。英国国家海事博物馆，格林威治。

《从下层棉花压榨厂望向新奥尔良》。新奥尔良历史收藏馆（*The Historic New Orleans Collection*），1947.20。

第3页

掘金，亚拉瑞特，澳大利亚。爱德华·罗珀绘画作品，1858—1860年。新南威尔士州立图书馆迪克森美术馆（*Dixson Galleries, State Library of New South Wales*）。

霍布森湾铁路码头，桑德里奇（现为墨尔本港的车站码头）。照片由查尔斯·内特尔顿拍摄，约1860年。维多利亚国家美术馆（*National Gallery of Victoria*），墨尔本，已出售作品，1992年。

第4页

约翰·森姆尔·施怀雅，肖像画，约1854年。太古集团。

阿尔弗雷德·霍尔特。由罗伯特·爱德华·莫里森所画，约1880—1911年。利物浦国家博物馆（*National Museums Liverpool*）。

"阿伽门农号"。照片，1865年。太古集团。

第5页

上海外滩，中国学派绘画，19世纪。太古集团。

奥古斯丁·赫德公司大楼。一位匿名艺术家的绘画，约1860年。皮博迪·艾塞克斯博物馆，塞勒姆。Bridgeman图库（*Bridgeman Images*）。

汉口的外滩。约翰·汤姆森摄，约1870年。维尔康姆收藏馆（*The Wellcome Collection*）。

第6页

长江两岸的人山人海。约翰·汤姆森摄，约1871年。维尔康姆收

- 457 -

藏馆。

根据皇家工程师中尉柯林森（Lieutenant Collinson）的测绘局部图，约1845年。苏格兰国家图书馆（*National Library of Scotland*）。

第 7 页

香港海岸景色。R.H.布朗拍摄，1880年。皇家地理学会。Getty图库（*Getty Images*）。

第 8 页

太古轮船在上海的"格伦吉尔号"和"宜昌号"。照片，1874年。太古集团。

四人组，上海赛艇俱乐部划船比赛。照片，19世纪80年代初。太古集团。

詹姆斯·多兹和家人在太古洋行日本横滨办事处外。照片，1878年。太古集团。

第 9 页

位于镇江的趸船"加迪斯号"。照片，约19世纪80年代。Pump Park Vintage Photography/Alamy图库。

鲗鱼涌在建的太古糖厂。照片，1882年。太古集团。

第 10 页

约翰·森姆尔·施怀雅。照片，1886年。太古集团。

詹姆斯·亨利·斯科特。照片，约1894。太古集团。

约翰·森姆尔·施怀雅致威廉·朗的信，1879年12月19日。太古集团。

插图与照片的出处说明

第 11 页

太古洋行上海办事处航运人员。照片，1883年。太古集团。

罗伯特·麦奎因和H. B. 恩迪科特，上海。照片，1883年。恩迪科特家族照片，菲利普斯图书馆，皮博迪·埃塞克斯博物馆，塞勒姆（PHA 199）。

太古糖厂。照片，1897年。太古集团。

第 12 页

蓝烟囱的"墨涅拉俄斯号"下水。照片，1895年。太古集团。

建设太古船坞时，在壕沟里的工人，1904年。太古集团。

第 13 页

约翰·森姆尔·施怀雅。照片由G.华伦·施怀雅拍摄，1896年。太古集团。

第 14 页

在九江装货。G.华伦·施怀雅拍摄，约1906—1907年。太古集团。

"大名号"在甲板上的乘客。G.华伦·施怀雅拍摄，1911年。太古集团和中国历史照片，布里斯托大学（*www.hpcbristol.com*）。

第 15 页

香港海旁风暴中的航运景观。照片由威廉·尼科尔森拍摄，1906年。太古集团。

第 16 页

"天潮丸"在太古船坞下水。G.华伦·施怀雅摄于1911年。太古集团和中国历史照片，布里斯托大学（*www.hpcbristol.com*）。

太古洋行文员在香港海傍大楼内放松。威廉·阿姆斯特朗拍摄，约1897年。太古集团。

第 17 页

施约克在香港深水湾巡逻。照片，1914—1915年。太古集团。

太古洋行办公室，上海。照片，1911—1912年。照片由G.华伦·施怀雅拍摄，1911年。太古集团和中国历史照片，布里斯托尔大学（*www.hpcbristol.com*）。

太古洋行上海办事处私人办公室内部。照片由G.华伦·施怀雅拍摄，1912年。太古集团和中国历史照片，布里斯托尔大学（*www.hpcbristol.com*）。

第 18 页

糖厂员工旅途生活的四幕场景。照片，1929年，来自戈登·坎贝尔回忆录：*Recollections of Some Aspects of Earning a Living in China Between the Wars*, 1968. . Gordon Campbell。

第 19 页

N.S.布朗和G.华伦·施怀雅，上海。照片，1934年。太古集团。

上海买办陈雪阶及父亲兼前任买办陈可量。照片，约1915年。太古集团。

太古洋行办公室员工，安东。由G.华伦·施怀雅拍摄，1934年。太古集团和中国历史照片，布里斯托尔大学（*www.hpcbristol.com*）。

第 20 页

香港上环轮船服务码头。照片，20世纪20年代。香港港口与海事处历史（*History of the Port of Hong Kong and Marine Department*）。

扬子邮轮广告。太古轮船公司发行，约1935年。太古集团。

"蜀东号"蒸汽船与"蜀东号"平底船在长江的湍流上谈判。威廉·帕尔默（William Palmer）摄于1937年。C.A.L.Palmer FRCS和中国历史照片，布里斯托尔大学（*www.hpcbristol.com*）。

第21页

被海盗劫持的"东洲号"返回上海。报道请参阅*North China Herald*, 13 February 1935。

SOAS Library, School of Oriental and African Studies, University of London。

第22页

太古糖在英国市场投放的广告，1932年10月19日发布。私人收藏。
1910年为宣传太古糖而发行的挂历局部图。太古集团。
1960年，面向香港市场的太古糖广告。太古香港档案服务中心。

第23页

太古糖代理商在宜昌街头的商铺招牌。照片，1929年。Peter Covey-Crump和中国历史照片，布里斯托尔大学（*www.hpcbristol.com*）。

第24页

闪电战后，伦敦比利特街太古办公室的遗迹。照片，1941年。太古集团。

太古船坞员工被拘留在厦门鼓浪屿。照片，约1942年4月。太古集团。

第 25 页

在日本占领期间，太古船坞的一艘船下水。照片，约1943年。太古集团。

从美国军舰"汉考克号"起飞的飞机攻击日本船只和太古船坞。美国海军拍摄，1945年1月16日。Getty图片库。

第 26 页

从康山俯瞰太古船坞。照片，1945年9月。太古集团。

朝圣者在新加坡乘坐"安顺号"前往麦加，1967年。Photonico图库/新加坡国家档案馆，T2004 02289。

第 27 页

国泰航空路线图。摘自国泰航空发布的货运费率宣传页，1950年。太古集团。

国泰航空的康维尔飞机飞越太古船坞，1968年。太古集团。

第 28 页

太古洋行香港办事处。照片，约1960年。太古集团。

《港澳渡轮》。电影海报，1959年。埃弗雷特收藏（Everett Collection）/Rex/Shutterstock图库。

面向美国市场的香港旅游广告。香港旅游协会发布，1961年。Granger/Rex/ Shutterstock图库。

第 29 页

太古船坞华员职工会周年纪念特刊封面。斯坦福大学东亚图书馆友情提供。

插图与照片的出处说明

《太古船坞的血腥恐怖故事》（*The Bloody and Tearful Story of the Taikoo Dockyard Workers*）插图，最初摘自《文汇报》，1967年。

第30页

巴哈马航空公司纽约航线广告，1970年。太古集团。

巴哈马航空公司乘务员。照片，1969年。太古集团。

巴哈马航空公司的飞机在拿骚机场起飞。明信片，1969年。Paul C.Aranha友情提供。

第31页

"跟香港说'你好！'"。专题发表于国泰航空飞行杂志，国泰新闻，1969年4月—6月。太古香港档案服务中心。

国泰航空公司香港至伦敦航线的广告，1980年8月，私人收藏。

第32页

太古城、船坞和浮坞。照片，约1972年。太古香港档案服务中心。

约翰·布朗、约翰·A.施怀雅以及施约克在香港市政厅举行的太古百年庆典。照片，1967年1月。太古集团。

施雅迪和包玉刚会谈。照片，1968年。太古集团。

注 释

第一章 太 古

1 Sheila Marriner and Francis E. Hyde, *The Senior John Samuel Swire 1825–98: Management in Far Eastern Shipping Trades* (Liverpool: Liverpool University Press, 1967); Charles Drage, *Taikoo* (London: Constable, 1970); Zhang Zhongli (chief ed.), *Taigu jituan zai jiu Zhongguo* (The Swire Group in Old China) (Shanghai: Shanghai renmin chubanshe, 1991). 另见Gavin Young, *Beyond Lion Rock: The Story of Cathay Pacific Airways* (London: Hutchinson, 1988)。

第二章 利物浦的世界

1 Shipping: *Liverpool Mercury*, 31 October, 7 November 1834. Dock: *Liverpool Mercury*, 5 September, 10 October 1834. Georgiana: *Tasmanian*, 1 February 1833; *The Colonist*

注 释

   and Van Diemen's Land Commercial and Agricultural Advertiser, 8 March 1833; *Singapore Chronicle and Commercial Register*, 7 November 1833; William Jardine to Thomas Weeding, 20, 23 April 1834, in Alain Le Pichon (ed.), *China Trade and Empire: Jardine, Matheson. & Co. and the Origins of British Rule in Hong Kong 1827–1843* (Oxford; New York: Oxford University Press, 2006), pp. 208– 10.

2 *Liverpool Mercury*, 7 November 1834; first: 'Liverpool', *Illustrated London News*, 1 October 1842, p. 328.

3 'Petition of the Trustees of the Dock', *Liverpool Courier*, 18 March 1812, p. 3, quoted in Yukihisa Kumagai, *Breaking into the Monopoly: Provincial Merchants and Manufacturers' Campaigns for Access to the Asian Market, 1790–1833* (Leiden: Brill, 2012), p. 122。另参阅 'Meeting at the Town Hall on the East India Trade', *Liverpool Mercury*, 20 March 1812。

4 *Morning Post*, 5 January 1835, 6 August 1836; Ruth D'Arcy Thompson, *D'Arcy Wentworth Thompson: The Scholar Naturalist, 1860–1941* (London, 1958), p. 3（这位科学家是汤普森的孙子）。

5 约翰·斯科尔顿·汤普森，巴达维亚，1833年5月13日致康州怡和公司：剑桥大学图书馆，怡和档案（以下称JMA）：MS JM/B6/6; Benjamin Mountford, *Britain, China and Colonial Australia* (Oxford: Oxford University Press, 2016), p. 16; *Liverpool Mercury*, 7 November 1834。

6 有关EIC的最近研究，请参阅Nick Robins, *The Corporation that Changed the World: How the East India Company Shaped the Modern Multinational* (2nd edn, London: Pluto Press, 2012)。

7 Kumagai, *Breaking into the Monopoly*, p. 135; Anthony Webster, 'Liverpool and the Asian Trade, 1800– 50: Some insights into a provincial British commercial network', in Sheryllynne Haggerty, Anthony Webster and Nicholas J. White (eds), *The Empire in One City? Liverpool's Inconvenient Imperial Past* (Manchester, 2008), pp. 38–41; Anthony Webster, *The Twilight of the East India Company: The Evolution of Anglo-Asian Commerce and Politics 1790–1860* (Woodbridge: Boydell Press, 2009).

8 Kumagai, *Breaking into the Monopoly*; *Proceedings of the Public Meeting on the India and China Trade, held in the Sessions Room, Liverpool, on the 29th January 1829* (Liverpool: Committee of the Liverpool East India Association, 1829), p. iii.

9 出自约翰·格莱斯顿之口，当时他仍然是一位显赫的奴隶主：*Proceedings of the Public Meeting on the India and China Trade*, p. 10。

10 1834年5月22日，"幼发拉底河号"在利物浦下水，"对称号"于同一天驶往亚洲：Christina Baird, *Liverpool China Traders* (Bern: Peter Lang, 2007), p. 38。

11　*Canton Register*, 29 April 1834, p. 65; William Jardine to Thomas Weeding, 20 April 1834, in Le Pichon, *China Trade and Empire*, p. 209; *Canton Register*, 9 June 1835, p. 90; *Liverpool Mercury*, 7 November 1834, p. 368. 有关广州出版界，参阅Song-Chuan Chen, *Merchants of War and Peace: British Knowledge of China in the Making of the Opium War* (Hong Kong: Hong Kong University Press, 2017)。

12　[Robert Southey], *Lettersfrom England by Don ManuelAlvarezEspriella*, Volume 2 (2nd edn: London, 1808), p. 122. 关于这种"转变"的案例研究，请参阅Martin Lynn, 'Trade and Politics in 19th-Century Liverpool: The Tobin and Horsfall Families and Liverpool's African trade', *Transactions of the Historic Society of Lancashire and Cheshire*, 142 (1993), pp. 99–120。

13　Memorial, The Committee of the London East India and China Association to Viscount Palmerston, 2 November 1839, in *Memorials addressed to her Majesty's Government by British Merchants interested in the trade with China* (London: T. R. Harrison, 1840), p. 12.

14　请参阅Robert Bickers, *The Scramble for China: Foreign Devils in the Qing Empire, 1832–1914* (London: Allen Lane, 2011), pp. 29–31. 事实上，这家洋行起初并不总是如此小心谨慎，1781年，时任总督沃伦·黑斯廷斯曾派遣两艘船进行过一次不成功的走私行动：Robins, *The Corporation that Changed the World*, pp. 153–4。

15　另参阅Chen, *Merchants of War and Peace*, 见Kaori Abe, *Chinese Middlemen in Hong Kong's Colonial Economy* (London: Routledge, 2017), chapter 1; Fa-ti Fan, *British Naturalists in Qing China: Science, Empire, and Cultural Encounter* (Cambridge, MA: Harvard University Press, 2004); Emile de Bruijn, *Chinese Wallpaper in Britain and Ireland* (London: Philip Wilson, 2017).

16　Le Pichon, *China Trade and Empire*, p. 209；有关全面研究，请参阅John M. Carroll, *Canton Days: British Life and Death in China* (Lanham: Rowman & Littlefield, 2020)。

17　*Canton Register*, 29 April 1834, p. 65; 5 March 1835, pp. 70–71; Le Pichon, *China Trade and Empire*, p. 208.

18　Bickers, *Scramblefor China*, pp. 45–8.

19　Southey, *Letters from England*, p. 115–22, part cited in P. J. Waller, *Democracy and Sectarianism: A Political and Social History of Liverpool 1868–1939* (Liverpool, 1981), p. 1; Merton M. Sealts, Jr (ed.), The Journals and *Miscellaneous Notebooks of Ralph Waldo Emerson*, Volume X, *1847–1848* (Cambridge, MA, 1973), p. 178.

20　*Liverpool Mercury*, 26 April 1816, p. 343.

注 释

21   Trevor Hodgson and David Gulliver, *The History of Cononley: An Airedale village* (Cononley: Kiln Hill, 2000), pp. 35–43.

22   *Liverpool Mercury*, 1816– 34, *passim*; Sheila Marriner and Francis E. Hyde, *The Senior John Samuel Swire 1825–98: Management in Far Eastern Shipping Trades* (Liverpool: Liverpool University Press, 1967), pp. 11– 12.

23   *Gore's Liverpool General Advertiser*, 1822–47 *passim*. There are gaps in the record for 1816– 21, 1824– 5 and 1842. On Burrow and Nottage and their West Indies trade see: Rob David, and Michael Winstanley with Margaret Bainbridge, *The West Indies and the Arctic in the Age of Sail: The Voyages of Abram (1806–62)* (Lancaster: Centre for North-West Regional Studies, 2013).

24   *Liverpool Mercury*, 11 September 1840 (infirmary); 23 December 1825 (Miramichi fire relief); W. O. Henderson, 'The American Chamber of Commerce for the Port of Liverpool, 1801– 1908', *Transactions of the Historic Society of Lancashire & Cheshire* 85 (1935), pp. 1–61; 请愿书：American Chamber of Commerce minute book, June 1801–December 1841 (March 1834): Liverpool Record Office, 380 AME/1。

25   Merseyside Maritime Museum, Maritime Archives and Library [下称"MMM"], Liverpool Ship Registers, 157/1840: *Christiana*; *Liverpool Mail*, 6 April 1841, p. 4。

26   Will of John Swire, Merchant of Liverpool, Lancashire: The National Archives [下称"TNA"], PROB 11/2065/237. 下坡路：玛丽·马丁日记，1854年7月20日；公司：*Gore's Liverpool General Advertiser*, 24 June 1847。

27   J.S.施怀雅致玛丽·华伦，1881年7月24日：JS&SL。

28   'Old Liverpool Streets: Hope Street [1843]', *Liverpool Citizen*, 11 September 1889, p. 12: Liverpool Record Office, 050 CIT.

29   Tristram Hunt, *The Frock-Coated Communist: The Life and Times of the Original Champagne Socialist* (London: Allen Lane, 2009), pp. 208– 10. 1870年的一份拍卖公告显示，施怀雅在上一年冬天经常乘坐"柴郡号"：*LiverpoolMail*, 14 May 1870, p. 14; *The Australasian*, 3 September 1870, p. 17。

30   James Picton, *Memorials of Liverpool*, Volume 1 (1875), quoted in Francis E. Hyde, *Liverpool and the Mersey: An Economic History of a Port 1700–1970* (Newton Abbot: David & Charles, 1971), pp. 79– 83.

31   Graeme J. Milne, *Trade and Traders in Mid- Victorian Liverpool: Mercantile Business and the Making of a World Port* (Liverpool: Liverpool University Press, 2000), p. 33.

32   *Kilvert's Diary 1870–1879: Selections from the Diary of The Rev. Francis Kilvert Chosen*, edited & introduced by William Plomer (London: Jonathan Cape, 1938), pp.

181–3. 基尔弗特的到访时间是1872年6月19日—21日。

33　*Morning Chronicle*, 20 September 1854, p. 4; *Liverpool Mercury*, 22 September, p. 9.

34　有关托宾深入参与奴隶制的细节，请参阅他在"英国奴隶所有权的遗产"平台上的条目：https://www.ucl.ac.uk/lbs/ person/view/42424 accessed 12 October 2017。

35　威廉·渣甸致约翰·托宾，1837年1月21日，载于Le Pichon, *China Trade and Empire*, p. 295；*Morning Post*, 23 June 1836. 感谢Song-Chuan Chen让我注意到这一事实，托宾曾于1812年在东印度委员会担任委员：*Liverpool Mercury*, 20 March 1812. Petition: Le Pichon, *China Trade and Empire*, pp. 566–7。

36　*Liverpool Mercury*, 25 November 1842, 2 December 1842.

37　*The Era*, 26 January 1840, p. 219. 有关"复仇女神号"，参阅Adrian G. Marshall, *Nemesis: The First Iron Warship andHer World* (Singapore: NUS Press, 2016)。

38　Elizabeth Sinn, *Pacific Crossing: California Gold, Chinese Migration, and the Making of Hong Kong* (Hong Kong: Hong Kong University Press, 2013)；啤酒：Thomas N. Layton, The *Voyage of the 'Frolic': New England Merchants and the Opium Trade* (Stanford: Stanford University Press, 1997)。

39　Sinn, *Pacific Crossing*, p. 1.

40　J.S.施怀雅在1879年11月15日致玛丽·华伦的信中回忆道，这发生在"近30年前"（nearly thirty years ago）：JS&SL。

41　*Gore's Liverpool General Advertiser*, 6 September 1849, p.2.

42　这一段参考了Scott P. Marler, *The Merchants' Capital: New Orleans and the Political Economy of the Nineteenth-Century South* (Cambridge: Cambridge University Press, 2013)。

43　James M. Phillippo, *The United States and Cuba* (London: Pewtress & Co., 1857), pp. 301–17, quotation from p. 305.

44　玛丽·马丁日记，多处。

45　细节来自：*Supreme Court. Richard S. Butterfield* [et al.] *against Alexander Dennistoun* [et al.] (New York: Wm C. Bryant and Co., 1859)。

46　*Times-Picayune*, 11 October 1854, p. 2; MMM, Liverpool Ship Registers, 171/1853 *Evangeline*.

47　J.S.施怀雅致朗、斯科特和麦金托什，1881年5月27日：JSS I 1/5, Papers of John Swire & Sons, Special Collections and Archives, School of Oriental and African Studies（以下仅附文件供参考）。

48　Mary Martin journal, 6 March 1856; Marriner and Hyde, *The Senior*, p. 16.

注　释

49　*Liverpool Mercury*, 6, 9, 16, 27 April 1852.

50　Dickens, 'Off to the Diggings!', *Household Words*, 17 July 1852, p. 121, quoted in Geoffrey Serle, *The Golden Age: A History of the Colony of Victoria, 1851–1861* (Melbourne: Melbourne University Press, 1963), p. 38. 塞勒的书对事件的发展过程作了详尽的叙述。

51　Mary Martin journal, 1854 *passim*.

52　Mountford, *Britain, China and Colonial Australia* p. 48; George Henry Wathen, *The Golden Colony, or Victoria in 1854* (London: Longman, Brown, Green, and Longmans, 1855), pp. 21, 31, 38; *Punch*, 1 May 1852, p. 185.

53　*Newcastle Journal*, 17 June 1854, pp. 4–5; *The Argus*, 22 December 1854, p. 4; *Sydney Morning Herald*, 11 December 1854, p. 4; *The Argus*, 23 December 1854, pp. 1, 8; Mary Martin journal, 24 July 1854, quoted in Charlotte Havilland and Maisie Shun Wah, *Swire: One Hundredand Fifty Years in Australia* (Sydney: John Swire & Sons Pty. Ltd., 2005), p. 13.

54　Havilland and Wah, *Swire*, pp. 11–13；*The Argus*, 8 January 1856；商会：12 July 1855, p. 4；陪审员：12 August 1856, p. 6；狩猎：*The Australasian*, 24 August 1918, p. 15；*The Age*, 23 August 1879, p. 4；*The Age*, 28 September 1857, p. 5。

55　J.S.施怀雅在后来的生活中再次遇到了他们：J.S.施怀雅致玛丽·华伦，1895年8月21日：JS&SL。

56　例如一位寡妇邻居的儿子、文员大卫·奥格尔维·帕尔默于1859年底来到这里，后来成为罗马洛里默公司阿德莱德分行的负责人：*Evening Journal*, 9 December 1859, p. 3；1851 Census；关于奥布赖恩的责任，见1860年6月22日《泰晤士报》杂志上关于"利尔博恩等人诉太古"的报告第6页；William: Mary Martin journal, 4 September 1855, 9 October 1855。

57　J.S.施怀雅致玛丽·华伦，1881年7月24日：JS&SL。

58　*The Argus*, 8 December 1859, p. 4; 11 January 1859, p. 8.

59　SS *Australasian*: Capt. H. Parker and Frank C. Owen, *Mail and Passenger steamships of the Nineteenth Century* (Philadelphia: J. B. Lippincott, 1928), p. 24; *Morning Chronicle*, 6 August 1858, p. 4; *North Wales Chronicle*, 14 August 1858, p. 8; *Morning Advertiser*, 16 August 1858, p. 8; *Morning Journal*, 23 October 1858, p. 4.

60　*Liverpool Mail*, 4 September 1858, p. 2; Geoffrey Blainey, *The Tyranny of Distance: How Distance Shaped Australia's History* (Melbourne: Macmillan, 1968), pp. 206–11; Johnston & Paul v The Royal Mail Steam Packet Company, 21, 25 November 1867, *Law Journal Reports for the year 1868: Common Law and Equitable Jurisdiction* ...

- 469 -

(London: Edward Bret Ince, 1868), pp. 37–50.

61 Bank of England Archives, C129/17, Liverpool Branch: Letter Book, William Fletcher, Memorandum 10590, 29 August 1862; Bleasdale and Shun Wah, *Swire*, p. 15.

62 Dissolution: *The Argus*, 2 July 1861, p. 3; 1861年4月7日人口普查期间，洛里默在利物浦：TNA, RG 9/2708; folio 73, p. 36; *The Argus*, 11 May 1858, p. 4; Marriner and Hyde, *The Senior*, p. 50; *The Age*, 8 July 1861, p. 3; 关于洛里默，请参阅 C. R. Badger, 'Sir James Lorimer (1831–1889)', 《澳大利亚国家传记词典》 (*Australian Dictionary of National Biography*), 网址：http://adb.anu.edu.au/biography/lorimer-sir-james-4038。

63 见《利物浦邮报》上的广告，1860年5月5日，第2页；Roy Anderson, *White Star* (Prescot: T. Stephenson & Sons, 1964), pp. 1–39。

64 太古集团1859—1861年工作的细节摘自澳大利亚媒体内容，可在National Library of Australia's Trove搜索：http://trove.nla.gov.au/newspaper/。

65 Davison, *Marvelous Melbourne*, p. 26.

66 Christopher Munn, *Anglo-China: Chinese People and British Rule in Hong Kong, 1841–1880* (Richmond: Curzon Press, 2001); John M. Carroll, *A Concise History of Hong Kong* (Lanham: Rowman & Littlefield, 2007); 关于这些澳大利亚和中国关系的广泛描述，请参阅：Mountford, *Britain, China and Colonial Australia*。

67 S. G. Checkland, 'An English merchant house in China after 1841', *Business History Review*, 27 (153), pp. 158–89, quotations from pp. 161, 189, 165.

68 *Liverpool Mercury*, 11 January 1866, p. 8; 另参阅*Liverpool Daily Post*, 6 April 1866, p. 8。

69 请参阅下列通信：Harvard Business School, Baker Library Special Collections, Heard Family Business Records, Augustine Heard & Company correspondence [hereafter Augustine Heard Archives], Carton LV-1, Folder 411865, Hong Kong from Butterfield Bros, Bradford; 另参阅Augustine Heard Sr, London, to Butterfield Brothers, Bradford, 20 July 1864: JMA, MS JM/B6/10。

70 Milne, *Trade and Traders in Mid-Victorian Liverpool*, pp. 149–51.

71 Prospectus: Bank of England Archives, C129/17, Liverpool Branch: Letter Book, William Fletcher, Memorandum 10953, 29 October 1863.

72 *Saturday Review*, 11 June 1864, p. 710. 关于争议，另见*Liverpool Mercury*, 24 March 1864; *The Economist*, 26 March 1864, pp. 383–4, and also TNA, C 16/193/D34, 'Daunt v Australian and Eastern Navigation Company Ltd', 1864。

73 *The Australian and Eastern Navigation Company Limited, Statement of the Directors*

注 释

(1864), in Swire MISC 88, ACC 2012/102: JS&S; Baines evidence: London Stock Exchange Commission, *Minutes of Evidence taken before the Commissioners together with appendix, index, and analysis* (London: George Edward Eyre and William Spottiswoode, 1878), pp. 229– 34.

74　Market-rigging: David Kynaston, *The City of London*, Volume 1: *A World of its Own, 1815–1890* (London: Chatto & Windus, 1994), pp. 223– 24; 有关这些新市场制度和参与者道德与行为的更多讨论，请参阅Paul Johnson, *Making the Market: Victorian Origins of Corporate Capitalism* (Cambridge: Cambridge University Press, 2010)。

75　Alfred Holt, 'Fragmentary Autobiography of Alfred Holt … written mainly in January 1879' (Privately printed, 1911), pp. 46–7.

第三章　方　向

1　T. R. Banister, 'A History of External Trade of China, 1834– 1881', in China. Maritime Customs, *Decennial reports on the trade ... of the Ports Open to foreign commerce, 1922–31* (Shanghai: Statistical Department of the Inspectorate General of Customs, 1933), p. 58; Bickers, *Scramble for China*, p. 175; Thomas Hanbury, 5 February 1865, in *Letters of Sir Thomas Hanbury* (London: West, Newman & Co., 1913), p. 114.

2　William Frederick Mayers and N. B. Dennys, *The Treaty Ports of China and Japan ...* (London, Trübner and Co., 1867), p. 372.

3　Consul: *Commercial Reports from H.M. Consuls in China, Japan and Siam 1865* Cmd. 3707 1866 (London: 1866), pp. 54– 5; *Shanghai Trade Report for 1866*, p. 848. 快生活和文员：Hanbury letters 3 August 1865, 15 December 1869, in *Letters of Sir Thomas Hanbury*, pp. 124, 205；马厩：Alexander Cock's, *North China Daily News* [*NCDN*], 3 January 1865, p. 94；家具：William Hargreaves, part of the wider Liverpool trading network: *North China Herald* [*NCH*], 18 October 1870, pp. 295–9, 29 September 1871, pp. 740–43；Jardines: R. W. Little to Father and Mother, 10 January 1867, Little papers。

4　本段及后续段落引用了1866年11月28日、11月30日的NCDN和1866年12月1日、12月8日的《字林星期周刊》。

- 471 -

5   Charles M. Dyce, *Personal Reminiscences of Thirty Years'Residence in the Model Settlement Shanghai, 1870–1900* (London: Chapman & Hall, 1906), pp. 21– 2; *The China Sea Directory*, Volume 3 (London: Hydrographic Office, 1874), pp. 340–64.

6   旗昌洋行致P. S. 福布斯，1866年6月6日：Baker Library Special Collections, Forbes Family Business Records [hereafter HBS, Forbes Papers], MSS 766, Box 3, folder 15. "石头房子"是上海合伙人的家，虽然已经老旧，但它是今天外滩现存最古老的建筑。

7   Dyce, *The Model Settlement*, pp. 41–9; E. S. Elliston, *Shantung Road Cemetery Shanghai 1846–1868* (Shanghai, 1946). Theatre: R. W. Little to father and mother, 20 February 1867, Little papers; *NCH*, 8 December 1866, p. 194.

8   *NCH*, 8 December 1866, pp. 195–6; Mayers and Dennys, *The Treatyports of China andJapan*, p. 374.

9   *Commercial reports from Her Majesty's Consuls in China 1864* (London: Harrison and Sons, 1866); *Commercial Reportsfrom H. M. Consuls in China, Japan and Siam 1865 Cmd. 3707 1866* (London: 1866).

10 W. H. Medhurst, *The Foreigner in Far Cathay* (London: Edward Stanford, 1872), pp. 19– 20.

11 A. F. Heard to G. B. Dixwell, 28 December 1866: HBS, Heard papers, HL–28.

12 J. S. Swire, Memorandum, 13 July 1886: JSS I 1/7. 大约10月中旬在伦敦刊登了广告：JSS I 7/1: London Cash Book, 1866–, entry for 15 October 1866: 'Butterfield & Swire Advertising William & Smith 15s'。

13 请参阅1865—1877年巴特菲尔德兄弟和太古洋行横滨业务的通信概要：Augustine Heard Archives, Carton 30, Folder 211865, 'Copies ofletters re: Butterfield Accounts'; 以及文件 'Correspondence with Butterfield & Swire and others', 'Correspondence of Augustine Heard & Co.': JM/D8:3; Liverpool Record Office, Holt family papers [以下简称LRO, Holt papers], 2/52, Alfred Holt Diary, 1 October 1866。

14 *NCH*, 29 September 1866, p. 154; 麦克莱恩致伦纳德，1864年8月4日，Transcript of David McLean, letter books, Volumes I–III, 1862– 1873: SOAS, MS 380401, Box 3 Folder 11。

15 *London Gazette*, 4 April 1865, p. 1910; *Liverpool Commercial List* 1866 p.12; *NCH*, 15 December 1866, p. 199, 22 December 1866, p. 203; *NCDN*, 31 December 1866, p. 3; *Liverpool Daily Post*, 19 January 1867. 有关史密斯，请参阅Orchard, *Liverpool's Legion of Honour*, pp. 644– 5。更好笑的是，接收船船长威廉·罗迪还从每个箱子里偷了鸦片球，包括汇丰银行代理人的那些：McLean letters 6 May and 12 June,

注 释

Transcript of David McLean, letter books, Volumes I–III, 1862–1873: SOAS, MS 380401, Box 3 Folder 11。

16 'To M. Daley, Foochow', J.S.施怀雅致A.M.戴利, 福州, 1867年6月20日: HBS, Augustine Heard Archives, Carton LV–22, Folder 13, 1865–1870。

17 Albert F. Heard to G. B. Dixwell, 1 January 1867: Heard to A. M. Daly, 29 January 1867: HBS, Heard papers, 28-3; 3; J.S.施怀雅致朗、斯科特和麦金托什, 1881年11月4日: JSS I 1/5。横滨损失的问题一直持续到1876年赫德公司倒闭和公司业务结束: J.S.施怀雅致R.霍尔特, 1874年12月19日, J.S.施怀雅致A.赫德, 1874年12月19日: JSS I 1/4; 关于"赫德庄园"的备忘录, 1881年8月8日: JSS I 1/5。

18 R. I. Fearon to Albert F. Heard, 23 January 1873: HBS, Heard papers, HM 43-3.

19 *NCDN*, 3 January 1867, p. 1.

20 Holt, 'Fragmentary Autobiography, p. 48.

21 1866年7月10日, 1866年9月21日的汤姆森信函, 引自Baird, *Liverpool China Traders*, p. 60; *Hongkong Daily Press*, 30 June 1866, p. 3; *NCDN* 21 September 1866, p. 3; Kidd, 引自Baird, *Liverpool China Traders*, p. 66; Singapore: A. Jackson and C. E. Wurtzburg, *The History of Mansfield & Company*, Part 1, *1868–1924* (Singapore: n.l., 1952), p. 1。

22 *NCDN*, 20, 21, 24, 25 December 1866; LRO, Holt papers, 2/24, Instructions to Captain Middleton, 14 April 1864.

23 例如上海蒸汽轮船公司的詹姆斯·哈迪船长: 载于太古洋行上海办事处致太古集团信函, 1872年2月15日: JSS I 2/15。

24 A. O. 盖伊, 横滨, 致太古洋行上海办事处, 1866年12月31日: JMA, D8/3。

25 太古洋行上海办事处至上海奥古斯丁赫德律师事务所, 1867年5月4日: JMA, DB/3。

26 J.S.施怀雅致威廉·朗, 1869年9月20日: JSS I 1/1。

27 本部分参考了标准资料: Yen-p'ing Hao, *The Comprador in Nineteenth-Century China: Bridge between East and West* (Cambridge, MA: Harvard East Asian series, Center for East Asian Studies, Harvard University, 1970)。

28 John Wong, *Global Trade in the Nineteenth Century: The House of Houqua and the Canton System* (Cambridge: Cambridge University Press, 2016).

29 *NCDN*, 31 December 1866, p. 3.

30 关于贸易环境的演变, 参阅Eiichi Motono, *Conflict and Cooperation in Sino-British Business, 1860–1911: The Impact of the Pro-British Commercial Network in Shanghai* (London: Palgrave, 2000); on Zheng: Hao, *Comprador in Modern*

China, p. 282, n. 78。

31　R. I. Fearon to Albert F. Heard, 20 February, 1868: HBS, Heard papers, HM 43–3. 其中一位是威廉·佩西克，他后来为中国政治家李鸿章工作了几十年。

32　G.B.迪克斯威尔致苏仕廷（香港），1868年10月30日：JMA D8/3。

33　*Shenbao*, 9 May 1877; *NCH*, 22 January 1880, pp. 57–60. "合记"（Hop-Kee）可能是卓先生自己公司的名字。

34　'Lauo Felecha'：*NCH*, 15 July 1865, p. 109；'Tai-Koo Yuen Hong'：*NCDN*, 3 December 1866, p. 1. 40多年后，J.H.斯科特在文章中把这个名字的选择归功于时任英国驻牛庄领事托马斯·泰勒·梅多斯（Thomas Taylor Meadows），他是领事部门中唯一在担任职务前学过中文的人，博学但不容易相处。不过名字的起源仍不清楚：Scott, A ShortAccount of the Firm ofJohn Swire & Sons, p. 3. 更好的人选可能是他的商人哥哥约翰·A.T.梅多斯，当时住在天津，过去肯定宣传过自己作为翻译的身份：John A. T. Meadows, Circular, 24 June 1848: HBS, Augustine Heard & Company, China Records, Series II, A–18, Circulars Canton。

35　Cash Book, 10 October 1866–1867: JSS I 7/1.

36　John Hodgson, *Textile Manufacture, and other industries, in Keighley* (Keighley: A. Hey, 1879), pp. 104–6; Charlotte Brontë to Revd Patrick Brontë, 2 June 1852, in Margaret Smith (ed.), *The Letters of Charlotte Brontë: With a Selection of Letters by Family and Friends*, Volume 3: *1852–1855* (Oxford: Oxford University Press, 2004), pp. 50–51; *Bradford Observer*, 3 June 1852, p. 6; John Lock and Canon W. T. Dixon, *A Man of Sorrow: The Life, Letters and Times of the Rev. Patrick Brontë, 1777–1861* (London: Nelson, 1965), pp. 432–9; grasping: J. S. Swire to John Cunfliffe, 26 February 1877: JSS I 1/4.

37　G.B.迪克斯威尔，上海，致香港奥古斯丁·希尔德，1869年3月13日：JMA, D8:3; *Bradford Observer*, 1 July 1869, p. 5; *Bradford Daily Telegraph*, 2 July 1869, p. 2; *Halifax Courier*, 3 July 1869, p. 5。1868年底，巴特菲尔德完全退出了他的商业利益：*London and China Telegraph*, 4 January 1869, p. 6; 另请参阅*Leeds Mercury*, 16 January 1878, p. 7。

38　该公司现存最早的现金账簿始于1866年10月10日，它确实表明威廉·施怀雅的岳父塞缪尔·马丁（Samuel Martin）在该公司拥有大量资本，因为他像施怀雅兄弟一样定期从该公司提取资金：Cash Book 1866–7 *passim*: JSS I 7/1。

39　*London and China Telegraph*, 4 January 1869, p. 6. 这种合伙关系于1873年解散，随着霍尔特在1876年破产，太古卷入了一场法律纠纷，解决了雷德曼在根据1868年12月31日协议寄售的货物上继续负有的账单责任：*The Weekly Reporter*, 2

September 1876, pp. 1069–73。

40 LRO, Holt papers, 2/52, Holt diary, 24 October 1867; for a fine exploration of this world see Emma Goldsmith, 'In Trade: Wealthy Business Families in Glasgow and Liverpool, 1870–1930' （西北大学：未发表的博士论文，2017年）。

41 J.S.施怀雅致威廉·朗，1869年9月20日：JSS I 1/1。威廉·莫尔（1825—1872年）娶了朗的大姐艾玛。莫尔的侄子和朗的一个兄弟在孟买的商业合伙企业工作，另外两个兄弟也在孟买工作。

42 Milne, *Trade and Traders in Mid-Victorian Liverpool*, pp. 151–61.

43 G.B.迪克斯威尔，上海，致香港奥古斯丁·赫德，1869年7月7日：JMA, D8/3；J.S.施怀雅致J.H.斯科特、威廉·朗和E.麦金托什，1881年7月4日：JSS I 1/5；腐烂：C. W. 华伦，兰顿航运集团致拉斯伯恩，1874年7月13日，利物浦大学，特别收藏和档案，拉斯伯恩论文（Rathbone Papers）[下称"RP"] XXIV.3（9）104；纽比生涯：NCDN, 1906年1月15日，第7页。

44 Scott, *Short Account*, p. 10; *Hongkong Daily Press*, 6 April 1868; Michael Clark, 'Alexander Collie: The Ups and Downs of Trading with the Confederacy', *The Northern Mariner/Le marin du nord*, 19:2 (2009), pp. 125–48; Angus family: *Aberdeen Journal*, 13 November 1878, p. 5; *Aberdeen Weekly Journal*, 4 November 1895; *Daily Telegraph* (Sydney), 9 January 1917, p. 6.

45 Marriner and Hyde, *The Senior*, p. 43.

46 J.S.施怀雅致J. 基思·安格斯，1876年4月21日：JSS I 1/4。

47 *NCH*, 21 September 1867, p. 263; *NCH*, 13 September 1873, p. 209; *NCH*, 20 April 1872 p. 314; 太古洋行上海办事处致太古集团，1872年2月15日；JSS I 2/15。

48 Kerrie L. Macpherson, *A Wilderness of Marshes: The Origins of Public Health in Shanghai, 1843–1893* (Hong Kong: Oxford University Press, 1987).

49 J.S.施怀雅致威廉·朗，1869年9月20日：JSS I 1/1。

50 R. W. 利特尔致父母，1862年12月2日，利特尔书信；Sheila Marriner, Rathbones of Liverpool, 1845–73 (Liverpool: Liverpool University Press, 1961), pp. 178–86。

51 Edward LeFevour, *Western Enterprise in late Ch'ing China: A Selective Survey of Jardine, Matheson & Company's operations, 1842–1895* (Cambridge, MA: East Asian Research Center, Harvard University, 1968), pp. 25–30；另见 Stephen C. Lockwood, Augustine Heardand Company, 1858–1862: American Merchants in China (Cambridge, MA: East Asian Research Center, Harvard University, 1971), pp. 26–30。

52 存放：太古洋行上海办事处致太古集团1872年3月21日：JSS I 2/15 SP；费率：1883年1月27日"运价"（Freights）：JSS I 4月1日，1月1日；NCDN, 1866年12

月17日，12月31日。

53   *China Mail*, 24 June 1879, p. 3；关于鸦片在中国人生活中的地位，参阅：Yangwen Zheng, *The Social Life of Opium in China* (Cambridge: Cambridge University Press, 2005)。

54   Dennys and Mayers, *Treaty Ports of China and Japan*, p. 12。本节广泛地借鉴了本指南对香港的描述。

55   Christopher Cowell, 'The Hong Kong Fever of 1843: Collective Trauma and the Reconfiguring of Colonial Space', *Modern Asian Studies* 47:2 (2013), pp. 329–64; Christopher Munn, *Anglo-China: Chinese People and British Rule in Hong Kong, 1841–1880* (London: Routledge, 2001), pp. 341–58.

56   最早的通知见于：*Hongkong Daily Press*, 16 May 1870, p. 3; the first ship, the *Ajax*, arrived in late June: *Hongkong Daily Press*, 10 June 1870, p. 3。

57   1880年，写给利物浦领航员的女儿伊丽莎白·罗斯·汉普森：《孖剌西报》，1880年12月27日。

58   J.S.施怀雅致朗和斯科特，1877年8月3日：JSS I 1/4。

第四章　怪异的革命

1   本部分广泛引用：Kwang-Ching Liu, *Anglo-American Steamship Rivalry in China, 1862–1874* (Cambridge, MA: Harvard University Press, 1962), and Anne Reinhardt, *Navigating Semi-Colonialism: Shipping, Sovereignty, and Nation-Building in China, 1860–1937* (Cambridge, MA: Harvard University Press, 2018)。

2   引自 Liu, *Anglo-American Steamship Rivalry*, p. 14。

3   Robert B. Forbes, *Personal Reminiscences* (2nd edn, Boston: Little, Brown & Co., 1882), p. 367.

4   *The journey of Augustus Raymond Margary* ... (London: Macmillan, 1876), pp. 74, 88; R. W. Little letter, 2 May 1864, Little papers.

5   引自Liu, *Anglo-American Steamship Rivalry in China*, p. 73。

6   *NCH*, 11 September 1868, p. 442; 19 September 1868, pp. 455–6。

7   J.S.施怀雅致斯科特和哈里森，1871年9月29日；太古集团致太古洋行上海办事处，1872年3月22日：JSS I 1/2；哈佛商学院福布斯论文，F.B.福布斯致E.S.坎宁

注 释

安，1872年11月11日。

8 'What people are saying', *NCDN*, 16 January 1872, p. 47; *London and China Telegraph*, 22 January 1872, p. 62; University of Liverpool, Special Collections and Archives, Rathbone Papers, T. Guy Paget to Samuel Rathbone, 1 February 1872, RPXXIV.3.74; F. B. Forbes letters to: William Forbes, 25 January 1872; King, 14 February 1872; William Forbes, 18 April 1872; Cordier, 17 August 1872: HBS, Forbes Papers, N– 5. Heards: G. B. Dixon to Albert F. Heard, 12 December 1871: HBS, Heard papers, GM 1–9.

9 *Daily Alta*, 2 May 1874, p. 1.

10 抵达：NCH, 1 January 1874, p. 1；从汉口启航：NCH, 22 January 1874, p. 57；至香港：Hongkong Daily Press, 27 January 1874, p. 3。

11 调查选自：'China Navigation Company Review of Leases', 2 August 1873: JSS III, 8/2, PS。

12 太古洋行上海办事处致太古集团，1872年7月13日：JSS I 2/15。

13 1870年3月5日，香港奥古斯丁·希尔德致上海G.B.迪克斯威尔：HBS，Heard papers, GL 4–3；太古洋行致太古集团，1872年7月13日：JSS I 2/15,SP。

14 U.S.N. Co. Statement of Accounts, *NCH*, 6 September 1873, p. 197；太古集团致太古洋行上海办事处，1873年1月13日：JSS I 1/2；银圆溢价：Hao, *Commercial Revolution*, pp. 35–40。

15 Liu, *Anglo-American Steamship Rivalry in China*, p. 72.

16 太古洋行上海办事处致太古集团，1872年7月13日：JSS I 2/15；太古集团致太古洋行上海办事处，1873年1月13日：JSS I 1/2。

17 'Kiukiang Trade Report for the Year 1873', in *Reports on the Trade at the Treaty Ports of Chinafor the Year 1873* (Shanghai: Imperial Maritime Customs Statistical Department, 1874), p. 29.

18 关于这次冲突，请参阅Liu, Anglo-American Steamship Rivalry in China, pp. 119–29；利物浦和伦敦谈判过程及要点的记录请参阅JSS I 1/2中抄送给朗的信件。

19 有关报告参阅 *London and China Telegraph*, 21 July 1873, p. 475; *Shenbao*, 16 April 1873, p. 2。

20 Reinhardt, *Navigating Semi-Colonialism*, p. 34; 'Ningpo Trade Report for the Year 1873' in *Reports on the Trade at the Treaty Ports of Chinafor the Year 1873*, p. 77.

21 CNCo Shareholders' Register No. 1: JSS III 17/1.

22 Bryna Goodman, *Native Place, City and Nation: Regional Networks and Identities in Shanghai, 1853–1937* (Berkeley: University of California Press, 1995); Kaori

Abe, *Chinese Middlemen in Hong Kong's Colonial Economy, 1830–1890* (London: Routledge, 2017).

23　这部分借鉴了Yen-Ping Hao, *The Comprador in Nineteenth-Century China: Bridge Between Eastand West* (Cambridge, MA: Council on East Asian Studies, Harvard University, 1970), pp. 196–7; Guo Wu, *Zheng Guanying: Merchant Reformer of Late Qing China and His Influence on Economics, Politics, and Society* (Amherst: Cambria Press, 2010), pp. 21–2; Goodman, *Native Place, City and Nation*, p. 60。

24　现有的记载把恩迪科特和他的同名叔叔混淆了，后者于1832年在海上去世。他的死亡诊断书、美国领事馆的美国公民登记簿和报纸公告都显示他的死亡年龄为51岁，而詹姆斯·布里奇斯·安迪科特的遗嘱将他、他的兄弟姐妹以及他与英国妻子所生子女分开列出：NARA, RG59, Consular Letters, Shanghai, Volume 42, Despatch No. 45, 2 February 1895; Will: James B. Endicott, 15 June 1870: Massachusetts, Wills and Probate Records, 1635–1991, via Ancestry.com; NARA RG84, Consulate Files, Shanghai, Volume 0797, 'Register ofAmerican Citizens, 1880–1904。

25　Christopher Munn and Carl T. Smith, 'Ng Akew', in May Holdsworth and Christopher Munn (eds), *Hong Kong Dictionary of Biography* (Hong Kong: Hong Kong University Press, 2011), p. 33; Carl T. Smith, 'Abandoned into prosperity: Women on the Fringe of Expatriate Society', in Helen F. Siu, *Merchants' Daughters: Women, Commerce and Regional Culture in South China* (Hong Kong: Hong Kong University Press, 2010), pp. 136–9.

26　R.I.费伦致阿尔伯特·F.希尔德，1873年1月16日：HBS, Heard papers, HM 43–3；阿尔伯特·F.赫德致乔治·B.迪克斯韦尔，1868年10月22日：HBS, Heard papers, GL 4–3；太古洋行上海办事处致太古集团，1873年2月6日：JSS I, 2/15。他的中文名字叫晏尔吉。

27　Liu, *Anglo-American Steamship Rivalry in China*, p. 131; Zhang Zhongli et al., *The Swire Group in Old China*, Appendix 1, pp. 298–300.

28　F.B.福布斯致W.S.菲茨，1873年4月10日：哈佛商学院，福布斯论文，N-7。

29　*Commercial Reports from Her Majesty's Consuls in China, Japan, and Siam 1865* (London: Harrison, & Sons, 1866), p. 196; *Shenbao*, 8 April 1873. 有关这些变化的更多信息，请参阅Yen P'ing Hao, *The Commercial Revolution in Nineteenth-Century China: The Rise of Sino-Western Mercantile Capitalism* (Berkeley: University of California Press, 1986), pp. 199–202。

30　Zhang Zhongli et al. (eds), *The Swire Group in Old China*, pp. 214–16.

注 释

31　*China Mail*, 24 June 1879, p. 3, 25 June 1879, p. 3.

32　太古集团致太古洋行上海办事处，1872年11月15日；太古洋行上海办事处致太古集团，1873年1月9日，1873年11月6日，1873年12月18日：JSS I 2/15。霍尔特也发现了这一点。如果搭载中国乘客，可能需要为他们购买单独的灶具，他曾在"阿伽门农号"首次航行时告诉船长，但"我相信米饭和茶是他们的主要食物"，所以这些应该花不了什么钱；阿尔弗雷德·霍尔特致米德尔顿船长，阿伽门农号，1866年4月14日：Holt papers, 2/24。

33　H. Kopsch 'Kiukiang Trade Report for the year 1873'，参见*Reports on Trade at the Treaty Ports in China for the year 1873* (Shanghai: Imperial Maritime Customs Statistical Department, 1874) p. 32; W. M. H., 'Reminiscences of the Opening of Shanghae to Foreign Trade', *Chinese and Japanese Repository*, 2, pp. 85–7。

34　备忘录，1874年10月3日，JSS I 1/4。

35　Liu, Anglo-American Steamship Rivalry in China, pp. 131–5, 146–7; Marriner and Hyde, The Senior, pp. 62–4；有关竞争：太古信件参见：J.S.施怀雅致福布斯，1873年4月24日，附于太古集团致太古洋行信函中，1873年4月25日；太古集团致P.S.福布斯，1873年6月19日和1873年8月7日：JSS I 1/2。

36　Secrecy: F. B. Forbes to Edward Cunningham, 6 January 1875: HBS, Forbes papers, N–11.

37　J.S.施怀雅致朗，1884年4月22日，J.S.施怀雅致甘姆威尔，1884年4月25日和5月25日，J.S.施怀雅致H.B.恩迪科特和J.L.布朗，1884年5月17日，均保存于 JSS I 3/2。

38　Kwang-ching Liu, 'British-Chinese Steamship Rivalry in China, 1873–85', in C. D. Cowan (ed.), The Economic Development of China and Japan (London: Allen & Unwin, 1964), pp. 52–8；有关中国商人，参阅：Albert Feuerwerker, China's Early Industrialization: Sheng Hsuan-huai (1844–1916) and Mandarin Enterprise (Cambridge, MA: Harvard University Press, 1958)，特别是pp. 96–188；J.S.施怀雅致朗，1874年10月2日：JSS I 1/4; R.I.费伦致阿尔伯特·F.赫德 1873年2月13日，1873年6月7日：HBS, Heard papers, HM 43–3。

39　*Shenbao*, 18 July 1874, p. 2; 3 October 1874, pp. 3–4.

40　J.S.施怀雅致斯科特，1876年11月27日，JSS I 1/4；LRO, 霍尔特文件，2/52, 霍尔特日记，1866年9月15日。

41　Hyde, *Blue Funnel*, pp. 20–39; Falkus, *Blue Funnel Legend*, p. 103.

42　*Hongkong Daily Press*, 22 January 1867; *NCH*, 23 February 1867; *Daily Alta*, 21 March 1867, p. 1；J.S.施怀雅致太古纽约办事处；J.S.施怀雅致朗，1875年11月19日：JSS

I 1/4。

43 详细资料来自通信：HBS, Heard Archive, folders SI-16, SI-17。

44 J.S.施怀雅致詹姆斯·多兹，1875年9月16日；J.S.施怀雅致朗和斯科特，1876年1月28日和6月15日：JSS I 1/4；1879年2月6日：JSS I 1/5。多兹作为日本啤酒公司（后来成为麒麟啤酒公司）的创始董事而声名鹊起。

45 J.S.施怀雅致詹姆斯·洛里默。JSS I 1/4。

46 现金账簿显示，"太古集团伦敦"公司自1870年7月1日起停止记账，"太古集团利物浦"公司开始记账，此时公司已迁至伦敦。比利特街房地的租约于每年6月24日续约。与该公司有关的地址最初几次出现是在1870年8月蓝烟囱的航运广告中：1870年8月3日《曼彻斯特卫报》(Manchester Guardian)。从11月起，在给利物浦船务公司的航海通知中没有提及：1870年11月2日，《劳埃德船舶日报》(Lloyds' List)，第1页。

47 J.S.施怀雅致 J.P.奥布莱恩，1875 年 6 月 5 日：JSS I 1/4。

48 本节取材于JSS I 7/7/1中关于人员任命的笔记，以及来自各种家谱平台的传记细节。员工账簿记录了姓名、工资和福利（如果有的话），大多数情况下记录了任命开始的日期，有些记录了离职或调往中国的情况。他们偶尔会记录地址或以前的工作经历。另一个文件夹里有前往亚洲的男员工签署的合同副本。没有任何个人记录保存下来。

49 本段参考Benjamin Guinness Orchard, The Clerks of Liverpool (Liverpool: J. Collinson, 1871)，详细内容见第4、7页。

50 Milne, Trade and Traders, p. 58.

51 承诺书：P. Phillips, 18 September 1876: JSS I 1/4；一流书记员：J. S.施怀雅致萨利斯伯里，1877年9月18日：JSS I 1/5；贷款：J.S.施怀雅致理查德·皮卡普，1879年11月22日，1880年9月18日：JSS I 1/5；会计：J.S.施怀雅致托马斯·鲍尔，1880年9月15日：JSS I 1/5；分居：太古集团致太古洋行上海办事处，1878年3月15日：JSS I 1/5；可怜的年轻人：J.S.施怀雅致阿尔弗雷德·霍尔特公司 1881年9月17日：JSS I 1/5。

52 J.S.施怀雅致J.P.奥布莱恩，1879年5月20日：JSS I 1/4。

53 Orchard, The Clerks of Liverpool, p. 4.

54 J.S.施怀雅致朗、斯科特和麦金托什，1876年8月3日，1877年8月21日，JSS I 1/4。

55 F.B.福布斯致威廉·豪威尔·福布斯，1873年1月2日，引自Liu, Anglo-American Steamship Rivalry in China, p. 121；弗雷德里克·康内斯致温斯坦利，1873年8月29 日，参见Cornes Letter book, 13, in Peter Davies, The Business, Life and Letters of Frederick Cornes: Aspects of the Evolution of Commerce in Modern Japan, 1861–1910

注 释

(London: Global Oriental, 2008；J.S.施怀雅致约翰·坎利夫，1887年2月26日，JSS I 1/4。McLean letter, 6 July 1870, Transcript of David McLean, letter books, Volumes I–III, 1862–1873, SOAS, MS 380401, Box 3 Folder 11；太古集团致朗，1877年3月12日，JSS I 1/4。根据有关记录，巴特菲尔德于1869年6月26日在霍沃斯死于伤寒，命运给了一个强烈反对村里卫生改革的人以应有的正义。J.S.施怀雅似乎参加了葬礼，因为在1869年6月30日，巴特菲尔德去世后不久，现金簿记录道：'JSS … Exp to Bradford RSB 60s': Cash Book No. 1, JSS I 7/4/1。

56　J.S.施怀雅致阿尔弗雷德·霍尔特（1875年4月10日）和信件草稿，JSS I 1/4；The Times, 13 April 1875, p. 10；另见 G. U. Sands to Sturgis, 18 December 1875: HBS, Sands papers, MSS:766, Volume 11。

57　G. U.桑兹致R.斯特吉斯，1875年18 [字迹难以辨认]，载于：HBS, Baker Library, MSS:766, George U. Sands Business Records, Vol. 8；'Business competition', Straits Times, 7 August 1875, p. 1。

58　J.S.施怀雅致斯科特，1875年6月24日，JSS I 1/4。

59　洋行：J.S.施怀雅致斯科特，1876年10月2日；马：J.S.施怀雅致朗，1876年5月22日；哈里森：J.S.施怀雅致朗、斯科特、史密斯和霍尔，1875年11月6日：JSS I 1/4；《孖剌西报》，1875年6月24日。

第五章　香港的甜蜜气息

1　J.S.施怀雅致朗、斯科特和麦金托什，1881年11月9日：JSS I 1/5。

2　《士蔑西报》，1882年3月31日；J.S.施怀雅致阿尔弗雷德·霍尔特，1879年12月5日：JSS I 1/5；J.S.施怀雅致玛丽·华伦，1881年7月24日：JS&SL。

3　恐惧症：J.S.施怀雅致加姆威尔，1884年3月4日，JSS1 3/2。

4　太古集团致H.I.巴特菲尔德，1874年11月16日：JSS I 1/4。

5　Kwang-ching Liu, 'British-Chinese steamship rivalry', in Cowan (ed.) *The Economic Development of China andJapan*, pp. 58, 63–4.

6　《孖剌西报》，1875年7月21日，第3页；1875年9月15日，J.S.施怀雅致省港澳轮船公司主席及董事，1875年9月15日，J.S.施怀雅致J.H.斯科特：JSS I 1/4。

7　J.S.施怀雅致阿尔弗雷德·霍尔特，1880年1月9日：霍尔特文件；关于船公司和竞争参见：H. W. Dick and S. A. Kentwell, *Beancaker to Boxboat Steamship*

Companies in Chinese Waters (Melbourne: Nautical Association of Australia, 1988), pp. 145–62。根据1879年10月达成协议，太古同意接受船务公司八分之三的股份，而船务公司持有八分之五的股份。

8 Kwang-ching Liu, 'British-Chinese steamship rivalry', in Cowan (ed.), Economic Development of China and Japan, pp. 59–60.

9 NCH, 25 January 1877, p. 77.

10 The Journey of Augustus Raymond Margary ... (London: Macmillan, 1876), pp. 102– 3, 108.

11 S. T. Wang, The Margary Affair and the Chefoo Agreement (London: Oxford University Press, 1940); Bickers, Scramble for China, pp. 252– 5.

12 NCH, 18 January 1877, p. 49.

13 Office Series, No. 4, Parts 1–2, Chinkiang: China Navigation Company's hulk "Cadiz"(Shanghai: Statistical Dept. of the Inspectorate General, 1876–77). 其中一些材料也发表在Correspondence relating to the Hulk "Cadiz" at the port of Chinkiang, China (Shanghai: North China Herald, 1877)。关于这一事件的简明调查参见Stanley Wright, Hart and the Chinese Customs (Belfast: Queen's University Press, 1950), pp. 434–4。

14 J.S.施怀雅致德比伯爵，1877年7月12日：JSS I 1/4；罗伯特·哈特致詹姆斯·邓肯·坎贝尔，1877年2月8日，载于John King Fairbank, Katherine Frost Bruner and Elizabeth MacLeod Matheson (eds), The I.G. in Peking: Letters of Robert Hart Chinese Maritime Customs 1868–1907, Volume 1 (Cambridge, MA: Belknap Press of Harvard University Press, 1975), pp. 237– 8。

15 关于服务，参阅P. D. Coates, The China Consuls: British Consular Officers, 1843–1943 (Hong Kong: Oxford University Press, 1988)。

16 太古洋行上海办事处致外交事务大臣信函，1877年1月31日，上海，第7号，1877年1月31日：TNA, FO 228/592；施怀雅致德比伯爵，1877年7月12日：JSS I 1/4。

17 其他人也没有忘记在这艘轮船上的"安逸生活"，这艘轮船曾在香港与该公司的船只相遇，并首次将许多外国人带到上海：NCH, 29 November 1889, p. 656。

18 参阅NCH, 17 October 1879, p. 388。

19 Shanghai No. 65, 12 July 1877, Shanghai Intelligence report, 15 January to 30 June 1877, including 'Steam Fleet of China Merchants Steam Navigation Company', Enclosure 3, 12 July 1877: TNA, FO 228/593.

20 坎贝尔致哈特，1877年3月9日，参见Chen Xiafei and Han Rongfang (chief eds), Archives of China's Imperial Maritime Customs: Confidential Correspondence

between Robert Hart and James Duncan Campbell 1874–1907 (Beijing: Foreign Languages Press, 1990), Volume 1, pp. 260–61。

21　哈特致坎贝尔，1877年8月5日，Fairbank et al. (eds), *The I.G. in Peking*, p. 247。郭及其同事的印象值得探索：J. D. Frodsham (ed.), *The First Chinese Embassy to the West: The Journals of Kuo Sung-t'ao, Liu Hsi-hung and Chang Te-yi* (Oxford: Clarendon Press, 1974); Jenny Huangfu Day, *Qing Travellers to the Far West: Diplomacy and Information: Order in Late Imperial China* (Cambridge: Cambridge University Press, 2018)。

22　德比致太古集团，1878年2月14日：TNA, FO 17/801。这份文件和fo17 /800文件包含了该事件的绝大多数文件。

23　J.S.施怀雅致朗，1877年7月19日；太古集团致太古洋行上海办事处，1877年8月17日：JSS I 1/4。

24　秘密文件：JSS I 1/4中未注明日期的文件，第212–13页；Shanghai No. 12, 16 March 1878, Enclosure, Shanghai Intelligence Report, 1 November 1877 to 1 March 1878: TNA, FO 228/614。

25　J.S.施怀雅致加姆威尔，1877年12月21日，1877年12月27日，J.S.施怀雅致唐景新，1878年5月16日：JSS I 2/2。弗雷德里克·罗宾逊·甘伟尔（Frederick Robison Gamwell, 1835–1901）于1875年加入该公司，1857年5月至1874年在上海工作，主要从事丝绸业务。1877年，他成为伦敦的合伙人，一直到1896年退休。

26　J.S.施怀雅致加姆威尔，1878年1月23日：JSS I 2/2。

27　朗致J.S.施怀雅，1879年7月1日：JSS I 2/16。

28　Margery Masterson, 'Dueling, conflicting masculinities, and the Victorian Gentleman', *Journal of British Studies*, 56 (2017), pp. 605–28.

29　LeFevour, *Western Enterprise in Late Ch'ing China*, pp. 94–110; Hsien-Chun Wang, 'Merchants, Mandarins, and the Railway: Institutional Failure and the Wusong Railway, 1874–1877', *International Journal of Asian Studies*, 12:1 (2015), pp. 31–53.

30　J.S.施怀雅致詹姆斯·麦格雷戈，1880年4月21日：JSS I 1/5。关于怡和航运，请参阅Dick and Kentwell, *Beancaker to Boxboat*, pp. 1–60。

31　J.S.施怀雅致斯科特，1878年3月14日；J.S.施怀雅致H.B.恩迪科特，1878年3月14日：JSS I 2/2。这些不包括运往烟台和天津的谷物。

32　J.S.施怀雅致詹姆斯·麦格雷戈，1880年4月21日，J.S.施怀雅致F.B.约翰逊，1880年7月22日，J.S.施怀雅致朗、斯科特和麦金托什，1880年9月17日：JSS I 1/5。麦格雷戈在1875年娶了恩迪科特寡居的继母，这段关系对这些谈话没有任何影响，但奇怪地提醒人们，中国沿海的世界是相对渺小的。

33   J.S.施怀雅致威廉·凯斯威克，1882年1月19日：JMA, NS JM/B1/10；'Old Pool Agreements', Yangzi: 27 May 1882; Tianjin: 20 December 1882: JMA, MA JM/F1/84；施怀雅致朗、斯科特和麦金托什，1882年2月17日，引自 *The Senior*, p. 78；J.S.施怀雅致麦金托什，1880年1月22日：JSS I 1/5。

34   Sidney W. Mintz, *Sweetness and Power: The Place of Sugar in Modern History* (New York: Viking Penguin, 1985).

35   Carl T. Smith, *Chinese Christians: Elites, Middlemen, and the Church in Hong Kong* (Hong Kong: Hong Kong University Press, 1985), p. 50; *Hongkong Daily Press*, 17 July 1869, 28 January 1868.

36   'The sugar industry in Hongkong', *China Mail*, 26 November 1886; *Hongkong Telegraph*, 31 March 1882.

37   J.S.施怀雅致麦金托什，1879年7月23日：JSS I 1/4；J.S.施怀雅致朗、斯科特和麦金托什，1881年2月11日：JSS I 1/5。

38   J.S.施怀雅致朗、斯科特和麦金托什，1881年2月11日：JSS I 1/5。

39   Geoffrey Jones, *Merchants to Multinationals: British Trading Companies in the Nineteenth and Twentieth Centuries* (Oxford: Oxford University Press, 2002), pp. 227–56; Gordon H. Boyce, *Co-operative Structures in Global Business: Communicating, Transferring Knowledge and Learning Across the Corporate Frontier* (London: Routledge, 2002), Chapter 3, 'The Holt–Swire–Scott connection, decision-support systems and staff development, 1860–1970', pp. 35–53.

40   J.S.施怀雅致巴特菲尔德，1875年5月7日：JSS I 1/4。巴特菲尔德的财产仍然是一个有争议的话题。

41   大量中国资本被投资于糖厂的说法在文献中已经根深蒂固，但这是错误的：Hao, *The Commercial Revolution in China*, p. 255, fn. 66。

42   1880年3月17日，J.S.施怀雅致A. J. 费尔里；施怀雅致麦金托什，1880年4月9日：JSS I 1/5；*New York Times*, 22 June 1880, p. 8。

43   J.S.施怀雅致朗，斯科特和麦金托斯，1881年4月29日；太古集团致布莱克巴克莱公司，1881年7月8日：JSS I 1/5。

44   [Bruce Shepherd], *A Handbook to Hongkong* ... (Hong Kong: Kelly & Walsh, 1893), p. 111.

45   J.S.施怀雅致加姆威尔，1884年3月4日：JSS I 3/2；《孖剌西报》，1884年3月19日。

46   引用自麦金托什致JSS的信件，1884年7月3日，1884年8月14日和1884年10月14日：JSS I 2/4。

47 *China Mail*, 26 January 1886, 28 January 1886, *Hongkong Daily Press*, 27 January 1886；J.S.施怀雅致加姆威尔，1884年3月4日：JSS I 3/2。

48 Frank Dikötter, *Things Modern: Material Culture and Everyday Life in China* (London: Hurst, 2007); Karl Gerth, *China Made: Consumer Culture and the Creation of the Nation* (Cambridge, MA: Harvard University Press, 2003).

49 本段参考G. Roger Knight, *Commodities and Colonialism: The Story of Big Sugar in Colonial Indonesia, 1880–1942* (Leiden: Brill, 2013), pp. 19–23。

50 E.麦金托什致J.S.施怀雅，1886年1月26日，1885年3月31日：JSS I 2/4。

51 Marriner and Hyde, *The Senior*, pp. 109–12.

52 Tai-Koo Sugar Refining Company, Ltd, Minute Book: JSSV 7/1; J. S. Swire to Gamwell, 4 March 1884: JSS I 3/2；《孖剌西报》，最高法院报道，1883年7月14日，20日和25日。

53 Jung-fang Tsai, *Hong Kong in Chinese History: Community and Social Unrest in the British Colony, 1842–1913* (New York: Columbia University Press, 1993), pp. 124–46.

54 *Hongkong Daily Press*, 19 and 23 February 1886.

55 麦金托什致J.S.施怀雅，1885年6月17日，1885年9月17日：JSS I 2/4。

56 有关报道和评论，请参阅*Serious disturbance at Canton: Houses on Shameen Burnt and Looted* (Hong Kong: *China Mail*, 1883)。

57 哈特致坎贝尔，1884年1月6日，Fairbank et al. (eds), *I.G. in Peking*, Volume 1, p. 513。

58 Canton No. 30, 25 February 1884: TNA, FO 228/744.

59 J.S.施怀雅致加姆威尔、1884年3月4日。JSS I 3/2；领事汉斯致帕克斯，"Separate and Confidential"，1884年3月13日；广州1884年2月25日第29号通告；广州1884年3月15日第39号通告；广州1884年3月17日第40号通告：TNA, FO 28/744。为安全起见，迪亚兹被调离广州，并最终于1884年11月在澳门最高法院受审，当时他被判处三个月监禁，由于他在事件发生后一直被关押，且结论是他只是试图执行法规，因此刑期有所减轻：*Hongkong Daily Press*, 18 November 1884；*Boletim Da Provincia De Macau E Timo*, 13 December 1884，节选自Canton No. 138, 24 December 1884: TNA, FO 228/745。

60 Canton No. 74, 14 June 1884, Canton No. 79, 1 July 1884，并附：TNA, FO 228/744.

61 Daniel H. Bays, 'The Nature of Provincial Political Authority in Late Ch'ing Times: Chang Chih-tung in Canton, 1884–1889', *Modern Asian Studies* 4:4 (1970), pp. 325–47；麦金托什致J.S.施怀雅，1885年6月17日，1885年9月3日：JSS I 2/4；步枪：麦金托什致J.S.施怀雅，1884年11月4日，1885年2月3日。JSS I 2/4；Marshall

J. Bastable, Arms and the State: Sir William Armstrong and the Remaking of British Naval Power, 1854–1914 (London: Routledge, 2004), p. 118。

62　LeFevour, Western Enterprise in Late Ch'ing China, p. 69.

63　1880年，他因诽谤一名会员而被取消香港会的会员资格：Vaudine England, Kindred Spirits: A History of the Hong Kong Club (Hong Kong: Hong Kong Club, 2016), p. 47; China Mail, 31 March 1880。

64　麦金托什致J.S.施怀雅，1884年11月4日，1885年2月17日：JSS I 2/4；Frank H. H. King, The History of the Hongkong and Shanghai Bank, Volume 1, p. 309。

65　Tate, Transpacific Steam, pp. 44–8；J.S.施怀雅致T. H. 伊斯梅，1881年6月24日；J.S.施怀雅致洛里默，1881年8月26日：JSS I 1/5；Marriner and Hyde, The Senior, pp. 121–4。

66　霍尔特日记，1878年4月12日：LRO, Holt papers, 920 Hol 2/52；J.S.施怀雅致加姆威尔，1878年1月23日：JSS I 2/2。

67　Hyde, Blue Funnel, pp. 49–53; Falkus, Blue Funnel Legend, p. 40.

68　本节参考了Hyde, Blue Funnel, pp. 56–79；以及Marriner and Hyde, The Senior, pp. 135–59; Hyde, Far Eastern Trade, pp. 26–41。更广泛的观点请参阅B. M. Deakin and T. Seward, Shipping Conferences: A Study of Their Origins, Development, and Economic Practices (Cambridge: Cambridge University Press, 1973)，以及Daniel Marx Jr, A Study of Industrial Self-regulation by Shipping Conferences (Princeton: Princeton University Press, 1953)。

69　J.S.施怀雅致阿尔弗雷德·霍尔特，1879年9月25日：LRO，霍尔特文件，HOL 92，太古信件。

70　D. H. Cole, Imperial Military Geography, 6th edn (London: Sifton Praed & Co, 1930), p. 59; Marx, International Shipping Cartels, pp. 45–67; Gregg Huff and Gillian Huff, 'The Shipping Conference system, Empire and Local Protest in Singapore, 1910–11', Journal of Imperial and Commonwealth History 46:1 (2018), pp. 69–92.

71　John Samuel Swire, 188, 引自Marriner and Hyde, The Senior, p. 181。

72　Hyde, Far Eastern Trade, p. 37.

73　有关调查和尖锐批评，请参阅Jim Tomlinson, 'Thrice Denied: "Declinism" as a Recurrent Theme in British history in the Long Twentieth Century', Twentieth Century British History, 20:2 (2009), pp. 227–51。

74　W. H. 施怀雅致J. S.施怀雅，1881年8月3日，《致玛丽·华伦的书信集》（Letters to Mary Warren），1873—1898年：JS&SL。

75　太古集团致诺维利公司，1878年10月14日：JSS I 1/4。

注　释

76　J.S.施怀雅致玛丽·华伦，1881年7月24日：JS&SL。

77　J.S.施怀雅致加姆威尔，1884年3月4日，1884年4月25日：JSS I 3/2。

78　霍尔特日记，1873年3月28日，1875年5月24—30日：LRO, Holt papers, HOL 920/52。

79　W.H.施怀雅把他的大部分资本留在了合伙企业。他的健康状况长期不佳，于1884年7月死于肝病。

80　J.S.施怀雅致德比伯爵，1877年7月12日：JSS I 1/4。

第六章　事业在途中

1　施怀雅于1881年10月18日在利物浦与船主乔治·华伦的女儿玛丽·华伦结婚。华伦经营一条往返于利物浦和波士顿的定期邮船航线。这一联系至少可以追溯到1848年，当时玛丽出生在波士顿：施怀雅是她的教父。

2　罗伯特·哈特的日记，1884年4月10日、12日、14日，Hart papers, Ms 15.1.29, Queen's University Belfast, Special Collections and Archives；由罗伯特·哈特主持的晚宴菜单保存在J.O.P.及黛西·布兰德的剪贴簿中，汤姆·科恩友情提供。

3　J.O.P.布兰德日记，'Wednesday to Sunday 13th'，1884: Thomas Fisher Rare Books Library, University of Toronto, Papers of J. O. P. Bland, Box 29, Diary 1883–1885。

4　James Legge, 'The Colony of Hongkong', *The China Review* 1:3 (1874), pp. 163–76; *Shanghai Considered Socially: A Lecture by H. Lang* (Shanghai: American Presbyterian Mission Press, 1875); J. W. MacLellan, *The Story of Shanghai from the opening of the port to foreign trade* (Shanghai: North China Herald Office, 1889); *The Jubilee of Hongkong as a British Crown Colony ...* (Hong Kong: Daily Press Office, 1891); *The Jubilee of Shanghai 1843–1893* (Shanghai: *NCDN*, 1893).

5　Shanghai Municipal Council, *Annual Report 1885* (Shanghai: Kelly & Walsh, 1886), pp. 20–21.

6　J.S.施怀雅致约翰·斯科特，1880年9月1日：JSS I 1/5；J.S.施怀雅致威廉·朗，1876年5月22日：JSS I 1/4。

7　*The Economist*, 17 January 1891, p. 99. 公司在此等广告以及其他广告中没有提及公司名称，但与一封来自香港的信中所识别的一则广告完全吻合：埃德温·麦金托什致J.S.施怀雅，1891年4月15日：JSS I 2/6。

- 487 -

8 J.H.斯科特致埃德温·麦金托什，1891年6月12日。JSS I 1/10。这很可能是指与布朗公司有关的欧亚家族，该家族是肉豆蔻和椰子种植园的所有者。

9 H.M.布朗致太古集团，1893年3月2日，J.W.卡明致J.H.斯科特，1895年12月26日，均保存于：JSS II 7/1/1。埃德温·麦金托什致J.S.施怀雅，1891年4月15日。JSS I 2/6。卡明的结局并不理想。他最终被"通知离开"，并从香港搬到了加利福尼亚，1916年他在那里被记录为"劳工"。

10 Charles M. Dyce, *Personal Reminiscences of Thirty Years' Residence in the Model Settlement Shanghai 1870–1900* (London: Chapman & Hall, 1906), pp. 3–5, P. G. Wodehouse, *Psmith in the City* [1910] (Harmondsworth: Penguin Books, 1970), p. 27.

11 太古集团致斯蒂芬·福赛斯，1891年12月9日，太古集团致惠特沃斯先生，1893年12月2日：JSS I 1/10。

12 事实上，福赛斯直到合同结束才离开。1901年，他是桑德兰一家麦芽厂的合伙人，到1908年，他已担任圣职：*Sunderland Daily Echo and Shipping Gazette*, 3 September 1900; *Dundee Courier*, 9 June 1924。

13 1881年入学，20岁。

14 J.S.施怀雅致麦金托什，1891年5月20日：JSS I 1/10。布朗在这家公司工作了11年，但1902年死于汕头的霍乱。

15 J.S.施怀雅致兰德和斯科特，1876年8月3日：JSS I 1/4。

16 J.S.施怀雅致加姆威尔，1878年4月12日：JSS I 2/2。

17 罗宾逊致麦金托什，1891年3月30日：JSS I 2/6；《德臣西报》，1876年3月13日。

18 该观点也见于领事翟理斯（Herbert Giles）编写的"与远东有关的主题"（subjects connected with the Far East）指南：A Glossary of Reference [1878] (2nd edn: Hong Kong: Lane Crawford, 1886)。每个地方都有自己的特色，但它确实是一个"地方"。

19 E.麦金托什致J.S.施怀雅，1890年8月6日，另参阅E.麦金托什致J.S.施怀雅，1890年6月18日：均保存于JSS I 2/6。本段所载的传记资料摘自存放于香港政府档案处的卡尔·史密斯的笔记。

20 威廉·阿姆斯特朗致J.H.斯科特，1900年7月20日，JSS I 2/9。

21 J.S.施怀雅致朗（1879年2月6日）：JSS I 1/4。

22 J.H.斯科特致太古集团，1893年12月25日：JSS I 2/7。

23 Knollys, *English Life in China*, p. 43; Dyce, *PersonalReminiscences*, pp. 199–202.

24 H. Lang, *Shanghai Considered Socially*, p. 55.

25 《士蔑西报》，1891年11月17日、1892年7月23日。这场运动似乎是由麦金托什在

注 释

1891年主导将史密斯从香港赛马会驱逐出去引发的,当时这位记者因串谋罪被判刑并入狱。

26　J.S.施怀雅致威廉·朗,1879年2月6日:JSS I 1/4。

27　J. Keith Angus, 'A Paper Lighthouse', *The Merchistonian*, 9:4 (1882), pp. 189–93; 'Among the Hills near Shanghai', *The Merchistonian*, 11:4 (1884), pp. 230–34; J. H. Scott to Gamwell, 21 November 1877: JSS I 2/2.

28　*Western Daily Press*, 19 September 1889, p. 7.

29　'Death of an Old Resident', *Japan Weekly Chronicle*, 26 February 1931, p.221.

30　J.S.施怀雅致博伊斯,1892年5月17日:JSS I 1/10。

31　J.S.施怀雅致博伊斯,1892年6月15日:JSS I 1/10。1893年10月30日道勒致斯科特,附于斯科特致加姆威尔的信中,1893年10月31日:JSS I 2/7。没有人提出起诉。谢泼德的妻子于1893年9月抵达西雅图,并在当地定居下来。她至少从1903年起就在当地名录上登记为寡妇,但谢泼德的命运尚不清楚。

32　旧金山的地震和火灾让雪上加霜,让他"失去"所有的文件和财产:私人信息。

33　J.S.施怀雅致朗,1878年12月20日,1879年2月6日:JSS I 1/4。

34　赫伯特·史密斯致J.H.斯科特,1899年12月21日:JSS I 2/9。

35　J.H.斯科特致J.S.施怀雅,1893年1月3日;A. J. 弗兰克致斯科特,1892年12月18日:JSS I 2/7。

36　Lang, *Shanghai Considered Socially*, pp. 54, 56.

37　请参阅约翰·沙德盖特的遗嘱认证文件中的通信:TNA, FO 917/291; Danby: *South China Morning Post* (*SCMP*), 28 January 1950, p. 6。

38　朗致太古集团,1878年12月14日:JSS I 2/16。

39　谢泼德于1891年在横滨结婚。

40　太古洋行员工册,第153卷。JS&SL;太古洋行香港办事处致太古公司,1905年9月9日:JSS II 7/4/10。人口普查和其他记录表明,诺克斯似乎也对自己的年龄撒了谎,在加入时把34岁的年龄减去了8岁。

41　这个男人的纸条上写着"已婚,但不和",员工册第1号,第74条。1903年,这个男人去世了,没有给妻子留下任何东西,其妻子在1901年的人口普查记录中被记录为"分居",只给他的三个"私生子"每周少得可怜的5先令。

42　Frederick Baptiste Aubert: TNA, FO 917/674.

43　J.S.施怀雅致埃德温·麦金托什,1891年7月2日:JSS I 1/10。她的第一任丈夫坦普尔·威尔考克斯于1877年在横滨去世,这对夫妇已经在那里生活了10年之久。

44　Kevin C. Murphy, *The American Merchant Experience in Nineteenth-Century Japan* (London: Routledge, 2004), p. 34. 关于横滨的社交圈,另见J. E. Hoare, *Japan's*

45　赫伯特·史密斯致J.H.斯科特，1899年12月21日：JSS I 2/9。

46　J.H.斯科特致J.S.施怀雅，1872年5月17日：JSS I 2/16。

47　威廉·朗致J.S.施怀雅，1878年1月9日；J.S.施怀雅致J.H.斯科特1878年2月11日：JSS I 2/2；威廉·朗致J.S.施怀雅，1878年3月28日：JSS I 2/16；C.霍尔致E.萨托，1898年2月19日，见Ian Ruxton (ed.), *The Correspondence of Sir Ernest Satow, British Minister in Japan, 1895–1900*, Volume 4, p. 347。

48　'Report on the riots at Chinkiang' in Chinkiang No. 3, 14 February 1889: TNA, FO 228/876; *NCH*, 8 February 1889, pp. 142–4, 5 April 1889, p. 394; 18 May 1889, p. 602; 1 June 1889, p. 673; Hart to Campbell, 10 February 1889, in Fairbank et al. (eds), *The I.G. in Peking*, p. 736. Claim: in Chinkiang No. 11, 16 May 1889: TNA, FO 228/876.

49　*The Anti-Foreign Riots in China in 1891* (Shanghai: *North China Herald*, 1892), pp. 10–21; Bickers, *Scramble for China*, pp. 305–6.

50　Henling Thomas Wade, *With Boat and Gun in the Yangtze Valley* (Shanghai, 1910), pp. 28, 180–82.

51　本段参考了JSS II 1/3, 1894–97及JSS II 1/6的通信内容。

52　*In the Far East: Letters from Geraldine Guinness in China. Edited by her sister* (London: Morgan & Scott, 1889), pp. 33–4.

53　摘自JSS II 1/2的信件。

54　1899年3月3日，太古洋行香港办事处致太古集团伦敦总部的通告：JSS I 2/9。

55　J.S.施怀雅致斯科特，1878年2月7日：JSS I 2/2；J.S.施怀雅致朗，1879年2月6日，1880年1月30日：JSS I 1/5。

56　Knollys, *English Life in China*, pp. 151, 155；J.S.施怀雅致太古洋行上海办事处，1876年1月26日：JSS I 1/4。J.S.施怀雅致约翰逊，1877年12月27日：JSS I 2/2。

57　Marriner and Hyde, *The Senior*, pp. 44–5.

58　J.S.施怀雅致朗，1877年8月24日：JSS I 2/4；Box 1086；J.S.施怀雅致加姆威尔，1877年12月6日，1878年1月28日：JSS I 2/2。

59　J.S.施怀雅致朗和斯科特，1877年8月21日：JSS I 1/4。

60　*NCH*, 1 November 1875, p. 466.

61　J.S.施怀雅致加姆威尔，1884年3月4日：JSS I 2/2。

62　*China Mail*, 2 April 1891.

63　托马斯·格里姆肖，在1929年结束他39年的服务时回忆：SCMP, 18 April 1929, p. 7；以及约翰·布莱克在25年后的回忆，SCMP, 2 May 1908, p. 2。

64 《孖剌西报》，1886年2月6日，1887年1月4日；麦金托什至施怀雅，1885年3月31日：JSS I 2/4；麦金托什至施怀雅，1890年6月18日：JSS I 2/7。

65 1886年7月至10月，麦金托什在香港给伦敦的信中记载了危机的进程：JSS I 2/4；SCMP, 18 April 1929, p. 7。

66 埃德温·麦金托什致J.H.斯科特，1892年2月10日：JSS I 2/6。

67 乔治·菲茨帕特里克致埃德温·麦金托什，1891年10月25日：JSS I 2/6。此举似乎有效：克龙比在糖厂又待了两年。

68 科恩：赫伯特·史密斯致J.H.斯科特，1900年5月2日，D.R.劳致J.H.斯科特，1900年9月9日，太古洋行香港办事处致太古集团，1900年10月19日；奥布伦斯基：1899年9月16日，JSS I 2/9。奥布伦斯基于1888年加入该公司，并一直在糖厂工作到1931年，1933年去世。《士蔑西报》，1933年4月26日，第11页。

69 太古洋行财产和员工登记册，1872—1901。JSS II 2/5/2；赫尔布林致斯科特，1889年3月15日：JSS II 1/1/2/1；贝克致博伊斯，3月14日1898：JSS II 1/1/2。

70 Jennifer Field Lang, 'Taikoo Sugar Refinery and company town: Progressive design by a pioneering commercial enterprise' (University of Hong Kong, PhD thesis, 2018), pp. 84–93.

71 *Hongkong Telegraph*, 27 September 1897; *China Mail*, 27 September 1897, *Hongkong Daily Press*, 28 September 1897; Beaconsfield: J. H. Scott to Mackintosh, 8 August 1893: JSS I 2/7; *China Mail*, 5 December 1898. 在1906年9月18日的毁灭性台风中，虽然情势严峻，其防台风能力仍得到了惊人的证明，当时一个职员威廉-尼科尔森在其坚固的墙壁上拍下了一系列令人惊讶的照片，港口的水在愤怒中沸腾：SCMP, 25 September 1906, p. 2, 27 February 1924, p. 10。

72 《士蔑西报》，1889年10月15日；麦金托什备忘录，1889年10月16日：JSS I 2/6；遗嘱：HKRS-144-4-761，Ng a Heap，别名Ng Yung（吴野），去世；债券：细节来自卡尔·史密斯的研究笔记和有关Mok Wai（卒于1892年）的卡片。关于莫氏家族，请参阅梅·荷兹沃斯和克里斯托弗·穆恩编著的《香港传记词典》（Dictionary of Hong Kong Biography，香港大学出版社，2012年）第323–6页关于Mok Man Cheung（安东尼·斯维滕和克里斯托弗·穆恩）和莫仕扬等人（克里斯汀·罗）的词条。

73 Zheng Zhizhang, 'Tianjin Taigu yanghang yu maiban Zheng Zhiyi' (1965) (Butterfield & Swire in Tianjin and Comprador Zheng Zhiyi), *Tianjin wenshi ziliao xuanji*, No. 9 (Tianjin: Tianjin renmin chubanshe, 1980), pp.107–24.

74 有关陈氏家族和王氏家族，请参阅传记短文：Arnold Wright (ed.), *Twentieth-Century Impressions of Hongkong, Shanghai, and other Treaty Ports of China ...*

	(London: Lloyd's Greater Britain Publishing Company, 1908), pp. 548–55。
75	1884年4月22日J.S.施怀雅致威廉·朗；1884年4月25日J.S.施怀雅致弗雷德里克·加姆威尔：JSS I 3/2；Shenbao, 25 September 1884, p. 4。
76	埃德温·麦金托什致J.S.施怀雅，1885年2月10日，1886年2月16日：JSS I 2/6；麦金托什致太古集团和太古洋行上海办事处，1892年10月24日：JSS I 1/10。
77	麦金托什致施怀雅，1892年3月22日：JSS I 2/6；J.S.施怀雅致太古洋行中国和日本公司，1892年4月29日，J.H.斯科特致博伊斯，1892年4月29日：JSS I 1/10。
78	除了《字林星期周刊》之外，该系列也于1888/1889年刊登在《德臣西报》和《士蔑西报》上，并于1890年以图书形式印刷出版，直至20世纪30年代，参见Charles W. Hayford, 'Chinese and American Characteristics: Arthur H. Smith and His China Book', in Suzanne Wilson Barnett and John King Fairbank, eds, *Christianity in China: Early Christianity in China: Early Protestant Missionary Writings* (Cambridge, MA: Harvard University Press, 1985), pp. 153–74。引自*Chinese Characteristics*, 5th edn, revised (Edinburgh and London: Oliphant Anderson and Ferrier, 1900) 有关'The Absence of Sincerity'的章节, p. 281。
79	博伊斯致J.S.施怀雅，1892年3月25日：JSS I 2/18。
80	博伊斯致J.S.施怀雅，1892年3月25日：JSS I 2/18。
81	引自Chen Lilian, 'Maiban shengya dui Zheng Guanying de yingxiang' (Zheng Guanying's comprador career and its influence on him) in Chinese University of Hong Kong Art Gallery, and Chinese University of Hong Kong Department of History (eds), Maiban yu jindai Zhongguo (Compradors and modern China) (Hong Kong: Sanlian shudian, 2009), pp. 233–54, 引文为第237页。我非常感谢Kaori Abe博士为我提供了这一参考资料。

第七章　航运人士

1	*SCMP*, 24 January 1910, p. 6; *NCH*, 4 February 1910, p. 274.
2	'Cost of working the Foochow ss and Swatow ss in China', March 1875, JSS IV 1/7.
3	Reinhardt, Navigating Semi-Colonialism, pp. 141–4；F.H.戴维斯致格温·戴维斯（Gwen Davies），1905年12月14日，载于J. Glyn Davies Papers, National Library of Wales, Fonds GB 0210 JGLIES [以下称NLW, Davies letters]。

注 释

4   *NCH*, 13 April 1876, p. 534. Filomena V. Aguiar Jr, 'Manilamen and seafaring: Engaging the maritime world beyond the Spanish realm', *Journal of Global History*, 7:3 (2012), pp. 364–88.

5   没有人员死亡，这很大程度上归功于惠特尔在事故发生后的指令，但船上的人损失了一切。官方调查报告为他开脱责任：*Times of India*, 27 July 1880, p. 4, 30 July 1880 p. 3; *Shipping & Mercantile Gazette*, 18 November 1880, p. 8。

6   关于"淡水号"的细节参见JSS IV 2/49. Whittle: *NCH*, 16 May 1884, p. 544, 22 April 1911, p. 207; Logbook, *Changchow*, National Maritime Museum, Captain John Whittle papers [hereafter NMM], WHT/7. Mack: *NCH*, 15 October 1885, p. 430; *SCMP*, 28 April 1920, p. 8. 惠特尔在上海发了迹。当他于1913年去世时，拥有70幢中式房屋，两幢洋房。这些产业，连同他在上海各家洋行中的投资份额，意味着他在中国的财产总值将近1.8万英镑：TNA, FO 917/1622, John Whittle。

7   J.S.施怀雅致太古洋行上海办事处，1871年11月3日：JSS I 1/2；太古集团致太古洋行上海办事处，1873年1月13日：JSS I 1/2；NCH, 1867年9月28日，第275页；J.S.施怀雅致威廉·伊姆里，1881年11月9日：JSS I 1/5。

8   数据来自现有的1883—1900年的《商行名录》（Desk Hong List）副本。从1883年起，在上海注册的船舶及其官员和工程师的记录都在此公布。没有关于19世纪海事人员的系统性公司记录。

9   Richard Lewis, *Sampans and Saffron Cake: From the Diaries of Fritz Lewis in China and Cornwall 1872–1950* (Leominster: Kenwater Books, 2012); F. H. Davies letter to Glyn, 4 February 1904: NLW, Davies letters.

10 《士蔑西报》，1891年10月30日；詹姆斯·蒂平，《生活记录》（Life Record），私人收藏。蒂平最初被称为琼斯，他的一个儿子后来继续在太古洋行工作。

11 J.S.施怀雅致阿尔弗雷德·查尔顿，1892年10月10日：JSS I 1/10。蓝烟囱管理层高度重视其管理者的能力和自主权，此举鼓励了这种处理与代理打交道的策略：Falkus, *Blue Funnel Legend*, p. 69。

12 有关讨论见Eric W. Sager, *Seafaring Labour: The Merchant Marine of Atlantic Canada, 1820–1914* (Montreal: McGill-Queen's University Press, 1989), pp. 81–8，引自p. 90。

13 *NCH*, 14 November 183, p. 895；细节摘自惠特尔的航海日志：NMM WHT/7。这本日志及其手册都是粗略的工作日志，其中还包括备忘录、路线标记清单、时间、容量和消耗。一担等于133又三分之一磅。

14 Charlotte Havilland, *The China Navigation Company: A Pictorial History 1872–2012*

15 (Hong Kong: Swire, 2012), p. 79; *Auckland Star*, 15 September 1884; *New Zealand Herald*, 18 September 1884. Blue Funnel: Falkus, *Blue Funnel Legend*, pp. 37–9.

15 *NCH*, 24 April 1885, p. 467, 14 August 1885, p. 191; Bleasdale and Shun Wah, Swire, pp. 26–7; *Sydney Morning Herald*, 20 August 1883, p. 6; *Tasmanian*, 1 September 1883, p. 1019; *China Mail*, 21 September 1883; *Report of the Royal Commission on Alleged Chinese Gambling and Immorality and Charges of Bribery Against Members of the Police Force, AppointedAugust 20, 1891, Presented to Parliament by Command* (Sydney: Charles Potter, 1892), pp. 14, 480; Elizabeth Sinn, *Pacific Crossing: Californian Gold, Chinese Migration, and the Making of Hong Kong* (Hong Kong: Hong Kong University Press, 2013), chapter 5, 'Returning Bones', pp. 265–94; Christian Henriot, *Scythe and the City: A Social history of Death in Shanghai* (Stanford: Stanford University Press, 2016), pp. 76–9；费率：JSS I 4/1/1中的运费。

16 *NCH*, 9 September 1876, pp. 257–9, 27 June 1898, pp. 113–15. 并非舰队的准将詹姆斯·哈迪上尉。

17 弗兰克·H.戴维斯致格温·戴维斯，1905年4月5日；1905年5月12日，NLW，戴维斯信件。

18 Sydney S. Kemp, *A Concise History of the Mercantile Marine Officers' Association and Club* (Shanghai: [Mercantile Marine Officers' Association] 1936), 引自p. 153。

19 太古洋行上海办事处致旗昌洋行，海洋工程师协会经理，1885年6月6日：JSS I 2/17。

20 *NCH*, 24 October 1879, p. 410.

21 Graeme J. Milne, *People, Place and Power on the Nineteenth-Century Waterfront: Sailortown* (London: Palgrave Macmillan, 2016), p. 13.

22 参见1875年7月9日的医生笔记，JSS IV 2/4a；*NCH*, 21 November 1890, p. 641。

23 *NCH*, 24 May 1873, pp. 458–60; Stephen Davies, *Strong to Save: Maritime Mission in Hong Kong from Whampoa Reach to the Mariners'Club* (Hong Kong: City University of Hong Kong Press, 2017).

24 *NCH*, 1 July 1879, pp. 19–20.

25 弗兰克·H.戴维斯信件：1904年12月23日，1907年8月8日，1905年12月4日：NLW，戴维斯信件。

26 *NCH*, 21 August 1903, pp. 371–2, 375, 及 28 August 1903, p. 452。

27 *NCH*, 24 October 1884, p. 439; *Hongkong Telegraph*, 7 September 1892, p. 3; *NCH*, 1 April 1910, pp. 44–5, 8 April 1910, pp. 98–100; David Martin, probate, TNA: FO917/1265.

注 释

28 戴维斯致格林, 1908年12月3日: NLW, 戴维斯信件。1919年, 他在伦敦娶了一位在香港出生的拍卖商的女儿, 但他从未在岸上工作过。

29 J.S.施怀雅致弗雷德里克·加姆威尔, 1878年2月11日: JSS I 2/2; 威廉·朗致J.S.施怀雅, 1881年6月24日: JSS I 2/16。

30 Louis Ha, 'The Sunday Rest issue in Nineteenth Century Hong Kong', in Lee Pui-tak (ed.), *Colonial Hong Kong and Modern China* (Hong Kong: Hong Kong University Press, 2005), pp. 57–68; *Report of the Committee of the Hongkong General Chamber of Commerce for the year Ending 31st December 1890* (Hongkong: Noronha, 1891), pp. 27, 49–57; Davies to Gwen, 5 April 1905: NLW, 戴维斯信件。

31 *NCH*, 4 January 1877, p. 12.

32 *NCH*, 23 March 1888, pp. 341–2.

33 *Hongkong Daily Press*, 27 October 1891; *Hongkong Telegraph*, 30 January 1891.

34 Reinhardt, *Navigating Semi-Colonialism*, pp. 152–4.

35 沃瑞克致太古洋行, 上海, 1874年5月15日: JSS I 2/15。船票也可能是伪造的: 1880年, 某中国商铺掌柜在上海被关进了监狱, 因为他被认为与中国轮船公司的职员合谋, 为太古轮船公司的轮船发行假船票: *NCH*, 18 September 1880, p. 275。

36 *Shanghai*: *Shenbao*, 14 October 1878, 18 October 1878; *Kweiyang*: *Shenbao*, 19 February 1897; *Hangchow*: *Shenbao*, 16 July 1899, 30 June 1899; W. Fisher to John Bois, 12 September 1894: JSS II 1/3/3/2; Wright, *Twentieth-Century Impressions*, p. 550.

37 William Spencer Percival, *The Land of the Dragon: My Boating and Shooting Excursions to the Gorges of the Upper Yangtze* (London: Hurst & Blackett, 1889), pp. 32–3.

38 *In the Far East: letters from Geraldine Guinness in China, edited by her sister* (London: Morgan & Scott, 1889), pp. 30–35; James Dow, 'Journal of a Voyage to China, etc.', 23 July 1851（私人收藏）。

39 *China Mail*, 5 July 1888, p. 3; M. Horace Hayes, *Among Men and Horses* (London: T. Fisher Unwin, 1894), pp. 172, 150.

40 *Glengyle*: *NCH*, 25 November 1875, pp. 531–4; *Pakhoi*: J. S. Swire to William Imrie & Co., Box 1087; JSS IV 1/6, Box A17当中的通信; *NCH*, 29 November 1881, pp. 587–8; "芜湖号": 21 February 1883, pp. 211–15; "福州号": *NCH*: 31 August 1883, p. 267; "天津号": *China Mail*, 2 September 1897; "汕头号": *NCH*, 2 March 1888, p. 255, 9 March 1888, pp. 268, 286。

41 "上海号": *NCH*, 2 January 1891, pp. 14–15, 9 January 1891, pp. 43–45, 11 September

1891, p. 342; "宜昌号": 27 November 1891, pp. 752–3; "云南号": *NCH*, 8 January 1892, pp. 20, 23–4, 15 January 1892, pp. 56–7。

42 *NCH*, 3 August 1889, p. 135; 太古集团致博伊斯和麦金托什, 1889年9月24日; J.S.施怀雅致麦金托什, 1889年10月3日; J.S.施怀雅致麦金托什, 1890年1月16日; 博伊斯致J.S.施怀雅, 1889年8月19日: JSS I 2/18。

43 约翰·惠特尔致太古集团, 1890年1月22日: JSS I 2/18。

44 Robert Bickers, 'Infrastructural Globalization: Lighting the China Coast, 1860s–1930s', *The Historical Journal* 56:2 (2013), pp. 431–58; J.S.施怀雅致弗雷德里克·加姆威尔, 1878年5月29日: JSS I 2/2。

45 J.S.施怀雅致埃德温·麦金托什, 1892年1月4日; J.S.施怀雅致埃德温·麦金托什和J.C.博伊斯, 1892年1月29日: JSS I 1/10。

46 J.S.施怀雅致麦金托什和博伊斯, 1891年12月18日: JSS I 1/10。

47 博伊斯致太古集团, 1890年5月16日: JSS I 2/18。

48 *Hongkong Daily Press*, 24 October 1891, *Hongkong Telegraph*, 24–30 October 1891, *passim*.

49 *The Chinese Confessions of Charles Welsh Mason* (London: Grant Richards, 1924), pp. 206–22. 事实上, 这是一艘怡和轮船: *NCH*, 9 October 1891, pp. 503–7。有关这方面的更多信息, 请参阅Catherine Ladds, 'Charles Mason, the "king of China": British imperial adventuring in the late nineteenth century', *Historical Research*, 90 (2017), pp. 567–90。另请参阅Alan R. Sweeten, 'The Mason gunrunning case and the 1891 Yangtze Valley antimissionary disturbances: a diplomatic link', *Bulletin of the Institute of Modern History, Academia Sinica*, iv (1974), pp. 843–80。

50 Swatow No. 3, 31 January 1884: TNA, FO 228/763; *NCH*, 24 August 1883, p. 220; *Maryborough Chronicle*, 24 September 1883, p. 2: *Sydney Morning Herald*, 19 April 1884, p. 12.

51 Falkus, *Blue FunnelLegend*, pp. 37–9; 麦金托什致J.S.施怀雅、朗、斯科特和加姆威尔, 1883年5月4日; 麦金托什致J.S.施怀雅, 1883年7月19日: JSS I 2/3a。

52 James Francis Warren, *Rickshaw Coolie: A People's History of Singapore* (Singapore: National University of Singapore Press, 2003 [1986]), pp. 14–20; A. V. T. Dean, 'Notes on the history of the China Navigation Co. Ltd.', Section III, 1900–1918': JS&SL; A. D. Blue, 'Chinese emigration and the deck passenger trade', *Journal of the Hong Kong Branch of the Royal Asiatic Society*, 10 (1970), pp. 88–9.

53 太古集团致太古洋行香港办事处, 1875年10月29日, 以及太古集团致洛里默马伍德和罗梅公司, 1875年10月29日, 均保存于JSS I 1/4; Marriner and Hyde, *The*

Senior, p. 123。

54　*Morning Bulletin*, 31 October 1884, p. 5, 1 November 1884, p. 3; *North Australian*, 28 November 1884, p. 3; *Sydney Morning Herald*, 15 November 1884, p. 10.

55　关于1888年的危机，参阅Benjamin Mountford, *Britain, China, and Colonial Australia* (Oxford: Oxford University Press, 2016), pp. 116–42, Swire is quoted on p. 142. On the *Changsha*: (Sydney) *Daily Telegraph*, 30 May 1888, p. 5, *Sydney Morning Herald*, 12 June 1888, p. 8, and 7 August 1888, p. 4, *China Mail*, 6 July 1888, *Hongkong Telegraph*, 6 July 1888。警力是通过电报召集的：1891年，公司已经有两部电话。

56　J.S.施怀雅写给埃德温·麦金托什和约翰·博伊斯，1892年8月3日：JSS I 1/10。Profits: Mariner and Hyde, *The Senior*, pp. 82–97。

57　H. B.恩迪科特致J.H.斯科特，1893年10月6日：JSS I 2/7；博伊斯致斯科特，1893年5月11日，附于J.S.施怀雅致威廉·凯西克，1893年6月27日JSS I 1/11。

58　麦金托什致J.S.施怀雅，1890年6月18日：JSS I 2/6。

59　1889年1月4日，J.H.斯科特致J.S.施怀雅，以及本卷中的各种信件：JSS I 2/4；去世：*Celestial Empire*, 11 January 1895, pp. 29, 45。

60　Shanghai No. 45, 2 February 1895, 载于 Shanghai Consulate Despatches, Volume 42, NARA, RG 59。恩迪科特在1891年获得了一张新的美国护照，上面写着他出生在澳门，居住地是波士顿，他的父亲是美国本土公民：Ancestry.com. *U.S. Passport Applications, 1795–1925* [在线数据库]。

61　Falkus, *Blue Funnel Legend*, pp. 114; *The Times*, 14 November 1892, p. 7.

62　'Sole policy advocated by J.S.S. for the O.S.S.', June 1882: JSS XI 1/1. 关于公司的命运，参阅Falkus, *Blue Funnel Legend*, pp. 103–16；另参阅Mariner and Hyde, *The Senior*, pp. 116–21。

63　参阅 'Richard D. Holt: Diary of a voyage to the East'，对苦力贸易的评论：23 January 1892, 14 March 1892: LRO, 920 DUR 14/40。关于这次旅行的讨论，参阅Goldsmith, 'In trade', pp. 52–65。

64　杰克·施怀雅从日本寄出的信件，1886年6月—9月：JS&SL。

65　杰克·施怀雅致玛丽·施怀雅，1905年7月1日，杰克·施怀雅书信集：JSS I 1/9/1。

66　J.S.施怀雅致玛丽·华伦的信，1890年7月25日、8月1日、1894年10月24日：JS&SL。

67　*NCH*, 10 July 1898, p. 34; *Hongkong Telegraph*, 4 July 1898.

68　1888年9月25日至1889年5月10日期间有斯科特的多封来信：JSS I 2/18。

69　*Dundee Advertiser*, 28 July 1891, p. 4; *Dundee Courier*, 20 August 1891; *Shipping*

Gazette and Lloyd's List, 31 July 1889; India: Japan Weekly Mail, 7 March 1891, p. 272, 15 August 1891, p. 198; Japan Weekly Mail, 23 May 1891, pp. 607– 8, and 13 June 1891, p. 689.

70　　Shanghai: NCH, 11 September 1891, p. 342; 瓦丁：J.S.施怀雅致麦金托什和布瓦，1892年1月29日；米切尔：J.S.施怀雅致麦金托什和博伊斯，1891年12月11日：JSS I 1/10; Hongkong Telegraph, 7 July 1892, Hongkong Daily Press, 13 September 1892; J.S.施怀雅致克朗普顿，1892年2月24日：JSS I 1/10; 同洲：NMM, / 07; 达达努斯：Hongkong Telegraph, 25 September 1891; 日本：J.S.施怀雅致玛丽·施怀雅，1891年8月17日：JS&SL。

71　　Japan Weekly Mail, 18 April 1891, p. 452, 25 April 1891, p. 475; Boston Post, 18 August 1891, p. 6.

72　　Halved: Spectator, 9 May 1891, p. 3（这一主张遭到了质疑，但现在旅行还是更快了：NCH, 26 June 1891, p. 791– 2）；Punch, 15 August 1891, p. 78。他们尚未将它们带到中国或日本，尽管根据库克儿子约翰·M.Cook在太古轮船的"清图号"上写的一封信，就在前一年，库克曾试图在后者的国家开设办事处，当时他正在从香港前往澳大利亚的途中：发表于The Times, 4 January 1894, p. 10。

73　　关于作为英国帝国资产的会议系统，请参阅Gregg Huff and Gillian Huff, 'The Shipping Conference system, Empire and Local Protest in Singapore, 1910– 11', Journal of Imperial and Commonwealth History, 46:1 (2018), pp. 69–92。

第八章　新的时代

1　　麦金托什致阿尔弗雷德·霍尔特，1898年12月2日；太古集团致阿尔伯特·克朗普顿，1898年12月5日；太古公司致博伊斯·波特公司（Bois & Poate），1898年12月9日：JII I 1/13。

2　　J.S.施怀雅致玛丽·施怀雅，1898年5月9日，约1898年7月16日：JS&SL。

3　　这一部分参考了《有关J.S.施怀雅逝世的书信集》（Letters on the death of John Samuel Swire）: JSS I 9/2。

4　　J.S.施怀雅致玛丽·施怀雅，1894年5月30日：JS&SL。

5　　J.S.施怀雅致玛丽·华伦，约1881年4月4日—5日：JS&SL。加姆威尔于1896年2月退休并离开合伙人岗位。

注 释

6 *Liverpool Journal of Commerce*, 6 December 1898; *China Mail*, 3 December 1898.

7 *The Field*, 10 December 1898, p. 941; *Leighton Buzzard Observer*, 6 December 1898; *NCH*, 5 December 1898, p. 1036.

8 *Leighton Buzzard Observer*, 2 December 1894, 13 December 1898.

9 Kang: Shanghai No. 59, 27 September 1898: TNA, FO 671/240. 这一节参考了Bickers, *Scramble for China*, pp. 324–36。

10 费舍尔致赖特（Wright），1899年10月10日：JSS II 1/3/3。关于义和团，参阅：Joseph W. Esherick, *The Origins of the Boxer Uprising* (Berkeley: University of California Press, 1987)，以及Paul A. Cohen, *History in Three Keys: The Boxers as Event, Experience, and Myth* (New York: Columbia University Press, 1997)。

11 *NCH*, 9 May 1898, p. 795；费舍尔致赖特，3 July 1900: JSS II 1/3/3；*Western Daily Press*, 25 July 1882, p. 8。

12 有关义和团起义和战争的最佳叙述，参阅Cohen, *History in Three Keys*, pp. 14–56. 有关天津，请参阅：'[William McLeish], *Tientsin Besieged and After the Siege ... A Daily Record of the correspondent of the "North-China Daily News"'* (Shanghai: North China Herald Office, 1900)。费舍尔寄往上海的信见JSS II 1/3/3。

13 引自费舍尔致赖特，1900年6月24日；德璀琳：费舍尔致赖特，1895年3月9日：均保存于JSS II 1/3/3。

14 Customs Commissioner: Second Historical Archives of China, Nanjing, Customs Service Archive [hereafter SHAC], 679(2), 1938, Tientsin Despatch 2380, 20 August 1900.

15 引自费舍尔寄往上海的信："毫无畏惧"：1900年6月5日；"天真"：1900年6月15日；"精疲力竭"：1900年7月3日；"盗贼和恶棍"：1900年6月25日；"员工"：1900年7月15日；"印度人"：1900年7月20日。所有信件均保存于JSS II 1/3/3。酒吧：*Tientsin Besieged*, p. 12。

16 Shengking: *NCH*, 18 July 1900, p. 141；细节来自费舍尔1900年的信件，出处：粮食：1900年8月28日；美国人：1900年9月16日；郑翼之：1900年8月21日，以及道勒（Dowler）致费舍尔，1900年8月25日：JSS II 1/3/3。郑翼之（Zheng Yizhi，通称Yik Kee），是郑观应的一个弟弟。Kang Jin-A, 'Cantonese Networks in East Asia and the Chinese firm Tongshuntai in Korea', *Asian Research Trends, New Series*, 12 (2017), pp. 73–4。

17 韦瑟斯顿致赖特，1900年6月23日；盖里克致赖特，1900年8月23日和27日；贝克（Baker）致赖特，1900年7月31日：JSS II 1/2/1。

18 费舍尔致太古洋行上海办事处，1901年6月12日；以及费舍尔致赖特，1901年6月

	12日：JSS II 1/3/3。费舍尔致A.V.T.迪恩（A.V.T. Dean），1953年9月1日：JSS II 1/3/3。
19	TVC: *Peking & Tientsin Times*, 20, 29 January, 19 February, 5 March 1898, 20 January, 9 February 1899; HVC: *Hongkong Weekly Press*, 15 July 1901, pp. 48–9; 'Report of the Hongkong Volunteer Corps … 1899– 1900', *Hongkong Government Gazette*, 9 June 1900, pp. 931–44; Patrick Hase, *The Six-Day War of 1898: Hong Kong in the Age of Imperialism* (Hong Kong: Hong Kong University Press, 2008).
20	加冕：*Hongkong Telegraph*, 14, 22, 23 May 1902, 30 July, 27 August 1902；*China Mail*, 8 July 1902; *Hongkong Weekly Press*, 14 July 1902, p. 30, 28 July 1902, p. 72, 6 October 1902, pp. 252– 3；命令：*Hongkong Telegraph*, 5 October 1905；入侵：*SCMP*, 10 February 1905, p. 5; Range and gun: *Hongkong Daily Press*, 18 December 1907; *SCMP*, 27 June 1904, p. 2。
21	Hoskins: *SCMP*, 17 November 1908, p. 11：" 她似乎也十分善于使用左轮手枪"；太古集团致W.G.菲斯特（W.G. Feast），1899年1月2日；太古集团致W.W.菲斯特，1899年1月2日：JSS I 1/13。
22	Lena Wånggren, *Gender, Technology and the New Woman* (Edinburgh: Edinburgh University Press, 2017), p. 36; Gregory Anderson, *The White- blouse Revolution: Female Office Workers Since 1870* (Manchester: Manchester University Press, 1988).
23	史密斯致J.H.斯科特，1900年1月27日：JSS I 2/9；J.H.斯科特致史密斯，1900年3月1日：JSS I 1/13。里斯：布莱克员工记事本，条目14：JSS I 7/7/1；伦敦员工总册：JSS I 5/1。
24	Anderson, *Victorian Clerks*, p. 57; Gillian Sutherland, *In Search of the New Woman: Middle-Class Women and Work in Britain 1870–1914* (Cambridge: Cambridge University Press, 2015), p. 99.
25	Anderson, *Victorian Clerks*, pp. 52–60. 女性雇员的细节摘自太古洋行员工档案册154：JS&SL。
26	*SCMP*, 23 January 1908, p. 2, 20 February 1908, p. 2, 5 October 1910, p. 10.
27	麦金托什致J.S.施怀雅，1884年10月14日：JSS I 2/4。
28	费舍尔致赖特，1899年11月30日：JSS II 1/3/3。
29	*SCMP*, 28 March 1917, p. 10; *Hongkong Telegraph*, 3 October 1908.
30	J.S.施怀雅致朗、斯科特和麦金托什，1881年2月11日，以及1881年11月30日：JSS I 1/5。
31	Albert Edwin Griffin, 'Taikoo Dockyard, Hong Kong', *Minutes of the Proceedings of the Institution of Chartered Engineers*, Volume 183 (1911), pp. 252–62; D. R. Law to J.

H. Scott, 29 July 1908: JSS I 2/10.

32　E. R. 庇理罗士（E.R. Belilios）致麦金托什，1899年5月30日，致波特，1899年6月30日：JSS I 2/9。生于加尔各答的埃马努埃尔·拉斐尔·庇理罗士（Emanuel Raphael Belilios）是香港一位有影响力的人物。他是声名显赫的地产主（他拥有Beaconsfield，即柏拱行）和慈善家，渴望同巴特菲尔德与J.S.施怀雅共同发展船坞（他"一直随心所欲地打搅我们"），似乎也通过汇丰银行主席昃臣（Thomas Jackson）爵士与怡和洽谈过他的计划：赫伯特·史密斯致J.H.斯科特，1899年12月21日，葛司会（J.J. Keswick）致昃臣，1900年3月1日：JSS I 2/9。

33　丹比：劳致斯科特，1900年10月20日：JSS I 2/9（丹比的儿子为太古洋行工作）；麦克唐纳：太古集团致波特，1900年11月30日、1901年2月21日、1901年7月12日：JSS I 1/13。有位高级咨询工程师叫亚瑟·保罗·达什伍德（Arthur Paul Dashwood），他后来和作家E. M. 德拉菲尔德（E.M. Delafield）结婚：他和太古的联系从那时起告终，我们可能会为此感到惋惜。

34　太古洋行香港办公室致太古集团，1907年7月17日：JSS I 2/10；未标注日期的简报，可能是1900年3月，附于葛司会致昃臣的信函，1900年3月1日：JSS I 2/9。贪污指控——随身配枪的霍斯金斯小姐的父亲被悄悄调查——似乎未被证实：D.R.劳致J.H.斯科特，1904年3月11日、1905年8月21日以及劳致太古集团，1904年4月18日：JSS I 2/10。

35　*China Mail*, 2 January 1908; James Henry Scott, *A Short Account of the firm of John Swire & Sons* (Letchworth: Privately Printed, 1914).

36　*Directory and Chronicle for China, Japan, Corea ... 1905* (Hong Kong: *Hongkong Daily Press*, 1905) p. 420; *Greenock Telegraph and Clyde Side Shipping Gazette*, 16 January 1909, p. 3.

37　*Hongkong Government Gazette*, 22 August 1891, p. 757, 28 September 1901, p. 1694; 10 May 1905, p. 234.

38　*SCMP*, 4 September 1909, p. 3.

39　'Notes from the South' in *NCH*, 15 May 1900, p. 870, and 19 September 1900, p. 600.

40　暴动：Hongkong Weekly Press, 29 December 1902, p. 494; 23 February 1903, pp. 142–3, 28 February 1903, p. 160；海因斯：SCMP, 19 October 1904, p. 5；20 October 1904, p. 2；罗伊：SCMP, 19 April 1906, p. 2。关于1902年的暴乱，另请参阅：Sheilah E. Hamilton, Watching Over Hong Kong: Private Policing, 1841–1941 (Hong Kong: Hong Kong University Press, 2008), pp. 103–4。

41　调查结果参阅Thomas R. Metcalf, *Imperial Connections: India in the Indian Ocean*

42　1909—1912年造船厂的艰辛可以通过JSS I 2/11的香港通信来追溯。

43　C.C.斯科特致J.H.斯科特，1910年12月22日：JSS I 2/10；Austin Coates, *Whampoa: Ships on the Shore* (Hong Kong: Hongkong and Whampoa Dock Company, 1980), pp. 173– 81, 187–91; Marriner and Hyde, *The Senior*, p. 202。

44　例如涉及客家人"宗族"和"不同的华人阶级"（Hakka 'clans' and 'different classes of Chinese'）之间冲突的报告，见 Hongkong Telegraph, 5 November 1906, 5 February 1909。充分具备：太古洋行香港办事处致伦敦太古集团，1912年4月26日：JSS I 2/11。

45　太古洋行香港办事处致Woo Tong Sam，1909年6月11日：JSS I 2/10。

46　Captain C. V. Lloyd, *From Hongkong to Canton by the Pearl River* (Hongkong: Daily Press Office, 1902), pp. v, 2, 5.

47　证据抄本，'Rex v. C. de Noronha'，enclosure No. 3 in Canton No. 71, 9 December 1908: TNA, FO 228/2255。

48　对事故的报道：*SCMP*, 2, 4, 7 December 1908, p. 7, *Hongkong Daily Press*, 3, 4, 7 December 1908; letter: *Hongkong Telegraph*, 3 December 1903。关于争议的叙述，请参阅Edward J. M. Rhoads, *China's Republican Revolution: The Case of Kwangtung, 1895–1913* (Cambridge, MA: Harvard University Press, 1975), pp. 141– 3，以及Bernard Mellor, *Lugard in Hong Kong: Empires, Education and a Governor at Work, 1907–1912* (Hong Kong: Hong Kong University Press, 1992), pp. 79– 126。

49　Lloyd, *From Hongkong to Canton*, p. ix; Ants: poem by Loong Chow Ng of Fatshan: Enclosure No. 4, in Canton No. 72, 11 December 1908: TNA, FO 228/2255.

50　Canton No. 72, 11 December 1908: TNA, FO 228/2255.

51　参阅Peter Zarrow, 'Felling a dynasty, founding a republic', in Jeffrey N. Wasserstrom (ed.), *The Oxford Illustrated History of Modern China* (Oxford: Oxford University Press, 2016), pp. 90– 117。

52　参阅Guanhua Wang, *In Search of Justice: The 1905–1906 Chinese anti-American Boycott* (Cambridge, MA: Harvard University Press, 2001); Rhoads, *China's Republican Revolution*, pp. 122– 52。

53　D.R.劳致卢押，1909年6月23日，Box 1170；太古洋行香港办事处致H. H. Fox（代理总领事），1909年8月12日，附于 Canton No. 91, 1909年8月14日：TNA, FO 228/2255。

54　*Hongkong Weekly Press*, 21 August 1909, p. 163; 英国官方的愤怒和劳的回应参阅：TNA, FO 228/2255 以及 JSS I 2/10的通信；G.E.莫里森致瓦伦丁·奇罗尔，1909

年9月12日，Hui‑min Lo (ed.), The Correspondence of G. E. Morrison, Volume 2, 1912–1920 (Cambridge: Cambridge University Press, 1978), pp. 523–4。

55 *Hongkong Weekly Press*, 16 August 1909, pp. 131–2, 147–8. 外界很容易认为捐款与"佛山号"有关联，但并不清楚是否该巧合刚好派上了用场，尤其是因为这一举措与抵制活动的要求之间存在很大的距离。虽然在一些中国官员的公开通告中明确提到了这一点，但在公司内部的通信中以及与英国官员的通信中，并没有将其视为问题解决的因素。关于两件事的关联，参阅：Alfred H. Y. Lin, 'The Founding of the University of Hong Kong: British imperial ideas and Chinese practical common sense', in Chan Lau Kit-ching and Peter Cunich (eds), *An Impossible Dream: Hong Kong University from Foundation to Re-establishment, 1910–1950* (Hong Kong: Hong Kong University Press, 2002), pp. 11–13，以及 Bernard Mellor, *Lugard in Hong Kong: Empires, Education and a Governor at Work, 1907–1912* (Hong Kong: Hong Kong University Press, 1992), *passim*。

56 China Association General Committee Minutes, 4 May 1909: SOAS, China Association papers, CHAS/MCP/4；D. R.劳致J.H.斯科特，1909年6月18日：JSS I 2/10。

57 *Hongkong Telegraph*, 2 December 1909.

58 中国南方的招聘计划是Peter Richardson, *Chinese Mine Labour in the Transvaal* (London: Macmillan, 1982), pp. 78–103第二章的主题，引自 p. 93，表格：A2, p. 192。怀疑主义：太古洋行，香港，致蓝烟囱轮船公司，1903年7月3日：JSS I 2/10。

59 D.R.劳致J.H.斯科特，1904年12月24日：JSS I 2/10。

60 D.R.劳致J.H.斯科特，1900年4月24日，以及太古洋行香港办事处致阿尔弗雷德霍尔特公司，1909年4月23日：JSS I 2/10；Falkus, *Blue Funnel Legend*, pp. 49–50。

61 本节参考太古洋行员工册1153和1154：JS&SL。

62 W.波特致太古集团，1902年2月28日，致J.H.斯科特，1902年10月1日；H.W.罗伯逊致太古集团，1905年8月28日：均保存于JSS I 2/10。

63 Lord Charles Beresford, *The Break-up of China: with an account of its present commerce ...* (London: Harper, 1899), p. 457.

64 太古集团致太古洋行香港办事处和上海办事处，1904年4月21日，1904年5月5日：JSS II 7/4/1。

65 *Liverpool Echo*, 28 June 1916, p. 5.

第九章　中国市场

1　*Hongkong Daily Press*, 21 January 1914.

2　J.H.斯科特致F. W.巴特菲尔德，1911年5月29日：JSS I 1/15；Marriner and Hyde, *The Senior*, pp. 198–201。

3　*China Mail*, 9 July 1914；太古集团致H.W.罗伯逊，1912年6月3日；太古集团致H.W.罗伯逊，1906年6月3日和17日：JSS I 1/15。

4　Henrietta Harrison, *The Making of the Republican Citizen: Political Ceremonies and Symbols in China 1911–1929* (Oxford: Oxford University Press, 2000).

5　引自杰克·施怀雅致E.F.麦凯，1911年11月10日：JSS I 1/15。

6　对这场冲突精辟而深刻的海事史论述参见：Michael Miller, *Europe and the Maritime World: A Twentieth Century History* (Cambridge: Cambridge University Press, 2012), pp. 213–44。更详细的英国经验调查可参阅官方史书卷册：Sir Archibald Hurd, *The Merchant Navy* (3 volumes, London: John Murray, 1921–9); C. Ernest Fayle, *Seaborne Trade* (3 volumes, London: John Murray, 1920–24)，以及J. A. Salter, *Allied Shipping Control: An Experiment in InternationalAdministration* (Oxford: Clarendon Press, 1921)。

7　Miller, *Europe and theMaritime World*, p. 223; Salter, *Allied Shipping Control*, pp. 73–5。伦敦信件中的许多轻蔑均出自华伦·施怀雅。

8　E.F.麦凯致太古公司，1914年10月30日；太古集团致太古洋行香港办事处，1914年10月30日：JSS I 4/4/1；Lothar Deeg, *Kunst andAlbers Vladivostok: The History of a German Trading Company in the Russian Far East 1864–1924* (Vladivostok: Far Eastern Federal University Press, 2012), pp. 283–98。乔治·费策尔（George Faitzer）是在符拉迪沃斯托克担任助理和翻译的人之一，他于1918年辞职，为美国红十字会在该市担任工作摄影师。费策尔后来在美国的摄影肖像作品可以在包括国会图书馆在内的各大博物馆和档案馆收藏中找到。

9　G.K.纳托尔致太古公司，1914年10月1日：JSS I 4/4/1。

10　杰克·施怀雅致玛丽·施怀雅（1905年6月27日）：JSS I 1/9/1。截至1914年12月31日，杰克和华伦·施怀雅各持有1666股。吉姆·斯科特的儿子科林·C.斯科特持有418股，杰克、科林和约翰·莱斯利·亨特，作为吉姆·斯科特遗产的执行人，持有1250股：附于太古集团致太古洋行上海办事处信函，1915年4月9日：JSS I 4/4/2。

11　1905年6月27日，杰克·施怀雅致玛丽·施怀雅；施约克致华伦·施怀雅，1911年

注 释

12月11日：均保存于JSS I 1/9/1。

12　杰克·施怀雅致玛丽·施怀雅，1905年6月29日：JSS I 1/9/1；华伦加入合伙关系的消息直到当年才公开：*SCMP*, 29 July 1905, p. 1。

13　争端的详细记录似乎已不复存在，但在公司律师为1908年11月至1909年8月准备的指控日历中，麦金托什的信被记录为1909年4月15日收到：JSS I 8/8；斯科特：太古洋行员工记录册154：JS&SL。

14　杰克·施怀雅致威廉·施怀雅，1906年12月4日；大学：引自Charles Drage, Taikoo (London: Constable, 1970), p. 114；施约克致J.H.斯科特，1909年2月5日和19日：JSS I 1/9/1；争端的过程可以在JSS I 8/8的详细指控日历中跟踪；"操纵"和审计：报告可能是道勒所写，保存于JSS I 8/8/2。令人费解的条款：J.阿什顿·克罗斯，《意见》（"Opinion"），1908年12月22日，附于杰克·施怀雅致J.H.斯科特的信函，1909年1月8日，JSS I 3/1。争论变得相当紧张。杰克·麦金托什1909年没有拿到学位就离开了牛津大学，作为成人礼，同年晚些时候开始了环球旅行。当他和妹妹抵达香港，要求参观造船厂和糖厂时，伦敦根据法律建议指示香港"不再礼貌接待……不要提供任何信息"：见D.R.劳致太古公司，1909年12月11日：JSS I 2/10。

15　杰克·施怀雅致J.H.斯科特，1911年9月4日：JSS I 1/9/1。

16　洛里默斯破产后，太古集团抽出了在利物浦波特商店的利益。J.S.施怀雅将他的权益交给了珀西·奥布莱恩，此后该公司长期经营：Marriner and Hyde, *The Senior*, p. 56。

17　杰克·施怀雅致华伦·施怀雅，1904年6月1日：JSS I 1/9/1。

18　杰克·施怀雅致罗勒斯·比德尔，1902年12月15日：JSS I 1/9/1。

19　太古集团伦敦总部至太古洋行上海办事处和香港办事处，1917年5月14日：JSS I 4/4/3。

20　F.H.戴维斯的信，1914年8月5日，NLW。

21　A. V. T. 迪恩，'Notes on C. N. Co. History Section III: 1900–1918'：JSS/11/2/8, JS&SL；税收：太古集团致E. F. 麦恺和G. T. 埃德金斯，1916年12月22日：JSS I 4/4/2；盈利：W.C.安德森引用自Paul Ward, Red Flag and Union Jack: Englishness, Patriotism, and the British Left, 1881–1924 (Woodbridge: Boydell & Brewer, 1998), p. 135；船东：Margaret Morris, 'In search of the profiteer', in Chris Wrigley and John Shepherd (eds), On the Move: Essays in Labour and Transport History Presented to Philip Bagwell (London: A. & C. Black, 1991), p. 188。征用：Salter, Allied Shipping Control, pp. 70–75；prioritisation: Fayle, Seaborne Trade, iii, pp. 120–23。事实上，总体而言，佃农获利最大，他的儿子也不太可能参战：Adrian Gregory, The Last

22   Blue Funnel: Falkus, Blue Funnel Legend, pp. 155–70；太古集团致太古洋行，1917年5月11日（海岸征用），太古洋行香港办事处致太古集团，1917年6月5日（不景气的时间），太古集团致太古洋行，1918年2月1日（华伦·施怀雅）；监禁：太古洋行香港办事处致太古集团，1917年3月14日，均保存于JSS I 4/4/3; SCMP, 15 March 1917, p. 3。

23   1916年11月21日，太古洋行香港办事处致伦敦太古集团：JSS I 4/4/2；太古洋行香港办事处致太古集团伦敦总部，1918年10月17日：JSS I 4/4/3；埃文斯死于此：SCMP, 8 April 1918, p. 2。关于蓝烟囱运输的一篇报道，参阅：Daryl Klein, With the Chinks! (London: John Lane The Bodley Head, 1919)。关于劳工军团新兵的运送，参阅Xu Guoqi, Strangers on the Western Front: Chinese Workers and the Great War (Cambridge, MA: Harvard University Press, 2014), pp. 52–3。1920年，符拉迪沃斯托克分部参与组织运送捷克军团部队横渡太平洋的"蓝烟囱"行动，这是盟军撤离约6万名前战俘的一部分，这些战俘在内战期间一路穿越俄罗斯：参阅太古洋行香港办事处致太古集团，1920年7月10日，附件R. D. 霍尔特致W. T. 佩恩，1920年5月7日：JSS I 4/4/4。

24   SCMP, 28 May 1915, p. 7; Shanghai Times, 6 June 1916, p. 8; 'Arthur B.–W.' [Brooke-Webb], 'With H.M.S. Triumph at Tsingtau', Blackwood's Magazine (May 1916), pp. 577–94。加入前，布鲁克·韦伯曾在浚浦局工作。詹姆斯在沉船事件后回到了太古轮船公司的船队，服役30年，于1936年退休。布莱基在复员后也没有返回。兰顿·琼斯留在皇家海军，在日德兰半岛参加过战斗，后来成为中国舰队炮艇指挥官，1929年成为百慕大灯塔督察：SCMP, 23 May 1936, p. 9; The Times, 2 September 1929, p. 17。

25   贝尔：杰克·施怀雅致E.F.麦凯，1914年11月13日：JSS I 4/4/1；贝尔：约翰·亚历山大：TNA, WO 364/211；杰克·施怀雅致科林·斯科特，1914年8月23日，杰克·施怀雅致E.F.麦凯，1914年11月27日：JSS I 1/9/1。

26   J. K.施怀雅致艾米丽·施怀雅，1914年8月13日，1914年11月17日，J. K.施怀雅致杰克·施怀雅，1914年12月7日：J. K.施怀雅书信集，1914年：JS&SL。

27   参阅：Robert Bickers, Getting Stuck in for Shanghai, or, Putting the Kibosh on the Kaiser from the Bund (Sydney: Penguin China, 2014), and Sara Shipway, 'The Limits of Informal Empire: Britain's economic war in Shanghai, 1914–1919'（未发表的博士论文，布里斯托尔大学，2018年）。

28   杰克·施怀雅致E.F.麦凯，1914年11月13日。杰克·施怀雅书信集，1914年：

JS&SL，杰克·施怀雅致科林·斯科特，1914年8月28日。JSS I 4/4/1。

29　资料整理自太古洋行员工记录册153和154：JS&SL，以及伦敦工作人员分类账，1904–1933。JSS I 5/1。

30　"四川号"：参阅The Register of the HongkongMemorial Commemorating the Chinese of the Merchant Navy and others in British Service who died in the Great War and whose graves are not known (London: Imperial War Graves Commission, 1931), pp. 22–3，以及'Torpedoing ofSS "Szechuen"。Court of Enquiry'，TNA, ADM 137/3583；"张家口号"：North China Herald, 16 March 1918, p. 622, 'Loss of s.s. KALGAN'，TNA, ADM 137/3580；"岳州号"：Shanghai Times, 23 March 1918, p. 7；"安徽号"：North China Herald, 31 August 1918, p. 523, and 'Loss of S.S. Anhui'，TNA, ADM 137/3587。1914–1918年间，英国海军和商船总共至少有945名中国海员丧生。在R.H.劳埃德上尉与"张家口号"失踪四天后，他的妻子在上海一家医院生下了一个孩子：NCH, 30 March 1918, p. 797。

31　*SCMP*, 29 August 1934, p. 9.

32　乔斯兰：NCH, 29 January 1916, pp. 257–8, 5 February 1916, pp. 318–19; *SCMP*, 2 October 1917, p. 3；理查森：TNA, WO 339/49497。

33　*SCMP*, 25 March 1923, p. 10.

34　他似乎很幸运没有被送上军事法庭。要了解他的战争经历，请参阅他在中东写给约翰·施怀雅和科林·斯科特的信，保存于JSS I 3/5。

35　NCH, 12 June 1915, pp. 799–802, 26 June 1915, pp. 953–4. 此人后来的军队记录表明，请求减刑完全是错误的。其中一份文件有两句评论："讨厌鬼"，"冷酷无情的家伙，每次释放都会造成伤害"。该文件详细描述了1917—1918年此人在机枪兵团担任中尉时的平庸表现：参见文件TNA, WO 359/92005。陆军对他在上海的越轨行为并不知情。

36　太古集团致G.T.埃德金斯和E.F.麦凯，1915年10月1日。JSS I 4/4/2。

37　太古洋行致香港办事处和太古集团，1915年11月4日：JSS II 7月4日，22日。

38　*SCMP*: 11 July 1918, pp. 6, 10; 20 July 1918, p. 11；27 July 1918, pp. 10–1；上诉：*SCMP*, 26 July 1918, pp. 10–11。三人中的一人在第二次上诉中被宽恕：*SCMP*, 13 August 1918, p. 10。

39　'Hongkong Letter'，*NCH*, 17 August 1918, p. 393; May: G. R. Sayer, *Hong Kong 1862–1919* (Hong Kong: Hong Kong University Press, 1975), p. 123.

40　Kemp, *Concise History*, p. 80.

41　F.H.戴维斯给格林戴维斯，1908年12月3日，NLW，戴维斯信件。

42　戴维斯：太古集团致太古洋行上海和香港办事处，1911年7月14日：JSS I 1/15；

弗兰克·H.戴维斯致母亲，1913年2月21日：NLW，戴维斯信件；香港大学："J.H.F"，载于SCMP, 7 December 1912, p. 7。

43 辞职：杰克·施怀雅致E. F. 麦凯，1912年1月29日；斯堪的纳维亚人：太古集团致E. F. 麦凯，1912年8月2日：均为JSS I 1/9/1；以及弗兰克·H.戴维斯致格林·戴维斯，1915年12月17日，NLW；太古集团致G. T.埃德斯金，1913年7月25日，JSS I 1/9/1。1911—1913年的纠纷可参阅：JSS I 1/15。

44 *SCMP*, 16 December 1913, p. 3.

45 戴维斯书信集，1913年2月21日。NLW，戴维斯书信集；罢工过程和太古管理层对要求的不断屈服，可以参阅太古集团致太古洋行上海办事处的信函，1916年5月12日和19日。JSS I 1/15；*Shanghai Times*, 24 April 1916, p. 7。

46 弗兰克·H. 戴维斯的信，1916年4月3日和4月14日。NLW, 戴维斯书信集. 戴维斯一直待在中国，直到1937年他因健康状况不佳而撤离。在任职的35年里，他为所有三家大公司工作过，也为一些小公司工作过。

47 'Manifest', *NCH*, 22 June 1912, p. 858; Book-keeper, 'A Clerks' Protection Society', *NCH*, 30 December 911, p. 879.

48 沃尔特·费舍尔赖特，1900年9月14日：JSS II 1/3/3。

49 除了下面提到的其他资料外，本节特别引用S. Sugiyama, 'Marketing and Competition in China, 1895–1932: The Taikoo Sugar Refinery', 载于Linda Grover and Sinya Sugiyama (eds), *Commercial Networks in EastAsia* (London: Routledge, 2001), pp. 140–58。

50 D.R.劳致太古公司，1904年1月26日：JSS I 2/10；横滨的经济损失是巨大的，但更强烈的感受是对这种幼稚简单欺骗的宣传可能造成的声誉损害：太古集团致太古洋行香港办事处，1900年5月18日，7月12日：JSS I 1/13；太古洋行香港办事处致太古集团，1900年8月17日：JSS I 2/9；太古集团致太古洋行办事处，1918年7月12日：JSS I 4/4/3。来自"国内销售组织"的指示（Instructions from 'Up-country Selling Organisation'），1929年6月30日，JSS V 6/3。

51 J. C. Fraser, 'Hupeh and Hunan per Luhan railway', 23 January 1905, Shanghai Academy of Social Sciences, Institute of Economics, Resource Centre for China Business History: Butterfield & Swire Archive Extracts [以下简称SASS], 02–008（京汉线原称庐汉线）；关于这条铁路发展的当代记录，以及对其潜力的看法，参阅Percy Horace Kent, Railway Enterprise in China: An Account of its Origin and Development (London: Edward Arnold, 1907), pp. 96–108。

52 太古洋行新庄致太古洋行香港办事处，1908年6月4日：SASS 01–008。

53 'Up-country Selling Organisation', 30 June 1929: JSS V 6/3；太古洋行新庄致太古

洋行香港办事处，1908年6月4日：SASS 01-008。

54　J.H.斯科特致H. W.罗伯逊，1910年12月2日，太古集团致太古洋行香港办事处，1914年7月3日：JSS I 1/15 SP。

55　详情摘自太古洋行第154、155号员工册和太古洋行第4号员工册，1924年：JS&SL。

56　1918年2月1日，太古洋行上海办事处向太古集团提出申请。JSS I 4/4/3。罗宾逊辞职参战，公司认为他"不值得继续保持他的合同"。他于1915年在东非被杀。太古洋行员工册第155号，JS&SL。

57　Gordon Campbell, 'Recollections of some aspects of earning a living in China between the wars'，私人收藏。

58　参考John Crompton's: The Hunting Wasp (London: Collins, 1948), p. 80, 109– 12; The Snake (London: Faber & Faber, 1963), p. 27; The Spider (London: Collins, 1950), p. 230; Ways of the Ant (London: Collins, 1954), p. 214. 兰伯恩——他的全名是约翰·巴特比·克朗普顿·兰伯恩（John Battersby Crompton Lamburn）——也出版了很多小说。他大量的笔记和日记在20世纪30年代的一场大火中被毁。

59　A. V. T. Dean, 'Around China with the Sugar men', Swire News (December 1975), p. 7; NCH, 14 June 1924, p. 408. 另见克里斯托弗·库克对前太古员工的采访摘录，出版为The Lion and the Dragon: British Voices from the China Coast (London: Elm Tree Books, 1985), pp. 35–48。两年后，约翰·巴顿离开公司，转而在英属马来西亚管理一个榴梿种植园。有些人可能更喜欢土匪。

60　关于英美烟草公司和标准石油公司，参阅Sherman Cochran, *Encountering Chinese Networks: Western, Japanese, and Chinese Corporations in China, 1880–1937* (Berkeley: University of California Press, 2000), pp. 12–69。

61　太古洋行上海办事处致太古集团，1918年2月1日：JSS I 4/4/3。

62　Sample 'Preliminary Report' form, in 'Up-country Selling Organisation', 30 June 1929: JSS V 6/3.

63　20世纪80年代，上海社会科学院（Shanghai Academy of Social Sciences）的历史学家从太古洋行上海办事处的记录中选取了一些文件的副本，这些文件目前保存在上海社会科学院经济研究所的商业历史材料中心。这些材料的引用可参见张仲礼、陈增年、姚新荣编著的《太古集团在旧中国》（上海：上海人民出版社，1991年）。原稿当时藏于上海港务局档案馆，但目前下落不明。丹比：《1906年5月1日举行的钱江市议会特别会议上的动议》（Motion at Special Meeting of the Chinkiang Municipal Council held on 1st May 1906），附在丹比和刘易斯·H.坦普林致B.G. 图尔的信函中，1906年5月1日：SASS, 02- 003；J.H.斯科特致耆克锡，

	1904年7月8日：SASS, 02–007；Reinhardt, *Navigating Semi-Colonialism*, p. 119。
64	C. F. Remer, *Foreign Investments in China* (New York: Macmillan, 1933), pp. 423, 425, 469.
65	Reinhardt, *Navigating Semi-Colonialism*, pp. 115– 25.
66	Warren Swire letters to Edith Warren, 20 December 1919– 2 May 1920: JS&SL; Falkus, *Blue Funnel Legend*, pp. 185– 6.
67	修订的条款和条件。太古集团致太古洋行，1920年10月23日。JSS I 4/4/4。关于女性的工资有一个警告："如果要提出任何关于国内协议男员工工资标准是否充分的问题，请参考我们。"
68	华伦·施怀雅致伊迪丝·华伦，1924年2月26日：JS&SL。
69	在"中国历史照片"（https://www.hpcbristol.net）平台上，可以找到近2000张太古的照片。

第十章　构建桥梁

1	关于民族产品运动，本章参考了Karl Gerth, *China Made: Consumer Culture and the Creation of the Nation* (Cambridge, MA: Harvard University Asia Center, 2003)；经典案例研究可参阅Sherman Cochran, *Big Business in China: Sino-Foreign Rivalry in the Cigarette Industry, 1890–1930* (Cambridge, MA: Harvard University Press, 1980)；在本章中，我参考了本人的著作*Britain in China: Community, Culture, and Colonialism, 1900–49* (Manchester: Manchester University Press, 1999) 以及*Out of China*。
2	参见the essays in Sherman Cochran (ed.), *InventingNanjingRoad: Commercial Culture in Shanghai, 1900–1945* (Ithaca: Cornell East Asia Program, 1999)。
3	Dikötter, *Things Modern*, pp. 177– 82. 有关公司是纽约标准石油公司和亚洲石油公司：有关SOCONY（美孚石油公司），参见Sherman Cochran, *Encountering Chinese Networks: Western, Japanese, and Chinese Corporations in China, 1880–1937* (Berkeley: University of California Press, 2000), pp. 12–43；Frans-Paul van der Putten, *Corporate Behaviour and Political Risk: Dutch Companies in China 1903–1941* (Leiden: Research School of Asian, African and Amerindian Studies, Leiden University, 2001), pp. 64– 150。

注 释

4 参阅Virgil Kit-yiu Ho, *Understanding Canton: Rethinking Popular Culture in Republican Period* (Oxford: Oxford University Press, 2005), 尤其是第2章, 'The Limits of Hatred: Popular Cantonese Attitudes Towards the West in the 1920s and the Early 1930s', pp. 49–94; novel: Mao Dun, *Midnight* [Ziye] (1933); 诗人: Xu Zhimo's, 'Leaving Cambridge' [1928]。

5 Robert Bickers, 'British Concessions and Chinese Cities, 1910s– 1930s', in Billy K. L. So and Madeleine Zelin (eds), *New Narratives of Urban Space in Republican Chinese Cities: Emerging Social, Legal and Governance Orders* (Leiden: Brill, 2013), pp. 157–96. 。以下部分 摘自《厦门租界与定居点档案108E》(Dossier 108E Concessions and Settlements Amoy) 北京公使馆通信档案中的大量文件, 卷1 和卷2: TNA, FO 228/3181以及 FO 228/3182。

6 参阅Guanhua Wang, *In Search of Justice: The 1905–1906 Chinese Anti- American Boycott* (Cambridge, MA: Harvard University Asia Center, 2001); C. F. Remer, *A Study of Chinese Boycotts with Special Reference to Their Economic Effectiveness* (Baltimore: Johns Hopkins Press, 1933)。

7 《生计: 太古集团致太古洋行上海办事处》, 1921年11月17日, 载于太古洋行上海办事处致弗雷泽领事信函, 1921年12月27日, 附于弗雷泽致阿尔斯通, 1922年2月26日: TNA, FO 228/3182; 用作武器: 太古集团致外交部, 1922年2月2日, 附于外交部致奥尔斯顿, 1922年2月16日: TNA, FO 228/3182。

8 引自*Fujian ribao* 10 June 1921, 附于Amoy No. 32, 17 June 1921: TNA, FO 228/3181。

9 麦凯致太古集团, 1922年3月24日: JSS I 4/4/5。

10 本节参考Ming Chan, 'Labor and Empire: The Chinese Labor Movement in the Canton Delta, 1895– 1927 (Stanford University: Unpublished PhD thesis, 1975), pp. 268– 307; Chan Lau Kit-ching, *China, Britain and Hong Kong, 1895–1945* (Hong Kong: Chinese University Press, 1990), pp. 169–76; John M. Carroll, *Edge of Empires: Chinese Elites and British Colonials in Hong Kong* (Cambridge, MA: Harvard University Press, 2005), pp. 131– 59。

11 *SCMP*, 12 July 1913, p. 10.

12 *SCMP*, 4 March 1922, p. 14.

13 *SCMP*, 25 February 1922, p. 3, 22 March 1922, p. 8; 太古洋行香港办事处致太古集团, 1922年3月10日: JSS I 4/4/5。

14 详细名单载于*SCMP*, 10 March 1922, p. 7: 据估计, 有12万男女参加罢工, 相当于该地所有华人人口的五分之一。

15　　*SCMP*, 4 March 1922, p. 7.

16　　*SCMP*, 7 March 1922.

17　　罢工后的报告见太古洋行香港办事处致太古集团，1922年3月10日，太古集团致G.T.埃德金斯，1922年4月27日，以及太古洋行香港办事处致太古集团，1922年5月30日：JSS I 4/4/5。

18　　上海罢工：参阅Shanghai Municipal Police, Special Branch, file IO 4652, 'Shanghai Seamen's Union, 1922– 24': NARA, RG 263; Alan Hilton-Johnson, 'Confidential Report', 26 March 1922, 附于太古洋行上海办事处致太古集团，1922年5月5日：JSS I 4/4/5。

19　　Arthur Ransome, *The Chinese Puzzle* (London: George Allen & Unwin, 1927), p. 30.

20　　*SCMP*, 13 June 1925, p. 11; *Shenbao*, 16 June 1925, p. 5; *China Press*, 2 August 1925, p. 3; H. Owen Chapman, *The Chinese Revolution 1926-27: A Record of the Period under Communist Control as Seen from the Nationalist Capital, Hankow* (London: Constable, 1928), pp. 14– 15, 另参阅Peking No. 446, 5 July 1925及附件 F3915/134/10: TNA, FO 371/10946。

21　　*NCH*, 18 September 1926, pp. 529– 37; Peter Gaffney Clark, 'Britain and the Chinese Revolution, 1925– 1927' (University of California, Berkeley: Unpublished PhD thesis, 1973), pp. 234–76；约翰·马森致T. H. R. 肖，1926年9月12日：JSS III 15/2/2。这个档案里有很多关于这起事件的资料。

22　　'Copy of Captain Bates' Report on S.S. "Wantung"': JSS III 15/2/2。煽动性的媒体报道说他在水中被射杀。华伦·施怀雅致蓝普森爵士，1927年1月18日。JSS I 4/3/4；*NCH*, 9 October 1926, p. 65。河流下游的传教士报告说，他的尸体已经被发现并埋葬。A.P.布朗特致马森，1926年9月16日：JSS III 15/2/2。

23　　TSR Minute Book, 45th Ordinary General Meeting, 31 May 1926: JSS V 7/1.

24　　引用自Robert Bickers, 'Changing British attitudes to China and the Chinese, 1928– 1931 (University of London: Unpublished PhD thesis, 1992), p. 181。

25　　*China Navigation Company: A History*, p. 141.

26　　G. M. 杨致太古集团，1927年3月25日：JSS I 4/4/7。

27　　兰伯恩的书《挤压：一个中国的故事》(Squeeze: A Tale of China, London: John Murray, 1935) 在他离开公司后出版（以姓氏兰伯恩为名），作为主角登场的明显是一家与太古洋行不同，且比太古洋行大得多的公司——雇主"约翰·迪普卡（香港）有限公司"，但明显是以他的前雇主为基础创作出来的。

28　　太古集团，致G. M. 杨和T. H. R. 肖，1925年10月23日：JSS I 4/4/6。

29　　Donald W. Klein and Anne B. Clark, *Biographical Dictionary of Chinese Communism*,

注 释

1921–1965 (Cambridge, MA: Harvard University Press, 1971), Volume 2, pp. 654– 5.

30　参阅J. W. Robertson, 'Refinery Labour', March 1927，载于G. M. 杨致太古集团，1927年3月25日；关于船坞见G.M.杨致太古集团，1927年1月14日，均保存于：JSS I 4/4/7。关于民国时期中国的劳工组织，参阅Jean Chesneaux, The Chinese Labor Movement; Gail Hershatter, The Workers of Tianjin, 1900–1949 (Stanford: Stanford University Press, 1986); Emily Honig, Sisters and Strangers: Women in the Shanghai Cotton Mills, 1919–1949 (Stanford: Stanford University Press, 1986)。

31　《太古轮船公司：太古集团致太古洋行香港和上海办事处》，1927年10月31日：JSS I 4/4/6；*SCMP*, 12 July 1913, p. 10。

32　罗伯茨报告，"中国员工"；婚礼：准确地说，他们向新郎和新娘鞠躬：Tom Lindsay 'No Mountains: Life and Work in Taikoo (Butterfield & Swire) from March 1933 to February 1949'（未出版的手稿），Chapter 9: JS&SL。关于黑帮和上海码头工人，参阅Elizabeth J. Perry, Shanghai on Strike: The Politics of Chinese Labor (Stanford: Stanford University Press, 1993), pp. 53–4；S. A. Smith, Like Cattle and Horses: Nationalism and Labor in Shanghai, 1895–1927 (Durham, NC: Duke University Press, 2002), pp. 175–6。关于青帮，参阅Brian G. Martin, The Shanghai Green Gang: Politics and Organised Crime, 1919–1937 (Berkeley: University of California Press, 1996)。

33　Chihyun Chang, *Government, Imperialism and Nationalism in China: The Maritime Customs Service and its Chinese Staff* (London: Routledge, 2013), pp. 41–61.

34　W. E. Kirby, Secretary, China Coast Officers' Guild, 'C.N.Co', 5 October 1926, 附于太古洋行上海办事处致太古集团信函，1927年3月11日：JSS I 4/4日—7日。

35　太古集团致太古洋行香港办事处，1926年6月18日；T.H.R.肖，上海，致太古集团，1927年1月6日，均保存于JSS I 4/4/7。

36　详见JSS I 4/4/6和JSS I 4/4/7中与中国办事处等的往来信函。

37　1927年9月23日，太古集团致太古洋行上海办事处的信函提到了一本关于"工程委员会"的小册子，以及《铁路评论》和《泰晤士报》关于铁路公司员工关系创新的剪报：JSS I 4/4/7。

38　系统：C. C. Roberts, 'Chinese Staff', April 1934: JSS II 7/1/4/1 [以下简称罗伯茨的报告]；陈可良于1919年8月去世，时年89岁：*NCH*, 6 September 1919, p. 615；*Shenbao*, 22 September 1919, p. 11；莫氏葬礼：*SCMP*, 10 September 1917, p. 2；宫殿与欺诈：Mok Ying Kwai, 'Yingshang Taigu Yanghang zai Huanan de yewu huodong yu Mo shi jiazu' (The British firm Butterfield & Swire's commercial activities in South China and the Mok family) [1965] *Wenshi ziliao xuanji*, No. 114

-513-

(1988), pp. 127–75 [quotation from p. 160]; 审计：N.S.布朗致太古集团，1928年6月27日：SS V 1/3; Howard Cox, Huang Biao and Stuart Metcalfe, 'Compradors, Firm Architecture and the "Reinvention" of British Trading Companies', *Business History*, 45:2 (2003), pp. 22–3。

39　1927年3月21日，太古洋行上海办事处致太古洋行汉口办事处；1927年11月8日和9日、1927年12月9日，太古洋行上海办事处致太古洋行汉口办事处；1927年9月30日，均保存于JSS I 4/4/7；破产：Shenbao, 27 May 1932。魏氏得到第二次机会，但后来潜逃了，其事务处于"完全令人震惊的状态"，并欠下巨额债务：N. S.布朗致J. K.施怀雅，1930年6月13日和24日；J. K.施怀雅致H. W.罗伯逊，1930年5月29日：JSS I 3/6。

40　太古洋行上海办事处致太古洋行办事处，1927年12月20日；太古集团致太古洋行香港办事处，1926年6月18日：JSS I 4/4/7。杨的父亲是太古轮船公司第一位名誉扫地的买办杨贵轩，他在1885年初因诈骗罪受审前就死于肺结核：T. J. Lindsay, 'Biographies', 约1966年：JS&SL。

41　罗伯茨的报告；罗伯茨，员工记录，太古洋行员工登记册（4）：JS&SL。罗伯茨被评为"A.1"级。在早期的评估中他潜力巨大，后来成为伦敦公司的董事（1952—1958年）。

42　太古集团伦敦总部的太古档案馆保存了关于GFA的两个信息来源：（大卫·本特利-泰勒），"乔治·芬德利·安德鲁"（George Findlay Andrew），是一个侄子写的未注明日期的回忆录手稿，以及T.J.林赛未出版的回忆录。与太古公司工作人员的联系可能是通过安德鲁在甘肃发现新石器时代墓葬遗址的开创性工作而首次建立的。上海大班N.S.布朗通过安德鲁建立了广泛而重要的仰韶文化陶器收藏，1948年在苏富比拍卖会上售出：Freer-Sackler Museum, collector biography, 'George Findlay Andrew 1887– 1971 Missionary and Collector', https://www.freersackler.si.edu/wp-content/uploads/2017/09//Andrew-George-Findlay.pdf。

43　华伦·施怀雅致J.S.斯科特，1935年1月3日：JSS I 3/9。

44　汤姆·林赛，"无山：1933年3月至1949年2月在太古的生活和工作岁月"（No Mountains: Life in China and work in Taikoo (Butterfield & Swire) from March 1933 to February 1949），未发表的回忆录：JS&SL。这两卷未发表的回忆录详细而坦率地记录了中国事务部自成立以来的历史。

45　"进一步思考"（Further thoughts'），未注明日期，约1920年，J.K.施怀雅日记：JS&SL；"有关已退任高级职员的计划"（New Scheme for Ex-Officers）, The Times, 23 February 1920, p. 14; "处于失业状态的已退任高级职员"（Unemployed Officers）, The Times, 19 August 1920, p. 12。

注 释

46 J. K.施怀雅接受克里斯托弗·库克采访，1979年2月5日：JS&SL；Timothy Weston, *From Appointments to Careers: A History of the Oxford University Careers Service 1892–1992* (Oxford: Oxford University Careers Service, 1994), pp. 89–90。

47 伦敦员工分类账：JSS I 5/1。

48 Lindsay, 'No Mountains'.关于林赛的职业生涯，请参见其员工记录，太古洋行员工登记册（4）：JS&SL。

49 太古集团致太古洋行上海和香港办事处，1923年12月20日，JSS II 7/4/32；毕业于圣安德鲁大学的玛丽·怀姆斯特就是其中之一，她于1922年首次前往上海，当时只有28岁。玛丽先是在上海办事处工作，然后在香港办事处工作；1935年，汇率下跌导致她失去这份工作。她"一直把自己的标准保持在二流寄宿家庭的水平上，我认为这种水平不会太高"。华伦·施怀雅致约翰·斯科特，1936年4月3日：JSS I 3/9。

50 J.S.斯科特致太古公司，1936年5月7日；JSS I 3/9。维姆斯特的职业生涯可以通过员工信件簿7、8、9和12，以及她在第48号文件中的辞呈进行追踪：均保存于JSS II 7/4/48。

51 太古集团致太古洋行，1927年1月20日；1927年2月26日太古洋行香港办事处和1927年3月27日太古洋行上海办事处给太古集团的回信：JSS II 2/6。英美烟草公司建立了电影制作部门，以便进行产品的营销和销售。虽然该公司发现这是一种有用的外交工具，但过于昂贵，因此该部门被关闭。Harold Cox, *The Global Cigarette: Origins and Evolution of British American Tobacco, 1880–1945* (Oxford: Oxford University Press, 2000), p. 162; Yingjin Zhang, *Chinese National Cinema* (London: Routledge, 204), pp. 72–3。

52 G. W. 施怀雅致伊迪丝·华伦，1929年2月9日：JS&SL；C. C. 斯科特致G. W. 施怀雅，1931年10月16日：JSS I 3/7。有关怀特，参阅我本人的*Britain in China*, p. 38。

53 本节参考了TSR股东年度会议上的报告：JSS V 7/1，特别是1929—1932年（作为工厂最初融资的一个标志，1929年出席会议的人之一是安东尼娅·玛丽安·加姆威尔，前合伙人弗雷德里克·加姆威尔的女儿之一）。员工："糖厂员工"，Box 178：JS&SL。

54 这也引发了关于如何适当安置他们的问题——不像欧洲员工，但也不像中国工人一样安置——以及教育他们区别对待自己与糖厂大批中国员工的地位。

55 工厂：H. W. 罗伯逊致C. C. 斯科特，1928年3月16日：JSS I 3/6；广告：Shenbao, 15 January 1929, p. 16; SCMP, 19 April 1929, p. 7; details of the winding up o关于CSR清算的细节，参阅：*SCMP*, 19 May 1928, p. 16, 15 May 1929, p. 16 以及 22

- 515 -

	May 1933, p. 18。
56	塔拉提：*SCMP*, 17 May 1933, p. 12, 以及 Wright, ed., *Twentieth-Century Impressions of Hongkong, Shanghai, and Other Treaty Ports of China*, p. 226；达姆里：J. K. 施怀雅致太古集团，1935年2月2日：JSS I 3/9。
57	广告：*Times of India*: 27 October 1932, p. 14; 5 January 1934, p. 14; 27 November 1937, p. 13；指导原则：太古洋行香港办事处致Stronach公司，孟买，1930年5月9日：JSS V 1/5/2。
58	中国文字：G. E.米切尔（孟买）致太古洋行香港办事处，1929年12月14日：JSS V 1/5/1；笑面佛及蓝底：太古洋行香港办事处致太古集团，1930年1月14日：JSS V 1/5/1；G. E.米切尔（孟买）致太古集团，1932年3月31日，JSS V 1/5a；A. R. H.菲利普，太古糖厂致太古集团，1933年3月3日：JSS V 1/8/2；*Punch*, 19 October 1932, p. iv。
59	Böcking, *No Great Wall*, pp. 159–88.
60	Emily M. Hill, *Smokeless Sugar: The Death of a Provincial Bureaucrat and the Construction of China's National Economy* (Vancouver: University of British Columbia Press, 2010), pp. 148–78；科林·C.斯科特致J.S.斯科特，1932年12月16日；糖厂：太古集团至J.S.斯科特，1933年2月17日，均保存于JSS I 3/9；走私：Philip Thai, *China's War on Smuggling: Law, Economic Life, and the Making of the Modern State, 1842–1965* (New York: Columbia University Press, 2018)。
61	J. K. 施怀雅致太古集团，以及 "与宋子文先生谈话笔记"（Notes on Conversation with Mr. T.V. Soong），1935年3月8日，以及 "与宋子文先生的会面及谈话记录"（Minute of Meeting and chat with T.V. Soong），1935年5月9日：JSS I 3/9。

第十一章　灾　难

1	*SCMP*, 30 November 1920, p. 1；*China Press*, 26 January 1938, p. 1；*Nanjing Despatch*, No. 4216, 5 March 1938: SHAC, 679(1), 14875；南京领事致大使馆，1937年11月25日，TNA, FO 676/346。
2	太古洋行汉口和上海办事处，电话会议，1937年11月18日，太古洋行上海办事处致太古集团，1937年11月5日和19日：JSS III 2/21；Graham Torrible, *Yangtze Reminiscences* (Hong Kong: John Swire & Sons, Ltd 1990), pp. 60–61; Suping Lu (ed.),

Terror in Minnie Vautrin's Nanjing: Diaries and correspondence, 1937–38 (Urbana: University of Illinois Press, 2006), pp. 56–64。

3 关于这场冲突的近代研究，参阅Rana Mitter, *China's War with Japan: The Strugglefor Survival* (London: Allen Lane, 2013)。

4 Mitter, *China's War with Japan*, pp. 119–40.

5 Lloyd E. Eastman, 'Facets of an Ambivalent Relationship: Smuggling, Puppets, and Atrocities During the War, 1937– 1945,' in Akira Iriye (ed.), *The Chinese and the Japanese: Essays in Political and Cultural Interactions* (Princeton: Princeton University Press, 1980), pp. 275– 303.

6 Paul van de Meerrsche, *A Life to Treasure: The Authorised Biography of Han Lih-wu* (London: Sherwood Press, 1987), p. 28.

7 *Daily Telegraph*, 21 December 1937, p. 7; 'Skipper of B. & S. Coaster Whangpu tells of rescue', *China Press*, 26 January 1938, p. 1.

8 它对英国在华行动的历史理解浅薄，完全代表了英国对整个事件的理解，而它关于这一事件发生在1900年义和团运动期间的陈述更是暴露了这一点：*Manchester Guardian*, 20 April 1938, p. 8。

9 本节参考了麦肯齐的报告，"1937年12月南京大撤退"（Nanking Evacuation December 1937），1937年12月17日：JSS III 2/21。

10 'Australian's story of attack', *The Herald*, 14 December 1937, p. 24.

11 参阅R.克雷吉爵士（东京）给外交部的第50号备忘录中所附的日本人的解释，1938年2月2日：TNA, FO 371/22049。

12 太古洋行汉口和香港办事处，电话会议，1937年12月6日。JSS III 2/21。

13 Lindsay, 'No Mountains', pp. 230– 31.

14 参阅Bickers, *Out of China*, p. 199.

15 Antony Best, '"That loyal British subject?" : Arthur Edwardes and Anglo– Japanese relations, 1932–41', in J. E. Hoare (ed.), *Britain and Japan: Biographical Portraits*, Volume III (London: Japan Library, 1999), pp. 227– 39.

16 NARA, RG263, SMP D4454, 'Translation of documents seized on February 1 1933, From the offices of the Central Headquarters of the Chinese Communist Youth League …', Exhibit 15, 'Minutes of the Presidium Meeting on February 1, 1933'；有关朱宝廷，参见Zhu see Smith, *Like Cattle, Like Horses*, pp. 100, 139–40, 以及'Zhu Baoting xiao zhuan' (Short biography of Zhu Baoting', in *Shanghai haiyuan gongren yundong shi* (History of the Shanghai seamen's labour movement) (Beijing: Zhonggong dangshi chubanshe, 1991), pp. 311– 17。

17   J. 施怀雅，1927年7月18日，参阅太古集团纪要第二册：JSS I 12/1。

18   *Chelmsford Chronicle*, 28 January 1910, p. 7; *Essex Chronicle*, 26 May 1933, p. 7, 2 June 1933, p. 2; *NCH*, 31 May 1933, p. 335；施雅迪：'John Swire 1861–1933'，未出版笔记：JS&SL。

19   Ramon H. Myers, 'The World Depression and the Chinese Economy 1930–6', 载于 Ian Brown (ed), *The Economies of Africa and Asia in the Inter-War Depression* (London: Routledge, 1989), pp. 257–78；本段及下一段参考了 Ronald Hope, *A New History of British Shipping* (London: John Murray 1990), pp. 357–81；以及 Miller, *Europe and the Maritime World*, pp. 245–75。

20   利润：太古集团致太古洋行上海办事处，1931年12月11日：JSS III 2/12；酒杯：太古集团致太古洋行上海办事处，1931年8月21日：JSS III 1/11；通信：太古集团致太古洋行香港办事处，1931年10月31日：JSS III 2/10；Falkus, *Blue Funnel Legend*, pp. 207–10。

21   M. W. Scott letters, 6 May 1934, SOAS Special Collections, Scott papers, PPMS 49, Box 1 Folder 5; Lindsay, 'No mountains', pp. 233–5.

22   数字来源：太古船务公司致塞奇威克柯林斯公司，无日期，提及1930年10月（外国工作人员），JSS III 3/1；太古集团致太古洋行上海办事处，1931年2月27日，JSS III 2/11以及太古轮船公司纪要第二册：JSS III 17/3。

23   *SCMP*, 17 March 1933, pp. 19, 21.

24   太古轮船公司纪要第二册：JSS III 17/3。关于这一主题，参阅 Anne Reinhardt, '"Decolonisation" on the Periphery: Liu Xiang and Shipping Rights Recovery at Chongqing, 1926–38', *Journal of Imperial and Commonwealth History*, 36:2 (2008), pp. 259–74。

25   1879年，一名订了头等舱船票的中国乘客Cheong Wan对"宜昌号"的船长马丁（Martin）提起索赔诉讼失败，因为马丁以"中国人不得入内"拒绝让他在餐桌上吃饭。法官裁定：马丁提供了餐饮，但他有权拒绝乘客用餐。另参阅Reinhardt, *Navigating Semi-Colonialism*, pp. 253–94。

26   船舱名称：太古集团致太古洋行上海办事处，1931年5月15日。JSS III 2/8；买办：1930年12月26日，太古洋行上海办事处致太古集团。JSS III 1/9；乘客：太古洋行上海办事处致太古集团，1929年1月11日，附件：JSS III 2/8；控制：太古集团致太古洋行上海和香港办事处，1933年3月17日：JSS III 2/17。

27   太古洋行办事处致太古集团，1936年10月23日：JSS XII 1/3。

28   1933年8月8日的SMP政治保安处报告D5293文件中概述了端茶小厮的情况；'How Tea Boys harm Shipping firms', *NCH*, 21 October 1936, p. 120；抢劫：

注 释

'Notes on Canton Seamen's Union Agitation', 1 July 1933: JSS XII 1/3; "汉阳号": 太古洋行上海办事处致太古集团, 1931年11月27日: JSS III 1/11。本节参考了Reinhardt, *Navigating Semi-Colonialism*, pp. 263–78对端茶小厮危机的讨论。

29 一位资深中国雇员在对战后航运工作的坦率描述中表示，船东从超过记录票价的部分中抽取40%；船长、首席官员和首席工程师根据他们在船上的总体责任程度，从剩余部分中分成。1992年9月15日对郭道生（Dawson Kwauk）的采访记录，第10–13页；JS&SL。

30 汉口半官方信函，1934年8月20日：SHAC, 679（1），32145；太古洋行公司上海办事处致太古集团，1931年6月5日：JSS III 1/10；塔克沃：G. 克拉克致印华轮船总经理，1931年8月11日，载于SHAC, 679(1) 27977；施怀雅：太古轮船公司纪要第二册：JSS III 17/3；领导和伙伴：例如，参见太古集团致太古洋行上海和香港办事处，1931年11月27日：JSS III 1/11。

31 *China Press*, 22 January 1933, p. 9；处理：'Notes on Canton Seamen's Union Agitation', 1 July 1933: JSS XII 1/3；有关端茶小厮，另参阅Peter Kwok Fai Law's doctoral work in progress: 'Maritime Teaboys and the making of Chinese working class culture in China, 1927– 1950'。

32 Martin, *Shanghai Green Gang*, pp. 129– 31.

33 *China Press*, 10 August 1933, p. A; *SCMP*, 28 November 1933, p. 19.

34 *Daily Telegraph*, 9 September 1933, p. 9; Clifford Johnson, *PirateJunk: Five Months Captivity with Manchurian Bandits* (London: Jonathan Cape, 1934); J. V. Davidson-Houston, *The Piracy of the Nanchang* (London: Cassell, 1961), pp. 82– 3.

35 俘虏来信，1933年7月12日，1933年8月4日，附于Peking No. 1061, 4 August 1933: TNA, FO 371/17132。

36 *Chelmsford Chronicle*, 26 May 1933, p. 7.

37 此人是阿诺利斯·海曼（Arnolis Hayman），最终被关了14个月，与他一起被俘的博沙特被囚禁的时间更长：Anne-Marie Brady (ed.), *A Foreign Missionary on the Long March: The UnpublishedMemoirs of Arnolis Hayman of the China Inland Mission* (Honolulu: University of Hawai'i Press, 2011)。

38 C. C. 斯科特致G. W. 施怀雅，1935年2月10日：JSS I 3/9。Dr W. S. Sinton, *Memoirs of an Ex Sailor* (Bristol, privately published, 2008), pp. 12– 17; *NCH*, 6 February 1935, pp. 206, 212, 13 February 1935, pp. 251–4, 273；远足：J. O. P. Bland, 'The Genial Chinese Pirate', *Saturday Review*, 16 March 1935, p. 333。

39 C. C. 斯科特致太古集团，1935年2月10日：JSS I 3/9。

40 1935年2月14日上海70号的声明和报告以及附件提供了有关查封的丰富资料：

TNA, FO 371/19316。

41　*NCH*, 13 February 1935, p. 273.

42　本讨论参考了上诉法院的判决：*China Navigation Company, Limited V. Attorney-General* [1930. C. 2497.]。

43　太古洋行上海办事处致太古集团，1930年5月2日：JSS III, 2/9；太古洋行上海办事处致太古集团，1931年2月27日：JSS III, 1/10；太古洋行香港办事处致太古集团，1930年8月22日。JSS III 1/9；太古洋行香港办事处致太古集团，1929年4月26日。JSS III 1/7；太古洋行上海办事处致太古集团，1929年1月4日：JSS III, 2/8；'Guards turn pirates'，*Shipping & Engineering*, 24 April 1925，节选自NMM, T. T. Laurenson Papers: MS 87/085, U1414, folder A4。

44　China Navigation Company, Limited V. Attorney-General [1930. C. 2497.], p. 211.

45　本调查主要参考了太古轮船公司纪要第二册中的报告：JSS III 17/3。

46　A. V. T. Dean, 'The blockade of the Yangtsze and the last days of C.N.Co. river navigation', Misc Acc 2013/07: JS&SL.

47　*SCMP*, 26 September 1939, p. 15.

48　Antony Best, *Britain, Japan and Pearl Harbor: Avoiding War in East Asia, 1936–41* (London: Routledge, 1995), pp. 111–31.

49　G. W.施怀雅致温菲尔德·迪格比，1940年7月20日，致伊迪丝·华伦的书信集：JS&SL。本段参考了1940年7月至12月的这些信件。

50　Richard Overy, *The Bombing war: Europe 1939–1945* (London: Allen Lane, 2013), pp. 91–4.

51　*The Times*, 12 December 1940; *NCH*, 18 December 1940; *SCMP*, 12 December 1940. 关于城市秘密服务战争，参阅：Frederic Wakeman Jr, *The Shanghai Badlands: Wartime Terrorism and Urban Crime, 1937–1941* (Cambridge: Cambridge University Press, 1996)。

52　Quentin Reynolds, *Only the Stars are Neutral* (New York: Blue Ribbon Books, 1943), pp. 27–41，引自p. 35；Terence H. O'Brien, *Civil Defence* (London: HMSO, 1955), pp. 419–20；J. K. 施怀雅书信集，1941年5月11日和13日：JS&SL。

53　1941年5月16日，太古集团致太古洋行上海办事处和香港办事处；1941年5月；"要替换的记录"（Records to be replaced），约1941年5月；太古洋行办事处致太古集团，1941年10月3日：JSS I 2/29; Lindsay, 'No Mountains', p. 240。

54　Gordon Campbell, 'Recollections of some aspects of earning a living in China', pp. 16–18.

55　《郭道生访谈实录》，第10页：JS&S。

56　J.B.伍利从上海皇家海军办公室致太古集团，1941年8月6日：SASS 03-008；*The Royal Navy and the Mediterranean*, Volume II, *November 1940–December 1941* (London: Routledge, 2002) [London: Historical Section, Admiralty, 1957], p. 214；刘少和：死亡卡载于'Lists of Merchant Seamen Deaths. National Maritime Museum, Greenwich'，网址：Ancestry.co.uk。

57　太古轮船公司纪要第二册，第363页：JSS III 17/3。

58　详情来自糖厂员工手册，第178页；船坞职员手册，Box 175：JS&SL。这些记录包括被杀害雇员的命运细节。有关香港沦陷和被占领的记述，请参阅：Chi Man Kwong and Yiu Lun Tsoi, *Eastern Fortress: A Military History of Hong Kong, 1840–1970* (Hong Kong: Hong Kong University Press, 2014), pp. 161-224；Philip Snow, *The Fall of Hong Kong: Britain, China and the Japanese Occupation* (New Haven: Yale University Press, 2003)。

59　这封信保存在日本的档案馆中，并被转载于Brian Coak, 'The Boys in Blue: Escape from Shanghai 43', https://gwulo.com/sites/ gwulo.com/files/misc/Brian-Coak-on-Jack-Conder-Part2.pdf（访问日期为2019年2月2日）。康德设法逃到了安全的地方，到1944年9月，他重新在太古洋行孟买办事处工作。

60　C.C.罗伯茨致A.V.T.迪恩，1942年7月6日：C.C.罗伯茨文件：SOAS MS 380906。

61　A.V.T.迪恩致G.W.施怀雅，1942年6月27日；A.V.T.迪恩致太古集团，1942年3月27日；太古洋行印度办事处致太古集团，1945年1月19日，均保存于JSS I 5/1a。

62　E.麦克拉伦致C.C.罗伯茨，1942年9月25日：SOAS MS 380906；J.K.施怀雅致约翰·马森，1942年7月14日：JS&SL。

63　E.麦克拉伦致A.V.T.迪恩，1942年8月3日：JSS I 5/1a。

64　Lindsay, 'No Mountains', pp. 245-51; A. V. T. Dean, 'Recollections of Two World Wars'以及A. V. T. Dean, 'Report of Arrest and Imprisonment in Gendarmerie Prison in Shanghai (Bridge House)', 28 August 1945: JS&SL；A.V.T.院长致太古集团，1945年9月29日：JSS I 5/1a。

65　郭氏家族是上海汕头商界的领军人物，也是太古轮船公司的赞助人。1949年之后，郭炳湘成为太古在台湾的业务主管。

66　这些细节来自BAAG的各种报告，由Elizabeth Ride提供：Kukong Intelligence Report No. 2, 8 June 1942: Australian War Memorial, PR 82/068 11/10; J. D. Clague, 'Report on conditions in Occupied Hongkong', 1 March 1945: TNA, WO 208/7147。另参阅'Taikoo Dockyard during the Occupation 1942–1945'文件及摘录，载于Industrial History of Hong Kong Group网站https://industrialhistoryhk. org/taikoo-dockyard-occupation-1942–1945/ (accessed 16 January 2019)。

67 'Japan News No. 136', NHK 'War Testimonials Archives', URL: https:// www2.nhk.or.jp/archives/shogenarchives/jpnews/movie.cgi?das_id=D0001300521_00000&seg_number=004，访问日期为2019年1月；J. K.施怀雅和J.S.斯科特致太古集团，1946年5月16日：JSS I 3/15。

68 Edwin Ride, *BAAG: Hong Kong Resistance 1942–1945* (Hong Kong: Oxford University Press, 1981), pp. 205–7.

69 'Employment available in Southern Regions', *HongkongNews*, 20 April 1944, p. 2；Charles Cruikshank, *SOE in the Far East* (Oxford: Oxford University Press, 1983), pp. 154–6；Loss of life: 'Dockyard', 28 August 1945，附于太古洋行香港办事处致太古集团的信函中，1945年8月31日：JSS I 5/1a；Kweilin Intelligence Summary No. 66, 15 September 1944；Kweilin Intelligence Report No. 80, 5 January 1945，Elizabeth Ride提供；Steven K. Bailey, *Bold Venture: The American Bombing of Japanese- Occupied Hong Kong, 1942–1945* (Lincoln NE: Potomac Books, 2019)。

70 杰克·罗宾逊致约翰·马森，1943年10月20日：JSS I 5/1a。

71 N. P. Fox, 'Report on Conditions in Hong Kong during and after the Outbreak of Hostilities on 8th December 1941'；'Refinery', 31 August 1945，附于太古洋行香港办事处致太古集团信函中，1945年8月31日：均保存于JSS I 5/1a。

72 Stanley Salt, 'Sinking of the *S.S. Sinkiang*', in Joyce Hibbert (ed.), *Fragments of War: Stories from Survivors of World War II* (Toronto: Dundurn Press, 1985), pp. 32–43；"海口号"和"嘉应号"：请参阅维基百科有关太古的条目：https://wikiswire.com/wiki/Category:Ships。

73 Hope, *New History of British Shipping*, p. 383; Benton and Gomez, *Chinese in Britain*, pp. 76– 80.

74 A. V. T. 迪恩致太古集团，1942年3月27日以及1942年2月5日：JSS I 5/1a（有关该船被占领的信息，参阅'The reminiscences of Andrew Watson'，有关'Chekiang 1'，参阅WikiSwire, URL: https://wikiswire.com/wiki/ Chekiang_I（访问日期为2019年2月1日））；Tony Fletcher, 'Fremantle 1939 to 1945: Extraordinary Events at the Port', *Fremantle Studies* 1（1999), pp. 25–9；'Chinese seamen help army, *Canberra Times*, 6 September 1943, p. 3。参阅National Archives of Australia file, NAA: A433, 1949/2/9033, 'Chinese Labour Battalion in WA, 1942– 1947'；Drew Cottle, 'Forgotten foreign militants: The Chinese Seamen's Union in Australia, 1942–1946'，会议论文参阅2001 Australian Society for Labour History conference: https://labourhistorycanberra.org/2014/10/2001–conference-forgotten-foreign-militants-the-chinese-seamens-union-in-australia–1942–46/。

注 释

75　*Liverpool Echo*, 11 April 1942, p. 3; Tony Lane, *The Merchant Seamen's War* (Manchester: Manchester University Press, 1990), p. 78; Meredith Oyen, 'Fighting for Equality: Chinese Seamen in the Battle of the Atlantic, 1939– 1945', *Diplomatic History*, 38:3 (2014), pp. 526–48.

76　Kenneth H. C. Lo, *Forgotten Wave: Stories and Sketches from the Chinese Seamen during the Second World War* (Padiham: Padiham Advertiser Ltd, 1947); 另参阅Kenneth H. C. Lo的 *The Feast of My Life* (London: Doubleday, 1993), pp. 127–41。Lo晚年作为厨师和作家而出名。

77　J.S.斯科特致J. R.马森，约1943年8月：JS&SL。关于英国航运专家在战争中的作用，参阅Miller, *Europe and the Maritime World*, pp. 283– 6。

78　1943年1月19日，J.S.斯科特致G.W.施怀雅；G.W.施怀雅致约翰·马森，1943年4月21日；G. W. 施怀雅致科林·斯科特和约翰·斯科特，1943年8月13日：JSS I 3/13。

79　本段摘自施约克、华伦·施怀雅和约翰·施怀雅·斯科特（1942-5）写给约翰·马森的各种信件的抄本：马森书信集：JS&SL。

80　J.K.施怀雅致J.S.斯科特，1942年7月30日，以及下文多处；约翰·凯瑟克（克锡后代）致约翰·马森，1943年7月8日；马森致G.W.施怀雅：1943年7月14日，JSSI 3/13。关于凯瑟克的战争，参阅Richard J. Aldrich, *Intelligence and the War AgainstJapan: Britain, America and the Politics of Secret Service* (Cambridge: Cambridge University Press, 2000), pp. 281– 3。

81　J. R.马森致G. W.施怀雅，1944年3月29日：JSS I 3/13；G. W.施怀雅致J. R.马森，1944年4月21日，马森书信集：JS&SL。

82　J.S.斯科特致G. W.施怀雅的信及相关信件，1944年3月11日：JS&SL；太古集团致太古洋行上海和香港办事处，1936年10月27日；以及太古洋行办事处，1936年10月3日：JSS I 2/30/5。

83　1934年，"员工第一印象报告"对一名员工的评语这样写道："有智慧"，但"给人一种学东西很慢的印象"（第38号员工信：JSS II 7/4/46）。埃德蒙·里奇爵士因此被指责，他后来成为剑桥大学社会人类学教授和国王学院教务长；但他从1933年到1936年在中国的三年，至少让他第一次接触到自己国家以外的文化。

84　C. C.罗伯茨致太古集团，1945年8月30日，JSS I 5/1c；另见太古洋行香港办事处致太古集团，1945年8月31日，附件"太古糖厂报告及太古船坞报告"（Report on Taikoo Sugar Refinery, and Report on Taikoo Dockyard）：JSS I 5/1a。

85　查洛纳博士致太古集团，1945年9月8日；A. V. T. 迪恩致太古集团，1945年9月29日；"战后从日本人手中收回霍尔特码头财产的记录"（Record of Post-war

-523-

recovery of Holt's wharf property from the Japanese），1945年9月10日，查洛纳博士致太古公司，1945年9月15日：JSS I 5/1c。

86 　A. V. T. 迪恩（北京）致太古集团，约1945年9月12日；R. J. 蒂平致A. V. T.迪恩，备忘录，1942年5月30日：JSS I 5/1c；Lindsay, 'No Mountains', p. 277。

87 　*SCMP*, 5 September 1945, p. 2, 26 September 1945, p. 2; C. C.罗伯茨致太古集团，1945年8月30日：JSS I 5/1c。

第十二章　飞　行

1 　Chris Bayly and Tim Harper, *Forgotten Wars: Freedom and Revolution in Southeast Asia* (London: Allen Lane, 2007).

2 　*SCMP*, 12 September 1945, p. 2.

3 　'Tug 5', 19 December 1947: SASS 04–001.

4 　太古轮船公司"柴郡号"返回香港的乘客名单载于澳大利亚国家档案馆[下称"NAA"]: A433, 1949/2/9033; 'Chinese seamen', *SCMP*, 22 December 1945, p. 9; 1949年7月28日，关于"关于遣返华人的特殊安排"（Repatriation of Chinese: Special Arrangements re departure）的文件：NAA,A445 236/2/43。

5 　J. K.施怀雅致太古集团，1946年2月8日，1946年2月18日：JSS I 3/15。后来，他偶遇了负责此事的美国空军情报官员，这位官员对他的工作"十分赞赏"。施约克安排这位军官参观了公司。J. K.施怀雅致太古集团，1948年2月9日：JSS I 3/19。

6 　J.S.斯科特致J. K.施怀雅和太古集团，1946年3月22日：JSS I 3/15。

7 　J.S.斯科特和J. K.施怀雅致约翰·马森和G. W. 施怀雅，1946年3月31日：JSS I 3/15。

8 　J.K.施怀雅日记，1946年3月15日：JS&SL。

9 　Rana Mitter, 'Imperialism, Transnationalism, and the Reconstruction of Post-war China: UNRRA in China, 1944–71', *Past & Present*, 218 (2013), pp. 51–69; *UNRRA in China, 1945–1947* (Washington DC: UNRRA, 1948).

10 　R. Frost, Ministry of War Transport, Shanghai, to O. S. Lieu, CNRRA, 27 November 1945, enclosed in J. A. Blackwood, FESA, to L. K. Little, Inspector-General, Chinese Maritime Customs, 19 January 1946, in: SHAC, 679(1), 31727; Zhang Zhongli et al. (eds), *Swire Group in Old China*, pp. 253–62.

注 释

11　有关航运和主权的讨论，参阅Zhang, *Swire Group in Old China* 以及太古洋行上海办事处致太古集团，1946年7月17日及信函：*NCDN*, 21 July 1946; Shenbao, 21 October 1947，均保存于SASS 04-002；CNRRA: Sherman Cochran and Andrew Hsieh, *The Lius of Shanghai* (Cambridge, MA: Harvard University Press, 2013), pp. 264-6；武汉：约翰·马森致太古公司，1945年3月21日：JSS I 3/15。

12　'CNCo Future Policy: Notes of Discussions with J. A. Blackwood on 11.4.46'：SASS 04-002；约翰·马森致太古公司，1947年2月14日，4月18日：JSS I 3/15。

13　上海海关代理关长致太古洋行上海办事处，1949年1月9日：SASS, 04-006；*American Aid-Food for China: A Photographic Report* (Shanghai: Economic Cooperation Administration Mission to China, 1949), p. 25；*SCMP*, 14, 18 November 1945，均为 p. 16。

14　议程，香港，1948年3月：JSS I 3/19。人们认为这些永远不需要支付。中国海关的记录包括1947年7月在"佛山号"上发现的藏匿品的清单，其中记载了大量的违禁品：Commissioner, Canton Customs, 'Smuggling report for July 1947', 1 August 1947: SHAC, 679(1), 28210。

15　约翰·马森致太古集团，1947年2月14日：JSS I 3/15；胡阶森致太古洋行上海办事处，1946年9月18日：SASS 04-003。

16　1947年12月24日，太古洋行上海办事处致英国总领事馆胡阶森，上海：SASS 04-005。这份档案记录了关于建立新公司的讨论及政策。

17　J.K.施怀雅和J.S.斯科特致G.W.施怀雅和约翰·马森，1946年7月31日，约翰·马森致太古集团，1947年2月14日，1947年3月21日：JSS I 3/15；太古洋行汉口办事处至太古洋行上海办事处，1947年2月4日：SASS 04-003；J.K.施怀雅公司致太古集团，1948 年3月30日：JSS I 3/19；Chihyun Chang (ed.), *The Chinese Journals of L. K. Little, 1943-54: An Eyewitness Account of War and Revolution*, Volume II (London: 2017), p. 19；J.K.施怀雅致太古集团，1946年4月5日：JSS I 3/15。

18　灰姑娘：J.K.施怀雅日记，1939年4月7日；J.K.施怀雅致太古公司，1946年3月1日：JSS I 3/15; Alexander Claver and G. Roger Knight, 'A European role in intra-Asian commercial development: The Maclaine Watson network and the Java sugar trade c. 1840-1942', *Business History*, 60:2 (2008), pp. 202-30；Miller, *Europe and the Maritime World*, pp. 190-93。

19　"太古贸易有限公司"，日期不明，约1946—1947年：SASS, 4-004；J.K.施怀雅日记，1946年4月13日：JS&SL。

20　John D. Plating, *The Hump: America's Strategy for Keeping China in World War II* (College Station, TX: Texas A&M University Press, 2011).

21 "从英国到加尔各答的旅行笔记——1942年2月"（Notes on a journey from England to Calcutta – February 1942），J.R.马森：JSS I 3/13。

22 熟悉其中的危险也是如此：公司内部的一位新星瓦尔特·洛克（Walter Lock）就是其中一位，他们的飞机于1943年7月4日从直布罗陀起飞后不久坠毁，与波兰陆军总司令弗沃德日瓦夫·希科尔斯基一同遇难：Alan P. Dobson, *A History of International Civil Aviation: From its Origins Through Transformative Evolution* (London: Routledge, 2017), p. 38。

23 John Darwin, *The Empire Project: The Rise and Fall of the British World-System, 1830–1970* (Cambridge: Cambridge University Press, 2009), pp. 558–60.

24 Colonial Office, *The Colonial Territories (1948–1949)* Cmd. 7715 (London: HMSO, 1949), p. 2; Gordon Pirie, *Air Empire: British Imperial Civil Aviation 1919–39* (Manchester: Manchester University Press, 2009); David E. Omissi, *Air Power and Colonial Control: The Royal Air Force 1919–1939* (Manchester: Manchester University Press, 1990).

25 *China Mail*, 12 January 1945, p. 1.

26 *China Mail*, 24 March 1936, p. 1; *SCMP*, 25 March 1936, p. 12.

27 J. K.施怀雅日记，1939年5月22日：JS&SL。

28 *SCMP*, 19 March 1941, p. 15; Young, *Beyond Lion Rock*, pp. 100– 101.

29 J. K.施怀雅日记，1939年2月23日：JS&SL；J. K.施怀雅致太古洋行香港办事处，1948年1月9日：JSS I 3/19；R. A.科莱尔致G. W.施怀雅，1945年7月25日，1945年8月13日：JSS XIII 1/1；Peter Yule, *The Forgotten Giant of Australian Aviation: Australian National Airways* (Flemington: Hyland House, 2001), pp. 10– 25。

30 J. K.施怀雅致太古集团，1946年2月8日；J. K.施怀雅致诺利斯勋爵，1946年3月7日；科瓦齐克致太古洋行香港办事处，1946年6月12日，均保存于JSS I 3/15；太古集团（G. W.施怀雅）致R.A.科莱尔，1946年6月14日：JSS XIII 1/1；有关国泰航空的一般历史，本节及下一节的内容可参阅Gavin Young, *Beyond Lion Rock: The Story of Cathay Pacific Airways* (London: Hutchinson, 1988)。

31 简报，1946—1947年，摘自澳大利亚新闻界，载于Chic Eather Scrapbook No 1: CPA Archives, JS&SHK，以及广告载于*SCMP*, 1946–47，多处。

32 关于这一主题，参见Gordon Pirie, *Cultures and Caricatures of British Imperial Aviation: Passengers, Pilots, Publicity* (Manchester: Manchester University Press, 2012), 以及Peter Fritzsche, A Nation of Fliers: German Aviation and the Popular Imagination (Cambridge, MA: Harvard University Press, 1992)。我们可能会想到林德伯格、艾米·约翰逊、安托万·德·圣埃克苏佩里、理查德·巴赫、理查德·希

注 释

拉里、拜伦·冯·李希霍芬……

33　"飞行员薪酬",附于太古洋行香港办事处致太古集团,1949年1月28日:JSS XIII 1/5/1;Charles (Chic) Eather, *Syd's Pirates* (Sydney: Durnmount, 1986), pp. 56–7;'Extraordinary career of William T. Dobson', *Daily Mercury* (Melbourne), 25 August 1949, p. 1;J.S.斯科特会见新加坡曼斯菲尔德与麦克莱伦的记录,载于太古洋行香港办事处致太古集团的信函中,1949年3月30日8:JSS XIII 1/5/1。

34　E. 达德利·贝特曼致航空部,1948年4月30日;摩斯致殖民地部,1948年7月14日:HKPRO, HKRS-163-1-147。

35　哈罗德·哈特利致托马斯·劳埃德爵士,1948年6月2日,以及亚历山大·格兰瑟姆爵士致劳埃德,1948年6月26日,参阅TNA, CO 937/69/4. 关于英国海外航空公司,请参阅官方历史:Robin Higham, *Speedbird: The Complete History of B.O.A.C.* (London: I. B. Tauris, 2013)。

36　霍利曼:J. K.施怀雅的日记,1948年6月9日。JS&SL;惊喜:太古洋行香港办事处致太古集团,1947年8月29日;本地:太古洋行香港办事处致太古集团,1947年10月30日:JSS XIII 1/2;国泰航空所有权:悉尼·德·坎佐致W.J.布里格,殖民部,1947年8月19日:HKPro, HKRS-163-1-147。

37　太古洋行香港办事处致太古集团函,1947年12月19日,随函附有M. H. 柯蒂斯,"成立真正本地公司的计划"(Plans to Form Genuine Local Company):JSS XIII 1/2。本说明载有详细讨论过程。

38　机构:见通信:SASS, 04-103;"关于从香港起飞的航空服务的初步说明"(Preliminary notes on Air Services Operating from Hong Kong),1947年8月8日,载于太古洋行香港办事处致太古公司的信函中,1947年8月15日:JSS XIII 1/2;J. K.施怀雅日记,1948年5月29日:JS&SL。

39　国泰航空董事会会议纪要,1948 年 9 月 23 日:CPA 1/1/1, JS&SHK。可参阅20世纪50年代建筑物的照片,这些照片横跨二楼上方整片外墙,"太古洋行"在最上方。

40　太古洋行香港办事处致太古集团,1948年3月12日:JSS XIII 1/2。

41　Eather, *Syd's Pirates*, pp. 91–113.

42　Gordon Boyce, 'Transferring capabilities across sectoral frontiers: Shipowners entering the airline business, 1920–1970', *International Journal of Maritime History*, 13:1 (2001), pp. 1–8.

43　太古洋行香港办事处致太古集团信函,1947年12月19日,随函附M. H. 柯蒂斯,"成立真正本地公司的计划":JSS XIII 1/2。

44　总督杨慕琦致阿瑟·克里奇·琼斯,1947年4月18日。HKPRO, HKRS-163-1-

147；W. J. 比格，讨论纪要，1948年3月14日：TNA, CO 937/69/4。

45　拿枪顶在头上：J. B.约翰斯顿，1948年7月19日，会议纪要：TNA, CO 937/69/5；J. B.约翰斯顿，1948年3月13日，会议纪要：TNA, CO 937/69/4；J. B.约翰斯顿，1948年12月16日，会议纪要：TNA, CO 937/69/5。

46　J. B.约翰斯顿，1948年3月13日，会议纪要：TNA, CO 937/69/4；W.J.比格，CO，致民航部L.J.邓内特，1948年9月27日和1948年6月19日：TNA, CO 937/69/5。

47　C.C.罗伯茨和S.H.德·坎佐致香港民航处处长，1948年6月28日，均保存于JSS XIII 1/2；*SCMP*, 12 January 1949, p. 6；太古洋行香港办事处致太古集团，1949年1月14日：JSS XIII 1/2。

48　1949年1月和2月初在香港的讨论记录见：JSS XIII 1/2；伦敦的谈判过程、协议和批准参阅殖民部文件"香港民航：本地航空服务"（Civil Aviation Hong Kong: Local Air Services）：TNA, CO 937/69/6；重要："J.S.S.关于斯科特/普莱斯/兰代尔在3.2.49的谈话的注释"（J.S.S.'s notes on Scott/Price/Landale conversation of 3.2.49），附于太古洋行香港办事处致太古集团的信函中，1949年2月11日：JSS XIII 1/5/1；暂停执行：M.威利致G. M.奇弗斯，1949年5月19日：TNA, CO 937/69/6。

49　J. R.马森致太古公司，1949年2月14日：JSS I 3/20；E.G.普莱斯致J.S.斯科特，1949年1月4日：JSS XIII 1/5/1；E. G. 普赖斯致J. K.施怀雅，1949年2月25日：JSS XIII 1/2。

50　C. C.罗伯茨致J. K.施怀雅，1949年12月23日：JSS XIII 1/6/2。

51　*SCMP*, 30 October 1950, p. 10.

52　J.S.斯科特致J. K.施怀雅，1952年1月1日；J.S.斯科特致J.R.马森，1952年1月4日：JSS I 3/21。

53　J. K.施怀雅的日记，1939年2月20日，4月3日：JS&SL。

54　Martin Speyer, *In Coral Seas: The History of the New Guinea Australia Line* (Nautical Association of Australia in association with John Swire & Sons: Caulfield South, 2004), pp. 2–4; Bleasdale & Shun Wah, *Swire*, pp. 30–34; 'New motor vessel Changsha', *Daily Commercial News and Shipping List*, 20 July 1949, p. 1.

55　约翰·马森致太古集团，1947年1月31日：JSS I 3/15。

56　J. K.施怀雅日记，1946年4月13日：JS&SL；1946年10月18日，董事职责的分配，1946年10月22日，G.W.施怀雅对此作了说明；J.K.施怀雅日记，1948年5月25日。本段还参考了J.K.施怀雅在1950年对G.W.施怀雅的注释，以及M.Y.费因斯在1983年编纂的信件档案："G.W.施怀雅1883–1949年"（G. W. Swire 1883—1949年）。所有文件都存放在太古集团伦敦总部的施怀雅家族档案馆。辞职：G. W.施怀雅致太古公司，1946年12月29日：太古集团纪要第二册：JSS I 12/2。

57　'Gift to Eton from Merchant: State Aid Banned', *Daily Telegraph*, 8 February 1950, p. 1; '"Nonsensical fuss": Father about will', *Chelmsford Chronicle*, 10 February 1950, p. 1; *SCMP*, 22 February 1950, p. 10.

58　例如，参阅'Conversation with Sir Arthur Morse on 27.2.50'，附于J.R.马森致太古集团的信函，1950年2月28日：JSS I 3/20。

59　Catherine R. Schenk, *HongKongas anInternationalFinance Centre: Emergence and development, 1945–65* (London: Routledge, 2001), pp. 19–20；关于更广泛的模式，参阅：Robert Bickers, 'The Colony's shifting position in the British Informal Empire in China', in Judith M. Brown and Rosemary Foot, *Hong Kong's Transitions, 1842–1997* (London: Macmillan, 1997), pp. 33–61。

60　约翰·马森致太古集团，1947年2月14日：JSS I 3/15；Siu-lun Wong, *Emigrant Entrepreneurs, Shanghai Industrialists in Hongkong* (Hong Kong: Oxford University Press, 1988)。

61　Kenneth E. Shewmaker, 'The "Agrarian Reformer" Myth', *China Quarterly*, No. 34 (1968), pp. 66–81.

62　J. K.施怀雅致太古集团，1948年1月9日和3月30日：JSS I 3/19。

63　J.S.斯科特致太古集团（1948年12月13日），J.S.斯科特致施谛文爵士（1949年1月19日）：JSS I 3/18。

64　太古洋行香港办事处致太古洋行天津办事处，1948年11月12日：SASS 04–013：SASS 04–013; *SCMP*, 30 November 1948. p. 2。

65　约翰·马森致太古集团，1947年11月18日：JSS I 3/15；备忘录：太古洋行上海办事处，1948年7月29日：SASS 04–006。

66　'Notes on the present situation in Tientsin', W. B. Rae-Smith, February 1949: SASS 04–013.

67　Bruce A. Elleman, 'The Nationalists' Blockade of the PRC, 1949–58'，载于Bruce A. Elleman and S. C. M. Paine, *Naval Blockades and Seapower: Strategies and Counter-Strategies, 1805–2005* (London: Routledge, 2007), pp. 133–44; *SCMP*, 22 and 23 June 1949, p. 1; *SCMP*, 29 October 1951, p. 1。

68　参阅"国民党组织颠覆活动"（Subversive activities of Kuo Min Tang organisation）档案文件：TNA, FO 371/110196, 以及*Renmin ribao*, 3 January 1954, p. 3, and 1 July 1955, p. 3。

69　Young, *Beyond Lion Rock*, pp. 133–42.

70　David C. Wolf, '"To Secure a Convenience": Britain Recognizes China – 1950',

Journal of Contemporary History, 18:2 (1983), pp. 299–326.

71 J. R.马森致J.K.施怀雅，1949年12月2日。JSS I 3/20。

72 Bickers, *Out of China*, pp. 245–7; Butterfield & Swire Hong Kong to Alfred Holt & Co., 22 January 1948: SASS 04–013.

73 Wong, *Emigrant Entrepreneurs*.

74 Yang Kuisong, 'Reconsidering the Campaign to Suppress Counterrevo-lutionaries', *China Quarterly*, No. 193 (2008), pp. 102–21；参阅David Clayton, *Imperialism Revisited: Political and Economic Relations Between Britain and China, 1950–54* (Basingstoke: Macmillan, 1997)。

75 太古洋行香港办事处致太古集团，1949年6月10日：JSS XIII 1/5/1。

76 德里克·德·索斯马雷斯·凯里，太古洋行上海办事处致HBM上海总领事馆艾伦·维奇，1949年6月10日：JSS XIII 1/5/1。

77 关于这一过程，参阅Thomas N. Thompson, 'China's Nationalization of Foreign Firms: The Politics of Hostage Capitalism, 1949–57' (Baltimore, MD: School of Law, University of Maryland Occasional Papers, no. 6, 1979)；以及Jonathan J. Howlett, 'Accelerated Transition: British Enterprises in Shanghai and the Transition to Socialism', *European Journal of East Asian Studies*, 13:2 (2014), pp. 163–87; Frank H. H. King, *The Hongkong Bank in the Period of Development andNationalism, 1941–1984: From RegionalBank to Multinational Group* (Cambridge: Cambridge University Press, 1991), pp. 404–11, 612–13。

78 除非另有说明，本节参考太古洋行香港办事处给太古集团的备忘录，1955年12月30日：关停中国业务（China Closure）CL-6, JS&SL。

79 *NCDN*, 14 January 1951, p. 2.

80 *Renmin ribao*, 27 February 1953；有关广州的更多细节，请参阅 China Withdrawal – 1953，保存于CL-3, JS&SL。

81 参阅太古洋行香港办事处致太古集团，1952年3月7日，附无题备忘录，1952年2月29日：TNA, FO 371/99283。

82 油漆公司：Jonathan J. Howlett, '"The British boss is gone and will never return": Communist takeovers of British companies in Shanghai (1949–1954)', *Modern Asian Studies*, 47:6 (2013), pp. 1941–76。

83 "M. N. 斯派尔的报告……"附于太古洋行香港办事处致太古集团的信函中，1950年10月30日：TNA, FO 371/83512。该档案中有几份关于此案件的报告，其中包括1950年10月6日的供词。对这艘救生艇名字的答复并没有让当局满意，即"汉阳号"把乘客从受灾的"安徽号"上带走，并为仍留在"安徽号"上的骨干救援队伍留下了一艘自己的救生艇。

84　"脾气非常暴躁。"施约克在1952年写道。J.K.施怀雅日记,1952年12月27日：JS&SL。

85　Michael Szonyi, *Cold War Island: Quemoy on the Front Line* (Cambridge: Cambridge University Press, 2008).

86　"莫瑞尔先生于1951年4月17日就厦门所作的报告"（Report on Amoy by Mr. R. D. Morrell 17.4. 51），载于参谋（香港情报处）致海军情报主任信函：TNA, FO 371/92197。

87　太古洋行天津办事处致人民法院，1954年1月29日，载于TNA，FO 676/497。

88　本节参考了'Yao Kang and the Swire Group'：JS&SL；房屋：太古洋行上海办事处致约翰·马森爵士，1月22日 1950：JSS I 3/20。

89　参阅John Gardner,'The Wu-Fan Campaign in Shanghai: A Study in the Consolidation of Urban Control', in A. Doak Barnett (ed.), *Chinese Communist Politics in Action* (Seattle: University of Washington Press, 1969), pp. 477– 539。

90　这两个人都活了下来，并离开中国内地：太古洋行香港办事处致太古集团，1952年3月7日，附无题备忘录，1952年2月29日：TNA, FO 371/99283。关于上海"资本家"的更多经历，参见Christopher Russell Leighton,'Capitalists, Cadres and Culture in 1950s China', unpublished PhD thesis, Harvard University, 2010'。

91　J.S.斯科特致太古洋行香港办事处，1953年3月7日：JSS I 3/21。

92　1953年9月23日备忘录，附于太古洋行香港办事处致太古集团信函中，1953年11月20日：JSS I 3/21。

93　J. K.施怀雅日记，1954年5月3日：JS&SL。

94　J.S.斯科特致C. T. 克劳，1954年10月15日：TNA, FO 676/497；本协议附件载于英国驻上海总领事馆致英国驻北京大使馆，1955年2月17日：TNA, FO 676/524。这笔转让包括所有的"地契、文件、图表"等。会议纪要参阅"退出中国——1954年"（China Withdrawal – 1954）：CL-3, JS&SL；资料：古尔德致太古洋行香港办事处，1955年6月3日，《退出中国上海（1952—1955年）》（'China Closure Shanghai 1952– 1955'）：JS&SHK。

95　'Closure of Taikoo Interests in China', Record of Tenth Meeting …', 10 December 1954, 'China Withdrawal – 1954'：CL-3, JS&SL.

96　'List of liabilities in Shanghai', 21 October 1954: CL-3, JS&SL.

97　西德尼·史密斯致汉弗莱·特里维廉，1954年1月29日：TNA, FO 676/497。

98　这些记录的后续用途可以参考：在今天中国存档的太古洋行上海办事处记录中提到的中国人的名字旁边，可以看到一个印有"卡片已经制作"的印章。

99 F. F.加纳致W. I.库姆斯，1955年5月5日，附于杜维廉从北京致外交部的 C.T.克劳的信函，1955年5月18日：TNA, FO 676/525。

100 太古洋行香港办事处致太古集团，载于"中国1957—1960年"（China 1957–1960），以及文件："职员：莫里斯·清，1947—1961年12月"：JS&SHK。

101 John March, 'Closure of Taikoo Interests in China', 12 May 1955: CL-3, JS&SL; OPCo 接管：Howlett, '"The British boss is gone and will never return" pp. 1941–76, 引自p. 1974。

102 Butterfield & Swire, Chinese Staff Book, Box 180: JS&SL; *NCH*, 26 June 1935, p. 526.

103 Elizabeth J. Perry, 'Shanghai's Strike Wave of 1957', *China Quarterly*, No. 137 (1994), pp. 1–27.

104 Yang Bew Tuan致T.J.林赛，1956年7月23日，太古洋行香港办事处致太古集团，1956年8月10日，11月2日和23日，《中国概况1955—1956年》（*China General 1955–1956*）：J. & SHK；A. C. 施怀雅来自香港和日本的信函，JS&SL。

第十三章 制造亚洲

1 有关冷战期间中国人移民、流动的复杂故事，参阅Laura Maduro, *Elusive Refuge: Chinese Migrants in the Cold War* (Cambridge, MA: Harvard University Press, 2016)。

2 M. S. Cumming, 'Notes for Sir John Masson …', 15 December 1949, 以及W. G. C. Knowles, 'Flying Staff', 20 March 1952, 'CPA Correspondence 1947–55'：CPA CPA/CE/6/1, JS&SHK；'Cathay Pacific', *Flight*, 22 January 1954, pp. 88–9；CPA Minutes of the Fifth Ordinary General Meeting', 1954: CPA/1/1/2, JS&SHK。

3 本段参考了国泰航空年会记录，1954-62：CPA 1/1/2，JS&SHK。

4 J.K.施怀雅日记，1961年9月5日：JS&SL。

5 印度支那的德尼-弗里雷斯，海防，致国泰航空，1954年3月11日；查尔斯·E.伊瑟机长致营运经理，国泰航空，1954年3月18日："1947–55年国泰航空函件"：国泰航空 CPA/CE/6/1, JS&SHK。在做出这些报告期间，越共发动了对奠边府的攻击，这次行动让法国从印度支那撤军。

6 W. G. C.诺尔斯致J. K.施怀雅，1953年6月5日，"1947—1955年国泰航空函件"（CPA Correspondence 1947–55）：CPA CPA/CE/6/1, JS&SHK；J. K.施怀雅致太古公司，1954年5月10日：JSS I 3/22。

注　释

7　"1951年10月8日在殖民地办事处举行的审议香港民航问题的会议记录"（Notes of a meeting held on 8th October 1951 in the Colonial Office to consider Hong Kong Civil Aviation Problems），附于1951年10月9日太古致C. C.罗伯茨的"1947—55年国泰航空函件"：CPA CPA/ CE/6/1, JS&SHK。

8　参阅1954年4月下旬关于BOAC退出与太古集团进一步讨论的信件：JSS I 3/22香港。

9　J.K.施怀雅日记，1958年10月29日：JS&SL。

10　*SCMP*, 11 August 1960, p. 22.

11　J. K.施怀雅致太古公司，1954年4月28日，参考当时的香港总督葛量洪的评论：JSS I 3/22。

12　国泰航空公司/香港航空公司。1949年2月7日在香港举行的会议记录。TNA, CO93/69/6；太古洋行香港办事处致J.K.施怀雅，1949年7月8日：JSS XIII 1/5/1。

13　Young, *Beyond Lion Rock*, pp. 144–5.

14　*HongKong Statistics 1947–1967* (Hong Kong: Census & Statistics Department, 1969), p. 122; *Hong KongAnnualDigest of Statistics 1978* (Hong Kong: Census and Statistics Department, 1978), p. 113; *HongKongAnnualDigest of Statistics 1980* (Hong Kong: Census and Statistics Department, 1980), p. 135; Young, *Beyond Lion Rock*, Appendix III, pp. 234–36. 这些数字没有精确的可比性，因为国泰航空的总数包括了没有离开或到达香港的乘客，但到目前为止其中绝大部分如此。

15　*SCMP*, 24 September 1967, p. XII（这是一个8页的周年纪念广告）。

16　*SCMP*, 9 April 1962, p. III; 24 September 1967, pp. IV–V; *Cathay Pacific Airways Newsletter*, 1958–61, *passim*: CPA/7/4/1/1, JS&SHK; circus: *RIL Post*, 6:14 (December 1959), p. 163. 《南华早报》的版面上充斥着名人到达和离开的照片和简要说明。

17　太古洋行香港办事处致太古集团，1948年1月16日，1948年3月5日，1948年5月13日，1948年8月27日，1948年5月至8月及多处：JSS XIII 1/2; *SCMP*, 3 and 7 July 1948; *Uxbridge Advertiser & Gazette*, 16 July 1948, p. 8; Brian Bridges, *The Two Koreas and the Politics of Global Sport* (Leiden: Global Oriental, 2012), pp. 48–9。

18　Brian Bridges, 'London Revisited: South Korea at the Olympics of 1948 and 2012', *International Journal of the History of Sport* 30:15 (2013), pp. 1823–33; *Pacific Stars and Stripes*, 3 August 1948, p. 2; 'XIV Olympiad: The Glory of Sport' (London: Dir Castleton Knight, 1948); *Daily Mail*, 2 September 1948, p. 3.

19　"关于国泰航空有限公司1949年1月活动的总经理报告"，附于经理W. D. 道尔致J.K.施怀雅的信函中，1949年3月4日：JSS XIII 1/2; *Hobart Mercury*, 5 January 1949, p. 1; *The Herald* (Melbourne) 29 December 1948, p. 5; *SCMP*, 29 January

1953, p. 5; *SCMP*, 4 September 1957, p. 8, 24 July 1959, p. 9, 20 August 1959, p. 7。

20 Tomoko Akami, *Internationalizing the Pacific: The United States, Japan and the Institute of Pacific Relations in War and Peace, 1919–1945* (London: Routledge, 2002); Fiona Paisley, *Glamour in the Pacific: Cultural Internationalism and Race Politics in the Women's Pan-Pacific* (Honolulu: University of Hawai'i Press, 2009).

21 Daniel Aaron Rubin, 'Suitcase Diplomacy: The Role of Travel in Sino– American Relations, 1949– 1968'（未发表的博士论文，马里兰大学，2010年），pp. 85–114。国家为出境旅行提供便利的必然结果是，美国政府对其反对的左派和其他人士的网络进行限制。

22 Jennifer Lindsay, 'Festival Politics: Singapore's 1963 South-East Asia Cultural Festival', in Tony Day, Maya H. T. Liem (eds), *Cultures at War: The Cold War and Cultural Expression in Southeast Asia* (Ithaca: Cornell University Press, 2010), pp. 227–45.

23 *SCMP*, 6 August 1963, p. 7; *Straits Times*, 7 August 1963, p. 10.

24 Sangjoon Lee, 'The Asia Foundation's Motion-Picture Project and the Cultural Cold War in Asia', *Film History*, 29:2 (2017), pp. 108– 37; Poshek Fu, 'The Shaw Brothers Diasporic Cinema', in Poshek Fu (ed.), *China Forever: The Shaw Brothers and Diasporic Cinema* (Urbana: University of Illinois Press, 2008), pp. 10– 12.

25 本段参考了Stefan Huebner, *Pan-Asian Sports and the Emergence of Modern Asia, 1913–1974* (Singapore: National University of Singapore Press, 2016)。

26 J. K.施怀雅日记，1961年11月1日：JS&SL。

27 *SCMP*, 17 April 1959, p. 4.韩国队在四分之一决赛中淘汰了香港队，取得胜利。

28 参阅 Rubin, 'Suitcase Diplomacy', and Christina Klein, *Cold War Orientalism: Asia in the Middlebrow Imagination, 1945–1961* (Berkeley: University of California Press, 2003), pp. 41–60。

29 引自Klein, *Cold War Orientalism*, p. 105. Real China: Rubin, 'Suitcase Diplomacy', p. 90；这也是民族主义者使用的策略：参阅Tehyun Ma, 'Total mobilization: Party, state and citizen on Taiwan under Chinese Nationalist rule, 1944– 55' (Unpublished PhD thesis, University of Bristol, 2010)。

30 Klein, *Cold War Orientalism*, p. 104; Robert C. Hazell, *The Tourist Industry in Hong Kong, 1966* (Hong Kong: Hong Kong Tourist Association, 1966), p. 5.

31 Mary Martin: Chuck Y. Gee and Matt Lurie, *The Story of the Pacific Asia Travel Association* (San Francisco: Pacific Asia Travel Association, 1993), p. 2. Michener: Klein, *Cold War Orientalism*, pp. 100– 142.

注 释

32　Gee and Lurie, *The Story of the Pacific Asia Travel Association*, pp. X–XI; Agnieszka Sobocinska, 'Visiting the Neighbours: The Political Meanings of Australian Travel to Cold War Asia', *Australian Historical Studies*, 44:3 (2013), pp. 382–404.

33　*SCMP*, 24 September 1967, p. XII; 'Cathay Pacific', *Flight*, 22 January 1954, pp. 88–9; Chi-Kwan Mark, 'Hong Kong as an International Tourism Space: The Politics of American Tourists in the 1960s', in Priscilla Roberts and John M. Carroll (eds), *Hong Kong in the Cold War* (Hong Kong: Hong Kong University Press, 2017), pp. 160–82; Hazell, *Tourist Industry in Hong Kong*, passim。太古轮船公司的"佛山号"1951年卖给了新的主人，继续跑香港到澳门的航线，它在《生死恋》现身了一次（后来在《港澳渡轮》中的戏份更多），而这部电影中还出现了贸易商莫克通过糖袋骗局获得资金而建造的豪宅，到了20世纪50年代，这座豪宅成为了外国记者俱乐部的所在地，并在电影中被广泛使用，扮演医院的角色。

34　*Independent Press Telegram*, 18 May 1958, p. 8; *Arizona Republic*, 21 September 1958, p. 7; *Honolulu Advertiser*, 24 July 1958, p. 14; Hazell, *Tourist Industry in Hong Kong*, p. 60; CPA Minutes of the Tenth Ordinary General Meeting', 1959: CPA/1/1/2, JS&SHK.

35　*Hong Kong Annual Report 1957* (Hong Kong: At the Government Press, 1958), pp. 222–3; *SCMP*, 11 March 1973, p. 15.

36　*New York Times*, 15 January 1967, p. B13; *SCMP*, 30 October 1967, p. 39; *Star News* (Pasadena), 2 January 1967, p. 1. 这艘船后来被英国演员奥利弗·里德买下，但此举并不能保证这艘船的长远发展。

37　诺尔斯：来自第4号员工手册的信息，以及A. C.施怀雅的采访（2007），第6页：JS&SL。

38　例如，请参阅柏立基的评论，载于J.K.施怀雅致太古集团的信函，1958年10月31日：JSS I 3/25。

39　*SCMP*, 20 March 1962, pp. 10, 15.

40　广告：*Sydney Morning Herald*, 29 November 1960, p. 7；*The Age*, 14 December 1960, p. 7；*The Age*, 16 May 1961, p. 12；*SCMP*, 7 May 1965, p. 12；*Cathay Newsletter*, 19 October 1970, p. 4；PATA: *SCMP*, 23 January 1962, p. 7。

41　*SCMP*, 24 July 1957, p. 7.

42　*Cathay Pacific Airways Newsletter*, December 1959; *The Age*, 9 September 1960, p. 7, 30 October 1960, p. 19.

43　Yoshiko Nakano, '"Wings of the New Japan": Kamikaze, Kimonos and airline Branding in Post-war Japan', *Verge: Studies in Global Asia* 4:1 (2018), pp. 160–86;

SCMP, 16 October 1958, p. 12, 25 October 1961, p. 14.

44 关于培训宣传，参见SCMP, 23 July 1959, p. 13。员工的流动率很高，因为随着地方交通的扩张，其他航空公司非常需要公司有经验的舱务人员。参阅：Lindsay, 'Like a Phoenix', p. 38。年轻女性的照片也继续装点太古糖厂的月历，后来又演变为电影明星的模仿画像。参阅"香港记忆"（Hongkong Memory）网站选段，网址：www.hkmemory.hk/ collections/swire/Swire_promotion/Swire_PP_Advertisements/。

45 SCMP, 9 April 1962, p. I; *San Francisco Chronicle*, 4 October 1964, p. 30, and 17 November 1964, p. 10; SCMP, 23 January 1962, p. 7; 'Oh those scenic beauties', *Cathay Newsletter*, November 1977, pp. 4– 5. 1993年为期十七天的国泰航空舱员罢工将大量这种现象带进了公开讨论，参阅：Stephen Linstead, 'Averting the Gaze: Gender and Power on the Perfumed Picket Line', *Gender Work and Organization* 2:4 (2007), pp. 192– 206。关于舱务员工的历史，参阅Kathleen M. Barry, *Femininity in Flight: A History of Flight Attendants* (Durham, NC: Duke University Press, 2007)。

46 *Cathay Newsletter*, 24 March 1969, pp. 1–4. 有迹象表明，长期持续地展现女性舱务人员的做法被一些旅行者当了真。参阅：Lindsay, 'Like a Phoenix', p. 38。

47 *Singapore Free Press*, 28 February 1958, p. 13.

48 *Hong Kong Statistics 1947–1967*, p. 199.

49 *Japan Times*, 2, 3 April, p. 6; SCMP, 8 April 1960, p. 12.

50 Michael Miles interview, 23 September 2008: JS&SL.

51 J. S. Scott to John Swire & Sons, 3 December 1948: JSS I 3/19.

52 他继续说，"在那里，没有人工作"。对澳大利亚有组织的劳工的担心反复出现在公司通信中。J.K.施怀雅致太古集团，1951年4月19日：JSS I 3/20。J.S.斯科特致太古集团，1949年1月1日：JSS I 3/19。关于占领的总体情况，参见John Dower, *Embracing Defeat: Japan in the Aftermath of World War II* (London: Allen Lane, 1999), 关于经济和繁荣，参见pp. 525–46（对吉田的引用在第541页）。

53 J.S.斯科特致太古集团，1952年2月28日：JSS I 3/21；J.S.斯科特致太古集团，1959年11月20日：JSS I 3/26；P. F.麦凯布致W. B.雷–史密斯，1964年3月21日：JSS II 9/2/1。

54 Agnes Ku, 'Immigration Policies, Discourses, and the Politics of Local Belonging in Hong Kong (1950– 1980)', *Modern China* 30:3 (2004), pp. 336– 8; Chi-kwan Mark, 'The "Problem of People": British Colonials, Cold War Powers, and the Chinese Refugees in Hong Kong, 1949–62', *Modern Asian Studies*, 41:6 (2007), pp. 1145– 81.

注　释

55　Maduro, *Elusive refuge*, p. 1; Alan Smart, *The Shek Kip Mei Myth: Squatters, Fires and Colonial Rule in Hong Kong, 1950–1963* (Hong Kong: Hong Kong University Press, 2006), pp. 169 (quotation), p.174. 关于这段时期的香港历史，我参考了John M. Carroll, *A Concise History of Hong Kong* (Lanham: Rowman & Littlefield, 2007), pp. 140–79。

56　Wong, *Emigrant Entrepreneurs*; Minute of Ordinary General Meeting, 20 May 1949, Taikoo Sugar Refining Company Minute Book: JSS V 7/1.

57　Catherine R. Schenk, *HongKongas anInternationalFinance Centre: Emergence and Development 1945–1965* (London: Routledge, 2001), pp. 3–8.

58　本段参考了《太古糖厂会议记录册》中1941—1951年的报告：JSS V 7/1; *China Mail*, 13 January 1950。

59　*Singapore Free Press*, 6 February 1952, p. 5; *SCMP*, 14 March 1950, p. 6; *Straits Times*, 18 October 1952, p. 3; *China Mail*, 19 September 1952, p. 4 (reproduced from the *Daily Express*). 泰国人也拿了一千只鸡蛋。"太古糖厂厂史"是一部内容丰富的网上相册集，收录了太古糖厂的广告、明信片和包装，以及厂房照片，可以登录"香港记忆"网站查阅，网址：https://www.hkmemory.hk/collections/swire/about/index.html。

60　J.S.斯科特致太古集团，1952年2月7日。JSS I 3/21。

61　Nicholas J. White, *British Business in Post-Colonial Malaysia, 1957–70: Neo-colonialism or Disengagement?* (London: Routledge, 2004), p. 78；关于郭鹤年（有时称为"Kwok"），参阅Andrew Tanzer, *Robert Kuok A Memoir* (Singapore: Landmark Books, 2017); Annabelle R. Gambe, *Overseas Chinese Entrepreneurship and Capitalist Development in Southeast Asia* (Münster: LIT Verlag, 2000), pp. 93–5; Joe Studwell, *Asian Godfathers: Money and Power in Hong Kong and South-East Asia* (London: Profile Books, 2007), *passim*；J.S.斯科特致A.F.泰勒，1948年12月28日：JSS I 3/19； 1950年10月27日会议记录，太古糖厂会议纪要第二册：JSS V 7/2。

62　*Hong Kong Statistics 1947–1967*, p. 95.

63　Kuok Memoir, pp. 119–37；J.S.斯科特致太古集团，1956年11月23日及附件，J.S.斯科特致C. C.罗伯茨，1956年11月23日：JSS I 3/25。'Sugar refinery' supplement, *Straits Times*, 12 December 1964；模特：C. C.罗伯茨致J.S.斯科特，1955年6月16日：JSS I 3/22；*SCMP*, 12 June 1964, p. 20; *SCMP*, 8 February 1973, p. 4；J.K.施怀雅日记，1960年9月29日，1973年11月13日。

64　J.S.斯科特致太古公司，1956年11月16日及附件：JSS I 3/25。

65　马尼拉：J.K.施怀雅日记，1951年5月15日；澳大利亚：马森致斯科特，1952 年10

月5日：JSS I 3/21。

66 太极船坞及工程公司会议纪要，1942年10月21日：JSS VI 7/1。

67 J.R.马森致J.K.施怀雅，1949年12月2日：JSS I 3/20。这条笔记还附有一份正式记录，记载了和同样忧心忡忡的联营合伙人黄埔船坞主席之间的讨论。

68 C.C.罗伯茨致J.R.马森，1955年1月11日及附件，普华永道公司致财政部部长，1954年8月14日。这份文件极具煽动性，不宜存放在香港，因此罗伯茨将其寄回。另参阅罗伯茨致马森，1954年12月3日，均保存于JSS I 3/22。回过头来看，太古船坞对国泰航空的投资也服务于这一战略。关于斯科特的投资，请参阅：Lewis Johnman and Hugh Murphy, *Scott Lithgow: Dejá Vu All Over Again! The Rise and Fall of a Shipbuilding Company* (St John's: International Maritime Economic History Association 2005), pp. 89–92。1954年8月拟定的计划是，太古集团提出将太古船坞在斯科特的投资全部买断。

69 关于建筑的状态和命运的讨论，参阅J.S.斯科特致太古集团，1952年2月15日、18日和26日以及3月14日：JSS I 3/21，以及M.菲恩斯致J.S.斯科特，1958年12月19日，以及至太古集团，1959年3月20日：JSS I 3/25。Lindsay, 'Like a Phoenix', pp. 4–5；J.K.施怀雅致太古集团，1958年10月24日及31日：JSS I 3/25；*SCMP*, 10 January 1959, p. 1; 1 April 1959, pp. 14–15; 11 May 1959, p. 14。

70 *SCMP*, 8 January 1960, p. 9, and 12 June 1960, p. 3；施雅迪，"1945—1950年高级员工"（Senior Staff 1945–1950），2016年3月1日，太古大厦；*SCMP*, 24 August 1963, p. 12。

71 *SCMP*, 13 September 1950, p. 13（1945年8月30日的一张照片记录了该场景，参阅*Fifty Years of Shipbuilding*, p. 18）；J.K.施怀雅，笔记，1882年，载于他1946年的日记中；G.E.米切尔至艾伦·莫索普爵士，1945年8月30日：TNA, FO 371/46242；J.S.斯科特至J.K.施怀雅以及J.R.马森，1952年1月21日：JSS I 3/21。

72 J.R.马森致太古公司，1947年5月9日，附"船坞备忘录"：JSS I 3/15；J.K.施怀雅日记，1946年2月18日、21日、1951年1月25日；J.S.斯科特致太古公司，1948年12月3日；J.S.斯科特致J.K.施怀雅，1948年12月28日：JSS I 3/19；*Fifty Years of Shipbuilding and Repairing in the Far East* (Hong Kong: Taikoo Dockyard & Engineering Company of Hong Kong Ltd, 1954)；*SCMP*, 8 December 1954, p. 13。

73 Captain William Worrall with Kevin Sinclair, *No Cure No Pay* (Hong Kong: *SCMP*, 1981), pp. 136–40; *SCMP*, 26 May 1965, p. 19。作为一位前"蓝烟囱"员工，以及当时的太古轮船公司海员，沃拉尔驾驶"太古轮"20年，他声称自己是在赤柱拘禁营的时候接受任命的。

74 "关于1946年工作的信息备忘录……"（Memorandum of information regarding the

注 释

working for the year 1946 …），1948年2月24日，太古船坞及工程公司，会议纪要：JSS VI 7/1。这篇笔记实际上调查了直至1947年底的事态发展。

75　罢工：*SCMP*, 1 November 1946, p. 3, 21 August 1947, p. 1, 12 September 1947, p. 1；福利："关于1946年工作的信息备忘录……"1948年2月24日，太古船坞及工程公司，会议纪要：JSS VI 7/1；*SCMP*, 16 January 1948, p. 3, 17 November 1952, p. 8。

76　*Taiwu gongren* (Taikoo Dockyard Workers) (1957), p. 9.

77　本段及前段参考了劳工处文件关于"太古船坞华工会1959年2月7日—1975年10月6日"（Taikoo Dockyard Chinese Workers Union 2.7. 1959– 10.6. 1975）的资料，包括Minute of C.L.I., 5 November 1959以及'Taikoo Dockyard Chinese Workers' Union', 8 December 1959（可能是政治保安处的报告）：HKPRO, HKRS1161–1– 10；其年鉴《太古工人》（*Taiwu gongren*）还剩下1949年、1954年和1957年的副本。

78　J. R. Masson, 'Dockyard Notes', 9 May 1947: JSS I 3/15; A. C. Swire interview, 20 July 2002: JS&SL.

79　'Taikoo Dockyard Workers' Committee for Improvement in Living Conditions and Treatment' to R. D. Bell, Manager, Taikoo Dockyard, 1 June 1956，载于文件'Industrial Relations – Taikoo Dockyard – General Correspondence'：HKPRO, HKRS940–1–2; *Hong Kong Statistics 1947–1967*, p. 144。

80　*The Taikoo Chinese School* (Hong Kong, 1966).

81　报告详情附于Li Ki, Chairman, Taikoo Dockyard Chinese Workers' Union, to Commissioner of Labour, 19 November 1960，载于'Industrial Relations – Taikoo Dockyard – General Correspondence'：HKRS940– 1–2; *SCMP*, 6 October 1971, p. 25, 3 January 1970, p. 6。

82　参阅1939年有关香港劳工和劳工条件的政府报告中的简介，载于David Faure, 'The Common People in Hong Kong History: Their Livelihood and aspirations until the 1930s', in Lee Pui-tak (ed.), *Colonial Hong Kong and Modern China: Interaction and Reintegration* (Hong Kong: Hong Kong University Press, 2005), pp. 32–4。

83　*China Mail*, 4 May 1960, p. 1；*SCMP*, 29 October 1960, p. 8；Lindsay, 'Like a phoenix', p. 74；另请参阅数份文件，载于'Industrial Relations – Taikoo Dockyard – General Correspondence'：HKPRO, HKRS940–1–2。

84　详情参阅T. J. Bartlett, Welfare Office, Taikoo Dockyard, to Commissioner of Labour, 15 December 1960, 以及Li Ki, Chairman, Taikoo Dockyard Chinese Workers Union to Commissioner of Labour, 19 November 1960: HKPRO, HKRS940–1–2; *SCMP*, 27, 28

85 December 1967, p. 1. 这些人得到重新安置，冯凯得到了徙置事务处的一份工作。

85 Harold Ingrams, *Hong Kong* (London: HMSO, 1952), p. 114; 'Interview with Sir Adrian Swire, 6 February 2007: JS&SL.

86 参见讨论：Leo Goodstadt, *Uneasy Partners: The Conflict Between Public Interest and Private Profit in Hong Kong* (Hong Kong: Hong Kong University Press, 2009), pp. 31–48, 139– 58。

87 'Yao Kang and the Swire Group'； 'Interview with Sir Adrian Swire, 6 February 2007: JS&SL.

88 Interview with Jenny Grant, 13 April 2013: JS&SL.

89 Lindsay, 'Like a Phoenix', pp. 34, 40.

90 多位中国员工致经理函，太古洋行，1949年3月3日；由"G.C."记录，1949年7月；关于"太古洋行华工会"的说明，1950年5月27日载于文件'B. & S. Chinese Staff Association'：JS&SHK。

91 Yao Kang and the Swire Group'：JS&SL；Lindsay, 'Like a Phoenix', p. 20；林赛对高级员工的备忘录，1966年4月：JS&SL。

92 本节特别参考了文章：Robert Bickers and Ray Yep (eds), *May Days in Hong Kong: Riot and Emergency in 1967* (Hong Kong: Hong Kong University Press, 2009)。

93 约翰·布朗致太古集团，1967年2月6日，以及布朗致施雅迪，1967年2月6日，以及附件，J. L. Hillard, 'Analysis and study of Macao riots with comments on suggested implications and lessons'：JSS I 4/4/19。

94 *SCMP*, 12 September 1967, p. 6. The document was then reproduced on the front pages of the pro-Communist press: *Ta Kung Pao*, 7 June 1967, p. 1.

95 Hong Kong No. 799 to CO, 8 June 1967: TNA, FCO 21/192; *SCMP*, 7 June 1967, p. 1; John Cooper, *Colony in Conflict* (Hong Kong: Swindon Book Company, 1970), pp. 37–8, 133–4, 144; *SCMP*, 17 July 1967, pp. 1, 6. 'Confrontation Detainees', 20 June 1968, enclosed in Hong Kong Dept, CO, to Mr Boyd, 11 September 1968: TNA, FCO 21/194. 邓在两年后因肝炎病逝狱中：*SCMP*, 30 December 1969, p. 6, 4 January 1970, p. 3；另参阅陆德成（Luk Tak Shing）在 '1967: Witnesses remember', in Bickers and Yep, *May Days in Hong Kong*, pp. 170–72一文中的贡献。陆是一位学徒工和联合会成员，他在7月14日被捕，此后被关押两年。

96 'Memorandum to the Board', 3 July 1967, in TSR Minute Book: TSS/1/15, JS&SHK。

97 这条标语也在《大公报》1969年英文版上重新出版，而公司校对并翻译了这些内容：JS&SHK。审讯：*SCMP*, 14 April 1960, p. 1。

98 本段参考了'Taikoo Dockyard Minute Book, June–October 1967, May 1967–January 1968', TKDY/1/1/1；以及 'Memoranda to the Board, July 1967', TKDY/1/2/24: JS&SHK。

99 J. Cassels to M. S. Cumming, 2 January 1968, 'Master File, Chairman to Director': TKDY/1/3/9, JS&SHK.

100 'Report on visit by Tallymen Delegation, 7th June 1968'; TSR Chinese Workers' Union to David Edgar, 4 July 1968: 'News translations (2/2) 1968– 1970', JS&SHK。

101 会议记录，1967年11月3日，太古糖厂会议记录：TSS/1/15, JS&SHK。

102 厄威克沃尔公司，"太古集团总部调查"（John Swire & Sons Headquarters Survey），1967年8月14日，第4页：JSS I 10/14。

第十四章 制造香港

1 本节参考厄威克沃尔公司，"太古集团总部调查"，1967年8月14日：JSS I 10/14。有关公司的历史，请参阅*The Urwick Orr Partnership, 1934–1984* (Maidenhead: The Lyndal Urwick Society, 2007)。

2 150万英镑投资于蓝烟囱；75万英镑投资于斯科特造船公司；另有200万英镑的房产和250万英镑的"一般投资"。

3 Interview with Jenny Grant, 13 April 2013: JS&SL。

4 太古集团致太古洋行香港办事处，1968年2月9日和3月21日，另参阅 A. C. Swire 'J.S.&S. Ltd. Diversification', 5 February 1968: JSS II 2/35。澳大利亚的故事参阅Bleasdale and Shun Wah, *Swire: One Hundred and Fifty Years*。

5 J. K.施怀雅日记，1968年1月19日：JS&SL。

6 *CNCo: A Pictorial History*, pp. 127–9.

7 F. Muller, Captain, *SS Peter Rickmers*, to Mr Rickmers, 16 April 1968，载于TNA, FCO 21/159。对克劳奇的指控是，他是应英国海军情报部门的要求这样做的，当年夏季晚些时候对另一名英国军官也提出了指控。这可能是真的，尽管克劳奇后来承认了这一点，但他说这次是他自己主动做的：*SCMP*, 26 October 1970, p. 1。关于中英关系和"文化大革命"这一时期的更多信息，参阅Bickers, *Out of China*, pp. 343–7。

8   R. B. Thomas to James Murray (FCO), 2 April 1969: TNA, FCO 21/512.

9   *The Times*, 16 October 1970, p. 6.

10   'Note of a Meeting between Mr J. P. W. Mallalieu, Minister of State, Board of Trade and Mr L. O. Pindling, Premier and Minister for Tourism and Development of the Bahamas', 31 May 1968: TNA, BT 45/1351.

11   Higham, *Speedbird*, pp. 186–7；英国海外航空公司保留了控股公司巴哈马航空控股15%的股份，其余股份由新的太古航空控股持有（该公司的股份由太古集团（51%）、P&O（33%）和蓝烟囱（16%）持有）。董事会的观以及此处引用的评论参见'John Swire & Sons Record of Events', JSS I 14/1。有关巴哈马航空的历史，参阅Paul C. Aranha, *Bahamas Airways: The Rise and Demise of a British InternationalAir Carrier* (Corydon: Heartland, 2018)以及该作者的*The Island Airman and his Bahama Islands home* (Nassau: Media Enterprises, 2006)。

12   R. K. Saker, memorandum, 18 July 1968: TNA, FCO 14/417.

13   *SCMP*, 14 September 1968, p. 1; *Palm Beach Post*, 20 November 1968, p. 11. 此事在Gavin Young有关国泰航空的历史著作*Beyond Lion Rock*中并未提及。

14   R. K. Saker minute, 25 September 1968; 'Recent Cases of Difficulty with Bahamas', undated memorandum (c. May 1968): TNA, FCO 14/417.

15   R. J. Martin, 'Caribbean Withdrawal', *Flight International*, 16 January 1969, pp. 846–7.

16   示例转载参阅Aranha, *Bahamas Airways*, pp. 245–9。

17   'The Bahamas: A Special Report', *The Times*, 7 December 1964, pp. i–viii.

18   *Newsday*, 9 October 1970, p. 20.

19   'John Swire & Sons Record of Events', JSS I 14/1. Aranha, *Bahamas Airways*, p. 259. 阿兰哈驾驶了其中一架飞机，我很感谢他与我分享他收集的剪报。

20   Pindling: *The Times*, 16 October 1970, p. 6.

21   *Flight International*, 16 May 1968, p. 541, 9 July 1970, p. 40, 15 October 1970, p. 583, 22 October 1970, pp. 617–18.

22   Michael Craton and Gail Saunders,*A History of the Bahamian People: From the Ending of Slavery to the Twenty-First Century* (Atlanta: University of Georgia Press, 2000), pp. 356–7; *Washington Post*, 19 March 1973, pp. A1, A18; *Wall StreetJournal*, 6 August 1984, p. 21; *Courier-Post*, 10 February 1985, pp. 1a, 7a; United States Senate Committee on Foreign Relations Subcommittee on Terrorism, Narcotics and International Operations, *Drugs, Law Enforcement and Foreign Policy: Volume 1 The Bahamas* (Washington DC, United States Senate, 1989), pp. 21–42.

注 释

23　*The Tribune* (Nassau), 10 October 1970, pp. 1, 3, and: issues of 13, 15, 16, October 1970, all p. 1.

24　有大量关于财务状况以及与政府联系的文件，参见'Bahamas Airways Limited Government Correspondence': JSS I 4/2/5。

25　'Las Vegas East', *Wall Street Journal*, 5 October 1966, p. 1; 'Bahamas: Trouble in Paradise', *The Economist*, 15 October 1966, pp. 98–9; Richard Oulahan and William Lambert, 'The Scandal in the Bahamas', *Life*, 3 February 1967, pp. 58–74; William Davidson, 'The Mafia: Shadow of Evil on the Island in the Sun', *Saturday Evening Post*, 26 February 1967, pp. 28–38; *Bahama Islands: report of the Commission of Inquiry into the Operation of the Business of Casinos in Freeport and in Nassau* (London: HMSO, 1967); Avril Mollison, 'The "Coney Island" of the Caribbean', *The Listener*, 1 June 1967, p. 716.

26　J. K. Swire diaries, 27 February, 11 March 1970, 29 October 1970: JS&SL; A. C. Swire, 'Mistakes & Regrets', July 2002: JS&SL.

27　Dierikx, *Clipping the Clouds*, pp. 47, 64–5; *The Tribune*, 21 October 1970.

28　M. Y.费因斯致格里·兰钦（1970年1月8日），附寄华莱士·G.劳斯致太古集团（1969年12月30日）：TNA, BT 245/1351。

29　太古集团致太古洋行香港办事处，1968年3月21日：JSS II 2/35。

30　A. C. Swire, notes on 'London Role post–1945' 以及 'Swire Group: Mistakes and Missed Opportunities, 1950–2000': JS&SL。

31　'John Swire & Sons Record of Events': JSS I 14/1, f.45. 这次是关于并购冷藏运输公司（FrigMobile）的讨论。

32　Marc Levinson, *The Box: How the Shipping Container Made the World Smaller and the World Economy Bigger* (paperback edn, Princeton: Princeton University Press, 2008), p. 166; *The Economist*, 15 January 1966, pp. 219–20. 这是对这场革命的全面描述，另参阅：Frank Broeze, *The Globalization of the Oceans: Containerisation from the 1950s to the Present* (St John's: International Maritime Economic History Society, 2002)，以及Miller, *Europe and the Maritime World*。

33　'Swire/OCL – A Memoir by Sir Adrian Swire', in Alan Bott (ed.), *British Box Business: A History of OCL (Overseas Containers Limited)* (London: SCARA, 2009), p. 96.

34　*SCMP*, 21 August 1978, p. 44; Bott (ed.), *British Box Business*, pp. 16, 203；另参阅Miller, *Europe and the Maritime World*, pp. 340–41。关于海外集装箱运输公司（OCL）和蓝烟囱，参阅 Falkus, *Blue Funnel Legend*, pp. 356–70。

35 *SCMP*, 15 August 1972, p. 48, 5 September 1972, p. 29, 6 September 1972, p. 29; Kevin Sinclair, *The Quay Factor: Modern Terminals Limited and theport of Hong Kong* (Hong Kong: Modern Terminals Limited, 1992), pp. 4–10.

36 Sinclair, *Quay Factor*, p. 77.

37 Nicholas J. White, 'Liverpool Shipping and the End of Empire: the Ocean Group in East and Southeast Asia, c. 1945–73, in Sheryllyne Haggerty, Anthony Webster, Nicholas J. White (eds), *The Empire in One City? Liverpool's Inconvenient Imperial Past* (Manchester, Manchester University Press, 2008), pp. 165–84.

38 蓝烟囱公司在1965年便已上市：Falkus, *Blue Funnel Legend*, pp. 333–44。

39 A.C.施怀雅致H.J.C.布朗尼，1971年3月1日：JSS I 3/28。

40 King, *The Hongkong Bank in the Period of Development and Nationalism, 1941–1984*, pp. 720–22; Studwell, *Asian Godfathers*, pp. 98–9；另请参阅Robin Hutcheon, *First Sea Lord: the Life and Work of Sir Y. K. Pao* (Hong Kong: Chinese University Press, 1994)。

41 Speyer, *In Coral Seas*, pp. 34–50.

42 Nicholson: 'Swire/OCL – A Memoir by Sir Adrian Swire', in Bott (ed.), *British Box Business*, p. 96 (and pp. 92–4 on AJCL); *China Navigation Company: A Pictorial History*, pp. 94–5; Chih-lung Lin, 'Containerization in Australia: The formation of the Australia-Japan Line', *InternationalJournal of Maritime History*, 27:1 (2015), pp. 118–29; Broeze, *Globalization of the Oceans*, p. 50.

43 代理机构：H.J.C.布朗致太古集团，1966年4月5日：JSS I4/4月19日；航站楼：约翰·布朗致太古集团，1966年4月5日：JSS I 4/4/19；A.C.施怀雅至A.麦卡勒姆，1975年12月5日：JSS I 3/28；中国：大卫·劳顿，北京，致E.J.夏兰，FCO，1969年5月30日：TNA，FCO 21/512（记录了与香港大班约翰·布朗的讨论）。

44 约翰·布朗致W.G.C.诺尔斯，1962年9月10日：JSS I 4/4/19。

45 关于英国的总体作用，参阅：John Slight, *The British Empire and the Hajj, 1865–1956* (Cambridge, MA: Harvard University Press, 2015), 以及Michael Miller, 'Pilgrims' Progress: The Business of the Hajj', *Past & Present*, No. 191 (2006), pp. 189–226；有关马来西亚，请参阅Mary Byrne McDonnell, 'The conduct of Hajj from Malaysia and its socio-economic impact on Malay society: a descriptive and analytical study, 1860–1981' 1981"（未发表的博士论文，哥伦比亚大学，1986年），特别是第419—429页，关于太古轮船公司班轮的船上经历；以及Eric Tagliacozzo, *The Longest Journey: Southeast Asians and the Pilgrimage to Mecca* (New York: Oxford University Press, 2013)。

46 *Straits Times*, 15 April 1967, p. 14, 30 April 1967, p. 5.

47 *SCMP*, 19 November 1962, p. 8, 21 January 1963, p. 5；另参阅图片库：International Organization for Migration, 'Resettlement of Russian Old Believers', https://www.iom.int/photo-stories/resettlement– russian-old-believers（访问日期为2019年5月1日）。1960年，太古洋行还安排了太古轮船公司和蓝烟囱公司的船只，将当年因政府敌对政策和暴力袭击而逃离印尼的10万中国人中的一部分送到海南、广州和福建。

48 'Muslims Voyage on a Pilgrim Ship', *The Sphere*, 7 December 1957, p. 374; *SCMP*, 5 February 1961, p. 27; *Straits Times*, 25 July 1960, p. 2; *China Navigation Company: A Pictorial History*, pp. 84– 5.

49 M.Y.费因斯致太古集团，1959年3月10日，'Pilgrim Trade' and 'Talk with Ghazali Ben Shafie and Hadji Ali Rouse'，均为1953年3月5日：JSS I 3/25（哈吉时朝圣者专员）；J. S. 斯科特致太古集团，1960年2月27日：JSS I 3/26；J. K.施怀雅日记，1967年1月18日：JS&SL。

50 Tagliacozzo, *The Longest Journey*, pp. 213– 15; *Straits Times*, 27 May 1971, p. 5; 'Moslem Captain of a Modern Haj ship', *SCMP*, 31 July 1972, p. 5; 'The World of Eddy Wong', *The Economist*, 16 April 1977, p. 117；A. C. 施怀雅致C. G. N. 莱德，1972年9月5日：JSS I 3/28。

51 *The China Navigation Company*, pp. 79– 81; Miller, *Europe and the Maritime World*, pp. 322– 32; *SCMP*, 6 June 1971, p. 24, 31 August 1973, p. 1; J. K.施怀雅日记，1973年11月17日：JS&SL。

52 A. C. Swire, 'China Navigation Company', 14 April 2002: JS&SL.

53 A. C. Swire, 'Swire Group Shipping', 1 February 1974, Memorandum prepared for Woodstock Conference，附于A. C. 施怀雅致J. A. 施怀雅，1974年2月1日；A. C. 施怀雅致J. A.施怀雅，1972年2月11日；A. C.施怀雅致J. A.施怀雅，1974年12月6日，"访问香港"（Hong Kong Visit）：JSS I 3/28。

54 "家庭杂志上肯定充斥着'大班'约翰·布雷姆里奇向老雇员分发银表的照片"：'The Iron Rice Bowl', *The Economist*, 2 April 1977, p. 133.

55 J. K.施怀雅日记，1919-20年，"进一步思考"：JS&SL。

56 M. L. Cahill, 'Overseas Development Administration. Preparation for service overseas: the British Government's role', in *Laformation des coopérants* (The training of aid workers) (Nice: Institut d'études et de recherches interethniques et interculturelles, 1973), pp. 150– 53; Hong Kong General Chamber of Commerce Bulletin 66:15 (1966), p. 5; Michael Thornton, 'Preparing for life

Overseas', *Overseas Challenge*, No. 8 (1967), pp. 9–11.

57　Daniel I. Greenstein, 'The Junior Members, 1900–1990: A Profile', in Brian Harrison (ed.), *The History of the University of Oxford*, Volume VIII, *The Twentieth Century* (Oxford: The Clarendon Press, 1994), pp. 67–74; Christopher N. L. Brooke, *A History of the University of Cambridge*, Volume 4, *1870–1990* (Cambridge: Cambridge University Press, 1993), pp. 314–15.

58　'Minutes of a meeting of the Directors', John Swire & Sons, 30 June 1970: JSS I 11/1.

59　H.J.C.布朗致太古公司，1972年9月19日：JSS I 3/28。

60　*The Times*, 17 August 1954, p. 2（牛津大学的课程是该大学管理研究中心的前身之一）；从1983年开始，培训扩大到包括在INSEAD为公司定制的年度高级管理课程：*Swire News*, 15:3 (1988), 'Staff Events', p. 2。A. C. 施怀雅致J. A.施怀雅，1975年6月5日：JSS I 3/28。

61　彭励治致J.A.施怀雅，1980年11月24日：JSS I 4/4/20。

62　M. Y. Fiennes, 'C.P.A.: An appreciation based on Adrian [Swire]'s note of 29.10.1970', John Swire & Sons Board Papers, 1970–71: JSS I 11/1; D. G. Thomson, 'Group Investment Philosophy', 25 June 1974: JSS I 11/2.

63　'Great Britain, Royal Aero Club Aviators' Certificates, 1910–1950', via Ancestry.com; Joan Weld, 'Missee Catchee New Part', *The Motor Cycle*, 12 April 1951, pp. 256–7: 'taxi drivers were so dumbfounded … they actually gave way to me'; Weld moved to Texas in 1951, leaving the bike behind: *SCMP*, 2 December 1950, p. 11.

64　Greenstein, 'The Junior Members, 1900–1990: A Profile', in Harrison (ed.), *The History of the University of Oxford Vol. VIII*, pp. 73–7.

65　'John Swire & Sons Record of Events', JSS I 14/1; Swire & Maclaine Ltd, Annual General Meeting, 18 June 1966: JSS X 2/1.

66　*SCMP*, 17 February 1966, p. 4. 这一段参考了"2006年3月16日对邓莲如女男爵的采访"（'Interview with Baroness Dunn, 16 March 2006'）：JS&S。

67　围绕工厂改革的政治失败请参阅David Clayton, 'The riots and labour laws: The struggle for an eight-hour day for women factory workers, 1962–1971', in Bickers and Yep (eds), *May Days in Hong Kong*, pp. 127–44，以及更广泛的回应请参阅该作者的'Constructing Colonial Capitalism: The Public Relations Campaigns of Hong Kong Business Groups, 1959–1966', in David Thackeray, Andrew Thompson and Richard Toye (eds), *Imagining Britain's Economic Future, c. 1800–1975: Trade, Consumerism, and Global Markets* (London: Palgrave Macmillan, 2018), pp. 231–52; 'Women behind the Festival of Fashions', *SCMP*, 7 September 1967, p. 4。

68　彭励治致A.C.施怀雅，1980年11月24日：JSS I 4/4/20。

69　Sheila Marriner and Francis E. Hyde, *The Senior: John Samuel Swire 1825–98: Management in Far Eastern Shipping Trades* (Liverpool: Liverpool University Press, 1967); Charles Drage, *Taikoo* (London: Constable, 1970); Christopher Cook, *The Lion and The Dragon: British Voicesfrom the China Coast* (London: Elm Tree Books, 1985); 'Note by J. K. S. on 1st draft', c. Dec 1965, in JSS/11/2/8: JS&SL. 20世纪80年代，上海的历史学家根据太古退出中国内地业务时交出的记录，对其在中国的商业运作进行了更多的批评：Zhang Zhongli (chief ed.), *Taigujituan zaijiu Zhongguo* (The Swire Group in Old China) (Shanghai: Shanghai renmin chubanshe, 1991)。

70　J. A.施怀雅致A. V. T.迪恩，1975年10月24日，保存于JSS/11/2/8：JS&SL。

71　'Old China Hands across the Sea', *The Economist*, 17 June 1967, p. 1275.

72　*The Economist*, 13 August 1972, p. 92.

73　J.K.施怀雅日记，1974年11月16日：JS&SL。

74　Director of Marine, Memorandum, 21 November 1972: HKPRO, HKRS- 394-24-19; *SCMP*, 15 October 1970, p. 23.

75　雇员可以选择接受裁员及累积福利。其中约75%的人选择了这种方式，在大多数情况下，他们立即获得了新联合船坞的直接聘用。约有800名老工人和1600名承包商的员工留在了鲗鱼涌。参阅报告HKPRO, HKRS-90-1-2。

76　Coates, *Whampoa*, pp. 250– 54.

77　A.C.施怀雅致雷·史密斯，1972年2月10日：JSS I 3/28；*SCMP*, 17 March 1972, p. 33；Goodstadt, *People, Politics, and Panics*, p. 173。

78　A. C.施怀雅致J. A. 施怀雅，1972年11月9日：JSS I 4/4/19；*SCMP*, 20 November 1973, p. 25。

79　本节参考了H. J. Lethbridge, *Hard Graft in Hong Kong: Scandal, Corruption, the ICAC* (Hong Kong: Oxford University Press, 1985); Melanie Manion, *Corruption by Design: Building Clean Government in Mainland China and Hong Kong* (Cambridge, MA: Harvard University Press, 2009)，特别是 pp. 27– 83。

80　彭励治致A. C. 施怀雅，1976 年 3 月 9 日：JSS I 4/4/20。

81　*Second Report of the Commission of Inquiry under Sir Alastair Blair-Kerr* (Hong Kong: Government Printers, 1973), p. 23.

82　Lethbridge, *Hard Graft in Hong Kong*, pp. 159–93；彭励治致J. A. 施怀雅，1976年3月16日，1976年4月8日，1976年5月8日，以及彭励治致D. R. Y.布拉克（D.R.Y.Bluck）、R.S.谢尔登（R. S. Sheldon）、D. A.格莱德希尔

（D.A.Gledhill），1976年4月8日：JSS I 4/4/20。

83　这句话在下列资料中反复出现Lockheed documents: Multinational Corporations and US Foreign Policy, Part 14. United States Congress, Committee on Foreign Relations, Subcommittee on Multinational Corporations (Washington, DC: U.S. Government Printing Office, 1976)。有关史密斯，请参阅pp. 356– 8。Carl A. Kotchian, 'Lockheed Sales Mission: 70 days in Tokyo'，未出版手稿，约1976年，第110—112页（见Hathi Trust Digital Library）。

84　*Far Eastern Economic Review*, 16 January 1976, facing p. 13, 20 February 1976, pp. 10– 11.

85　这些钱都捐给了慈善机构。史密斯的情妇也得到了资助，但不包括他已分居的妻子：*SCMP*, 13 March 1976, p. 1, 29 April 1977, p. 8, 25 May 1977, p. 8；信函：*SCMP*, 13 March 1976, p. 1, 14 March 1976, p. 10。

86　Jack Spackman, 'TriStar choice: it's a British connection', *China Mail*, 19 March 1974; *SCMP*, 26 March 1974, cuttings in CPA 7/2/10/5; 'Why Cathay Pacific chose to buy Lockheeds', *TTG Asia*, 31 May 1974, cutting in CPA 7/2/10/4, both: JS&SHK；A. J. 罗致G. T. 罗杰斯，1974年1月31日，A.O.桑德斯致总督，1974 年1月31日，赫塞尔廷：G. T. Rogers, 'Note for the record: Cathay Pacific's Choice of wide-bodied aircraft', 29 March 1974: TNA, BT 245/1723。另参阅：Raj Roy, 'The politics of planes and engines: Anglo-American relations during the Rolls-Royce-Lockheed Crisis, 1970– 1971', in Matthias Schulz (ed.), *The Strained Alliance: US–European Relations from Nixon to Carter* (Cambridge: Cambridge University Press, 2009), pp. 169–93。

87　Bluck: Aston to DTI, 14 March 1974; Smith: 'Memorandum of Discussion: Cathay Pacific Airways: Choice of Wide-Bodied Aircraft', 14 March 1974: TNA, BT 245/1723; G. T. Rogers to G. Mc. Wilson, 26 February 1974: TNA, BT 245/1723. 有关国家介入更广泛政治问题的讨论，参阅Keith Hayward, *Government and British Civil Aerospace: A Case Study in Post-war Technology Policy* (Manchester: Manchester University Press, 1983)。

88　John le Carré, *The Honourable Schoolboy* (London: Hodder & Stoughton, 1977), p. 6；彭励治致J.A.施怀雅，1977年1月18日：JSS I 4/4/20。

89　Chris Wemyss, 'Building "Hong Kong's Underground": Investigating Britain's Management of Empire in the 1970s'，未发表论文，2018年。

90　A. C.施怀雅to J. A.施怀雅,1975年6月6日：JSS I 3/28；A. C. Swire 'Emergency Provision', 4 September 1975: JSS I 11/2。怡和洋行计划于1975年进行了更新和反

思，据报道其根源在于自身对1967年金融危机的战略回应——决定将50%的资产和收益转移至香港以外地区: *SCMP*, 23 March 1994, p. 40。

91　*SCMP*, 29 December 1973, p. 23, 9 April 1974, p. 21; King, *The Hongkong Bank in the Period of Development and Nationalism, 1941–1984*, pp. 708–11. 1979年，该集团被银行出售给了李嘉诚（Li Ka-shing），目前称为和记黄埔（与其资产丰富的子公司香港黄埔码头有限公司合并）。有关"欢乐谷"（或称"跑马地"），可参阅1974年5月至11月之间的信件: JSS I 4/4/20以及施雅迪撰写的董事会文件，1974年5月29日：JSS I 11/2。

92　彭励治致J.A.施怀雅，"Wheelocks on the Brink"，1976年10月28日：JSS I 11/2；钱袋子：彭励治致约翰·D.斯平克，1980年11月11日：JSS I 4/4/20；图片：A. C. 施怀雅致太古集团，1972年2月4日：JSS I 3/28；'The Iron Rice Bowl'，*The Economist*, 2 April 1977, pp. 133– 34。

93　A.C.施怀雅至J. A.施怀雅，1975年1月10日：JSS I 11/2。

94　A. C. Swire, 'Europe', 4 September 1975: JSS I 11/2; A. C. Swire, 'Philippines', Note to J. H. Bremridge, 14 March 1975: JSS I 3/29. 斯科特的格里诺克成为一家投资于两家苏格兰造船厂和北海石油相关企业的控股公司。1977年晚些时候，该公司拥有多数股权的造船业务（如利斯戈船厂）被国有化，在该公司于1984年被重新私有化后，为了寻求令人满意的补偿，进行了一场长期且最终徒劳的法律斗争。

95　*SCMP*, 18 December 1971, p. 31; J. 罗布森致H. J. C. 布朗，1971年7月9日：HKPRO, HKRS-394-24- 19; A. C. Swire, 'Hongkong', 20 October 1971: JSS I 3/28; D. C. C. Luddington to Colonial Secretary, 27 October 1972, HKRS-394-24- 19, HKPRO以及该文件中的更多资料。

96　J.K.施怀雅日记，1973年11月11日：JS&SL。

97　J.K.施怀雅日记，1973年11月21日：JS&SL。

98　J. H. Scott, Board memorandum, 12 November 1975: JSS I 11/2; *Swire News*, 9:1 (1982), p. 3.

99　Michael Hope, 'On Being taken over by Slater Walker', *Journal of Industrial Economics* 24:1 (1976), pp. 163–79.

100　J. A. S. interview, 4 August 2005: JS&SL.

101　*SCMP*, 7 November 1975, p. 25.

102　*Swire News*, 1:2 (1974), p. 2, 2:1 (1974), p. 2; *SCMP*, 1 January 1974, p. 1; 21 May 1974, p. 4.

103　彭励治致J.A.施怀雅，1978年4月13日，1979年3月2日和9日：JSS I 4/4/20。

104　本段参考了 Goodstadt, *Profits, Politics and Panics*, *passim*, and Carroll, *Concise History of Hong Kong*, pp. 160–72。

105　彭励治致 J. A. 施怀雅，1978年7月14日：JSS I 4/4/20。

106　J. D. Spink, 'B.H.I., Notes for Meeting 5 p.m. Wednesday 12th November 1975', board papers: JSS I 11/2.

107　Laurence S. Kuter, *The Great Gamble: The Boeing 747* (University: University of Alabama Press, 1973); Dierikx, *Clipping the Clouds*, pp. 76–8.

108　CPA, 'Hong Kong London Route Application' (1979): CPA 2013/11/25, JS&SHK; *SCMP*, 1 August 1979, p. 1.

109　*SCMP*, 20 November 1971, p. 7.

110　Dierikx, *Clipping the Clouds*, p. 146.

111　彭励治致 A. C. 施怀雅，1979年8月10日：JSS I 4/4/20；J. Sumner, 'Cathay Pacific: Future Plans', 6 December 1974: TNA, BT 245/1723。

112　格雷姆·威尔顿致盖伊·罗杰斯，1975年1月9日：TNA, BT 245/1723。

113　香港执照管理部门拒绝了莱克航空的申请。所有航空公司都对新特许权的限制性细节提出了上诉，国泰航空获得了从1981年7月起运营每日航班的权利。莱克航空公司于1982年2月破产清算，当时尚未在香港设立任何航班服务。

114　约翰·诺特致撒切尔夫人，1980年6月12日：TNA, PREM 19/1414；*SCMP*, 18 June 1980, p. 1。

115　R. S. T. 致约翰·布朗，1981年12月15日，JSS XIII 2/12/2。

第十五章　此　时

1　Henry Yu, 'The Intermittent Rhythms of the Cantonese Pacific', in Donna R. Gabaccia and Dirk Hoerder, *Connecting Seas and Connected Ocean Rims: Indian, Atlantic, and Pacific Oceans and China Seas Migrations from the 1830s to the 1930s* (Leiden: Brill, 2011), pp. 393–414.

2　当然这种情况很不寻常，但太古也不是个案。例如，我的脚注中提到了某些研究太古集团的历史资料，与本书太古集团两个世纪的故事相媲美或不相上下，甚至有所超越。总的来说，这些资料的关注点比我在本书中采用的要窄。

3　这两个人的侄子都加入了公司：士葛1960年加入，从1976年开始管理澳大利亚的

注 释

业务，1998年担任太古集团主席一职，直到2002年去世；他的堂哥詹姆斯·辛顿·斯科特（James Hinton Scott）1960年加入公司，从1967年到1987年担任董事。

4　Jones, *Merchants to Multinationals*, pp. 341–2.
5　"我会让约翰开始库克的东方之旅，"1930年施约克这样思索道，"由我们其中一位陪同，让他在旅行途中认识太古是一家什么样的公司，太古的业务意味着什么，就在他21岁的时候。"J. K.施怀雅日记，1920年3月26日，太古档案。
6　David Edgerton, *The Rise and Fall of the British Nation: A Twentieth-Century History* (London: Allen Lane, 2018).
7　Jones, *Merchants to Multinationals*, pp. 126–38.
8　John Swire & Sons Ltd, Annual Report and Accounts 1980.
9　Elizabeth Sinn, 'Hong Kong as an in-Between place in the Chinese diaspora, 1849–1939', in Gabaccia and Hoerder, *Connecting Seas and Connected Ocean Rims*, pp. 225–47.